고려전기 교종과 선종의 교섭사상사 연구

고려전기 교종과 선종의 교섭사상사 연구

김두진 지음

일조각

책머리에

한국 불교사상사에서 나말려초의 선종사상사를 정립하는 것은 대단히 중요하다. 교종 불교와는 달리 선종사상은 불교계는 물론 당대 사회의 변화에 능동적으로 작용하였다. 그래서 한국 고대사상사를 추구하면서 저자는 선종사상에 일찍부터 관심을 두었다. 그런데 선종사상은 화엄華嚴이나 유식唯識 등 교학 불교에 대한 이해가 없으면 접근하기 어려운 면을 지녔다. 때문에 나말려초의 선종사상을 연구하기 위해 저자는 신라와 고려초기의 화엄사상을 정리하는 작업을 병행해왔다.

나말려초의 선종사상은 진성왕 이후 변화하기 시작하여 고려초기에는 교종사상과 교섭하는 사상경향을 나타냈다. 그동안 꾸준히 관심을 가지면서 정리한 선종사의 연구성과가 쌓이면서, 그중에서도 고려초기의 교선교섭教禪交涉 사상경향을 따로 분석하여 모은 것이 이 책으로 꾸며졌다. 저자의 선종사상사에 대한 관심의 절반이 정리된 것이다. 자연히 신라하대의 선종사상사에 대한 정리가 과제로 남는다.

고려시대 불교사는 교선교섭 사상사로 전개되었다. 이러한 경향은 신라하대까지 선종은 물론 교종사상의 논리 체계가 완비되면서 서로 다른 교리를 융섭하려는 데에서 나타났다. 한편으로 그것은 고려 통일기에 호족연합책을 추진해가는 정치 · 사회 분위기와 연결하여 확산되었다. 그래서 이 책은 교선융합 사상경향을 고려초기의 정치 · 사회 상황과 연관하여 이해하려는 의도를 지녔다. 즉 고려초기의 교선교섭 사상을 사회사상사로 정립하려는 것이다.

서론과 결론을 빼면 이 책은 크게 다섯 장으로 구성되었다. 제1장 「왕건王建의 선대先代세력과 선종」은 화엄 또는 법화法華사상과의 융섭을 주장한 순지順之의 선종사상을 다루었다. 제2장 「왕건의 불교정책과 그 사상경향」은 왕건과 연결된 승려들의 사상이 교선교섭 사상경향을 갖고 있었음을 지적하였다. 제3장 「선종 입장에서 교종사상의 융섭」은 수미산문須彌山門을 개창하는 데 간여한 사무외사四無畏士의 선종사상과 성상융회性相融會사상을 융섭하려는 법안종法眼宗사상을 분석하였다. 제4장 「교종 입장에서 선종사상의 융합」은 『천태사교의天台四教儀』를 저술한 체관諦觀과 고려초기의 법화사상에 대해 살펴보았다. 제5장 「의천義天의 교관겸수教觀兼修사상」은 의천이 천태종天台宗을 개창하였지만 본래는 화엄종 승려였고, 융섭적인 관법觀法이라 할 수 있는 원돈圓頓사상을 가진 점 등을 지적하였다.

크게 보아 이 책의 내용은 왕건과 연결된 승려들의 불교사상과 이후 교선교섭 사상의 전개로 구분된다. 교종 입장에서 선종사상을 아우르거나 또는 선종 입장에서 교종사상을 아우르는 두 가지 경향의 교선교섭 사상은 고려시대에 그대로 전개되었다. 선종 입장에서 교종사상을 아우르는 것은 현휘玄暉와 사무외사 또는 법안종의 사상에서 나타났고, 고려후기 지눌知訥의 수선사修禪社와 요세了世의 백련사白蓮社 결사 사상으로 이어졌다. 교종 입장에서 선종사상을 아우르는 것은 탄문坦文과 체관 또는 의천의 사상에서 나타났다.

학문의 길에는 속도를 낼 수 없다. 선종사상사를 정리하기 시작한 지 어느덧 30여 년이 훌쩍 지나갔다. 어떻게 보면 우둔하고 답답한 걸음을 옮겨 왔지만, 그것은 진실을 외면하지 않으면서 오직 진리를 추구하는 길이었다. 객관적인 사실에 기초하여 보편적인 법칙을 이끌어내려는 태도가 진실에 접근하게 한다. 학문에서 실증적 연구가 중요한 이유를 바로 여기서 발견할 수 있다. 선종사를 위시한 종교사상사의 연구가 교단이나 교리에 얽매이는 것은 학문의 발전을 위해 바람직하지 않다. 그래서 학자적인 양심에 의해 객관적인 진실을 추적하는 작업은 외로울 수밖에 없다.

어머님이 타계하신 지 3년이 지나서 이 책이 출간될 즈음에 아버님이 돌아가셨다. 왠지 세상에 외롭게 홀로 선 기분이 든다. 허전한 마음을 메우려는 것이 이 책의 간행으로 마무리되었다. 아버님과 어머님의 영전에 이 책을 바친다. 교정과 색인 작업은 국민대학교 국사학과 대학원의 한태일韓太逸군이 맡아주었다. 그의 수고에 감사한다. 어려운 여건 속에서도 출간을 허락해준 일조각一潮閣의 김시연金時姸 사장과 아담한 정장으로 꾸며준 윤현정尹賢晶 선생을 비롯한 편집부 여러분께도 고마움을 전한다.

2006년 3월

정릉貞陵 계곡에서

김두진金杜珍

차례

제3장 | 선종 입장에서 교종사상의 융섭

제4장 | 교종 입장에서 선종사상의 융합

제5장 | 의천의 교관겸수사상

서론

신라하대의 선종은 주로 지방호족세력과 연관하여 연구되었다. 그러나 진성왕 이전의 초기 선종 선사들은 대개 중앙왕실과 밀접한 관계를 가지면서 지방세력과 연결되었다. 그러다가 진성왕을 전후한 시기가 되면 이들은 점차 왕실과 결별하고 지방호족과 결합하는 쪽으로 기울어졌다. 이것은 선종의 사상 면에서도 변화를 가져왔다.

선종은 처음에는 조사선祖師禪사상을 추구하였다. 그래서 신라말에 이르기까지 선종과 교종은 각각 사상적인 발전을 거듭하면서 정치한 논리체계를 구축하였다. 그러나 이후 고려시대 불교사상사의 전개는 선종과 교종의 교리를 절충하려는 방향으로 발전하였다. 자연히 나말려초의 선종사상사는 크게 신라하대에 이르기까지 조사선을 수립하는 문제와 고려시대 초기의 교선교섭 사상사의 정립 문제 두 가지로 나뉘었다. 이 책은 후자, 즉 교선교섭 사상사를 다루려고 한다.

나말려초에는 무려 30개에 이르는 선사들의 탑비塔碑가 전하는데 그 내용을 정리하면 당시 선종사상사의 개관을 수립할 수 있다. 또한 『조당집祖堂集』·『송고승전宋高僧傳』·『경덕전등록景德傳燈錄』 등의 승전과 우리나라의 『삼국유사三國遺事』·『고려사高麗史』·『동문선東文選』·『법화영험전法華靈驗傳』 등의 자료가 선사들의 탑비를 보완할 수 있고, 비교적 풍부한 내용을 전하는 고려후기의 불교관계 자료를 원용하여 보충할 수 있다. 그 밖에 선사들의 비문을 주석한 『사산비명四山碑銘』 등도 참고된다.

고려초기의 선종사상사를 정립하기 위해서는 나말려초의 사회 변동은 물론, 선사들이 활동하던 당시의 사회 상황에 대해서도 폭넓게 이해해야 한다. 그럼으로써 선종사상이 당대 사회와의 연관 속에서 분석되어 사회사상사로 정립될 수 있다. 다만 사회사상사가 뿌리를 내리기 위해서는 무엇보다도 선종사상 자체에 대한 이해를 깊이 해야 한다.

고려초기의 교선교섭 사상사를 정립하기 위해서는 당시에 이르기까지의 우리나라 불교사상의 흐름에 대한 이해가 반드시 필요하다. 또한 고려초기의 선종사상은 중국의 선종산문과 연결되었으므로, 중국 선종사를 폭넓게 연구해야만 그 바른 모습을 제시할 수 있다. 중국 선종사의 교리 논쟁에 대한 안목은 고려초기 선종사의 전개를 해석하는 데 도움을 준다. 이러한 노력이 이루어져야만 한국 불교사의 사상적 전통에 막연하게나마 접근할 수 있을 것이다.

이미 왕건王建의 선대先代세력과 연결된 순지順之의 사상 속에 교선교섭 사상경향이 나타나 있기 때문에, 순지의 선종사상을 밝히는 것은 후삼국시대 이후 지방의 대호족 중심으로 수용되는 선종사상을 밝히는 데 도움이 된다. 순지의 선종사상에는 상론相論과 삼편성불론三遍成佛論이 있다.

상론은 교학의 경전 및 불타의 권위를 부정하고 아울러 타방의 정토淨土 및 부처를 부정함으로써 자기 내에 존재한 불성을 찾는, 비교적 초기에 형성된 사상이다. 말하자면 상론은 선종사상의 개인주의적인 면을 강조하여 지방호족의 독자세력 형성에 도움을 준 사상이다. 반면에 삼편성불론은 이러한 상론의 사상을 흡수하였을 뿐만 아니라, 나아가 지방의 대호족이 주위의 군소 지방세력을 흡수 · 통합하는 데 도움을 주었다.

순지는 중국의 앙산仰山 혜적慧寂에게서 위앙潙仰선종을 전수받아 신라로 돌아왔다. 그러나 그의 선종사상 내에는 위앙종사상뿐 아니라, 화엄경華嚴經과 법화경法華經의 사상도 융합되어 있었다. 또한 순지는 교선일치敎禪一致를 주장하여 교선융합을 시도하였다. 화엄사상과 법화사상의 융합은 일단 원효元曉의 화쟁和諍사상에서 그 시초를 찾을 수 있는데, 여기에 다시 선종이 융합되는 것은 천태사상에 접근하였음을 알려준다. 순지의 교선일치사상은 의천義天의 교관겸수敎觀兼修나 지눌知訥의 정혜쌍수定慧雙修와도 연관된다. 따라서 순지의 선종사상을 밝히는 것은 고려시대 불교사상의 모태를 밝히는 결과가 된다.

신라중대 이래로 사원은 왕실과 중앙귀족과 연결되었는데, 신라하대가 되면서 주로 선종 사원이 지방호족과 연결되었다. 선종사상은 자기 내의 실아實我를 발견하려는 개인주의적 경향을 지녔기 때문에 지방호족의 의식구조와 부합되었다. 선종의 유행은 지방호족세력의 대두와 밀접한 관계에 있다. 신라 중앙정부와는 반독립적인 상태로 존재한 지방호족은 대체로 그 세력권 내에 사원을 경영하였는데, 이때의 사원은 대부분 거대한 장원으로 형성되어 지방세력의 경제적 기반이 되었다. 왕건이 신라하대의 혼란을 수습하여 통일국가를 이룩하려고 할 때, 이러한 불교 사원은 왕건과 새로운 관계로 다시 정립되어야 했다.

후삼국을 통일해가는 과정에서 왕건은 사원세력을 포섭한 것으로 알려져 있다. 그렇지만 막상 이 문제를 연구한 논문은 거의 없는 편이다.[1] 당시 승려는 대체로 호족과 연결되어 지방세력을 형성하였기 때문에, 왕건이

---

1 太祖 왕건의 豪族聯合策에 관한 論考로 몇 편의 논문이 있으나, 왕건과 승려들과의 결합관계를 직접적으로 밝힌 논문은 아직 없다. 圖讖사상을 밝히면서 간접적이긴 하지만 왕건과 불교세력과의 관계를 추구한 논고로 李丙燾, 「太祖와 圖讖」, 『高麗時代의 硏究』, 乙酉文化社, 1948이 있는 정도이다.

승려와 결합하는 면과 그 양상을 밝히는 것은 그의 호족연합책豪族聯合策의 일환을 해명하는 결과가 된다. 왕건은 투항해온 지역의 교화와 민심 수습에 승려를 동원하였는데, 이것은 결국 통일 고려국가의 기반을 다지는 데 기여하였다.

왕건은 고려 통일을 이룩하기 전까지는 불교세력을 포섭하려 하였으나, 통일 이후에는 통제하려 하였다. 이처럼 고려 통일을 전후하여 왕건이 불교세력을 대하는 태도가 많이 달라지므로 통일 이후 불교와 국가의 관계는 별도로 취급되어야 한다. 왕건과 연결된 승려들의 불교사상은 몇 가지 특성이 있다. 그것은 교선융합의 사상경향 · 유교 이념의 수용 · 풍수지리사상의 이용 등으로 규정된다. 이러한 사상은 서로 유기적인 관계를 가지기 때문에 명확하게 구분하여 설명할 수는 없다. 그것들은 종합적으로 검토하면서 고려초기의 정치 · 사회 변화와 밀접하게 관련시켜 고찰해야 한다.

후삼국이 정립되면서 선종사상은 교종사상과 융합되는 면을 보이기 시작하는데, 순지의 사상이 바로 그러하였다. 이후에 교선융합 사상경향이 나타나는 것은 왕건이 호족연합책으로 통일 고려국가를 성립시켜가는 시대적 여건 속에서 이해된다. 광종대말이 되면 교선일치사상이 두드러지게 나타나고, 그 후 교 · 선의 대립을 해소하려는 교선융합사상은 고려 불교계의 과제로 등장하였다. 그러므로 고려초의 교선융합사상은 고려중기 이후 불교사상계와의 연관 속에서 파악해야 한다.

나말려초에 선종구산문禪宗九山門이 성립되면서 한국 불교사는 교종에서 선종으로의 커다란 변혁을 겪었다. 선종구산문 중 희양산문曦陽山門은 개조자인 도헌道憲이 중국에 유학하지 않고 독자적으로 개창開創하였지만, 고려초에 개창된 수미산문須彌山門을 제외한 나머지 7산문의 개조자는 모두 중국에 유학하여 회양懷讓의 제자인 도일道一의 법인法印을 전수받아 귀국하였다. 그런데 수미산문을 개창한 이엄利嚴은 중국에 유학하여 행사行思의 법맥法脈을 이은 도응道膺의 법인을 받아왔다. 이엄뿐만 아니라 여엄麗嚴·경유慶猷·형미逈微도 모두 도응의 법인을 받아왔는데, 이들을 해동海東의 사무외사四無畏士라고 불렀다. 행사의 문하로 유학을 갔다가 귀국한 승려, 특히 사무외사는 왕건과 연결되었다.

중국의 남종선南宗禪을 성립시킨 혜능惠能의 제자 중에서 행사와 회양의 문하가 가장 번성하였다. 신라하대 사회에 선종이 전래되면서 거의 모든 선승들이 회양의 문하로 유학하여 그 법맥을 이은 데 반해, 나말려초에 왕건과 연결된 선사들은 대부분 행사의 문하에서 법인을 받아왔다. 왕건과 연결된 선승들이 왜 행사의 문하로 유학하였는지가 큰 흥미를 자아낸다. 또한 이엄은 왕건의 도움을 받아 수미산문을 개창하였는데 이 수미산문에 대해서도 아직 충분한 연구가 이루어지지 않았다.

이렇듯 왕건과 연결된 수미산문과 사무외사의 사상경향은 삼한을 통합하려는 고려의 호족연합책과 연관해서 이해해야 한다. 즉 사무외사의 행적과 그 사회적 기반 및 사상경향은 이들과 왕건, 다른 호족과의 관계에서 연구되어야 한다. 또한 그들의 사상을 보다 분명히 하기 위해 운거雲居 도응의 사상경향이나 같은 시기 다른 승려들의 사상과 비교·검토할 필요가 있다.

선종사상과 화엄종華嚴宗사상이 수용되는 정치·사회적 기반은 상당히 다르다. 전자가 지방호족 중심의 사상 체계라면 후자는 전통적으로 왕실 중심의 사상 체계이다. 전제정치가 한창이던 광종중기에는 성상융회性相融會사상이 성립되었는데, 이것은 물론 화엄종 체계에 속한 사상이다. 한편 광종 19년에는 법안종法眼宗의 혜거惠居가 국사에 봉해졌다. 교선일치사상이라 할 수도 있지만 법안종사상은 결국 선종의 범주에 포함된다. 그렇다면 광종 19년 이후 혜거가 국사에 봉해지고 계속해서 법안종이 등장한 것은 사상사적 측면에서 커다란 변화라 할 수 있다. 광종 때에 성행한 성상융회사상을 정리한,[2] 이러한 사상사의 변화는 주목된다.

일찍이 광종대는 성격이 상당히 다른 불교사상 체계가 병존하였다는 생각에서 교종과 선종이 대립한 시기로 파악되었다. 즉 광종이 교종은 교종대로 선종은 선종대로 이원적으로 불교계를 정리하였기 때문에, 광종대는 화엄종과 천태종天台宗이 병행하여 발전하는 시기로 이해되었다. 그러한 논거로서 화엄종의 균여均如와 천태종의 체관諦觀, 의통義通의 활동 등이 제시되었다. 그러나 이질적인 사상 체계가 단일한 세력에 의해 동시에 각각 정리될 수 있는지에 대해서는 확언할 수 없다. 사실 광종대까지의 고려초기 사회에서 천태종사상이 크게 유행하였다는 주장에 의문이 제기되고 있다. 체관이나 의통은 중국에 들어가서 귀국하지 않았기 때문에 당시 고려 불교계에 끼친 영향을 과대 평가할 수 없으며 또 고려초기 사회에서 천태종 승려를 찾아보기 어렵기 때문이다. 그러므로 천태종 대신 광종대말에 유행한 법안종을 중시하여 그것과 화엄종 또는 광종대 불교계와의 관계를 살펴보는 것이 타당할 듯하다.

법안종사상은 교선일치의 사상 체계를 가졌으므로 왕건 당시의 교선일치 사상경향과 맥락이 닿는다. 여기서는 광종대 불교사상 전반에 관한 변화 과정을 추적하면서 법안종이 등장하는 경위와 그 특성을 밝히고, 아울러 대두하는 정치 · 사회적 배경을 살펴서 한국 불교사상사에서 법안종이 갖는 위치에 대해 음미해보려 한다.

체관이 저술한 『천태사교의天台四教儀』는 천태종의 가장 중요한 교전이다. 중국과 일본에서는 이에 대한 많은 주석서가 나왔으나, 정작 우리나라에서는 연구가 소홀하였다. 지금까지의 연구는 체관의 사상 내용을 전면으로 다루지 않았을 뿐만 아니라 대부분 그가 중국에 들어간 데 대한 주변

2 金杜珍, 『均如華嚴思想硏究－性相融會思想』, 韓國硏究院, 1981 ; 一潮閣, 1983.

상황을 살피는 데 그쳤다.[3] 그 밖의 논문들은 의천의 사상이나 다른 천태사상을 밝히기 위해 잠깐 언급한 데 지나지 않았다.[4] 그럼에도 지금까지 우리나라에서는 체관이 고려초 특히 광종대의 불교사상에 대단한 영향을 끼친 인물로 이해되었고, 고려초의 천태종이 교종의 입장을 강하게 지녔는지 아니면 선종의 입장을 강하게 지녔는지에 대한 논쟁이 곁들여졌다.

고려초 정치 · 사회의 변화와 불교사상사를 조명할 때 체관의 사상에 대한 규명은 당대 불교계의 흐름을 밝히는 데 유용하다. 다만 교선일치사상인 체관의 천태사상이 과연 초기 고려 사회에 커다란 영향을 주었는지는 의심을 품게 된다. 체관이 오월吳越에 들어갈 당시인 고려 광종대 중기에는 전제정치가 한창이었으므로, 이러한 사회 분위기 속에서 체관의 사상이 크게 환영받았는지를 논증하기는 어렵다. 균여의 사상은 물론 그 뒤의 법안종사상과도 연결이 어려울 것 같은 체관의 사상은 고려 사회에서 꽃피우기보다는, 오히려 오월국에 이식된 느낌을 준다.

『천태사교의』의 내용을 집중적으로 검토하여 체관의 사상적 특성을 제시하고 아울러 고려와 중국의 정치 · 사회 상황과 체관 사상과의 연관성을 분명히 하는 것은 중요하다. 이러한 목적에서 『천태사교의』가 저술될 수 있었던 문화적 · 사상적 배경에 관심을 두면서, 신라중대의 원효元曉 이래 법화法華사상의 전통을 밝히는 데까지 살펴보고자 한다. 다음으로 체관의 사상과 당시 고려 불교계, 즉 균여의 사상이나 법안종사상, 의천의 사상뿐만 아니라 중국 천태종의 산가파山家派 · 산외파山外派의 사상과 법장法藏의 사상과도 비교 · 연구한다.

대승불교의 정신을 가장 보편적으로 제시한 경전은 법화경이라 할 수

3 金哲埈, 「고려초의 天台學硏究」, 『東西文化』 2, 1968 ; 『韓國古代史硏究』, 知識産業社, 1975 ; 金英吉, 「고려 諦觀의 渡宋에 관한 考察」, 『韓國佛教學』 3, 1977.

4 崔柄憲, 「天台宗의 成立」, 『한국사』 6, 국사편찬위원회, 1975 ; 李永子, 「韓國 天台思想의 展開」, 『日本學』 2, 1982.

있다. 물론 부처의 말씀이 아닌 경전이 없지만, 석가釋迦의 영취산靈鷲山 설법의 내용을 바로 수록하였기 때문에 법화경은 불교사상의 근본을 담았다고 할 수 있다. 그것은 방편을 제시하여 불성을 깨닫게 하고, 삼승인三乘人이 모두 성불하게 한다. 법화경의 이러한 회삼귀일會三歸一사상은 일심삼관법一心三觀法의 논리로 전개되면서 천태사상을 성립시켰다. 법화경에는 수행을 내세우는 보현행원普賢行願 외에 관음觀音보살의 영험靈驗신앙이 포용되었고 정토淨土신앙이 추구되었다.

대승불교사상을 광범하게 담아서인지 법화경에 대한 연구는 오히려 미진한 편이다. 불교사 연구가 교단이나 종파의 입장을 완전히 초월하지 못해 모든 교단에 보편적으로 수용된 법화사상이 특별한 관심을 끌 수 없었다는 점도 작용하였다. 한국 불교사 연구에서 고려 이전의 법화 영험신앙에 대해서는 미흡하지만 정리된 바 있고,[5] 고려중기 이후 천태사상을 밝히면서 당시의 법화사상에 대한 연구가 이루어지기도 하였다.[6] 그러나 고려전기의 법화사상에 대해서는 거의 연구가 이뤄지지 않았다. 그래서 여기에서는 고려전기의 법화사상을 밝힘으로써 법화사상사 연구의 미진한 부분을 보충하도록 한다.

수행과 영험신앙의 두 측면에 비중을 두면서 법화사상이 고려전기에는 어떠한 모습으로 나타났는가를 추구하여, 천태사상을 성립시키는 데 능동적으로 작용한 법화관행法華觀行사상의 참모습을 제시하는 것은 중요하다. 아울러 법화관행사상이 갖는 의미를 한국 불교사의 흐름과 고려전기 사회의 분위기 속에서 이해하고자 한다.

의천은 천태종을 개창한 것으로 알려져 있지만, 실제로는 화엄종 승려

5 金煐泰, 「三國時代의 法華受容과 그 신앙」, 『韓國天台思想硏究』, 韓國佛敎文化硏究所, 東國大學校出版部, 1983.

6 이영자, 「天因의 法華懺法의 展開」, 위의 책 ; 邊東明, 「高麗忠烈王의 妙蓮寺 창건과 法華信仰」, 『韓國史硏究』 104, 1990.

였고 여러 교파의 교학에 정통하였다. 그의 교학의 중심은 화엄사상이지만 그 궁극은 천태사상이므로, 그것을 밝히는 방향으로 연구가 이루어져야 한다. 그러므로 의천의 원돈圓頓사상에 대한 접근은, 그가 화엄사상 자체를 깊이 이해한 기반 위에서 천태종을 개창하는 과정을 쉽게 이해하게 한다.

고려시대 불교사상사는 교종과 선종사상의 교섭경향에 대한 구체적 양상을 끌어냄으로써 정립될 수 있다. 의천의 불교사상도 교선교섭 사상경향에서 이해되어야 한다. 의천은 화엄사상뿐만 아니라 유식唯識사상 등 여러 교파의 교리와 관법觀法에 모두 밝았다. 의천의 행적을 부각함으로써 이러한 그의 교학이 형성되는 과정에 접근할 수 있다. 그런 다음 그의 사상이 갖는 특징을 이끌어내서 한국 불교사에서 갖는 의미를 추적하도록 한다.

의천의 문집은 결락된 부분이 많다. 또한 대각국사비大覺國師碑는 윤관尹瓘이 먼저 찬술하였으나 현재 전하지 않고, 비슷한 시기에 김부식金富軾이 찬술한 것이 전해진다. 이런 면은 의천의 사상이 후에 잘 전승되어 떨치지 못하였음을 추측하게 한다. 그래서 여기서는 의천의 정치 · 사회적 입장을 부각하여, 그것과 연관시켜 그의 사상을 이해하도록 한다.

의천은 기본적으로 화엄종 승려였고, 화엄종의 입장에서 교敎와 관觀을 아울러 배우려는 교관겸수敎觀兼修사상을 가졌다. 따라서 의천의 천태교관을 이해하기 위해서는 먼저 그의 화엄관이 구상론적具相論的 성격을 가진 원돈사상임을 상기해야 한다. 그것은 융섭적인 관법觀法으로 이해될 수 있지만, 융섭된 법상의 차별을 인정하는 면에서 연기건립緣起建立을 내세우는 중국 법장의 사상과 연결된다.

의천은 숙종 때 국청사國淸寺를 창건하여 천태종을 개창하였다. 그의 천태교관은 화엄종과 천태종의 교리를 조화하려는 것이었다. 고려초의 불교계와 의천에게 도움을 준 인물들을 살펴서 천태종을 개창하기까지의 사정을 이해하고, 아울러 교관겸수사상의 구체적인 내용을 제시하도록 한다. 또한 화엄종 입장에서 관법을 수용한 의천의 천태교관과 송나라 때의 천태종, 특히 산가파와 산외파의 교리 논쟁이나 고려 국내 선종산문과의 연결 문제도 짚어봐야 한다.

의천의 천태교관은 숙종 당시에 크게 떨쳤던 추세에 비추어 실제로 그 내용이 잘 전하고 있지 않다. 남겨진 그의 문집은 결락된 부분이 많은데, 누군가에 의해 의도적으로 결락이 자행되었다는 의심을 갖게 한다. 그러므로 여기서는 의천의 천태교관과 고려초나 후기의 불교계와의 연관성을 제시하지만, 그것은 막연한 개연성을 추측하는 데 그칠 것이다. 이런 문제는 고려후기 수선사修禪社나 백련사白蓮社 결사 및 임제종臨濟宗사상의 수용 문제 등을 구체적으로 추구하면서 해결될 것으로 기대한다.

제1장 왕건의 선대세력과 선종

1. 요오선사 순지의 상론

(1) 순지와 『조당집』

신라하대에 선종은 지방호족세력과 밀접하게 연결되었으나, 초기의 선종은 중앙왕실과도 어느 정도 결합되었다. 그러던 것이 점차 왕실과는 멀어지고 지방호족 중심으로 수용되었는데, 진성왕을 전후한 시기가 되면 선사禪師들은 거의 대부분 지방호족과 연결되었다.

순지順之는 언제 태어나서 언제 죽었는지에 대한 기록이 전하지 않아 생존 연대를 정확하게 알 수는 없다. 대개 진성왕을 전후하여 활동한 것으로 추측된다.

그는 약관에 오관산五冠山에 들어가 삭발하여 중이 되었고, 헌안왕 2년(858)에는 입조사入朝使를 따라 중국에 유학하였다. 귀국 연대는 정확하지 않다. 건부乾符 초년경에 송악군의 단월檀越인 원창元昌왕후와 그 아들 위무威武대왕이 오관산 용엄사龍嚴寺에 시주하자 순지는 여기에 거주하였는데,

절 이름을 서운사瑞雲寺라고 고쳤다.[1] 그러므로 그는 서운사의 주지가 되는 건부 1년인 경문왕 14년경(874)까지는 신라로 돌아와 있었다.

순지는 왕건王建의 부친인 용건龍建과 조모인 용녀龍女와 결합하였으나, 왕건과는 연결되지 않았다. 그것은 순지가 적어도 왕건이 활동하기 이전, 즉 용건이 궁예弓裔에게 항복한 진성왕 10년(896) 이전에 활동한 것으로 추측하게 한다. 따라서 순지가 한창 활동한 시기는 진성왕을 전후하여 후삼국이 정립되기 이전일 것이다. 그래서 순지가 주지로 있던 서운사의 단월은 고려왕조의 선대세력인 용녀와 용건이었다.

지금까지 고려왕조의 세계世系가 많은 설화로 구성되었기 때문에 그 선대가 강력한 지방세력을 형성하였다는 것에 회의적이었다. 그러나 고려왕실세계는 설화로 채워졌을지라도 그 속에 역사적 사실이 숨어 있는 것에 주의해야 한다. 고려 왕건의 선조인 성골聖骨 장군 호경虎景은 신라하대에 개성지방의 호족이었고, 아들 강충康忠도 군의 상사찬上沙粲으로서 신라 사람인 팔원八元의 풍수설을 듣고 자의로 군을 부소산扶蘇山 남쪽으로 옮길 만큼 지방에 강한 세력 기반을 가진 대호족이었다.[2]

고려왕조의 선대세력은 용녀와 작제건作帝建 때에 영안성永安城을 쌓고 이웃의 지방호족을 통합하였다. 김관의金寬毅가 찬술한 『편년통록編年通錄』에 나오는 고려세계에는 작제건이 서해의 용녀를 아내로 맞이하여 돌아오자, 백주정조白州正朝 유희상劉相晞 등이 개성 · 정주貞州(예성강禮成江 하류) · 염주鹽州(연안延安) · 백주(백천白川) · 강화江華 · 교동喬桐 · 하음河陰 등 서해안 일대의 지방민을 동원하여 그를 위해 영안성을 쌓고 궁실을 지어주었다고 하였다. 즉 작제건은 여러 주와 군의 백성을 동원하고 이를 통

1 『祖堂集』 권20, 順之전, 제1장에 "乾符初 松岳郡女檀越 元昌王后 及子威武大王 施五冠山龍嚴寺 便往居焉 今改瑞雲寺也"라고 하였다.

2 李佑成, 「高麗 百姓考」, 『歷史學報』 14, 1961, pp. 30~31.

치하던 대호족이었다.

『편년통록』에는 용녀가 서해 용왕의 딸로 되어 있으나, 이제현李齊賢이 인용한 『성원록聖源錄』에는 평주平州(평산平山) 사람인 두은점豆恩坫 각간角干의 딸이라고 하였다. 즉 용녀는 평주지방 호족의 딸이라는 것이다. 용녀가 서해 용왕의 딸로 나타난 것은 그 집안이 해상세력임을 시사한다. 작제건과 용녀의 결혼은 개성지방의 토착호족과 서해안의 해상세력과의 결합이며, 이러한 세력이 신라왕조를 뒤엎고 새로운 사회를 건설하는 주역이 되었다. 그 아들 용건도 이러한 전대의 세력을 계승하였으며, 삼한을 병합할 야심을 지닐 정도로 강력한 세력 기반을 가졌다.

순지와 결합하였던 고려왕조의 선대세력은 주위의 군소 지방세력을 흡수·병합할 수 있을 정도의 대호족세력을 형성하였다. 그런데 순지의 사상 중에는 상론相論 말고도 삼편성불론三遍成佛論이 있는데, 삼편성불론은 지방의 대호족이 주위의 군소 지방세력을 통합해가는 과정을 돕는 사상이라 할 수 있다. 특히 상론 중에서 양대사상兩對四相은 교학 불교의 경전과 불타의 권위를 부정하고 각자가 가진 실아의 인식을 강조하였다.

상론은 순지가 중국에 있을 당시 위앙선종潙仰禪宗에서 영향을 받아 형성된 것이다. 다음 기록은 이러한 사정을 알려준다.

> 승려가 물었다. "문자로써 이룰 수 없으니 문자에 구애됨은 옳지 않는데, 이는 무슨 자인가?" 대사는 圓相을 그려 보였다. 또 대사의 앞에 있는 승려가 五花圓相을 그리니, 대사는 이를 모두 지워버리고 별도로 하나의 원상을 그렸다.[3]

원상圓相의 접화법接化法은 남양南陽 혜충慧忠국사로부터 시작되었으나,[4]

3 道原, 『景德傳燈錄』 권12, 南嶽 제5세 仰山寂嗣 新羅支조에 "問以字不成 入字不是 是什魔字 師作圓相示之 有僧於師前 作五花圓相 師畫破 別作一圓相"이라 하였다.

4 도원, 위의 책 권5, 慧能大師嗣 光宅忠조에 "師見僧來 以手作圓相 相中書 日字 僧無對"라고

진응眞應을 거쳐 혜적慧寂에게 전해지면서 크게 일어났다.[5] 위앙선종의 특징은 방원묵계方圓默契로서 부호를 사용하는 방법에서 찾아진다.[6]

현재 전하는 위앙선종의 접화법은 ○상 · ㊌상 · ㊋상을 그려서 줄 정도에 지나지 않고,[7] 그 내용도 잘 알 수 없다. 그러나 순지의 상론은 그것에 비해 훨씬 자세하며, 내용도 그의 또 다른 선종사상인 삼편성불론과 유기적으로 연결되면서 일관된 논리 체계를 지닌다. 즉 순지의 상론은 위앙선종의 영향을 받았지만 그것을 더 발전시켜 독립된 사상 체계를 형성하였다.

순지에 대한 기록은 『전등록傳燈錄』에 조금 나타나지만, 이것만으로는 그의 사상을 알기에는 부족하다. 『조당집祖堂集』에는 순지의 전기가 상당히 자세하게 실려 있다. 상론은 대체로 순지의 초기 사상이었고, 그의 다른 사상과도 연관성을 가지기는 하나 나름대로 독립된 체제로 구성되었으므로, 여기서는 『조당집』에 나오는 순지의 사상 중 상론만 독립시켜 고찰해보도록 한다.

『조당집』은 전질 385장張의 판본板本으로 현재 합천陜川 해인사海印寺 장경각藏經閣 안에 보존되어 있는데, 정장正藏도 잡판雜板도 속장續藏도 아닌 보판補板의 부류에 속한다.[8] 책에 실린 인물이 활동한 연대의 하한은 당말唐末 오대五代로 우리나라의 후삼국시대 말경이 된다.[9] 지금까지 『조당집』의 저자는 중국인으로 생각되었다.[10] 그러나 『조당집』의 다음 기록은 이에

하여 接化法에 ㊐相이 나타나 있다.

5 金東華, 『禪宗思想史』, 油印本, 1986, p. 479.

6 關口眞大, 『禪宗思想史』, 山喜房佛書林, 1986, p. 230.

7 도원, 앞의 책 권11, 南嶽 제4세 潙山祐嗣 仰山寂조에서 ○相에 대해 "師於紙上畫一圓相 注云 思而知之 落第二頭 不思而知 落第二頭"라고 하였다. 또 ㊌相에 대해서는 "有僧潛來身邊立 師開目於地上作一圓相 相中書水字 顧視其僧 僧無語"라 하였고, ㊋相에 대해서는 "問何是祖師意 師以手於空作圓相 相中書佛字 僧無語"라고 하였다.

8 閔泳珪, 「景印 祖堂集引」, 『趙明基博士 華甲紀念 佛教史學論叢』, 中央圖書出版社, 1965, p. 1.

9 『조당집』 판본의 전문은 1965년에 『趙明基博士 華甲紀念 佛教史學論叢』의 부록으로 소개되었다.

대해 의심을 갖게 한다.

> 해동의 새로 만든 『祖堂集』 印版에는 현재 253員의 선사들의 행적을 스무 권으로 나누어 서술하였는데, 그 행적을 알 수 없는 자는 싣지 못하였다.[11]

고려에서 『조당집』의 인판印版을 새로 만들 때, 행적을 잘 알 수 없는 선사들은 빼버렸다. 이것은 고려 사람이 본래 전해 내려오던 『조당집』을 개판하였다는 것을 알려준다. 고려 사람이 개판하기 전의 『조당집』에 대해서는 다음 기록에서 살펴볼 수 있다.

> 이상의 서문과 『祖堂集』 한 권이 먼저 이 땅에 전해져 있었다. 그 후에 『조당집』 한 권이 겨우 전해져 내려왔는데, 삼가 具本에 의해 새로 印版을 만들고 스무 권으로 나누어 멀리 流傳시키고자 한다.[12]

여기의 서문은 전해 내려오던 『조당집』에 맨 처음에 나와 있는, 정靜·균筠 두 선승이 편찬한 『조당집』의 서문을 말한다. 즉 고려에서 유행한 『조당집』은 정·균 두 선승이 편찬한 『조당집』이었으며 그것은 한 권으로 되어 있었다. 이에 대해서는 『조당집』 서문 중에 "정·균 두 선사가 있어 고금의 제방諸方 법요집法要集을 모아 편찬하여 한 권으로 만들고, 조당집이라는 제목을 붙였다"[13]라고 한 데서 알 수 있다.

---

10 민영규, 앞의 글, 앞의 책, p. 9. 胡適은 『조당집』의 저자를 省僜으로 생각하였는데, 민영규는 이를 잘못된 것이라 하였다. 성등이 만년에 靜과 筠, 두 젊은 선승에게 맡겨 『조당집』을 편찬하여 완성을 보았기 때문에, 민영규는 『조당집』의 저자를 정과 균으로 보았다.

11 『조당집』 권1, 제4장에 "海東新開印版祖堂集 現其本述者 二百五十三員 并載於二十卷內 莫知迹者 不能具錄矣"라고 하였다.

12 『조당집』 권1, 제1장에 "已上序文 并祖堂集一卷 先行此土 爾候 一卷濟到 謹依具本 爰欲新開印版 廣施流傳 分爲二十卷"이라 하였다.

13 『조당집』 권1, 제1장에 "有靜筠二禪德 袖出近編古今諸方法要集 爲一卷 目之祖堂集"이라 하

이렇게 되면 고려 사람이 의거한 '구본具本'은 한 권으로 된 완본을 뜻하고, 아울러 고려에 전해 내려온 『조당집』은 낡아서 결장缺張이 있었다고 추측된다. 고려 사람은 '구본'을 기초로 『조당집』 한 권을 스무 권으로 만들었는데, 이 과정에서 취사 선택이 행해졌을 것이다.

그러므로 현재 전하는 『조당집』은 그것의 대본이었다고 생각되는 정·균 두 선승이 편찬한 『조당집』과는 상당한 차이가 있다. 즉 기록상으로 『조당집』은 정·균 두 선승이 저술하였으나, 실제로는 고려 사람이 저술한 것이었다. 그렇게 생각하는 이유는 다음과 같다.

첫째, 『조당집』이 중국이나 일본에는 전해 내려오지 않고 우리나라에만 전한다는 점이다.

둘째, 우리나라 구산선문九山禪門 중 희양산문曦陽山門의 도헌道憲과 수미산문須彌山門의 이엄利嚴을 제외한, 나머지 7산문의 개조자들이 『조당집』에 실려 있다. 『조당집』은 인도의 7불과 28조 및 이로 연결되는 사법嗣法 제자들에 대한 기록이기 때문에 중국에 들어가지 않았고, 따라서 중국에서 선종을 전수받지 않은 도헌은 『조당집』에 실을 수 없었을 것이다. 또한 이엄은 고려 태조와 연결되었으므로 『조당집』의 저술 연대 하한이 그가 활동한 시기까지 내려오지 않는다. 이렇게 생각하고 보면 『조당집』에는 우리나라의 대표적 선종이 모두 실려 있다.

셋째, 특히 순지에 대해서는 중국의 어느 선사보다도 자세히 기록하였다.[14] 아울러 『조당집』 서문에서 근기根機의 이둔利鈍 관계를 말하였는데[15] 이는 순지의 사상과 상당히 비슷하다. 이러한 점들을 고려할 때 『조당집』

였다.

14 『조당집』에 실린 기록의 과다로, 『조당집』의 저자가 선사들을 논한 비중을 전적으로 판단할 수는 없지만 도움은 된다고 생각한다. 참고로 『조당집』에 실린 선사들의 기록을 살펴보면, 順之와 仰山 慧寂의 경우가 가장 많아 약 12장에 이른다. 또 6~10장 정도로 기록된 선사가 총 5명밖에 되지 않으며, 그 밖의 선사들은 모두 이보다 적게 기록되었다.

15 『조당집』 권1, 제1장 서문에 "寂上根器 悟密旨於鋒鉢 未兆之前 中下品流 省玄樞於機 包已施

은 우리나라의 불교계 상황이 충분히 반영된 책으로 보아도 좋으며, 이로써 순지의 사상도 구체적으로 밝혀질 수 있다.

(2) 순지의 상론

1) 사대팔상

순지의 상론相論은 사대팔상四對八相 · 양대사상兩對四相 · 사대오상四對五相의 세 부분으로 나누어 설명할 수 있다. 먼저 다음 기록을 통해 사대팔상에 대해 살펴보자.

> 대사가 이때 相法을 나타내 보였는데, 다만 證理의 遲疾을 보여주었다.[16]

상론은 주로 근기根機의 이둔利鈍 관계를 밝히는 것이다. 상기한 세 개의 상론 중 근기의 이둔을 밝히는 것은 주로 사대팔상인데, 사실상 사대팔상은 순지 상론의 중심을 이룬다.

사대팔상은 근기의 이둔에 따라 불성을 깨치는 돈오頓悟의 과정과 돈오 후의 수행 과정인 중행衆行에 대해 밝힌 것이다. 팔상八相에 대해 차례로 살펴보는데, 먼저 ○상에 대해서는 다음과 같이 설명하였다.

> 이 相은 所依涅槃相 또는 理佛性相이라 불린다. 郡生과 중생은 모두 이 상에 의해 불성을 깨친다. 상은 비록 다르지 않으나 깨치고 깨치지 못하고는 달리 나타나기 때문에 범부와 성인이 있다. 즉 이 상을 깨쳐 알면 성인이 되고, 깨치지 못하면 범부가 된다. 그러므로 龍樹가 남쪽 인도에서 설법할 때, 여러 대중에게

之後 根有利鈍法無淺深"이라 하였다. 이러한 내용은 순지가 相論에서 法을 깨치고 못 깨치고 하는 것은 중생이 가진 根機의 利鈍에 의한다고 하는 것과 일치한다.

16 『조당집』 권20, 순지전, 제1장에 "師有時相現法 示徒證理遲疾"이라 하였다.

몸을 마치 月輪 모양으로 한 異相을 나타내어 좌상에 앉았는데, 오직 설법만 들을 수 있고 그 형체를 볼 수 없었다. 대중 가운데 提婆라 불리는 한 장자가 있어, 대중에게 "이와 같은 상서로운 일을 알겠는가 모르겠는가"라고 물었다. 그러나 대중은 이 상서를 몰랐으며, "누가 능히 상서로움을 판별하겠는가"라고 대답하였다. 이때 제파의 心根이 宿靜하여지고 이 상을 보고 默然히 깨달았다. 이에 중생에게 고하기를 "지금 이 상서로운 일은 대사가 불성을 나타내 보이는 것으로 대사의 몸을 보이는 것이 아니며 또 無相의 삼매는 그 형태가 滿月形이며 불성의 뜻이다"라고 하였다. 이 말이 채 끝나기도 전에 대사는 本身을 나타내어 좌상에 있었다. 그리고 偈를 지어 말하기를 "몸을 圓月相으로 나타내어 여러 佛體를 표현하였으며, 설법에는 그 형태가 없고 聲色을 구별하기 위한 것이 아니다"라고 하였다. 만약 사람이 이 月輪相을 가지고 물으러 오면, 상 가운데에 牛 자를 써서 대하였다.[17]

○상은 소의열반상所依涅槃相 또는 이불성상理佛性相이라 부른다. 이 상은 무상無相의 삼매로서 불성을 의미하며, 불체佛體를 나타낸다. 모든 중생이 이 상을 가졌으나 범부가 되고 또는 성인이 되는 것은 중생이 가진 근기의 미혹함과 깨달음에 달렸다. 즉 이 상을 깨쳐 안 자는 성인이 되나, 깨치지 못한 자는 범부가 된다. 따라서 소의열반상은 본래 다 같은 것이나 깨닫고 못 깨달음에 따라 달리 나타난다. 그래서 용수龍樹가 나타낸 원월상圓月相을 깨친 제파提婆와 못 깨친 중생은 성인과 범부로 달라졌다. 이것은 소의열반상이 자성을 고수하지 않고 인연에 따라 달리 나타날 수 있음을 알

---

17 『조당집』 권20, 순지전, 제1~2장에 "此相者 所依涅槃相 亦名理佛性相 與郡生衆生 皆依此相 相雖不異 迷悟不同 故有凡夫有聖 謂識此相者 名爲聖人 迷此相者 名爲凡流 是故龍樹在南印土 則爲說法 對諸大衆而現異相 身如月輪 當於坐上 唯聞說法 不見其形 彼衆之中 有一長者 名曰提婆 謂諸衆曰 識此瑞不 衆曰非 其長聖誰能辨耶 爾時提婆心根 宿靜亦見相 默然契會 乃告衆曰 今此瑞者 師現佛性 非師身者 無相三昧 形如滿月 佛性之義 語猶未訖 師現本身座上 偈曰 身現圓月相 以表諸佛體 說法無其形 用辨非聲色 若有人 將此月輪相來問 相中心著牛字對也"라고 하였다.

려준다.

『선교총판문禪教摠判門』[18]은 『조당집』에 비해 그 자료적 가치는 떨어지지만, 다음과 같이 원상에 대해 언급하였으므로 주의를 끈다.

> 이 圓相은 靈妙하여 자재하나 자성을 고수하지는 않기 때문에, 一心에 관계되었을 경우에는 眞如나 또는 如來藏이라 부른다. 一眞法에 이르지 못하였을 경우 법에는 眞과 妄의 두 가지 뜻이 있고, 진과 망에 또 각각 두 가지 뜻이 있다. 이 각각의 두 가지 뜻은 진에 不變과 隨緣의 두 의미와, 망에 體空과 成事의 두 의미가 있음을 말한다. 또 진의 불변으로 말미암아 망의 體가 체공이 되어 眞如門이 되고, 진의 수연으로 말미암아 망의 성사를 인식하므로 生滅門이 된다.[19]

원상은 신령스럽고 묘하여 자재하며, 자성을 고수하지 않고 인연에 따라 이름을 달리한다. 곧 그것은 소의열반상이 범부와 성인으로 나타나는 의미와 같다.

다시 이 상은 진眞과 망妄으로 나뉘어 설명되었는데, 그것을 〈표 1〉로 나타내면 다음과 같다.

〈표 1〉 **소의열반상**

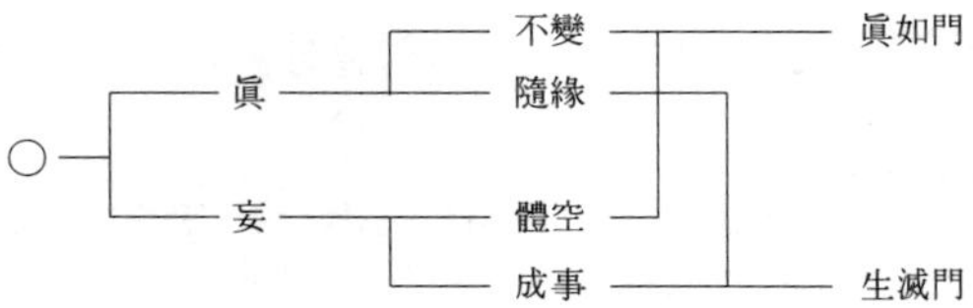

18 서울대학교 도서관 소장인 『禪教摠判門』은 6 · 7紙에 지나지 않는 小册子이다. 간행 연대는 萬曆 35년이므로 조선 宣祖 40년(1607)이다. 圓相을 설명하고 있는 것으로 보아 이 책은 潙仰禪宗이나 順之의 선종사상과도 연관된다고 생각한다.

19 『선교총판문』에 "但此靈妙自在 不守自性故 遂關一心 名眞如 亦名如來藏 於此不達一眞法界 法爾開眞妄二義 二義復各二義 各二義者 眞有不變隨緣二義 妄有體空成事二義 謂由眞不變故 妄體體空 爲眞如門 由眞隨緣故 妄識成事 爲生滅門"이라 하였다.

진에는 불변不變 · 수연隨緣, 망에는 체공體空 · 성사成事의 두 가지 뜻이 있다. 진 중의 불변과 망 중의 체공을 진여문眞如門이라 하고, 진 중의 수연과 망 중의 성사를 생멸문生滅門이라 한다. 『선교총판문』의 진여문과 생멸문은 원효의 사상에서 유래한 것이다.[20] 순지의 사상도 원효 사상의 전통을 이어받았다고 할 수 있다. 또 원상이 자성을 고수하지 않는 것도 소의열반상의 의미와 통한다. 이 원상이 순지의 소의열반상과 같은 것인지는 단정할 수 없다 하더라도 소의열반상을 이해하는 데 도움을 줄 것으로 생각된다. 소의열반상을 깨닫고 못 깨닫고는 『선교총판문』 중 원상의 진 · 망과 연결해서 생각해도 좋다.

소의열반상의 대상對相인 ㊎상에 대해서는 다음과 같이 기록되었다.

> 이 상은 牛食忍草相 또는 見性成佛相이라 불린다. 왜냐하면 경전에는 雪山에 忍辱이라 불리는 풀이 있는데 소가 그것을 먹으면 醍醐를 낸다고 하였고 또 중생이 법을 물어서 듣고 열반에 이르면 불성을 깨친다고 하였기 때문이다. 그러므로 마땅히 풀은 妙法으로, 소는 頓機로, 제호는 부처로 비유된 것을 알아야 한다. 이와 같이 하여 소가 만약 풀을 먹어 제호를 내는 것처럼 사람이 법을 들으면 곧 正覺을 이룬다. 그러므로 우식인초상 또는 견성성불상이라 불렀다.[21]

㊎상은 우식인초상牛食忍草相 또는 견성성불상見性成佛相이라 부른다. 설

---

20 『선교총판문』의 眞如門과 生滅門의 설명은 다음과 같다. 진여문에서 法身佛이 文殊 · 普賢 등을 위하여 圓覺經을 설하고 佛果를 證得케 하는데, 이를 果解圓敎라 한다. 생멸문에서는 報身佛인 盧舍那佛이 十重身을 나타내어 宿世에 인연이 있는 三賢 · 十地의 모든 聖賢을 위하여 華嚴經을 설하고 불과를 증득케 하는데, 이를 智解頓敎라 한다. 이것은 元曉의 『大乘起信論』에 나오는 眞如 · 生滅 二門의 뜻을 요약한 것이다.

21 『조당집』 권20, 순지전, 제2장에 "此相者 牛食忍草相 亦名見性成佛相 何以故 經云 雪山有草名爲忍辱 牛若食者 則出醍醐 又云衆生 若能聽受諮 啓大涅槃 則見佛性故 當知草喩妙法 牛喩頓機 醍醐喩佛 如是則牛若食草 則出醍醐 人若解法 則成正覺 故云牛食忍草相 亦名見性成佛相也"라고 하였다.

산雪山에 인욕忍辱이라 불리는 풀이 있는데, 소가 그것을 먹으면 우유와 버터를 내는 것처럼 중생은 묘법妙法을 듣고 불성을 깨닫는다. 왜냐하면 인욕초는 묘법, 소는 돈기頓機, 우유와 버터는 부처로 비유되기 때문이다. 그러므로 우식인초상은 중생이 불성을 깨닫지 못하고 윤회하는 중에 묘법을 듣고 갑자기 깨치는 돈오의 단계에 해당된다.

우식인초상은 삼편성불론 중에 나타나는 돈증실제頓證實際와 연결된다. 다음 내용을 참고하도록 하자.

> 광야 가운데 仙人이 있어 이름을 該通이라 하였는데 대중을 위하여 설법하였다. 중생이 無始 이래로 性地를 깨닫지 못하고 인연에 따른 업보로 三界에 윤회하다가, 갑자기 智者가 眞敎를 설함을 듣고 성지를 깨달아 正覺을 이룬다. 그런데 이를 점차로 하지 않기 때문에 頓證實際라고 부른다. 그래서 경전에서는 雪山에 忍辱이라는 이름의 풀이 있는데, 소가 만약 그것을 먹으면 醍醐를 낸다고 하였다. 이것이 돈증실제의 의미이다.[22]

중생이 성지性地를 깨닫지 못하고 삼계三界를 윤회하다가 문득 지혜로운 자를 만나 갑자기 깨치는 바를 돈증실제라 한다. 그런데 이 돈증실제가 우식인초상의 의미와 같다.[23]

우식인초상의 돈오는 "사람이 만약 법을 들으면 곧 정각正覺을 이룬다"라고 한 데에서 짐작된다. 그것은 화엄에서 "초발심初發心에서 바로 정각을 이룬다"라고 한 것과 통하는데, 다음 기록이 이를 알려준다.

---

22 『조당집』 권20, 순지전, 제7장에 "廣野中有一仙人 名曰該通 爲大衆說 若有衆生 無始己來 不悟性地 輪廻三界 隨緣受報 忽遇智者 演說眞教 頓悟性地 便成正覺 不依漸次 故名爲頓證實際 是故經云 雪山有草 名曰忍辱 牛若食者 卽出醍醐 是其意也"라고 하였다.

23 頓證實際는 頓悟와 아울러 漸修를 행하는 衆行을 모두 갖추었다. 牛食忍草相은 그중 돈오와 연결된다.

牛食忍草相의 소는, 즉 花嚴會 중에 돈오하여 實性을 본 소이므로 疾하다.[24]

우식인초상의 돈오가 화엄 중의 초발심에서 바로 정각을 이루는 것이다. 앞에서 소의열반상을 깨닫고 못 깨닫는 경우로 나누어 생각하였다. 우식인초상의 돈기頓機는 질疾하다고 하였으므로 그것은 소의열반상의 깨달음의 경우와 연결된다.

◯犇상에 대해서는 다음과 같이 설명되었다.

이 상은 三乘求空相이라 불린다. 왜냐하면 三乘人이 眞空을 설함을 듣고 마음은 진공으로 향하나 아직 진공에 들지 못하였기 때문에, 원상 아래에 三牛를 표시하였다. 만약 이 상을 가지고 물으러 오면 漸次見性成佛相으로 대하였다.[25]

◯犇상은 삼승三乘의 인간이 정각을 구하기 때문에 삼승구공상三乘求空相이라 부른다. 중생은 부처의 큰 뜻을 알지 못하기 때문에 부처는 방편으로써 일불승을 삼승으로 분별하여 설한다.[26] 그러므로 법은 일승인데 근기가 삼승인 인간을 위하여, 이 상은 삼승의 근기에 맞추어 정각을 구하게 한다. 삼승구공상 중 원상 밖의 세 마리 소는 삼승을 가리키는데, 다음 내용이 이를 알려준다.

문 : 무슨 이유로 月輪相 아래에 三獸를 표시하였으며 또 월륜상 중심에 牛 자를 써서 대하는가?

답 : 월륜상 아래의 三獸는 삼승을 표시한 것이고 월륜상 중심의 一牛는 일승

24 『조당집』 권20, 순지전, 제3장에 "食忍草牛 則明花嚴會中 頓見實性之牛故疾"이라 하였다.

25 『조당집』 권20, 순지전, 제2장에 "此相者 三乘求空相 何以故 三乘人聞說眞空 有心趣向 未證入眞空 故表圓相下畫三牛也 若將此相來問 以漸次見性成佛相 對之"라고 하였다.

26 『妙法蓮華經』 권2, 辟喩品 제3에 "舍利佛 以是因緣 當知諸佛方便力故 於一乘佛 分別說三"이라 하였다.

을 표시한 것이다. 이와 같은 이유로 방편인 權乘으로써 實을 나타내어 증명하기 때문에 대한 것이다.[27]

삼승구공상의 대상인 ㊕상의 원상 중 한 마리 소는 일승을 가리킨다. 이것은 삼승이 일승에 귀결됨을 뜻한다. 여기서 편의상 삼승구공상의 대상인 ㊕상에 대한 다음 내용을 참고해보자.

> 이 상은 露地白牛相이다. 露地는 佛地를 말하며 第一義空이라고도 부른다. 白牛는 法身의 妙慧를 말한다. 그렇기 때문에 一牛가 원상에 들어가 있는 것으로 표현되었다.[28]

㊕상은 노지백우상露地白牛相이라 부른다. 또 위에서 삼승구공상을 설명하면서 그 대상을 점차견성성불상漸次見性成佛相이라 하였으므로, 이 상은 점차견성성불상이라고도 할 수 있다. 노지露地는 불지佛地를 말하고 제일의공第一義空이라고도 부르므로 원상으로 연결된다. 백우白牛는 법신法身의 묘혜妙慧로 원상 중의 한 마리 소이며 일승을 가리킨다. 삼승구공상의 대상이 노지백우상으로 나타난 것은 삼승이 일승으로 귀결됨을 뜻한다. 이것을 이해하기 위해서는 다음 기록이 참고된다.

> 露地白牛는 法華會 중의 會三歸一의 소이기 때문이다.[29]

회삼귀일會三歸一사상은 법화사상의 중심을 이루는데, 이것의 사회사상

---

27 『조당집』 권20, 순지전, 제2장에 "問何故 月輪相下著三獸 又月輪相中心著牛字 對之耶 答月輪相下三獸 是表三乘 月輪相中心一牛 是表一乘 是故擧權乘 來現實入證 對之"라 하였다.

28 『조당집』 권20, 순지전, 제2장에 "此相者 露地白牛相 謂露地者佛地 亦名第一義空 白牛者法身之妙慧也 是故表一牛入圓相也"라고 하였다.

29 『조당집』 권20, 순지전, 제3장에 "露地曰牛 則名法華會中 會三歸一牛故"라고 하였다.

적인 면은 삼편성불론을 논하면서 고찰하도록 한다. 또한 앞에서 "권승權乘으로써 실實을 나타낸다"라고 한 것은 삼승구공상이 노지백우상으로 되는 방편임을 알려준다.

소의열반상의 대상인 우식인초상牛食忍草相이 일명 견성성불상見性成佛相으로 불린 데 비해, 삼승구공상의 대상인 노지백우상은 점차견성성불상漸次見性成佛相으로 불렸다. 우식인초상이 돈오의 경지라면 노지백우상은 점교오漸教悟의 경지이기 때문이다. 그러므로 노지백우상은 회점증실제廻漸證實際와 통한다. 이에 대해서는 다음 내용을 참고하여 이해해보자.

> 삼승인이 갑자기 眞教를 듣고 돌이켜서 妙慧를 이루고, 실제를 窮證하기 때문에 廻漸證實際라 부른다. 이런 까닭으로 古人이 문 앞에 둔 三駕車는 權乘에 불과하며 露地白牛가 바로 實을 밝혀 증거한 것이 회점증실제의 의미이다.[30]

세 수레는 방편인 삼승을 뜻한다.[31] 삼승을 방편으로 노지백우의 경지에 들어가는 것이 곧 회점증실제이다.

우식인초상과 노지백우상은 모두 ㊎상으로 표현되었다. 같은 ㊎상으로 표현된 우식인초상과 노지백우상의 동이 관계에 대한 다음의 기록을 살펴보자.

> 문 : 앞에서 설할 때 이미 月輪相 중심에 牛 자를 쓰고는 이를 牛食忍草相이라 하였는데, 무슨 까닭으로 또 월륜상 중심에 牛 자를 쓰고는 露地白牛相이라 하느냐? 두 곳이 모두 같은 상과 소로 되어 있는데 무슨 까닭으로 이를 설명한 글이 같지 않느냐?

---

30 『조당집』 권20, 순지전, 제12장에 "有三乘人 此忽聞眞教 廻成妙惠 窮證實際 故名爲廻漸證實際也 是故古人云 門前三駕車 是權乘 露地白牛 方明實證 卽其意也"라고 하였다.

31 『妙法蓮華經』에서 長子가 아이들에게 준 세 가지 수레는 三乘을 비유한 것이다.

답 : 설명하는 글은 비록 다르더라도 상과 소는 다르지 않다.

문 : 만약 다르지 않다면 무슨 까닭으로 같은 상과 소를 두 곳에 각각 나타낸 것이냐?

답 : 비록 상과 소는 다르지 않더라도 性地를 깨달은 遲疾 관계가 같지 않기 때문에 같은 상과 소를 두 곳에 각각 나타냈다.

문 : 만약 성지를 깨닫는 데 遲疾이 각각 다르다고 한다면, 食忍草의 소와 노지백우 가운데 어느 것이 늦고 어느 것이 빠른가?

답 : 식인초의 소는 花嚴會 중에 갑자기 성지를 깨치는 소이므로 빠르며, 노지백우는 法華會 중에 會三歸一의 소이기 때문에 늦다. 이런 까닭으로 설명한 글은 비록 같지 않더라도 證理는 다르지 않기 때문에 같은 상과 소로 나타냈다. 理智가 다르지 않기 때문에 그 온 곳을 따지지 않는다면 전부 같은 것이다.[32]

이것은 설명은 달리하더라도 우식인초상과 노지백우상은 같은 상이며, 원상 중 소도 같다는 의미이다. 다만 상과 소가 다르지 않더라도 근기의 깨달음이 늦거나 빨라서 같지 않기 때문에 같은 상과 소를 우식인초상과 노지백우상으로 나누어 설명하였다. 우식인초상은 화엄회華嚴會 중 "초발심이 바로 정각이다"의 돈오이므로 근기의 깨달음이 빠르지만, 노지백우상은 법화회法華會 중 삼승이 점오漸悟에 의해 일승으로 귀결되기 때문에 근기의 깨달음이 늦다. 따라서 대상이 노지백우상으로 나타났던 삼승구공상은 소의열반상에서 깨닫지 못한 경우와 연결된다.

이상으로 4상의 돈오를 논하였는데, 깨달은 후의 수행 과정을 논한 것으

---

32 『조당집』 권20, 순지전, 제2~3장에 "問向前己說 月輪相中心著牛 是牛食忍草相 何故 又言 月輪相中心著牛者 露地白牛相也 兩處皆是同相同牛 何故說文不同耶 答說文雖別 相及牛則不異 問若也不異 何故 兩處各現同相同牛耶 答雖相及牛則不異 見性遲疾不同故 兩處各現同相同牛 問若論見性遲疾各別者 食忍草牛焉露地白牛 誰遲疾耶 答食忍草牛 則明花嚴會中 頓見實性之牛故疾 露地白牛 則明法華會中 會三歸一牛故 是故說文 雖則不同 證理不異故 擧同相同牛 明理智不異 不言來處全同也"라고 하였다.

로 또한 4상이 있다. 그중 牛◯상에 대해서는 다음과 같이 설명되었다.

> 이 상은 契果修因相이다. 初發心에 머물기 때문에 비록 正覺을 이루었다고는 하지만 衆行이나 慧等 佛地를 얻지 못하였고, 行은 位에 불과하기 때문에 이 상으로 표현되었다. 고인이 여래의 행적을 실천한다고 말하는 것이 바로 이 상이다. 만약에 사람이 장차 이 상으로 물으러 오면 월륜상 중심에 卍 자를 써서 대하였다.[33]

牛◯상은 계과수인상契果修因相이라 불린다. 이 상은 초발심初發心으로 정각하였기 때문에 자리 이타행을 깨달은 단계이다. 그러므로 그것은 초발심에 머무르지 않고 중행을 행하나 아직 중행의 단계에 이르지는 못하였다. 즉 이 상은 십지十地의 환희지歡喜地와 연결되며,[34] 아직 인과율을 벗어나지 못한 단계이다. 계과수인상이 인因에 집착하였으므로, 그 대상은 당연히 과果를 문제 삼아야 한다.

㊉상에 대해서는 다음 기록을 통해 이해된다.

> 이 상은 因圓果滿相이다.
>
> 문 : 어떤 이유로 月輪相의 앞머리에 牛 자를 써서 물으러 오는 경우에, 월륜상 중심에 卍 자를 써서 대해야 하느냐?
>
> 답 : 월륜상의 앞머리에 우 자를 쓴 것은 契果修因相이고 월륜상 중심에 만 자를 쓴 것은 인원과만상이다. 因을 들어 물으러 왔기 때문에 果를 나타내서 대한 것이다.[35]

---

33 『조당집』 권20, 순지전, 제3장에 "此相者 契果修因相 何以故 初發心住 雖成正覺而不得衆行 慧等佛地 行不過位 故表此相也 古人云 履踐如來 所行之跡 則此相也 若有人將此相來問 匁作月輪相中心著卍字 對之"라고 하였다.

34 歡喜地는 自利行과 利他行의 근거가 마련되며, 菩薩行願을 실천해나가는 단계이다.

35 『조당집』 권20, 순지전, 제3장에 "此相者 因圓果滿相也 問何故 月輪相上頭著牛字來 月輪相中心著卍字 對之 答月輪相上頭時著者 契果修因相 月輪相中心著卍字者 因圓果滿相 擧因來現

㉳상은 인원과만상因圓果滿相이라 불리며 계과수인상契果修因相의 대상이다. 인원과만상은 계과수인상의 인행因行에 대한 과果가 만족되는 상태이기 때문에 인과율에서 벗어나는 단계이다. 또한 여래의 행적이 만족되는 단계이기도 하다.

◯牛상에 대해서는 다음 기록이 알려준다.

> 이 상은 문전의 草菴에서 보살이 空을 구하기 때문에 求空精行相이라 부른다. 경전에서 三僧祇劫 동안 보살행을 닦으면서 難忍을 능히 참아내고 難行을 능히 행하며 心을 구하기를 쉬지 않는다고 하였기 때문에 이 상으로 표현되었다. 만약 사람이 장차 이 상으로 물으러 오면 月輪相 중심에 王 자를 써서 대하였다.[36]

◯牛상은 구공정행상求空精行相이라 불리며 중행의 단계이다. 계과수인상이 여래의 행적을 그대로 좇는 것이라면, 구공정행상은 보살의 수행을 나타낸 것이다. 구공정행상은 특히 보살행 중에서 삼계나 마음까지도 없어지는 공 자체를 체득體得하는 단계이므로 십지 중 현전지現前地와 연결된다.[37] 따라서 이 상은 유무의 생각을 떠나 대비심大悲心을 나타내는 단계이다. 그러나 아직 공을 완전히 체득하지 못하여 난인難忍을 능히 참고 난행難行을 능히 행하는, 즉 쉬지 않고 정진하여 행하는 보살행을 의미한다.

㊀상에 대해서는 다음과 같이 설명되었다.

> 이 상은 漸證實際相이다. 왜냐하면 보살이 三僧祇劫을 지나면서 수행하여 四魔賊을 쳐부수고 비로소 無漏眞智를 얻어 佛地에 들어가므로, 다시는 習氣로 인

果 對之"라고 하였다.

36 『조당집』 권20, 순지전, 제3장에 "此相者 求空精行相 謂門前草菴 菩薩求空故 經云 三僧祇修菩薩行 難忍能忍 難行能行 求心不歇故 表此相也 若有人將此相來問 月輪相中心著王字 對之"라고 하였다.

37 現前地를 空解脫門이라 하는데, 空 자체를 體得하기에 이른 단계이다.

해 거칠어지지 않기 때문이다. 이는 마치 聖王이 群賊을 항복시켜 나라 안을 편안하게 함으로써 다시는 군적으로 말미암은 근심을 갖지 않는 것과 같기 때문에 이 상으로 표현되었다.[38]

㊀상은 점증실제상漸證實際相이라 불린다. 이 상은 구공정행상의 대상이기 때문에 공을 완전히 체득한 상태로, 보살이 중행 과정에서 4마적을 물리치고 무루無漏한 진지眞智를 얻어 불지佛地에 들어감을 의미한다. 이는

〈표 2〉 사대팔상

상	상명	대상	내용	비고
○	所依涅槃相 (理佛性相)	㊍	識此相＝聖人, 迷此相＝凡人 無相三昧 形如滿月 佛性之義 身現圓月相 以表諸佛體	頓悟
㊍	牛食忍草相 (見性成佛相)		忍辱草＝妙法, 牛＝頓機 醍醐＝佛 人若解法 則成正覺 明花嚴會中 頓見實性之牛(疾)	頓證實祭
○犇	三乘求空相	㊍	三牛＝三乘 三乘人聞說眞空 有心趣向 未證入眞空	漸悟
㊍	露地白牛相 (漸次見性成佛相)		露地＝佛地＝第一義空 白牛＝諸法身之妙慧 明法華會中 會三歸一牛(遲)	廻漸證實際
牛○	契果修因相	卍	初發心住 雖成正覺而不得衆行 履踐如來 所行之跡	衆行
卍	因圓果滿相		因果律滿足	중행
○牛	求空精行相	㊀	門前草菴菩薩求空	중행
㊀	漸證實際相		菩薩經劫修行 壞四魔賊 始得無漏眞知 證入佛地 更無餘習所怚	漸證實際

38 『조당집』 권20, 순지전, 제3장에 "此相者 漸證實際相 何以故 若有菩薩 經劫修行 壞四魔賊 始得無漏眞智 證入佛地 更無餘習所怚 似聖王降伏群賊 國界安寧 更無怨賊所怚 故表此相也"라고 하였다. 상기한 인용문 중 "更無餘習所怚"의 '怚'字는 원문에 '恒'으로 되어 있다.

성왕聖王이 군적群賊을 항복시키고 나라 안을 편안하게 하는 것으로 비유되었다. 나라 안이 안정되면 군적의 위협이 없듯이, 점증실제상에는 습기習氣로 인한 장애가 없다. 또 이 상은 삼편성불론에 나타나는 점증실제와 연결되기 때문에 유무를 초월한 혼연일치의 단계로 생각된다. 이상에서 사대팔상에 대해 살펴보았는데 요약하면 〈표 2〉와 같다.

사대팔상은 불성을 논한 것인 동시에 순지 선종사상의 개요라 할 수 있다. 그렇기 때문에 그의 선종사상의 깊이를 찾아볼 수는 없다. 오히려 이것은 사대팔상과 연결되는 순지의 다른 사상을 고찰해봄으로써 가능하다.

2) 양대사상

양대사상兩對四相에는 순지의 선종사상이 잘 나타난다. 양대사상은 신라 하대의 선사들이 추구한 조사선祖師禪과 연결되며 개인주의적인 사상경향을 지녔다. 순지는 양대사상이 허虛를 버리고 실實을 가리킨다고 하였다.[39] 그런데 이것이 교학을 버리고 자기 내에 존재하는 불성을 깨치자는 선종으로 귀결된 것이 흥미롭다.

양대사상 중 牛㉠상에 대해서는 다음 내용을 통해 알 수 있다.

> 이 상은 想解遣教相이다. 사람이 불타가 설한 것처럼 一乘의 普法을 잘 좇아서 능히 해탈에 이른다고 하는 것은, 착오는 아니라 하더라도 자기 내의 理智를 밝힐 수는 없다. 그래서 그것은 오로지 다른 사람이 설한 바를 따라 의존하게 되므로 이 상으로 표현되었다. 사람이 장차 이 상으로 물으러 오는 경우에 앞머리에 있는 牛 자를 없앤 것으로 대하였다.[40]

39 『조당집』 권20, 순지전, 제3장에 "此下兩對四相 遣虛指實"이라 하였다.

40 『조당집』 권20, 순지전, 제3장에 "此相者 想解遣教相 謂若有人依佛所說 一乘普法 善能討尋 善能解脫 實下錯謬 而不了自己理智 全依他人所說故 表此相也 若有人將此相來問 則祛上頭牛字 對之"라고 하였다.

牛㊇상은 상해견교상想解遣教相이라 불린다. 이 상은 불타가 설한 바를 부정하였는데, 사람이 불타가 설한 바인 일승一乘 보법普法으로 능히 해탈한다고 생각하는 것은 착오는 아니라 하더라도 옳은 길은 못 된다. 불타가 설한 바로는 자기의 내재적 이지理智를 밝힐 수 없기 때문이다. 그것은 타인이 설한 것 이상의 의미를 가질 수 없다. 이처럼 상해견교상에서는 불타의 권위가 부정되었다. 왕자王者계급과 연결되었던 불타 권위에 대한 부정은 암암리에 왕실 자체의 권위를 인정하지 않기에 이르렀고,[41] 이것은 또한 지방호족세력을 돕는 사상경향을 지녔다.

㊇상에 대해서는 다음 기록을 통해 이해하도록 하자.

> 이 상은 識本還源相이라 불린다. 경전에서 말하기를 廻神하여 空의 窟에 머물며 쉽게 굴복하지 않으려는 것을 항복시키고, 마적의 굴레에서 해탈하여 초연하게 露地에 앉아 가만히 열반을 인식한다고 한 것이 바로 이 상이다.[42]

㊇상은 식본환원상識本還源相이라 불린다. 이 상은 상해견교상의 대상이기 때문에 교학에 의한 보편적인 불타의 교설을 추구하지 않고 내재적 실아를 발견한다. 내재적 실아의 깨침은 공을 인식한 상태로, 외식제연外息諸緣의 추구로 이어져 교학에서와는 달리 사회의 거추장스런 여러 가지 간섭에서 벗어나게 한다. 그래서 이 상은 공空의 굴窟에 머물고 마적의 굴레에서 해탈한다고 하였다. 교학을 부정하였음은 다음 기록을 통해 명확하게 드러난다.

> 문 : 무슨 이유로 앞머리에 있는 牛 자는 없애면서 원상 중심에 있는 人 자는

41 金杜珍, 「朗慧와 그의 禪思想」, 『역사학보』 57, 1973, pp. 37～38.

42 『조당집』 권20, 순지전, 제3장에 "此相者 識本還源相 經云 廻神住空窟 降伏難調伏 解脫魔所縛 超然露地坐 識陰般涅槃者 即此相也"라고 하였다.

없애지 않는가?

답 : 원상 중심에 있는 人 자는 理智를 나타낸 것이고, 앞머리의 牛 자는 사람이 가진 想解를 나타낸 것이다. 사람이 비록 교학에 의해 三藏의 教典을 분석하더라도 자기 내의 이지를 나타낼 수 없으므로 상해를 없애는 것이다. 상해가 일어나지 않은, 즉 이지가 앞에 나타나기 때문에 앞머리의 牛 자는 없애나 원상 중심에 있는 人 자는 없애지 않는다. 그렇기 때문에 경전에서도 단지 그 병은 제거하지만 法은 제거하지 않는다고 하였다.[43]

위의 내용은 식본환원상이 상해견교상의 대상이 된 이유를 설명한 것이다. 상해견교상의 앞머리 부분인 우牛 자는 상해想解를 가리키고, 원상 중심의 인人 자는 이지理智를 가리킨다. 이지는 인간 각자가 가진 것이기 때문에 내재적 실아이다. 상해가 일어나지 않으면 이지가 나타나기 때문에 앞머리의 우 자를 제거하는 것은 인간이 가진 상해를 제거하는 것이다.

상해의 제거는 교학의 부정과 연결되었다. 교학에 의해 삼장三藏의 경전을 분석하더라도 자기 이지에 도달하지 못하므로 교학에 대한 부정은 자연히 경전에 대한 부정으로 나타났다. 다음 내용이 이를 알려준다.

문 : 여러 부처의 설한 바인 三藏의 경전은 소용이 있는 것인가, 없는 것인가?

답 : 소용이 없는 것이며, 교학에 의해 깨닫게 해서도 안 된다. 교학에 의한 想解는 허망할 뿐이다. 이러한 이유 때문에 부처는 阿難에게 비록 시방의 여래들과 十二部經을 가지고 생각하더라도, 그 속의 청정한 妙理는 마치 강가의 모래처럼 많아 단지 허론일 뿐이라고 하였다. 그러므로 마땅히 교학에 의한 상해가 무익한 것임을 알아야 한다.[44]

---

43 『조당집』 권20, 순지전, 제3~4장에 "問何故 祛上頭牛字 不祛圓相中心人字耶 答圓上中心人字者 表理智 上頭牛字者 喩人想解 若有人雖依教 分析三藏教典 而未顯自己理智者 盡是想解 想解不生 則理智現前 故祛上頭牛字 不祛圓相中心人字 是故經云 但除其病而不除法"이라 하였다.

44 『조당집』 권20, 순지전, 제4장에 "問諸佛所說 三藏經典 有所用不 答不是 不許依教悟入 依教

삼장의 경전에 의한 교학의 깨침은 소용이 없다. 십이부경十二部經에서 설한 청정한 묘리妙理는 마치 강가의 모래처럼 많기는 하지만 모두 허론에 불과하며, 교학에 의한 상해 역시 허망하여 무익하다.

순지가 식본환원상에서 경전을 부정한 것은 경전 그 자체를 부정한 것이 아니라, 경전이 갖는 권위 의식의 부정으로 생각된다.[45] 왜냐하면 장로들은 경전의 해석을 통하여 권위 의식을 갖기 때문이다. 결국 식본환원상은 권위 의식을 제외한다면 경전에 대해 관용적일 수 있다는 결론에 이른다. 다음 기록은 이런 면을 잘 알려준다.

문 : 무슨 이유로 범인에게는 교학의 법으로 깨치는 것이 허용되지 않는가?

답 : 만약 智者라 하더라도 교학에 의해 어찌 마음을 인식할 수 있겠는가? 그러므로 하물며 범인에게 교학의 법은 무익한 것이다.

문 : 그러면 무슨 이유로 교학에서 불성을 들어도 모두 聖果를 이룬다고 하고 또 한 톨의 善도 흔적을 나타내어 불성을 가진다고 하였는가?

답 : 만약 上根人이라면 교학에 의해서도 문득 깨달아, 바로 理智를 나타내고 결정 명료하게 된다. 그러나 下根人의 경우에는 교학에 의해서는 깨달을 수 없고 想解도 무익하다. 그러나 후세에는 하근인이 교학에 의해 動種을 나타내는 것이 가능하므로 비록 무익하다고 말할지라도 교학의 불성을 들은 자는 모두 성과를 이루고, 한 톨의 선도 흔적을 나타내어 불성을 가진다. 하물며 경론과 강설을 널리 배운 자는 더 말할 필요가 없다.[46]

想解 祇是虛妄 是故佛告呵難 雖復憶持十方如來 十二部經 淸淨妙理 如恒河沙 只益戲論 當知依敎想解無益"이라 하였다.

45 김두진, 「낭혜와 그의 선사상」, 앞의 책, p. 44.

46 『조당집』 권20, 순지전, 제4장에 "問何故 不許凡人 依敎學法耶 答若是智者 依敎何用識心 凡人依敎無益 問何故敎云 聞佛敎者 盡成聖果 又云一毫之善 發跡駐佛 答約上根人 依敎便悟 直現理智 決定明了 若約下根 依敎不悟 想解無益 此下根人 依敎動種 待後世者 誰言無益 聞佛敎者 盡成聖果 一毫之善 發跡駐佛 何況廣學經論及講說者"라고 하였다.

우선 교학의 법은 지혜로운 자냐 범인이냐를 막론하고 무익한 것이지만 지혜로운 자와 범인이 교학을 통해 깨닫는 것은 다르다. 이것은 구체적으로 상근上根을 가진 사람과 하근下根을 가진 사람으로 나뉘어 설명되었다. 상근을 가진 사람은 교학에 의해 깨달을 수 있고 자기 이지를 발견할 수도 있지만,[47] 하근을 가진 사람은 교학에 의해 깨달을 수 없고 상해 역시 무익하다.[48] 그러나 하근을 가진 사람은 점수漸修하는 과정에서 교학의 도움을 받을 수는 있다. 비록 교학이 무익하다고는 하나 이를 들은 자는 모두 성과聖果를 나타낸다. 그러므로 구태여 경론을 넓게 배워 강설하는 것을 무익하다고 할 수는 없다.

순지가 가진 교학에 대한 관념은 이원적인 면을 가졌다. 즉 상근을 가진 사람은 교학에 의한 깨침이 가능하고 경전도 자기 이지를 발견하는 데 도움을 준다. 하지만 그것은 상근을 가진 사람의 경우에 한해 경전과 교학이 부정될 수 없다는 뜻이지, 결코 교학의 권위나 전통을 인정한다는 의미는 아니었다.

㉧牛상에 대해서는 다음 기록을 통해 이해해보자.

> 이 상은 迷頭認影相이다. 사람이 자기 속에서 부처와 정토를 구하지 아니하고 타방의 부처와 정토를 믿어, 一心으로 정토에 왕생하기를 구해서 부처를 보고 법을 들으려고 하기 때문이다. 그러므로 선행을 열심히 닦고 염불을 외우며 정토를 그리는 것이 이 상을 나타낸 것이다. 志公이 웃으며 말하기를 "卽心이 卽佛임을 깨닫지 못하고 마치 근본을 잃고 어리석음을 찾는다"라고 한 것이 바로 이 상이다. 만약에 장차 사람이 이 상을 가지고 물으러 오면, 원상 아래의 牛 자

47 이것은 뒤에 漸證實際로 나타났다.

48 知訥, 「圓頓成佛論」, 『高麗國普照國師法語』에 "若對下劣人 未能返照自心 佛智發明者 勸令存想 仰信不退亦得也"라고 하였다. 순지가 上根人에게는 교학에 의한 깨침을 허용하고 下根人에게는 허용하지 않는 데 비해, 知訥은 下劣人에게 교학의 깨침을 말하므로 양자 사이에는 차이가 있다.

를 없앤 것으로 대하였다.[49]

㊀牛상은 미두인영상迷頭認影相이라 불린다. 이 상은 자기에게 내재된 부처와 정토를 인식하지 못하고 타방의 부처와 정토를 믿어, 일심一心으로 정토에 왕생할 것을 구한다. 그래서 이 상은 근본을 잊고 딴 곳에서 구하는 어리석음에 비유되었다.

즉심卽心이 즉불卽佛이라 한 것은[50] 자기의 마음이 곧 부처의 경지라는 의미이다. 그런데 미두인영상은 아직 즉심이 즉불인 경지를 깨닫지 못하였고 또한 내재적 실아도 인식하지 못하였다. 타방의 정토나 부처를 구하는 것을 마치 근본을 잊은 어리석음에 비유한 것은 서방의 정토와 부처의 부정으로 이어졌다. 정토나 부처를 자기 마음에서 구하는 것은 신라말의 선사들이 대체로 조사선을 추구하면서 개인주의적 사상경향을 가졌던 것과 연관된다.

미두인영상의 대상인 ㊀상에 대해서는 다음과 같이 설명되었다.

> 이 相은 背影認頭相이라 한다.
>
> 문 : 무슨 이유로 아래쪽의 牛 자는 제거하면서 원상 중심의 人 자는 없애지 않는가?
>
> 답 : 중생이 眞智를 發하지 못하여 眞空에 도달하지 못하였기 때문에 타방의 정토와 부처를 구하고 정토에 왕생하여 부처를 보고 법을 듣고자 한다. 만약에 중생이 廻光하여 智를 발하고 진공과 자기 내의 부처와 정토를 얻었을 때에는 다시는 마음 밖에서 정토나 부처를 구하지 않는다. 그러므로 원상 중심에 있는

---

49 『조당집』 권20, 순지전, 제4장에 "此相者 迷頭認影相 何以故 若有人 不了自己佛及淨土 信知他方佛淨土 一心專求 往生淨土 見佛聞法故 勤修善行 念佛名號及淨土名相 故表此相也 志公笑云 不解卽心卽佛 眞似騎驢覓驢者 卽此相也 若有人將此相來問 則袪圓相下牛字 對之"라고 하였다.

50 關口眞大, 앞의 책, p. 202. 卽心是佛은 馬祖 道一의 思想이다. 이를 계승하여 石頭 希遷이 즉심즉불사상을 주장하였다.

人 자는 없애지 않지만 원상 아래에 있는 牛 자는 없애는 것이다.[51]

㊇상은 배영인두상背影認頭相이라 불린다. 중생이 타방의 정토와 부처를 구하기 때문에 진지眞智를 발發하지 못하고 진공眞空에 도달하지 못한 상태가 미두인영상이다. 이에 대해 중생이 회심廻心하여 내재적 실아를 인식하고 자기 속에 있는 부처와 정토를 깨달은 상태가 바로 배영인두상이다. 따라서 배영인두상은 마음 밖의 타방 정토나 부처를 구하지 않는다. 다음 기록은 이런 사실을 더욱 명확하게 알려준다.

> 문 : 자기 내의 부처와 정토란 무엇을 말하는 것인가?
>
> 답 : 만약 중생이 眞智를 발하고 眞空을 얻었다면 진지가 곧 부처이며 空이 곧 정토이다. 이와 같이 능히 體空을 깨쳤다면 어느 곳에서 다시 타방의 정토나 부처를 구하겠는가? 그래서 경전에서 말하기를 "장차 부처를 들은 후이면, 어찌 스스로 듣지 못하겠는가?"라고 하였다.[52]

이것은 자기 안에 있는 부처와 정토가 무엇을 뜻하는가에 대한 설명이다. 중생이 진지를 발하고 진공을 깨달을 때 진지가 곧 부처이며 진공이 정토라는 것이다. 따라서 자신에게 내재하는 진지의 체體가 공함을 깨치는 것이 자기 내에 있는 부처와 정토이며, 이외에 다른 곳에서 정토나 부처를 구할 수는 없다.

이상에서 양대사상에 대해 모두 살펴보았는데 이것을 요약하여 제시하

---

51 『조당집』 권20, 순지전, 제4장에 "此相者 背影認頭相 問何故 袪下頭牛字 不袪圓相中心人字耶 答衆生未發眞智 未達眞空 故專求他方淨土及佛 往生淨土 見佛聞法 衆生若廻光發智 達得眞空 自己佛及淨土 時齊現不求心外淨土佛 故不袪圓相中心人字 袪下牛字也"라 하였다.

52 『조당집』 권20, 순지전, 제4장에 "問如何是 自己佛及自己淨土 答衆生若發眞智 達得眞空 卽眞智是佛 空是淨土 若能如是體會 何處更求他方淨土及佛也 是故經云 將聞佛佛 何不自聞聞"이라 하였다.

〈표 3〉 양대사상

상	상명	대상	내용
牛㊇	想解遺教相	㊇	불타가 설한 바인 一乘普法으로 自己理智를 밝힐 수 없음
㊇	識本還源相		廻神하여 空窟에 머묾 마적의 굴레에서 해탈 초연히 露地에 앉아 열반을 인식함
㊇牛	迷頭認影相	㊇	자기 내에서 부처와 정토를 구하지 아니하고 다른 곳에서 정토와 부처를 구함 염불을 외우고 정토를 구함
㊇	背影認頭相		자기 내에서 부처와 정토를 인식 廻光하여 智를 發하고 眞智의 體가 空함을 인식 마음 밖에서 정토나 부처를 구하지 아니함

면 〈표 3〉과 같다.

양대사상은 교학이나 경전, 불타에 대한 권위 의식의 부정이 나타난 순지의 선종사상이다. 특히 다른 곳에서 부처와 정토를 구하지 않고 자기 내에서 부처와 정토를 구하는 것은 내재적 실아를 추구하는 것을 뜻한다. 이는 순지의 선종사상이 당시 신라하대의 다른 선사들의 선종사상과 마찬가지로 개인주의적인 경향을 띠었음을 말해준다. 즉 순지의 선종사상도 지방호족의 기호에 어울렸다.

3) 사대오상

마지막으로 사대오상四對五相에 대해 살펴보도록 하자. 사대오상도 순지의 선종사상을 체계화한 것인데, 이것은 앞에서 살펴본 사대팔상과 양대사상을 일원적인 논리 체계 속에 종합한 느낌을 준다. 먼저 ○상에 대해서는 다음과 같이 설명되었다.

이 상은 擧函索蓋相 또는 半月待圓相이라 불린다. 만약에 사람이 장차 이 상을

> 가지고 물으러 오면 다시 반월을 첨가해서 대하였다. 이것은 묻는 자가 函을 들고 뚜껑을 찾으므로, 답하는 자는 뚜껑으로 함을 덮어 함과 뚜껑이 상칭되게 하기 때문이다. 그리하여 그것은 圓月相을 나타낸 것이요, 원상은 바로 佛體를 표현한 것이다.[53]

◯상은 거함색개상擧函索蓋相 또는 반월득원상半月待圓相이라 불린다. 이 상은 반월형으로 아직 원월형이 아니다. 원상은 불체佛體를 나타내므로, 이 상은 불체를 나타낼 가능성이 있는 것에 불과하다. 따라서 이 상의 대상이 불체를 의미한다.

거함색개상의 대상인 ◯상에 대해 이해하기 위해서는 다음의 기록을 참조한다.

> 이 상은 把玉覓契相이다. 만약에 사람이 장차 이 상을 가지고 물으러 오면 원상의 중심에 某 자를 써서 대하였다. 이것은 묻는 자가 玉을 쥐고서는 찾기 때문에 답하는 자는 보배가 바로 손에 있음을 인식시키는 것이다.[54]

◯상은 파옥멱계상把玉覓契相이라 불린다. 거함색개상의 대상이 반월로 나타났기 때문에 파옥멱계상도 그 형태는 반월일 것으로 추측된다. 왜냐하면 거함색개상은 함函으로 표현되었고 이 상은 개蓋로 표현되었기 때문이다. 이것은 형태상으로 거함색개상과 파옥멱계상이 합쳐짐으로써 불체인 원상이 형성됨을 뜻한다. 파옥멱계상은 불체를 이루는 것이므로 사대팔상 중 소의열반상所依涅槃相과 연결된다.

---

53 『조당집』 권20, 순지전, 제4~5장에 "此相者 擧函索蓋相 亦名半月得圓相 若有人將此相來問 更添半月對之 此則 問者擧函索蓋 答者將蓋著函 函蓋相稱故 己現圓月相也 圓相則素諸佛禮也"라고 하였다.

54 『조당집』 권20, 순지전, 제5장에 "此相者 把玉覓契相 若有人將此相來問 圓相中心著某 對之 此則問者把玉覓契故 答者識珠便下手"라고 하였다.

파옥멱계상은 보배를 쥐고 그것을 인식하지 못하는 상태로, 마치 소를 타고 소를 찾는 것과 같다.[55] 이것은 파옥멱계상의 대상을 살펴봄으로써 알 수 있다. ㊀상에 대해서는 다음과 같이 설명되었다.

이 상은 釣入索續相이다. 만약에 사람이 장차 이 상을 가지고 물으러 오면 某자 변에 人 자를 첨가해서 대하였다. 이것은 묻는 자가 계속해서 구하기 때문에 답하는 자는 계속해서 寶器를 이루도록 해주기 위해서이다.[56]

파옥멱계상의 대상이 ㊇로 표시되었으므로 조입색속상釣入索續相은 ㊇상으로 표시되기도 한다. 조입색속상은 파옥멱계상의 대상이다. 조입색속상이 자기의 손에 지닌 보배를 인식시키기 때문이다. 즉 파옥멱계상은 자기의 내재적 실아를 인식시키지 못하는 데 반해, 조입색속상은 그것을 인식시키는 단계이다.

조입색속상의 대상인 ㊊상에 대해서는 다음 기록에서 알 수 있다.

이 상은 已成寶器相이다. 만약에 사람이 장차 이 상을 가지고 물으러 오면 圓月相의 중심에 土 자를 써서 대하였다.[57]

㊊상은 이성보기상已成寶器相이라 불린다. 이성보기상은 ㊋상으로 표시되기도 한다. 조입색속상은 자기의 내재적 실아를 깨치기는 하였지만 아직 자리 이타의 중행에는 이르지 못한 단계인데 반해, 이성보기상은 "계속해서 보기寶器를 이룬다"라고 기록되었으므로 중행에 이르러 그것을 완성

55 惠諶, 『眞覺國師語錄』 27엽 右에 "騎牛覓牛 把火覓火……"라고 하였다.

56 『조당집』 권20, 순지전, 제5장에 "此相者 釣入索續相 若有人將此相來問 某字邊添加著人字對之 此則問者釣入索續故 答續成寶器也"라고 하였다.

57 『조당집』 권20, 순지전, 제5장에 "此相者 已成寶器相 若有人將此相來問 又作圓月相中心著土字 對之"라고 하였다.

한 단계이다. 이성보기상은 (佛)상 또는 조입색속상의 대상이 (⿰亻某)로 표시되었으므로 (⿰亻某)상으로 표현되었다. 즉 부처는 ⿰亻某라는 것이다. 이처럼 조입색속상의 대상이 모某 자 변에 인人 자를 첨가한 것이므로 ⿰亻某는 모인某人의 뜻을 나타낸다. 부처를 모인과 연결시킨 것은 불타 권위에 대한 부정으로 보인다.

이성보기상의 대상인 ㊏상에 대해서는 다음과 같이 설명되었다.

> 이 상은 玄印旨相 또는 逈然超前現衆相이며, 교의의 융섭한 바에 속하지 아니한다. 만약에 사람이 하나하나 대면하더라도 결국 볼 수 없다. 그래서 三祖가 말하기를 가는 털만 한 착오가 있어도 천지처럼 멀어지게 된다. 그러니 玄會하여 누가 능히 이 상을 인식하겠는가? 만약 是其人이면 子期가 百牙의 琴을 듣고 提婆가 龍樹의 상을 보는 것처럼 보아서 알게 된다. 그러나 不是其人이면 마치 사람이 白雪의 노래를 듣는 것이나 鶖子가 淨名의 모임에 들어가는 것과 같아 대면해도 알지 못한다. 根機가 매우 예리한 後學人으로 하여금 장차 밝게 깨닫게 하는데, 이는 마치 닭이 달걀을 품는 것과 달걀이 껍질을 깨고 병아리가 되는 것이 동시에 이루어지는 것과 같다. 또 性이 遲鈍한 자는 배워도 깨닫기 어려우니, 마치 맹인이 色을 전할 때 착오가 나타나는 것과 같다.[58]

㊏상은 현인지상玄印旨相 또는 형연초전현중상逈然超前現衆相이라 불린다. 이 상은 교학의 교리에서 벗어난 경지이기 때문에 이 상을 알고 깨치기는 매우 힘들다. 그래서 사람이 하나하나 대면해서 알고자 하나 나타나지 않는다고 하였다. 현인지상을 깨우치는 것은 근기根機의 이둔利鈍으로

---

58 『조당집』 권20, 순지전, 제5장에 "此相者 玄印旨相 逈然超前現衆相 更不屬教意所攝 若有人似个對面付 果然不見 故三祖云 毫釐有錯 天地玄膈 然不無玄會之 誰能識此相也 若是其人見而諳會 如子期聽百牙之琴 提婆見龍樹之相 不是其人 對面不識 似已人聞白雪之歌 鶖子入淨名之會 假使後學根機玄利 將是則頓曉 如鷄把卵啐啄同時 相性遲鈍者 學而難曉 似盲人相色而轉錯耳"라고 하였다.

설명되었다. 이근을 가진 자는 곧 밝게 깨달아 이 상을 아는데, 이는 마치 제파提婆가 용수龍樹의 원월상圓月相을 보아 안 것과 같다. 그러나 근기가 늦고 둔한 자는 대면해도 깨닫지 못하는데, 이는 마치 맹인이 서로 색깔을 말할 때 착오가 있는 것과 같다.

결국 현인지상은 근기의 이둔에 의해 깨닫는 것과 교학을 부정하고 내재적 실아를 추구하는 단계로 요약된다. 이 중 후자는 자기 내에 있는 부처나 정토를 깨닫기를 주장한 양대사상과 연결된다. 또 현인지상 중 근기의 이둔 관계는 근기의 지질遲疾에 대해 언급한 사대팔상과 연결된다.

이상에서 사대오상에 대해 살펴보았는데, 요약하면 〈표 4〉와 같다.

〈표 4〉 **사대오상**

상	상명	대상	내용
○	擧函索蓋相 (半月待圓相)	○=D	⦶=佛體 ↓ ↓ 函 蓋
○	把玉覓契相	㊊	將蓋著函
㊀	釣入索續相	㊎	識珠便下手
㊍	已成寶器相	㊏	續成寶器
㊏	玄印旨相 (逈然超前現衆相)		교학의 所攝에 속하지 않음 利根＝頓曉 鈍根＝難曉

앞에서 언급한 사대팔상이나 양대사상은 모든 대상이 전체 상의 절반이고 또 대상에 대한 대상이 없기 때문에 다원적 논리로 전개되었다.[59] 그러나 사대오상은 일원적 논리로 전개되었고, 그중에서도 현인지상玄印旨相은

59 예를 들면 牛食忍草相과 露地白牛相은 같은 상이지만 二元的으로 편성되었고, 識本還源相과 背影認頭相도 같은 상이지만 이원적으로 논하였다. 또 契果修因相과 求空精行相도 같은 경우로 파악해야 한다.

사대팔상과 양대사상을 종합하였다. 즉 사대오상은 각기 다른 주제를 다원적으로 편성한 사대팔상과 양대사상을 연결시키면서 일원적으로 성립되었다.

순지 선종사상의 이러한 논리 전개는 그의 다른 사상에서도 나타난다. 진성왕 이전의 선사들이 중앙과 지방호족이라는 두 개의 세력권에서 그들의 선종사상을 이원적으로 구조한 데 반해, 순지는 선종사상의 다원 구조를 일원 체계로 정비함으로써 지방호족 중심의 일원적 선종사상을 성립시켰다.

(3) 상론의 성격

순지의 상론은 위앙종潙仰宗의 원상圓相 접화법接化法에서 영향을 받았지만, 위앙선종의 사상에서 더 나아가 신라하대 사회에 적응할 수 있었다. 『전등록』에서 전하는 위앙선종의 접화법은 겨우 4개에 지나지 않고 또한 '회광반조廻光返照'로 '식심달본識心達本'하는 위앙종의 선종사상과는[60] 유기적으로 연결되지 않는다. 그러나 순지의 상론에서는 무려 17개의 상이 나타나며, 그중 사대팔상四對八相은 그의 다른 선종사상인 삼편성불론三遍成佛論과 유기적으로 연결된다.

사대팔상 중 소의열반상所依涅槃相은 돈오를 논한 것이므로, 그 대상인 우식인초상牛食忍草相은 돈증실제頓證實際와 연결된다. 또 삼승구공상三乘求空相은 점오漸悟에 관계된 것이므로, 그 대상인 노지백우상露地白牛相은 회점증실제廻漸證實際와 연결된다. 돈증실제와 회점증실제는 돈오와 점오 후의 자리 이타행인 중행을 행한다.

그러나 우식인초상과 노지백우상은 중행을 행한다고는 볼 수 없다. 다

60 김동화, 앞의 책, p. 479.

만 원상 중심의 소가 전이한다고 하였는데, 이 소의 전이가 바로 중행이기 때문에[61] 위의 두 상은 중행을 행할 소지를 가졌다. 따라서 계과수인상契果修因相이나 인원과만상因圓果滿相, 구공정행상求空精行相은 수행이 아닌 중행의 과정이다.

점증실제상은 점증실제론과 연결된다. 점증실제는 점돈漸頓이 같은 상태로,[62] 교학이나 선종 어느 것에 의해서도 깨칠 수 있다. 그러나 점증실제상에는 교선일치의 사상경향은 나타나지 않는다. 그렇지만 우식인초상은 화엄회華嚴會 중의 돈오이고 노지백우상은 법화회法華會 중의 점교오漸敎悟이기 때문에 교선일치의 사상경향이 나타날 소지를 갖고 있다. 따라서 돈증실제에서는 화엄의 "초발심初發心에서 바로 정각正覺을 이룬다"라는 것에 관해 논하였고,[63] 회점증실제에서는 법화의 회삼귀일會三歸一에 대해 논하였다.[64]

즉 순지의 상론은 자신의 선종사상 내에 화엄과 법화의 교학사상을 흡수·융합하였음을 보여준다. 이것은 바로 교종과 선종을 아울러 닦아야 함을 암시한다.

양대사상兩對四相은 교학 불교를 부정하였다. 교학의 경전이나 불타의 권위 의식이 부정되었을 뿐만 아니라, 타방의 부처와 정토 역시 부정되었다. 대신 자기 내에 있는 부처와 정토가 추구되었다. 순지의 선종사상도 개인주의적 경향을 띠었는데, 이것은 당시 지방호족을 돕는 성격을 가졌

61 『조당집』 권20, 순지전, 제11장에 "故白牛運轉 不住露地 故不無行衆行"이라 하였다.

62 『조당집』 권20, 순지전, 제12장에 "仙人告隱士言 雖漸頓不同而終歸一耳 所以者何小川歸海全同一味 漸解歸源豈有兩般也 是故漸頓雖異 歸源無二耳"라고 하였다.

63 『조당집』 권20, 순지전, 제5장에 "初發心時 更成正覺"이라 하였는데, 이는 義湘, 「華嚴一乘法界圖」의 "初發心更成正覺"과 통하는 것이다.

64 『조당집』 권20, 순지전, 제3장에 "露地白牛則 明法華會中 會三歸一牛故"라 하였고 또 『조당집』 권20, 순지전, 제11장에 "有三乘人 此忽聞眞教 廻成妙惠 窮證實際 故名爲廻漸證實際"라고 하였다.

다. 그러나 양대사상이 순지의 다른 사상인 삼편성불론보다 먼저 형성되었다는 점에 주목해야 한다. 돈증실제에 나타나는 내증외화內證外化나[65] 회점증실제에 나타나는 회삼귀일사상은 지방의 대호족이 주위의 군소 지방세력을 흡수·동화하는 과정에 도움을 주었고, 특히 회삼귀일사상은 삼한을 통합하려는 기운과 밀접하게 연결되었다.[66]

이를 통해 본다면 양대사상은 단순히 지방호족의 독자 세력 형성이라는 면과는 연결될지 모르지만, 지방의 대호족이 주위의 군소 지방세력을 통합해가는 데는 적합하지 않다. 따라서 양대사상은 삼편성불론이 형성되기 이전에 나타난 사상이며, 돈증실제론의 내증외화사상 중 내증은 양대사상을 흡수하여 나타난 것이다.

그러나 양대사상에서 교학 불교를 부정하는 것을, 사대팔상 중 우식인초상이나 노지백우상 중 화엄과 법화의 교학사상을 융합하는 것과 모순으로 생각해서는 안 된다. 양대사상에서 교학 불교를 부정하는 것은 하근下根을 가진 사람에 한하기 때문이다. 그러므로 상근上根을 가진 사람은 교학의 수련도 가능하다. 이것은 순지의 후기 사상인 삼편성불론 중 점증실제론에서 교선일치를 주장하고, 교·선을 다 같이 수학해야 한다고 말한 내용과 연결된다.

사대오상四對五相 중 현인지상玄印旨相은 다원적으로 구성된 사대팔상과 양대사상을 종합하여 일원적인 사상 체계를 수립하였다. 이것은 순지의 상론이 다원적으로 논리를 전개시켰으나 결국은 일원적으로 귀결되었음

---

65 頓證實際論에 나타나는 '內證外化'는 內證과 外化로 나뉘어 설명되었다. 내증은 돈오의 과정이며 내재적 實我의 발견이므로, 지방호족의 독자적 세력 형성에 기여할 수 있다. 그러나 외화는 이미 '내증'에 의해 실아를 발견한 후에 외부를 포섭·융화해가는 것이므로, 지방의 대호족이 자기의 독자적 세력 기반을 구축한 후에 주위의 군소 지방세력을 흡수·동화해가는 데 유용하다. 이에 대해서는 三遍成佛論을 논하는 곳에서 자세하게 언급할 것이다.

66 원효가 『法華經宗要』에서 '會三歸一'을 논한 시기도 신라가 삼국을 통합하려던 때였고 또 고려초의 天台사상도 삼한을 통합하려는 시대 여건에 부합되었다.

을 보여준다. 순지 사상의 이러한 논리 전개는 그의 다른 사상에서도 마찬가지로 나타난다.

삼편성불론에서는 증리성불證理成佛·행만성불行滿成佛·시현성불示顯成佛이 결국 같은 경지로서 하나로 귀결됨을 암시하였다.[67] 또 1불 2보살인 비로자나·문수文殊·보현普賢은 서로 주반主伴이 되고, 세 사람이 동체라 하여 무상無上의 본체에서는 비로자나가, 견성지력見性智力에서는 문수가, 만행복력萬行福力에서는 보현이 각각 주가 된다.[68] 그 밖에 회삼귀일사상이나 돈증실제론에서 삼등보현三等普賢이 결국 한 사람이라는 것도[69] 모두 같은 논리로 전개되었다.

순지의 상론은 우선 독립적인 사상을 다원적으로 구성시켰다. 이것은 순지가 지방의 군소세력을 인정하는 것에서 나타났다. 그러나 그러한 사상이 다시 일원적으로 귀결됨은 지방의 대호족이 주위의 군소 지방세력을 통합하는 것을 합리화하는 것이다. 실제로 순지의 삼편성불론은 이와 같은 사상경향을 가졌다.

정리하면 순지의 상론 중 양대사상은 그의 초기 사상이었고, 사대오상은 지방의 대호족세력에게 도움을 주는 성격을 가졌기 때문에 후기 사상인 삼편성불론을 형성하는 데 논리적인 밑거름이 되었다. 사대팔상은 이미 삼편성불론이 형성된 후에 그의 사상을 체계화한 것이므로 가장 후기의 것으로 보인다.

---

67 『조당집』 권20, 순지전, 제6장에 "此行滿成佛 所證之理 不以於前證理成佛之理"라 하였고, 또 이어 "言示顯成佛者 如前證理行滿 自行成佛己畢"이라 하였다.

68 『조당집』 권20, 순지전, 제6장에 "言一佛二菩薩者 遮那是理 文殊是智 普賢是行 此理智行 三人同體 故一不可捨也 又一佛二菩薩 無爲主伴 以本體無上 遮那爲主 以見性智力 文殊爲主 以萬行福力 普賢爲主"라고 하였다.

69 『조당집』 권20, 순지전, 제10장에 "所言三等普賢者 不是三人 一人行行"이라 하였다.

2. 요오선사 순지의 선종사상
— 삼편성불론을 중심으로

(1) 순지의 시대 및 단월세력

신라중대 중앙왕실의 전제정치는 혜공왕 때부터 무너지기 시작하여, 신무왕대 이후가 되면 오히려 지방호족세력에 압도되었다. 중앙귀족들은 대두되는 지방호족과 맞서기 위해 일종의 연립聯立을 형성하였다. 그러나 연립은 오히려 모순을 내포하였으므로 계속해서 많은 반란을 낳았고, 진성왕 이후 지방에 초적草賊이 창궐하는 경향으로 바뀌어갔다.[70]

진성왕 이전의 지방에서는 중앙의 정권 쟁탈에서 패배한 귀족이 지방의 연고지로 돌아가 토착화한 낙향호족落鄕豪族세력이 우세하였다. 신라중대 이래 지방 토호들은 대부분 지위가 낮아 군태수郡太守·현령縣令 등의 자리를 중앙귀족에게 빼앗기고, 그 밑의 촌주村主로 있었다. 그러나 이들 토호들은 지방의 실권을 잡고 있어서 신라하대의 난세에 이르면 다시 대두하였고,[71] 진성왕 이후부터는 사회의 실질적인 주도권을 가져 그 세력이 오히려 낙향호족을 능가하였다.

낙향호족세력을 제외한 신라말의 지방호족은 대체로 다음의 두 세력으로 대표된다. 첫째는 성주나 장군으로 불리던 지방의 토착 호족세력이다. 이들은 자신들의 부락을 중심으로 이웃 부락을 복속하여 많은 부락을 지배하고 상당한 세력을 형성하였다.[72] 다음으로 해상무역으로 부를 축적하

70 李基白, 「上大等考」, 『역사학보』 19, 1962 ; 『新羅政治社會史硏究』, 일조각, 1974, p. 126.
71 이기백, 「新羅私兵考」, 『역사학보』 9, 1957, p. 60 ; 『신라정치사회사연구』, 일조각, 1974, p. 275.
72 旗田巍, 「高麗王朝成立期の'府'と豪族—郡縣制度の性格の一端」, 『法制史硏究』 10, 1959, p. 4 ; 『朝鮮中世社會史の硏究』, 法政大學出版局, 1972, p. 5.

여 군진軍鎭세력을 형성한 자들이다. 이들은 일개 지방세력이지만 신라조정과 어깨를 겨누어, 당시 중국의 후당後唐 등과 외교 교섭을 행하였다.[73] 이 두 지방세력이 연합하면서 신라왕조를 뒤엎고 새로운 사회를 건설하는 주력으로 나타났다.

순지는 언제 태어나서 언제 죽었는지에 대한 기록이 전하지 않아 그 생존 연대를 정확하게 알 수는 없다. 그는 약관에 오관산에 들어가 삭발하여 중이 되었고, 헌안왕 2년(858)에는 중국에 유학하였다. 65세에 죽었기 때문에 20세에 중이 되었고 30세에 중국에 유학한 것으로 추측한다면, 순지는 적어도 진성왕 7년(893)까지 활동하였다. 그렇지 않고 더 일찍 25세에 유학했다고 생각하면 효공왕 1년(897)까지는 생존하였다.

순지는 왕건의 조모인 용녀와 부친인 용건과 결합되었지만, 왕건과 인연을 가졌다는 기록이 없다. 이것으로 본다면 순지는 적어도 왕건이 활동하기 이전, 즉 용건이 궁예에게 항복한 진성왕 10년(896) 이전에 활동하였다고 보는 것이 타당하다. 순지는 건부乾符 초년에 서운사의 주지가 되었으므로, 건부 1년인 경문왕 14년(874)경에는 신라에 돌아와 있었다. 이때부터 그가 죽을 때까지는 약 20여 년이 된다. 이 기간은 그가 한창 활동할 가능성이 있는 시기이다.

상론相論은 순지의 초기 사상이고[74] 삼편성불론三遍成佛論은 후기 사상이다. 상론이 그가 신라로 돌아온 후 약 10년간에 걸쳐 형성된 사상이라면, 삼편성불론은 그가 죽기 전 약 10년 동안 형성된 사상으로 생각된다. 즉

73 金庠基, 「羅末 地方群雄의 對中通交—특히 王逢規를 주로」, 『黃義敦先生古稀紀念 史學論叢』, 東國大學校出版部, 1960, p. 60.

74 相論에는 四對八相, 兩對四相, 四對五相이 있다. 이 중 사대팔상은 순지의 사상을 체계화한 것이기 때문에 가장 후기의 것으로 보인다. 양대사상은 지방호족이 독자 세력을 형성하는 것과 관계된 사상인 반면에, 三遍成佛論은 지방의 대호족이 주위의 군소 지방세력을 흡수 · 통합해가는 시기에 나타난 선종사상이다. 사대오상은 이러한 양대사상이 삼편성불론으로 흡수되는 데 교량적 역할을 한 사상이다. 그러므로 상론은 대체로 순지의 초기 사상으로 생각된다.

삼편성불론은 진성왕 즉위를 전후한 시기에서 후삼국이 정립되기 이전에 성립된 사상이다.

순지의 신분에 대해서 특별히 알려주는 기록은 없지만, 다음 글을 통해 어느 정도 추측할 수는 있다.

> 대사의 이름은 順之이며 俗姓은 朴氏이고 浿江 사람이다. 祖考의 가업은 雄豪하였고, 대대로 邊將으로서의 忠勤한 명예가 그 지방에 널리 퍼졌다. 어머니는 昭氏로, 柔範한 母儀가 마을에 잘 알려져 있었다.[75]

우선 어머니의 성인 소씨昭氏는 신라 귀족의 성이 아니므로 그 신분이 별로 높지 않음을 알려준다. 아버지는 박씨朴氏이기 때문에 상당히 높은 신분이거나 또는 그러한 신분의 후예로 생각된다. 따라서 순지의 신분은 진골은 아니었으나 최고 육두품이었을 것이다. 순지의 집안은 할아버지나 아버지 때부터 웅호雄豪하여 지방에서 무력을 행사하였으므로 명성이 그 지방에 널리 퍼졌다. 이것은 순지의 집안이 지방호족이었음을 알려준다.

순지가 중앙왕실과 특별히 연결되었다고는 생각되지 않는다. 순지와 중앙왕실과의 결합 가능성을 생각하게 하는 것은, 그가 서학西學할 때 입조사入朝使를 따라 중국에 들어갔다는 것과 요오了悟라는 시호를 가졌다는 기록뿐이다. 이 밖의 다른 기록에서는 순지가 왕실과 결합되었다고 추측할 만한 점을 발견할 수 없다. 그런데 당시 지방호족들은 독자적으로 중국과의 통교를 행하였으므로, 순지와 같이 중국에 들어간 입조사가 왕실에서 보낸 사신이 아닐 수도 있다. 요오라는 시호 역시 어느 왕이 내린 것인지 불분명할 뿐만 아니라 신라 중앙왕실에서 내린 것인지조차 명확하지

75 『조당집』 권20, 순지전, 제1장에 "師諱順之 俗性朴氏 浿江人也 祖考並家業雄豪 世爲邊將 忠勤之譽 遺慶在鄉 母昭氏 柔範母儀 芬芳閭里"라고 하였다.

않다. 시호이기 때문에 후대의 고려왕실에서 내려진 것일 수도 있고 또 시호만을 가지고 순지가 생존 당시에 왕실과 긴밀한 연락을 가졌다고 추측할 수는 없다. 이와 같은 상황은 순지가 신라 중앙왕실과 결합되지 않았음을 생각하게 한다.

순지가 고려 왕건의 선대와 결합한 점이 흥미를 끄는데, 이에 대해서는 다음 기록을 참고해보자.

> 乾符 초년경에 송악군의 女檀越인 元昌왕후와 그 아들 威武대왕이 오관산 龍嚴寺에 시주함에, 순지는 여기에 거주하였다. 지금은 절 이름을 고쳐 瑞雲寺라 부른다.[76]

순지가 주지로 있던 서운사는 이전의 용엄사를 고친 절로, 그 단월檀越은 왕건의 부친인 용건과 조모인 용녀였다.[77] 다만 순지와 그가 주지로 있던 서운사 또는 용엄사에 대한 기록이 지리지나 연대기 자료에 나타나지 않기 때문에, 이 기록을 그대로 믿어야 할지는 의문이다. 그러나 『조당집』 외에 『전등록』에서도 순지가 오관산에서 위앙선종을 일으켰다고 기록하였고[78] 또 서운사는 경기도 장단長湍에 있었던 것으로[79] 추측된다. 후삼국 성립 시기에 개성 부근은 왕건의 세력 기반이었던 것을 생각한다면 오관산의 순지가 왕건의 선대와 결합되었다는 기록은 믿어도 좋을 것이다.

---

76 『조당집』 권20, 순지전, 제1장에 "乾符初 松岳郡女檀越 元昌王后 乃子威武大王 施五冠山龍嚴寺 便往居焉 今改瑞雲寺也"라고 하였다.

77 『고려사』 권1, 세가1, 태조 2년 3월조에 "幸巳 追謚三代 以曾祖考爲始祖元德大王 妃爲貞和王后 祖考爲懿祖景康大王 妃爲元昌王后 考爲世祖威武大王 妃爲威肅王后"라고 하였다.

78 도원, 『경덕전등록』 권12, 남악 제5세 앙산적사 신라지조에 "新羅五觀山順支"라고 하였다.

79 忽滑谷快天, 『朝鮮禪教史』, 春秋社, 1930, p. 105 ; 韓基斗, 『韓國佛教思想』, 圓光大學校出版局, 1973, p. 57에는 瑞雲寺가 경기 長湍에 있었다고 하였다(단 한기두의 책에는 長環이라 되어 있다). 둘 다 어디에 근거한 것인지는 밝혀져 있지 않다.

이런 문제는 왕건의 선대인 용녀나 용건의 세력 기반을 살펴봄으로써 더 잘 이해할 수 있다. 고려 왕실의 선대 세계世系는 여러 가지 신이한 설화로 기록되었기 때문에 역사적 사실로 이해되기에는 많은 어려움이 따른다. 그래서 왕건은 뚜렷한 세력 기반을 갖지 못하였다고 주장되었다.[80] 그러나 고려 왕실세계는 비록 설화로 기록되었고 또 그 내용도 전대에 전승된 것을 빌려왔을지라도, 그 속에 일정한 역사적 사실이 숨어 있다는 것에 주의해야 한다.

왕건의 선조인 성골聖骨 장군 호경虎景은 신라하대 개성지방의 호족이었다.[81] 아들 강충은 예성강 입구의 영안촌永安村 부자의 딸 구치의具置義와 혼인하여 마가갑摩訶岬에 살았는데, 신라 사람인 팔원의 풍수설에 따라 사람들과 더불어 군을 부소산 남쪽으로 옮겼다. 그 후 부소산에 솔을 심고 군의 이름을 송악군松嶽郡으로 고치고, 자신은 군의 상사찬上沙粲이 되어 군내의 여러 촌주들을 거느렸다. 그는 또한 마가갑의 옛집을 세업世業으로 가지고 왕래하면서 살았는데 재산이 누천금累千金이었다.

강충은 자의로 군의 위치를 옮기고 군의 이름을 고칠 수 있을 만큼 지방에서 커다란 세력을 가진 대호족이었다.[82] 왕건의 조부인 작제건 때에는 이미 상당한 세력을 형성하였다. 『편년통록』의 고려 왕실세계에서는 작제건이 서해 용녀와 결혼하는 것을 다음과 같이 기록하였다.

> 한 老嫗가 있어 웃으며 말하기를 왜 그 딸을 아내로 삼아 데려가지 않느냐고 하였다. 이에 作帝建은 용왕의 장녀 翥旻義를 청해서 아내로 삼고, 장차 七寶를 받아 돌아가려고 하였다. 그런데 용녀가 말하기를 아버지는 버드나무 지팡이와

---

80 河炫綱, 「高麗太祖와 開城」, 『李弘稙博士回甲紀念 韓國史學論叢』, 新丘文化社, 1969, p. 133.

81 이우성, 「三國遺事 所載 處容說話의 一分析—高麗 其人制度의 起源과의 關係에서」, 『金載元博士回甲紀念論叢』, 乙酉文化社, 1969, p. 100.

82 이우성, 「고려 백성고」, 『역사학보』 14, 1961, pp. 30~31.

돼지를 가지고 있는데 칠보보다 좋은 것이므로 이를 청하라고 하였다. 작제건이 칠보를 돌려주면서 버드나무 지팡이와 돼지를 얻기를 원한다고 하자, 용왕은 이 두 가지 물건이 나의 神通한 보물이지만 君이 청하니 감히 거절할 수가 없다고 말하면서 버드나무 지팡이와 돼지를 내주었다. 작제건은 칠보와 돼지를 배에 싣고 바다를 건너 해변에 닿으니, 그곳이 昌陵窟 앞의 江岸이었다. 白州正朝 劉相晞 등은 작제건이 서해의 용녀를 아내로 맞아 돌아왔다는 것을 듣고 이는 실로 경사라고 생각하였다. 그리하여 그는 開州·貞州·鹽州·白州 등의 4州와 江華·喬桐·河陰 등 3縣의 사람들을 이끌고 작제건을 위해 永安城을 쌓고 宮室을 지어주었다(『高麗史』 卷首, 高麗世系).

작제건이 서해 용녀를 아내로 맞아 돌아오자, 백주정조白州正朝 유희상 등이 개성·정주(예성강 하류)·염주(연안)·백주(백천)·강화·교동·하음 등 서해안 일대의 지방민을 동원하여 그를 위해 영안성을 쌓아주고 궁실을 지어주었다. 이처럼 작제건은 여러 주군의 백성을 동원할 수 있을 만큼 강력한 호족세력을 형성하였는데,[83] 위에서 열거한 개성·정주·염주·백주·강화·교동·하음 등지에 커다란 세력 기반을 구축하였던 것으로 생각된다.

『편년통록』에는 용녀가 막연히 서해 용왕의 딸로 되어 있으나, 이제현이 인용한 『성원록』에는

景康대왕의 아내인 용녀는 平州 사람인 豆恩坫 角干의 딸이다(『고려사』 권수, 고려세계)

라고 하였다. 즉 용녀는 평주(평산)의 지방호족인 두은점 각간角干의 딸이

83 이우성, 「고려 백성고」, 앞의 책, p. 105.

다. 용녀가 서해 용왕의 딸로 나타난 것은 용녀의 집안이 해상세력임을 시사한다. 예성강 하구의 해상세력은 고려의 흥기와 밀접한 관계가 있다. 강충의 부인인 구치의가 예성강 하구인 영안촌 부자의 딸이었고, 용녀의 아들인 용건이 송악으로부터 영안성에 가던 도상에서 한씨韓氏를 만나 부부가 되었다. 이는 강충 이후 예성강을 배경으로 한 해상세력과 고려왕실의 조상들이 결합하여 활동한 사실을 암시한다.[84]

용녀는 처음에는 개성의 동북 산기슭에 살았지만 일 년이 지난 후에는 송악 남쪽 기슭, 즉 옛날에 강충이 살던 곳에 새집을 지었다. 그곳에서 30여 년 동안 영안성을 왕래하며 살았고 또 침실의 창밖에 우물을 파고 그 속으로 서해 용궁을 드나들었다. 강충의 옛 거주지에 새집을 지었음은 용녀와 작제건이 전대 강충의 세력 기반을 계승하였다는 것을 의미한다. 또 영안성과 서해를 왕래한 것은 이미 그들이 예성강 하구나 서해를 무대로 한 해상세력과 긴밀한 관계에 있었다는 사실을 알려준다.

용녀의 아들 용건도 전대의 세력 기반을 그대로 계승하였다. 『편년통록』에 의하면

> 이때 世祖는 용모가 魁偉하였으며 그릇 됨이 크고 넓어 삼한을 병탄할 뜻을 가졌다. 세조는 일찍이 꿈에 한 미인을 만나 아내가 되어줄 것을 약속받았다. 후에 세조는 송악군으로부터 永安城으로 가는 도중에 한 여자를 만났는데, 꿈에서 본 모습과 같아 결혼하였다. 이 여자가 어디에서 왔는지를 몰라 세상에서는 夢夫人으로 불렀으며, 혹은 삼한의 어머니라고 하여 성을 韓氏라고 하였다. 이가 바로 威肅왕후이다. 세조는 송악의 옛집에 몇 년 동안 거주하였는데 또 그 남쪽에 새집을 세웠다(『고려사』 권수, 고려세계)

---

84 김상기, 『고려시대사』, 東國文化社, 1966, p. 4.

라고 하였다. 용건은 서해지방의 해상세력과 여전히 결합하고 있었다. 송악에서 영안성으로 가는 도중에 한씨를 만나 부부가 되었다는 것이 이를 증명해준다. 또한 송악의 옛집 말고도 다시 그 남쪽에 새집을 지었다는 것은 용건이 남쪽에 새로운 기반을 마련하였음을 알려준다. 용건은 삼한을 병합하려는 뜻을 가지고 있었다. 그런데 지금까지는 이 기록을 그대로 믿는 것을 주저해왔다. 그러나 비록 신이한 설화로 서술되기는 하였지만 이 기록은 용건이 상당한 무력을 행사하였고 주위의 부락을 부속시킨 대호족 세력이었음을 알려주기에 충분하다.

작제건 때에 이미 개성 · 경기 · 서해 일대에 걸친 세력을 형성한 사실을

〈표 5〉 **고려세계**(김관의의 『편년통록』에 의함)

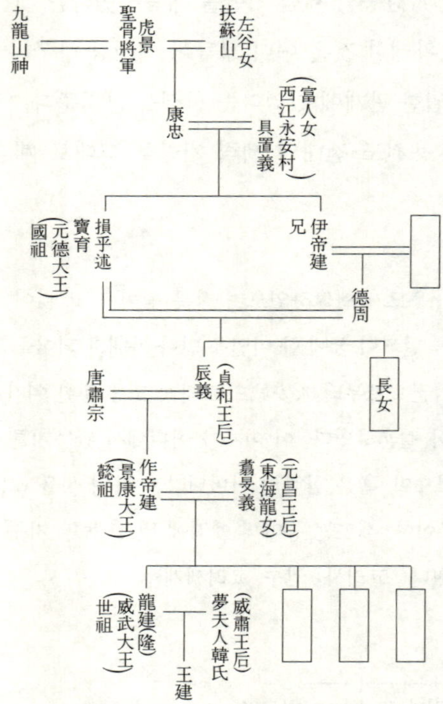

생각하면, 이 기록대로 용건이 삼한 땅을 병합할 뜻을 가졌다고 보는 것도 크게 어긋나지 않을 듯하다. 고려초의 향리직鄕吏職인 당대등堂大等은 신라 말기 지방호족을 편제한 직제인데, 신라의 중앙 관부와 동일한 명칭의 병부兵部·창부倉部·호부戶部 등을 가졌다. 이는 지방호족의 정치적·군사적·경제적 독립성을 말해준다.[85] 특히 병부의 존재는 그들이 무장된 직속 군대를 거느렸다는 것을 의미하며, 대외적인 독립의 보장과 이웃 부락 사이의 지배와 복속 관계를 형성하는 데 중요한 역할을 담당하였다. 앞에서 제시한 고려 선대 왕실의 세력 기반을 생각한다면 용건의 세력도 예외일 수는 없다. 용녀나 용건과 결합된 순지가 회삼귀일會三歸一의 법화사상을 주장하였음은 용건이 삼한을 병합하려는 뜻을 가졌다는 것에 어느 정도 시사성을 준다.

진성왕 10년(896) 용건은 송악군 사찬沙粲으로서 궁예에게 귀속하였다. 북방에서 강력한 세력을 형성한 궁예의 압력에 용건은 어쩔 수 없이 자기가 다스리던 군과 함께 귀부하였지만, 이미 닦여진 용건의 세력 기반은 궁예 밑에서도 상당한 영향력을 가졌다. 왕건이 송악군의 성주가 된 것이나 후에 궁예를 뒤엎고 고려왕조를 건립한 것은 용건의 세력 기반을 이해하는 데 도움을 준다. 궁예는 조선·숙신·변한지방의 왕이라 칭하였으므로, 비슷한 시기의 용건이 삼한지방을 병합하려는 뜻을 가졌던 것도 무리는 아니다.

용녀와 그 아들 용건은 경기·황해 일대에 세력을 떨친 대호족이었다. 그들은 그 지방의 토지와 인민을 지배하였을 뿐만 아니라 그 세력 내의 사원과도 연결되었다. 순지가 머물던 서운사도 이들의 세력권 안에 포함되어 있었다. 용녀나 용건은 충분한 군사력을 가진 대호족이었으므로 사원 경영보다는 그 지방의 인민을 통치하는 데 더 큰 관심을 가졌다. 그래서

85 이기백, 「신라사병고」, 앞의 책, p. 49.

그들의 사원경영은 중앙정권에서 거세된 신라 귀족의 사원경영과는 성격이 달랐다.

중앙의 정권 쟁탈에서 패배한 귀족들은 지방으로 내려와 자신들의 재산을 합리적으로 보호하기 위하여 사원을 경영하였다. 전 재산을 사원에 투탁하였기 때문에 귀족들의 사원경영의 규모는 대단히 컸다. 그러나 용녀나 용건은 오히려 지방에서 대두하여 중앙왕실과는 무관하게 주위의 부락을 복속·지배하였기 때문에 재산을 사원에 투탁하여 보호할 필요를 크게 느끼지 않았다. 오히려 그들의 사원경영은 민중의 교화라는 면에서 중요하였다.

그들은 하나의 큰 사원을 경영하기보다는 규모는 크지 않더라도 여러 개의 사원을 경영하였다. 『편년통록』의 고려세계에 "성골 장군의 아들 강충은 마가갑에 살았다. 강충의 아들 보육寶育은 거사가 되어 목암木菴을 지어 거주하였다"(『고려사』 권수, 고려세계)라고 하였는데 여기서의 목암도 왕건의 선대와 연결된 사원이었다. 고려세계에는 또 "작제건이 만년에 속리산俗離山 장갑사長岬寺에 거주하면서 항상 불전佛典을 읽으면서 생을 마쳤다"라고 기록되어 있다.

작제건이 장갑사에서 만년을 보냈다는 기록은 장갑사의 단월이 작제건이었거나 아니면 작제건과 연결된 세력이었다는 추측을 하게 한다. 다만 이 사료만으로는 그러한 추측을 내리기에는 부족하므로 다음 기록을 참고해보자.

> 순지는 약관이 되자 도를 닦으려는 마음이 무르익어 떠들썩한 속세를 싫어하고 靜默한 곳에서 놀았다. 드디어 양친에게 간절히 고하고 출가하여 승려가 되려 하자 양친은 그 뜻을 꺾을 수 없다는 것을 알고 허락하였다. 순지는 오관산에 들어가 머리를 깎아 중이 되고 이어 속리산에 들어가 具足戒를 받았다.[86]

---

86 『조당집』 권20, 순지전, 제1장에 "旣登弱冠 道牙早熟 厭處喧華之地 長遊靜默之中 遂乃懇告

순지가 삭발하여 중이 된 곳은 오관산의 용엄사로 추측되는데, 구족계具足戒는 속리산에서 받았다. 용엄사의 단월인 용녀와 연결된 절이 속리산에도 있었는데, 앞에서 언급한 고려세계의 기록에 비추어볼 때 용녀와 연결된 속리산의 절은 작제건과 연결된 장갑사라고 생각할 수 있다. 오관산 용엄사에서 삭발한 순지가 속리산 장갑사에서 구족계를 받은 사실에서 알 수 있듯이 두 절의 단월은 서로 밀접한 관계에 있었다. 또한 작제건이 장갑사에서 만년을 보냈다는 기록은 그가 장갑사의 단월이거나 또는 단월과 밀접하게 결합되었다는 결론을 내리게 한다.

고려 왕건의 선대세력은 작제건이나 용녀 당시만 하더라도 경기 · 황해 · 서해 일대에 이르는 지방세력을 형성하였고 그 세력권 내에 상당수의 사원을 두었다. 순지가 주지로 있던 서운사도 왕건의 선대세력이 경영한 사원 중의 하나였다. 다만 현재 서운사에 대한 또 다른 기록을 찾기 어렵기 때문에 그 규모나 사원경영을 밝히기는 어렵다.

(2) 순지의 선종사상

1) 성불론

순지의 삼편성불론三遍成佛論은 증리성불證理成佛 · 행만성불行滿成佛 · 시현성불示顯成佛을 말한다. 먼저 증리성불부터 살펴보도록 하자. 이에 대해서는 다음 기록이 참고된다.

> 證理成佛은 지식이 게재되어 廻光返照하고 자기의 心源에 이른다. 심원은 본래 一物도 없는 것이다. 또 성불은 萬行을 좇는 점수에 의한 것이 아니므로 증리성불이라 한다. 그러므로 경전에서는 "初發心에서 바로 正覺을 이룬다"라고 하

二親 將隨緇侶 志不可奪 所天容許 便投五冠山剃髮 仍適俗離山 受具足戒"라고 하였다.

였다. 또 古人이 佛道는 먼 데 있는 것이 아니며 廻心이 곧 이것이라 한 것은 바로 이런 의미이다.[87]

증리성불은 만행萬行에 따른 점수를 통해서가 아니라 돈오를 통해서 불도를 깨치는 것을 말한다. 불도가 먼 데 있지 않음은 자기에게 내재한다는 것이다. 자기의 심원心源, 즉 자기 내의 실아를 인식하는 '회광반조廻光返照'[88]가 증리성불인데, 말하자면 회심이 불도를 바로 깨닫는 것이다. 증리성불의 돈오는 "초발심初發心에서 바로 정각正覺을 이룬다"라는 화엄의 돈오를 의미한다. 따라서 증리성불은 자리와 이타를 위한 중행을 수반한다. '회광반조'는 지식의 작용으로 이루어지기 때문에 증리성불에는 문수文殊보살의 역할이 중요하다. 이에 대해서는 다음 기록이 도움을 준다.

> 이 증리성불 중에 만약 體性을 설한다면 一物도 없는 것이나, 三身으로 通論할 수 있으므로 一佛二菩薩이 없는 것이 아니다. 비록 三人이 있다고는 하지만 지금 見性成佛에서 성불하는 공덕은 文殊에게 있다. 古人은 여러 부처가 문수의 생을 좇기 때문에 문수는 여러 부처의 어머니라고 말하였다. 그러므로 문수는 實知이다. 일체의 부처는 실지로 인하여 보리를 證得하기 때문에 문수는 여러 부처의 어머니가 된다.[89]

체성體性에 일물一物도 없는 것을 깨치는 것은 곧 공空에 대한 인식이다.

---

87 『조당집』 권20, 순지전, 제5장에 "言證里成佛者 知識言下 廻光返照 自己心源 本無一物 便是成佛 不從萬行漸漸而證 故云證理成佛 是故經云 初發心時 便成正覺 又古人云 佛道不遠 廻心卽是 卽此義也"라고 하였다.

88 김동화, 『선종사상사』, 유인본, 1968, p. 479에 '廻光返照'는 仰山 慧寂의 사상으로, 그 뜻은 師家의 言句에 구애되지 않고 '識心達本'하는 것이라 하였다.

89 『조당집』 권20, 순지전, 제5~6장에 "此證理成佛中 若說體性 都無一物 通論三身 不無一佛二菩薩 雖有三人而今見性成佛 故得成佛 功在文殊故 古人云 文殊是諸佛母 所謂諸佛從文殊生 故言文殊者 卽實智也 一切諸佛 因其實智而證菩提 是故文殊是諸佛母耳"라고 하였다.

증리성불은 체성이 공인 것을 깨달아 성불에 이르는데, 그것을 견성성불見性成佛이라 부른다. 성性이 공한 것을 깨치는 것은 실지實智를 통한 문수의 공덕으로 이루어진다. 문수는 실지로 표현되며[90] 일체의 부처가 실지로 인하여 보리를 증득證得하기 때문에 문수는 여러 부처의 어머니가 된다.[91]

행만성불에 대해서는 다음과 같이 설명되었다.

> 行滿成佛은 비록 그 진리를 이미 窮究하였으나, 오히려 普賢의 行願에 순응해서 보살의 도를 닦아가는 중에 소행이 두루 갖추어지고 悲智가 圓滿해진다. 때문에 행만성불이라 한다. 그러므로 古人이 말하기를 行到處가 곧 從來處라 하였다. 그런고로 그 행할 바를 밝혀 알아서 이미 本處로 돌아오게 된다. 본처가 곧 理이다.[92]

행만성불은 돈오에 의하지 않고 보현행원普賢行願에 순응하여 보살의 도를 닦아가는 도중에 성불하는 단계이다. 말하자면 점수를 통해 소행을 갖추고 비지悲智가 원만해짐으로써 성불하게 된다. 행만성불에는 성불하기 위한 수행 과정이 중요한데, 그 수행은 본처本處인 자기에게 내재된 실아의 인식을 위한 것이므로 돈오 후의 자리와 이타를 위한 중행과는 그 성격이 다르다. 행만성불에서는 불도를 깨치기 위한 수행 과정이 중요하기 때문에 보현행원을 닦아야 하고, 그러기 위해 보현이 중시된다. 다음 기록은 이를 잘 알려준다.

---

90 卓萬植, 「華嚴經에 나타난 菩薩思想 硏究」, 『東國大學校 大學院 印度哲學科 碩士學位論文』, 1971, p. 11. 문수는 大智·大解 및 信으로 표현되었다.

91 『阿闍世王經』 권상에서 文殊師利는 空觀의 法을 창도하여 제2의 불타 혹은 諸佛菩薩의 智母로 경중되었다.

92 『조당집』 권20, 순지전, 제6장에 "言行滿成佛者 雖已窮其眞理 而順普賢行願 歷位廣修菩薩之道 所行周備 悲智圓滿 故云行滿成佛也 故古人云 行到處卽是從來處 是故明知所行 已周還至本處 本處者卽理也"라고 하였다.

> 행만성불 중에서 만약 果德을 거론한다면 단지 보현이 佛道를 행해서 이룩하는 것인데, 三身으로 논한다면 역시 一佛二菩薩이 있게 된다. 비록 三人이 있다고는 하지만 지금 별도로 행만성불을 取해서 성불하려 하므로 공은 보현에게 있게 된다. 古人은 모든 부처가 보현의 生을 좇으므로 보현은 모든 부처의 아버지라고 말하였다. 그러므로 보현은 즉 萬行이다. 일체의 모든 부처가 만행으로 인하여 보리를 證得하기 때문에 보현은 모든 부처의 아버지가 된다.[93]

증리성불이 체성體性을 깨닫는 것에 대해 행만성불은 과덕果德을 논하였다. 수행에 대한 인과로 나타나는 것이 과덕이다. 행만성불은 점수에 의해 정각을 이루는데 이처럼 점수에 의해 불도에 이르게 될 때 수행의 주체인 보현이 중요해진다. 보현은 만행萬行이라 불리며[94] 일체의 여러 부처가 만행으로 인하여 보리를 증득하기 때문에 보현은 여러 부처의 아버지가 된다. 따라서 행만성불은 보현행원을 수행하는 점수에 의해 성불함을 말한다.

그러면 증리성불에 의한 깨침과 행만성불에 의한 깨침은 어떻게 다른가? 이에 대해서는 다음 기록에서 알 수 있다.

> ① 행만성불의 所證의 이치는 전에 말한 증리성불의 이치와 다르지 않다. 그러나 이치는 비록 다르지 않지만 行因에 대한 果로 나타나기 때문에 행만성불이라 한다.[95]
>
> ② 一佛二菩薩은 비로자나 곧 理, 문수 곧 智, 보현 곧 行을 말한다. 理·智·行은 3인이 동체이기 때문에 어느 하나도 버릴 수가 없다. 또 1불 2보살은 主伴

93 『조당집』 권20, 순지전, 제6장에 "此行滿成佛中 若擧果德 但以普賢 行成佛道 論三身亦有一佛二菩薩 雖有三人而今別取行滿成佛 故得成佛 功在普賢 故古人云 普賢是諸佛父也 所謂諸佛從普賢生 故言普賢者 卽萬行也 一切諸佛 因其萬行而證菩提 是故普賢諸佛父耳"라고 하였다.

94 탁만식, 「화엄경에 나타난 보살사상 연구」, 앞의 책, p. 11. 보현은 大悲·大行 및 法으로 표현되었다.

95 『조당집』 권20, 순지전, 제6장에 "此行滿成佛 所證之理 不異於前證理成佛之理 理雖不異 行因至果 故云行滿成佛也"라고 하였다.

이 없는데, 無上한 본체에서는 비로자나가 주인이며, 智功의 見性에서는 문수가 주인이며, 福力인 萬行에서는 보현이 주인이 된다.[96]

행만성불과 증리성불은 각각 점수와 돈오에 의해 불성을 깨닫기 때문에 그 성불의 과정은 다르나 증득하는 바의 이치는 같다. 말하자면 행만성불로 깨친 상태와 증리성불로 깨친 상태는 같다. 앞에서 증리성불이 자기 심원, 즉 내재적 실아를 깨침으로써 성불하는 것을 살펴보았는데, 행만성불의 수행 역시 본처에 다다르기 위한 것이다. 행만성불의 본처도 자기에 내재적인 실아인 '리理'이다. 증리성불의 심원은 행만성불의 본처를 가리키므로 결국 증리성불에 의한 깨침의 상태와 행만성불에 의한 깨침의 상태는 같을 수밖에 없다.

증리성불은 실지實智로 인해 내재의 리를 깨닫고, 행만성불은 만행에 의해 내재의 리를 깨닫는다. 여기의 지智는 문수로, 행行은 보현으로, 리理는 비로자나로 대변된다. 결국 삼편성불 중 증리성불과 행만성불은 1불 2보살의 리 · 지 · 행에 의한 깨침이다. 증리성불과 행만성불은 그 깨침의 상태는 같으나 과정은 다른데, 그것은 지와 행의 차이 때문이다.

그러나 1불 2보살은 3인 동체로서 주체와 객체로 나뉘지 않는 혼연일체이다. 한 사람이 지에는 방편상 문수로, 행에는 방편상 보현으로, 리에는 방편상 비로자나로 나타났다. 이것은 법화사상 중 일승을 방편의 삼승으로 설하는 이치와 같다. 따라서 증리성불과 행만성불은 내재적 실아를 깨치는 이치는 같으나 근기의 지질遲疾에 따라 방편의 과정을 달리한다.

마지막으로 시현성불에 대해 살펴보도록 하자. 이에 대해서는 다음과

---

96 『조당집』 권20, 순지전, 제6장에 "言一佛二菩薩者 遮那是理 文殊是智 普賢是行 此理智行 三人同體 故一不可捨也 又一佛二菩薩 無爲主伴 以本體無上 遮那爲主 以見性智功 文殊爲主 以萬行福力 普賢爲主"라고 하였다.

같이 설명되었다.

> 示顯成佛은 앞의 증리성불이나 행만성불과 같아서 스스로 성불해서 마친다. 지금 중생을 위하여 八相을 통해 成道하는 것이 시현성불이다. 팔상은 從兜率天退 · 入胎 · 住胎 · 出胎 · 出家 · 성도 · 轉法輪 · 入涅槃이다. 팔상을 통해 성불하기 때문에 시현성불은 마땅히 팔상 성도라는 것을 알아야 한다. 또 이 報化는 眞이 아니기 때문에 경전에서 여래가 出世하지 않으면 역시 열반이 없으며, 本願力으로 자재의 법을 나타내 보인다고 하였다. 이 경전의 보화는 부처 중의 眞佛을 가리킨다.[97]

시현성불은 중생을 위하여 팔상八相을 통한 성불을 논한 것이다. 팔상은 종도솔천퇴從兜率天退 · 입태入胎 · 주태住胎 · 출태出胎 · 출가出家 · 성도成道 · 전법륜轉法輪 · 입열반入涅槃을 말한다. 그러나 팔상을 통한 보화報化는 진실한 것이 아니기 때문에 시현성불에서 정각을 구하는 것이 문제가 된다. 그래서 자기가 본래 가진 원력願力으로 자기에 내재적인 법, 즉 실아를 구한다. 시현성불은 팔상을 통한 성불을 논하지만 팔상의 과정이란 결국 자기의 내재적인 실아를 발견하는 것이다. 시현성불에서 깨달은 경지 역시 중리성불이나 행만성불과 마찬가지로 내재적 실아를 인식하는 것이다.

시현성불의 팔상 성도의 과정은 자리 이타를 위한 중행의 단계로 생각되지는 않는다. 다음 기록에서 이에 대해 생각해보자.

> 경전에서 말하기를 내가 성불한 이래 無量阿僧祇劫이 경과하였다고 했다. 그러므로 석가여래는 이미 무량겁 전에 行滿 대각을 이룩하고 또 중생을 위해 示

97 『조당집』 권20, 순지전, 제6장에 "言示顯成佛者 如前證理行滿 自行成佛已畢 今爲衆生 示顯成佛 八相成道矣 言八相者 從兜率天退 入胎 住胎 出胎 出家 成道 轉法輪 入涅槃等 八相成道矣 故云 示顯成佛 當知八相成道 是報化非眞 是故經云 如來不出世 亦無有涅槃 以本願力 故示顯自在法 此經報化 佛中指眞佛也"라고 하였다.

顯으로써 비로소 正覺을 이루게 하였다. 지금의 석가는 賢劫千佛△ 중 제4부처이다. 과거 莊嚴劫 중의 일천 부처와 현재 賢劫 중의 일천 부처와 미래 星宿劫 중의 일천 부처 등, 이처럼 3겁 중의 모든 부처가 세상에 출현하여 群生을 攝化하고 서로 授記하여 전하기를 털끝만큼도 어긋남이 없다. 경전을 보고 옛날의 행적을 찾아 좇아서 한 사람이 성불함을 通觀해보면 바로 삼편성불에 따라 성불하였음을 알 수 있다. 佛位를 닦으려는 자는 각자가 가진 사유의 인도, 前佛과 後佛이 모두 같이 이 길을 갔고 사람이 가야 할 행로도 옛날과 지금이 똑같다는 것을 보아 알아야 하기 때문에 여기에 기록해둔다.[98]

석가가 무량겁 전에 이미 행만성불을 이루고 중생을 위해 시현성불을 나타내 보인다고 생각한다면, 이때의 시현성불은 석가 자신의 깨침을 위해서가 아니라 중생을 깨우치기 위한 것이다. 그것은 돈오 후의 자리 이타를 위한 중행이 아니다. 시현성불은 팔상 성도를 통해 중생으로 하여금 불도를 이루게 하는데, 이것은 결국 내재적 실아의 발견인 돈오의 과정이다. 따라서 시현성불의 깨달은 경지는 증리성불이나 행만성불의 그것과 동일하므로, 중생은 삼편성불 중 어느 것으로도 불도를 이룰 수 있다.[99]

불위佛位를 닦으려는 자는 삼편성불의 과정 중 어느 하나를 그대로 밟아야만 하는데 그 과정은 각자가 지닌 사유에 의해 인도된다. 이 사유로 말미암아 세 개의 성불론이 모두 독자적으로 내재적인 실아를 찾는다. 내재

---

98 『조당집』 권20, 순지전, 제6~7장에 "經云 吾從成佛已來 經無量阿僧祇劫 故知釋迦如來 無量劫前 已成行滿大覺 而爲衆生故示顯 始成正覺 今此釋迦 是賢劫千佛△中 第四佛也 過去莊嚴劫中一千佛 現在賢劫中一千佛 未來星宿劫中一千佛 如是三劫中 一切諸佛 出現於世 攝化群生相傳授記 分毫不錯矣 歡看教典 推尋古跡 通觀一人成佛 方樣應知 三遍成佛耳 伏請欲磨佛位者 略看筌蹄却自思惟 前佛後佛 皆同此路 如人行路 新舊同轍 故記而之也"라고 하였다.

99 한기두, 앞의 책, p. 57에서는 證理成佛 · 行滿成佛 · 示顯成佛의 三者를 모두 갖추어야만 圓滿成佛하게 된다고 하였는데, 이것은 三遍成佛을 잘못 이해한 데서 나온 것이다. 증리성불 · 행만성불 · 시현성불의 깨달은 경지는 모두 내재적 實我를 인식함으로써 같은 것이기 때문이다.

적 실아의 추구는 신라말의 선사들이 공통으로 지닌 특성으로, 이로 인해 그들은 개인주의적인 경향을 띠었다. 이러한 선사들의 개인주의적 경향은 당시 지방호족의 의식 구조와 부합되었기 때문에[100] 지방호족들의 호감을 샀다.

그런데 내재적 실아를 추구하는 과정에서 증리성불 · 행만성불 · 시현성불은 각각 다른 형태를 취하였다. 이것은 개인주의적 경향을 추구한 지방호족이 각기 독자적으로 세력을 형성하였음을 반영한다. 특히 순지와 결합한 지방호족은 주위의 다른 지방세력을 통합 · 흡수하여 고려왕조를 탄생시킬 기반을 갖추었다. 이처럼 순지의 선종사상은 지방세력의 통합을 주도한 대호족의 이념에 합치되었는데, 그의 선종사상의 이러한 면은 삼편성불론에 내포된 사상을 정리함으로써 이해할 수 있다.

2) 내증외화사상

내증외화內證外化사상은 돈증실제론頓證實際論에 나타난다. 돈증실제에 대해서는 다음과 같이 설명되었다.

> 광야 가운데 仙人이 있어 이름을 該通이라 하였는데 대중을 위하여 설법하였다. 중생이 無始 이래로 性地를 깨닫지 못하고 인연에 따른 업보로 三界에 윤회하다가, 갑자기 智者가 眞教를 설함을 듣고 성지를 깨달아 正覺을 이룬다. 그런데 이를 점차로 하지 않기 때문에 頓證實際라고 부른다. 그래서 경전에서는 雪山에 忍辱이라는 이름의 풀이 있는데, 소가 만약 그것을 먹으면 醍醐를 낸다고 하였다. 이것이 돈증실제의 의미이다.[101]

100 김두진, 「낭혜와 그의 선사상」, 앞의 책, p. 45.

101 『조당집』 권20, 순지전, 제7장에 "廣野中有一仙人 名曰該通 爲大衆說 若有衆生 無始已來 不悟性地 輪廻三界 隨緣受報 忽遇智者 演說眞教 頓悟性地 便成正覺 不依漸次 故名爲頓證實際 是故經云 雪山有草 名曰忍辱 牛若食者 卽出醍醐 是其意也"라고 하였다.

돈증실제는 점수가 아니라 돈오로써 정각正覺을 이루는 것이다. 중생이 자기의 내재적 실아를 깨닫지 못하고 그 맡은 바 업보에 따라 삼계를 윤회하다가, 갑자기 지혜로운 자가 설하는 진교眞教를 듣고 돈오하여 정각에 이른다. 비유하면 마치 소가 설산에 있는 인욕초忍辱草를 먹고 제호醍醐, 즉 우유나 버터를 내는 것과 같은 의미이다. 돈증실제의 돈오는 사대팔상四對八相 중 우식인욕초牛食忍辱草와 의미가 같다.

우식인욕초의 돈오는 화엄회華嚴會 중의 초발심初發心에서 바로 정각을 이룬 상태이므로, 돈증실제 중의 정각도 초발심의 돈오이다. 따라서 돈오 후의 수행 과정인 중행이 따른다. 중행에 대해서는 다음 기록을 통해 이해하도록 하자.

> 무리 가운데 遊子가 있어 이름을 行通이라 하였는데, 仙人에게 묻기를 "見性은 이와 같은 것인데, 衆行은 어떤 것입니까?"라고 하였다. 선인이 유자에게 답하기를 "만약에 중생이 갑자기 眞教를 듣고 性地를 깨달으면 이곳에 머무르지 않고, 인연에 따라 자리 이타행을 행하여 悲智가 원만하게 되기 때문에 중행이라 부른다"라고 하였다.[102]

중생은 진교眞教를 듣고 내재적 실아를 깨달아 돈오한 후에 공空인 '성지性地'에 머무르지 않고 자리 이타행인 중행을 행한다. 이렇게 되면 돈증실제는 내재적 실아의 발견인 돈오의 과정과 돈오 후의 자리 이타행인 중행의 과정을 모두 포함하는데, 이것을 순지는 내증외화라고 표현하였다. 이러한 내증외화사상을 담은 것이 바로 돈증실제인데, 내증이 돈오를 논한 것이라면 외화는 중행을 논한 것이다. 따라서 돈증실제는 내증과 외화의

102 『조당집』 권20, 순지전, 제8장에 "此衆中有遊子 名曰行通 啓仙人曰 見性如此 衆行若何 仙人告遊子言 若有衆生忽聞眞教 頓見性地 不住此處 隨緣行自利利他悲智 故名爲衆行"이라 하였다.

과정으로 나누어 살펴보도록 한다.

우선 내증인 돈오에 대해 살펴보는데, 돈증실제의 돈오는 다음 기록을 통해 이해해보자.

> 무리 가운데 智通이라는 이름을 가진 隱士가 仙人에게 물었다. "群品이 스스로 性地를 가졌다는 것을 믿어 알고 있으며 또 모든 智者가 眞教를 연설하는 것이 한 사람만을 위한 것이 아닌데, 무슨 이유로 같이 진교를 들었으면서도 깨닫고 못 깨닫는 것이 각각 같지 않습니까?" 선인이 은사에게 대답하기를 "비록 중생의 자성은 清淨하고 體는 圓明하나, 本을 버리고 末을 따르면서 多劫多時를 경과하는 동안 根性의 利鈍이 같지 않게 되었다. 바로 이 때문에 같이 진교를 들었더라도 깨닫고 못 깨닫는 것은 각각 달리 나타난다. 이는 지자가 진교를 잘못 설하였기 때문이 아니다.[103]

스스로 '성지性地'를 가졌다는 것은 중생이 모두 내재적 실아를 가졌다는 뜻이다. 또 중생은 지혜로운 자를 만나, 그가 진교를 설함을 듣고 돈오한다. 지혜로운 자는 한 사람만을 위하여 진교를 설하지 않고 중생 모두를 위해 똑같이 진교를 설하지만, 돈오하는 자가 있는가 하면 깨치지 못해서 점수하는 자가 있다. 그 이유를 설명하는 것이 앞에서 언급한 인용문이다.

중생의 본성은 내재적 실아로 본래 하나이며 청정하고 원명圓明하다. 세월이 흐르는 동안에 이것은 본本을 버리고 말末을 따르면서 달리 나타났다. 즉 근성根性의 이둔利鈍이 그것이다. 지혜로운 자를 만나 진교를 듣고 깨치거나 혹은 못 깨치는 것은 근성의 이둔으로 말미암은 것이지 지혜로

103 『조당집』 권20, 순지전, 제7장에 "衆中有一隱士 名曰智通 啓仙人曰 信知群品自有性地 又一切智者 演說眞教 不爲一人 何以故 同聞眞教 悟與不悟 各各不同 仙人告隱士言 衆生雖有自性清淨 圓明之體 背本逐末 多劫多時 受別異身 根性利鈍不等故 同聞眞教 悟與不悟 各各不同 不是智者 說眞教禍"라고 하였다.

운 자가 진교를 잘못 설함에 있지 않다. 그러면 그 잘못은 어디에 있는 것인가? 이에 대한 대답은 다음 기록이 알려준다.

> 모든 智者도 이와 같아서 대중을 위하여 眞教를 널리 설하나, 利根을 가진 자는 깨닫고 鈍根을 가진 자는 깨닫지 못한다. 비록 지혜로운 자가 이근을 좋아하고 둔근을 좋아하지 않을 수는 있으나, 중생이 깨닫고 못 깨닫고는 根性에 달린 것이지 지자의 설교가 잘못되었기 때문이 아니다. 그러므로 경전에서는 법을 듣는 것은 다른 사람으로 말미암아 깨닫지는 못한다고 하였다. 그렇기 때문에 知는 임시 방편이며, 지자가 늘 妙法을 설하나 깨닫고 못 깨닫고는 배우는 사람에게 달린 것이지 지자에게 달린 것이 아니다.[104]

지혜로운 자는 한 사람이 아니라 대중 모두를 위해 진교를 설하지만, 대중 가운데 둔근을 가진 자는 돈오하지 못하는 반면 이근을 가진 자는 돈오한다. 따라서 돈오는 근기의 이둔 때문이고 중생이 돈오를 하거나 또는 못하는 것은 이둔의 근기를 가진 중생 자신에게 달렸다.

내증인 돈오는 중생이 스스로 가진 내재적 실아를 인식하는 것이다. 그것은 다른 사람으로 말미암아 법을 깨치지 못하는 것과 같고 또 내재적 실아를 인식하는 방법도 중생 자체가 지녔다. 돈오는 지혜로운 자의 설법에 도움을 받아 이루어진다고 하였는데, 지혜로운 자의 설법은 내재적 실아를 발견하기 위한 방편에 불과하다. 그래서 내재적 실아를 발견하기 위한 방법이 지혜로운 자의 설법 이외에도 달리 존재한다는 결론에 도달하게 된다. 이에 대해서는 다음 기록에서 추측할 수 있다.

---

104 『조당집』 권20, 순지전, 제8장에 "一切智者 亦復如是 廣爲大衆 演說眞教 根利者頓曉 根鈍者 不曉 可則智者 唯愛利根 不愛鈍根 是卽 曉與不曉 唯在根性 不是智者 說教之禍 是故經云 所有 聞法 不由他悟 然卽 知假方便 智者常說妙法 悟與不悟 此在學人 不在智者"라고 하였다.

隱士가 仙人에게 물었다. "높은 가르침을 잘 배워 알았으나 또 의문이 있어 아룁니다. 지자가 설법함은 한 사람만을 위해 하는 것이 아니므로 깨닫고 못 깨닫고는 오직 우매함과 지혜로움에 달렸다고 하셨는데, 그렇다면 우매함과 지혜로움은 본래 각각 다른 것인데 설법이 무슨 소용이 있습니까?" 선인이 은사에게 대답하기를 "이제 내가 너를 위하여 설명할 터이니 잘 들어라. 지혜로운 사람은 본래부터 깨달은 것이 아니며 우매한 사람은 늘 깨닫지 못하는 것이 아니다. 또한 우매한 사람은 眞說에 의해 갑자기 깨닫게 되고 지혜로운 사람은 밖으로부터 깨달음을 가져오는 것이 아니다. 만약에 眞教를 사용하지 않으면 우매한 사람이 어떻게 지혜로운 사람이 되겠는가? 만약에 진교를 사용하지 않으면 어느 곳에서 利鈍을 판별할 수 있겠는가? 그러므로 鈍根을 가진 중생은 진교를 다시 들어도 性地를 깨닫지 못하나, 利根을 가진 중생은 갑자기 진교를 듣고 성지를 깨달으므로 이가 지혜로운 사람이다. 따라서 어느 곳에 우매한 사람과 지혜로운 사람의 차이가 있겠는가? 그러므로 범인과 성인의 차이는 없으며 오직 이근과 둔근의 차이만 있다"라고 하였다.[105]

여기서의 돈오는 중생의 우매함과 지혜로움, 즉 근기의 이둔으로 나뉘어 설명되었다. 먼저 지혜로운 사람은 밖으로부터의 어떤 도움 없이도 바로 내재적 실아를 인식함에 반해, 우매한 사람은 지혜로운 자를 만나 그가 설하는 진교를 접함으로써 돈오에 이른다. 즉 우매한 사람은 진교를 접함으로써 지혜로운 사람이 되므로, 항상 깨닫지 못하는 것이 아니다. 또 이근을 가진 자는 진교를 듣고 곧 돈오하나, 둔근을 가진 자는 진교를 여러 번 들어도 깨닫지 못한다. 자연 둔근을 가진 자는 점수를 통하여 깨닫게 된다.

105 『조당집』 권20, 순지전, 제7장에 "隱士啓仙人日 諦觀高指 旦尋來言 智者說法 不爲一人 悟與不悟 唯在愚智 然則愚智 本來各各不同 說法有何所用 仙人告隱士言 汝今諦聽 吾爲汝說 智人不是本悟 愚人不是長迷 愚人忽悟眞說 智人不是外來 若也不用眞教 愚爭成智人 若也不用眞教 何處辯得利鈍 是故 衆生若是根鈍者 再聞眞教 不曉性地 衆生若是利根者 忽聞眞教 頓曉性地 便是智人也 何處愚智有隔 是故 當知凡聖不隔 根有利鈍"이라 하였다.

이렇게 되면 깨닫기까지에는 여러 가지 방편이 있는데, 지혜로운 자의 설법으로 내재적 실아를 깨치는 돈오도 그중 하나이다. 돈증실제 중의 돈오는 단연 지혜로운 자가 설하는 진교를 들어 이루어진다. 때문에 문수文殊의 역할이 중요해진다. 다음 기사는 이런 사실을 알려준다.

> 隱士가 물었다. "만약에 利根을 가진 중생이 갑자기 眞敎를 듣고 지혜가 발하여 性地를 깨달았다면, 이는 누구입니까?" 仙人이 대답하기를 "이는 智照文殊이다." 은사가 물었다. "文殊智照는 어디에 있습니까?" 선인이 대답하기를 "문수지조는 성지에 있다"라고 하였다.[106]

이근을 가진 중생이 진교를 듣고 돈오에 이르면, 이는 문수지조文殊智照라 불리며 성지에 거주한다. 이때의 문수지조는 문수보살을 가리킨다. 앞에서 돈증실제는 문수의 대지大智에 의해 돈오한다고 하였다. 다음 기록을 참고해보자.

> 隱士가 물었다. "智照와 性地의 同異는 어떠합니까?" 仙人이 대답하기를 "지조와 성지는 같지 않으나 다르지도 않다"라고 하였다. 은사가 "지조와 성지는 같지도 않고 다르지도 않다는 것은 무슨 뜻입니까?"라고 묻자, 선인이 대답하기를 "지조는 能證의 사람이고 성지는 所證의 법이므로 그 처소가 없는 것은 아니다. 그래서 古人이 말하기를 無知의 般若로 無相의 眞諦를 증거한다고 하였다. 때문에 지조와 성지는 같지 않은 것이다. 또 능증의 지조는 무지하고 소증의 성지는 無體이므로 그 처소가 있는 것이 아니다. 그러므로 고인은 智가 眞際에 이르면 그 처소가 모두 없기 때문에 지조와 성지는 다른 것이 아니다"라고 하였다.[107]

---

106 『조당집』 권20, 순지전, 제8장에 "隱士問曰 衆生若是利根 忽聞眞教 言下慧發 頓悟性地 此是何人 仙人答曰 此是智照文殊 隱士問曰 文殊智照在何處 仙人答曰 文殊智照 是在性地"라고 하였다. 여기서 "是在性地"의 '地'는 원문에는 '之'로 되어 있으나 '地'의 오기로 추측된다.

107 『조당집』 권20, 순지전, 제8장에 "隱士問曰 智照與性地 同異若何 仙人答曰 智照與性地 不同

이것은 지조智照와 성지性地에 대한 설명이며 주로 그 동이 관계를 논하였다. 지조는 돈증실제에서 이근을 가진 자로 능히 돈오에 이르기 때문에 '능증能證의 사람'을 말한다. 돈오는 문수의 대지에 의한 것이므로 지조는 반야般若로 표시되었는데, 반야는 공을 인식하기 때문에 유무를 초월한 '무지無知'이다. 이렇게 생각하고 보면 지조가 '무지의 반야'로 표현된 것은 쉽게 이해된다. 반면에 성지는 돈오에서 내재적 실아를 인식한 것이므로 '소증所證의 법'을 말한다. 그러나 성지는 지혜로운 자의 진교를 듣고 깨달은 상태이기 때문에 진체眞諦로, 자기의 내재적 실아는 그 체가 공한 것이기 때문에 '무상無相'으로 나타났다.[108] 그래서 성지는 '무상의 진체'로 표현되었다. 반야와 진체는 다른 것이므로 지조와 성지는 다르다. 그러나 무지나 무상은 모두 유무를 초월한 체공體空에 대한 깨침이기 때문에 지조와 성지는 같은 것이다.

이상으로 돈증실제의 내증인 돈오에 대해 논하였는데, 결국 그것은 지조를 통한 내재적 실아를 인식하는 것이다. 정각을 다른 사람으로부터 구하지 않고 자성을 깨침으로써 구하는 것이 바로 이러한 의미이다. 그래서 이것은 개인주의로 연결되어 지방호족세력의 이익에 합치될 수 있었다. 다만 내증이 지방호족과 연결이 가능한 선종사상인 만큼 그것을 추구하는 방법 자체도 독자적이었다는 점이 흥미롭다.

실제로 중생이 내재적 실아를 추구하는 데는 여러 가지 방편이 있었는데, 이 방편은 중생의 미혹함 또는 깨침이나 근기의 이둔 등에 따라 달라진다. 뿐만 아니라 중생이 돈오를 하느냐 못 하느냐도 자신에게 달렸다. 이것은 중생이 내재적 실아를 추구하는 방법 자체도 중생 자신에게 있다는

不異 隱士問曰 智照與性地 不同不異 其義如何 仙人答曰 智照是能證之人 性地是所證之法 故不無能所 是故古人云 以此無知之般若 證彼無相之眞諦 故智與性不同 又能證智照無知 所證性地無體 不有能所 是故古人云 智窮眞際 能所兩亡故 智照與性地 不異照"라고 하였다.

108 『조당집』 권20, 순지전, 제5장에 "此證理成佛中 若說體性 都無一物"이라 하였다.

말이 된다. 결국 순지의 선종사상인 내증은 지방호족이 독자적 세력을 형성하는 데 도움을 주었다.

일단 내증으로 형성된 선종사상은 중행을 수반하는데, 이를 외화라 부른다. 외화인 중행은 보현행원普賢行願을 추구해가는데, 이때의 보현행은 앞에서 언급한 행만성불行滿成佛의 돈오를 위한 보현행은 아니다. 왜냐하면 중행은 돈오 후의 자리 이타행이기 때문이다. 외화에 대해 돈증실제는 인위因位에서 과위果位에 이르기까지 출전보현出纏普賢 · 입전보현入纏普賢 · 과후보현果後普賢의 세 종류의 보현으로 나누어 설명하였다.

먼저 출전보현부터 살펴보도록 하자. 이에 대해서는 다음 내용이 참고된다.

> 이른바 出纏普賢은 見性한 후에 衆行을 행하는데, 앞에 萬境을 대하여 잠깐 사이에 일어나는 마음이 없는 것은 아니나 이미 心源에 도달하였기 때문에 幻化의 경계로 막힘이 없다. 그러므로 古人이 말하기를 "끊는 바의 장애가 없는 것이 아니나 다시 능히 끊는 智로 돌아온다"라고 하였다.[109]

출전보현은 돈오 이후에 바로 행해지는 중행이다. 이 단계가 되면 중생은 자기의 내재적 실아에 도달하였으므로 환경에 구애됨이 없다. 출전보현에 대해 좀더 명확하게 알기 위해서는 돈오의 과정과 출전보현의 단혹성덕斷惑成德을 비교해볼 필요가 있다.

위에서 고인古人의 말을 인용하여 "끊는 바의 장애가 있으나 다시 능히 끊는 지혜로 돌아간다"라고 한 것은 출전보현의 단혹성덕을 말한다. 이를 이해하기 위해 다음 기록을 살펴보도록 하자.

---

109 『조당집』 권20, 순지전, 제9장에 "謂所言出纏普賢者 見性之後 行於衆行 對前萬境 不無瞥起之心 已達心源 不滯幻化之境 故古人云 不無所斷鄣 還有能斷之智"라고 하였다.

① 遊子가 물었다. "古人의 말에 만약 能證의 智를 發하면 끊는 바의 장애가 全無하다는 것이 무슨 뜻입니까?" 仙人이 대답하였다. "만약 능증의 지를 발하면 끊는 바의 장애가 없다는 것은, 즉 文殊의 斷惑이다. 왜냐하면 문수가 當性할 때 體中에 異相을 나타내지 않기 때문이다. 지금 끊는 바의 장애가 없는 것이 아니나 다시 능히 끊는 智로 돌아온다는 것은 普賢의 斷惑이다. 왜냐하면 보현이 여러 단계로 수행해갈 때 斷惑成德이 없지 않기 때문이다. 그러므로 양인의 단혹성덕은 같은 것도 아니며 만나지도 않는다."[110]

② 유자가 물었다. "이미 문수의 단혹은 이와 같음을 알았습니다. 만약 보현의 단혹을 논한다면 그것은 現行을 끊는 것입니까 아니면 習氣를 끊는 것입니까?" 선인이 대답하기를 "普賢位 중에 현행의 번뇌는 全無하며 보현위의 단혹은 習氣煩惱이다"라고 하였다. 유자가 물었다. "현행과 습기는 어떠합니까? 보현위에는 현행의 미혹함은 전무한데 오직 습기의 장애만 있습니까?" 선인이 대답하였다. "범부가 萬境을 대하고 마음을 일으킴에 前境과 後境은 인식하지 못하고 작업하는 것이 현행이다. 이에 비해 지혜로운 자가 만경을 대하고 마음을 일으킴에 만경이 헛된 환상임을 알아서 전경으로 말미암아 막히지 않는 것이 습기이다. 그러므로 보현은 見性한 이후에 行行하는 사람이므로 현행의 미혹함은 전무하고 오직 습기의 장애만 있는 것이다."[111]

이상의 내용을 알기 쉽게 요약하면 〈표 6〉과 같다.

---

110 『조당집』 권20, 순지전, 제9장에 "遊子問曰 古人云 若發能證之智 全無所斷之障 其義如何 仙人答曰 若發能證之智 全無所斷之鄣者 此是文殊斷惑 何以故 文殊當性之時 體中不旨異相故 今言不無所斷之障 還有能斷之智 此是普賢斷惑 何以故 普賢歷位之時 不無斷惑成德故 是故兩人斷惑成德 不同不會"라고 하였다.

111 『조당집』 권20, 순지전, 제9장에 "遊子問曰 已知文殊 斷惑如此 若論普賢斷惑 斷現行耶 斷習氣耶 仙人答言 若言普賢位中 全無現行煩惱 普賢寄位斷惑 此是習氣煩惱 遊子問 現行與習氣如何 普賢全無現行之惑 唯有習氣之障 仙人答言 凡夫對境起心 不識前境後境 作業卽是現行 智者對境起心 知境虛幻 不滯前境習氣 故是普賢 是見性之後 行行之人故 全無現行之惑 唯有習氣之障"이라 하였다.

〈표 6〉 **문수와 보현의 단혹성덕**

문수의 단혹	能證의 智를 發한다면 끊는 바의 장애가 전무하다.	문수가 當性할 때 體中에 異相을 나타내지 않는다.	(現行)
보현의 단혹	끊는 바의 장애가 없지 않으나 능히 끊는 智로 돌아온다.	보현이 여러 단계로 수행해갈 때 斷惑成德이 없지 않다.	(習氣)

돈오는 내재적 실아를 깨치는 체공體空의 인식이므로 그 상태가 똑같고 이상異相이 있을 수 없다. 그러므로 문수에게는 단혹의 장애가 없다. 이에 비해 출전보현은 돈오 후의 중행을 행하는데 그것은 선오후수先悟後修를 가리킨다.[112]

중생은 보현행원을 닦아가는 중에 수인修因에 따라 과덕果德이 각각 달리 나타나는데, 이것은 보현행원 중에 단혹의 장애가 일어났음을 알려준다. 출전보현은 중행을 닦아가는 과정에서 끊는 바의 장애를 없게 하는 것이다. 바로 이것이 보현의 단혹성덕이다.

출전보현의 단혹은 현행現行의 번뇌가 아닌 습기번뇌習氣煩惱이다. 현행의 번뇌는 돈오 이전에 범부가 가진 것으로 전경前境과 후경後境을 가리지 못하고 환경에 구애되는 데 비해, 습기번뇌는 돈오 이후에 나타나는 것으로 만상이 헛된 환상임을 알아 거기에 구애되지 않는다. 중생은 본질인 내재적 실아, 즉 불성을 깨쳤지만 습기로 말미암아 혼탁해져서 중행을 필요로 한다. 돈오 후의 중행은 습기번뇌를 없애는 것이므로 출전보현의 단혹성덕은 습기번뇌를 없앰으로써 이루어진다.

지금까지 출전보현이 돈오 후의 중행 단계이며, 여기에서 단혹성덕이 이루어진다는 것을 살펴보았다. 이제 출전보현의 구체적인 내용에 대해 다음 기록을 통해 좀더 살펴보도록 하자.

112 지눌, 「원돈성불론」, 『고려보조국사법어』에 先悟後修사상이 나타나 있다. 선오후수는 우선 화엄에서 초발심 후에 보살행을 닦는 것과 맥이 닿는다.

그런즉 出纏普賢은 衆行과 悲智를 體에 의해 수행하는 것임을 알았다. 또 보현을 상세히 설명하면 중행은 곧 원융한 行을 펴면서 斷惑成德을 나타내며, 자리와 이타를 모두 갖추고 智門과 悲門을 닦아 아울러 言行을 이루는 것이다. 그러므로 번거롭게 크게 사용하면 반드시 眞言이나 行相이 일어난다. 고로 位에 따른 단혹이 없지 않다. 위가 높으면 習氣는 점점 엷어지고 行이 넓으면 悲智는 점점 깊어지니, 十住에서 十地에 이름으로써 出纏 菩提가 만족된다.[113]

출전보현은 돈오 후에 자리 이타를 행하며 지문智門과 비문悲門이 모두 이루어지는 것이다. 우선 습기를 없앤 후에 십주十住에서 십지十地에 이르기까지 중행을 행하는데, 그런 후에야 출전보현이 만족된다. 초발심주初發心住부터 시작해서 법운지法雲地에 이르기까지의 중행은 화엄의 보살행을 말하므로,[114] 출전보현이 행하는 중행은 원융圓融하다. 원융사상은 화엄의 주된 사상으로 모든 것을 포섭 · 동화하는 성격을 지녔다.[115] 따라서 그것은 '하나 속에 일체가 있고 다多 중에 하나가 있다' 라든가 '하나의 조그만 티끌 속에 시방의 세계가 포함된다'[116]라고 표현된다. 즉 시방세계의 모든 것이 하나로 융합하여 동화된다.

화엄의 원융사상은 신라 중앙왕실에 수용되어 중앙집권적 통치기구를 수립하는 데 능동적으로 작용하였다. 때문에 지방호족세력과 연결된 순지가 선종사상 내에 원융사상을 포용한 것은 선뜻 이해가 가지 않는다. 그러나 이것은 순지의 선종사상이 지방의 대호족을 중심으로 일원적 권력체계를 형성하는 데 기여한 것으로 생각되어 오히려 홍미를 끈다.

---

113 『조당집』 권20, 순지전, 제10장에 "然卽知出纏普賢 衆行悲智而依體修行 又細說普賢 衆行卽行布圓融 齊現斷惑成德 俱有自利利他 雙修智門悲門 並成言行也 繁興大用 起必全眞言行相也 不無依位斷惑 位高則習氣漸薄 行廣則悲智增深 從十住乃至十地 出纏菩提已滿也"라고 하였다.

114 탁만식, 「화엄경에 나타난 보살사상 연구」, 앞의 책, pp. 17~60.

115 末綱恕一, 『華嚴經の世界』, 春秋社, 1957, p. 149.

116 의상, 「화엄일승법계도」.

순지는 신라의 중앙왕실과는 연결되지 않았으므로 그의 원융사상이 중앙왕실에 수용되었다고는 생각할 수 없다. 여기서 주목해야 할 점은 순지와 결합한 용녀나 용건이 지방의 대호족이었고 이들은 주위의 다른 지방세력을 통합하여 지배하였다는 사실이다. 즉 순지는 왕건의 선대세력과 연결되어 지방의 대호족이 주위의 군소 지방세력을 통합하여 지배하는 데 사상적 근거를 제공하였다. 결국 출전보현에서 나타난 원융사상은 외화를 위한 것으로, 지방의 대호족이 주위의 군소 지방세력을 흡수·동화하여 그 세력을 확대해가는 데 도움을 주었다.

두 번째로 입전보현에 대해 살펴보도록 하자. 이에 대해서는 다음과 같이 기록되었다.

> 入纏普賢은 일체의 群品이 같은 大悲를 갖추는 것을 말한다. 이전의 出纏普賢位 중에서도 悲智를 널리 행하고 자리와 이타를 행하였기 때문에 斷惑成德의 공이 없지 않았다. 그런데 출전보현은 이미 만족되었으나 출전보현의 無患한 곳을 믿지 않기 때문에 四生이나 六趣 중에 대비를 널리 닦아 같은 化物의 이름이 되는 것을 입전보현이라 한다. 입전보현의 화물의 德은 앞서 설명한 출전보현의 成行의 功과 더불어 二心의 功이 평등하고 悲智가 원만하기 때문에 等覺이라 부른다.[117]

입전보현은 외화 중 '화물化物'의 덕을 논한 것이다. 일체의 군품群品이 같은 대비大悲를 갖추었기 때문에 하나로 합쳐질 수 있다. 지옥·아귀·축생畜生·수라修羅·인간·천상계를 막론하고 여기에 거주하는 태생胎生·

117 『조당집』 권20, 순지전, 제10장에 "所言入纏普賢者 一切群品中 同類大悲 是前出纏普賢位中 廣行悲智而自利利他行 故不無斷惑成德之功 出纏已滿而不信出纏無患之處 故於四生六趣 廣行大悲 同斷化物之名 入纏普賢 以此入纏化物之德 與前出纏 成行之功 二心功齊平等故 名爲等覺 悲智圓滿故 名爲等覺"이라 하였다.

난생卵生 · 현생濕生 · 화생化生의 모든 생물은 중행의 대비를 널리 닦는 과정에서 같은 '화물'의 덕에 이른다. 이것은 결국 현상계에 존재하는 모든 법상이 하나로 합쳐질 수 있음을 뜻한다.

또한 입전보현을 화엄의 등각위等覺位와 연결시키기도 하지만 그 내용은 서로 다르다. 화엄에서는 십지행十地行의 다음 단계가 등각위인 데 반해, 출전보현의 십지와 입전보현의 등각은 모두 자비와 지혜가 원만하여 같은 것으로 된다. 그래서 입전보현의 '화물'도 지방의 대호족이 주위의 군소 지방세력을 흡수하여 강력한 통일체를 형성하는 데 도움을 주었을 것으로 생각된다.

세 번째로 과후보현에 대해 알아보도록 하자. 과후보현은 중행의 마지막 단계인데 다음과 같이 기록되었다.

> 出纏普賢과 入纏普賢을 취하지 않으며 大智와 大悲도 취하지 않기 때문에 妙覺이라 부른다. 悲智 · 출전보현 · 입전보현을 취하지 않으므로 만약 果德을 논한다면 無行이라 취할 수가 없고 無位라 거둘 수가 없다. 果後普賢은 遍行三昧 바로 그것이다. (과후보현은) 묘각위 중에서 비록 출전보현 · 대지 · 대비를 떠나 이에 머무르지는 않으나, 출전보현 · 입전보현이나 대지 · 대비로 향하게 된다. 그러므로 諸位에 逆하는 것 같으면서도 順하여 종횡하므로 諸位와 同類 · 同心이 된다. 그래서 位를 定해 지키지 않고 인연에 따라 임의로 운전하여 諸類 중에 대비를 크게 일으키니 位에 고정될 필요가 있겠는가? 받지 않으면서도 능히 일으키고 능히 받기 때문에 일으키지도 않고 받지도 않으므로 과후보현이라 부른다.[118]

118 『조당집』 권20, 순지전, 제10장에 "不取出纏入纏 不取大智大悲故 名爲妙覺 雖不取悲智出纏入纏 若論果德 無行不取 無位不收也 所言果後普賢者 遍行三昧是也 謂妙覺位中 雖不取出纏大智大悲而不住此還 向出纏入纏大智大悲 逆順縱橫於諸位中 同類同心 亦不定守諸位 隨緣任運廣作大悲於諸類中 何位定 不受於能作能受 不作不受 故名爲果後普賢也"라고 하였다.
"不取出纏入纏" 이상부터 "無位不收也"까지는 글의 문맥상 입전보현에 포함시켜야 되나, 내

과후보현의 행원行願은 편행삼매遍行三昧를 말하며 혼연된 일체의 단계이다. 이것은 출전보현이냐 입전보현이냐를 문제 삼지 않고, 대지大智나 대비大悲를 초월하였으므로 묘각妙覺이라 불린다. 과후보현은 '무행無行'이므로 취할 수가 없고 '무위無位'이므로 거둘 수가 없기 때문에 받지 않아도 능히 받을 수 있는 단계이다. 또 그것은 생멸生滅까지 초월하여 결국은 본각本覺인 일심一心으로 돌아간다.[119] 그래서 출전보현 · 입전보현 · 대지 · 대비를 떠났지만 이러한 여러 단계에 모두 머무를 수 있다. 다만 과후보현은 그 자리를 지키지 않고 인연에 따라 옮김으로써 대지 · 대비를 초월한 혼연된 일체를 이룬다. 자리를 지키지 않음으로써 자성을 갖지 않기 때문이다. 과후보현이 앞에서 설명한 출전 · 입전의 두 보현과 혼연된 일체를 이루는 것은 일단 출전보현이나 입전보현의 중행이 과후보현에 의해 종합되는 의미를 갖는다. 이처럼 출전보현이나 입전보현의 중행은 일관성을 가지면서도 두 단계가 독립되어 종국적으로 같은 단계가 되고, 과후보현에서는 두 보현의 구별이 없어지면서 혼연된 일체가 이루어진다.

앞에서 중행인 외화는 지방의 대호족이 주위의 군소 지방세력을 흡수하여 그 세력권을 확장시키는 데 도움을 주었음을 살펴보았다. 과후보현의 혼연일체사상은 지방의 대호족세력 집단이 그 내부의 이질적 요소를 동화하는 데 도움을 주었을 것이다. 즉 과후보현사상은 지방의 대호족이 그 세력권 내에 포섭 · 동화된 군소 지방세력과의 사이에 혼연된 일체감을 가지게 하는 데 능동적으로 작용하였다.

순지의 돈증실제는 돈오에 의한 내증과 돈오 후의 중행인 외화로 집약될 수 있는데 그것은 지방의 대호족이 세력을 형성 · 확장하는 데 도움을 주었

용상 果後普賢을 설명한 것이므로 여기에서 논하였다.

119 원효, 「眞性空品」, 『金剛三昧經論』에서는 "今到妙覺位 永離生滅 窮歸本覺 一心之源 故入第九識中明淨"이라 하였다.

다. 다음 기록을 통해 내증과 외화사상에 대해 좀더 알아보도록 하자.

> 이 사람의 행한 바를 바로 얻었다 하는 것은 이 사람의 行處를 만난 것이 아니다. 三等普賢이라 말한 것은 세 사람이 아니라 한 사람의 行行이요, 그 行의 勝劣에 따라 二等普賢이 되는 것이다. 한 사람이라 말한 것은 처음 頓證實際에서는 文殊요, 지금 인연에 따라 行行할 때에는 普賢이기 때문이다. 이를 內證外化로 통관해서 부른다. 만약 內證과 外化가 같지 않다고 한다면 문수 · 보현은 두 사람이 된다. 또 通取하건대 能證 · 所證 · 衆行이 같지 않다면 세 사람이 된다. 이는 교학의 뜻으로 설명한 것이다. 大經題에서는 大方廣이란 소증의 法이므로 비로자나가 바로 이것이며, 부처는 능증의 사람이므로 문수가 곧 이것이며, 화엄은 인연에 따른 行行이므로 보현이 이것이라고 하였다.[120]

출전 · 입전 · 과후의 삼등보현三等普賢은 그 행원의 뛰어나고 못함에 따라 이등보현二等普賢이 된다. 이것은 출전보현과 입전보현을 하나의 보현으로 보고, 여기에 과후보현과 더불어 이등二等으로 나눈 것이다. 출전보현과 입전보현은 같은 단계이므로 하나로 취급될 수 있다. 그러나 이 삼등보현은 한 사람이 행원 과정에서 달리 나타난 것으로 보아 결국 세 사람이 아니라 한 사람이다. 이처럼 삼등보현이 종국적으로 한 사람으로 이해되는 것은 지방의 대호족이 통일세력을 형성하는 데 도움을 주었다.

내증은 돈오이기 때문에 문수에 의해 외화는 인연에 따른 중행이기 때문에 보현에 의해 이루어지는데, 내증과 외화는 다르기 때문에 문수와 보

---

120 『조당집』 권20, 순지전, 제10~11장에 "若定取此人所行者 未會此人行處也 所言三等普賢者 不是三人 一人行行 依行勝劣大義 二等普賢也 所言一人者 初頓證實際之時 卽文殊 今隨緣行行之時 卽普賢 故名爲一人也 此是通取內證外化也 若以內證外化不同故 文殊普賢兩人 若以通取能證所證 乃衆行不同 卽爲三人也 此大教意說也 謂大經題云 大方廣者 所證(原文에는 '證' 이 아니라 '說' 로 되어 있으나 오기이다)之法 故卽遮那是也 佛者能證之人也 故卽文殊是也 花嚴者 隨緣之行 故普賢是也"라고 하였다.

현은 두 사람으로 생각된다. 그러나 문수와 보현은 사실상 한 사람인데 돈오에는 문수로, 중행에는 보현으로 나타났다. 이것은 내증과 외화가 비록 다르더라도 종국에는 일원적으로 파악됨을 가리킨다. 내증을 행한 주체가 내증을 이룬 후에 계속해서 외화를 행한다.

'소증'의 법은 비로자나로, '능증'의 사람은 문수로, '중행'은 보현으로 나타나는데, 소증 · 능증 · 중행은 각각 다르기 때문에 비로자나 · 문수 · 보현은 세 사람으로 생각된다. 그러나 1불 2보살은 한 사람으로 파악될 가능성을 지녔다. 점증실제론에서는 이것이 일원적으로 파악되고, 돈증실제에서는 삼등보현만 한 사람으로 파악되고 1불 2보살은 각각 파악된다.

3) 회삼귀일사상

회삼귀일會三歸一사상은 회점증실제론廻漸證實際論에 나타난다. 회점증실제에 대해서는 다음 기록을 통해 이해할 수 있다.

> 이때 該通 仙人이 대중을 위하여 설법하였다. 중생이 無始 이래로 性地를 깨닫지 못하고 三界間을 윤회하다가, 삼승이 漸教에 의해 三乘法과 三界患을 깨친다. 그러므로 삼승인이 갑자기 眞教를 듣고 돌이켜 妙慧를 일으켜, 실제를 窮證하게 되므로 廻漸證實際라 부른다. 古人이 문 앞의 세 수레는 權乘이며, 露地의 白牛가 바로 실제를 밝혔다고 한 것은 바로 이런 의미이다.[121]

회점증실제는 중생이 점교漸教에 의해 삼승법三乘法을 깨침을 의미한다. 중생은 각자의 근기根機가 달라 진리가 비록 일승에 있으나 쉽게 그것을

121 『조당집』 권20, 순지전, 제11장에 "時該通仙人爲大衆說法 若有衆生 無始已來 不悟性地 輪廻三界間 三乘漸教悟三乘法三界患故 有三乘人 此忽聞眞教 廻成妙惠 窮證實際 故名爲廻漸證實際也 是故古人云 門前三駕車 是權乘 露地白牛 方明實際 卽其意也"라고 하였다.

깨치지 못한다. 때문에 방편으로 삼승을 설하여 진리를 깨치게 한다. 인도에서 한 장자의 아들들이 불타고 있는 집 안에서 위험한 줄 모르고 놀고 있자, 장자는 아이들의 목숨을 구하기 위해 방편으로 그들이 좋아하는 세 대의 수레를 문밖에 대기하였다. 그리하여 장자는 아이들을 불타는 집 안에서 나오게 하였다.[122] 이것을 여기서는 "문 앞의 세 수레"로 표현하였다.

중생은 자기의 내재적 실아를 깨닫지 못하고 삼계를 윤회하므로 중생에게 방편으로 삼승을 설하여 깨치게 한다. 장자가 세 대의 수레를 방편으로 아이들의 목숨을 구한 것처럼, 중생에게 방편으로 삼승을 설하여 정각正覺에 이르게 한다. 삼승인이 진교眞敎를 듣고 내재적 실아를 깨친 경우를 회점증실제라 하므로, 이것은 삼승구공상三乘求空相과 통한다.

중생에게 비록 삼승으로 설하더라도 결국 일승으로 깨치기 때문에 이를 회삼귀일이라 부르는데, 이것은 법화경法華經의 주된 사상이다. 이에 대해서는 다음 기록을 살펴보면 좀더 잘 이해된다.

> 隱士인 智通이 仙人에게 물었다. "廻漸證實際人과 頓證實際人은 어떻게 같고 다릅니까?" 선인이 대답하기를 "먼저 삼승에서 떠나 삼승에 거주하지 않아 來處는 비록 다르더라도 회점증실제와 돈증실제는 다르지 않다. 그러므로 古人은 여러 내가 큰 바다로 흘러 들어가면 이름이 없어지듯이, 삼승이 일승으로 돌아가면 삼승의 이름이 없어진다고 말하였다. 그런즉 회점증실제인과 돈증실제인은 다르지 않으므로 회점증실제와 돈증실제의 同異를 생각하지 마라. 스스로 隨緣의 마음에서 돌이켜 실제의 理를 비추는 것이다"라고 하였다.[123]

---

122 『묘법연화경』 권2, 벽유품 제3장.

123 『조당집』 권20, 순지전, 제11장에 "隱士智通 啓仙人曰 此廻漸證實際之與 彼頓證實際之人同異如何 仙人答曰 雖先己著三乘 不在三乘故 來處玄殊而今廻漸證實際故 與彼頓證實際者不異是故古人云 百川歸大海 無百川名 三乘歸一乘 無三乘名也 然卽知此廻漸證實際之人 與彼頓證之人不異也 莫愁廻漸漸與頓證同異 自廻隨緣之心 還照實際之理也"라고 하였다.

대지 위를 흐르는 많은 하천이 바다에 이르면 그 이름이 없어지듯이 삼승도 결국 하나의 이치로 귀결된다.[124] 이것은 삼승의 궁극의 성격이 같다는 의미가 된다. 그렇기 때문에 회점증실제의 삼승이 깨달은 경지는 돈증실제頓證實際의 돈오의 경지와 같다. 회점증실제는 이미 삼승에서 떠나 삼승에 머물지 않는 상태이며, 돈증실제와 비교하여 온 곳은 비록 다르더라도 같은 것이다.

회삼귀일사상은 현상과 본체를 철저히 하나로 이해하는 이론이었다.[125] 그래서 이 사상은 지방의 대호족이 세력 기반을 확장하는 데 도움을 주었으며, 특히 왕건의 부친인 용건이 삼한을 병합하려는 의사를 가졌다는 것과 연관된다. 용건은 이미 경기 · 황해지역 및 충청도 속리산에까지 영향력을 행사하던 대호족이었고, 당시 신라의 중앙왕실세력은 쇠잔하여 지방은 대소 호족이나 적당賊黨세력에 의해 할거되었다. 이런 점들로 미루어볼 때 당시 용건 같은 대호족은 삼한을 통합하려는 야심을 충분히 지니고 있었다.

용건과 결합된 순지의 회삼귀일사상은 삼한의 병합과 깊이 연관되었다. 원효가 『법화경종요法華經宗要』를 저술하여 회삼귀일사상을[126] 내세운 시기는 신라가 삼국을 통일한 때였다. 또 왕건이 창업한 때에 복전福田으로 행군行軍한 능긍能兢 등의 법사들이 상서하여, 천태天台의 일심삼관법一心三觀法이나 회삼귀일사상은 삼한을 통합하여 하나의 나라를 이루는 데 그 의미가 있다고 말하였다.[127] 이것은 회삼귀일사상이 삼한을 통일한 정치

124 소승의 3승은 聲聞乘, 緣覺乘, 菩薩乘 등이다. 성문승과 연각승은 阿羅漢果를 얻고 부처가 될 수 없으나, 보살승은 부처가 될 수 있다고 하였다. 그러나 법화경에서는 모두 다 부처가 될 수 있다고 하였다.

125 한기두, 『한국불교사상』, 원광대학교출판국, 1973, p. 155.

126 원효, 『법화경종요』 제2, 明能詮用에서 "三是方便方開 方便門分入一乘故 知下文言 當知諸佛方便力故 於一佛乘 分別說三"이라 하였다.

127 金映遂, 「五教兩宗에 對하여」, 『震檀學報』 8, 1973, p. 96.

상황과 연관된 종교사상이었음을 알려준다. 이처럼 법화경의 회삼귀일사상은 삼한 통합이라는 면과 연관하여 유행하였고, 순지의 회삼귀일사상 역시 지방세력으로 분거分據된 삼한을 통합하려는 시대적 여건과 연결되었다. 또 원효 이후 순지가 활동한 후삼국이 성립되기 전까지 회삼귀일사상이 뚜렷하게 주장되지 않았던 점도 시사성을 준다.

회삼귀일사상에서도 돈오 후의 중행이 문제가 된다. 여기에 대한 대답을 다음 기록을 통해 찾아보자.

> 이때 遊子인 行通이 仙人에게 물었다. "우리들은 일찍이 선인의 연설에서 만약에 중생이 性地를 頓悟하여 이곳에 머무르지 않고 인연에 따라 行行하면 이를 衆行이라 하고, 이 行을 행하는 자를 普賢이라 하는 것을 들었습니다. 그런데 지금 廻漸證實際 후에는 중행을 행하는 사람이 있습니까, 없습니까?" 선인이 대답하였다. "중행을 행하지 않음이 없다. 회점증실제는, 즉 露地白牛이므로 白牛가 運轉하여 露地에 머물지 않기 때문이다. 그러므로 중행을 행함이 없지 않다. 사람들이 말하기를 노지백우에서 노지는 所證의 법이므로 즉 비로자나이고, 백우는 能證의 사람이므로 즉 문수이다. 백우가 이곳에 머무르지 않고 운전하므로 즉 보현이 이것이다. 보현의 행하는 바가 바로 중행이다. 두 편의 大意가 이와 같으니 너는 스스로 諦觀하여 그 同異를 스스로 깨닫도록 하라."[128]

중생은 삼승에 의해 정각한 후에도 중행을 행한다. 회점증실제의 정각은 돈증실제의 돈오와 같아서 돈증실제와 마찬가지로 마땅히 중행을 수반

128 『조당집』 권20, 순지전, 제11～12장에 "于時 遊子行通啓仙人曰 我等會聞仙人演說 若有衆生頓證悟性地 不住此處 隨緣行行 名爲衆行 行此行者 名爲普賢 今此廻漸證實際之後 有人行衆行耶 無人行衆行耶 仙人答曰 不無行衆行者 所以者何 廻漸證實者 卽露地白牛故 白牛運轉 不住露地 故不無行衆行 人所言露地白牛者 露地是所證之法 故卽遮那是也 白牛是能證之人 故卽是文殊是也 白牛運轉 不住此處 故卽普賢是也 普賢所行 卽是衆行也 二篇大意如此 汝自諦觀 同異自看耳"라고 하였다.

하기 때문이다. 회점증실제는 노지백우상露地白牛相과 통하기 때문에 중행은 백우白牛가 노지露地에 머물지 않고 운전運轉하는 것이다. 또 백우는 능증의 사람이기 때문에 문수로, 노지露地는 소증의 법이기 때문에 비로자나로, 백우가 운전하는 것은 보현으로 표현되었다. 회점증실제의 보현은 문수의 운전에 불과하지만, 돈증실제는 내증과 외화를 행하는 주체가 같기 때문에 문수와 보현은 한 사람으로 파악될 수 있다.

다만 내증외화사상에서는 돈오의 경우는 문수로, 중행의 경우는 보현으로 달리 표현되었다. 이에 대해 회삼귀일사상에서는 삼승인이 깨치는 경우에는 문수로, 깨친 후 중행의 경우에는 문수의 운전으로 나타나므로, 돈증실제보다는 문수와 보현을 직접적으로 일치시켰다. 회삼귀일의 중행도 돈증실제의 외화와 같은 것이다.

4) 교선일치사상

교선일치敎禪一致사상은 점증실제漸證實際에 나타나 있다. 점증실제를 이해하기 위해서는 다음 기록이 참고가 된다.

> 이때 該通 仙人이 대중을 위하여 설법하였다. 중생이 無始 이래로 性地를 깨닫지 못하고 닦은 바 인연에 따른 업보로 三界에 윤회하다가, 갑자기 漸敎를 듣고 깨달아 漸發하게 된다. 因六位에서 三祇劫을 경과하며 難忍을 능히 참고 難行을 능히 행하여 斷惑成德함으로써 비로소 無漏眞智를 얻고, 露地에 法身을 나타내기 때문에 漸證實際라고 부른다.[129]

중생이 내재적 실아를 깨치지 못하고 인연에 따라 삼계를 윤회하다가

129 『조당집』 권20, 순지전, 제12장에 "時該通仙人爲大衆說 若有衆生 無始已來 不悟性地 輪廻三界 隨緣受報 忽聞漸敎 信解漸發 寄因六位 經三祇劫 難忍能忍 難行能行 斷惑成德 始得無漏眞智 露現法身故 名爲漸證實際也"라고 하였다.

점교漸教를 듣게 된다. 그 후 삼지겁三祇劫 동안 수행해서 무루無漏한 진지眞智를 얻고 법신法身을 나타내는 것이 바로 점증실제이다. 점증실제는 돈오가 아니라 점교로 천천히 깨치는데, 즉 교학의 수행을 통해 깨친다.

점증실제가 교학에 의해 깨친다는 것은 양대사상兩對四相 중 식본환원상識本還源相의 상근인上根人이 교학법教學法으로 깨치는 것과 연결된다. 적어도 상근인의 경우에는 점수와 돈오 어느 것에 의해서도 깨칠 수 있다. 이것을 이해하기 위해 다음 기록을 살펴보도록 하자.

> 이때 隱士 智通이 仙人에게 물었다. "지금의 漸證實際人과 頓證實際人은 어떻게 같고 다릅니까?" 선인이 은사에게 답하였다. "비록 漸과 頓은 같지 않지만 결국은 하나로 돌아간다. 작은 내가 바다로 돌아가면 모두 같은 一味가 되는 것처럼 漸解도 源으로 돌아가니 어찌 양 끝으로 가를 수 있겠는가? 그러므로 점과 돈은 비록 다르다고 하더라도 그 돌아갈 근원은 둘이 아니다."[130]

점증실제로 깨친 사람은 돈증실제頓證實際로 깨친 사람과 차이가 없다. 점수와 돈오가 비록 다르더라도 끝내는 하나로 돌아가 같아진다. 이것은 마치 작은 냇물이 바다로 흘러 들어가서 모두 같은 맛이 되는 이치와 같다. 이처럼 점수와 돈오가 하나로 귀결된다는 순지의 사상은 교종과 선종이 일치될 수 있다는 결론에 이른다. 중생은 그 근기根機에 따라 점수나 돈오의 어느 것을 통해서도 정각正覺에 이른다.

순지의 교선일치사상은 의천義天이나 지눌知訥 이전에 이미 교선융합이 시도되었음을 알려준다. 물론 교선일치사상은 교관겸수教觀兼修나 정혜쌍수定慧雙修와는 성격을 달리한다. 의천의 경우 교종의 원융무애圓融無礙한

130 『조당집』 권20, 순지전, 제12장에 "時隱士智通啓仙人曰 今此漸證實際之人 頓悟實際之人 同異如何 仙人告隱士言 雖漸頓不同而終歸一耳 所以者何 小川歸海 全同一味 漸解歸源 豈有兩般也 是故漸頓雖異 歸源無二耳"라고 하였다.

교리와 선종의 실천수행을 아울러 닦아야 하고,[131] 지눌의 경우도 돈오 이후 본래의 면목을 실현하는 점수를 아울러 행해야 한다.[132] 이에 대해 순지는 돈오나 점수 중 어느 것 하나만 닦아도 모두 정각에 이른다고 하였고, 그중에서 점증실제는 교학에 의해 정각에 이르는 것을 뜻한다.

그러나 순지와 의천 및 지눌의 사상은 교종과 선종사상이 접근될 소지를 지녔다는 점에서 공통점이 있다. 다만 이들의 사상이 각각 달리 나타나는 것은 교선융합사상의 역사적 변천 과정을 보여준다고 생각된다. 점증실제의 교선일치사상은 의천이나 지눌의 '교선합작教禪合作'에 상당한 영향을 주었을 것이다.

점교오漸教悟로써 정각한 상태는 돈오로써의 그것과 비교하여 차이가 없다. 점증실제에서도 돈증실제의 경우와 마찬가지로 깨친 후의 수행이 따르는데, 점교와 돈오로 깨친 후의 중행 과정이 반드시 같은 것은 아니다. 이에 대해서는 다음 기록을 살펴보도록 하자.

> 이때 遊子 行通이 仙人에게 물었다. "前篇 중에서 선인이 頓證實際 후에 行人이 있다고 설명하는 것을 들었습니다. 또 이 편에서는 漸證實際에 대해 밝히셨는데 점증실제 후에도 행인이 있습니까?" 선인이 답하였다. "行行이 없지는 않으나 전편에서 밝힌 바와는 같지 않다. 돈증실제 이후에 位에 따라 행해갈 때에는 出纏·入纏·果後의 三等普賢이 있다. 지금 점증실제 편의 뜻은 방편인 漸教에 의해 三僧祇劫을 경과하는 동안 보살행을 닦고 비로소 無漏眞智를 얻는 것이다. 이 무루진지로 露地의 法身을 나타내기 때문에 점증실제라고 부른다. 점증실제 후에는 비록 行行이 없는 것은 아니나 모두 位에 따른 등급이 정해지기 때문에 전편에서 밝힌 바와는 같지 않다."[133]

131 한기두, 앞의 책, p. 153.

132 한기두, 위의 책, p. 197.

133 『조당집』 권20, 순지전, 제12장에 "于時遊子行通 啓仙人曰 於前篇中 聞仙人說 頓證實際 後

점교에도 돈증실제와 마찬가지로 중행이 따라야 하지만 점교의 중행은 돈증실제의 그것과 비교하여 뜻하는 바가 다르다. 돈증실제 중에서 돈오 후에 행하는 외화인 중행은 출전 · 입전 · 과후의 삼등보현三等普賢을 거친다. 그렇지만 점교에 의해 깨칠 경우에는 먼저 보살수행을 닦은 후에 무루한 진지를 얻는다. 점교오 후의 중행은 깨닫기 이전에 보살행을 행한 수인修因에 대한 과행果行인데, 돈오와는 달리 일정한 것이 아니라 수인에 따라 등급이 달리 나타난다.

순지의 교선일치사상의 윤리 구조를 돈증실제나 회점증실제와의 관계에서 살펴보도록 하자. 이에 대해서는 다음의 기록을 통해 살펴보는 것이 좋다.

> 遊子가 물었다. "앞의 양 편 중에서는 能證의 사람과 所證의 法 내지 隨緣의 行人이 있어 각각 이름을 가졌다고 들었습니다. 청컨대 이 편 중에서도 능증과 소증 및 수연의 행인의 이름이 있는지를 가르쳐주십시오." 仙人이 답하였다. "능증과 소증 및 수연의 행인 이름이 없는 것이 아니다. 능증의 사람은 즉 無漏한 眞智로 報身佛이다. 소증의 법은 즉 실제로 法身佛이다. 행인은 무루한 진지로 果位를 지키지 않고 인연에 따라 만물을 이롭게 한다. 그래서 행인은 化身佛이다."[134]

이 기록을 돈증실제와 회점증실제의 기록과 비교하여 요약해보면 〈표

有行人 此篇所明 漸證實際之者 漸證實際之後 有行人耶 仙人答曰 雖不無行行 不同前篇所明者 頓證實際已後 隨位行時 出纏入纏 乃至果後 三等普賢行 今此漸證實際篇意者 依漸教方便 經三僧祇 修菩薩行 始得無漏眞智 以此無漏眞智 露現法身 故名爲漸證實際 漸證實際已後 雖不無行行而 全依位等級故 是故不同前篇所明也"라고 하였다.

134 『조당집』 권20, 순지전, 제12~13장에 "遊子問曰 會聞前兩篇中 俱明能證之人 所證之法 乃至 隨緣行人 各各有名 此篇中 還有能證所證 及隨緣行人名耶 請爲指出 仙人答曰 不無能證所證及隨緣行人名也 爲能證之人者 卽是無漏眞智 亦報身佛是也 所證之法者 卽是實際 亦名法身佛是也 行之人卽是無漏眞智 不守果位 隨緣利物 名爲行人 亦名化身佛是也"라고 하였다.

〈표 7〉 1불 2보살

	能證人	所證法	隨緣行人
돈증실제	문수	비로자나	보현
회점증실제	문수	비로자나	보현＝문수 轉移
점증실제	無漏眞智(報身佛)	實際(法身佛)	無漏眞智(化身佛)

7〉과 같다.

돈증실제에서는 내증 · 외화 · 소증이 각기 달리 파악되었기 때문에 문수 · 보현 · 비로자나는 세 사람으로 이해된다. 그러나 이 1불 2보살은 한 사람으로 파악될 소지를 지녔다. 돈오는 능증의 사람이 소증의 법을 깨치는 것이기 때문에 소증의 법과 능증의 사람이 하나로 나타난다. 따라서 비로자나와 문수는 일치된다. 중행도 결국 소증의 법을 깨치고 난 후에 인연에 따른 수행 과정이기 때문에 소증의 법과 수연 행인이 하나로 나타난다. 따라서 비로자나와 보현은 일치된다.

돈증실제에서 내증과 외화는 둘이 아니라 하나이다. 회점증실제에는 보현이 문수의 전이轉移에 불과하기 때문에 문수와 보현은 결국 한 사람이 된다. 점증실제에는 능증의 사람과 수연의 행인이 다 같이 무루한 진지로 표현되었으므로 문수와 보현은 한 사람이 된다.

이렇게 되면 1불 2보살은 세 사람이 아니라 한 사람이라는 결론에 도달한다. 1불 2보살이 결국 한 사람이라는 것은 법화의 회삼귀일사상과도 연결되는데 이것은 바로 순지의 선종사상이 일원적으로 구조되었음을 알려준다.

이처럼 순지는 선종사상 내에 교학의 깨침까지 포함시켜 일원적 체계를 이끌어냈다. 특히 그와 연결된 용건이 삼한을 병합하려는 야심을 가지자, 그의 선종사상은 보다 포용성을 가지면서 교학과의 합치점을 발견하려 하였다. 즉 순지의 일원적 선종사상은 대호족세력이 주위의 군소 지방세력

을 포섭 · 동화하여 혼연된 통일체를 이루는 데 도움을 주었다.[135]

(3) 순지의 선종사상의 성격

순지 이전에 신라에는 이미 위앙 계통의 선종이 알려졌던 것으로 추측된다. 낭혜朗慧 무염無染의 무설토론無舌土論에는 앙산仰山 혜적이 언급되었는데,[136] 이것은 적어도 낭혜가 위앙 계통의 선종과 접하였음을 알려준다. 그러나 낭혜의 무설토론에서는 위앙 계통의 사상을 찾아볼 수 없기 때문에, 이때 위앙종이 널게 수용되지는 않은 것으로 생각된다.

신라에 위앙선종을 도입한 이는 순지로, 그는 직접 앙산 혜적에게서 배우고 법인을 전수받았다. 그의 상론相論은 부호를 사용하는 것이 특징인 위앙선종의 원상圓相의 접화법接化法에서 유래한 것이다. 뿐만 아니라 사가師家의 언구言句에 구애되지 않고 지식이 '회광반조廻光返照' 하여 자기의 심원心源을 인식하자는 것은 이른바 위앙선종의 '식심달본識心達本' 사상이다. 이처럼 순지는 중국의 위앙선종을 수용하였지만, 그대로 받아들이지는 않았다.

위앙선종의 접화법은 4상을 그리는 데 불과하지만 순지의 사상에는 무려 17개의 상이 나타난다. 또 위앙선종의 경우 접화법과 '회광반조'로 '식심달본' 하는 사상은 유기적인 관련이 약하다. 그러나 순지의 상론은 자신의 선종사상 체계와 밀접하게 결합되었다. 그의 삼편성불론三遍成佛論은 위앙선종의 '회광반조' 한 '식심달본' 사상에서 출발하였지만, 거기에서 그치지 않고 오히려 발전시켜 신라 사회에 맞는 독특한 사상을 형성하였다.

135 이 章의 목차는 閔賢九氏의 교시에 의한 것이다. 바쁜 중에도 본 원고를 바르게 이끌어준 氏께 지면으로 사의를 표한다.

136 天頙, 『禪門寶藏錄』 권상에 「海東無梁國師無舌土論」이 인용되었다. 그중에 "問 有舌無舌 其義云何 答 仰山云 有舌土者 卽是佛土 是故應機門 無舌土者 卽是禪 是故正傳門"이라 하였다.

돈증실제론頓證實際論에 나타난 내증외화內證外化사상은 지방의 대호족세력을 이념적으로 도왔고, 이러한 경향은 순지의 다른 사상에서도 일관되게 나타났다.

순지의 삼편성불론에는 화엄사상과 법화사상이 포함되어 있다. 신라하대의 선사들은 대개 화엄을 배웠지만,[137] 선종사상 속에서 화엄을 논하거나 그들의 선종사상이 화엄사상과 융합된 예는 드물다. 순지는 사대팔상四對八相 중 우식인초상牛食忍草相의 돈오가 화엄의 초발심初發心의 깨달음과 같다고 하였다. 이것이 돈증실제론에서는 내증內證인 돈오로 나타났다. 중생은 돈오한 후에 자리 이타행인 중행을 행한다. 그것은 외화外化로 표현되었는데 화엄사상의 경우 보살행원을 말한다.

돈증실제의 중행은 출전出纏·입전入纏·과후果後의 삼등보현三等普賢으로 설명되었다. 출전보현은 십주十住에서 십행十行·십회향十廻向을 거쳐 십지十地에 이르는 과정이며, 입전보현은 등각행等覺行, 과후보현은 묘각위妙覺位를 나타낸다. 다만 화엄사상에서는 십주에서 십행·십회향을 거쳐 십지의 다음 단계가 등각이요, 등각의 다음 단계가 묘각위이다. 따라서 화엄사상은 십지·등각·묘각의 단계로 전개되었으나, 돈증실제의 중행은 십지와 등각행이 같은 단계로 설정되었다. 여기서 순지의 사상과 화엄사상의 차이가 나타난다. 순지의 선종사상은 그 안에 화엄사상을 융합하였으나 화엄사상 그대로가 아니라 자신의 선종사상 체계에 맞게끔 변형하여 받아들였다.

중행 중의 출전보현은 원융圓融하다고 표현되었다. 원융사상은 화엄의 주된 사상경향으로 강력한 중앙집권적 왕실에 의해 포용되었다. 무열왕

---

137 화엄을 배운 선사들을 생각나는 대로 들어보면 다음과 같다. 무염은 부석사에서 釋澄大德에게 화엄을 배운 바 있고, 그 밖에 麗嚴·行寂·開清·道詵·惠哲·折中·道允·道憲 등도 모두 화엄을 배웠다.

직계의 중앙집권적 전제정치가 무너지고 신라하대에 지방호족세력이 대두하자, 불교계에는 이들을 중심으로 수용된 선종이 크게 유행하였다. 하지만 교학으로 대표된 화엄종도 왕실을 중심으로 계속 성행하였다. 순지의 선종사상 내에 화엄사상이 융합된 것은 앞에서 언급하였듯이 왕실 중심의 권력 체계를 수립하기 위해서라기보다는, 지방의 대호족이 주위의 군소 지방세력을 흡수하여 집권적 권력 체계를 수립하는 데 도움을 주었다.

순지의 선종사상에서 화엄을 논한 중행은 원효가 『금강삼매경론金剛三昧經論』에서 화엄을 논한 것과 상당히 접근되었다. 원효는 보살위를 다음과 같이 오위五位로 나누었다.

> 제1의 信位는 十信行에 있으니, 비록 不退는 아니나 大心을 발하였으므로 本業經에서는 信相菩薩이라 이름 붙였다.
>
> 제2의 思位는 三十心에 있으니, 여러 法의 唯識인 도리를 생각하나 아직 眞證과 無分別修를 얻지 못하였기 때문이다.
>
> 제3의 修位는 十地行에 있으니, 眞證修를 얻어 十障을 對治하였기 때문이다.
>
> 제4의 行位는 等覺行에 있으니, 因行이 이미 만족되었으나 果地에 이르지 못하였기 때문이다.
>
> 제5의 捨位는 妙覺地에 있으니, 寂滅을 취하지 아니하고 大悲로 널리 교화하기 때문이다.[138]

원효가 말한 5위의 제1은 신위信位로 십신행이 이에 속하며, 제2는 사위思

---

138 원효, 「진성공품」, 『금강삼매경론』에서는 五位를 다음과 같이 들었다.
第一信位 在十信行 雖未不退 發大心故 本業經 名信相菩薩
第二思位 在三十心 思量諸法 唯識道理 齊未眞證無分別修故
第三修位者 在十地行 得眞證修 對治十障故
第四行位者 在等覺行 因行已滿 未至果地故
第五捨位者 在妙覺地 不取寂滅 大悲普化故

位로 삼십심三十心이 이에 속하고, 제3은 수위修位로 십지행이 이에 속한다. 3위인 십지행의 단계까지는 출전보현과 일치한다. 그래서 원효도 이를 '출리개전出離盖纏'[139]이라 하였다. 또 제4인 행위行位를 등각행이라 한 것은 입전보현, 제5인 사위捨位를 묘각위라 한 것은 과후보현을 말한다. 따라서 원효의 5위는 순지의 삼등보현으로 나타났다.

앞에서 언급한 『조당집』의 인용문 중에서 보현의 등위等位에 대해 "인오위因五位 내지 과위果位"라 하였다. 여기에 나타난 오위는 원효가 보살행원을 오위로 나누어 설명한 것과 연관된다. 왜냐하면 과위가 과후보현을 가리키고, 아울러 원효의 오위는 순지의 삼등보현과 직접적으로 연결되기 때문이다. 화엄사상을 논한 중행은 원효의 오위와 상당히 비슷하므로, 순지의 선종사상은 원효의 사상에 커다란 영향을 받아 형성된 것으로 생각된다.

그러나 원효의 오위가 순지의 삼등보현을 성립하는 데 영향을 주었다고는 하지만, 오위와 삼등보현 사이에도 차이가 있다. 원효의 오위는 화엄사상의 보살행원을 그대로 따랐고 계기적으로 발전되어가는 단계로 표시되었으나, 순지의 삼등보현은 출전보현과 입전보현의 단계가 같다. 바로 이 점이 원효와 순지 사상의 차이이다.

순지의 선종사상 내에 법화사상이 융합된 점도 원효의 사상과 상당히 비슷하다. 사대팔상 중 삼승구공상三乘求空相은 회삼귀일會三歸一의 법화사상을 나타낸 것이고, 회점증실제론廻漸證實際論도 법화사상을 포용하였다. 법화의 회삼귀일사상은 삼한을 통합하려는 사회사상으로 나타났음은 이미 고찰하였다. 그런 면에서 두 사람의 사상은 상당히 접근되었다.

회삼귀일의 법화사상은 또한 일심삼관법一心三觀法인 천태사상과도 밀접한 관계에 있다. 우리나라에 천태종天台宗이 성립된 것은 고려 숙종 2년

---

139 원효, 「진성공품」, 앞의 책에 "三者修位 後者常起能起 起修同時 先以智導 排諸障難 出離盖纏"이라 하였다.

(1097)에 의천이 국청사國淸寺에서 천태사상을 강설하면서부터이다. 의천이 중국에서 들여온 천태종은 신라말에 체관諦觀법사가 중국 오월吳越 땅에 들어가 일으킨 것이다. 그러므로 신라시대에는 이미 법화교설이 유포되었다는 것을 알 수 있다.[140] 천태교설에서 빼놓을 수 없는 것이 바로 법화사상인데, 신라말에 유포된 법화사상은 당연히 순지와 연결시켜 생각하지 않을 수 없다. 즉 순지의 법화사상은 체관이나 의천의 천태사상을 낳는 데 중요한 역할을 담당하였다.

순지는 선종사상 내에 화엄사상과 법화사상을 융합함으로써 결국 교선일치를 주장하는 점증실제론漸證實際論을 주장하였다. 이것은 의천의 사상과 비슷하다. 의천은 화엄종 승려로서 법화사상을 수용하여 천태종을 성립시켰고, 그 문도를 구산선종의 승려 중에서 모집하였다.[141] 의천의 천태사상은 화엄사상과 법화사상 및 구산선문을 통합하면서 이루어진 것이다. 이 점은 결국 순지의 선종사상이 의천의 천태사상의 모태였다고 추측하게 한다. 의천의 천태사상은 비록 중국에서 역수입된 것이기는 하지만 이미 고려 사회는 그것을 성립시킬 정도로 여건이 성숙해 있었다.

순지의 점증실제론은 교학에 의한 깨침과 교·선이 다르지 않음을 논한 것이다. 중생은 그 근기根機에 따라 교학이나 선종 어느 것을 통해서도 깨달을 수 있다. 이러한 순지의 사상은 교선일치를 주장하였고, 뒤에 의천과 지눌의 '교선합작' 사상에도 상당한 영향을 주었다. 순지의 교선일치사상은 점교나 돈오의 어느 것으로도 깨달으며 점교에 대한 깨침이나 돈오에 의한 깨침에는 차이가 없지만, 의천이나 지눌의 교선합작사상은 중생이 점수나 돈오를 함께 수학하여 깨닫게 된다. 바로 이 점이 순지의 교선일치사상과 의천이나 지눌의 교선합작사상의 차이이다.

---

140 김영수, 「오교양종에 대하여」, 앞의 책, p. 97.

141 김영수, 위의 논문, 위의 책, p. 97.

순지의 교선일치사상에서는 돈증실제에 의해 깨친 경지와 점증실제에 의해 깨친 경지가 같다. 그런데 돈증실제는 돈오에 국한된 것이 아니라 돈오 후의 증행이 따르는데, 증행은 화엄의 보살행원과 연결된다. 순지의 돈증실제는 선오후수先悟後修의 정혜쌍수定慧雙修와 비슷한데 오히려 지눌의 교선합작사상과 연결된다.[142] 또한 돈증실제는 점교오漸敎悟로써 깨닫는데 먼저 삼지겁三祇劫 동안 보살행을 닦은 후에 무루한 진지를 얻는다. 이것은 4교를 닦아 일승에 이름으로써 교상敎相을 이룬 후에 다시 선종의 실천수행인 관행을 행하는 천태의 교관겸수敎觀兼修와 통한다.[143] 의천의 교관겸수는 교학에 의한 만행萬行을 닦은 후에 무상의 묘각을 깨닫는 것이다.[144]

결국 순지의 사상은 의천의 교관겸수나 지눌의 정혜쌍수사상으로 발전할 요소를 모두 갖추고 있는 셈이다. 의천의 교관겸수는 순지의 점증실제론의 입장에서 또 지눌의 정혜쌍수는 순지의 돈증실제론의 입장에서 교선합작을 더 체계화한 것으로 생각된다. 이렇듯 순지의 교선일치사상은 원효의 화쟁和諍사상에서 영향을 받았으며, 후에 의천의 교관겸수나 지눌의 정혜쌍수사상으로 발전하는 모체가 되었다. 이것은 순지의 사상이 고려시대 불교사상에 지대한 영향을 끼쳤음을 알려준다.

이처럼 순지의 사상이 고려 불교사상에 상당한 영향을 주었음에도 불구하고 그의 법인을 전수한 제자가 발견되지 않는다. 순지의 뒤에 위앙계의 신라인 혜청慧淸이 있기는 하지만,[145] 순지의 직접적인 제자가 아니라 중국

142 지눌, 「원돈성불론」, 『고려국보조국사법어』에서 "今日頓悟 的於初義 若約漸修緣起門 則十信初心 先悟之後 勤修止觀 證悟入位 歷修十住"라고 하였다.

143 한기두, 앞의 책, p. 154.

144 의천, 『大覺國師文集』 권16, 示新叅學徒智雄조에 "或同修萬行 同志一乘 逍遙法界之門 放曠無爲之域 則生生常作良朋 處處皆爲善友 我語汝之相從 汝心我之同契 常習善賢之行 常授圓頓之經 塵塵入解脫法門 句句了延那性海 廣度無度之度 終成無成之成 自力如是 敎他亦然 誓與一切含生 成登無上妙覺 是所願也"라고 하였다.

145 도원, 『경덕전등록』 권12, 남악 제6세 南塔 涌嗣 芭蕉淸조.

의 남탑南塔 광용光涌에게서 배웠고 신라로 돌아오지는 않은 듯하다. 그 밖에 순지의 제자나 또는 그와 연결될 만한 인물을 찾을 수 없다. 이것은 순지의 제자가 없었다기보다는 그의 문도가 번창하지 못하여 종파로 성립할 수 없었음을 의미한다.

순지와 직접적으로 연결되는 제자가 알려지지 않고 그의 문도가 크게 떨치지 못한 데는 몇 가지 이유가 추측된다. 첫째 용녀나 왕건은 대규모의 사원경영을 원하지 않았기 때문에 순지가 주지로 있던 서운사의 규모도 크지 않았다. 또한 삼한을 통일하는 과정에서 왕건에게 포섭된 사원도 일단 통일이 되면 중앙집권화의 방향에서 재정비되었다. 왕건은 훈요십조訓要十條의 제2조에서 사원은 도선道詵의 풍수지리설을 좇아 건립해야 한다고 하였다. 왕건은 후세의 국왕 · 공후公候 · 후비后妃 · 조신朝臣이 각기 원당願堂을 건립한다면 크게 우려할 바라고 하였다. 이 훈요가 의도한 바는 왕의 친척이나 신하들이 마음대로 원당을 짓지 못하게 하는 데 있다. 도선이 사원의 건립을 허가한 지역의 기존 사찰은 고려 왕실이 인정한 것으로서, 삼한 통합 후에도 계속 유지될 수 있었다. 그러나 이외의 사찰은 국가에 의해 정리될 운명에 처하였다.

도선의 지리설에 의해 오관산에 사찰을 지을 수 없는 곳이 있는 것이 흥미를 끈다. 다음 내용을 참고해보자.

> 綿紬洞(오관산 아래에 있음) 洞의 가운데에 宏曠한 幽阻가 있는데 사찰이 하나도 없다. 諺傳에 만약 이곳에 佛宇를 세우면 國祚가 길지 못하다고 하였다. 대개 고려의 裨補사상에서 나온 것이다.[146]

---

146 『松都志』 권2, 山川 五冠山조(國史編纂委員會 編, 『輿地圖書』 所收)에 "綿紬洞(在五冠山下) 洞中宏曠幽阻 無一寺刹 諺傳 若搆佛宇於此 國祚不長 盖高麗裨補之意也"라고 하였다.

면주동綿紬洞에 순지의 서운사가 있었다고 생각할 수는 없다. 그렇지만 오관산은 왕건의 선대세력권에 직접 포함되었던 곳이므로, 도선의 비보裨補사상에 의해 오관산 면주동에 사찰을 지을 수 없게 된 것은 왕건의 척신세력의 사원경영에 대한 압력으로 생각해도 좋을 듯하다. 이러한 사정으로 미루어 순지의 서운사도 용건과는 결합되었으나 왕건하고는 직접 연결되지 않았을 경우, 도선이 인정해준 사원에서 벗어났을 것이다. 때문에 고려초에 일단 왕실에 의해 정리되었을 가능성을 배제할 수 없다.

둘째 순지의 교선일치사상은 지방의 대호족을 위한 포용성 있는 사상으로 나타났지만, 당시 신라말의 선종이나 교학 모두에서 배척받은 것으로 추측된다. 특히 순지의 상론은 원상 중에 여러 가지 부호를 표시함으로써 사구死句를 만드는 결과를 낳았고,[147] 이것은 후세에까지 비판의 대상이 되었다. 사상 면에서의 이런 점들이 순지의 선종사상을 크게 번창할 수 없게 만드는 요인으로 작용하였다.

순지는 지방의 대호족과 결합되었을 뿐 중앙왕실과는 특별히 연결되지 않았다. 그래서 순지의 선종사상은 중앙왕실세력을 고려할 필요가 없었기 때문에 지방의 대호족을 중심으로 일원적인 선종사상 체계를 수립하였다. 이 점은 진성왕 이전 중앙왕실과의 관계를 완전히 청산하지 못한 채 지방호족세력과 연결된 선사들이, 중앙왕실과 지방호족이라는 양면 관계에서 지방호족 중심의 일원적 선종사상을 성립시키지 못한 것과 대비된다.[148]

순지의 선종사상도 다원적으로 구조된 점이 없지 않다. 사대팔상四對八相이나 양대사상兩對四相이 모두 다원 체제로 되었으나, 이 두 상의 논지는 결국 일원적인 사대오상四對五相으로 귀결되었다. 삼편성불론 중 증리성불證理成佛은 돈오를 통해서, 행만성불行滿成佛은 점수를 통해서, 시현성불

147 한기두, 앞의 책, p. 58.

148 김두진, 「낭혜와 그의 선사상」, 앞의 책, p. 53.

示顯成佛은 팔상八相을 통해서 중생으로 하여금 성불하게 한다. 삼편성불은 각각 다른 방법으로 중생을 깨치지만 그 깨달은 경지는 같다. 돈증실제는 돈오 후에 중행을 행함으로써, 회점증실제는 회삼귀일에 의해, 점증실제는 점교에 의해 각각 무루한 진지를 얻는다.

돈증실제 · 회점증실제 · 점증실제의 경지는 모두 같다. 순지의 선종사상에 나타나는 1불 2보살도 세 사람이 아니라 한 사람이므로, 결국 하나로 귀결된다. 이처럼 순지의 선종사상은 삼원적 내지 다원적으로 구조되었으나 끝내는 일원적인 구조로 귀결된다. 순지가 선종사상을 다원적으로 구조한 것은 주위의 군소 지방세력을 고려하였기 때문이다. 그러나 그것은 결국 일원적으로 귀결되어 지방의 대호족이 주위의 군소 지방세력을 흡수하여 통합된 세력권을 형성하는 데 도움을 주었다.

제2장 왕건의 불교정책과 그 사상경향

1. 왕건의 승려결합과 그 의도

(1) 왕건과 승려의 결합

1) 신라말 승려와 왕건의 해상권

신라하대에 지방호족세력이 대두하면서 점차 선종이 유행하였다. 초기 선사들은 지방세력과 연결되었더라도 중앙왕실과의 관계에 관심을 두었다. 그러나 진성왕 이후가 되면 선사들은 거의 대부분 중앙왕실과 결별하고 지방호족과 결합하는 방향으로 기울어졌다. 그들의 선종사상은 내재적 실아實我를 발견하려는 내증內證에 덧붙여 외화外化를 곁들였다. 그것은 주위의 군소 호족세력을 흡수·통합하려는 지방의 대호족세력에 유리한 사상경향이었다.[1]

이 점은 초기 선사들이 중앙왕실과 지방호족의 양면 관계에서 지방호족

1 金杜珍, 「了悟禪師 順之의 禪思想」, 『歷史學報』 65, 1975, p. 50.

의 독자 기반을 구축하는 데 필요한 사상 체계인 내증을 강조한 것과[2] 차이를 이루었다.

후삼국 성립 이후가 되면 선사들은 물론 교종 승려들도 지방호족과 결합하는 추세였다. 왕건王建과 결합된 승려 중에는 화엄종 승려인 탄문坦文과 법상종法相宗 승려로 추측되는 석충釋冲이 있다. 그 외에도 신라말에 홍경洪慶이 배에 대장경을 싣고 돌아와 예성강禮成江에 이르니, 왕건이 친히 그를 영접하여 제석원帝釋院에 있게 하였다(『고려사高麗史』 권1, 태조 11년 8월조). 대장경을 가지고 들어온 홍경 역시 선종 승려로 생각되지는 않는다. 이때가 되면 신라 왕실의 세력이 극도로 쇠약해져서 왕경王京과 멀리 떨어진 교종 사원은 신라 왕실의 통제에서 벗어났다. 그래서 왕건과 연결된 선사들은 신라 왕실과 연결된 흔적을 거의 찾아볼 수 없다. 이미 선사들은 신라 중앙왕실과의 결연으로는 사실상 아무런 이익과 권위를 보장받지 못하였다. 다음 기사는 진성왕 당시 심희審希가 왕실의 결연 의사를 거절하였음을 알려준다.

> 眞聖대왕이 갑자기 왕실에 머물러달라는 睿札을 보내어 대사를 불렀다. 대사는 비록 王言을 받들어야 하나, 오히려 祖業을 게을리 해서 도를 닦는 데 막힘이 있을까 우려하여 表를 올려 사양하였다.[3]

진성왕이 부를 당시에 심희는 왕건과 연결되는 데 직접적인 계기가 된 진례성군사進禮城軍事 소율희蘇律熙[4]와 결합되기 이전이었다. 또한 긍양兢

---

2 김두진, 「朗慧와 그의 禪思想」, 『역사학보』 57, 1973, p. 46.

3 崔仁渷, 「昌原鳳林寺 眞鏡大師寶月凌空塔碑」(朝鮮總督府, 『朝鮮金石總覽』 권상, 日韓印刷所, 1919, p. 99)에 "眞聖大王遽飛睿札 徵赴彤庭 大師雖猥奉王言 而寧隳祖業 以脩途多梗 附表固辭"라고 하였다.

4 본문에는 金律熙로 되어 있으나 朗空 行寂의 비문이나 眞澈 利嚴의 비문에 나오는 蘇律熙와 같은 인물일 것이다. 또 '金'을 訓으로 읽으면 '쇠', 즉 '蘇'와 통하게 된다.

讓은 경명왕 7년(923)에 중국에서 돌아와서 경순왕 1년(927)에 강주康州 백엄사伯嚴寺에 머무르기까지 지방호족과 뚜렷하게 연결되지는 않았다. 그러나 그는 경애왕의 부름을 사양하였다.[5]

굴산문崛山門의 개청開淸도 경애왕의 부름을 받았으나 왕실과 연결된 흔적은 보이지 않고, 오히려 강릉江陵지역의 대호족인 왕순식王順式과 연결되었다.[6] 그 밖에 왕건과 연결된 승려 가운데 신라 왕실의 부름을 받은 이를 발견하기는 어렵다. 초기 선사들이 지방호족과 연결되었으면서도 신라 왕실의 부름을 받아 연결을 가졌던 것과는 달리, 후삼국시대의 선사들은 아예 신라 결연할 의사를 갖지 않았다. 이것은 신라말에 정강이 해이해지고 사방에 도적이 횡행함으로써 왕실의 권위가 실추하여, 승려들 자신이 신라 중앙왕실과 결연할 필요를 느끼지 않았음을 알려준다.[7]

『조선금석총람朝鮮金石總覽』에 비명이 전하는 승려로 936년까지 왕건과 연결되는 자는 무려 14명에 이른다.[8] 이들 중 경보慶甫를 제외하면 견훤甄萱과 직접 연결된 승려는 없다. 경보는 견훤과 연결되었으나 후삼국 통일 과정에서 다시 왕건과 연결되었다.[9] 이렇게 되면 현재 남아 있는 자료상

---

5 李夢游, 「聞慶鳳岩寺 靜眞大師圓悟塔碑」(『조선금석총람』 권상, pp. 199~200)에서 兢讓은 중국에서 돌아온 후 伯嚴寺 등 여러 곳을 전전하는 중에 경애왕의 부름을 받았다. 그러나 그는 "有神人降 謂大師曰 捨此奚適 須莫遠 於是 衆咸致惑 固請淹遲 大師確然不從"이라 하였다.

6 崔彦撝, 「江陵地藏禪院 朗圓大師悟眞塔碑」(『조선금석총람』 권상, p. 143)에 "此際太匡 齊携僚佐 直赴禪關 共陳列賀之儀 皆罄羣黎之慶 況復隣州 比縣典郡 居官冠盖相望 道途不絶 大師此時 蹔移慈盖 來至郡城 尊州師勤王"이라 하였다.

7 高橋亨, 「大覺國師 義天の高麗佛教に對ちる經綸に就いて」, 『朝鮮學報』 10, 1956, p. 115.

8 折中은 900년에 사망하였으므로 제외하였다. 절중을 넣으면 15명이 된다.

9 金廷彦, 「光陽玉龍寺 洞眞大師寶雲塔碑銘」(『조선금석총람』 권상, pp. 191~192). 慶甫는 921년(景明王 5)에 중국 洞山의 法嗣인 匡仁의 법인을 받아 귀국하였다. 당시 그는 甄萱의 도움을 받아 全州의 南福禪院에 머물다가 白鷄山의 玉龍寺로 옮겼는데, 이때까지만 해도 견훤의 세력 아래에 있었던 듯하다. 경보의 비문에는 그가 옥룡사로 옮기는 것이 견훤의 허락으로 이루어졌다고 기록되어 있다. 그가 王建과 연결되는 것은 936년 후삼국 통일 직전으로 생각된다. 경보는 道詵의 법맥을 이었으므로 風水地理에 밝았을 것으로 추측된다. 그는 도선이 옛날에 거주하던 옥룡사로 가기 전에 이미 백계산 道乘에게 배우고 있었는데, 도승은 도선과 같은

순전히 견훤에게만 연결된 승려는 없는 셈이다. 물론 비문 자료가 고려시대에 만들어졌기 때문에 누락되었을 가능성도 배제할 수는 없다. 후삼국을 통일한 고려국가가 전대의 민족문화를 정리하는 과정에서 견훤과 연결된 승려의 비문을 후세에 남길 까닭이 없기 때문이다. 하지만 그렇다 하더라도 왕건과 연결된 고승이 견훤과 연결된 자보다 사실상 압도적으로 많았을 것이다.

왕건은 개성지방의 호족이었지만 예성강지역을 중심으로 한 해상세력 기반을 가졌다.[10] 그래서 궁예弓裔의 부하로 있으면서도 강력한 해군을 거느렸다. 903년(효공왕 7)에 왕건은 나주羅州를 정벌하고, 이후 서해안지역의 해상권을 장악하였다. 전략상 왕건의 나주 정벌은 대단히 중요한 의미를 가진다. 왕건은 후백제의 후미를 확보함으로써 후삼국의 쟁투를 유리하게 이끄는 한편, 남해를 통해 이루어지던 견훤과 중국과의 통교를 어렵게 만들었다. 나주 장악 이후에 왕건의 해상세력은 사실상 남해에까지 뻗쳤다.

920년(경명왕 4) 강주康州 장군 윤웅閏雄이 아들 일강一康을 보내 왕건에게 귀부하였다. 이때에는 이미 왕건의 수중에 강주(지금의 진주晋州지역)를 중심으로 한 남해의 해상권까지 들어와 있었다.[11] 그래서 중국에 유학한

사람으로 생각된다. 이로 미루어 도선 계통의 풍수지리가 견훤에게 수용되었던 듯하며, 후삼국 통일 이후에 오히려 왕건과 연결되는 것이 아닌가 하는 의심을 갖게 된다. 말하자면 후삼국 통일 이전에 왕건이 가졌을지도 모르는 풍수지리사상은 꼭 도선 계통의 것이라고 단정할 수는 없다.

10 金庠基, 『高麗時代史』, 東國文化社, 1966, p. 4 ; 김두진, 「요오선사 순지의 선사상」, 앞의 책, pp. 9~11.

11 閏雄이 귀부해온 이후인 927년 海軍將軍 英昌 · 能式 등이 康州 아래의 轉伊山 · 老浦 · 平西山 · 突山 등을 쳤고, 그 다음 해에는 견훤이 군사를 보내 강주를 습격하니 장군 有文이 견훤에게 항복하였다. 강주지방을 장악하기 위한 고려와 후백제 간의 싸움이 치열하였음을 알 수 있다. 그런데 후백제와는 달리 고려가 강주지역에 군사력을 유지하기 위해서는 해군, 즉 해상권의 도움 없이는 불가능하였다. 대체로 920년 윤웅의 귀부 이후, 왕건은 남해에 대한 해상권을 장악하였다.

〈표 1〉 후삼국시대의 중국 유학승

승려 이름	출발 연대	귀착 연대	귀착지	비고
朗空 行寂	870	885		
先覺 逈微	891	905	(羅州)	필자 추측
大鏡 麗嚴	885	909	武州 昇平	
法鏡 慶猷	?	908	무주 會津	
眞澈 利嚴	896	911	나주 회진	
眞空 忠湛	?	904~907		무주 靈神寺와 연고
元宗 璨幽	892	921	康州 德安浦	
法鏡 玄暉	906	924		무주와 연고
靜眞 兢讓	900	923	全州 喜安縣	
洞眞 慶甫	892	921	전주 臨陂郡	甄萱과 연결
洪慶	?	928	禮成江	『高麗史』에 의거

승려들은 왕건의 도움 없이는 귀국하기 어려웠다.

중국 유학승들이 본국으로 돌아오는 연대와 그 연고지를 제시하면 〈표 1〉과 같다. 이 중에서 행적行寂은 왕건이 해상권을 잡기 이전에 귀국하므로 왕건과의 관계를 문제 삼지 않도록 한다.

형미逈微의 귀착 지역은 비문이 마멸되어 잘 알아볼 수 없으나 다음 기록을 통해 추측할 수 있다.

> 天祐 2년(905) △△△△△△△△△△△ 이때에 知州 王公이 他本에서 가만히 대사를 우러르니, 대사가 겨우 배를 띄워 이르렀다.[12]

905년에 왕건이 지주군사知州軍事로 있던 곳은 나주이다. 즉 형미는 나주로 들어왔을 것이다. 설령 형미가 나주로 돌아오지 않았더라도 위의 내용은 그가 왕건의 도움으로 귀국하였음을 알려주기에는 충분하다.

---

12 최언위「康津無爲寺 先覺大師遍光塔碑」(『조선금석총람』 권상, p. 172)에 "天祐二年 △△△△△△△△△△△ 此時 知州△△ 王公 他本竊承 大師纔諧捨筏 已抵"라고 하였다.

충담忠湛과 현휘玄暉가 귀착한 지역은 잘 알 수 없다. 둘 다 중국에 들어가기 전에 무주武州에 있었는데, 무주는 나주 정벌 이후 왕건의 세력권 내에 들어갔을 것으로 추측된다.[13] 그중 충담은 왕건의 왕사였을 뿐만 아니라 사후에 왕건 자신이 직접 그의 비문을 찬술하였다. 이처럼 왕건은 충담을 상당히 높이 대우하였으므로, 충담의 귀국에 왕건의 도움이 있었을 것으로 생각된다. 현휘는 중국에서 돌아오는 924년에 바로 왕건과 결연되었으므로, 왕건의 도움으로 귀국하였다고 보는 것이 순리이다. 귀국 후에 국사로 봉해지는 것도 이러한 추측을 가능하게 한다. 이처럼 충담과 현휘는 왕건의 비호 아래 귀국하였다.

찬유璨幽가 귀국하는 921년에는 강주지역이 왕건의 세력권 내에 들었으므로 찬유 역시 왕건의 도움으로 귀국하였다. 홍경은 중국으로부터 대장경을 싣고 돌아온 교종 승려로 추측되는데, 태조 11년 예성강으로 돌아오니 왕이 친히 그를 맞아 제석원에 머물게 하였다. 즉 홍경도 고려 왕실의 도움으로 귀국하였다.[14]

그러나 전주全州 경계로 귀국한 경보와 긍양의 경우가 문제가 된다. 경보는 견훤과 연결되었으므로 왕건의 도움으로 귀국하지 않은 것이 명백하다. 긍양이 귀착한 곳은 "야구野寇와 산융山戎이 서로 힘을 다툰다"라고 표현되어[15] 긍양이 왕건의 도움으로 귀국하지 않았다는 추측을 하게 한다. 정진대

---

13 羅州 정벌 이후 왕건의 세력은 珍島 · 木浦에서부터 光州 西南界인 潘南縣에까지 이르렀다. 광주지역이 완전히 왕건의 수중으로 들어갔는지는 확실하지 않지만, 적어도 이 지역에 왕건의 세력이 강하게 뿌리를 내렸던 것만은 확실하다.

14 『三國遺事』 권3, 前後所將舍利조에 의하면, 太祖 11년(928)에 默和尙이 唐에 들어가 대장경을 싣고 돌아왔고, 신라말에 普耀禪師가 吳越에 이르러 대장경을 싣고 왔는데 그는 海龍王寺의 開山祖라 하였다. 이들의 귀국이 누구의 도움으로 이루어졌는지는 확실하지 않으나 대체로 왕건과 연결시켜 생각해볼 수 있다(김두진, 「均如의 性相融會思想」, 『역사학보』 90, 1981, p. 9). 다만 그들의 귀국 연대가 확실하지 않아 〈표 1〉에는 이들을 제외하였다.

15 이몽유, 「문경봉암사 정진대사원오탑비」(앞의 책, p. 199)에 "野寇山戎 各競忿爭之力"이라 하였다.

사비靜眞大師碑가 건립되는 고려 광종 때에 왕건의 세력권 내에 있는 지역을 도적이나 산적이 다투는 곳으로 기록할 까닭이 없기 때문이다. 견훤세력의 중심부인 전주지역으로 들어오는 긍양의 귀국은 어쩌면 견훤의 도움으로 이루어졌을 수도 있다. 이 추측대로라면 긍양이 왕건과 결연되는 것은 그가 강주 백엄사로 들어간 927년 이후로 보아야 한다.

행적을 제외한 10명의 승려 중 8명이 왕건의 도움으로 귀국하였다. 이것은 중국에서 돌아오는 승려 거의 대부분이 왕건과 연결되었음을 알려준다. 특히 909년 오월吳越에 보낸 후백제의 사절선使節船을 나포한 사실과 935년 금산사金山寺에서 탈출한 견훤 일행이 바로 국경을 넘지 않고 나주에서 해로로 고려 조정으로 나아간 것은 가히 왕건의 해상권을 짐작할 수 있게 한다. 이처럼 왕건의 해상권 장악은 중국 유학승과의 결합을 용이하게 하였다.

왕건이 해상권을 잡고 있기는 하였지만 한반도 내에서의 패권 다툼에서는 오히려 견훤의 전세가 유리한 듯하였다. 927년 견훤이 경주에 침입하여 경애왕을 살해하자, 신라를 돕기 위해 출동한 왕건은 공산公山의 싸움에서 크게 패배하였다. 김락金樂과 신숭겸申崇謙 같은 훌륭한 장수를 잃고 왕건 자신도 겨우 위기를 모면하여 도망쳤다. 그러나 강주지역을 장악한 왕건의 해상권은 곧 김해지역까지 뻗쳤고,[16] 김해부金海府 지군부사知軍府事로 있던 소율희가 왕건의 휘하로 들어왔다.

왕건이 강주와 김해지역을 장악한 것은 지정학적으로 대단히 중요한 의미를 지닌다. 그것은 후백제와 신라의 연결을 어렵게 만들었고, 이를 기반으로 왕건은 청도淸道지역을 확보하였다. 아마 김해지역에서 북상한 왕건

16 920년 10월 견훤軍이 大耶城을 공략한 뒤 다시 남쪽 金海지방으로 진출하자, 왕건은 신라의 요청을 받고 군사를 보내 견훤군을 물러나게 함으로써 김해지방으로까지 세력을 뻗쳤다. 당시 왕건의 군대는 역시 강주지역에서 海路를 통해 파견되었다.

의 세력이 청도까지 미쳤을 것으로 추측되는데,[17] 이것은 후삼국의 쟁투 과정을 왕건의 승리로 이끄는 데 크게 작용하였다. 청도가 왕건의 수중에 있는 한 후백제와 신라의 결합은 불가능하였고 결국 신라의 귀부가 시간적으로 앞당겨졌다.

안동安東지역은 고려와 신라의 연결에서 중요한 곳이었기 때문에 후삼국의 전역戰域 중 싸움이 가장 치열하게 전개되었다. 이러한 싸움에서 대체로 밀리고 있던 왕건은 청도지방을 손에 넣음으로써 안동지역에서의 싸움을 유리하게 이끌었다. 결정적인 싸움은 929년의 고창군古昌郡전투이다. 이 싸움에서 승리한 왕건은 실질적인 반도의 지배자가 되었다. 이때부터 왕건은 중국 유학승뿐만 아니라 국내의 모든 승려와 쉽게 결합할 수 있는 고지를 점령하였는데, 오히려 승려들 자신이 왕건과 연결됨을 주저하지 않았다. 고창군전투 이후에는 전국의 승려들이 대부분 왕건과 연결되는 추세였다.

2) 왕건과 승려의 결합 양상

후삼국시대의 중국 유학승들은 대개 왕건과 연결되었는데, 고려의 통일이 가까워지면서 중국 유학승뿐만 아니라 국내의 승려들까지도 대부분 왕건과 결합되었다. 왕건이 승려들과 결합하는 양상은 고려 건국을 전후하여 달라진다. 『조선금석총람』에서 왕건과 연결된 승려를 간추려보면 〈표

17 『삼국유사』 권4, 寶壤梨木조에 "太祖가 東征하여 淸道地境에 이르렀는데, 산적이 犬城에 모여 교만하고 항복하지 아니하였다. 태조가 산의 아래에 이르러 대사(寶壤)에게 쉽게 제어할 방책을 물었다. 대사가 대답하되 대개 개란 것은 밤을 맡고 낮을 맡지 않으며 앞을 지키되 뒤를 지키지 않으니, 낮에 그 북쪽으로 쳐들어가면 될 것이라 하였다. 태조가 그 말대로 하였더니 과연 적이 패하여 항복하였다"라고 하였다. 왕건이 청도를 확보한 시기가 정확하게 언제인지는 알 수 없으나, 아마 920년에서 古昌郡전투가 행해진 929년 사이였을 것이다. 청도 정벌을 東征으로 표현하였을 뿐만 아니라 공격하려는 犬城의 뒤쪽을 북쪽으로 나타낸 것을 보면, 왕건은 서남쪽에서 공격하여 올라갔을 것이다. 그렇다면 왕건은 김해에서부터 군대를 이끌고 청도까지 정벌하여 올라간 듯하다.

〈표 2〉 **왕건과 결연된 승려**

승려 이름	결합된 지방호족	도당 유학	왕건과 결합한 연대	비고
澄曉 折中	金休 宋嵒			900년 사망
낭공 행적	蘇律熙	○	915년 이전	(907~915)
선각 형미		○	905	귀착한 연대임
대경 여엄	康萱	○	909	귀착한 연대임
법경 경유		○	908	
진철 이엄	소율희	○	911	
진공 충담		○	904~907	귀착한 연대임
眞鏡 審希	金律熙 · 金仁匡		918	
法印 坦文			921	
원종 찬유		○	921	
법경 현휘		○	924	귀착한 연대임
정진 긍양		○	927~935	필자 추측
동진 경보	견훤	○	936	
朗圓 開淸	王荀息		922~930	필자 추측
廣慈 允多			?	

(眞空 △運은 937년에 왕건과 연결되므로 제외하였다.)

2〉와 같다.

고려 건국 이전에 왕건과 연결된 승려는 사무외사四無畏士인 형미 · 여엄麗嚴 · 경유慶猷 · 이엄利嚴과 행적 · 충담이다. 탄문 · 찬유 · 현휘 · 긍양 · 경보 · 개청은 고려 건국 이후에 왕건과 결합되었다. 심희는 918년에 왕건과 연결되었으므로 고려 건국 이전과 이후로 꼭 나눌 수 없지만, 편의상 건국 이전에 속한 것으로 정리하였다. 그 밖에 윤다允多는 비문의 마멸로 인해 왕건과 결합한 정확한 연대를 알 수 없으므로 여기서는 제외한다.

우선 고려 건국 이전의 승려들은 왕건과 직접 결합하기에 앞서 지방호족세력과 연결된 흔적을 가진다. 행적 · 여엄 · 이엄 · 심희 등이 소율희 · 강훤康萱 등과 연결된 예가 그것이다. 충담의 경우는 비문이 마멸되어 왕건 이외의 인물과 연결되었는지 여부를 확실히 알 수 없다. 이에 비해 고려 건국 이후가 되면 견훤과 연결되었던 경보와 왕순식과 연결되었던 개청 말고는 달리 왕건 이외의 인물과 연결된 흔적을 가진 승려가 없다. 긍양이 견훤과 연결되었을 거라 추측은 되지만 확실하지 않다. 정진대사비에는 그가 견훤과 연결되었다는 기록이 한마디도 전하지 않는다.

견훤은 물론이거니와 왕순식의 경우 고려 건국 이후 상당 기간 동안 독립 세력권을 유지하였다. 개청이 왕건과 결합된 확실한 연대는 알 수 없으나 왕순식이 항부한 922년 이후로 생각된다. 경보와 개청은 왕건의 세력권에서 벗어나 있었기 때문에 실질적으로 그들이 왕건과 직결될 수 없었고, 왕건 역시 견훤이나 왕순식의 도움을 받아 그들과 연결된 승려와 결합할 수는 없었다. 오히려 이들 세력이 붕괴되거나 왕건의 휘하로 들어오고 난 후에야 그들과 연결되었던 승려와 왕건의 결합이 가능하였다.

한편 고려 건국 이후 왕건과 연결된 탄문 · 찬유 · 현휘 등은 모두 왕건과 직접 결합하였고 긍양도 다른 호족의 도움으로 왕건과 연결되지 않았다. 말하자면 고려 건국 이후가 되면 승려들은 왕건과 직결되었고, 비록 직결되지 않았더라도 다른 지방호족세력의 도움으로 연결되지는 않았다. 이런 현상은 왕건이 한 나라의 실질적인 지배자라는 것과 표리 관계를 이룬다. 즉 고려 건국 이전에는 실질적인 지배자가 아니었기 때문에 왕건과 연결된 승려들도 이미 연고 관계를 가진 지방호족과의 결합을 중요시하였다.

그런데 이때 승려들과 연결되었던 지방호족과 왕건의 관계가 문제이다. 왕건과 승려들의 결합은 이미 승려들과 연결되었던 지방호족의 반대에 부딪치면 이루어질 수 없었다. 아마 왕건은 승려들과 먼저 연결되었던 지방호족의 양해하에 그들과 결합하였을 것이다. 사실 왕건은 승려들과 결합함으로써 그들과 연결된 지방호족세력과 연합하려는 의도를 가지고 있었다. 즉 왕건은 승려뿐만 아니라 이들과 결합된 지방호족세력과도 연결되었다. 역으로 왕건과 결합된 승려들과 연결된 지방호족은 왕건과 연합되었다. 그러므로 강훤[18]이나 소율희 등은 왕건과 연결된 지방호족이었다.

---

18 소율희는 물론 康萱도 『高麗史』에는 나타나지 않는 인물이다. 法鏡大師碑의 陰記에 慶猷의

고려 건국 이전에 왕건이 승려와 결연하는 태도를 알려주는 기록이 다음과 같이 나타나 있다.

> 이 절은 옛날에 聖上(왕건)이 宰相으로서 아직 왕위에 오르지 못하였을 때에 禪門에 나아가 대사를 찾아뵙고 영구한 禪宇로 삼았는데, 이때(915)에 奉迎을 행하여 다시 慈顔을 우러렀다. 이에 대사가 마음을 열어 환대하자 無爲의 說을 다시 들었다. 이별을 고하고 돌아오려 할 적에 특별히 좋은 인연을 맺었다.[19]

915년 왕건이 실제사實際寺로 행적을 찾아간 것은 벌써 그와 행적의 두 번째 만남이었는데, 이때 그는 행적과 특별한 인연을 맺었다. 고려 건국 이전에 왕건은 승려와 인연을 맺기 위해 몸소 찾아갔고, 한 승려를 두 번씩이나 찾아가 결연을 돈독히 하기도 하였다. 이것은 왕건이 승려와 결합하는 데 많은 관심을 가졌음을 알려준다. 이러한 왕건의 관심은 승려와 연결된 지방호족과의 결속을 위해 나타났다.

당시 승려들도 왕건 같은 강력한 지방호족과 인연을 맺고자 하였다. 소율희는 911년 나주로 돌아온 이엄에게 광산光山에 있는 절에 머물러달라고 청하였다. 이러한 청에 대한 이엄의 태도를 알려줄 만한 내용이 다음과 같이 나타나 있다.

在家제자로 왕건과 그 바로 밑에 康公△太臣이 나와 있는데, 이 康公△이 강훤이 아닌가 추측해보지만 확실하지 않다. 이러한 추측이 맞다면 강훤은 왕건과 연결된 지방호족으로 보아도 좋을 것이다. 이 비문은 康△이 왕건과 밀접한 관계임을 말해주기에 충분하기 때문이다. 사실 법경대사비의 음기에 나타난 왕건이나 康△ · 黔弼 · 劉權說 · 최언위 등은 왕건과 결합되었던 종교집단으로, 뒤에는 정치집단으로까지 발전해갔을 것으로 추측된다(李鍾旭, 「高麗初 940年代의 王位繼承戰과 그 政治的 性格」, 『高麗光宗硏究』, 一潮閣, 1981, pp. 14~15).

19 최인곤, 「奉化太子寺 朗空大師白月栖雲塔碑」(『조선금석총람』 권상, pp. 184~185)에 "此寺則先是聖上 以黃閣潛龍 禪扃附鳳 尋付△師 永爲禪宇 此時奉迎行所 重謁慈顔 爰開有待之心 再聽無爲之說 辭還之際 特結良因"이라 하였다.

> 대사는 마음으로 禪林을 사랑하여 세상에서 숨어 근심 없이 지내고자 하였다. 그러나 그러한 곳은 賊窟과 連接해서 신변의 안전을 기할 수 없으므로 소위 난세를 당해서는 거주할 수 없었다. 이에 12년 동안 光山의 堂宇에 머물렀다.[20]

이엄은 중국에서 나주로 귀국한 후, 선종산문으로 들어가지 않고 소율희가 권하는 사원에 머물렀다. 선종산문으로 가지 않은 것은 난세를 당하여 신변의 안전을 보장할 수 없기 때문이었다. 후삼국 성립기에는 어디를 가나 혼란하였다. 그리하여 대경대사비大鏡大師碑에는 "세로世路는 고통스럽고 인간들은 원한을 품었다"[21]라고 하였다. 이와 같은 난세에 승려들은 안전하게 거주할 곳을 구하였으므로, 왕건처럼 강력한 호족세력과의 결연을 뿌리치지 못하였다.

918년 이후 왕건이 지방호족과 결합하는 데에는 그의 정치적 힘이 보다 크게 작용하였다. 그래서 고려 건국 이전에 승려와 연결하는 것과는 다른 양상의 결합이 이루어졌다. 이제 왕건은 승려들과의 결연을 매개로 그들과 연결되었던 지방호족과의 결합을 유지시킬 필요가 훨씬 줄어들었다. 따라서 승려와 인연을 맺는 데 대한 관심은 고려 건국 이전보다 줄어들었다. 승려와의 결합은 오히려 교화적인 의미에서 계속되었다. 〈표 2〉에서 중국에 유학한 승려와 왕건이 결속하는 양상을 고려 건국 이전과 이후로 나누어 비교해보도록 하자.

918년 이전에 왕건과 연결된 승려 가운데 심희를 제외한 6명이 모두 중국에 유학하였다. 그런데 심희는 고려가 건국되던 해에 왕건과 결속된 인물이기 때문에 꼭 건국 이전에 포함시킬 필요는 없다. 그렇다면 918년 이

---

20 未詳, 「海州廣照寺 眞澈大師寶月乘空塔碑」(『조선금석총람』 권상, p. 127)에 "大師雖心愛禪林 遁世無悶 而地連賊窟 圖身莫安 所以亂邦不居 於是乎在十二秊"이라고 하였다.

21 최언위, 「砥平菩提寺 大鏡大師玄機塔碑」(『조선금석총람』 권상, p. 132)에 "窺世路以含酸 顧人間而歛恨"이라 하였다.

전에 왕건과 연결된 승려는 모두 중국에 유학한 셈이다. 이때의 왕건은 주로 중국 유학승에게 관심을 가지고 그들과 결합하려 하였다.

918년 이후 왕건과 연결된 승려 가운데 중국에 유학한 자는 찬유 · 현휘 · 긍양 · 경보 등이다. 이 중 경보는 견훤과 결합하였고, 왕건의 도움으로 귀국하지도 않았다. 또 긍양은 중국에 유학하기는 하였지만 꼭 왕건의 도움으로 귀국하였다고는 생각되지 않기 때문에, 결국 왕건의 도움으로 귀국한 승려는 7명 중 2명에 불과하다. 이것은 918년 이후에는 왕건이 중국 유학승뿐만 아니라 국내에 머물고 있는 승려와도 인연을 맺었음을 알려준다.

918년 이후 왕건이 국내의 승려와 인연을 맺고자 할 때에는, 이전에 몸소 찾아간 것과는 달리 대개 조서를 내려 부르는 형식을 취하였다. 부름을 받은 승려의 태도에 대해서는 다음 기록에서 짐작할 수 있다.

> 이 땅에 거주하는 자로서 감히 왕의 부름을 거부할 수 있겠는가? 마땅히 조정에 나아가는 것은 고문이 되어줄 것을 付囑받았기 때문이다. 나는 장차 서울에 나아가고자 한다.[22]

이 기록을 보면 승려들은 대개 왕건의 부름에 응하였다. 경우에 따라서 왕건은 조서를 내려 전국의 승려를 불러 모았다. 다음 기록을 참고해보자.

> 傾林에 흉악한 무리를 베면서 四紀 동안 먼지로 어두웠는데 一朝에 소탕하여 깨끗하게 하였다. 이에 封墓와 마을을 정비한 것은 周王의 높은 행적을 이었고, 승려를 중히 여겨 불교에 귀의함은 梁帝의 유풍을 존중한 것이다. 五天의 像을 만들어 더욱 숭배하고 四門을 열어 어진 사람을 불러들였다. 이에 道人이 모여

22 미상, 「해주광조사 진철대사보월승공탑비」(앞의 책, p. 127)에 "居於率土者 敢拒綸言 儻遂朝天者 湏需顧問 付囑之故 吾將赴都"라고 하였다.

들고 禪侶가 구름처럼 이르니, 上德의 宗旨를 쟁론하고 태평한 업적을 높이 찬양하였다. 이때를 당하여 대사는 鵠版을 기다리지 않고 계곡을 나와 날듯이 걸어 이르니, 흰 눈썹을 펴며 웃으면서 맞았다.[23]

후삼국을 통일한 이후 왕건은 조서를 내려 전국의 승려를 불러 모았다. 또 이때는 승려들도 조서를 기다리지 않고 왕건에게 나아갔다. 긍양이 그러하였고, 찬유 역시 부르기 전에 스스로 왕건에게 나아가 결연하였다.[24] 918년 이후 왕건이 승려와 결합하는 태도는 그 이전에 비해 극진하지 못한 인상을 준다. 이것은 고려 건국 이후 왕건과 승려의 결합이 지방호족과의 연합에서 절대적인 작용을 하지 못하였기 때문이다.

(2) 왕건의 결합 의도

후삼국시대의 승려들은 대체로 왕건과 연결되는 추세였다. 고려 건국 이전의 왕건은 해상권 장악으로 주로 중국 유학승과 쉽게 인연을 맺었다. 당시 지식인들인 중국 유학승과의 연결은 후삼국의 전세를 유리하게 이끄는 여론을 형성하는 데 일익을 담당하였다.

고려 건국 이후의 왕건은 유학승뿐만 아니라 국내 승려들과의 결합도 게을리 하지 않았다. 왕건은 처음에는 승려를 몸소 찾아가거나 혹은 두 번씩 들러서 돈독한 결연을 시도하였지만, 한 나라의 지배자가 되고 난 뒤에는 조서를 내려 승려를 부르거나 개경開京에 모이게 하여 결연하였다. 왕

---

23 이몽유, 「문경봉암사 정진대사원오탑비」(앞의 책, p. 201)에 "傾林斬兇 四紀而塵氛有暗 一朝而掃蘯無遺 是用封墓軾閭 純周王之高躅 重僧歸佛 遵梁帝之遺風 模五天而像飾爰崇 闢四門而英賢是召 於是道人輻湊 禪侶雲臻 爭論上德之宗 高贊太平之業 此際 大師不待鵠版 便出虎溪 動白足以步如飛 伸雪眉而喜可見"이라 하였다.

24 김정언, 「驪州高達寺 元宗大師惠眞塔碑」(『조선금석총람』 권상, p. 210)에 "伏聞我太祖神聖大王 懷斗膺期 …… 逕詣玉京 遂入覲太祖大王"이라 하였다.

건이 승려와 결합하는 태도의 변화는 그가 승려와 결합하는 의도의 변화와 관련이 있다.

왕건이 승려와 결합하는 의도는 대체로 다음의 두 가지로 생각할 수 있다. 첫째는 호족연합책의 일환이고, 둘째는 교화적인 면으로 민심의 수합이다. 왕건이 승려와 결합하는 의도도 앞에서 살펴본 두 시기에 비추어 달리 나타났다. 918년 이전의 승려와의 결합에는 교화적인 면이 전혀 없지는 않았으나 호족연합이라는 면이 더 강하게 나타났다. 그러나 918년 이후가 되면 호족연합책뿐만 아니라 교화적인 면도 강조되었다. 당시 사원은 지방호족과 연결되어 독자 세력을 형성하였다. 사원은 장원으로 형성되었으며, 본사와 비록 떨어진 곳이라 하더라도 장사莊舍를 설치하고 그곳에 지장知莊을 파견하여 경영하였다.[25]

왕건은 사원의 이러한 기능을 이용하여 호족연합을 의도하였다. 밀양密陽 봉성사奉聖寺가 그 대표적인 예다. 봉성사의 주지인 보양寶壤은 이미 왕건과 연결되었는데, 그가 관여한 절에 대해서는 다음 기록을 통해 이해할 수 있다.

> 石崛·備虛師(一作毗處)와 더불어 형제가 된다. 奉聖·石崛·雲門의 세 절이 봉우리를 맞대고 즐비하게 서 있어서 서로 왕래하였다(『삼국유사』 권4, 寶壤梨木조).

25 『삼국유사』 권3, 洛山二大聖 觀音正趣調信조에 "世逹寺의 莊舍가 溟州 捺李郡에 있었는데, 본사에서 중 調信을 보내 知莊으로 삼았다"라고 하였다. 세규사는 고려시대의 興教寺로 京畿 豊德에 있었으므로 江陵에 있는 장사와는 상당히 떨어져 있었다. 세규사가 영월에 있는 世逹寺라고 하더라도 장사와는 멀리 떨어져 있는 셈이다. 또 『삼국유사』 三所觀音 衆生寺조에는 경주에 있는 衆生寺에 金州, 즉 金海지방의 檀越이 시주하였다는 기록이 있다. 이것은 중생사의 경제적 기반이 김해지방에까지 미쳤음을 추측하게 한다. 대체로 신라하대 선종 사원의 경제 규모는 거대하여 500결 이상의 토지를 가진 경우가 허다하였다. 이러한 사원의 토지는 한 곳에 집중되기보다는 여러 지역에 흩어져 있었는데, 그곳에 장사를 설치하고 본사에서 지장을 파견하여 관리하였다.

이 기록을 보면 봉성사 외에 석굴사石崛寺 · 운문사雲門寺는 보양의 형제인 석굴사石崛師와 비허사備虛師가 각각 경영하는 절로, 이들 세 절은 유기적으로 연결되어 있었다. 운문산선원雲門山禪院의 삼강전주인三綱典主人이 보양인 것으로 미루어, 이 세 절은 보다 긴밀한 경제적 협동체를 구성한 것으로 추측된다. 그러므로 봉성사가 왕건에게 연결될 경우, 나머지 두 절도 자동적으로 왕건과 연결된다고 보아야 한다. 실제로 운문사는 왕건과 연결되었다.

『삼국유사三國遺事』 보양이목寶壤梨木조에는 운문사의 규모를 알려줄 만한 기록이 전한다. 정종 1년에 발송된 「운문산선원雲門山禪院 장생표탑공문長生標塔公文」이 그것이다. 이 공문에 의하면 운문사의 장생표가 11곳에

〈표 3〉 왕건과 연결된 승려들의 연고 사원

승려 이름	구족계를 받은 절	거주한 절	연고 사원
진경 심희	惠目山	昌源 鳳林寺	
진철 이엄	迦耶岬寺	海州 廣照寺	光山堂宇(소율희), 永同 靈覺山寺, 泰興寺(왕건), 舍那內院
대경 여엄		砥平 菩提寺	無量寺, 영각산사, 武州 昇平佛宇, 小伯山寺
낭원 개청		江陵 地藏禪院	華嚴山寺, 康州 嚴川寺, 普賢山寺
진공 충담	武州 靈神寺	原州 興法寺	
법경 현휘		忠州 淨土寺	영각산사, 聖住寺
징효 절중	白城 長谷寺	寧越 興寧寺	五冠山寺, 浮石寺, 楓岳 △潭寺, 元香寺, 무량사, 영신사(왕건), 銀江禪院
법경 경유	近度寺	長湍 五龍寺	日月寺
선각 형미	華嚴寺	康津 無爲寺	寶林寺
광자 윤다		谷城 大安寺	가야갑사, 黃州院
낭공 행적	福天寺	奉化 太子寺	海印寺, 建子庵, 實際寺, 石南山寺
동진 경보	화엄사	光陽 玉龍寺	夫仁山寺, 南福禪院
정진 긍양		鳳岩寺	南穴院, 西穴院, 康州 伯嚴寺
원종 찬유	楊州 莊義寺	驪州 高達寺	公州 三郎寺, 光州 松溪禪院, 봉림사, 廣州 天王寺
법인 탄문		普願寺	장의사, 九龍山寺, 迦耶山寺

설치되었는데, 그곳은 아니첨阿尼岾·가서현嘉西峴·무현畝峴·서북매현西北買峴(혹은 면지촌面知村)·북저족문北猪足門 등이라 하였다. 서북매현은 면지촌으로도 불렸으므로 촌명村名으로 생각되며, 이로 미루어 아니점·가서현·무현 등도 모두 촌명으로 보아야 한다. 운문사의 장생표는 적어도 11개 촌에 세워졌고 그 지역 내의 토지는 대체로 운문사와 연결되었다. 석굴사와 봉성사도 이와 비슷한 크기의 사원세력을 형성하였으므로 이 세 절을 연합한 세력은 대단하였다. 그래서 그것을 경영한 지방세력은 왕건의 호족연합책의 범위에서 제외될 수 없었다. 특히 봉성사가 밀양에 있었던 점으로 미루어 이곳은 왕건과 일찍 결합한 것으로 추측되는 김해지방의 소율희와 연결되었을 가능성도 있다.

이와 비슷한 예로 운문선원의 전신인 작갑사鵲岬寺를 들 수 있다. 왕건은 후삼국 통일을 이룩한 후 작갑사와 결연을 맺었다. 작갑사는 신라말 이래 허물어진 대작갑사大鵲岬寺·소작갑사小鵲岬寺·소보갑사所寶岬寺·천산갑사天山岬寺·가서갑사嘉西岬寺의 다섯 절의 기둥을 모아 이루어진 절로, 다섯 절의 토지 500결을 가졌다.[26] 그러므로 상기한 다섯 절은 서로 연관된 것으로 보아야 한다. 이처럼 작갑사는 다섯 절을 연결하여 이미 상당한 세력을 형성하였다.[27] 따라서 왕건이 작갑사와 결합한 것은 이와 연관된 지방세력 내지 호족세력과의 결속으로 생각된다.

당시의 사원은 장원화되어 본사와 지사支寺라는 명목으로 서로 연결되어 지방세력을 형성하였다. 왕건은 사원의 이런 성격을 이용하여 그것을

26 『삼국유사』 권4, 보양이목조에서는 왕건이 "五岬寺의 토지 500결을 이 절에 납부하였다"라고 하였다. 500결의 토지는 왕건이 鵲岬寺에 내린 것이었지만, 그것은 본래 다섯 갑사에 소속되었던 토지였다. 따라서 작갑사는 이전 다섯 절에 소속된 토지 500결을 가졌으며, 왕건이 그것을 그대로 인정해주는 과정이 토지 납부로 나타났다.

27 왕건이 작갑사에 賜額을 내려 雲門寺라 하였으므로, 운문사의 11개 長生標가 알려주는 사원세력의 규모는 왕건으로부터 사액을 받은 이후의 것으로 생각된다. 그렇지만 이것은 전대의 다섯 岬寺가 가졌던 경제력과 관계된다.

연합하는 데 성공하였다. 즉 한 사원을 주지하는 승려와 결합하면 그 사원과 연결된 모든 사원과 결합할 수 있었다. 왕건과 연결된 승려들의 연고 사원을 제시하면 〈표 3〉과 같다.

우선 승려들 각자가 비교적 많은 연고 사원을 가졌다. 그러나 〈표 3〉만으로는 승려와 그 연고 사원이 얼마나 밀접하였는지를 알 수 없다. 개중에는 밀접하지 않은 연고 사원도 있었다. 그렇다 하더라도 승려와 연고 사원이 전혀 관계없다고는 생각되지 않는다.

연고 사원과 왕건의 관계가 관심을 끌지만 구체적으로 명시되지 않았기 때문에 밝히기가 어렵다. 경보는 고려 통일 직전까지 견훤과 연결되었기 때문에 그의 연고 사원은 왕건과 일찍 연결되었다고는 생각되지 않는다. 그러므로 일단 이 글의 논지를 이끌어가는 과정에서는 제외한다. 또 긍양·개청·윤다도 왕건과 연결되는 시기가 늦거나 확실하지 않아서 그들과 연고된 사원이 모두 왕건과 연결되었다고 생각하기 어려우므로, 이러한 사원 역시 대상에서 제외한다. 그 밖에 〈표 3〉에 나와 있는 승려들의 연고 사원도 사실 너무 많기 때문에 하나하나를 철저하게 검토할 수는 없다. 그래서 여기서는 왕건과 연고 사원과의 대체적인 관계만을 알아보도록 한다.

심희는 창원昌源 봉림사鳳林寺 외에 특별히 연고 사원을 갖지 않았다. 봉림사는 심희가 주지한 사원인 점으로 미루어, 아마 왕건은 그와 연결됨으로써 이 절과 인연이 닿았을 것이다. 뿐만 아니라 봉림사는 왕건의 해상세력권 내에 있었다.

이엄과 연고된 절은 가야갑사迦耶岬寺·광산당우光山堂宇·영동永同 영각산사靈覺山寺·태흥사泰興寺·사나내원舍那內院·광조사廣照寺이다. 광산에 있는 절은 이엄이 소율희의 권유로 12년간 머무른 곳이기 때문에[28] 왕건과

28 미상, 「해주광조사 진철대사보월승공탑비」(앞의 책, p. 127)에 "金海府知軍府事 蘇公律熙 選

도 연관된 사원이다. 또한 왕건은 태흥사에서 이엄과 인연을 맺었으므로[29] 태흥사 역시 왕건과 특별히 연결되었을 것이다. 사나내원과 광조사도 모두 그가 왕건의 도움으로 거주한 절이다. 그러나 가야갑사와 영각산사는 특별히 왕건과 연결되었다는 직접적인 자료를 찾을 수 없다. 다만 가야갑사와 연결된 승려는 이엄 외에도 진공眞空 △운運 · 윤다允多[30] · 탄문[31]이 있는데, 특히 탄문은 가야갑사에서 입적하였다. 또 영각산사는 이엄 외에 여엄麗嚴[32] 및 현휘玄暉[33]와도 연결되었다. 이처럼 가야갑사와 영각산사에는 왕건과 연결된 승려가 세 사람 내지 네 사람이나 연고되어 있었고 두 절이 각각 위치하였던 해미海美와 영동은 이미 왕건의 세력권 내에 들어 있었으므로, 왕건은 비교적 쉽게 이 절들과 결연되었을 것이다. 즉 이엄과 연고된 사원은 모두 왕건과 연결된 셈이다.

여엄과 연고된 절은 보리사菩提寺 · 무량사無量寺 · 영각산사 · 무주 승평불우昇平佛宇 · 소백산사小伯山寺이다. 이 중에서 영각산사는 바로 앞에서 이미 논한 것처럼 왕건과 연결되었고 보리사는 여엄이 주지한 사원이므로 왕건과 연결되었을 것이다. 이처럼 왕건과 여엄의 결합은 왕건과 여엄의 주지 사원인 보리사의 연결로 이어진다. 무주의 승평도 왕건의 해상세력권에 들어 있었으므로, 그곳의 불우가 구체적으로 어떤 절인지는 알 수 없으나 왕건과 연결될 가능성을 충분히 가졌다. 그 밖에 소백산사와 무량사

勝光山 仍修堂宇 傾誠願海 …… 於是乎在十二季" 이라 하였다.

29 미상, 위의 비(위의 책, p. 127)에 "上重光大業 仰止高山 所以脩葺泰興 請停慈盖" 라고 하였다.

30 孫紹, 「谷城大安寺 廣慈大師塔」(『조선금석총람』 권상, p. 180)에 "吾△△△△ 於迦耶岬△ △△具後但緊心" 이라 하였다.

31 김정언, 「海美普願寺 法印國師寶乘塔碑」(『조선금석총람』 권상, p. 231)에 "奉遷神座于迦耶山" 이라 하였다.

32 최언위, 「지평보리사 대경대사현기탑비」(앞의 책, p. 131)에 "南行 至於靈覺山中 虔謁深光和尙" 이라 하였다.

33 최언위, 「忠州淨土寺 法鏡大師慈燈塔碑」(『조선금석총람』 권상, p. 152)에 "遂離塵 尋山陟嶺東去 獲投靈覺山寺 謁深光大師" 라고 하였다.

는 여엄 외에 각각 진공 △운[34] 및 절중折中[35]과 연고된 절이다. 단정하기는 어렵지만 왕건과 연결된 승려가 두 사람 이상 연고된 절은 왕건의 세력권 내에 들었을 가능성이 훨씬 커진다. 이렇게 되면 여엄의 연고 사원도 일단 왕건과 연결된 것으로 생각된다.

충담의 연고 사원은 무주의 영신사靈神寺와 원주原州의 흥법사興法寺이다. 홍법사는 충담이 주지한 사찰로 왕건의 세력권 내에 있었고 영신사는 왕건이 절중과 인연을 맺었던 절이므로,[36] 두 절 모두 왕건과도 연결되었을 것이다. 따라서 충담의 연고 사원도 모두 왕건과 연결되었다.

현휘의 연고 사원인 정토사淨土寺·영각산사·성주사聖住寺 역시 모두 왕건과 연결되었을 것이다. 영각산사는 이미 살핀 것처럼 왕건과 연결되었고 충주의 정토사나 보령保寧의 성주사도 그 위치로 보아 왕건의 세력판도 내에 있었다.

절중의 연고사원은 장곡사長谷寺·오관산사五冠山寺·부석사浮石寺·풍악楓岳 △담사潭寺·원향사元香寺·무량사·영신사·은강선원銀江禪院·홍령사興寧寺이다. 이 중 오관산사·부석사[37]·풍악 △담사·영월 홍령사는 그 위치로 보아 왕건의 세력권 내에 있었던 절이고, 무량사·영신사는 앞에서 살펴본 것처럼 왕건과 연결되어 있었다. 그러므로 절중과 연고된 9개의 사원 중 적어도 6개가 왕건과 연관된 셈이다.

경유는 근도사近度寺·오룡사五龍寺·일월사日月寺와 연고되었다. 그중 장단長湍의 오룡사는 왕건과 연관되었을 것이다. 장단은 왕건의 세력권 내

34 최언위, 「豊基毗庵 眞空大師普法塔碑」(『조선금석총람』 권상, p. 137)에 "重葺小伯山寺 遙請居之"라고 하였다.

35 최언위, 「寧越興寧寺 澄曉大師寶印塔碑」(『조선금석총람』 권상, p. 160)에 "大師永福國家 兼爲北堂 特寄無量·靈神二寺 請以住之"라고 하였다.

36 최언위, 위의 비(위의 책, p. 160).

37 浮石寺는 901년(孝恭王 5) 이후 弓裔의 세력권 내에 있었다. 이때 궁예는 부석사에 巡幸하여 신라 왕의 초상화를 칼로 쳤다고 한다.

에 들어 있었을 뿐만 아니라 오룡사는 경유가 주지한 사찰이기 때문이다.

형미와 연고된 절은 화엄사華嚴寺·무위사無爲寺·보림사寶林寺이다. 이 중 화엄사 외의 보림사와 무위사는 나주를 중심으로 한 왕건의 해상세력권에 포함되었던 절이므로 왕건과 연결된 것으로 생각된다.

행적의 연고 사원은 복천사福天寺·태자사太子寺·해인사海印寺·건자암建子菴·실제사實際寺·석남산사石南山寺이다. 이 중 복천사·건자암·석남산사[38]는 왕건과 연결되었는지 여부를 확실하게 알 수 없다. 태자사가 있던 봉화奉化는 왕건의 세력권 내에 속하였고 해인사 역시 왕건과 연결되어 그곳의 종장宗匠인 희랑조사希朗祖師는 그의 복전福田이 되었다.[39] 실제사는 왕건이 행적과 인연을 맺었던 절이므로 왕건과도 연관되었을 것이다.[40] 따라서 태자사·해인사·실제사는 왕건과 연결되었다.

찬유의 연고 사원은 장의사莊義寺·고달사高達寺·삼랑사三郞寺·송계선원松溪禪院·봉림사·천왕사天王寺이다. 이 중 삼랑사만이 왕건과 연결되었는지를 확실하게 말할 수 없을 뿐 양주楊州의 장의사·여주驪州의 고달사·광주廣州의 천왕사는 이미 왕건의 세력권 내에 있었던 절이다. 봉림사나 광주의 송계선원 역시 왕건의 해상세력권 내에 있었던 절로 생각된다. 즉 찬유와 연고된 사원은 대체로 왕건과 연관되었다.

탄문은 보원사普願寺·장의사·구룡산사九龍山寺·가야산사迦耶山寺와 연고되었다. 해미의 보원사나 가야산사 및 양주의 장의사는 왕건의 세력권 내에 들었던 절이다. 그러므로 구룡산사 역시 고려 왕실과 연관되었던 절로 생각된다. 더구나 탄문은 구룡산사에서 혜종으로부터 화엄경華嚴經

38 만약 石南山寺가 雉岳山의 石南寺와 같은 절이라면 왕건과 연결되었다고 생각할 수 있지만, 봉화에 있는 太子寺의 전신인 석남산사일 가능성도 있다. 궁예는 치악산의 석남사에서 東征하여 강릉에 이르렀다. 즉 석남사는 처음 궁예의 세력권 내에 있었던 절이다.

39 赫連挺, 「大華嚴首座圓通兩重大師 均如傳」, 立義定宗分者.

40 최인곤, 「봉화태자사 낭공대사백월서운탑비」(앞의 책, p. 184)에 "依前命南山實際寺 安之 此寺則先是聖上 以黃閣潛龍 禪扃附鳳 尋付△師 永爲禪宇"라고 하였다.

과 법의法衣를 받았다.[41] 즉 탄문의 연고 사원은 모두 왕건과 연결되었던 것으로 생각할 수 있다.

정리하면 고려통일 이전에 왕건과 연결된 승려 15명 중 개청 · 윤다 · 경보 · 긍양을 제외한 11명의 연고 사원은 모두 43개에 달하는데, 그중 33개의 사원이 왕건의 세력권 내에 있었다. 나머지 10개 사원도 왕건과 인연을 맺지 않았다고 확실하게 주장할 수는 없다. 그러므로 왕건과 결연한 승려들의 연고 사원은 대체로 왕건과 연관되었다고 볼 수 있다.

또한 11명의 승려 중 심희 · 이엄 · 여엄 · 충담 · 현휘 · 탄문의 연고 사원이 모두 왕건과 연결되었고, 그 외 절중 · 경유 · 형미 · 행적 · 찬유의 연고 사원도 거의 대부분 왕건과 연관되었다. 다만 이처럼 많은 절들이 본래부터 왕건과 연결되었다고 생각하는 것은 아무래도 무리이다. 오히려 왕건은 승려들과의 결합을 통하여 그들과 연고된 많은 사원을 자신의 호족연합세력권 속에 포용하였다.

고려통일 이후에도 왕건은 계속해서 호족연합책의 일환으로 승려와의 결합을 의도하였지만, 여기에 덧붙여 민심 수습 및 교화적인 면을 염두에 두었다. 명주溟州에서 오랫동안 독립 세력을 구축하고 있던 왕순식이 항부해오는 과정에서 이를 이해할 수 있다. 왕순식의 내조來朝에 대해서는 다음과 같이 기록되었다.

> 王順式은 溟州 사람으로 本州의 장군이었다. 오랫동안 (고려에) 항복해오지 않아 태조가 이를 근심거리로 여기자, 侍郞인 權說이 "아버지는 아들을 가르치고 형은 아우를 훈계함이 천리입니다. 순식의 아버지 許越이 지금 중이 되어 內院에 있으니 마땅히 보내어 타이르게 하십시오"라고 진언하였다. 태조가 이를

41 김정언, 「해미보원사 법인국사보승탑비」(앞의 책, p. 226)에 "惠宗嗣位 寫花嚴經三本 裁竟卽於天成殿 像設法筵 請大師講覽 …… 送納於九龍山寺 別贈法衣 贄之"라고 하였다.

좇아 행하니 순식이 드디어 장자 守元을 보내어 귀속해왔다. 이에 王氏 성과 田宅을 내렸다(『고려사』 권92, 열전 제5 왕순식전).

순식의 아버지 허월許越은 고려의 내원內院에 속한 승려였다. 내원이 구체적으로 어느 절을 가리키는지는 확실하지 않지만, 왕실 가까이에 있던 절로 생각된다. 당시에는 불교를 통제할 목적으로 왕실에서 제석원帝釋院을 세웠는데, 내·외의 둘이 있었다. 아마 내제석원이 내원으로 불리지 않았을까 추측된다.

허월은 승려의 몸으로 아들 순식의 항부를 위해 파견되었는데, 이것은 내원에 속해 있던 승려의 임무를 짐작하는 데 도움을 준다. 내원에 속한 승려들은 대개 허월이 행한 것과 비슷한 임무를 부여받았을 것이다. 내원은 왕건이 불교 정책을 수행해가는 데 중요한 역할을 담당하였다. 왕건이 순식에게 항부할 것을 타이르기 위해 허월을 파견한 것은 표면적으로는 순식의 내속來屬을 보다 쉽게 하려는 의도에서였다. 그러나 이때의 왕건은 이미 후삼국을 통일할 수 있는 능력을 가졌기 때문에 순식의 귀부는 시간상의 문제였다. 즉 순식의 항부가 꼭 허월의 파견으로만 가능하였던 것은 아니었다. 그러므로 허월의 파견은 단순히 순식의 항복을 받는 것 외의 또 다른 목적인 명주지방이 내속된 후 그곳의 교화 내지 인심의 안정을 바랐기 때문에 취해졌다. 내원에 속하였던 승려들의 임무도 대체로 이런 것이 아니었을까 추측된다.

순식의 항부 후 명주지방의 민심 수습과 안정에 대한 왕건의 노력은 낭원대사비朗圓大師碑에도 나타나 있다. 930년 개청이 죽자, 왕건이 그에게 낭원朗圓이라는 시호와 오진悟眞이라는 탑의 이름을 내린 것에 대해 다음과 같이 기술되어 있다.

> 今上(왕건)의 성스러운 文識은 세상에 뛰어났고 신령스러운 무술은 천부의 자질이었다. 이에 세 번을 달려 삼한을 평정하고 하나로 더불어 통일을 이룩하였다. 그런즉 이제는 높이 매단 金鏡으로 靑丘를 밝게 비추었다. 그러므로 백성을 賑恤하여 이미 중흥에 이르게 하고 불교에 연이어 귀의하여 모두 外護의 은혜를 입게 하였다. 이로써 시호를 내려 朗圓대사라 부르고 탑의 이름을 悟眞이라 하였다.[42]

개청은 왕순식과 연결된 자로, 순식이 왕건에게 귀속된 후 다시 왕건과 인연을 맺었다. 그래서 왕건은 명주지방의 민심 수합을 위해 개청을 내세웠다. 위의 비문에서 왕건이 불법을 통하여 외호外護의 은혜를 입게 한다고 한 것은 단순히 형식적이고 의례적인 비문 구절로만 해석할 수는 없다. 왕건은 개청을 통한 이 지방의 교화에 관심을 가졌고 그래서 삼한을 통일하여 백성을 진휼賑恤한 사실을 특별히 강조하였다.

개청과 비슷한 경우로 경보를 생각할 수 있다. 경보는 후백제의 견훤과 결합되었으나 936년 후삼국의 통일과 함께 왕건과 연결되었다. 이때 왕건은 도선道詵의 풍수지리사상을 전해 받은 경보를 통해 후백제 지역의 백성들을 위무하였다. 후삼국시대 혼란기에는 풍수지리사상이 민심에 상당한 영향력을 갖고 있었으므로, 풍수지리사상에 정통한 경보가 왕건의 관심에서 벗어날 수는 없었다. 또한 견훤과 연결된 그의 경력 역시 후백제 지역의 민심 수습에 유리하게 작용하였다.

왕건은 후백제를 통합한 후에 충남 연산連山에 개태사開泰寺를 세웠다. 경보와의 결연이나 개태사의 창건은 모두 후백제의 옛 백성에 대한 교화와 민심 수습 차원에서 이루어졌다. 특히 개태사를 창건한 왕건은 친히 그

42 최언위, 「강릉지장선원 낭원대사오진탑비」(앞의 책, pp. 143~144)에 "今上聖文世出 神武天資 三駈而克定三韓 一擧而齊 成一統 今則高懸金鏡 普照靑丘 所以振恤 黎民已致中興 運歸之依釋氏 皆披外護之恩 以此錫諡曰 朗圓大師 塔名悟眞之塔"이라고 하였다.

원문願文을 지었다. 그것의 내용은 전부 알 수 없으나 일부가 전하는데, 다음과 같다.

百羅의 시기에 태어나 많은 간난을 감당하지 못하였습니다. 마을과 군현은 병란으로 얽히어 辰韓이 災火로 소요하게 되니, 사람들은 살기 어려워졌고 집안 내에서도 완전히 안도하지 못하였습니다. 云云.

하늘에 맹세하기를 반드시 요물을 제거함으로써 도탄에 빠진 백성을 구원하여 마을에서 농상을 마음대로 행할 수 있게 하겠습니다. 위로는 부처의 힘에 아래로는 玄威에 의지해서, 2년 동안 물로써 치고 불로써 공격하여 몸에 화살과 돌을 맞기도 하였습니다. 남쪽으로 정벌하고 동쪽으로 토벌하여 천리에 이르렀고, 친히 방패와 칼을 잡고 잠들기도 하였습니다. 丙申년 가을 9월에 崇善城가에서 百濟兵과 교전하였는데, 한 번 고함을 지르면 그 흉악함과 광폭함이 와해되었고 다시 북을 울리면 逆黨이 얼음 녹듯 없어져 개가의 소리를 하늘 높이 드날리었고 환성은 땅을 울리었습니다. 운운.

萑蒲의 寇竊과 溪洞의 微兇들이 죄과를 뉘우쳐 스스로 새사람이 되겠다고 품속을 찾아 귀순해왔습니다. 某의 뜻은 간악한 자를 제거하며 약한 자를 구하고 기울어진 자를 받치는 데 있었고, 추호라도 범한 바가 없으며 한 치의 풀이라도 상하게 한 바가 없습니다. 운운.

佛聖이 계속 도와준 것에 보답하고 山靈이 찬조해준 것을 갚고자 하여, 특히 관아에 명하여 절을 창건하고 이에 天護로서 산의 이름을 삼고 開泰로서 절의 이름으로 삼고자 합니다. 운운.

佛戒로 비호하고 天力으로 扶持해주기를 소원합니다. 운운.[43]

---

43 『新增東國與地勝覽』 권18, 連山縣 佛宇조에 "生遇百羅 未堪多艱 兵纏土郡 災擾辰韓 人莫聊生 室無安堵 云云 證天有誓 剗平巨孽 極塗炭之生民 恣農桑於鄕里 上憑佛力 次仗玄威 二紀之水擊火攻 身蒙矢石 千里之南征東討 親枕干戈 丙申秋九月 於崇善城邊 與百濟兵交陣 一呼而兇狂瓦解 再鼓而逆黨冰消 凱昌浮天 歡聲動地 云云 萑蒲寇竊 溪洞微兇 改悔自新 尋懷歸順 某也 志在於搦奸除惡 濟弱扶傾 不犯秋毫 不傷寸草 云云 答佛聖之維持 酬山靈之贊助 特命司局 刱造蓮宮 乃以天護爲山號 以開泰爲寺名 云云 所願佛戒庇護 天力扶持 云云"이라고 하였다.

개태사가 세워지는 동기는 하남河南의 30여 군과 발해국 사람이 귀순해 왔기 때문에[44] 그들을 위무하려는 데에서 찾아진다. 그러므로 개태사를 세운 목적은 이들 귀순자의 연고지에 사는 백성들의 교화 내지 민심 수합에 있었다.

이처럼 호족연합책에 의해 항부해온 지방세력을 보다 안전하게 확보함으로써 왕건은 창업의 기반을 다지는 기틀로 삼았다.

왕건은 후삼국시대에 각기 독자 기반을 구축하였던 이질적인 지방세력을 보다 긴밀한 통일 고려국가의 체제 내로 묶기 위해, 불교의 힘을 빌렸다. 앞의 기록을 살펴보면 왕건이 어려운 시기에 천명을 받아 삼한을 통일함으로써 백성들을 도탄에서 구한 것을 강조하였음을 알 수 있다. 특히 귀순자의 포용과 아울러 이들을 조금이라도 범하고 상하게 한 바가 없음을 강조하였다. 이것은 왕건이 민심 수합에 얼마나 관심을 가졌는가를 짐작할 수 있게 한다.

한편 개태사의 창건은 후백제 사람들을 위유慰喩하기 위한 중요한 정치적 의미를 지니기도 하지만, 유독 그것이 화엄도량으로 나타나는 데에는 중요한 의미가 있다. 화엄교학은 융회적 성격을 지녀서 이질 집단의 통합사상으로 나타났다.[45] 그래서 신라 이래 전통적으로 중앙왕실에 의해 수용되었고, 지방세력을 포함한 모든 사회 체제를 중앙왕실 속에 통합시키는 데 유리한 사상 체계로 작용하였다. 이처럼 왕건과 승려의 결합은 고려통일을 이룬 호족연합책의 일환이었으나, 통일이 가까워지면서 호족연합뿐만 아니라 항복한 지방의 백성들을 교화하거나 민심을 수합하는 면까지 곁들였다.

---

44 『신증동국여지승람』 권18, 연산현 불우조에 "開泰寺 在天護山 有高麗太祖眞影 高麗太祖十九年 征百濟大克 獲河南三十餘郡及渤海人 皆歸順 乃命有司創開泰寺 親製願文"이라 하였다.

45 김두진, 「균여의 성상융회 사상」, 앞의 책, p. 7.

2. 현휘와 탄문의 불교사상
—고려초의 교선융합사상과 관련하여

(1) 고려 통일기 교선융합사상

1) 현휘의 불교사상

왕건이 후삼국을 통일하기 위해 취한 정책은 호족연합책이다. 그가 승려와 결합한 것도 이러한 정책상의 의도에서 행해졌으며[46] 불교의 종파를 초월하여 교·선의 어느 승려와도 연결을 가졌다. 불교 승려에 대한 왕건의 이러한 태도는 고려 통일기의 불교사상이 그 내에 다른 종파의 사상을 융합하는 데 도움을 주었다. 말하자면 고려 통일기 불교사상은 교·선이 융합하는 경향을 띠었고, 그것은 호족연합책과 연관된 시대적 소산이었다.

당시의 교선융합 사상경향에는 대체로 두 가지 입장이 있었다. 하나는 선종 승려가 교종사상을 융합하려는 입장이고, 또 다른 하나는 교종 승려가 선종사상을 융합하려는 입장이다. 먼저 선사들이 교종사상을 융합하는 면부터 살펴보자. 신라말 이래 선사라 하더라도 대개 화엄사상을 익혀 알고 있었다. 이런 경향은 왕건과 결합된 선사들에서도 나타났다.

왕건과 연결된 선사 가운데 화엄사상을 익혔던 자는 △운運·경보慶甫·개청開淸·이엄利嚴·여엄麗嚴·행적行寂·절중折中·형미逈微·긍양兢讓 등이다. 화엄사상을 배웠다는 기록이 보이지 않는 자는 현휘玄暉·윤다允多·심희審希·경유慶猷·충담忠湛 등이다. 이들 중에서 율종律宗을 배웠던 자는 충담[47]·경유[48]·이엄[49] 등이다. 현휘는 교선융합 사상경향을 가

---

46 김두진, 「균여의 성상융회 사상」, 앞의 책, pp. 141～152.

47 김두진, 「고려초의 法相宗과 그 사상」, 『韓沽劤停年紀念 史學論叢』, 지식산업사, 1981 ; 『均如華嚴思想硏究』, 일조각, 1981, pp. 120～121.

48 미상, 「長湍五龍寺 法鏡大師普照慧光塔碑」(『조선금석총람』 권상, p. 64)에 경유는 888년

졌으므로 화엄을 접하였을 것이고, 찬유는 천태종을 접하였다.[50] 심희와 윤다만이 다른 종파와의 접촉 여부를 알 수 없다. 이것은 왕건과 연결된 선사들이 대부분 교종, 특히 화엄종과 접촉하였음을 보여준다.

현휘가 교선융합 사상경향을 가졌음은 이러한 불교계 분위기 속에서 이해되어야 한다. 현휘의 사상적 특성에 대해서는 다음 기록을 통해 알아보도록 하자.

> 오직 禪德을 尊崇하지만 佛戎(戒)를 늘 행하여, 대사의 말은 어긋남이 없고 마음으로 靈器를 전한다.[51]

선덕禪德을 숭상하여 마음으로 영기靈器를 전하는 선사이지만 현휘는 항상 계율을 지녔다. 그리하여 언행을 일치시키는 일을 게을리 하지 않았다. 이러한 행적은 그가 교선융합 사상경향을 갖는 데 일익을 담당하였다. 교·선을 융합하였지만 현휘는 선사, 즉 선종의 입장에서 교종사상을 융합하려는 태도를 분명히 하였다. 다음 기록에서 이를 유추할 수 있다.

> 觀法은 본이 없고 觀心은 나지 않으므로 오직 最上乘이 中道에 머무른다. 凉風이 이미 이르니 百實이 모두 이루어진다. 네가 능히 摠持한즉 나 역시 따를 것이다. 이로써 無上의 覺路를 나누어 此宗으로 삼는다.[52]

(眞聖王 2) 近(通)度寺에서 靈宗율사에게 구족계를 받았다. 이때 그는 律學을 닦았을 것이다.

49 미상, 「해주광조사 진철대사보월승공탑비」(앞의 책, p. 126)에 이엄은 886년(定康王 1)에 道堅율사에게 구족계를 받았다. 이엄 역시 율학을 닦았을 것으로 추측된다.

50 김정언, 「여주고달사 원종대사혜진탑비」(앞의 책, p. 209)에 "和尙曰 旣驗心傳 何須目語 尒後旁求勝友 歷謁高師 或索隱於天台 或探玄於江左"라고 하였다.

51 최언위, 「충주정토사 법경대사자등탑비」(앞의 책, p. 156)에 "誰尊禪德 佛戎恒行 師言不忒 心傳靈器"라고 하였다.

52 최언위, 위의 비(위의 책, p. 154)에 "觀法無本 觀心不生 惟最上乘 止於中道 凉風旣至 百實皆成 汝能摠持 吾亦隨喜 由是無上覺路 分爲此宗"이라 하였다.

관법觀法과 관심觀心은 근본이 없고 태어나는 것도 아니기 때문에 역시 공관空觀에 기초한 중도中道에 이르는데, 이것이 최상승最上乘이다. 관심을 공관이나 중도와 연결한 것은 넓게 보아 교선융합사상이라 할 수 있다. 그러나 그것이 무상無上의 깨달음으로써 근본을 삼는다고 하여 선종의 입장에서 교종사상을 융합함을 분명히 하였다.

현휘의 교선융합사상에 대해서는 다음 기록을 통해 좀더 구체적으로 이해할 수 있다.

> 생각컨대 世間·出世間은 모두 불성으로 돌아가고, 體에는 분별이 없으므로 함께 일승으로 만나게 된다. 그러므로 一託의 松門이 十經의 槐律로 된다.[53]

일탁一託의 송문松門은 하나의 선문禪門을 뜻하고 십경十經의 괴율槐律은 모든 교종을 포함해서 말한 것으로 생각된다. 이것 역시 선종이 중심이 되어 교종사상을 융합함을 알려주는데, 특히 선종 내에 화엄종사상을 융합하려 했다. 일탁의 송문이 십경의 괴율로 되는 것은 바꿔 말해, 일탁의 송문 내에 십경의 괴율이 포함될 수 있게 된다.

또 세간世間·출세간出世間의 모든 현상도 불성으로 돌아가 일승으로 만난다고 하였다. 이것은 "하나 중에 일체一切가 포함되므로 다多는 하나 속에 포함된다. 그러므로 하나는 즉 일체이며 다는 즉 하나이다"[54]라는 화엄사상과 다를 바 없다. 화엄사상은 하나의 작은 티끌 속에 시방의 세계를 포함시킨다고 하였는데,[55] 하나 속에는 시방의 세계는 물론 세간·출세간의 모든 현상도 포함시킬 수 있다. 현휘는 이처럼 선종사상 내에 화엄사상

53 최언위, 「충주정토사 법경대사자등탑비」(앞의 책, p. 153)에 "恭惟世間出世間 皆歸佛性 體無分別 俱會一乘 所以一託松門 十經槐律"이라 하였다.

54 의상, 「華嚴一乘法界圖記」, 『大正大藏經』 권45.

55 의상, 위의 글, 위의 책.

을 융합시켜 결국 하나로 돌아감을 강조하였다. 이것은 연립적聯立的인 통일사상으로 왕건의 호족연합책을 사상 면에서 뒷받침하였다. 이처럼 당시 왕건과 연결된 선사들은 교종사상을 융합하면서 연립적인 통일사상을 펴고 있었다.[56]

교선융합의 사상경향이 연립적인 통일사상으로 추구된 데 대해 좀더 생각해보도록 하자. 우선 현휘가 왕건에게 다음과 같이 말한 데서 이를 추측할 수 있다.

> 群緣은 그 體가 없는 것이고 衆法은 하나로 돌아갑니다. 靈藥과 毒草가 함께 숲 속에 있는 것처럼 맑은 샘과 흙탕물도 같이 샘물 아래에 있으므로, 능히 분별하여 미혹되지 마십시오.[57]

모든 인연이나 법이 하나로 돌아가야 함은 앞에서 말한 선종사상과 화엄사상의 융합으로 인한 연립적인 통일사상의 표현이다. 그러나 하나로 돌아가야 할 모든 인연이나 법 속에는 신령스러운 약으로 비유되는 것이 있는가 하면 독초로 생각되는 것도 함께 섞여 있고, 맑은 샘으로 여겨지는 것이 있는가 하면 흙탕물로 보이는 것도 같이 모여 있다. 이러한 영약이나 독초 또는 맑은 샘이나 흙탕물은 여러 가지 상징적인 의미가 포함되어 나타나지만, 현실적으로는 왕건의 호족연합적인 통일정책과 연관하여 이해된다. 왜냐하면 현휘는 섞여 있는 그러한 것을 능히 분별하여 현혹되지 말라고 왕건에게 부탁하였기 때문이다.

왕건이 능히 분별해야 할 영약과 독초 또는 맑은 샘과 흙탕물은 고려 통

---

56 예를 들어 경유의 사상도 聯立的인 통일사상 경향을 띠었다. 즉 그는 "一心重法 千載同符"〔미상, 「장단오룡사 법경대사보조혜광탑비」(앞의 책, p. 165)〕라고 하였다.

57 최언위, 「충주정토사 법경대사자등탑비」(앞의 책, pp. 153~154)에 "群緣體無 衆法歸一 若靈藥毒草 同在林中 甘泉淤泥 共生泉下 能令分別 不有迷之"라고 하였다.

일 과정에서의 여러 사회세력 내지는 지방호족을 가리킨다고 보아도 크게 무리는 아니다. 즉 영약이나 맑은 샘은 현휘나 왕건에게 친밀한 지방세력이나 현휘와 비슷한 불교사상 경향을 가리키고, 독초나 흙탕물은 그 반대를 비유한 것으로 생각할 수 있다. 이것은 무언가 융화되지 못한 이질적인 집단이 함께 모여 있는 분위기를 짐작하게 한다.

현휘가 이를 왕건에게 고한 해는 924년(태조 7)이다. 이때 그는 중국 유학에서 갓 돌아와 아직 국내 실정에 어두웠고, 왕건도 궁예를 축출하고 난 후 세력 기반을 굳히면서 일면으로 후삼국의 통일사업을 진척시켜가고 있었다. 자연 현휘는 교선융합 경향의 연립적인 통일사상을 내세웠지만, 당시 불교사상 내에 이질적인 주장이 존재함을 인정하였다. 그렇지만 그는 근본을 갖지 않고 본성을 고집하지도 않음으로써 서로 유사해져서 언젠가는 동질성을 갖추고 혼연된 하나를 이룬다고 생각하였다.[58]

선사들은 고려 통일기에 왕건에게 연결되었기 때문에 화엄사상을 융합하면서 연립적인 통일사상을 주장하였다. 그러나 아무리 시대와 사회가 그러한 통일사상을 요구해도 사상 자체가 융섭적인 성격을 갖지 않았다면 나타날 수 없다. 융섭적인 사상으로 변개되는 요인을 당시의 선종사상 속

58 이미 고려 통일기의 사상은 유사한 성격을 가져 서로 융합될 수 있었다. 麗嚴의 비문에는 "한 사람이 있어 대사에게 '酌盡한 清流 시절에는 어떻겠느냐' 라고 물었다. 대사가 '酌盡한 후에 일이 어떻게 생겨나겠는가' 라고 답하였다. 이에 대하여 '대개 같은 清流者가 된다' 라고 말하였다. 대사가 이에 문하에 들 것을 허락하였다"〔최언위, 「지평보리사 대경대사현기탑비」(앞의 책, p. 133)〕라고 하였다. 대개 話頭는 워낙 간단한 문구로서 많은 사실을 비유하기 때문에, 위에 기록한 내용의 정확한 뜻을 추구하기란 여간 어렵지 않다. 아마도 '酌盡' 은 혼란된 사고가 끝났음을 의미하는데, 그것을 좀더 확대하여 해석한다면 사고나 연상을 행하는 교종 논리의 종식 또는 사회적으로 혼란한 후삼국시대의 종말을 의미한다고 보아도 좋을 듯하다. 그렇다면 자연 '清流' 는 사고를 넘어선 선종 또는 사회적으로 후삼국의 혼란을 수습한 고려국가의 등장과 연관시켜 생각할 수 있다. 그런데 문제는 '작진' 한 후면 모두 같은 '청류' 한 자가 되는 데 있다. 이것은 고려 통일기의 시대사조를 말해준다. 즉 고려초가 되면 여러 사회세력도 同類者가 되어 연합할 수 있었을 뿐만 아니라 불교사상도 유사한 형태로 접근한 것으로 생각된다.

에서 찾을 수 있는데, 일심一心사상이 바로 그것이다.

일심사상은 화엄의 유심唯心연기사상에서 중요시되었고 그리하여 나〔我〕는 온 세계를 반영하는 것이 되었다.[59] 선종에서도 일찍부터 일심사상이 나타났는데, 특히 도신道信의 '수일불이守一不移' 사상이 홍인弘忍의 '수본정심守本淨心' 사상으로 바뀌는 데 중요한 역할을 담당하였다.[60] 그 후 일심은 불성과 같은 의미를 지녀, 삼세의 여러 부처와 십이부十二部의 경전이 모두 사람의 본성에 갖추어졌다고[61] 생각하였다.

신라중대에는 원효元曉가 일심을 중시하였다.[62] 선사들이 일심을 근본으로 삼는 경우는 일찍이 진감眞鑑 혜소慧昭의 사상에 나타났지만,[63] 이후 신라하대의 초기 선사들에서는 잘 나타나지 않았다.[64] 그러다가 고려초기에 활동한 선사들이 일심사상을 말하였다. 비문에 일심사상이 나타나 있는 행적[65]·경유[66]·찬유[67] 등은 모두 왕건과 연결되었다. 현휘의 사상에서

---

59 末綱恕一, 『華嚴經の世界』, 春秋社, 1957, p. 114.

60 關口眞大, 『禪宗思想史』, 山喜房佛書林, 1966, p. 79.

61 金東華, 『禪宗思想史』, 太極出版社, 1975, p. 201.

62 원효는 의상과 함께 중국으로 유학을 가던 중에 비바람을 만나 무덤 속에서 하룻밤을 머물렀는데, 그 다음날도 비가 그치지 않아 하루를 더 머물게 되었다. 그런데 그날 밤에는 귀신이 보이고, 어제 먹었던 물이 해골바가지에 담겼던 것을 알고는 구토를 일으켰다. 여기서 원효는 萬相이 마음의 작용임을 깨닫고 중국으로 가지 않고 되돌아왔다. 그리하여 그는 一心을 강조하여 그것을 眞如와 生滅門으로 나누어 논리를 전개시켰다.

63 崔致遠, 「河東雙谿寺 眞鑑禪師大空塔碑」(『조선금석총람』 권상, p. 70).

64 眞鑑 慧昭 이후 신라하대의 초기 선사로 유일하게 廉居가 "淨修一心"〔金穎, 「長興寶林寺 普照禪師彰聖塔碑」(『조선금석총람』 권상, p. 62)〕하였다는 기록이 전하나, 이 한 사례만으로 신라하대 초기 선사들의 사상적 특성을 규정할 수는 없다.

65 최인곤, 「봉화태자사 낭공대사백월서운탑비」(앞의 책, pp. 185~186)에 "共保一心 皆居上足 常勤守護"라고 하였다.

66 미상, 「장단오룡사 법경대사보조혜광탑비」(앞의 책, p. 165)에 "一心重法 千載同符"라고 하였다. 경유의 이러한 사상도 연립적인 통일사상을 형성하는 데 작용하였을 것이다.

67 김정언, 「여주고달사 원종대사혜진탑비」(앞의 책, p. 211)에 "大師潭心有月 嶽頂無雲 一心宣妙覺之風 千眼示大慈之化"라고 하였다. 이러한 璨幽의 사상은 교선융합 사상경향으로 이해될 수도 있다. 一心으로 나타낸 '妙覺의 風'은 선종사상으로, 千眼이 보여주는 '大慈의 化'는 교종사상으로 이해가 가능하다. 또 같은 책 p. 212에 "一心爲本 汝等勉施"하라는 데서도 一心을

도 역시 일심이 강조되었다. 현휘의 사상 특성을 지적한 비문의 머리 부분에서는 "정각正覺으로 도를 이루니 일심을 알아 가히 얻는다"[68]라고 하였다. 현휘의 사상이 교선융합 경향을 띠는 것과 일심의 강조는 주목할 필요가 있다.

왕건과 연결된 선사들이 주장하는 일심은 결국 교선융합 사상경향을 띠기 위함이라는 점이 매우 흥미롭다. 일심사상은 화엄과 연결될 수 있는 성격을 가졌을 뿐만 아니라 다른 사상을 융합하는 경우에도 그 중심이 되는 특징을 가졌기 때문이다. 그러나 일심사상만으로는 연립적인 통일사상이 나타나지는 않는다. 그것은 "일체의 중생이 동일한 진성眞性을 가졌다"라는 달마達磨의 사상과 접합됨으로써 연립적인 통일사상을 형성시켰다. 달마의 교설敎說은 불성이나 도를 자기 마음에서 구하려는 선종사상의 기초를 이루는 것이다. 신라하대의 선사들은 불성을 자기 마음속에서 찾아 깨쳤는데 왕건과 연결된 선사들도 이러한 사상경향을 가졌다. 다음 기록을 참고해보자.

① 兢讓 : 洞究一眞을 주장하면서 …… 十介의 禪子(본문에는 仙才로 되어 있다)가 同及第라 하였다.[69]

② 璨幽 : 흰 구름이 천리만리에 걸쳐 있으나 이는 같은 구름이고, 明月은 앞 개천이나 뒷 개천에 다 비치지만 이것도 다른 달이 아니다. …… 眞佛이 몸속에 있음을 인식해야 한다.[70]

강조하였다.

68 최언위, 「충주정토사 법경대사자등탑비」(앞의 책, p. 150)에 "若正覺道成 知一心之可得"이라 하였다.

69 이몽유, 「聞慶鳳巖寺 靜眞大師圓悟塔碑」(『조선금석총람』 권상, pp. 198~199)에 "洞究一眞 增修三昧 …… 大師又製偈子呈和尙日 十介仙才同及第"라고 하였다.

70 김정언, 「여주고달사 원종대사혜진탑비」(앞의 책, p. 209)에 "師謂日 白雲千里萬里 猶是同雲 明月前谿後溪 嘗無異月 …… 大師於是 悟微言於舌底 認眞佛於身中"이라 하였다.

모든 중생이 동일한 진성眞性을 가졌기 때문에 긍양은 하나의 진리를 통찰하여 궁구하였다. 그는 선자禪子는 물론 중생을 동급으로서 같이 파악하였다. 찬유도 같은 생각을 가져, 중생에게 내재한 부처는 마치 동일한 달이 여러 개천에 비치는 것과 같다고 하였다.

동일한 진성을 가졌기 때문에 모든 중생을 같은 것으로 보려는 이러한 태도는 신라하대 선사들의 사상경향과 차이를 이룬다. 말하자면 고려 통일기의 선사들은 자기 내에 있는 불성을 깨치는 데[71] 그치지 않고, 깨친 바 불성이 같기 때문에 그것을 갖추고 있는 선자는 물론 모든 중생 또한 같다고 인식하였다. 현휘도 이 점을 다음과 같이 지적하였다.

> ① 천만 갈래로 나뉘는 一流도 바삐 흐르다보면 門鄉을 지나지 않아 큰 차이를 나타낸다. 만약 禪關에 경건히 參謁하여 우러러 돌이켜보고 매번 들어 曉誨하여 수행한다면, 급기야는 鍾을 쳐 크게 울린다 하더라도 바다에 들어가 같은 맛이 된다.[72]
>
> ② 물방울이 바위에 떨어져도 곧 朝海를 안다.[73]

만상을 천만 갈래로 흐르는 개천의 물로 비유하였는데, 바다에 이르기까지는 비록 차이가 있으나 바다에 들어가면 동일해진다. 현휘 역시 자기 안에 있는 불성을 깨치는 데 그치지 않고, 중생이나 모든 법은 같은 진성을 가졌으므로 그 안에 동질성을 발견하여 융합하려 하였다. 그렇기 때문에 바위에 떨어지는 물방울이 바로 흘러갈 넓은 바다를 생각할 정도로 동질

---

71 신라하대 선사들의 사상은 대체로 개인주의적 성향을 띠었다(김두진, 「낭혜와 그의 선사상」, 앞의 책, pp. 45~46 참조). 이러한 사상경향은 고려통일기에 '內證外化'를 주장하는 선종사상과는 구별된다.

72 최언위, 「충주정토사 법경대사자등탑비」(앞의 책, p. 154)에 "幾千萬一之流 忙於王事 不踐門閫 以爲大羞 若乃虔謁禪關 仰承一眄 每聞曉誨 如洗朝飢 及其撞鍾大鳴 入海同味"라고 하였다.

73 최언위, 위의 비(위의 책, p. 155)에 "滴水下岩 卽知朝海"라고 하였다.

성을 내세워 하나로 돌아감을 강조하였다. 이러한 사상을 일심사상과 연결시키면 결국 모든 인연과 법이 일심 안에 포함된다.

현휘뿐만 아니라 왕건과 연결된 선사들의 사상은 연립적인 통일사상 경향을 띠었다. 특히 당시 왕건과 연결되어 왕정에 깊이 연관되었던 대경大鏡 여엄 · 법경法鏡 경유 · 선각先覺 형미 · 진철眞澈 이엄 등은 사무외사四無畏士로 불리는데,[74] 이들의 사상 역시 현휘와 비슷한 면을 보인다. 이들 사무외사들은 중국에 유학하여 도응道膺으로부터 법인을 받아왔다.

도응의 사상 속에는 "일체는 즉 만법萬法이요, 만법은 즉 일심一心이며, 일심은 즉 일체성一切性이다"[75]라고 하여 화엄사상과 융합한 면이 내포되어 있다. 왕건이 현휘를 국사로 경배하고 사무외사를 존숭尊崇하였던 이유가 바로 이러한 사상경향에서 찾아진다. 아울러 당시 왕건에게 연결되었던 선사들은 현휘처럼 강하게 주장하지는 않았더라도 대체로 교선융합사상에 관심을 가졌다. 그리하여 해룡왕사海龍王寺의 개산조開山祖로 여겨지는 보요普耀선사는 오월로부터 대장경을 가지고 들어왔다(『삼국유사』 권3, 탑상 제4, 전후소장사리前後所將舍利조). 선사인 보요가 대장경을 가지고 들어온 데에는 당시의 선사들이 불교 경전을 외면할 수 없는 분위기가 형성되어 있었다는 점이 작용하였다.

2) 탄문의 불교사상

신라하대에는 선종이 유행하였으므로 자연 교종은 위축될 수밖에 없었다. 지방에 독립적인 세력 기반을 형성한 호족들이 선종사상을 포용하면서 교종 불교를 외면하였기 때문이다. 이러한 불교계의 형세는 후삼국이 건립되어 서로 쟁패를 다투는 과정에서 조금씩 변화하여, 미약하나마 교

74 미상, 「장단오룡사 법경대사보조혜광탑비」(앞의 책, p. 164).

75 김동화, 『선종사상사』, 태극출판사, 1975, p. 295.

종 불교가 후삼국 지배자들의 관심을 불러일으켰다.

당시에는 교종 중 법상종이 대두하였지만 그 세력이 미약하였고,[76] 오히려 화엄종세력이 점차 커져갔다. 후삼국의 통일을 이룩한 왕건은 충남 연산에 개태사를 세우고, 그 비문을 직접 찬술하였다. 개태사는 후백제 유민들을 회유하기 위한 목적에서 창건되었지만, 화엄도량으로 나타났다는 점에서 중요한 의미를 지닌다.[77] 화엄사상은 통일신라 이래로 중앙왕실과 연결되는 성격을 지녔기 때문이다. 왕건이 직접 비문을 찬술할 정도로 중요시한 개태사는 역시 통일국가의 화엄진흥책과 연결되었다.

고려초에는 계속해서 대장경이 수입되고,[78] 이에 편승하여 화엄경이 사경寫經되었다. 혜종은 즉위하자 화엄경 3본을 사경하여 천성전天成殿에서 이를 위한 법회를 열고, 탄문을 청하여 열람하고 강의하게 하였다.[79] 이러한 화엄경 사경은 막대한 경비가 소요되기 때문에 국가적 사업으로 추진되었는데, 이것은 왕실의 화엄사상에 대한 욕구가 강렬하였음을 알려준다.[80]

왕실의 화엄경 사경은 그 뒤 정종 때에도 이루어져[81] 왕실은 화엄경을 구룡산사九龍山寺에 보내어 불법의 인연을 넓게 폈다. 탄문은 사경한 화엄경

76 김두진, 「고려초의 법상종과 그 사상」, 앞의 책, pp. 119~121.

77 文明大, 「開泰寺 石丈六三尊佛立像의 研究一毘盧舍那丈六三尊佛像과 관련하여」, 『美術資料』 29, 1981, pp. 9~10 ; 김두진, 「王建의 僧侶結合과 그 意圖」, 『韓國學論叢』 4, 1982, p. 151.

78 앞에서 이미 지적한 普耀 외에 928년(태조 11)에 洪慶과 묵화상이 중국에서 대장경을 싣고 돌아왔다.

79 김정언, 「해미보원사 법인국사보승탑비」(앞의 책, p. 226)에 "惠宗嗣位 寫花嚴經三本 栽竟卽於天成殿 像設法筵 請大師講覽" 이라 하였다.

80 문명대, 「新羅 華嚴經 寫經과 그 變相圖의 研究」, 『韓國學報』 14, 1979, p. 61 ; 김두진, 「균여의 성상융회 사상」, 앞의 책, p. 9.

81 이몽유, 「문경봉암사 정진대사원오탑비」(앞의 책, p. 226) 定宗 때에 義熙本 『화엄경』 8질을 새로 寫經하여 靜眞대사에게 보냈다. 이때의 사경사업 역시 왕실이 주도하였지만, 그것이 선종 승려인 兢讓에게 맡겨진 것이 흥미롭다. 이런 조치 역시 교선융합 경향에서 생각할 수 있으며, 왕실이 선종 승려에게까지 화엄사상을 강요하려는 의도가 깔려 있다고 생각된다.

법회를 주관하였을 뿐만 아니라, 926년(태조 9) 이후에는 구룡산사에 주석駐錫하였다. 즉 당시 화엄경 사경은 구룡산사를 중심으로 탄문에 의해 계획되어 추진된 것이 분명하며, 그는 고려초의 화엄사상을 진작시키는 데 크게 기여하였다.

그러나 왕실에서 중시한 화엄사상이라 하더라도 당시 만연되어 있던 선종사상을 외면할 수는 없었다. 이미 고려초가 되면 선종사상뿐만 아니라 화엄사상까지도 비슷한 경향을 띠어서, 화엄종의 입장에서 선종사상을 융합하려는 사상경향이 나타났다. 이에 속한 인물이 바로 탄문이다. 탄문의 교선융합 사상경향은 다음 기록에서 알 수 있다.

> ① 古師가 말하기를 하루 동안 賢行을 행하면 30명의 장부를 대적할 수 있으므로 뒤에 출발해도 먼저 이르게 되니, 이와 같은 법이 또 있겠는가? 징험을 부지런히 하여 服膺하면 師의 공덕이 배가 되며, 龍樹가 행한 化人의 설명은 마음으로 전하여 얻게 되고, 佛華가 도를 논한 이야기는 어찌 目語를 수고롭게 하겠는가? 비록 妙覺에도 오직 律儀가 있다.[82]
>
> ② 불교의 三藏에 六△가 있는데 △△△△는 △禪의 根이요, 밖으로 경론은 律敎의 문이다. 누가 그 전부를 실로 갖추었는가? 바로 대사이다.[83]
>
> ③ 迦耶山寺에 이르니 승도 등이 仙樂을 갖추어 마치 부처를 영접하듯이 맞이하였다. 이에 幡旗가 구름처럼 나부끼고 鉢螺가 번개처럼 울렸으며 敎·禪의 1,000여 명이 맞아들여 절로 들어갔다.[84]

---

82 김정언, 「해미보원사 법인국사보승탑비」(앞의 책, p. 225)에 "古師所謂 賢一日敵三十夫 後發前至將非是歟 果驗拳拳服膺 師逸功倍 龍樹化人之說 卽得心傳 佛華論道之譚 何勞目語 雖然妙覺 猶有律儀"라 하였다.

83 김정언, 위의 비(위의 책, p. 224)에 "釋氏三藏有六△ △△△△ △禪之根也 外爲經論 律敎之門也 誰其全之實 大師矣"라고 하였다.

84 김정언, 위의 비(위의 책, p. 230)에 "行至迦耶山寺 其僧徒等 如迎佛具仙樂 於是 幡盖雲飛 鉢螺雷吼 敎禪一千餘人 迎奉入寺"라고 하였다.

탄문은 장의산사莊義山寺에서 주로 화엄을 수학하고 15세 되던 해에 신엄信嚴율사에게 구족계具足戒를 받았다. 이때 탄문은 묘각妙覺과 아울러 율의律義를 갖추었다. 즉 교종과 선종사상을 아우를 수 있는 소양을 갖춘 셈이다. 장의산사의 수도 생활은 이후 그가 교선융합 사상경향을 갖는 데 도움을 주었다.

탄문은 경전을 하루 동안 읽으면서 반드시 수행을 병행하였고, 신엄율사도 하루 동안 현명하게 행동함이 30명의 장부를 대적할 수 있다고 가르쳤다. 그리하여 그는 마음으로 전하는 선종과 아울러 경전에 대한 이해를 넓혀갔다. 그래서 탄문의 사상적 특성을 총체적으로 지적한 비문의 머리 부분 기록에는, 그가 선근禪根과 아울러 교학의 계율을 다 갖춘 인물로 부각되었다. 다만 이 부분의 기록에 결자가 많아 그가 갖춘 선근이 무엇인지를 단정하기는 어렵지만 마음으로 전하는 수행에 그쳤다고는 생각되지 않는다. 밖으로 경론을 추구하는 것이 율교律敎라면 안으로 자성을 깨치는 면을 생각할 수 있고 이것이 선근으로 연결되었다. 이와 연관해서 법호를 탄문坦文이라 하고 자를 대오大悟라 한 의미를 생각해볼 수 있는데, 이러한 법호와 자는 교선융합적인 그의 사상과 어울린다고 생각된다.

대오는 탄문이 표방한 선근의 성격을 이해하는 데 시사성을 준다. 자성의 깨침은 신라하대 이래 선종산문에서 강조되었으므로, 그는 교선융합의 사상경향을 내세우면서 고려초까지 상당한 영향력을 발휘하였던 선종산문의 포용에 관심을 두었다. 탄문이 975년(광종 26)에 보원사로 돌아올 때, 교종 · 선종의 승려 1,000여 명이 그를 영접하였다.

보원사는 의상 이후 신라 화엄십찰華嚴十刹 중의 하나로 줄곧 화엄도량으로 중요시되었고 또 개경開京에서 해로를 통해 곧바로 연결이 가능한 곳에 위치하였다. 그래서 왕건은 일찍부터 보원사에 관심을 가졌다. 보원사 내에는 교종뿐만 아니라 선종 승려도 상당수 거주하였는데, 선종 승려들은 신라하대 이래 구산선문에 속하였던 자들로 보인다. 교종 · 선종의 승려가 대립하지 않은 채 한곳에 거주하였음은 대단히 중요한 의미를 지닌다. 물론 그것은 광종대말이라는 시대적 여건 속에서 이해되어야 하지만,[85] 탄문사상의 교선융합 경향과도 밀접한 연관을 가졌다.

탄문이 내세운 교종은 율의律儀로 표현되었다. 그의 스승인 신엄이 계율을 표방하였기 때문이기도 하지만, 사실 그는 화엄종 승려임을 자처하였다. 탄문은 화엄의 입장에서 선종사상을 받아들여 종합하였지만, 구체적으로 그의 사상이 어떠하였는지를 정확히 알 수는 없다. 다만 다음 기록을 통해 탄문의 교선융합사상은 화엄사상을 주체로 하여 이루어졌음을 살필 수 있다.

> 淸泰(935) 초에 西伯山 神朗太大德이 覺賢의 餘烈을 편찬하여 方廣의 秘宗을 펴고 있음을 들었다. 금년에 (신랑이) 입적할 때가 가까워져서 면모가 냇버들처럼 쇠하였다. 그래서 대사에게 玉柄을 쥐고 金言으로서 心法을 들려달라고 청하였다. 대사가 드디어 西伯으로 가서 낭공에게 화엄경 3본을 들려주니, 즉 이는 善逝가 迦葉에게 密傳하고 淨名이 文殊에게 默對한 것과 무엇이 다르랴? 낭공이 부끄러워하며 "옛날 儒童보살이 소위 나를 일으킨 자는 商이다"라는 말로 응대하였다. 그리하여 화엄의 대교가 이에 번성하였다.[86]

여기의 신랑神朗대사는 마음으로 전한 자로 표현되었고 또 넓은 비종秘

85 광종대 중기 이후에는 화엄종이 크게 유행하였고, 특히 그중에서도 均如의 性相融會사상이 번성하였다. 그러한 분위기 속에서 禪宗은 자못 위축되었고, 광종대말이 되면 敎禪融合사상이 점차로 대두하였다(김두진, 「高麗 光宗代 法眼宗의 登場과 그 性格」, 『韓國史學』 4, 韓國精神文化研究院, 1983, pp. 21~32).

86 김정언, 「해미보원사 법인국사보승탑비」(앞의 책, p. 226)에 "淸泰初 聞西伯山 神朗太大德 纂覺賢之餘烈 演方廣之秘宗 今年迫桑楡 貌衰蒲柳 遂請大師 迨朗公 其麾玉柄 演金言聞心法者 大師遂往 西伯聽雜華三本 則何異善逝密傳於迦葉 淨名默對於文殊者哉 朗公應對 有慙色曰 昔儒童菩薩 所謂起予者商 故乃花嚴大敎 於斯爲盛矣"라고 하였다.

宗을 펴고 있다고 하였으므로 선종 승려로 추측된다. 그러므로 그가 편찬한 "각현覺賢의 여열餘烈"이란 선종 조사의 행적을 모은 승전이었을 것이다. 이러한 저술을 찬술하였다면 적어도 그는 고려초까지 선종사상의 전통을 이해하고 있었다. 선종사의 흐름에 일가견을 지닌 신랑이 탄문을 청하여 듣고자 한 것은 선종 계통이 아닌 화엄사상이었다. 그러나 탄문은 신랑에게 선종 계통의 사상인 "금언金言으로서의 심법心法"을 들려주었다.

교선융합 사상경향을 가졌던 탄문은 선종사상에도 상당한 조예를 가졌을 뿐만 아니라 선종 사원과도 깊은 관련을 맺었다. 968년(광종 19)에 귀법사歸法寺에 주석한[87] 후에도 탄문은 선종 사원과의 연결을 의도하였다. 화엄종 승려이지만 선종과의 인연을 넓히는 과정에서 그는 당시 선종의 신랑과는 교종과 선종이라는 입장으로 대좌對座하지 않을 수 없었다.

그런데 막상 신랑이 탄문에게 감응한 것은 화엄경 3본을 듣고난 뒤였다. 탄문이 신랑에게 화엄을 설한 일은 마치 석가가 가섭迦葉에게 설법한 것이나 또는 정명淨名이 문수文殊에게 묵대默對하고 있는 것으로 비유되었다. 이것은 물론 선종사상에 대한 화엄사상의 우위를 알려주는데, 이후 화엄사상이 크게 유행하였다. 이때가 바로 왕건이 신라의 귀부를 받으면서 후삼국의 통일 기반을 굳혀가던 시기였다. 비록 탄문은 교선융합 사상경향을 가졌지만 화엄종 승려로서 어디까지나 화엄사상을 중시하였다.

(2) 교선융합사상 성립의 사회적 배경

후삼국이 성립되는 시기가 되면 선종사상은 다시 변화하였다. 변화는 후삼국 지배자가 중심이 되어 지방세력을 통합해가는 시대적 추세에 부응하여 나타났다. 선종사상은 '외화外化' 즉 좌선에 그치지 않고 이타행을 행

87 金龍善, 「光宗의 개혁과 歸法寺」, 『고려광종연구』, 일조각, 1981, p. 106.

하는 교화를 내세웠기 때문에, 지방의 대호족이 주위의 군소 호족이나 토호세력을 병합하는 데 어울렸다.[88]

후삼국 정립 이후 고려의 통일 과정에서 선종사상과 화엄 등의 교종사상이 융합하는 경향이 나타났다. 이미 앞에서 그것은 왕건에게 연립적인 통일사상을 제공했다고 이해하였다. 왕건은 통일국가를 건설하기까지 화엄종은 물론 선종 승려와의 결합을 돈독히 하였다. 승려와의 결합을 통해 그들과 연고 관계에 있는 지방세력과의 연합을 의도하였기 때문이다.[89]

통일 고려국가가 성립되고 나면 교선융합의 사상경향은 왕권에 봉사하는 면을 지닌다. 다음 내용에서 이런 면을 읽을 수 있다.

① 玄暉 : 태조가 나라를 일으킬 묘책을 묻자, 대사가 대답하기를 "보살의 넓은 맹세〔誓〕와 上乘의 말로써 호법을 마음에 새기고, 자비를 유포함을 업무로 삼아 이와 같이 바르게 대응하면 지금 聖朝를 보게 됩니다"라고 하였다.[90]

② 坦文 : ㄱ. 왕사의 칭호를 받고 (대사는) 임금을 위해 經國의 방법을 폈다.[91]

ㄴ. 대사가 불사리 三粒을 얻어 유리함에 안치하니 …… 이는 帝齡을 연장시키고 聖化를 지켜 보전하기 위함이다.[92]

ㄷ. 대사가 문인에게 고하여 "성군이 나를 스승으로 칭하니 부처로서 성군에게 보답하고자 한다. 받들어 玉皇의 만수를 축원하고자 金像 三尊을 주조한다"라고 하였다.[93]

---

88 김두진, 「요오선사 순지의 선사상」, 앞의 책, p. 43.

89 김두진, 「왕건의 승려결합과 그 의도」, 앞의 책, p. 148.

90 최언위, 「충주정토사 법경대사자등탑비」(앞의 책, p. 155)에 "上答曰 瀀由國興 誠不虛語 實願大師 安心道念 久護生靈 弟子牆 塹法城 金湯祗樹 大師對曰 菩薩弘誓 上乘發言 護法爲心 流慈是務 正應如是 今窺聖朝"라 하였다.

91 김정언, 「해미보원사 법인국사보승탑비」(앞의 책, p. 228)에 "使太相金遵岩等 奉徽號爲王師 弘道三重大師 翌日 大王躬詣內道場 拜爲師 於是爲君 經國之方法"이라 하였다.

92 김정언, 위의 비(위의 책, p. 227)에 "大師得佛舍利三粒 以瑠璃甖盛安置法宇 …… 所以延帝齡扶聖化也"라고 하였다.

93 김정언, 위의 비(위의 책, p. 227)에 "大師告門人曰 聖君致我稱師 報君以佛 奉爲祝玉皇之萬

현휘는 906년에 중국에 들어가 건도乾道의 법을 받아 924년(태조 7)에 귀국하였다. 귀국하자마자 왕건은 그를 국사로 봉하여 충주 정토사에 머물게 하였다. 이때 현휘는 왕건을 위하여 법왕法王의 교화를 말하였다.[94] 나라를 일으킬 묘책으로 진언한 법왕의 교화는 제왕의 교화를 의미한다.[95] 그래서인지 현휘는 왕건을 위해 현사를 등용하는 문제 등에 구체적인 정책을 건의하였다.[96]

한편 현휘가 말하는 법왕의 교화는 탄문이 말한 법왕의 도와 같은 것으로 생각된다. 현휘는 법왕의 도를 흠모하여 군자의 나라를 빛내고자 석가삼존불상을 조성하였다. 법왕의 교화는 광종이 왕위를 이을 수 있었던 은공이자 나라를 교화시킬 묘법이고 또 그로 말미암아 국가가 풍성해지기 때문이다.[97] 이렇게 되면 석가불을 모시는 법왕의 도는 치국의 묘법과 구별되지 않는다.[98]

화엄종 승려인 탄문은 현휘보다 더 왕권과 밀착되었다. 그는 광종을 위하여 나라를 경영할 방법을 건의하는가 하면, 제령帝齡을 연장시키고 광종의 만수를 축원하는 면모도 보였다. 탄문의 이런 면은 이미 왕건 당시에도 나타났다. 태조 4년(921)에 그는 왕건이 개설한 법회에 참석하여 승려들에 대한 선과選科를 주관하였으며,[99] 그리하여 그는 왕건으로부터 별대덕別大

壽 鑄金像之三尊"이라 하였다.

94 최언위, 「충주정토사 법경대사자등탑비」(앞의 책, p. 154)에 "禪林御衆 開道人△ 子之軒寶樹 居尊施澆季 法王之化者也"라고 하였다.

95 최언위, 위의 비(위의 책, p. 156)에 "遂使一國 歸仁實 助帝王之化"라고 하였다.

96 최언위, 위의 비(위의 책, p. 154)에 "其後 下國之賢 求仁所聚 中原之士 慕德成群"이라 하였다.

97 김정언, 「해미보원사 법인국사보승탑비」(앞의 책, pp. 226~227)에 "請大師祈法力 大師僧泉之麾塵 尾惠弼之動龍 顯宣莅阼 之玄功 講化邦之妙法 故乃時康道 泰國阜家殷矣 △△△休爲大王奉金姿宣玉 偈欽若法王之道 焕乎君子之邦 造釋迦三尊金像"이라 하였다.

98 李基白, 「신라 初期佛教와 貴族勢力」, 『震檀學報』 40, 1975, p. 30.

99 김정언, 위의 비(위의 책, p. 225)에 "置海會選緇徒 制曰 莊義別和尙 何必更爲居士 方作名僧遂擢爲問者 譬如撞鐘 大鳴春容"이라 하였다.

德이란 칭호를 받았다.

교선융합 사상경향은 왕권에 봉사하는 면을 지니면서도 지방호족과도 어떤 형태로든지 연관되었다. 현휘로 대표되는 선종 입장에서 교종사상을 융합하려는 경향은 이미 살펴본 것처럼 지방의 대호족이 주위의 군소 호족이나 토호세력을 흡수·통합해가는 시대 상황 속에서 나타났다. 반면에 탄문으로 대표되는 교종 입장에서 선종사상을 융합하려는 경향은 왕실에서 화엄 등 교종사상을 중시하는 면과 관련되어 나타났다.

비록 왕실의 관심 속에 새로 대두하는 화엄종세력이었지만 당시까지 크게 유행한 선종을 외면할 수는 없었다. 이상의 두 교선융합 사상경향은 어느 것이라 하더라도 지방호족세력과 자의든 타의든 연결되었다. 교선융합 사상경향의 이런 면은 매우 중요하다. 교선융합사상은 호족연합을 위한 통일 고려국가의 건립에 충분히 역사적 소임을 다하였다.

고려 통일 이후 왕실은 교선융합사상보다는 왕권을 전제화할 수 있는 교종, 즉 화엄종사상에 더 매력을 느꼈다. 그래서 교선융합 사상경향은 통일 고려국가 내의 귀족으로 안주하려는 지방호족세력에 의해 계속 포용되었다. 말하자면 지방호족세력이 아직도 건재하기 때문에 유행한 것이다.[100] 현휘와 탄문의 교선융합 사상경향이 형성되는 데에도 역시 이들과 연결된 지방호족세력을 설정하지 않을 수 없다. 따라서 이들과 인연을 맺었던 지방호족세력을 구체적으로 지적하고자 한다.

현휘는 일찍부터 충주 유씨劉氏 세력과 연결되었다. 924년(태조 7)에 중국에서 귀국한 현휘는 바로 왕건과 연결되어 충주 정토사에 머물렀다. 이 때부터 941년(태조 24)에 입적하기까지 그는 이곳에서 만년을 보냈다. 920년 이후가 되면 해상권이 왕건의 수중으로 들어갔으므로 현휘의 귀국은 왕건의 요청에 의해 이루어졌을 것이다. 충주의 정토사는 통일 이전에도

100 김두진, 「고려 光宗代의 專制王權과 豪族」, 『韓國學報』 15, 1979, p. 44.

물론 왕건의 세력권 내에 들었던 사원이지만 직접적으로는 충주 유씨들이 경영하던 절이다. 정토사의 단월檀越에 대해서는 다음 기록을 통해 알 수 있다.

> 일찍이 佐丞 劉權說은 크게 법을 전한 무리이다. 나라의 충신으로 재가의 제자가 되었으니 마치 공자를 우러르는 顔氏의 무리나 석가에 감복한 阿難의 무리와 같다. 특히 禪境으로 옮겨 慈顔을 경배하였다.[101]

유권설劉權說은 충주 유씨 세력에 속한 인물로 정토사의 단월이었던 듯하다. 여기서는 분명하지 않지만 법경대사비法鏡大師碑의 음기陰記에는 정토사의 단월로 유권설과 견서堅書 · 준홍俊弘 등 충주지역의 지방호족이 나타나 있다.[102]

유권설은 922년(태조 5) 7월에 강릉의 호족인 왕순식을 회유하기 위해 당시 내원內院에 있던 순식의 아버지 허월을 파견하라고 진언하였다(『고려사』 권92, 왕순식전). 또 그는 충주 유씨 세력과 관련이 있는 사자산문獅子山門세력과 밀접한 유대를 가져 절중이나 경유의 탑비를 건립하는 데 깊이 관여하였는데, 이때 충주 유씨의 외손인 요堯(뒤의 정종)와 소昭(뒤의 광종) 등이 협조하였다.[103] 그런가 하면 그는 922년에 시랑侍郎이 되었으나 곧 시중侍中으로 나아갔다.[104]

이러한 행적으로 보아 유권설은 충주 유씨 세력에 속한 인물로 중앙 정

---

101 최언위, 「충주정토사 법경대사자등탑비」(앞의 책, p. 154)에 "爰有佐丞 劉權說者 殷傳說之流也 於國忠臣在家弟子 鑽仰尼父 必同顔氏之徒 服膺釋迦 須並阿難之類 特趍禪境 敬禮慈顔"이라 하였다.

102 蔡尙植, 「淨土寺址 法鏡大師碑 陰記의 分析—高麗初 地方社會와 禪門의 구조와 관련하여」, 『韓國史硏究』 36, 1982, p. 52.

103 채상식, 위의 논문, 위의 책, p. 50.

104 미상, 「해주광조사 진철대사보월승공탑비」(앞의 책, p. 127).

계에 깊이 관여하였다. 왕건은 충주 유씨 세력과 정략 결혼을 단행하여 태사내사령太師內史令 유긍달劉兢達의 딸을 왕비로 맞았는데, 이 사람이 바로 신명神明 순성順聖왕태후이다. 유긍달과 유권설의 관계를 정확하게 밝히기는 어렵지만, 충주 유씨들은 고려 건국 초에 대단한 세력을 형성하였으며 유권설은 그 세력의 핵심 인물로 추측된다.[105]

재가 제자로서 들 수 있는 충신은 정토사의 단월이었을 것으로 추측되는데, 충주의 지방호족세력이었다. 이들이 이른바 법경대사비 음기에 단월로 나타나는 견서와 준홍 등으로 생각된다. 즉 현휘는 충주 유씨 세력과 깊이 연결되었고, 선종 입장에서 교종사상을 융합하려는 교선융합 사상경향은 고려초 중앙귀족으로 등장한 지방의 유력 호족들에 의해 포용되었다는 것을 알 수 있다.

고려초의 다른 선종사상도 교종사상과 융합하는 경향을 가지면서 역시 지방호족과의 유대를 계속 유지하였다. 왕건과 돈독하게 결연되었던 이엄이 거주한 해주의 광조사는 당시 황주지역의 유력한 호족인 황보씨皇甫氏 세력과 밀착되었다. 광조사의 단월인 황보제공皇甫悌恭은 왕건의 외척이며, 광종의 왕비인 대목大穆왕후는 그의 외손녀이다. 진철을 위시한 해동사무외사의 사상이 교선융합의 사상경향을 띠었음은 이미 지적하였다.

신라하대 이래 선종과 연관되었던 지방호족들은 고려 통일 이후 중앙귀족으로 등장하면서, 전제왕권 내에 안주하는 방편으로 교선융합 사상경향에 관심을 가졌다. 다만 화엄종은 본래 지방호족세력과 연결되지 않았기 때문에, 탄문의 경우 뚜렷하게 지방호족과 연결되었는지를 발견하기는 어렵다. 처음엔 그 역시 충주 유씨 세력과 연결되었던 듯하다. 유劉왕후(신명순성왕태후)가 임신하자 왕건은 탄문을 청하여 기도하게 해서 마침내 법력

105 채상식, 「정토사지 법경대사비 음기의 분석―고려초 지방사회와 선문의 구조와 관련하여」, 앞의 책, p. 51.

으로 광종을 낳았다고 하였다.[106] 즉 탄문은 광종과 탄생 이전부터 특별한 인연을 맺었으며 이런 점에서 충주 유씨 세력과 연결되었다.[107]

탄문이 충주 유씨 세력과 얼마나 깊이 결연되었는지 또 그 외의 다른 호족세력과 연관을 가졌는지는 알기 힘들다. 다만 그는 왕건은 물론 혜종·정종과도 인연을 맺었고, 광종이 즉위하여 6년(955)이 되는 해까지 크게 활동하였다.[108] 탄문은 특히 왕건과 광종과는 각별한 인연을 맺었다. 그런데 전제정치가 한창 행해지던 광종대 중기, 즉 광종 7년부터 18년까지는 그와 광종의 인연을 전혀 찾을 수 없다. 그러다가 광종 19년에 왕사에 봉해지고 같은 해에 석문釋門의 종주宗主로서 귀법사에 머물렀다. 광종 23년에 탄문은 태자를 위하여 천불도량千佛道場을 개설하고 오백 나한상羅漢像을 그려 안선보국원安禪報國院에 두게 하였으며, 광종 26년에는 국사에 책봉되었다. 즉 광종대 초기에 활동한 탄문은 광종대말에 크게 활약하였다.

이때 그는 광종보다는 오히려 태자인 경종과 더 밀착되었던 것으로 추측된다. 탄문은 태자의 간절한 청에 의해 귀법사에 주석하였고, 광종 23년 태자를 위해 법회를 주관한 탄문에게 태자는 친히 차를 끓여 공양하였다. 그런데 광종대말에 왕과 태자인 경종은 부자 사이이면서도 정치적 입장이 서로 달라 반목하였다.

광종 19년 이후가 되면 전제정치가 실패로 기울면서 당시까지 억압받던 호족세력이 점차 대두하였다. 이후 광종의 측근 세력이 하나 둘씩 거세되는데 이들의 숙청은 아직까지는 광종에 의해 행해졌지만, 역사의 표면에는 모습을 나타내지 않았으나 상당히 세력을 만회한 호족들의 압력을 받

106 김정언, 「해미보원사 법인국사보승탑비」(앞의 책, pp. 225~226)에 "太祖以劉王后因有娠得殊夢爲其賴稟心之丹 願誕玉裕之英姿 遂請大師祈法力 於是香爇金爐 經開玉軸 願維熊之吉夢叶如牽之誕生 果驗日角奇姿 天顔異相 有以見端居鶴禁嗣守鴻圖 是大成王也"라고 하였다.

107 김용선, 「광종의 개혁과 귀법사」, 앞의 책, p. 106.

108 김용선, 위의 논문, 위의 책, p. 106의 坦文 연보 참조.

아 이루어졌다.[109] 태자인 경종은 황보씨 등의 호족세력과 연결되었으므로[110] 태자의 정치 성향이 광종에게 좋게 받아들여질 수 없었다. 이러한 정치 성향을 가진 태자와 연결된 탄문은 광종대말에 다시 등장하는 호족세력과 연결되었을 것으로 추측된다.

광종대말에 탄문이 환영받은 이유는 그의 사상이 교선융합 경향을 띠었기 때문이기도 하지만, 이때부터 그의 사상 내에 선종사상이 보다 강한 농도로 융섭되었다. 그는 귀법사에 거주하면서 왕실과 연결되었으면서도 선종 사찰로 여겨지는 안선보국원과도 인연을 맺었다. 그가 안선보국원과 연결된 것은 새로이 등장하는 호족들의 강요에 의한 것으로 추측된다. 탄문이 안선보국원과 인연을 맺는 것이 태자로 말미암았기 때문이다.

광종 24년에 선종 계통의 백엄선원白嚴禪院이 춘천에 세워지는 것도[111] 이러한 사회 분위기를 알려준다. 광종대초에 찬유와 긍양이 왕실과 잠깐 인연을 맺는 것 외에 광종 4년 이후 이렇다 할 선종산문의 활동은 나타나지 않는다. 광종 4년에 화엄종 승려인 겸신謙信이 국사로 책봉된 이후에 광종대 중기를 풍미한 것은 화엄종사상이었다. 다만 광종대말에 법안종法眼宗사상이 일어나고 그 계통의 사원이 건립되지만, 이것 역시 교선융합사상으로 이해된다.

광종 24년 백엄선원의 건립은 선종사상을 중시하면서 교선융합 사상경향이 등장하는 것과 맥락이 닿는다. 백엄선원은 문종 23년 이의李顗에 의

109 김두진, 「고려 광종대의 전제왕권와 호족」, 앞의 책, p. 77.

110 崔承老는 五朝政績評에서 "景宗은 政體에 밝지 못해 그것을 權豪에게 專任시켜, 그 해가 宗親에게까지 미쳤다"라고 하여, 경종이 권호와 연결되었음을 분명히 하였다. 그런데 경종과 연결된 권호가 바로 黃州 皇甫氏 세력이었다. 경종의 어머니가 황보씨였으며, 경종 원년에 대권을 쥔 執政 王詵은 황보씨와 연결된 호족으로 이해된다(李泰鎭, 「高麗 宰府의 成立」, 『역사학보』 56, 1972, p. 17).

111 『新增東國輿地勝覽』 권46, 春川都護府 佛宇의 文殊寺조에 "初禪師承玄 自唐來新羅 至光廟二十四年 始來于慶雲山創蘭若 曰白嚴禪院"이라 하였다.

해 보현원普賢院으로 개명되었고, 뒤에 이자현李資玄에 의해 다시 문수사文殊寺로 불렸다.[112] 보현원이나 문수사로 고쳐 불렸다면 백엄선원은 본래 교종, 특히 화엄종과도 연관을 가졌다고 추측된다. 백엄선원지白嚴禪院址는 이전에 화엄종과 인연이 닿았던 곳일 수도 있다. 이러한 추측이 가능하다면 백엄선원의 창건은 교선융합 사상경향, 특히 탄문처럼 교종의 입장에서 선종사상을 융합하려는 경향과 연관되었을 것이다.

교선융합 사상경향은 고려통일기 왕건에게 연립적인 통일사상으로 형성되었지만, 통일 고려국가의 건립 이후에는 중앙귀족화된 지방호족에게 고려국가 내에 안주할 수 있는 이념을 제공하였다. 그렇기 때문에 교선융합 사상경향은 어떤 형태로든 지방호족세력과 연관되었다. 다만 현휘와 탄문이 처한 시대적 · 사회적 분위기의 차이가 상이한 두 가지 경향의 교선융합사상을 낳았다.

현휘는 호족연합의 통일국가를 건설하려는 상황에서 왕건과 연결되었고, 탄문은 주로 통일 고려국가가 성립된 이후에 활동하였다. 따라서 현휘는 지방호족과 비교적 뚜렷하게 연결되어 선종의 입장을 강하게 견지하였으나, 탄문은 지방호족과의 연결 흔적을 분명히 남기지 않으면서 왕실의 관심을 끌었다. 다만 탄문은 왕실에 의해 옹호될 수 있는 성격을 가졌지만 교선융합사상이어서인지 전제왕권을 강화해가는 광종대 중기에 빛을 잃었다. 오히려 교선융합 사상경향은 광종대말에 새로운 관심의 대상이 되었다.

(3) 한국 불교사상에서의 의미

후삼국이 정립된 시기에는 교선융합 사상경향이 나타났다. 왕건의 선대

112 金富轍, 「淸平山 文殊院記」, 『東文選』 권64.

세력과 연결되었던 순지順之의 사상이 교선일치 사상경향을 띠었는데, 그것은 점증실제론漸證實際論과 돈증실제론頓證實際論에 나타나 있다. 점증실제론은 교학에 의한 점수漸修를 닦은 연후에 돈오頓悟를 논한 것이므로 의천義天의 교관겸수敎觀兼修와 연결이 가능하고, 돈증실제론은 선오후수先悟後修를 주장한 지눌知訥의 정혜쌍수定慧雙修와 연결될 수 있다.[113]

그러나 순지의 교선일치사상과 의천이나 지눌의 교선융합사상에는 상당한 차이가 있다. 순지에 의하면 점증실제로 깨친 사람은 돈증실제로 깨친 사람과 차이가 없다. 즉 점수와 돈오가 비록 다르더라도 끝내는 하나로 돌아간다. 이에 비해 의천이나 지눌의 교선융합사상은 원융무애圓融無碍한 교리와 선종의 실천수행을 아울러 닦아야 한다.

순지나 의천 및 지눌의 사상 사이에 나타나는 차이는 그들이 생활한 시대와 사회의 상이함에서 비롯되었지만, 사상사적인 측면에서 교량 역할을 담당한 자가 바로 현휘와 탄문이다. 우선 그들은 성주산문聖住山門과 연결되어 서로 친근할 수 있는 소지를 가졌다. 현휘는 낭혜朗慧 무염無染의 법사法嗣인 증광憎光(심광深光)의 법인을 바로 이어받았고, 가야산사, 즉 보원사에서 구족계를 받았다. 이런 면은 교선융합사상과 이어지지만 탄문의 사상과도 서로 용납이 가능하다.

탄문은 보원사에 있으면서 왕실로부터 3본의 화엄경을 전해 받고 수년 동안 밤마다 경행經行을 계속하였는데, 성주원聖住院의 주지와 500명의 승도가 인연을 따라 감응하여 경행에 참가하였다.[114] 이것은 비록 연기설화 형태로 기록되었지만, 탄문이 성주산문과 친밀한 관계였음을 추측하게 한다. 또 성주원 주지를 포함한 500명의 승도가 이미 보원사와 인연을 맺고

113 김두진, 「요오선사 순지의 선사상」, 앞의 책, p. 47.

114 김정언, 「해미보원사 법인국사보승탑비」(앞의 책, p. 228)에 "昔吾在普願寺 奉持三本華嚴經 每以中夜經行像殿 不絶數年 忽一夜 三寶前有一僧 問曰僧來奚 自乃曰 聖住院住持 五百僧隨緣赴感經 過此地"라고 하였다.

경행에 참가하였는데, 성주산문과 보원사 간의 이러한 인연은 현휘가 보원사에서 구족계를 받은 것으로 말미암아 더욱 돈독해졌을지도 모른다는 추측을 하게 한다.[115]

교선융합이라는 공통된 경향으로 묶을 수 있을지는 모르지만, 이미 지적하였듯이 현휘와 탄문의 입장은 선종과 교종이라는 기본 논리에서 차이가 있었다. 우선 현휘의 사상은 북종선北宗禪사상까지 유념하였던 듯하다. 다음 기록이 이를 알려준다.

① 사방에 베푼 인연은 대중에게 돌아가나 일세에 有緣과 無緣이 있다. 충분히 사람을 살피면, 즉 가히 楞伽에게서 도를 물을 수 있다.[116]

② 色은 즉 非色이고, 名은 오직 假名이다.[117]

③ 그 無碍를 얻으니 법은 가고 오는 것이 없어 남종·북종의 宗趣를 敎判하였다.[118]

무연無緣뿐만 아니라 유연有緣을 말하고 능가경楞伽經을 중시하는 것을 통해 현휘가 북종선사상을 접하였다는 것을 알 수 있다. 그래서인지 그는 남종선南宗禪과 북종선의 종취宗趣를 아우르는 것처럼 보였다. 현휘가 왜 북종선사상을 내세웠는지에 대해서는 분명하지 않다. 다만 그의 이러한 사상경향은 천태사상과의 연관 속에서 흥미롭게 해석될 수 있다. 무연이

115 이때 普願寺에 온 聖住院 주지가 玄暉는 아닐 것이다. 왜냐하면 현휘는 941년에 입적하는데 탄문이 왕실로부터 화엄경 3본을 받는 시기는 943년(혜종 즉위년)이기 때문이다. 그렇지만 성주원과 보원사는 가까운 지역에 있었고, 현휘와 탄문은 왕건과 각별하였으므로 서로 교류하였을 것으로 추측된다. 현휘가 보원사에서 구족계를 받는 것과 같은 교류는 아마 빈번히 행해졌고 따라서 두 절은 서로 인연을 맺고 있었던 듯하다.

116 최언위, 「충주정토사 법경대사자등탑비」(앞의 책, p. 156)에 "四方施捨之緣 歸於大衆 一世有無之屬 贍彼窮人 然則可謂 問道楞伽"라 하였다.

117 최언위, 위의 비(위의 책, p. 156)에 "色則非色 名惟假名"이라 하였다.

118 최언위, 위의 비(위의 책, p. 156)에 "得其無得 法無去來 宗判南北"이라 하였다.

색色이 아닌 공관空觀이라면 유연은 가명假名과 같은 색 즉 가관假觀이요, 무애無碍는 중도관이어서 가고 오는 것이 없는 경지이다. 이것은 천태의 삼관三觀과 다를 바 없다. 실제로 그는 중국에 있을 당시 천태의 사명四明에게 참관參觀하였다.[119]

후삼국 성립 이후 고려초에 이르는 시기에는 천태나 법화사상이 유행하였고, 이러한 분위기 속에서 자란 체관諦觀과 의통義通은 중국에 들어가 각각 『천태사교의天台四敎儀』를 저술하거나 중국 천태종의 제13대 교조가 되었다. 고려초 천태사상의 유행은 왕건의 후삼국 통일과 연관되었으므로,[120] 현휘의 사상에 천태사상과 비슷한 면이 있는 것은 오히려 자연스럽게 느껴진다.

현휘는 공空과 가假의 면을 내세웠지만 그것을 중도로 통합하는 회삼귀일會三歸一사상에 비중을 두었는지는 불분명하다. 오히려 무애를 내세움으로써 무연과 유연, 즉 성性과 상相을 융합하려는 의도를 더 강하게 지녔다. 그가 북종선사상을 포용한 이유는 바로 여기서 찾아진다. 성과 상의 융회라는 입장에서 볼 때 법상이 꼭 가상일 필요는 없기 때문이다. 이렇게 되면 현휘는 비록 천태사상에 친밀감을 가졌더라도 오히려 법상의 존재를 인정하여 천태종보다는 북종선사상에 더 애착을 느꼈을 것이다. 특히 교선융합 사상경향을 가지면서도 선종의 입장을 뚜렷이 한 점에서, 그의 법상에 대한 인식은 북종선사상을 내세우는 것으로 나타났다.

현휘의 교선융합사상은 선종의 입장에서 단순한 교종사상이 아니라 그 내부의 대립을 해소하려는 이른바 성상융회性相融會사상과의 융합을 의미한다. 결국 그의 사상경향은 법안종사상에 가깝다. 법안종사상은 선종사

119 최언위, 「충주정토사 법경대사자등탑비」(앞의 책, p. 153)에 "山之秀兮留駐 所以天台 仰異地境 觀風嶺外 擔登虔禮 祖師之塔 湖南負笈 遠投禪伯之居 其後況復北抵 幽燕西臻 邛蜀 或假途諸道 或偸路百城 以此隅到四明"이라 하였다.

120 김두진, 「諦觀의 天台思想」, 『한국학논총』 6, 1983, pp. 9～11.

상의 입장을 강하게 지닌 교선일치사상이지만, 엄격히 말해 선종사상과 성상융회사상의 융합이기 때문에 선적禪的 이사관理事觀으로 표현된다.[121] 현휘가 중국에서 천태종의 강한 영향을 받았는지는 의심스럽다. 그가 천태의 사명에게 참관하였다고는 하지만, 이때의 사명이 중국 천태종의 제14조인 지례知禮는 아니었다.[122] 그렇다면 그가 중국에서 법안종 계통의 사상을 접하였을 가능성도 배제할 수 없다.

현휘의 교선융합사상이 광종 때 법안종사상이 등장하는 데 영향을 주었는지는 명확하지 않다. 다만 그의 사상 전통이 법안종사상으로 이어질 수 있었던 것은 분명하다. 법안종사상은 광종대말에 강호세력이 점차 대두하는 분위기 속에서 등장하였다. 그러나 법안종사상은 성상융회사상과의 연결이 가능하기 때문에 왕권으로부터 외면당하지는 않았다.

비록 광종대 중기의 전제주의가 무너져가는 사회 분위기 속에서 다시 대두하는 강호세력과의 역학 관계에서 등장하였지만, 법안종은 광종 이후에 크게 환영받지 못할 요인을 지니고 있었다. 자연히 선종 중심의 교선융합사상은 고려중기에 크게 유행하지 못하였다. 그러나 법안종은 고려후기 불교사상계에 상당한 영향을 주었다. 백련사白蓮社를 중심으로 형성된 천태종사상은 고려초나 의천의 그것과는 달리 선종의 입장을 강하게 견지하였고, 그 뒤에 등장한 태고太古나 나옹懶翁의 사상 역시 법안종사상의 전통을 잇는 것으로 생각된다.[123]

다음으로 탄문의 사상, 즉 교종 입장에서 선종사상을 융합하려는 사상경향이 고려초의 불교계와 어떻게 연결되었는지를 살펴보자. 고려초 왕실의

---

121 김동화, 앞의 책, p. 316.

122 四明 知禮는 960년(광종 11)에 태어나서 1028년에 입적하였고, 현휘는 941년(태조 24)에 입적하였다. 즉 현휘가 입적하고 20여 년 후에 지례가 출생하였다. 따라서 현휘가 중국에 들어간 906년(효공왕 10)에서 922년(태조 5) 사이에 참관한 사명은 꼭 천태종의 지례라고 할 수는 없다.

123 김두진, 「고려 광종대 법안종의 등장과 그 성격」, 앞의 책, pp. 64~65.

관심을 받으면서 화엄사상은 점점 유행하였는데, 탄문은 이처럼 화엄종세력이 커지는 분위기 속에서 활동하였다. 탄문은 화엄종 승려로 자처하였지만, 고려초의 화엄종단은 경향을 달리하는 학파로 나뉘어 있었다.

이러한 학파는 화엄종세력이 어느 정도 성장할 때까지는 별다른 대립 양상을 보이지 않았다. 탄문의 사상 역시 왕건과 연결된 이래 혜종·정종대를 거쳐 광종 6년에 이르기까지 왕실과 밀접한 관계를 유지하였다. 그러나 광종대초에 이미 화엄종은 국사를 배출할 정도로 성장하였고,[124] 이후 화엄종단 내에는 경향을 달리하는 학파 사이의 대립을 피할 수 없게 되었다.

광종대 중기에는 화엄종 중에서도 특히 균여均如의 성상융회사상이 전제정치와 연결되었다. 그것을 관장하기 위해 창건된 귀법사는 광종대의 전제정치와 밀착된 사원이다. 그런데 당시 귀법사 내에는 경향을 달리하는 화엄종단의 두 개 학파가 서로 대립하고 있었다. 정수正秀를 중심으로 한 학파와 균여를 중심으로 한 학파가 바로 그것인데, 전자는 순수교리적 학파이고, 후자는 신이한 면이나 토착적 신앙을 흡수하려는 융회적 학파이다.

이 두 학파 간의 싸움은 결국 후자의 승리로 끝이 나지만, 탄문의 사상은 이러한 두 화엄학파의 사상경향과는 맞지 않는 면을 많이 지녔다. 탄문의 사상은 교선융합 경향을 가졌으므로 순수교리적인 정수의 사상과는 상당히 달랐고 또 균여의 사상과도 차이가 있었다.[125] 다만 탄문의 사상은 균여의 사상과 접근될 소지가 전혀 없지는 않다. 다음 기록을 통해 이를 확인할 수 있다.

---

124 혁련정, 均如傳, 感通神異分者.

125 均如와 탄문의 정치적 입장의 차이는 김용선이 이미 「광종의 개혁과 귀법사」, 앞의 책, p. 105에서 지적하였다. 두 사람의 사상 간에 차이가 있다는 것은 김두진, 「균여의 성상융회 사상」, 앞의 책, p. 72에서 잠깐 언급되었다.

사람에게는 老少가 있으나 법에는 先後가 없다. 雙樹가 滅하게 되니 만법은 空으로 돌아간다.[126]

법상이 공空으로 된다는 점에서 탄문은 성상융회와 통하는 사상경향을 지녔으므로 탄문의 사상은 균여의 사상과 서로 용납된다. 광종 19년에 그가 귀법사에 거주한 것은 바로 이러한 사실을 알려준다. 이때 탄문은 석문釋門의 종주로 대우받았다. 그렇지만 여전히 귀법사의 주지는 균여였고 오히려 그는 광종보다 태자인 경종의 비호를 받았다.

균여와 탄문이 서로 연결될 가능성을 가졌으면서도 결국 갈라진 것은 선종사상에 대한 관심의 차이에서 비롯되었다. 광종 19년 이후 탄문이 대우받는 배경에는 그의 선종에 대한 관심을 빼고 생각할 수는 없다. 전제왕실은 호감을 가졌던 균여의 사상과 크게 이질적이지 않으면서도 호족의 관심을 끌 수 있는 탄문의 사상에 주의를 기울였다. 탄문 사상의 이런 면은 같은 시기에 법안종이 대두하는 것과 연관된다.

탄문은 광종이 죽기 두 달 전에 입적하지만 그의 비는 광종대에 대한 반동정치가 한창이던 경종 3년에 건립되었다. 이때 그의 문인으로는 영찬靈撰·일충一充·명회明會·예림芮林·윤도倫度·언현彥玄·홍렴弘廉·현오玄悟·영원靈遠·현광玄光·진행眞幸 등이 활동하였다.[127] 탄문의 사상은 경종대의 정치세력에 의해 오히려 중요하게 생각되어 내세워졌고, 문도들의 활동 역시 왕성하였다. 그러나 그의 문도들이 고려중기의 화엄종을 주도한 경덕景德국사 난원爛圓이나 그의 문하였던 의천, 원경元景왕사 난진樂眞 등으로 직접 연결되는지는 불분명하다.[128] 뿐만 아니라 현재 탄문 사상의

126 김정언, 「해미보원사 법인국사보승탑비」(앞의 책, p. 230)에 "人有老少 法無先後 雙樹告滅 萬法歸空"이라 하였다.

127 김정언, 위의 비(위의 책, p. 231).

128 許興植, 「高麗中期 華嚴宗派의 繼承—元景王師를 中心으로」, 『한국사연구』 33, 1982, p. 24.

내용을 더 구체적으로 끄집어낼 수 없기 때문에 고려중기의 화엄사상과 어떻게 관련되는지를 분명히 제시하기도 어렵다.

여기서는 탄문으로 대표되는 고려초 교선융합사상의 전통이 의천의 사상으로 이어질 수 있는 가능성을 제시하는 데에서 만족하고자 한다. 우선 양자는 모두 교선융합사상을 가지면서도 화엄종의 입장을 견지하는 공통점을 지녔다. 강도의 차이는 있더라도 균여의 화엄사상과 맞지 않다는 데에서 탄문의 사상경향은 의천에게 공감될 수 있었다.

또한 탄문의 화엄사상이 구체적으로 알려져 있지는 않지만, 오히려 의천의 그것과 가깝지 않았을까 추측할 수 있다. 법상에는 선후가 없다고 하면서도 사람에게는 노소의 차이를 설정한 그의 사상은 어쩌면 연기된 법상의 차이를 인정하려는 것이었을지도 모른다. 이런 면에서 탄문의 사상은 균여보다는 과상현果上現의 입장에서 법상의 차별을 인정하려는 의천의 사상에 가깝다는 인상을 준다. 다만 탄문의 교선융합사상이 광종대말에 이르면 왕실의 새로운 관심을 끌었다는 점에서, 법안종과 마찬가지로 광종대 전제정치의 반동을 이끌었던 경종대 이후의 정치세력에 의해 적극적으로 수용되어 홍포弘布되지는 못하였다. 탄문 사상의 이런 면이 고려중기 의천의 화엄종과 친근할 소지를 가졌으면서도 분명히 연결되지 못하는 결과를 초래하였다.

교선융합 사상경향은 후삼국 정립 이후 호족세력이 고려국가 내에 통합되는 과정에서 유행하였을 뿐만 아니라 그 후의 불교사상에도 영향을 주었다. 고려중기 이후의 불교사상은 교·선의 대립을 완화하는 방향으로 발전하였다.

제3장 선종 입장에서 교종사상의 융섭

1. 사무외사의 선종사상과 그 사회적 성격

—고려초 수미산문의 개창과 관련하여

(1) 사무외사의 행적

나말려초에 개창된 선종구산문禪宗九山門 중 유독 수미산문須彌山門은 고려 건국 이후에 왕건王建의 도움으로 개창되었다. 개산조인 진철眞澈 이엄利嚴을 포함하여 대경大鏡 여엄麗嚴 · 선각先覺 형미逈微 · 법경法鏡 경유慶猷를 사무외사四無畏士라고 한다. 이들을 사무외사라고 하는 기록은 경유의 비문에만 유일하게 나와 있다.[1] 근래에 나말려초의 불교사, 특히 선종사상사에 대한 연구가 활발하게 이루어져서 그 연구 업적이 제법 축적되었다. 나말려초 선종사상사 연구의 전반적인 흐름은 대체로 구산선문의 각 개별 산문에 대한 추구로 나아갔다. 그러나 아직 수미산문에 대한 연구가 행해

1 未詳, 「長湍五龍寺 法鏡大師普照慧光塔碑」(朝鮮總督府, 『朝鮮金石總覽』 권상, 日韓印刷所, 1919, p. 164)에 "△△ 逈微 麗嚴 利嚴 共海東謂之四無畏大士也"라고 하였다.

지지는 않았다. 사무외사에 대해서는 비록 단독 연구가 나오기도 하였지만,[2] 사상경향이나 수미산문과의 관계 등에 대해서는 보다 더 천착해서 밝혀야 한다.

수미산문의 개조인 이엄은 경문왕 10년(870)에 태어났다. 속성은 김씨金氏이고 선조는 계림鷄林 사람으로 신라의 왕족이었다. 신라하대의 왕위 계승전과 같은 혼란을 겪으면서 이엄의 집안은 계림에 있지 못하고 웅천熊川 지역에 퇴거하여 낙향落鄕호족이 되었는데, 아버지인 장章은 부성富城(지금의 서산瑞山)과 소태蘇泰(지금의 태안泰安)지역에 은거隱居하였다. 이엄은 12세 되던 헌강왕 7년(881)에 가야갑사迦耶岬寺의 덕양德良법사에게 나아갔다. 이때 그는 경經 · 율律 · 론論 삼장에 통달하였다. 5년 후인 정강왕 1년(886)에는 가야갑사의 도견道堅율사로부터 구족계具足戒를 받았으며 특히 계율을 중시하였다.[3]

진성왕 10년(896)에 이엄은 입조사入朝使 최예희崔藝熙를 따라 당唐나라에 들어갔다. 운거雲居 도응道膺의 문하에 나아가 그의 법인을 받은 이엄은 중국 내의 여러 지역을 유력遊歷하다가, 효공왕 15년(911)에 귀국하여 나주羅州에 도달하였다. 귀국 후 동쪽으로 정처 없이 다니다가, 김해金海에 이르러 소율희蘇律熙의 귀의를 받고 광산光山에서 약 12년간 머물렀다. 태조 5년(922)에 영동군永同郡 남쪽의 영각산靈覺山으로 옮겨 거주하였는데,

---

2 沈在明, 「高麗 太祖와 四無畏大士—太祖의 結緣意圖를 중심으로」, 『高麗 太祖의 國家經營』, 서울대학교출판부, 1996. 나말려초의 선종사 연구에서 四無畏士와 그 사상경향에 대한 최초의 언급은 金杜珍, 「玄暉(879~941)와 坦文(900~975)의 불교사상—高麗初의 教禪融合 思想과 관련하여」, 『高柄翊先生華甲紀念 史學論叢』, 한울, 1984, p. 401)에서 나타났다. 그 뒤 김두진, 「나말려초의 교종과 선종」, 『한국사』 16, 국사편찬위원회, 1994, pp. 17~21에는 「사무외사와 그들의 선사상」이라는 장절이 설정되었다. 여기서는 사무외사의 대체적인 생애와 사상경향에 대해 다루었다.

3 미상, 「海州廣照寺 眞澈大師寶月乘空塔碑」(『조선금석총람』 권상, p. 162)에 "中和六年 受具足戒於本寺道堅律師 旣而油鉢無傾 浮囊不漏 桑門託位 不唯守夏之勤 草繫懸心"이라 하였다. 利嚴은 구족계를 받은 이후에 草繫比丘처럼 계율을 지녔다.

그의 도풍道風을 들은 왕건이 직접 찾아가 뵙고자 하였다.

이듬해(923) 2월에 이엄은 사나내원舍那內院으로 옮겨 궁중에 거주하였다. 이때 왕건은 그의 설법을 즐겨 들었다. 서울에 머물렀으나 이엄의 마음은 늘 산중에 있었다. 그가 산천으로 돌아갈 뜻을 밝히자, 태조 15년(932)에 왕건은 해주海州 남쪽에 광조사廣照寺를 창건하여 주지하게 하였다. 광조사에 머문 지 4년 만에 이엄은 다시 서울에 들렀고, 태조 19년(936)에 오룡산사五龍山寺에서 입적하였다. 문하의 제자로 처광處光 · 도인道忍 · 정굴貞朏 · 경숭慶崇 · 현조玄照 등이 있으며, 이들은 신좌神座인 영구를 광조사로 옮겨와서 하관下棺하였다. 이듬해에 그의 탑비가 세워졌다.

여엄은 경문왕 2년(862)에 태어났으며, 속성은 김씨이고 어머니는 박씨이다. 그의 선조는 계림 사람이었으며 귀족이었던 듯하다.[4] 그의 집안은 관직을 따라 남포藍浦로 이사하여 낙향호족이 되었다. 9살 되던 경문왕 10년(870)에 출가하여, 무량수사無量壽寺의 주종住宗법사에게 나아가 화엄을 배웠다. 헌강왕 6년(880)에 구족계를 받았고, 그 후 엄격한 계율을 지녔다.[5] 그러나 마침내 교종은 진실이 아님을 깨닫고 선종으로 눈을 돌려 성주사聖住寺로 가서 광종廣宗대사 무염無染의 문하에 들었다.

진성왕 1년(887)에 무염대사가 입적하자 여엄은 남쪽으로 편력하다가 영각산에 이르러 심광深光화상의 문하에 들어갔다. 심광은 무염의 제자로 그의 사형師兄이기도 했다. 심광의 문하에서 수년간 선禪을 수행하다가 입당사入唐使를 따라 중국에 유학하여 도응의 문하에 들었다. 도응의 법인을 전수받은 여엄은 효공왕 13년(909)에 귀국하였는데, 무주武州의 승평昇平

---

4 김두진, 「나말려초의 교종과 선종」, 앞의 책, p. 12. 또한 崔彦撝, 「砥平菩提寺 大鏡大師玄機塔碑」(『조선금석총람』 권상, p. 131)에 "大師 法諱麗嚴 俗姓金氏 其先雞林人也 遠祖出於華胄蕃衍王城"이라 하였으므로, 그의 집안은 높은 귀족 가문임이 분명하다.

5 최언위, 위의 비(위의 책 권상, p. 131)에서 "廣明元年 始具大戒 其於守夏 草繫如囚"라고 하였다.

(지금의 순천順天)에 도착하였다. 이후 충주忠州 월악산月嶽山에 머물다가 내령奈靈(지금의 영주榮州)과 소백산小白山에서 지냈으며, 기주基州(지금의 풍기豊基)의 호족인 강훤康萱의 귀의를 받았다. 강훤의 귀의를 받으면서부터 그의 명성이 널리 퍼졌고, 이미 고려를 건국한 왕건은 이를 듣고 그를 개경開京으로 불렀다. 왕궁에 나아간 여엄은 중간에 잠깐 산사山寺로 돌아가기도 했지만 대체로 개경에 머물면서 설법하였다. 여엄이 산천에 마음을 두고 끝내 돌아가려 하자, 왕건은 개경과 멀지 않은 지평砥平에 보리사菩提寺를 수리하여 주석駐錫하게 하였다. 태조 12년(929)에 이엄은 보리사에서 병을 얻었고, 이듬해 입적하였다. 문하의 제자로는 융문融聞·흔정昕政 등을 포함한 500여 명이 있었으며, 태조 22년(939)에 탑비가 세워졌다.

경유는 경문왕 11년(871)에 태어났으며, 속성은 장씨張氏이고 어머니는 맹씨孟氏이다. 비문의 마멸로 인해 아버지 이름은 구체적으로 알 수 없다. 조상은 남양南陽(지금의 당진唐津)지역의 호족이었는데[6] 본래 한족漢族의 명문이었으나 우리나라로 건너왔다. 경유의 아버지는 공자와 노자의 도를 배워 지켰으며 공무에 종사하였다.[7] 15세 되던 헌강왕 11년(885)에 출가하여 훈종訓宗장로에게 나아갔고, 진성왕 2년(888)에 근도사近度寺의 영종靈宗율사로부터 구족계를 받았다. 이후 경유는 계율을 굳게 지켰다. 훈종과 영종이 어느 종파에 속하였는지는 불분명하나 경전과 계율을 강조하는 교학 불교 사상을 가졌던 듯하다.[8] 경유는 이에 만족하지 않고 입당사를 따

---

6 『新增東國輿地勝覽』 권20, 唐津縣 姓氏조에 土姓으로 張氏가 있다. 다만 뒤에 경유는 화순의 雙峰寺에 주석한 것으로 추측하여 그의 집안은 和順에서 멀지 않은 興德지역에 웅거하였다고 한다(심재명, 「고려태조와 사무외대사—태조의 결연의도를 중심으로」, 앞의 책, pp. 404~405). 그가 쌍봉사에 주석하였는지는 분명하지 않지만, 고려초기에 전남 홍덕지역의 土姓 속에 張氏가 있다(李樹建, 「高麗前期 支配勢力과 土姓」, 『韓國中世社會史硏究』, 一潮閣, 1984, p. 219).

7 미상, 「장단오룡사 법경대사보조혜광탑비」(앞의 책, p. 163)에 "△榮△知禮 △△△△△侍△孔聞詩 (결락) …… 守道 奉公 終身從事"라고 하였다.

8 미상, 위의 비(위의 책, p. 163)에 "(결락) …… 歸寂滅 冢子訓宗長老 部署門徒 不出松門 頻經

라 당에 들어가 도응의 문하로 나아갔으며, 그의 법인을 받아 효공왕 12년(908)에 귀국하여 무주에 도착하였다. 마침 도적이 횡행하고 난리가 빈번하여 경유는 바위 동굴에 은거하였으나, 그의 명성이 널리 퍼져 얼마 안 있어 왕건과 연결되었다. 왕건은 경유를 찾아뵙고 백성을 다스릴 만한 훈계를 물었으며 왕사로 대우하였다. 태조 4년(921)에 그는 일월사日月寺에서 입적하였고, 다음 해에 영구가 용암산踊岩山으로 옮겨졌다. 문하의 제자로는 장현奬玄 · 신영神榮 · 계희繼希 · 허윤虛允 등이 있었으며, 혜종 원년(944)에 탑비가 세워졌다.

형미는 경문왕 4년(864)에 태어났으며, 속성은 최씨崔氏이고 무주 사람이다. 선조는 본래 중국 사람으로 신라에 사신으로 왔다가 돌아가지 않고 머물렀다. 아버지는 낙권樂權이며 일찍이 노장사상에 심취하였을 뿐만 아니라 불교 승려들과 교류하였고, 어머니는 김씨였다. 그는 어려서 출가하여 장흥長興 보림사寶林寺 체징體澄선사의 문하로 나아갔다. 헌강왕 8년(882)에 화엄사에서 구족계를 받았고, 이후 그는 엄격한 계율을 지녔다. 그 뒤 형미는 도륜산度倫山의 융견融堅장로를 찾아뵙고 당에 유학할 것을 권유받아, 진성왕 5년(891)에 입당사를 따라 중국에 들어가 도응의 문하에 나아갔다. 진성왕 8년(894)에는 중국 담주潭州의 절수節帥인 마공馬公과 절도부사節度副使인 김형金敻의 귀의를 받았다. 도응의 법인을 받은 그는 효공왕 9년(905)에 귀국하여 무주에 도착하였다. 이후 형미는 무위갑사無爲岬寺에 주석하였으며 왕건과 연결되었다. 그는 8년 동안 그곳에 머물면서 절을 중수하고 문도를 번성시켰다. 신덕왕 1년(912)에 왕건은 군사를 이끌고 나주로 출정하였는데, 이때의 태봉 조정은 대단히 어지러웠고 무고한 사람이 죄인으로 몰려 처벌받는 경우가 비일비재하였다. 형미는 경명왕

槐律" 이라 하였다. 이것을 보면 訓宗은 스승이 입적하자 문도를 거느리고 경전과 계율을 중시하였음을 알 수 있다.

원년(917)에 입적하였는데 어떻게 죽었는지는 분명하게 나와 있지 않다. 그는 화가 미침을 알고는 상신商臣과 같은 악당에 참여하기보다는 목숨을 버리고 열반할 때라고 말한 점으로 미루어,[9] 궁예弓裔에게 죽임을 당한 것으로 추측된다. 그의 비문은 혜종 즉위년(943)에 작성된 것으로 생각되며,[10] 이듬해에 문하 제자인 한준閑俊·백화白化 등이 석탑을 세웠고 정종 원년(946)에 탑비를 건립하였다.

이엄·여엄·경유·형미를 해동의 사무외사라고 불렀던 이유에 대해 잠깐 살펴볼 필요가 있다. 조금 장황하지만 경유의 비문에서 다음 내용을 주목해보자.

> 소문에 듣기를 雲居 道膺화상의 도가 (선종에서) 으뜸이며 공덕이 (부처님처럼) 높았다. 教門의 王者가 되고 (선문의) 제일인자가 되었다. (결락) (慶猶)·逈微·麗嚴·利嚴은 모두 해동에서 부르기를 四無畏大士라고 하였다. (운거) 화상이 말하기를 "말을 들으면 선비임을 알고 얼굴을 보면 그 사람됨을 알 수 있는데, (이들은) 만리에 同風이요 천 년에 한 번 만날 수 있다"라고 하였다. 그러므로 이들 四賢은 마음으로 흠모하면서 불경을 배우고 감개하면서 開堂하여, 이후 (결락) 禪의 이치를 깨달았다.[11]

---

9 최언위, 「康津無爲寺 先覺大師遍光塔碑」(『조선금석총람』 권상, p. 173)에 "大師方知禍急 罔(결락) …… 嬰莒僕之△△者 懷恩寧厠 商臣之惡 然而壹言不納 遷△仍加捨命之時"라고 하였다.

10 최언위, 위의 비(위의 책), p. 173에 "今上居尊之際 謂群臣曰 竊性故大師 道高十地 德冠諸△△出△方 來儀樂土"라고 하여 逈微의 비문을 짓게 하였고, 이듬해에 그의 석탑을 세웠으며, 정종 원년(946)에 탑비를 건립하였다. 그런데 여기의 今上을 王建으로, 석탑을 세우고 시호를 내리는 때를 918년으로 주석하였다(李智冠, 『校勘譯註 歷代高僧碑文』, 高麗篇 1, 伽山文庫, 1994, pp. 330~331). 그러나 궁예에게 죽임을 당한 917년에 바로 형미의 비를 작성하려는 논의가 있었다는 것은 아무래도 부자연스럽다. 또 그의 탑비는 이보다 무려 28년이나 지나서 건립되는 점도 고려되어야 한다. 최언위는 944년 12월에 사망하였으므로, 형미의 비에 946년 탑비가 건립되는 내용이 들어 있는 것도 불합리하다. 그렇다면 형미의 비는 태조 26년에 최언위에 의해 작성되었고, 탑비를 세우는 과정은 뒤에 추가된 것으로 추측된다.

11 미상, 「장단오룡사 법경대사보조혜광탑비」(앞의 책, p. 164)에 "企聞雲居道膺和尙 道冠△△功高△逝 爲寶樹之三△ △△△之一人 △△△△△ △△逈微麗嚴利嚴 共海東謂之 四無畏大士

사무외사는 해동, 즉 고려에서 불려졌으며 중국에서 일컬어졌던 것은 아니다. 그것은 이엄 등 네 사람이 운거 도응의 법인을 받아왔음을 특별히 강조하면서 붙여진 이름이다. 물론 경유의 탑비에만 사무외사가 언급되었고 여엄 · 이엄 · 형미의 탑비에는 나와 있지 않다. 그러나 이들 3인의 탑비에도 운거 도응의 문하에서 유학한 사실이 매우 강조되어 있다. 때문에 경유의 탑비에서는 사현四賢, 즉 경유를 비롯한 여엄 · 이엄 · 형미가 도응의 문하에서 교문은 물론 선수행을 열심히 익혔음을 지적하였고, 이 사실은 그들이 사무외사로 불려진 것과 연관이 있음을 시사한다. 그러므로 경유 등 4인이 사무외사로 불려지는 가장 중요한 요인은 모두 도응의 법인을 받아온 데에서 찾아야 한다.

그런데 도응의 문하에는 또 다른 신라 승려인 운주雲住화상과 혜慧선사가 있었기 때문에,[12] 사무외사가 도응의 문하에서 수학한 사실 때문에 붙여진 이름이라는 것에 의문을 제기하는 이들도 있다. 이러한 입장의 연구자들은 사무외사가 고려 국내의 정치세력, 즉 왕건을 중심으로 특수한 종교집단으로 성립되면서 붙여진 명칭이라고 주장한다.[13] 사무외사가 왕건과 연결되었음은 분명하므로[14] 따라서 사무외사라는 명칭이 붙여진 이유를 당대 사회의 정치세력과의 관계에서 찾을 필요가 있다. 이 점에 대해서는 사무외사의 사회적 기반 등을 밝히는 과정에서 살펴볼 것이다.

경유의 비 외에는 사무외사라는 언급이 없기 때문에 그 명칭이 언제부

也 和尙曰 聞言識士 見面知人 萬里同風 千年一遇 所以四賢 情深避席 感切堂 以後. (결락) 之契暗諧目擊之符" 라고 하였다.

12 道原, 『景德傳燈錄』 권20, 洪州雲居山道應禪師 法師嗣조에는 신라인으로 간단하게 附傳된 雲住和尙과 傳이 실리지 않고 이름만 전하는 慶猷와 慧禪師가 있다. 그중 운주화상과 혜선사가 귀국하였는지는 불분명하다. 만약 이들이 귀국하지 않았다면 운거의 문하에서 수학하였더라도 고려 사회에 영향을 줄 수 없었다. 그럴 경우 四無畏士에 그들이 포함될 이유는 없다.

13 심재명, 「고려 태조와 사무외대사—태조의 결연의도를 중심으로」, 앞의 책, pp. 403~405.

14 김두진, 「나말려초의 교종과 선종」, 앞의 책, pp. 17~20.

터 쓰였는지는 불분명하다. 적어도 경유의 비가 찬술되는 혜종 원년(944)에는 분명히 사용되었지만 그 이전에도 사무외사라는 명성은 퍼져 있었던 듯하다. 마멸로 말미암아 경유의 비문을 지은 자는 잘 알 수 없다. 다만 여엄과 형미의 비문을 최언위崔彦撝가 찬술하였으므로, 경유의 비도 최언위가 찬술한 것으로 추정되나[15] 확실하지는 않다.[16]

경유의 비문에는 사무외사에 대한 언급뿐만 아니라 도응의 법이 동쪽으로 흘러갔으며 경유가 도응의 법을 일으킨 자로 기록되었다. 이것은 『경덕전등록景德傳燈錄』에서 사무외사 가운데 오직 경유만이 언급되었던 사실과 연관된다.

사무외사는 모두 도응의 법맥을 받아왔지만 귀국하여 행한 활동이나 왕건과 결연된 상황은 각기 달랐을 것이다. 경유의 비문에 사무외사가 유독 언급되는 이유는 그가 도응의 법인을 받아와서 선문을 펴는 데 중심적 역할을 수행하였기 때문이다. 즉 사무외사는 고려초 왕건 당시에 경유·여엄·이엄·형미가 운거 도응의 법인을 받아온 데에서 붙여진 이름이다. 이들은 당시의 지방호족뿐만 아니라 왕건과 연결되면서 독특한 행적과 사상경향을 가져 사무외사라는 명성을 얻었다.

(2) 사무외사의 기반과 수미산문의 개창

1) 사무외사의 사회적 기반

사무외사는 모두 도응의 법인을 받아 돌아왔기 때문에 붙여진 이름이지

15 張日圭, 「新羅末 慶州崔氏 儒學者와 그 活動」, 『史學研究』 45, 1992, pp. 34~35; 金英美, 「羅末麗初 崔彦撝의 現實認識」, 『사학연구』 50, 1996, pp. 142~143.

16 四無畏士의 비문 중 최언위가 찬술한 麗嚴·이엄·형미의 비문에는 雲居 道膺에 대한 기술이 첫 부분에 나와 있으나 경유의 비문에는 중간에 언급되어 있어, 운거 도응에 대한 기술에서 최언위가 찬술한 세 비문과 차이를 보인다. 정황으로 보아 경유의 비문을 최언위가 찬술한 것으로 추측되지만 확실한 기록이 발견되지는 않는다.

만, 고려 건국 이후 그렇게 불려진 것은 당대의 정치 · 사회적 여건과 관계가 있다. 따라서 그들의 행적 중 정치 · 사회적 기반을 통해 왕건과 연결되는 과정을 이해할 필요가 있다.

우선 사무외사는 지방호족 출신이었던 것으로 추측된다. 경유와 형미는 속성이 각각 장씨와 최씨이므로 진골 가문은 분명히 아니었다. 그들의 선조는 본래 중국인으로 우리나라에 귀화하였다.[17] 중국의 명문 대족임을 강조한 것은 신라하대에 그들의 집안이 중앙귀족과 연결될 수 없었음을 의미한다. 신라말에 형미는 무주지역의 토착호족이었고, 경유 역시 서해안 또는 전남지역의 토착호족 출신이었다.[18]

이엄과 여엄의 선조는 계림 사람이었고 김씨이므로, 신라 진골 귀족이었으나 뒤에 낙향호족이 된 것으로 추측된다. 이엄은 신라 김씨 왕족의 선조인 성한星漢의 후손이었는데, 먼 조상 때부터 점점 세도世道가 쇠락하여 여러 차례 국난을 당하자 가세가 몰락하였고 정처 없이 떠돌다가 웅천熊川에 이르렀다.[19] 이엄의 집안은 애초부터 웅천지역에 굳건한 기반을 가졌던 것은 아니라고 추측되므로, 낙향호족이지만 토착호족 같은 기반을 가졌다.

여엄의 집안도 중앙귀족이었지만 일찍부터 중앙 정계를 떠나 서쪽 지역에 지방관으로 나아가 살았고, 신라말에는 다시 남포지역에 웅거하였다. 여엄의 집안도 아마 이엄과 비슷한 처지에 있던 낙향호족에 속하였을 것이다.

사무외사는 출가하여 중국 도응의 문하로 유학하였는데, 이때 그들은 당으로 가는 사신 편에 동승하였다. 이엄은 진성왕 10년에 입조사 최예희

17 심재명, 「고려 태조와 사무외대사—태조의 결연의도를 중심으로」, 앞의 책, p. 403.

18 심재명, 위의 글, 위의 책, pp. 404~405.

19 미상, 「해주광조사 진철대사보월승공탑비」(앞의 책, p. 126)에 "大師法諱利嚴 俗姓金氏 其先雞林人也 考其國史 實星漢之苗 遠祖世道淩夷 斯廬多難 偶隨萍梗 流落熊川"이라 하였다.

를 따라 중국으로 들어갔다. 여엄은 입조사를 만나 편승하였지만[20] 그가 누구인지 기록되지 않았고 언제 당에 들어갔는지도 불분명하다. 이러한 사정은 경유나 형미에게도 비슷하게 나타난다. 형미는 진성왕 5년(891)에 입조사를 만나 동승하였고, 경유도 정확한 연대를 알 수 없지만 비슷한 시기에 당으로 가는 사신 편에 동승하여 유학하였다.

사무외사 중 형미와 이엄은 당으로 간 연대가 분명하게 알려져 있는데, 각각 진성왕 5년과 10년이다. 이때에 신라가 당에 사신을 보낸 기록은 찾을 수 없다. 이엄이 도움을 받은 입당사 최예희도 『삼국사기三國史記』 등의 다른 역사 기록에는 전혀 나타나 있지 않은 인물이다. 진성왕 5년과 10년에 파견된 입조사가 이들 비문 외에 나타나지 않는 것은 『삼국사기』 등에서 기록의 누락으로 이해될 수 있으나, 이런 추측은 신빙성을 주지 못한다. 『삼국사기』에는 입조사에 대한 기록이 비교적 정확하게 나와 있으며, 비슷한 시기에 최치원崔致遠이 귀국할 때에도 입당사를 보낸 사실이 분명하게 기록되었기 때문이다.[21]

진성왕 때에는 현실적으로 신라가 중국에 입당사를 보내기 어려웠던 것으로 생각된다. 진성왕 3년 이후에는 공부貢賦가 잘 걷히지 않았고 전국은 초적草賊과 지방세력에 의해 장악되었다. 특히 진성왕 5년에는 궁예의 명주溟州 공략이 시작되었고, 이후 그의 세력이 한강 유역을 장악하였다. 진성왕 10년경에는 초적이 신라 서울의 서남지역에서 일어나 모량리牟梁里까지 와서 노략질하였다. 이러한 상황에서 신라가 당에 사신을 보내는 것은 현실적으로 어려웠다. 그러므로 이때의 입당사 최예희는 지방의 강력

20 최언위, 「지평보리사 대경대사현기탑비」(앞의 책, p. 131)에 "大師師事 殷勤服膺數歲 由是擲守株之念 抛緣木之心 挈瓶下山 沿其而海 乘査之客 解逅相逢 託足而西"라고 하였다. 여기서 "乘査之客"은 入朝使를 가리킨다.

21 『삼국사기』 권11, 신라 憲德王 11년조에는 3월에 崔致遠이 중국에서 돌아왔는데, 그해 겨울 10월에 신라에서 입당사를 보냈다고 기록되어 있다. 이것을 보면 최치원은 당이 보낸 사신을 따라 귀국하였던 듯하다.

한 군진軍鎭세력에 속하였을 것으로 추측된다.[22]

사무외사의 입당 연대는 명확하지 않으나, 귀국 연대는 분명하게 제시되어 있다. 이들은 905~911년 사이에 귀국하였다. 여엄과 경유는 무주관내로 귀국하였고 이엄은 나주지역으로 돌아왔다. 형미는 확실하지 않지만 아마 나주지역으로 귀국하였을 것이다.[23] 사무외사 역시 왕래하는 사신의 도움을 받아 귀국하였지만 이때의 사신이 신라 정부에서 파견된 것 같지는 않다. 이들이 돌아오는 효공왕 후반기에는 궁예와 견훤甄萱이 신라의 주현을 대부분 잠식하는 어수선한 시기였다. 입당사의 이름이 구체적으로 나와 있지 않은 것도 이러한 추측을 가능하게 한다.[24] 사무외사는 905~911년에 이르는 시기에 무주와 나주지역의 해상을 장악한 세력의 도움을 받아 귀국한 것이 분명하다.

도응의 법인을 받아 귀국하는 사무외사가 어떤 세력의 도움을 받았는지를 분명히 밝힐 필요가 있다. 다음 기록은 이러한 상황을 추측하는 데 도움을 준다.

① 天祐 8년에 이르러 큰 뗏목으로 파도를 헤치고는 나주의 會津에 이르렀

22 신라말에 서남 해안에는 강력한 軍鎭세력이 구축되어 있었다. 文聖王 때에 淸海鎭은 신라 중앙정부의 정변에 깊이 관여하였고, 중국과 일본에 이르는 해상무역권을 관장하였다. 또한 이보다 조금 시대가 내려가는 景明王 때에는 泉州節度使를 자칭한 王逢規가 개인 자격으로 後唐에 사신을 파견하였다. 이러한 사실을 보면 신라말에 지방의 강력한 군진세력은 스스로 중국에 사신을 파견하였던 듯하다.

23 김두진, 「王建의 僧侶結合과 그 意圖」, 『韓國學論叢』 4, 1981, p. 132. 『조선금석총람』에는 형미가 귀국한 장소가 缺落되어 있는데, 許興植, 『韓國金石全文』, 亞細亞文化社, 1984의 형미 비문에는 "退定武州之會津"이라고 되어 있다. 즉 형미는 武州지역으로 귀국한 것이다. '會津'이 구체적인 지명을 가리키는지는 알 수 없지만 만약 그것이 구체적 지명이라면 무주와 羅州에 공동으로 편입될 수 있는 해안지역을 가리킨다. 왜냐하면 나주의 회진과 무주의 회진이 함께 기록되었기 때문이다.

24 물론 사무외사가 귀국하는 시기에 해당되는 孝恭王 10년에 입당사 金文蔚이 중국에서 돌아왔다. 그러나 사무외사가 그에게 편승하여 돌아왔다면, 그들의 비문에는 김문울이 기록되었을 것이다.

다. 이때에 대사는 배를 떠나 동쪽으로 정처 없이 다녔다. 마침 金海府 知軍府事인 蘇律熙가 光山을 찾아 절을 조성하고는 이 절에 머물러달라고 청하였다. …… 대사는 마음으로 禪林을 사랑하여 세상을 등지고자 하였으나 그 땅이 賊窟에 인접하여 안도할 수 없고 어지러워 머물지 않았는데, 이곳에 12년 동안 머물렀다.[25]

② 天祐 5년 7월에 무주의 會津으로 돌아왔다. 이때에 兵戎이 땅에 가득하고 賊寇는 곳곳에 횡행하여, 부처가 있는 곳도 사방으로 막혔다. 대사는 바위 동굴에 숨어 난리를 피하였다. …… 先王이 바로 북쪽에서 출발하여 南征 길에 올랐는데, 徇行하면서 먼저 禪扃에 이르게 특별히 사신을 보내 (조서를) 전하였다. (결락) 대사는 "帝命을 받고 어찌 지체할 수 있는가"라고 하면서 곧 柳營에 이르렀다. 정중히 궁전으로 맞이하여 계속 머물러줄 것을 재삼 부탁하였다.[26]

③ 天祐 2년에 이르러 (나주지역으로) 돌아왔다. (결락) 이때에 知州事인 王公이 간절하게 대사를 만나고자 배를 타고 이르렀다. (결락) 매번 세간으로 나감에 慧日을 보는 것과 같았고, 四事로 공양함에 궁중 음식을 사용하였다. (결락) 無爲岬寺에 주지할 것을 간청하자, 대사가 그 명을 받들어 靈境인 이 절에 옮겨가서 머물렀다.[27]

사무외사는 나주 또는 무주지역으로 귀국하였는데, 당시 그곳의 인접지역은 대체로 도적의 소굴이 이어져 있거나 도적이 횡행하는 등 무척 혼

---

25 미상, 「해주광조사 진철대사보월승공탑비」(앞의 책, pp. 126~127)에 "迺於天祐八年 乘查巨寖 達于羅州之會津 此際大師 一自維舟 偏宜捨筏 珍重屏翳 邐迤東征 爰有金海府知軍府事 蘇公律熙 選勝光山 仍修堂宇 傾誠願海 請住煙霞 …… 大師雖心愛禪林 遁世無悶 而地連賊窟 圖身莫安 所以亂邦不居 於是乎在十二年"이라 하였다.

26 미상, 「장단오룡사 법경대사보조혜광탑비」(앞의 책, pp. 164~165)에 "迺於天祐五年七月達于武州之會津 此時兵戎滿地 賊寇滔天 三佛所居 四郊多壘 大師來藏巖穴 遠避煙△ …… 先王直從北發 專事南征 徇地之行 逃天者小 特差華介 先詣禪扃 奉傳△△ △△△△△△ 大師欻聆帝命 寧滯王程 及其方到柳營 便邀蘭殿 留連再三 付囑重疊"이라고 하였다.

27 최언위, 「강진무위사 선각대사편광탑비(앞의 책, p. 172)에 "迺於天祐二年 (결락) 此時 知州△△王公 他本竊承大師, 纔諧捨筏 已抵△淮 (결락) 每以趁塵 如窺慧日 常於四事 遠假天廚 實展(결락) 山 無爲岬寺 △以住持 大師唯命是聽 徙居靈境此寺也"라고 하였다.

란스러웠다. 더구나 군사들의 싸움이 그치지 않아 전운마저 감돌고 있었다. 여엄의 비문에는 이런 면이 보다 사실적으로 언급되었다. 그는 무주의 승평지역으로 귀국하였는데, 이후 배에서 내려 동쪽으로 가서 월악月嶽에 이르렀는데 안주할 곳이 없을 정도로 시끄러웠고, 세상과 인간을 돌아보니 모두가 도탄에 빠져서 한을 머금었다고 하였다.[28] 사무외사 중 형미의 비문에는 귀국한 지역의 혼란상이 분명히 나타나지 않았지만, 아마 그것은 비문의 결락 때문인 듯하다.

사무외사가 귀국한 인접 지역이 병란에 휩싸였기 때문에 그들은 비교적 멀리 떨어진 안전한 곳에 있는 절로 옮겨가 거주하였다. 이 점은 당시 나주지역의 해상권을 둘러싼 왕건과 견훤의 각축 양상을 설정해야 이해할 수 있다. 905년에 단행된 나주 정벌 이후 왕건은 이 지역의 해상권을 장악하였지만, 거점은 나주 반남면의 동북 경계 이상으로 확대되지 않았다. 여전히 이 지역에서는 해상권을 장악하려는 왕건과 견훤의 각축이 지속되었다. 이러한 사회 분위기 속에서 사무외사는 일단 해상권을 장악한 왕건과 연결된 세력의 도움을 받으면서 귀국하였다. 그러므로 귀국한 후 인근 지역의 도적 무리로 표현된 세력은 견훤과 연결되는 것으로 생각된다.

귀국 후 이엄은 김해부 지군부사知軍府事인 소율희의 도움을 받아, 그가 조성한 절에 12년 동안 머물렀다. 여엄은 귀국 후 월악과 내령(지금의 영주)으로 갔으며, 다시 소백산에서 지냈다. 이때 기주 제군사諸軍事인 상국上國 강훤이 그를 모시고 공양하면서 설법을 들었다.[29] 중국에 유학하고 고려 건국 이전에 귀국한 승려들은 대체로 왕건과 직접 결합되기에 앞서 다른

28 최언위, 「지평보리사 대경대사현기탑비」(앞의 책, p. 132)에 "此時天祐六年七月 達于武州之昇平 此際捨筏 東征抵于月嶽 難謀宴坐 不奈多虞 窺世路以含酸 願人間而飮恨"이라 하였다.

29 최언위, 위의 비(위의 책, p. 132)에 "雖攀依水石 而漸近煙塵 路出奈靈 行臻佳境 望彌峯而隱霧 投小伯以栖霞 爰有知基州諸軍事 上國康公萱 寶樹欽風 禪林慕道 竊承大師 遠辭危國 來到樂郊 因傾盖以祗迎 每攝齋而問訊 歸依禪德 倍感玄風"이라 하였다.

지방세력과 연결한 흔적을 가지는데,[30] 사무외사도 마찬가지였다.

김해지역의 군진세력인 소율희는 이엄 외에도 진경眞鏡 심희審希나 낭공朗空 행적行寂과 결연하였다. 물론 김해지역이 왕건의 수중으로 확실하게 들어오게 되는 것은 강주康州지역의 호족인 윤웅閏雄이 항복해오는 경명왕 4년(920) 이후이지만, 이미 그 이전에도 김해지역의 군진세력은 왕건과 연결되었다. 소율희는 왕건과 연결된 지방호족이었고, 행적이나 심희도 그를 통해 왕건과 연결되었다.[31] 또한 여엄과 결연한 강훤은 경유의 재가 제자인 강공康公△ 대광太匡과 같은 사람이거나, 적어도 같은 집안에 속하였을 것으로 추측되므로 왕건과 연결된 세력으로 생각된다.

형미는 귀국 후 지주사知州事인 왕공王公의 귀의를 받았다. 나주지역 지주사였던 왕공은 왕건으로 추측되지만 또는 왕지본王池本으로[32] 생각되기도 한다. 설령 왕공이 왕지본이라 하더라도 왕건과는 친밀한 관계에 있었던 듯하다.[33] 그러므로 형미는 이엄 · 여엄 · 경유 등과 함께 왕건과 친밀했던 지방호족과 먼저 결연되었던 셈이다. 그런데 무위갑사에 주석한 뒤에 왕건과 형미의 만남은 다음과 같이 기록되어 있다.

> 대왕이 吳越에서 귀국한 대사의 소식을 듣고 마치 摩尼寶珠가 海隅에 감추어 있음과 같다고 하여 …… 조서를 내려 불렀다. 대사는 왕명을 받들어 배를 타고 풍랑을 헤치고 나아가 임금을 뵈었다.[34]

---

30 김두진, 「왕건의 승려결합과 그 의도」, 앞의 책, p. 136.

31 김두진, 위의 논문, 위의 책, pp. 137~138.

32 『조선금석총람』의 형미 비문에는 "王公他本"으로 나와 있는데, 『한국금석전문』이나 『海東金石苑』에는 "王公池本"으로 나와 있다. 다만 '他本'이나 '池本'이 인명인지는 분명하지 않다.

33 王池本이라는 인물이 무주 知軍事로 있었는지는 분명하지 않지만, 그가 왕건과 관계가 없다거나 이로 말미암아 형미가 왕건과 연결될 수 있는 세력과의 관련을 부정하는 것은 잘못이다. 설령 王公이 왕지본이라 하더라도 고려시대에 王氏 성을 하사받은 인물은 고려 건국 과정에 크게 공헌하였다.

34 최언위, 「강진무위사 선각대사편광탑비」(앞의 책, p. 172)에 "大王聞大師 近從吳越 新到秦韓 匿摩尼於海隅 …… △飛丹詔 遽屈道竿 大師捧制 奔波趁風猛浪 親窺虎翼"이라 하였다.

나주 정벌 이후 무주지역을 중심으로 견훤이 역공세를 취하자, 912년경에 왕건은 다시 군대를 이끌고 이 지역으로 내려와서[35] 형미를 불렀다. 그는 무위사無爲寺에서 배를 타고 왕건의 군영으로 나아갔다. 이 기록은 무위사가 월출산月出山의 남쪽 기슭에 있어서 일찍부터 해로를 통해 왕건의 세력권 속에 포함되었다는 추측을 가능하게 한다. 전쟁이 끝나고 회군할 때 왕건은 형미와 동승하여 돌아갔는데, 이때 왕건과의 만남은 매우 친밀한 모습으로 나타나 있다. 조서를 내려 형미를 불러들인 것은 이미 그가 왕건의 세력권 내에 속하였음을 알려준다.

왕건은 고려를 건국하기 이전에는 선사들을 몸소 찾아가 돈독한 결연을 맺었지만, 건국 이후에는 조서를 내려 왕경으로 불러들였다. 그래서 사무외사 역시 조서를 내려 불러들여 대면하였다.[36] 왕건이 선사들과 결합한 데에는 그들이 지방호족과 연결되어 있었다는 점도 작용하였다. 즉 왕건은 선사들과 결합함으로써 그들과 연결된 지방호족세력과 확실하게 연합할 수 있었다. 왕건과 직접 만나기 전에 사무외사는 왕건과 연결된 호족세력의 비호를 받았으므로, 왕건은 그들과의 결합을 통해 지방호족세력과의 연합을 더욱 공고히 하였다.

2) 수미산문의 개창

수미산문須彌山門은 왕건의 도움을 받은 이엄에 의해 개창되었으며, 구산선문 중 가장 늦게 성립하였다. 그러나 엄밀히 말하면 수미산문은 왕건뿐만 아니라 이엄을 비롯한 사무외사와 같은 기반을 가진 세력의 도움을

---

35 최언위, 「강진무위사 선각대사편광탑비」(앞의 책, p. 172)에 "至九年八月中 前主永平 (결락) 發舳艫 親駈車駕 此時羅州歸命 屯軍於浦嶼之旁 武府逆鱗 動衆於郊"라고 하였다.

36 경유도 형미처럼 왕건이 장군으로서 出征할 당시에 연결되었다. 이엄은 923년 이후에 왕건의 부름을 받았고, 여엄은 왕건과 두 차례 대면하였는데 적어도 두 번째 대면은 고려 건국 이후에 이루어진 것이 분명하다.

받아 개창되었다.

사무외사는 모두 왕건의 도움으로 중국에 유학하고 돌아왔으며, 왕건과 돈독한 관계를 유지하였다. 왕건은 특별히 이엄을 사나내원으로 부르기 전에는 태흥사泰興寺를 수축하여 거기에 머물도록 배려하였다. 태흥사는 왕건이 직접 관할하는 사원이었다.

이엄은 923년에 사나내원에 머물면서 왕건에게 선의 이치를 설법하고, 실제로 국정의 정책 자문에 응하였다. 왕건은 그에게 삼한을 교화하고 전장에 휩싸인 강토를 구제할 방도를 물었다. 그때마다 이엄은 왕건에게 제왕과 필부의 닦을 바가 다름을 제시하였다. 또한 만민을 아들로 여겨 무고한 사람을 죽이지 말고, 가능한 한 죄인의 사형 시기를 완화하는 등의 구체적인 정책을 건의하였다. 그는 사나내원에 머문 지 9년이 지난 932년에 왕명으로 광조사에 거주하면서 수미산문을 열었다.

수미산문은 왕건뿐만 아니라 지방호족세력의 도움을 받아 개창되었는데, 이엄과 연결된 호족세력을 통해 이를 살펴볼 수 있다.

① 다음 해(923) 2월 중에 특사인 前侍中 權說과 太相 朴守文을 舍那內院으로 보내어 (利嚴을) 맞이하고 주지하기를 청하였다.[37]

② 長興 3년(932)에 下敎하여 개경의 서북인 海州의 남쪽에 신령스러운 봉우리를 택하여 精舍를 짓고, 廣照寺라 부르면서 거주하기를 청하였다.[38]

③ 불후의 緣(碑)을 세우기 위해 재가 제자인 左丞相 皇甫悌恭과 前王子 太相인 王儒 · 前侍中 李陟良 · 慶評侍郎 鄭承休 등이 …… 法城의 요새가 되었다.[39]

---

37 미상, 「해주광조사 진철대사보월승공탑비」(앞의 책, p. 127)에 "以明年二月中 特遣前侍中權說 太相朴守文 迎入舍那內院 虔請住持"라고 하였다.

38 미상, 위의 비(위의 책, p. 128)에 "以長興三年 下敎於開京西北 海州之陽 遽擇靈峯 爲構精舍 寺名廣照 請以居之"라고 하였다.

39 미상, 위의 비(위의 책, p. 129)에 "然則扣不朽之緣 於在家弟子 左丞相皇甫悌恭 前王子太相 王儒 前侍中太相李陟良 廣評侍郎鄭承休 …… 亦法城之墻"이라 하였다.

재가 제자인 황보제공皇甫悌恭·왕유王儒·이척량李陟良·정승휴鄭承休는 물론 수미산문의 경제적 후원자였고, 왕건의 명을 받아 사나내원으로 가서 이엄을 맞이하는 유권설劉權說·박수문朴守文 등도 이엄과 연결되었다. 이들이 모두 수미산문을 성립시키는 후원세력으로, 나말려초에 거대한 지방호족세력을 이루어 고려초의 중앙 정계에서 영향력을 행사하였다.

신라말에 유권설은 충주忠州 유씨劉氏 세력을 이끌었고, 태조의 왕비인 신명神明 순성順聖왕태후는 유긍달劉兢達의 딸로서 정종과 광종의 어머니였다. 황보제공은 황주黃州 황보씨皇甫氏 세력을 대표하였는데, 그의 딸이 왕건의 왕비이자 대종戴宗과 광종의 왕비인 대목大穆왕후의 어머니인 신정神靜왕태후였다. 박수문은 평주平州지역의 호족으로, 그의 딸은 태조의 왕비인 월경원月鏡院부인이다. 그의 동생은 박수경朴守卿인데, 그 딸이 태조의 왕비인 몽양원夢良院부인이다.

왕유는 본성이 박씨로 광해주光海州 사람이었는데, 궁예 때에는 동궁의 관리(기실記室)였으나 은거하였다. 태조가 즉위하자 다시 조정에 나왔고 왕씨王氏 성을 하사받았다. 이척량은 유척량柳陟良과 같은 인물로 이해된다.[40] 이엄과 연결된 세력 중에서는 정승휴만 잘 알려지지 않은 인물인데, 왕건의 외척이거나 국초에 공을 세운 지방호족이었음이 분명하다. 이엄뿐만 아니라 사무외사는 대체로 이러한 세력과 연결되었으며, 경유와 연결된 세력도 이와 비슷하였다. 경유 비의 음기에는 다음과 같이 그의 재가 제자들이 나와 있다.

> 神聖大王·康公△ 太匡 兼夫人 朴氏·黔弼 太匡·王△ 太匡·劉權說 佐丞 兼夫人 金氏·王濡 佐丞·崔彦撝·韓桂逢 元甫 兼夫人 黔氏·鄭△ 元甫·韓憲閏

40 『高麗史』 권1, 世家 1, 태조 원년 9월 丁酉조에 "以珍閣省卿 柳陟良 當革命之際 群僚倉卒散走 獨不離本省 所典倉庫 無所亡失 特授廣評侍郎"이라 하였다. 이처럼 柳陟良은 왕건의 혁명이 진행되는 동안 珍閣省의 창고를 지킴으로써 고려 건국 후에 공신이 되었다.

元尹 · 韓平 侍郎

유검필庾黔弼은 평주 호족으로 태조의 왕비인 동양원東陽院부인의 아버지인데 왕건이 삼한을 통합하는 데 지대한 전공을 세웠다.[41] 최언위 역시 문필로서 왕건을 도와 고려의 개국공신이 된 인물이다. 한계봉韓桂逢 · 한헌윤韓憲閏 등의 한씨韓氏들은 왕건의 어머니인 위숙威肅왕후의 집안으로 영안성永安城지역의 호족임이 분명하다. 강공康公△ · 왕王△ · 정鄭△ 등은 누구인지 분명하지 않으나, 지방호족 출신으로서 왕건의 삼한 통합에 공을 세웠던 인물일 것이다. 그 밖에 유권설 · 왕유는 이엄과 연결된 세력으로 고려초의 외척이며 강호세력이거나 공신이었음은 이미 지적하였다. 또한 경유의 비문에는 그의 재가 제자로 왕건이 언급되었다. 이것은 왕건과 이들이 삼한 통합 과정에서 같은 세력 기반을 형성하였다고 추측하게 한다.[42]

이처럼 경유의 재가 제자나 이엄과 연결된 자들은 비슷한 세력 기반을 가졌으므로, 이엄이나 경유뿐만 아니라 여엄 · 형미, 즉 사무외사는 비슷한 후원세력을 가졌다고 볼 수 있다. 사무외사의 후원세력은 왕건의 외척으로서 강력한 호족세력 기반을 가졌고, 삼한을 통합하는 과정에서 공을 세웠던 인물이다. 특히 경유나 이엄의 비문에서 공통적으로 나타난 인물들은 이러한 성격을 보다 분명히 드러낸다. 다만 왕건이 재가 제자로 나타난 사실은 경유 비에만 나와 있지만, 다른 사무외사들과의 연결 관계도 경유와 비슷하였을 것이다. 왕건과 사무외사와의 결연은 매우 돈독하였는데, 형미

41 『고려사』 권92, 庾黔弼전 참조. 이 밖에 麗嚴碑의 陰記에는 재가 제자로 公萱 · 貞順 등이 나오는데, 이들 역시 역시 왕건을 따라 三韓을 통합하는 전쟁에서 공을 세운 인물들이다.

42 최언위, 「寧越興寧寺 澄曉大師寶印塔碑」(허흥식, 『한국금석전문』, 아세아문화사, 1984, p. 344)에는 折中과 결연된 세력으로 王堯君 · 王昭君이 王景 · 王規 등 여러 신료세력과 함께 기록되어 있다. 이들은 혜종을 지지하는 朴述熙와는 대조적으로 정종과 광종을 지지하는 세력 기반이 되었다(李鍾旭, 「高麗初 940年代 王位繼承戰과 그 政治的 性格」, 『高麗光宗硏究』, 일조각, 1981, pp. 7～15).

가 열반할 당시의 상황을 기록한 다음 내용에서 이를 짐작할 수 있다.

> 대왕이 대사에게 이르되, "우리 스님은 인간의 慈父이시고 세상의 도사이시니, 어찌 부정이 있겠습니까만은 피차가 없지는 않을 것입니다"라고 하였다. 대사는 바야흐로 禍가 심하나 …… 商臣과 같은 악당에 참여하겠는가? 그러나 한 마디의 말도 받아들여지지 않아 목숨을 버리고 열반할 때라 하였다.[43]

형미는 만년에 궁예의 조정에서 화를 입고는 입적하였다. 그는 죽음에 이르러 왕건과 대책을 상의한 듯하다. 그러한 과정에서 "어찌 부정이 있겠습니까만은 피차가 없지 않다"라고 한 왕건의 대답은 다소 모호하지만, 그의 죽음을 예견한 듯한 인상을 준다. 형미가 만약 궁예 정권하에서 처형되었다면, 그와 왕건의 결연이 강했던 데에서 원인을 찾을 수 있다. 이처럼 형미뿐만 아니라 사무외사는 모두 왕건과 밀착되어 있었다.

수미산문은 이엄에 의해 개창되었지만 실제로는 왕건이나 또는 그와 친밀하였던 호족세력의 도움을 받았다. 그들이 곧 이엄을 위시한 사무외사와 연결된 세력이었다. 사무외사는 왕건과 밀접하게 연결된 절에 주석하였다. 이엄은 왕건의 부름을 받아 서울로 간 뒤에는 왕실에서 경영하는 태홍사와 사나내원에 머물렀지만, 그 전에 중국에서 귀국하면서 소율희가 권한 광산의 절이나 뒤에 영각산사靈覺山寺에 주석하였다. 광산의 절이나 이엄 외에 여엄과 현휘玄暉가 주석하였던 영각산사는 모두 지방호족은 물론 왕건과 연결되었던 절이다.[44] 수미산문의 광조사와 태홍사 역시 이러한 사원과 같은 성격을 가졌다.

---

43 최언위, 「강진무위사 선각대사편광탑비」, 앞의 책, p. 173에 "大王謂大師曰 吾師人間慈父 世上導師 何有存非 不無彼此 大師方知禍急 …… 懷恩寧厠商臣之惡 然而壹言不納 遷△仍加捨命之時"라고 하였다.

44 김두진, 「왕건의 승려결합과 그 의도」, 앞의 책, pp. 144~145.

이엄이 광조사에 머물면서 사무외사로서의 명성과 그의 교화가 수미산문을 번성하게 만들었다. 다음 기록을 유념해보자.

> 대사가 약간의 문도를 거느리고 이 절에 주석하니, 배우려는 학도가 방을 채우고 참선하는 무리들이 堂에 가득하였다. 마치 法融선사가 北海에 돌아가서 머문 것과 같고, 惠遠법사가 廬山 東林寺에서 白蓮結社를 가진 것과 같다.[45]

광조사에 주지할 때 이엄은 거느렸던 문도와 함께 갔는데 이후 수미산문은 마치 중국의 우두牛頭법사 법융法融이나 여산廬山 동림사東林寺의 혜원惠遠법사의 법문과 견줄 정도로 문하가 융성하였다. 그러므로 왕건이 이엄에게 광조사를 지어준 것은 수隋나라 문제가 옥천사玉泉寺에 있는 천태 지자智者를 공양한 것과 혜원법사에게 동림사를 지어준 것으로 비유되었다.

수미산문의 개창에는 해주지역의 대호족인 황보씨 세력이 관여하였지만, 그 외에도 박수문 등 고려의 개국공신세력도 참여하였고 왕건이 주도적인 역할을 담당하였다. 그러므로 수미산문의 경제력은 대단하였을 것이다. 그 규모에 대해서는 다음 기록에서 단편적으로 유추할 수 있다.

> 그 무리는 삼밭 같고 그 문은 저자와 같았다. …… 이에 官莊을 三莊으로 나누고 공양을 四事로 구분하였으며, 더욱이 당해 郡과 주변의 이웃 州가 모두 깊은 信心을 내었다.[46]

수미산문에서 쓸 사계절의 공양 경비는 이웃 주군州郡에서 부담하였고,

---

45 미상, 「해주광조사 진철대사보월승공탑비」(앞의 책, p. 128)에 "大師略領門徒 就栖院宇 學抔盈室 禪客滿堂 若融歸北海之居 疑惠結東林之社"라고 하였다.

46 미상, 위의 비(위의 책, p. 128)에 "其衆如麻 其門如市 …… 此乃官莊 則分錫三莊 供事則具領四事 況復近從當郡 傍及鄰州 成發深心"이라 하였다.

그 문하는 번창하였다. 뿐만 아니라 수미산문 자체로도 거대한 경제적 기반을 가졌던 것이 분명하다. 광조사에 딸린 토지는 관장官莊을 이루었고, 그 규모가 거대하여 세 곳에 장원을 설치하여 분리 경영하였다.

이처럼 나말려초에 선종 사원은 장원화되었고, 각 장원은 본사와 지사라는 명목으로 서로 연결되어 지방세력을 형성하였다.[47] 왕건은 지방세력을 포섭하기 위해 사원과 연결하였다.[48] 다만 이엄을 위시한 사무외사는 왕건 및 그와 친밀하였던 대호족이나 개국공신세력과 연결되었고, 수미산문은 이러한 세력 기반 위에 성립되었다. 물론 여엄이 주석한 보리사나 경유와 형미가 주석한 오룡사五龍寺와 무위사도 왕건이나 또는 왕건과 친밀하였던 호족과 개국공신세력에 의해 경영되었다.

(3) 사무외사의 선종사상

1) 진종선사상

사무외사가 모두 중국에서 유학하고 도응의 법인을 받아 귀국한 것은 이미 지적하였는데, 사무외사의 비에는 이러한 사실이 유난히 강조되었다. 이엄 · 여엄의 비에는 첫 부분에 도응의 법맥을 장황하게 설명하면서 그 법맥을 계승하였음을 기록하였다. 경유 · 형미의 비에는 비록 장황하지는 않으나 역시 첫머리에 도응의 법맥을 받은 사실과 함께 미륵불을 기다리는 인연을 언급하였다.

사무외사가 도응의 법인을 전해 받은 사실을 중국 선종사의 큰 흐름 속에서 파악하여 기술한 것이 흥미롭다. 즉 사무외사의 비에는 도응에 이르기까지의 중국 불교사를 간략하게 개관하였다. 조금 번거롭지만 여엄 비

47 김두진, 「왕건의 승려결합과 그 의도」, 앞의 책, pp. 142~145.
48 김두진, 위의 논문, 위의 책, pp. 145~150.

의 다음 기록을 참고하도록 하자.

> 釋氏의 宗趣는 그 유래가 오래되었다. 석가의 말씀이 날로 펴져 聖道가 열렸다. 그런즉 8만의 度門과 重光의 삼매 및 장엄한 佛土로 중생을 제도하고, 최후에 열반하실 때에 오직 法眼을 飲光(迦葉)에게 전수하였다. 가섭은 이를 받들어 세상에 別傳으로 행하게 하였으나 優波鞠多(4祖 大護)에 이르러 능히 수호하여 선종만을 천명하였으니, 마음으로 전하는 도리는 口舌로 터득하지 못하고 多聞과 박식으로도 알 수 없다. 그 후 達摩대사가 건너와서 법을 부탁할 제자를 구하였다. 惠可가 굳은 성심을 보여 마음으로 법안을 전해 받음으로써, 그 후 법의 물결이 동쪽으로 흘러 慈雲이 온 세상을 덮었다. 이로 말미암아 曹溪의 문하에 뛰어난 제자가 나오니, 南嶽 懷讓과 靑原 行思이다. 행사의 제자는 石頭 希遷이고, 희천의 제자는 麻谷 寶徹이다. 보철의 제자는 雲岩 曇晟이고, 담성의 제자는 洞山 良价이다. 양개의 제자는 雲居 道膺이며 도응의 제자가 바로 대사(麗嚴)이다. 이와 같이 대대로 상승하였으니, 그 근본을 살펴본즉 사람이 능히 도를 넓힌다고 함은 이를 두고 한 말이다.[49]

이처럼 사무외사의 비에는 도응에 이르기까지 선종의 법맥을 간략하게 언급하였다. 중국의 남종선南宗禪을 성립시킨 6조祖 혜능惠能의 문하 중에서 남악南嶽 회양懷讓과 청원靑原 행사行思의 두 선문이 가장 번성하였는데, 이들은 나말려초에 우리나라 선승들에게 큰 영향을 주었다.[50] 행사의 제자

---

49 최언위, 「지평보리사 대경대사현기탑비」(앞의 책, pp. 130～131)에 "釋氏之宗 其來久矣 伽譚日甚 聖道天開 然則八萬度門 重光三昧 莊嚴佛土 成就衆生 亩後涅槃之時 付囑之故 獨以法眼授於飲光 迦葉奉以周旋 別行於世 至於鞠多 偏能守護 彌闡斯宗 目擊道存 不勞口舌 不可以多聞識 不可以博達知 爰有達摩 從此來儀 本求付法 惠可傾誠雪立 㝵以傳心 其後法水東流 慈雲普覆 由是漕溪之下 首出其門者 日讓 日思 思之嗣遷 遷之嗣徹 徹之嗣晟 晟之嗣价 价之嗣膺 膺之嗣大師 故其補處相懸 見諸本藉 人能弘道 此之謂歟 且曰"이라 하였다.

50 惠能의 제자로 行思와 懷讓의 문하보다는 번성하지 않았으나 荷澤 神會의 문하도 상당히 번성하였다. 그러나 나말려초의 선승들이 神會의 문하로 유학한 사실을 발견할 수 없으므로 그는 신라의 禪僧들에게 영향을 주지는 못한 것으로 생각된다.

는 석두石頭 희천希遷이고, 희천의 제자는 약산藥山 유엄惟儼이며,[51] 유엄의 문하에 운암雲岩 담성曇晟이 있고, 담성은 법인을 동산洞山 양개良价에게 전하였으며, 양개의 제자가 바로 도응이다. 나말려초에 이들 법맥을 중심으로 한 우리나라 선승들을 정리하면 대략 〈표 1〉과 같다.

〈표 1〉에 의하면 신라하대에 선종이 도입된 당시에 우리나라 선승들은 모두 회양의 제자인 도일道一의 문하로 나아가 그 법인을 받아왔음을 알 수 있다. 개산조가 중국에 들어가지 않고 독자적으로 산문을 성립시킨 희양산문曦陽山門을 제외하면, 현욱玄昱의 봉림산문鳳林山門 · 도윤道允의 사자산문獅子山門 · 무염無染의 성주산문聖住山門 · 범일梵日의 굴산문崛山門 · 혜철惠徹의 동리산문桐裏山門 · 홍척洪陟의 실상산문實相山門 · 도의道義의 가지산문迦智山門 등 7산문이 모두 도일의 법맥을 받아와서 개창되었다.

그런데 9산문 중 왕건의 도움을 받아 마지막으로 개창되는 수미산문의 이엄을 포함한 사무외사는 도응의 법맥을 받아왔다. 뿐만 아니라 수미산문이 아닌 나머지 8산문의 선승들도 나말려초가 되면 모두 행사의 문하로 나아가 그 법인을 받아 귀국하였다.[52] 즉 중국에 유학한 선승들은 신라하대에는 도일의 문하에서 법맥을 받아왔지만, 나말려초의 선승들은 행사의 문하에서 법맥을 받아왔다. 우리나라 선승들의 법맥이 도일의 문하에서 행사의 문하로 바뀌게 되는 이유를 살펴볼 필요가 있다. 이엄 비의 다음 내용에서 그 실마리를 찾을 수 있다.

---

51 사무외사의 비에는 希遷의 제자로 惟儼 대신에 麻谷 寶徹을 들었는데, 보철은 유엄의 잘못인 듯하다. 혹은 麗嚴이 無染의 법맥을 받았는데 무염은 보철의 법인을 받아왔기 때문에 유엄 대신에 보철이 들어갔을 수도 있다.

52 우선 사무외사의 여엄과 형미는 도응의 문하로 나아가기 전에는 각각 聖住山門과 迦智山門의 법맥을 이었다. 그 밖에 鳳林山門의 璨幽 · 崛山門의 行寂 · 桐裏山門의 慶甫 · 曦陽山門의 兢讓과 智宗은 모두 중국에 유학하여 행사의 문하에서 법인을 받아 귀국하였다. 또한 고려초에는 法眼宗이 대두하였는데, 법안종 승려인 慧炬 · 英俊 · 眞觀 · 지종 등은 물론 뒤에 懶翁의 法脈으로 이어지는 靈炤 · 神範 등과 귀국하였는지는 분명하지 않지만 大無爲 · 靈照 · 玄訥 · 龜山 · 慧雲 · 令光 · 靈鑒 · 慧洪 등은 모두 행사의 문하로 이어지는 법문에 들어갔다.

〈표 1〉 나말려초 선종의 법맥

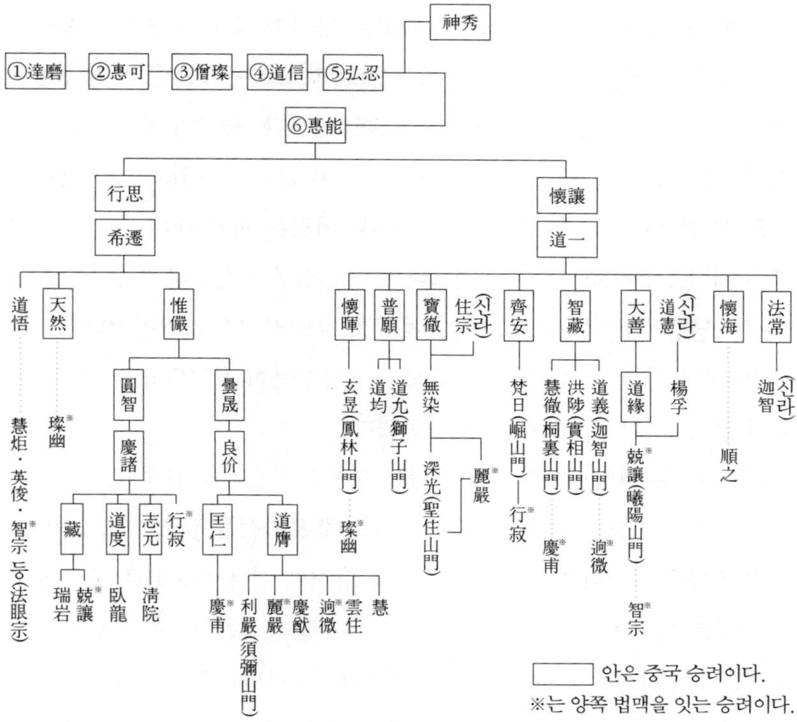

대사가 말하기를 "도는 본래 사람에게서 멀리 있지 않고 사람은 능히 도를 넓히므로, 東山의 宗旨가 타인에게 있지 않고 불법의 중흥이 너와 나에게 달렸다. 나의 도가 동쪽으로 갈 것이니, 이를 생각하며 또한 이 뜻을 놓치지 마라"고 하였다.[53]

이엄이 도응의 법인을 받고 귀국할 당시에 법요法要를 물으니, 그는 우선 동산東山의 종지宗旨, 즉 선지禪旨가 타인에게 있지 않음과 함께 불법의

53 미상, 「해주광조사 진철대사보월승공탑비」(앞의 책, p. 126)에 "大師謂曰 道不遠人 人能弘道 東山之旨 不在他人 法之中興 唯我與汝 吾道東矣 念玆在玆"라고 하였다.

중홍이 너와 나에게 달렸음을 말하였다. 선지가 다른 사람에게 있지 않음은 '견성오도見性悟道'를 나타내는 것으로 자기 내에 있는 불성을 보아 도를 깨침을 의미한다. 이것은 곧 조사선祖師禪으로 이어진다. 사실 선종산문은 처음 성립할 당시에는 조사선을 추구하였다. 중국의 동산종東山宗을 성립시킨 4조祖 도신道信은 '수일불이守一不移'를 주장하였고 5조祖 홍인弘忍은 '수본정심守本淨心'을 중시하였는데, 이것은 자기 내에 있는 불성을 깨쳐 지킴으로써 조사선을 내세웠다.[54] 중국 선종이 성립하면서 내세운 조사선은 남종선이 일어나 회양의 문하인 도일의 사상으로 이어지면서 융성하였지만,[55] 일단 조사선의 강조로 인한 선종산문이 정립되고 난 이후에는 교와 선의 교섭문제에 관심을 표명하였다.

신라의 선종사상도 중국 선종사상의 흐름과 비슷하게 전개되었다. 처음 신라에 전래된 선종은 산문을 정립하기 위해 조사선을 강조하였고 개인주의적 경향을 지녔다.[56] 조사선을 강조할 당시에 신라 선승들은 중국 도일의 문하로 나아가 법맥을 받아왔다. 그러나 일단 선종산문이 정립되고 난 후에는 교종사상과의 교섭문제로 기울어졌다. 나말려초에 우리나라의 선승들이 모두 행사의 문하로 나아가 법맥을 받아온 것은 바로 이러한 데에서 그 이유를 찾을 수 있다.

행사는 우선 "이 마음이 바로 부처이다此心是佛"라고 하였다. 그는 깨닫고 미혹함이 모두 일심一心에 있다고 하여 조사선을 주장하면서도, 초목도 불성을 지녔다는 무정설법無情說法사상을 가졌다.[57] 무정설법사상은 혜능의 제자인 행사와 동학인 남양南陽 혜충慧忠이 주장한 것으로, 조사선사상

---

54 關口眞大, 『禪宗思想史』, 山喜房佛書林, 1966, pp. 78~82.

55 馬祖 道一은 '非心非佛 不出不入'을 주장하면서 '卽心卽佛'이며 '自心是佛'이라 하였다. 이것은 東山의 禪旨가 도일에 이르러 더욱 세련된 祖師禪사상으로 발전하였음을 알려준다.

56 김두진, 「朗慧와 그의 禪思想」, 『歷史學報』 57, 1973, pp. 44~49.

57 金東華, 『禪宗思想史』, 太極出版社, 1975, pp. 183~184.

에 북종선北宗禪사상이 이입된 것이다.[58] 그리하여 양개는 본원경本源境을 체득體得해야 한다고 하였으며, 조산曹山 본적本寂은 '살불살조殺佛殺祖'라 하여 부처는 물론 조사도 부정하는 임제종臨濟宗과 비슷한 사상경향을 나타냈다. 양개와 본적에 의해 성립된 조동종曹洞宗의 오위五位사상은 깨달음의 단계나 등급을 나타낸 것으로 교선융합사상으로 이해된다.[59]

도응이 양개에게 조사의 의미를 묻자 타도他道를 향해야 함을 아울러 언급하였다.[60] 도응은 조사선을 부정하지는 않았으나 선종을 중흥하기 위해 이엄에게 '너와 나', 즉 타도에 대해서도 유념하게 하였다. 물론 여기서 '너와 나'의 의미나 타도를 향함은 도응의 선풍이 신라로 전해짐을 상징적으로 나타낸 것이지만, 아울러 조사선을 새롭게 보려는 의도도 포함하였다. 도응의 선풍이 사무외사에게 전해지는 모습은 다음 내용에서 이해할 수 있다.

> 대사(麗嚴)는 "비록 觀空의 경지에 있지만 어찌 本을 잊으리요"라 하고, 갑자기 고국에 대한 향수에 젖었다. 禪門을 떠나고자 하여 간절히 고하니, 대사(道膺)가 말하기를 "飛鳴할 곳은 저기(고국)이니 머물지 마라. 바라건대 眞宗을 敷演하여 우리의 도(선종)를 빛나게 하고, 法要를 지켜 보전하는 것이 너희에게 있음을 알아라. 가히 용이 天池에서 뛰고 학이 日域으로 돌아가는 것과 같다. 이와 같이 내왕함에 그 시기를 놓치지 마라"고 하였다.[61]

---

58 草木이나 흐르는 물 또는 담·벽·기왓장 같은 無情物이 모두 옛 부처의 마음을 가졌다고 함은 '恒說常法'을 의도한 것이다. 이것은 북종선사상과 이어질 수 있다.

59 김동화, 앞의 책, pp. 289～290.

60 『祖堂集』 권8, 雲居和尙전에 "一日問洞山 如何是祖師意 洞山云 闍梨他後 住一文時 忽有人問 作摩生向他道 師云 專甲羅過洞山"이라 하였다.

61 최언위, 「지평보리사 대경대사현기탑비」(앞의 책, p. 132)에 "大師雖則觀空 豈△忘本 忽念歸歟之詠 潛含暮矣之愁 欲別禪扃 先陳血懇 大師謂曰 飛鳴在彼 且莫因循 所冀敷演眞宗 以光吾道 保持法要 知在汝曹 可謂 龍躍天池 鶴歸日域 其於來往 不失其時"라고 하였다.

本을 잊지 않음은 물론 조사선으로 연결된다. 여엄은 본에 집착하지 않아 '관공觀空'의 경지에 있음을 말하였다. 도응의 법맥을 받아온 사무외사의 선종사상은 여엄처럼 '관공'을 주장하는데 여기에는 특별한 의미가 있다. '관공'의 경지에 이른 선종사상은 조사선사상이 수정되어야만 가능하다. 즉 자기 내의 불성을 깨쳤다고 하더라도 굳이 지켜가지 않은 데에 '관공'이 자리하게 되는데, 그것을 여엄은 진종선眞宗禪이라 하였다. 진종선은 '진공眞空'을 관지觀智하는 것이다. '관공'이나 '진공'의 경지는 조사선에서처럼 깨달아서 절대적으로 지켜가야 하는 영역을 설정할 수 없다.

조사선이 사상적으로 심화되면 다음 단계인 교선교섭 사상으로 나아가는데, 진종선은 바로 조사선이 교선교섭 경향을 갖는 데 중요하게 작용한다. '관공'이나 '진공'의 경지는 어느 한쪽에 치우침이 없게 하는 것이므로, 자연 진종선은 융섭적인 중도사상의 경향을 가졌다. 이러한 진종선의 모습에 대해서는 다음 기록을 통해 이해할 수 있다.

> 신라 승이 묻기를 "도를 얻기 어려운가"라고 하니, 대사가 말하기를 "도를 얻기 어렵다"라고 하였다. 또 묻기를 "화상의 도를 다시 청한다"라고 하니, 대사가 말하기를 "신라에 도가 있다"라고 하였다. …… 묻기를 "세존이 密語를 전하니 迦葉이 감추지 않고 드러냈는데, 세존의 밀어가 무엇인가"라고 하였다. 대사가 불러 말하기를 "글에 쓰여 있고 그 사람에게 응답한다"라고 하였다. 대사(신라 승)가 말하기를 "만나는가 못 만나는가"라고 하였다. 대사가 말하기를 "네가 만약 못 만나면 즉 세존이 밀어를 전하고, 네가 만약 만나면 즉 가섭이 감추지 않고 드러낸 것이다"라고 하였다.[62]

62 도원, 『경덕전등록』 권17, 洪州雲居道膺禪師전에 "新羅僧問 是什麽得 恁麽難道 師曰 有什麽難道 曰便請和尙道 師曰 新羅 新羅 …… 問曰 世尊有密語 迦葉不覆藏 如何是世尊密語 師召曰 尙書 其人應諾 師曰會麽 曰不會 師曰 汝若不會 世尊有密語 汝若會 迦葉不覆藏"이라 하였다.

도응에게 도를 물은 신라 승려는 물론 사무외사 중의 한 사람으로 보는 것이 옳다.[63] 신라 승려는 도응에게 석가가 가섭迦葉에게 전한 교외별전教外別傳에 대해 질문하였다. 여기서는 그것이 세존의 밀어密語로 기록되었는데, 석가에게는 '유밀어有密語'로 표현되었으나 가섭에게는 '불복장不覆藏'으로 나타났다. 또한 사람들은 교외별전의 의미를 깨닫기도 하고 못 깨닫기도 하는데, 그것을 '회會'와 '불회不會'로 표현하였다. 교외별전에 대한 이치는 '불회'인 경우에는 '유밀어'로, '회'인 경우에는 '불복장'이라 하여 무·유를 대조적으로 배정하여 설명하였다.[64]

도응의 선사상이 무·유를 초월하여 무도 아니요 유도 아닌 중도사상으로 나아갔음은 이미 그의 스승인 양개에서부터 나타났다. 양개는 '무로無路'면 노승老僧과 더불어 '상견相見'할 수 있으나 '유로有路'면 화상과 더불어 떨어졌다고 하였다.[65] 도응으로부터 사무외사에게 전해진 선종사상은 무無이면서도 무가 아니며, 유有이면서도 또한 유가 아니다. 도는 없는 것도 아니요 또한 있는 것도 아니어서, 불무不無이면서 비불무非不無이고 언설을 떠났으면서도 언설을 떠난 것이 아니었다.[66] 이와 같은 경지를 바로 진종眞宗이라 한다.

'관공觀空'이나 '진공眞空'사상은 여엄에게 구체적으로 나타났지만 사무외사에게 모두 수용되었던 듯하다. 사무외사는 진종선을 수용하였는데, 그것은 조사선을 기본적으로 부정하지 않았다. 오히려 그것은 조사선사상

---

63 도응의 문하에 사무외사 말고도 신라 승려인 운주와 혜가 있지만, 이들이 귀국하였는지는 불분명하다. 그러므로 도응의 선풍을 신라로 전한 신라 승려를 역시 사무외사로 보는 것이 타당하다.

64 도원, 『경덕전등록』 권17, 홍주운거도응선사전에 "新羅僧問 佛陀波利見文殊 爲什麼却廻去 師曰 只爲不將來 所以卻廻去"라고 하였다. 여기의 신라 승려도 물론 사무외사 중의 한 사람임이 분명하다. "不將來"와 "卻廻去"는 無·有를 대조적으로 배정하여 설명한 것으로 생각된다.

65 도원, 위의 책, 홍주운거도응선사전에 "洞山曰 若無路爭得與老僧相見 曰若有路 卽與和尙 隔生去也"라고 하였다.

66 도원, 위의 책, 홍주운거도응선사전에 "古路不逢人 可見上座 道卽不無 莫領話好"라고 하였다.

이 보다 심화되고 세련되면서 나타난 것으로 생각된다. '진공'은 공空도 아니고 비공非空도 아니어서 중도 융합적인 사상을 견지하였다.[67] 신라하대에 선종이 전래되면서 교학 불교에 대해 배타적으로 우위를 주장하던 조사선사상은 중도 융회적인 진종사상을 수용하면서, 오히려 교종사상과의 교섭경향을 지녔다.

2) 교종사상과의 교섭

사무외사는 진종선사상을 가졌는데, 이것은 융섭적인 선종사상이다. 선종사상은 '진공眞空'의 경지를 추구하면서 교선융합 사상경향을 지녔는데, 이러한 사상경향은 이미 운거 도응의 사상에 특징적으로 나타났다. 도응의 법요法要는 일법一法이 만법萬法으로 되고, 만법은 즉 일심一心으로 되며, 일심은 곧 일체의 성性이라 하여 심心과 성性은 하나이면서 둘이라 하였다.[68]

도응은 하나 속에 일체를 융섭하려는 화엄사상의 논리를 일심의 관법觀法 속에 융섭하였다. 일법은 여러 법의 우두머리가 되고 만법은 일법으로 통한다고 한 것은 화엄사상과 다를 바 없다. 이러한 화엄사상을 바탕으로 도응은 일법이 본심이며 만법은 본성이어서 심과 성이 같다고 하였다.[69] 그렇게 되면 성은 일심으로 통합하게 된다.

일심은 궁극적으로 관법을 강조하지만 아울러 심식心識을 포함하였다. 도응은 교선융합사상을 전개하였는데, 주로 선종사상과 화엄사상의 융합을 언급하였지만 은연중에 유식唯識을 유념하였다. 또한 조동종의 오위五

67 김두진, 「의상의 中道實際思想」, 『역사학보』 139, 1993 ; 『義湘 그의 생애와 화엄사상』, 민음사, 1995, pp. 152~156.

68 김동화, 앞의 책, p. 295.

69 김동화, 위의 책, p. 295에 "僧問如何是一法 師云 如何是萬法 云未審何領會 師云 一法是儞本心 萬法是儞本性且道 心與性 是一是二 僧作禮 僧示以頌云 一法諸法宗 萬法一法通 惟心惟汝性 不說異兼同"이라 하였다.

位사상은 깨달음의 단계나 등급을 나타내기 위해 선적禪的인 심요心要를 구체적으로 제시하였다. 은근하게 제시한 도응보다는 본적의 사상에서 유식사상은 보다 더 강하게 융섭되었다.

도응의 문하에서 수학하고 그 법인을 받아 귀국하였으므로 사무외사는 교선융합 사상경향을 가졌는데, 이미 그들은 중국으로 유학하기 이전부터 교선융합 경향의 사상을 접하였다. 형미에 관한 다음 내용을 참고해보자.

> 그로부터 부지런히 정진하여 항상 (體澄선사의) 좌우를 떠나지 아니하였다. 中和 2년(憲康王 8, 882)에 이르러 화엄사의 官壇에서 구족계를 받았는데, 대사가 계단에 올라가 자리에 앉자 白色 무지개 기운이 법당을 가득 덮었다. …… 戒珠를 지녀 풀을 엮어 수도하는 마음을 어그러트리지 않고 尸羅의 계율을 더욱 보전하였다. 夏安居 동안 度△山에 가서 融堅長老를 親見하였는데 …… 여러 날 동안 禪을 논하였다.[70]

물론 형미는 장흥 보림사의 체징선사에게 출가하여 가지산문의 법맥을 이었다. 그는 체징의 문하에서 부지런히 선수행을 행하였지만 구족계는 화엄사 관단官壇에 나아가 받았다. 구족계를 받고 난 후에 형미는 선수행과 아울러 계율을 엄격하게 지켰고, 도륜산[71]의 융견장로와 사귀면서 선에 대해 깊이 담론하였다. 그런 과정에서 중국 유학을 권유받아 도응의 문하로 나아갔다. 아마 형미가 도응의 문하로 나아가는 데에는 융견장로의 조

---

70 최언위, 「강진무위사 선각대사편광탑비」(앞의 책, p. 171)에 "勤苦增勞 不離左右 至於中和二年 受具戒於華嚴寺官壇 大師經陟戒壇 △△安坐 白紅之氣 來覆法堂 …… 戒珠 敢虧草繫之心 尤保尸羅之律 及其夏△往度△山 禮見融堅長者 …… 西河△上 追思北海之中 所以數△論禪" 이라 하였다.

71 이지관, 앞의 책, p. 324에는 度倫山이라 하였고, 그것은 海南 大興寺가 있는 頭倫山이라 고증하였다. 融堅長老에 대해서는 더 알려져 있지 않다. 본문의 분위기로 보아 화엄사상과 선수행에 모두 능통하였던 인물로 추측된다.

언이 크게 작용한 것으로 추측된다. 도응은 첫 대면에서 그가 올 줄 알았다고 하면서 선과 교의 종지를 전해 받도록 노력하라고 하였다.[72]

당시 중국의 도응은 교선융합사상을 특징으로 가졌다고 인식되었으므로, 그의 문하로 유학을 가는 것은 교선융합사상을 전수받기 위해서였다. 형미 역시 교선융합사상을 전수받기 위해 도응의 문하로 나아갔다. 도응의 문하로 유학한 자는 모두 교선융합 사상경향에 익숙하였는데, 특히 형미는 선승으로 출발하였지만 화엄사의 관단에 나아갔고 다른 사무외사들도 대체로 교선융합 사상경향을 접하였다.

이엄·여엄·경유도 공통으로 계율을 중시하였음을 앞에서 이미 지적하였다. 경유는 근도사의 영종에게서 구족계를 받아 계율을 엄격하게 지니기 이전에 교선융합 사상경향을 익혔다. 그는 훈종장로에게 출가하였는데, 훈종장로는 송문松門을 나오지 않으면서 경전과 계율을 읽고 익혔으므로,[73] 선수행과 함께 경전과 계율을 강조하였다. 그래서 경유는 교선융합 사상경향을 일찍부터 접하였다. 여엄도 무위사의 주종법사에게 나아가 화엄사상을 익히고 계율을 지녔는데, 뒤에 교종의 한계를 깨닫고 성주산문 무염대사의 문하에서 선종사상을 이해하는 소양을 가졌다. 수미산문을 개창한 이엄은 도응의 문하로 나아가기 이전에 가야갑사의 덕양법사에게서 화엄과 함께 경·율·론 등 삼장을 익혔고, 도견율사로부터 구족계를 받아 계율을 중시하였다. 다만 뒤에 독립된 선종산문을 개창한 점과 사무외사에 속한 다른 승려들이 모두 처음부터 교선융합 사상경향을 가졌던 점으로 미루어, 이엄도 유학하기 이전에 교선융합 사상경향을 접하였을 것

---

72 최언위, 「강진무위사 선각대사편광탑비」(앞의 책, p. 171)에 "大師謂曰 吾子歸矣 早知汝來如欲昇堂 指其宝藏 所喜者△△室家之美 △傳禪教之宗"이라 하였다.

73 미상, 「장단오룡사 법경대사보조혜광탑비」(앞의 책, pp. 163~164)에 "△△歸寂滅 冢子訓宗長老 部署門徒 不出松門 頻經槐律 此際大師年纔十五 志△期△所願 永△ …… 遂令削染 許於入室 猶剩迎門"이라 하였다.

이다. 사무외사의 교선융합사상에 대해서는 다음 기록을 통해 이해할 수 있다.

① 이때에 (道膺화상이) 가만히 慈燈을 부촉하고, 비밀리에 법인을 전해주면서 "나의 도가 동쪽으로 갔으니 慶猷 한 사람이 능히 나를 일으켰다"라고 하였다. 이른바 불도를 홍포함에 있어 어찌 가문의 귀천을 논하며, (결락) 他心을 빌려 한가로이 禪門을 바라볼 수 있겠는가? 본래 문자를 떠나 늘 心境을 생각하고 客塵을 말끔히 떨어버림으로써, 방편에 빠져 진리를 얻지 못한 우매한 사람들에게 운거의 법인을 전해 받아 해가 다시 비치기를 기약하였으니, 이것은 眞宰가 넓게 시행되는 것이라 하겠다.[74]

② 大王은 鳳筆을 보내어 (逈微를) 龍庭으로 초빙하고, 자취가 끊어진 空사상의 담론을 들어 無言의 禪理를 알고자 하였다.[75]

③ (皇甫悌恭 · 王儒 · 李陟良 · 鄭丞休는) 昭玄大統 敎訓과 쇠도 끊을 정도로 굳게 의기를 투합하였는데, 대사의 法恩에 깊이 감동하여 선과 교를 빛낸 큰 이름을 내려 청하니, 왕이 조칙을 내려 이를 허락하였다.[76]

우선 왕건은 형미를 궁으로 불러[77] 중관의 공空사상과 언설을 떠난 선종사상을 함께 들었다. 즉 왕건은 형미에게서 교선융합사상의 이치를 알고자 하였다. 이엄의 비를 세울 때 재가 제자인 황보제공 · 왕유 · 이척량 ·

---

74 미상, 「장단오룡사 법경대사보조혜광탑비」(앞의 책, p. 164)에 "於是 潛付慈燈 密傳法△ 遂曰 吾道東矣 慶猷一人 起予者商 於是乎在 所謂 廣弘佛道 何論貴賤之家 避演 (결락) 力 何假他心 閑觀此門 本離文字 每恩心境 終拂客塵 △彼偏方 迷於得理 好珮雲[居]之印 期蘇日域之流 是則眞宰勉旃"이라고 하였다.

75 최언위, 「강진무위사 선각대사편광탑비」(앞의 책, p. 173)에 "大王驟飛鳳筆 令赴龍庭 冀聞絶跡之譚 猶認無言之理"라고 하였다.

76 미상, 「해주광조사 진철대사보월승공탑비」(앞의 책, p. 129)에 "壍与昭玄大統教訓 斷金相應 染感法恩 請贈大名 以光禪教 詔曰可"라고 하였다.

77 이때의 大王이 누구인지에 대해서는 엇갈린 견해들이 있지만, 왕건으로 보아야 한다. 다만 先覺大師碑의 마지막 부분에 형미의 碑를 세울 당시에 나타난 '今上'은 惠宗으로 생각된다.

정승휴와 제자인 교훈敎訓은 교종과 선종을 아울러 빛낸 이엄의 행적을 크게 드러내줄 것을 청하였다. 이렇듯 사무외사는 교선융합사상이라는 특징을 지녔고, 그러한 특성으로 인해 왕건과 연결되었다.

이엄의 비 중에서 그의 행적이나 사상적 특징을 가장 간명하면서도 분명하게 제시한 명문銘文은 교선융합사상을 상당한 분량으로 다루어 뚜렷하게 제시하였다. 다음 기록이 이를 알려준다.

> (대사는) 선종의 嫡胤으로서 대대로 당당한 그 모습은 人中의 師子이며 세상의 法王이로다. 玄關의 문턱을 넘고자 깨달음의 나루터를 건너서 천축에서 전해온 불법을 해동의 곳곳에 전파하였네. …… 얼음 같은 자태에 눈 같은 모습으로 言說은 늘 온아하였으며, 배를 타고 노도 같은 바다를 건너 도를 묻고자 道膺의 문하로 나아갔다. 입실을 허락받아 以心傳心의 법인을 전해 받고는 道樹와 禪林을 찾아 우러르고, 험난한 바닷길로 돌아와서는 홀연히 知音을 만났다.[78]

명문은 상징적인 문구로 구성되었기 때문에 그 뜻하는 바를 간단히 지적하기는 어렵다. 이엄은 선종의 적손으로 표현되었으며 현관玄關의 문턱을 넘어 선수행을 추구하였다.

이엄의 수행은 교문의 나루터를 건너고 인도에서 전해진 불법을 해동의 곳곳에 전파하였다고 하여 교선융합사상을 상징적으로 표현해준다. 얼음 같은 자태에 눈 같은 모습, 온아한 언설 역시 그의 교선융합사상과 연관하여 생각할 수 있다. 도응의 문하에서 마음으로 전하는 선종의 심인心印을 전수받고 난 후에도 이엄은 여러 도의 나무와 선의 수풀을 두루 찾아다니며 익혔다. 도의 나무와 선의 수풀은 아마도 교종과 선종의 고승으로 비유

78 미상, 「해주광조사 진철대사보월승공탑비」(앞의 책, p. 130)에 "禪宗之胤 代代堂堂 人中師子 世上法王 玄關閫閾 覺路津梁 遠從天竺 來化海鄉 …… 氷姿雪膚 言說溫雅 乘査兮雪浪中 聞道兮雲居下 命之入室 仍以傳心 栖遲道樹 偃仰禪林 鯨津返棹 忽遇知音"이라 하였다.

될 수 있을 것이다. 또한 귀국 후에 지음知音을 만난 것은 왕건과 연결되었음을 상징적으로 표현한 내용이다. 이처럼 이엄의 수행은 선종과 교종의 여러 법문을 두루 접한 사정과 연관해서 시사성을 준다.

사무외사는 교선융합사상을 가졌지만, 그 내에 조사선사상이 부정되지는 않았다. 초기 선종에서 강조한 조사선사상은 보다 성숙되어 극히 개인주의적인 성향을 극복하는 과정에서 교종사상과의 교섭을 모색하였다. 즉 사무외사의 교선융합사상은 조사선을 바탕으로 융섭적인 사상경향을 모색해간 것으로 이해된다.

이엄의 사상을 알려주는 다음 기록에서 교선융합사상이 정립되는 면을 찾아보도록 하자.

> ① 무릇 도는 마음에 있고 事法에 있지 않으며, 나로 말미암아 얻어지는 것이지 결코 타인으로 말미암은 것이 아니다.[79]
>
> ② (대사는) 사람을 가르침에 있어 게으르지 않았으니, 마치 거울이 얼굴을 비추되 피로하지 않은 것과 같다. …… 아울러 淨行을 닦았으니, 薝蔔花와 寶樹의 圓林 속에 있는 것과 같으며 마치 栴檀이 菴蘿의 무리 속에 섞인 것과 같다.[80]
>
> ③ 대사의 풍모와 정신은 하늘로부터 받았으며 지혜는 날로 새로웠다. 날 때부터 衆妙를 알아 마음에 지녔고, 宿世부터 玄機를 심어 그 정수를 간직하였다. 事惟로 佛門으로 이끌고 微言으로 중생을 제도하여 자성의 바다로 돌아가게 하였으니, 마치 산이 빛나고 내가 아름다우면 그 빼어난 기운을 감추기 어려운 것과 같다.[81]

79 미상, 「해주광조사 진철대사보월승공탑비」(앞의 책, p. 127)에 "夫道存心 不在事法 由己不由人"이라 하였다.

80 미상, 위의 비(위의 책, p. 129)에 "所以誨人不勸 如鏡忘疲 …… 並修淨行 則知化惟薝蔔 如投宗樹之圓林 是栴檀似赴菴蘿之會"라고 하였다.

81 미상, 위의 비(위의 책, p. 129)에 "大師風神天假 智惠日新 生知而衆妙會心 宿植而玄機臟粹 所以事惟善誘譚 以微言引彼蒙泉 歸於性海 其奈山輝川媚 秀氣難逃"라고 하였다.

도가 마음에 있고 타인에게서 얻을 수 없으며 나로 말미암아 얻는다고 한 것은 자기 내에서 불성을 찾으려는 조사선사상으로 생각된다. 그러나 이엄은 도가 자기 내에서 깨닫게 된다고 표현하지 않고 마음에 있으며, 마음과 대비되는 사事나 법法에 있지 않다고 하였다. 이 점은 조사선사상이 정착되고 성숙하면서 개인주의적인 '내증內證'에서 벗어났음을 의미한다. 역설적이지만 타인에게서 얻을 수 없는 도를 깨닫는 데 사와 법의 영역까지 고려해서 넣었다. 이처럼 이엄은 조사선사상을 기본으로 하면서 보다 포용성 있게 전개시켜 '외화外化'를 고려하였다.

도는 타인으로 말미암아 깨달을 수 없다고 하였지만, 이엄은 사람을 가르치는 것을 게을리 하지 않았고 아울러 정행淨行을 닦았다. 이런 면은 교종의 수행을 생각하게 한다. 이엄은 풍모와 정신을 본성에서 나온 것으로 보면서도 날로 지혜가 새로워졌다고 하였다. 그는 날 때부터 선기禪機를 지녔지만 중생을 이끌 지혜를 마음에 지녔고 또한 미언微言과 지혜로 중생을 불문佛門으로 이끌어 모두가 자성의 바다로 돌아가게 하였다. 즉 이엄은 선기에 의한 조사선사상에 의거하면서도 중생을 교학의 가르침으로 이끌었다. 이것은 교선융합 사상경향으로 볼 수 있는데 이엄뿐만 아니라 사무외사는 모두 교선융합 사상경향을 가졌다.

사무외사는 일찍이 선종과 교종사상 모두를 접한 경험을 가졌으며, 선종사상과 교종사상의 교섭 문제를 해결하고자 유학하여 도응의 문하에서 수학하고 법인을 받아왔다. 당시 도응은 교선융합사상을 가진 것으로 알려졌으므로 그의 법인을 받아온 사무외사 역시 교선융합 사상경향을 가졌다.

(4) 사무외사 선종사상의 사회적 성격

나말려초에는 교선융합사상이 서서히 성립되었다. 왕건의 선대세력과 결합된 순지順之는 물론 왕건과 연결된 현휘나 탄문坦文의 불교사상도 교선융합사상을 가졌다. 그중 순지와 현휘는 물론 선종 승려였고, 탄문은 화엄종 승려로서 교선융합사상을 성립시켰다. 사무외사는 도응의 선종사상을 전수받았으므로 기본적으로는 선종의 입장을 보다 강하게 견지하면서 교선융합 사상경향을 지녔다.[82]

선종의 입장에서 교종사상을 융합하려는 사상경향은 원래 지방의 대호족세력이 주위의 군소 지방세력을 통합해가는 사회 분위기 속에 성립되었다. 이것은 '내증외화內證外化' 사상으로 집약되는데 유력 호족세력에게 유용하였다. 사무외사보다 시대가 조금 빠른 순지는 선종을 중심으로 화엄사상과 법화사상을 융섭하였으며, 왕건의 선대세력과 연결되었다.[83]

화엄종이 중심이 되어 선종사상을 융섭하려는 사상경향은 왕실이 전통적으로 선종사상보다는 화엄사상에 더 매력을 느꼈으므로, 고려초기에 왕권이 안정되어 보다 강화되는 가운데 퍼져나갔다. 탄문은 왕건과 연결되었지만 광종 때에 가장 왕성하게 활동하였다. 그러므로 그의 교선융합사상은 광종 때의 정치·사회 상황과 연결시켜 이해해야 한다.

다만 교선융합사상 자체는 후삼국의 혼란을 통합하면서 통일 고려국가를 건설하는 과정에서 성립되었고, 실제로 왕건의 통일정책인 호족연합정책과 밀착되었다.[84] 그중에서도 사무외사의 교선융합사상은 바로 왕건의 연립적인 통일사상으로 나타났다. 이처럼 사무외사의 교선융합사상은

---

82 사무외사 중 여엄·경유·형미는 선종의 입장을 보다 강하게 견지하였다. 다만 이엄은 西學하기 이전에는 화엄종과의 관계만이 알려져 있고 선종사상을 접하였는지는 분명하지 않다. 그러나 그는 도응의 법을 받아왔고, 고려초에 須彌山門을 개창한 것으로 미루어 선종의 입장을 견지하면서 性相融會사상을 주장하였다고 생각된다.

83 김두진, 「了悟禪師 順之의 禪思想—그의 三遍成佛論을 中心으로」, 『역사학보』 65, 1975, pp. 50~51.

84 김두진, 「현휘(879~941)와 탄문(900~975)의 불교사상—고려초의 교선융합 사상과 관련하여」, 앞의 책, pp. 406~411.

대호족의 입장을 고려하는 성향을 지녔기 때문에 왕건과 연결되었다. 사무외사가 왕건 외에 대호족인 황주의 황보씨나 충주의 유씨 세력과 연결된 것이 이를 알려준다.

사무외사의 교선융합사상은 주로 선종사상과 화엄사상의 교섭에 관심을 두었다. 이 점이 같은 선종 승려인 순지나 현휘의 교선융합사상과 다른 면이다. 현휘는 선종사상과 함께 화엄사상과 법상종法相宗사상을 융섭한 성상융회性相融會사상을 아우르고자 하였고, 그것은 비슷한 시기의 법안종法眼宗사상이나 고려후기의 태고太古와 나옹懶翁의 사상으로 이어질 수 있었다.[85] 그러나 사무외사의 사상 속에는 성상융회적 사상이 강하게 들어있지는 않았다.[86] 사무외사는 왕건과 연결되어 국가 정책을 건의하였는데, 유교적인 시책에 더 가까운 경우도 있었다. 사무외사가 왕의 부름에 기꺼이 응하여 자주 왕실에 나아가 정책을 건의한 사실은 다음 기록에서 읽을 수 있다.

> 今上(王建)이 대사의 도가 천하에 으뜸이며 명성이 해동을 뒤덮었음을 듣고, 직접 만나 뵙고자 鶴版을 보냈다. 대사가 대중에게 이르기를 "王土에 거주하는 자가 감히 왕명을 거역할 수 있겠는가? 조정에 나오라고 하는 것은 고문으로 付囑하였기 때문이므로 나는 서울에 가려 한다"라 하고 곧바로 서울로 떠났다.[87]

이엄은 왕건이 조서를 내려 부르자 바로 조정에 나아갔는데, 왕실에서

---

85 김두진, 「현휘(879~941)와 탄문(900~975)의 불교사상」, 앞의 책, pp. 415~419.

86 최언위, 「강진무위사 선각대사편광탑비」(앞의 책, p. 174)에 "卽色非色 惟名假名 雖云方便 祇爲衆生"이라 하여, 色과 非色을 같이 파악하였다. 그러나 이것은 色과 空을 같이 파악하는 것은 아니다. 형미 외의 다른 사무외사에게서 성상융회적 사상경향을 찾기는 어렵다.

87 미상, 「해주광조사 진철대사보월승공탑비」(앞의 책, p. 127)에 "今上聞大師 道高天下 聲盖海東 相對龍頣 頻飛鶴版 大師謂衆曰 居於率土者 敢拒綸音 儻邃朝天者 須霑顧問 付囑之故 吾將赴都 所以便逐皇華 來儀帝壤"이라 하였다.

그의 역할은 고문으로 부촉付囑을 받아 정책을 건의하는 것이었다. 왕건은 일찍부터 승려와 결연을 맺었는데, 그 이유는 그들과 실질적으로 연결되었던 지방호족과 결합하기 위해서였다.[88] 왕건은 왕이 되기 이전에는 몸소 승려들을 찾아가 만나서 돈독한 연결을 맺었지만, 왕이 된 이후에는 조서를 내려 서울로 불러들였다.[89]

사무외사가 왕건과 결합한 이유도 이러한 양상에서 찾아야 한다. 그들은 왕건과 결합하기 이전에 대호족과 연결되었으므로, 왕건은 이들을 통해 대호족과의 연합을 공고히 하였다. 그러나 고려가 삼한을 통합한 이후가 되면 왕건은 승려들을 통해 지방호족과 연결할 필요가 없었다. 이제 그는 승려들로부터 조언을 받아 정책을 수립하여 시행하고자 하였다. 삼한 통일 이전에도 왕건은 승려들로부터 민심을 교화할 방도를 구하였다. 왕건이 사무외사를 왕실로 부른 이유는 바로 여기서 찾을 수 있다.

왕실에 나아간 사무외사는 왕건에게 치국의 방도를 제시하였다. 이엄이 왕건과 만나는 다음 기록에서 이를 확인할 수 있다.

> ① 과인이 일찍이 부처에 힘입어 가만히 자비의 마음을 일으켰으나, 완악한 도적의 무리를 방치하면 자신까지 망치게 될까 두렵습니다. 대사께서는 만리의 먼 길을 마다하지 않고 오셨으니, 삼한을 교화하고 전쟁에 휩싸인 강토를 구제하기 위한 좋은 말씀을 들려주시기 바랍니다.[90]
>
> ② 무릇 제왕과 필부의 닦을 바가 각각 다르지만, (임금께서는) 비록 군사를 동원하여 싸울 때에도 항상 백성을 불쌍히 여기십시오. 왜냐하면 왕이란 본래 四海로 집을 삼고 萬民을 자식으로 삼아, 무고한 무리를 죽이지 말고 죄 있는 자

---

88 김두진, 「왕건의 승려결합과 그 의도」, 앞의 책, p. 141.

89 김두진, 위의 논문, 위의 책, pp. 137～140.

90 미상, 「해주광조사 진철대사보월승공탑비」(앞의 책 p. 127)에 "寡人曾蒙佛誠 暗發慈心 恐遺玩寇之△ 仍致危身之禍 大師不辭萬里 來化三韓 救爇崑崗 昌言有待"라고 하였다.

를 벌해야 합니다. 그러므로 선을 행하여 받드는 것이 널리 중생을 제도하는 길입니다.[91]

③ 사형할 죄인을 구하여 그 죽이는 시기를 완화하고 모든 生靈들을 불쌍히 여겨 도탄에서 벗어나게 하였으니, 이는 곧 대사의 교화로 말미암은 것이다.[92]

왕건은 이엄을 만나 불교의 교훈으로 삼한을 교화할 수 있는 방책을 물어, 완악한 도적의 무리를 퇴치하고 전쟁에 휩싸인 나라를 구제하려 하였다. 왕건이 이엄을 만나 자문을 구할 당시에는 아직 삼한이 통일되기 이전이었다. 견훤을 비롯한 여러 세력이 뒤엉켜 다투면서 혼란이 가중되고 있었고, 그것은 항우項羽와 유방劉邦이 서로 다툴 때의 혼란과 비교되었다.[93] 왕건은 혼란을 통합하기 위해 불교 승려와의 결연을 모색하였고, 그중 사무외사 등의 사상경향은 왕건의 통일 정책을 수립하는 데 이념적인 도움을 주었다.

왕건은 불교의 교훈으로 삼한의 민심을 교화하고자 하였다. 왕건은 후백제를 평정한 후 귀순해온 자와 백성을 교화하고 민심을 수합하기 위해, 연산連山에 개태사開泰寺를 창건하고 직접 원문願文을 지었다. 원문에는 어려운 시기에 천명을 받아 삼한을 통일함으로써 백성들을 도탄에서 구한 것과 함께, 귀순자를 포용하고 조금이라도 백성들을 상하게 한 바가 없음을 강조하였다. 이것은 왕건이 통일정책을 수행하면서 민심 수합에 얼마나 많은 관심을 가졌는가를 짐작하게 한다.[94]

---

91 미상, 「해주광조사 진철대사보월승공탑비」(앞의 책, pp. 127～128)에 "且帝王與疋夫 所修各異 雖行軍旅 且愍黎元 何則王者以四海爲家 萬民爲子 不殺無辜之輩 論有罪之徒 所以諸善奉行 是爲弘濟"라고 하였다.

92 미상, 위의 비(위의 책, p. 128)에 "所以救其死罪 時緩虔劉 憐我生靈 出于塗炭 此則大師之化也"라고 하였다.

93 미상, 위의 비(위의 책, p. 127)에 "他時乘閑之夕 略詣禪扉 問曰 弟子恭對慈顔 直申素懇 今則國讎稍擾 隣敵交侵 猶似楚漢相持 雄雌未決 至於三紀 當備二兇 雖切好生 漸深相殺"이라 하였다.

94 김두진, 「왕건의 승려결합과 그 의도」, 앞의 책, pp. 150～151.

사무외사는 연립적인 통일사상뿐만 아니라 민심을 교화하는 정책도 건의하였다. 왕건과 만난 이엄은 널리 중생을 구할 방도를 제시하였다. 그는 비록 제왕과 백성의 길이 다르지만 왕이 백성을 긍휼히 여겨야 한다고 강하게 주장하였고, 무고한 자를 살리고 죄 있는 자를 벌하게끔 형벌을 온당하게 적용할 것을 건의하였다. 그 결과 죄 없는 자를 살리고 백성들을 도탄에서 구하였다. 왕건은 이처럼 불교의 가르침으로 민심을 수습하려 하였는데, 경유를 왕사로 모신 것도 이러한 정책과 연관되었다.

왕건은 경유에게 항상 몸을 낮추어 귀의하였고 백성을 다스리기 위한 가르침을 구하였다.[95] 경유 역시 이엄과 마찬가지로 백성을 널리 제도하기 위해 민심을 교화하려는 건의를 올렸다. 경유는 교학의 진여眞如를 추구하면서도 또한 자기 내의 불성을 깨친 이른바 교선융합 사상경향에 정통하였고, 불법의 가르침을 통해 국왕의 교화를 도왔다.[96] 사무외사가 왕건에게 불교의 가르침으로 정책을 건의하였다고는 하지만, 그 내용은 삼한을 통합하면서 어그러진 민심을 수습하려는 것이었다. 자연히 구체적인 시정의 모습은 유교 이념을 포용하는 것으로 나타나기도 하였다.

이엄은 형벌을 온당히 할 것을 건의하였고, 그러한 근거로 왕은 만민의 아버지라는 유교적인 이념을 도입하였다. 이처럼 사무외사의 정책 건의는 유교적 이념을 포용하였는데, 다음에서 이를 보다 분명히 알 수 있다.

> 대사가 용안을 대하여 이르되 "나라가 부강하고 백성이 편안해지는 것은 결코 양보할 수 없으며, 堯임금의 仁과 舜임금의 德은 오직 중국 三代에 행해진 것과 같게 펴야 합니다"라고 하였다. 임금이 말하기를 "三皇과 五帝 때의 태평성

---

95 미상, 「장단오룡사 법경대사보조혜광탑비」(앞의 책, p. 165)에 "每廻稽首 恭申瑟之儀 常以鞠躬猥罄 摳衣之禮 所以屢祈警誡 更切歸依 待以王師"라고 하였다.

96 미상, 위의 비(위의 책, p. 166)에 "冠薰修於正覺 超應化於眞如 況又曾聽玉音 夙傳金口 可謂禪山蘊△△ 資△△之夙 慧△△慈△ 助△△王之化"라고 하였다.

대가 박덕한 과인의 세대에 어떻게 맞겠는가"라고 하였다.[97]

나라가 부강하고 백성이 안주하는 이념을 요堯와 순舜임금의 인仁과 덕德 또는 삼황오제三皇五帝 시절의 태평성대에서 구하였다. 그런가 하면 왕건 역시 자신의 통치시대를 삼황오제와 비견되는 태평성대로 구현하려는 의도를 가졌다.

이엄은 유교적 소양을 지녔고, 도응의 법인을 받은 이후에는 중국의 여러 법문을 두루 찾아다니면서 교법教法을 익혔다. 뿐만 아니라 그는 각 지역의 통치자를 알현하고는 그곳의 풍속을 관찰하는가 하면 백성을 다스릴 방도를 모색하였다.[98] 이런 면은 사무외사가 공통으로 가졌던 경험으로 생각된다. 그렇지만 사무외사의 교선융합 사상경향은 이러한 다양한 경험들을 모두 포함하여 성립하였다기보다는, 엄격히 말해 선종사상의 입장에서 화엄사상을 특별히 강조하여 융섭하였다.

왕건과 연결된 선사들이 교선융합 사상경향을 주장하여 연립적인 통일사상을 펴려고 할 때 강조한 것은 역시 일심一心사상이었다. 행적·찬유璨幽·현휘의 사상에서 일심이 강조되었고[99] 사무외사도 일심사상을 내세웠다. 다음 기록에서 이런 면을 이해해보자.

일찍이 藏經을 보고 僧史를 살펴보니, 宋의 武帝가 적을 평정할 때 覺賢이 정성으로 도왔고, 隋의 文帝가 지방을 살필 때 法瓚이 따라다녔다. 一心으로 法을

97 최언위, 「지평보리사 대경대사현기탑비」(앞의 책, pp. 132~133)에 "奉對龍顏曰 國富安民 不讓於肯庭之境 堯仁舜德 唯侔於華夏之朝 上對曰 三五之時 太平之運 寡人虛薄 何以當之"라고 하였다.

98 미상, 「해주광조사 진철대사보월승공탑비」(앞의 책, p. 126)에 "師不勞圯上之期 潛受法王之印 以後嶺南河北 巡禮其窣堵波 湖外江西 遍參其諸善知識 遂乃北遊恒岱 無處不遊 南抵衡廬 無山不秪 謁諸侯而獻刺 投列國以觀風 四遠參尋 遍於吳漢"이라 하였다.

99 김두진, 「현휘(879~941)와 탄문(900~975)의 불교사상—고려초의 교선융합 사상과 관련하여」, 앞의 책, pp. 398~399.

중시함은 천 년 동안 같이 나타났다.[100]

물론 여기의 일심一心이 깨달음의 주체로서 나타난 것은 아니지만, 사무외사와 마찬가지로 교선융합 사상경향을 가진 현휘는 일심을 아는 것이 정각正覺에 이르고 성도成道하는 길이라고 하였다.[101] 중국의 도응이 일심을 강조한 점으로 미루어 사무외사 역시 일심사상을 중시하였을 것으로 생각된다.

도응의 사상은 일심사상이 화엄사상과 연결될 수 있는 성격을 가졌다. 만법萬法이 일심으로 모아지고 일체의 성性이 일심으로 된다고 하는 것이 이를 알려준다. 삼라만상을 초월하여 존재하는 덕德이나 일체의 굴레에서 벗어나 천인千人이나 만인萬人이 얻는 도도 결국은 자기 내에 존재하는 데 불과하다. 도응은 먼 옛날의 오래된 일은 지금의 시점으로 모아지기 때문에, 옛일을 알려면 지금을 알아야 한다고 하였다. 이것은 하나 속에 일체를 포함시키는 화엄사상으로 연결된다.[102] 도응의 법인을 받아온 사무외사의 교선융합 사상경향은 선종사상을 중심으로 화엄사상을 통합하려는 것이지만, 하나 속에 일체를 통합하려는 성격을 가졌다.

선종은 모든 중생이 동일한 진성眞性을 가졌기 때문에 각자가 가진 진성 즉 불성을 깨우치게 하였다. 사무외사의 교선융합 사상경향은 하나 속에 일체를 통합하려는 성격을 가졌는데, 이 경우 융섭되는 일체의 성性이나

---

100 미상, 「장단오룡사 법경대사보조혜광탑비」(앞의 책, p. 165)에 "會覿藏經 仍窺僧史 宋武平敵 覺賢遂附鳳之誠 隋文省方 法瓚膺從龍之△ 一心重法 千載同符"라고 하였다.

101 최언위, 「忠州淨土寺 法鏡大師慈燈塔碑」(『조선금석총람』 권상, p. 150)에 "若正覺道成 知一心之可得"이라 하였다.

102 慧洪, 『禪林僧寶傳』 권6, 雲居宏覺道應禪師전(圓徹, 『譯註禪林僧寶傳』, 장경각, 1999, p. 200)에 "其德超於萬類 脫一切羈鏁 千人萬人得 尙道不當自己 如今若得 共起初一般"이라 하였고, 같은 책, p. 201에는 "欲知久遠事 祇在如今 如今若得 久遠亦得 如人千鄉萬里歸家 行到卽是 是卽一切總是 不是卽一切總不是"라고 하였다.

여러 법상이 동일하게 파악되었다. 사무외사의 사상에서 이런 면을 찾을 수 있는데, 다음 기록을 주목해보자.

> 선을 좇는 무리는 부르지 않아도 스스로 모여들었고, 사람을 가르침에 권하지 않고 홀로 깨우치게 하였다. 어떤 사람이 대사에게 묻기를 "힘써 清流하면 어떻게 됩니까"라고 하였다. 대사가 답하기를 "힘쓴 후에는 어떤 일이 생기는가"라 하니, 대답하기를 "대개 같이 清流하게 됩니다"라고 하였다. 대사가 이에 입실을 허용하였다.[103]

여엄과 어떤 사람과의 대화는 화두話頭로 되어 있어서 내용을 정확하게 파악하기는 어렵다. 아마 그것은 여엄의 문하에 모였던 문도의 모습을 언급한 듯하다. 그들은 선행을 추구하는 자로서 청류清流한 성격을 가졌다. 여엄은 열심히 힘쓴 후에는 모두가 청류한 성격을 갖는다고 하였다. 경유가 일심으로 법을 중시함은 천 년 동안 같이 나타났다고 주장한 것도 같은 맥락에서 이해된다. 즉 사무외사의 교선융합 사상경향은 왕건이 삼한을 통합하는 데 유용한 연립적인 통일사상을 제공하였다.

선종을 중심으로 화엄사상을 융섭하려는 교선융합 사상경향은 사무외사뿐만 아니라 굴산문의 선종사상에도 나타났다. 굴산문의 선종사상은 화엄사상의 내용을 상당히 흡수하여 성립된 것이다. 다만 굴산문의 선종사상은 화엄사상과의 교섭에 한정된 데 반해, 사무외사의 교선융합 사상경향은 선종사상과 화엄사상의 교섭 문제가 주였지만 그 밖에 유학사상 등 다른 법문의 사상에 대해서도 유념하였다.

---

103 최언위, 「지평보리사 대경대사현기탑비」(앞의 책, p. 133)에 "所以從善之徒 不呼而集 誨人不勸 善誘孜孜 有人門大師 酌盡清流時如何 師答盡後事作摩生 對曰 豈同清流者 大師乃許之"라고 하였다.

2. 고려 광종대 법안종의 등장과 그 성격

(1) 광종대 불교사상의 변화

광종대는 고려초의 지방호족세력이 일단 정리되는 시기라는 점에서 이 시대의 정치 · 사회에 대한 관심이 고조되었다. 그 결과 광종에 관한 집중적인 연구가 많이 나왔는데[104] 그럼에도 불구하고 광종대 연구는 아직도 해결해야 할 많은 문제를 안고 있다. 광종대의 불교도 그런 문제 중의 하나이다. 이미 광종대 전제정치와 연관하여 균여均如의 성상융회性相融會사상이 밝혀진 바 있다.[105]

그러나 광종대에는 성상융회사상만 유행한 것은 아니다. 광종대의 불교는 화엄종 이외에도 법안종 혹은 선종까지 얽혀 복잡한 양상을 띠면서 전개되었다. 그런 와중에 광종이 불교에 지대한 관심을 나타내자, 불교는 당시의 정치 · 사회와 더욱 밀접하게 연결되었다. 최승로崔承老가 광종대의 정책을 평하면서 불교를 가장 끈질기게 비판한 것을 보아도[106] 불교가 당시의 정치 · 사회에 얼마나 깊이 관여하였는가를 짐작할 수 있다.

광종대의 불교를 정리하려면 몇 단계의 시기로 나누어 고찰할 필요가 있다. 우선 사회의 변화와 연결시켜 특성별로 나누어보자. 그런데 광종대는 이미 세 시기로 나누어 서술된 바 있다. 첫째는 광종 즉위년에서 6년에 이르는 시기, 둘째는 광종 7년에서 11년에 이르는 시기, 셋째는 광종 12년에서 26년에 이르는 시기이다.[107]

광종 즉위년부터 약 7년간에 해당되는 광종 6년까지는 왕권강화책을 단

---

104 李基白 編, 『고려광종연구』, 일조각, 1981.

105 김두진, 「균여의 성상융회 사상」, 『역사학보』 90, 1981.

106 이기백 편, 위의 책, 序 참조.

107 河炫綱, 「豪族과 王權」, 『한국사』 4, 고려 귀족사회의 성립, 국사편찬위원회, 1974, p. 130.

행하기에 앞서 기초를 닦은 시기이다. 광종 7년에서 11년에 이르는 시기에는 전제개혁정치를 단행하기 위한 제도적 장치가 마련되었고, 광종 12년에서 26년에 이르는 시기에는 호족세력에 대한 대대적인 피의 숙청이 단행되었다. 그런데 마지막인 광종 12년에서 26년에 이르는 시기는 광종 19년(968) 법안종의 등장과 연관시켜 다시 둘로 나누어 생각할 수 있다.[108] 비록 광종 11년부터 자의적인 숙청이 단행되지만, 광종 19년 이후가 되면 광종대 전제정치에 비판적이던 강호强豪들의 세력이 점차 회복된 듯하다. 광종대 불교사상의 변화는 이러한 사회 변화와 관련되기 때문에 대체로 상기한 네 시기로 나누어 설명될 수 있다.

광종의 전제정치와 불교는 서로 깊이 연관되었다. 오조정적평五朝政績評에서 최승로는 광종의 치적을 다음과 같이 총평하였다.

> 그 위에 佛事를 맹목적으로 믿고 法門을 과중히 하여, 일상적으로 행하는 齋設이 이미 많은데 별도로 원하는 焚修가 적지 않았습니다. 오로지 壽福을 구하여 단지 기도만을 일삼으니, 한정된 재력으로 무한한 인연을 맺고자 하였습니다(『高麗史』 권93, 崔承老전).

최승로가 광종이 불교를 맹신하여 교단 행사를 과중히 한 것을 지적한 글이다. 대체로 광종대의 정치를 비판한 최승로의 입장을 생각한다면, 오히려 이 기록은 광종의 불교에 대한 깊은 관심을 알려준다. 한편 광종은 "참소讒訴를 믿고 사람을 많이 죽였으므로 마음속에 스스로 의심을 품고 죄악을 소멸하고자 널리 재회齋會를 베풀었다"(『고려사高麗史』 권2, 광종 19년조)라고 하였다. 전제정치가 진행되어 강호들에 대한 숙청 작업이 한창

108 김두진, 「고려 광종대의 專制王權과 豪族」, 『韓國學報』 15, 1979, pp. 75~77. 광종 12년에서 광종 26년에 이르는 시기는 다시 광종 12년에서 광종 18년과 광종 19년에서 광종 26년에 이르는 두 시기로 나눌 수 있다.

이던 시기에 광종은 불교를 더욱 맹목적으로 믿고 불교도량을 과중하게 베풀었다.

광종은 전제정치를 도울 이념을 불교사상에서 구하였으므로 즉위하면서부터 불교에 깊은 관심을 가졌다. 비록 전제개혁정치는 광종이 즉위하고 약 10년이 지난 후에야 본격적으로 행해지지만 이를 위한 제도적 장치는 이미 그 이전에 구상되었다. 즉위하기까지 처참한 왕위계승의 난을 경험한 광종은 지방호족세력을 제거할 필요를 통감하였다. 현실적으로 당시 가장 유력한 호족세력이었던 충주 유씨와 황주 황보씨 세력을 지지기반으로 가졌던 광종은 전제정치의 꿈을 실현시키는 데 유리한 위치에 있었다.

즉위할 당시에 광종의 불교에 대한 관심은 증진證眞 찬유를 부르는 다음 기록에서 알 수 있다.

> 今上(光宗)이 왕위를 이어 나라를 다스림에 거울을 잡아 龍邦의 俗을 비추고 篪를 불어 鷲嶺의 風을 넓게 퍼뜨림으로써, 더욱 聖功을 드러내고자 부처의 교화를 숭상하였다. 대사는 心王의 妙訣을 열어서 覺帝의 微言을 드날렸다.[109]

광종은 왕위에 오르면서 나라의 법속을 바로잡고자 하였고, 그래서 취령鷲嶺의 유풍, 즉 불교를 널리 퍼뜨렸다. 말하자면 '성공聖功'을 드러내고자 불교의 교화를 더욱 받들었다. 그런데 부처의 교화를 숭상하면서 드러내려던 '성공'은 나라의 법속을 바로잡는 것으로 이해된다. 즉 '성공'은 전대로부터 왕업을 이은 것과 스스로 제왕의 덕을 갖추었음을 나타낸다.

광종이 찬유를 불러 제왕의 덕을 갖추려 하자, 대사는 심왕心王의 묘결妙訣과 각제覺帝의 미언微言을 들려주었다. 비록 찬유의 설법에서 '심왕'과

109 金廷彦, 「驪州高達寺 元宗大師惠眞塔碑」(『조선금석총람』 권상, p. 210)에 "今上當璧承基 垂衣理國 握鏡炤龍邦之俗 吹篪弘鷲嶺之風 益顯聖功 增崇佛化 大師演心王之妙訣 宣覺帝之微言"이라 하였다.

'각제'는 비유적인 의미로 쓰였지만 그 표현에 주목하지 않을 수 없다. 이것은 글자의 의미가 알려주는 바대로 제왕의 덕업德業과 치국의 묘책을 담은 것으로 생각된다. 이처럼 즉위할 당시에 광종의 불교에 대해 관심은 치국의 방도를 구하기 위해 나타났다.

광종이 초기에 불교를 통해 나라를 다스릴 방도를 구한 이유에 대해 살펴보자. 우선 광종은 불교 이념을 통해 왕위계승의 정당성을 표명하였다. 호족연합세력으로 구성된 고려국가는 피비린내 나는 왕위계승난을 겪었다. 광종 역시 즉위하기까지 왕건 소생인 왕자들 간의 왕위계승 다툼을 겪었는데 실제로는 이들과 연결되었던 호족들 상호 간의 세력 다툼이 전개된 것이었다. 광종은 정종으로부터 선양禪讓을 받아 즉위하였지만, 어디까지나 그것은 왕위계승 싸움에서 승리한 결과의 소산이었다.

광종은 왕위계승의 정당성을 표명하기 위해 당시 가장 보편적인 관념체계였던 불교 이념을 통해 목적을 달성하려 하였다. 탄문을 서울로 부르면서 광종은 '어제莅昨의 현공玄功'을 선양해줄 것을 바랐다.[110] 즉 광종은 왕위를 이은 숨은 공덕이 자신에게 있음을 탄문을 통해 정당화하려 하였다. 이처럼 광종은 자신의 왕위계승이 바람직하고 필연적이라는 것을 불교 이념에서 끌어내려 하였다.

광종은 또한 보편적인 법을 내세우는 불교 이념을 치국의 방도로 연결시키려고 하였다. 왕실을 중심으로 한 집권적인 권력 체계를 구상하였던 광종은 그 근거를 불교 이념에서 구하였다. 부파部派불교는 전통적으로 치자治者인 왕자王者 계급의 종교이므로, 불교에서 법왕法王의 도道는 치국의 도와 구별되지 않는다.[111] 따라서 불교는 삼국시대에 수용된 이래 대체로

---

110 김정언, 「海美普願寺 法印國師寶乘塔碑」(『조선금석총람』 권상, pp. 226~227)에 "願宣莅昨之玄功 講化邦之妙法"이라 하였다.

111 高崎直道, 「古代 インドにおげる 身分と 階級」, 『古代史講座』 7, 1963, 第四章 古代 專制國家成立期の 階級構造 참조.

왕실과 긴밀한 관계를 유지하였다. 특히 화엄사상은 왕실의 전제주의적 욕구를 충족시켰고, 불교의 계율은 유교의 예禮와 같아 국가의 통치 질서 확립에 필요하였다.[112] 통일신라 이래 교학 불교에서 계율이 강조된 이유를 바로 여기서 찾을 수 있다. 통일 고려국가가 성립되면서 지금까지 선종세력에 가려 빛을 보지 못하던 계율을 강조하는 특성을 가진[113] 법상종이 미약하지만 점차 대두하였다.

불교는 전래되어 고려초에 이르기까지 교단세력을 확장해가면서 지방의 강력한 호족세력과 연결되기도 하였다. 신라하대에 유행한 선종은 대부분 지방호족과 연결되었는데, 호족연합책으로 통일 고려국가를 이룩한 왕건은 이들과 연결되었던 사원세력을 규합하고자 노력하였다.[114] 반면 광종의 전제정치는 지방의 강호를 억압하려는 것이어서, 자연 이들과 연결된 사원세력을 어떤 형태로든지 규제하고자 하였다. 따라서 고려초기까지 크게 유행한 선종구산문은 모두 광종에게 환영받지 못하였다.

광종의 불교에 대한 관심은 선종보다는 교종, 즉 화엄종으로 쏠렸다. 다만 고려초의 구산선문은 현실적으로 상당한 세력을 형성하여 통일신라시대 이래 교종 교단에서나 볼 수 있었던 대규모 선승禪僧대회를 열었다.[115]

---

112 李奎報, 「律業首座 都行官誥」, 『東文選』 권27에 "儒以禮而約 人倫如帛之邊幅 釋用律而維持佛敎 猶水之隄防 有得究毗尼而守焉"이라 하였다.

113 김두진, 「高麗初의 法相宗과 그 思想」, 『韓沽劤博士停年紀念 史學論叢』, 知識産業社, 1981, pp. 224～228.

114 김두진, 「왕건의 승려결합과 그 의도」, 『韓國學論叢』 4, 1981, pp. 135～152.

115 이규보, 「龍潭寺叢林會」, 『東國李相國集』 권25에 "及我太祖 肇基王業 篤崇禪法 於是 刱五百禪宇於中外 以處納子 間歲設談禪大會於京師 所以鎭北兵也 九山釋子 先其會一年 各以其山門占斷外方之伽藍而開法會 涉冬節 是之謂叢林"이라 하였다. 왕건은 고려국가를 건립한 후 개경에서 談禪大會를 열었다. 본래 言說이 필요하지 않은 선종에서는 說法대회를 개설할 필요가 없으나, 고려초에는 선승들도 교단세력의 단합을 위해 叢林과 같은 담선대회를 열었다. 이러한 대규모 선승들의 모임은 선종 교단세력의 확장과 연관된다. 신라하대 이래 세력을 키워온 선종 사원은 고려초기까지만 해도 지방세력으로 溫存하였다. 그래서인지 심지어 九山門의 선승들은 각기 그 문도별로 1년에 한 번 정도 모임을 가졌을 뿐만 아니라 外方의 절을 무단으로 점거할 정도로 세력을 확장하기에 여념이 없었다.

이러한 대규모 선승대회는 신라말에 시작된 백좌통설선교百座通說禪敎대회의 전통을 이은 것이지만,[116] 한편으로 이 시기 선종 교단의 세력이 강하였음을 추측하게 한다. 따라서 즉위 시의 광종은 그때까지 커다란 영향력을 행사하던 선종을 도외시할 수는 없었다. 다음에서 이러한 광종의 입장을 이해할 수 있다.

광종이 九天의 位를 이어받으니 功이 높아 극에 닿고 業이 盛해 터전을 마련하였다. 장차 東土의 사람들을 안정시키고자 西乾의 敎를 심봉하였다. 君道로 庶政을 닦아 僧田에 많은 복을 심고, 禪河에 定水를 떠서 宸澤에 慈波가 퍼지게 함으로써 楞迦의 門이 크게 개발되었다.[117]

즉위한 광종은 군도君道와 승도僧道를 일치시키기 위해 불교에 관심을 표명하였는데, 그러한 관심은 현실적으로 선종에 대해 나타났다. 즉 선종으로 인해 국내에 불법이 퍼져서 능가楞迦의 교문을 크게 개발한다고 하였다. 광종의 선종에 대한 관심은 당시 선종산문의 세력이 미약하지 않았다는 데서 찾아진다. 즉위한 후 광종은 다음과 같이 선종에 대한 관심을 표명하였다.

① 광종 원년(950)에 璨幽를 서울의 舍那院으로 불러 국사로 봉하고 香火의 인연과 師資의 禮를 맺었다.[118]

② 광종 2년(951)에 兢讓을 護國 帝釋院으로 불러 머물게 하고는, 그 다음 해

---

116 『三國遺事』 권2, 紀異 제2 景哀王조에 "第五十五 景哀王卽位同光三年 甲辰二月十九日 黃龍寺說百座說經兼飯禪僧三百 大王親行香致供 此百座通說禪敎之始"라 하였다.

117 李夢游, 「聞慶鳳岩寺 靜眞大師圓悟塔碑」(『조선금석총람』 권상, pp. 202~203)에 "光嗣九天之位 功高立極業盛承基 將安東土之人 深奉西乾之敎 勤庶政於君道 種多福於僧田 斟定水於禪河 泛慈波於宸澤 楞迦之門大啓"라고 하였다.

118 김정언, 「여주고달사 원종대사혜진탑비」(앞의 책, p. 211).

에 산문으로 돌려보냈다. 이후 왕의 사자가 산문을 왕래하였다.[119]

③ 광종 2년 太安寺에 廣慈大師碑가 건립되었다.[120]

④ 광종 5년(954)에 崔仁滾이 찬술한 行寂의 碑를 세웠다. 이때에 문생인 金允正이 修錄한 대사의 행적을 참고하여 法孫인 純白이 後記를 찬술하여 덧붙였다.[121]

⑤ 광종 9년(958)에 洞眞 慶甫大師碑를 건립하였다.[122]

⑥ 광종 16년(965)에 靜眞 兢讓大師碑를 건립하였다.[123]

광종대 구산선문 중에서 활동양상을 알려주는 것은 상기한 봉림산문의 찬유와 희양산문의 긍양, 그 밖에 비가 건립되는 동리산문과 굴산문 등이다. 다만 탑비는 문도들의 활동으로 세워지기 때문에 광종과는 직접적으로 관련되지 않는다. 그러나 찬유를 국사에 봉하고 긍양을 서울로 부른 것은 광종의 불교 정책과 연결된다.

광종은 구산선문 모두에 관심을 가지기보다는 그중 봉림산문과 희양산문에 특히 관심을 가졌다. 광종은 즉위하면서 우선 점차 왕권을 강화해갔는데, 그러한 포부를 펴는 데 이 두 산문의 사상경향이 다른 산문에 비해 훨씬 그의 구미에 맞았기 때문이다. 찬유나 긍양의 사상은 왕권과도 연결될 가능성을 가졌다. 이는 찬유와 광종의 대화에서도 알 수 있다.

대사의 호수 같은 마음에 달이 비추고 머리 위에 구름이 없으니, 一心으로 妙覺의 風을 선양함에 千眼이 大慈悲의 化를 보게 되었다. 上(光宗)이 이에 크게 기뻐하여 말하기를 "제자가 玄言을 듣고 도에 도달하였으며 妙旨를 이어 미묘

119 이몽유, 「문경봉암사 정진대사원오탑비」(앞의 책, pp. 203~204).

120 孫紹, 「谷城大安寺 廣慈大師碑」(『조선금석총람』 권상, p. 181).

121 崔仁滾, 「奉化太子師 郎空大師白月栖雲塔碑」(『조선금석총람』 권상, pp. 186~188).

122 김정언, 「光陽玉龍寺 洞眞大師寶雲塔碑」(앞의 책, p. 194).

123 이몽유, 위의 비(위의 책, p. 207).

한 이치를 깨쳤으니 이로써 두루 시행케 하여 감히 실추하지 않겠습니다"라고 하였다. 이에 天德殿에서 크게 펴니 願海의 千波를 기울여 心香의 一炷를 불살랐다.[124]

또한 긍양의 사상경향을 이해하기 위해서는 다음 기록이 참고된다.

> 대사는 사양하지 않고 행장을 차려 서울에 이르렀다. 나라를 치유할 藥言을 개설하니, 마치 비유하면 墨繩에 따라 근본이 바로잡히는 것과 같았다. …… 이에 새로 만든 磨納 袈裟 一領을 주었다. …… 새로 찍은 義熙本 화엄경 8帙을 가지고 산으로 돌아갔다. 대개 대사는 色과 空이 다르지 않으며 語와 默이 오히려 같다고 하였다.[125]

긍양이 서울로 간 시기는 정종 때여서 인용한 내용이 광종과 직결되지는 않는다. 그러나 긍양과 왕실과의 관계나 그의 사상을 엿볼 수 있다는 면에서 이 기록을 통하여 광종이 그에게 관심을 가진 이유를 추측할 수 있다.

긍양이나 찬유는 선승이면서도 교종, 특히 화엄사상을 깊이 이해하였고 또한 교선일치 사상경향을 가졌다. 긍양은 왕실로부터 의희본義熙本 화엄경華嚴經 8질을 받아 산문으로 돌아갔으며, 언설言說과 묵수默守가 같다고 하였다. 그는 뜻을 공문空門에 두면서도 게으르지 않게 수행할 것을 강조하였다.[126] 찬유 역시 "정혜定慧가 모두 원융圓融하다"[127]라고 하여 교와 선

124 김정언, 「여주고달사 원종대사혜진탑비」(앞의 책, p. 211)에 "大師潭心有月 嶽頂無雲 一心宣妙覺之風 千眼示大慈之化 上乃大喜曰 弟子聽玄言而達道 承妙旨而知微 奉以周旋 不敢失墜 迺於天德殿 高敞法筵 傾願海之千波 爇心香之一炷"라고 하였다.

125 이몽유, 「문경봉암사 정진대사원오탑비」(앞의 책, p. 202)에 "大師不辭趿履 步至京華 設醫國之藥言 喻從繩則本正 …… 乃以新製磨納袈裟一領寄之 及乎歸山 又以新寫義熙本華嚴經八帙送之 蓋爲大師 色空無異 語默猶同"이라 하였다.

126 이몽유, 위의 비(위의 책, p. 204)에 "而志敬空門 勵行孜孜 修心惕惕"이라 하였다.

127 김정언, 위의 비(위의 책, p. 212)에 "大師色空雙泯 定惠俱圓"이라 하였다.

이 융합하여 하나로 될 수 있음을 말하였다.

한편 상기한 인용문에서 찬유는 일심一心의 묘각妙覺을 중시하여 선양하고자 하였다. 이것은 선종의 강조이나, 그 결과는 천안千眼이 대자비大慈悲의 교화를 입게 되었다. 일심을 강조한 교화가 천안에 미친다고 한 것은 화엄의 연기사상을 연상하게 한다. 이처럼 찬유의 선종사상은 일심의 깨침을 강조하는 데 그치지 않고 교화적인 면까지 유념하였다. 그것은 교선융합사상이며, 특히 선종사상 내에 화엄사상을 융합하려는 것으로 이해된다.

찬유나 긍양의 선종사상은 또한 성상융회性相融會 경향을 가졌다. 긍양은 색色과 공空이 다르지 않다고 하였고, 찬유도 색과 공이 모두 민멸泯滅한다[128]고 하여 성性과 상相이 융합됨을 말하였다. 그런가 하면 광종 9년(958) 찬유가 입적할 즈음에 자신의 문도에게 이르기를 "만법萬法이 모두 공空이니 나는 장차 가려 한다. 일심一心을 근본으로 삼아 너희들은 힘써 베풀어라. 마음이 생기면 법이 생기고 마음이 멸하면 법이 멸하니, 인심仁心이 즉 부처이다"[129]라고 하였다. 즉 모든 법이 공이므로 색과 공은 같은 것이고, 마음과 법이 다르지 않기 때문에 성과 상은 차이를 갖지 않고 서로 융회한다.

태조 6년(923)에 입적하므로 광종과는 연결되지 않으나, 찬유의 스승인 심희도 성상융회사상으로 이어지는 주장을 하였다.[130] 심희와 그의 제자인 찬유의 선종사상이 모두 성상융회적인 경향을 가졌던 것으로 보아, 봉림산문은 그 내에 성상융회적 경향을 포용하는 사상적 특징을 가졌다. 또한

---

128 김정언, 「여주고달사 원종대사혜진탑비」(앞의 책, p. 212).

129 김정언, 위의 비(위의 책, p. 212)에 "萬法皆空 吾將往矣 一心爲本 汝等勉旃 心生法生 心滅法滅 仁心卽佛"이라 하였다.

130 최인곤, 「昌原鳳林寺 眞鏡大師寶月凌空塔碑」(『조선금석총람』 권상, p. 100)에 "諸法皆空 萬緣俱寂"이라 하였다.

신라말에 중국에 들어가 창주滄州 신감神鑒의 법인을 받아 귀국한 뒤에 쌍계사雙谿寺에서 선풍禪風을 크게 떨친 진감眞鑑 혜소慧昭도 성상융회 사상경향을 가졌다.[131]

그런데 혜소로부터 도헌道憲에게로 법인이 전해져서 희양산문의 법맥이 이어졌으므로,[132] 혜소의 성상융회적 사상경향은 긍양과 맥락이 닿는다. 나말려초 선승들이 성상융회 사상경향을 지니는 경우는 극히 적지만, 그러한 주장을 한 선승들은 대체로 찬유나 긍양과의 연결이 가능할 뿐만 아니라 광종의 관심을 끌었다. 이 밖에 행적의 비가 광종대에 건립되는 이유도 그의 사상이 성상융회 사상경향을 지닌 데서 찾을 수 있다.[133]

광종은 즉위한 후에 선종에 관심을 가졌지만 신라하대 이래 지방세력을 이루는 데 중심적 역할을 한 구산선문 모두에 흥미를 나타내지는 않았다. 구산선문 중 봉림산문의 찬유와 희양산문의 긍양에게 특별한 관심을 가졌는데, 이들의 선종사상이 광종의 구미에 맞았기 때문이다.

찬유나 긍양의 사상적 특징 가운데 이미 지적한 교선일치나 성상융회 경향이 광종의 흥미를 끌었다. 그중 광종은 특히 성상융회 사상경향을 주목하였다. 본래 성상융회사상은 중국 법장法藏의 화엄교학에서 체계화되었는데, 화엄사상 내에 법상종사상을 융회하려는 통합사상으로 측천무후則天武后 당시 전제정치를 합리화하는 데 유용하게 작용하였다.[134] 광종 역

131 최치원, 「河東雙谿寺 眞鑑禪師大空塔碑」(『조선금석총람』 권상, p. 69)에 "禪師에게는 色과 空이 雙泯이고 定과 慧가 俱圓이다"라고 하였다.

132 이몽유, 「문경봉암사 정진대사원오탑비」(앞의 책 p. 197)에 "曹溪傳南岳讓 讓傳江西一 一傳滄州鑒 鑒猶東顧傳于海東 誰其繼者 卽南嶽雙磎慧昭禪師焉 昭(明으로 되어 있으나 오기이다) 後傳賢磎王師道憲 憲傳康州伯岩楊孚禪師 孚卽我大師嚴師也"라고 하였다.

133 羅末麗初의 선종 승려로서 性相融會 사상경향을 주장한 인물은 본문에서 논한 찬유·긍양·審希·慧昭 외에 행적이 있다. 행적은 죽은 지 약 40년 만인 광종 5년에 비가 건립되었는데, 그의 비가 건립된 것은 광종대의 특수한 정치 상황과 관련이 있다고 추측된다. 즉 성상융회사상으로 이어지는 행적의 선종사상이 광종의 구미를 끌었기 때문으로 생각된다.

134 鎌田茂雄, 『中國 華嚴思想史の硏究』, 東京大出版會, 1970, pp. 146~147.

시 왕권을 강화하면서 전제개혁정치를 단행하고자 할 때 성상융회사상을 유념하였고, 실제로 광종대 전제정치가 한창이던 시기에는 균여의 성상융회사상이 왕실의 도움을 받으면서 홍행하였다.[135]

그러나 찬유와 긍양의 사상이 비록 성상융회적 성격을 가졌다고는 하나, 선종의 묵수默守를 위한 공관空觀의 인식이지 화엄과 같은 성종性宗의 인식이라고는 할 수 없다. 즉 뒷날 균여의 성상융회사상과는 근본적인 차이가 있었는데, 바로 이 점이 그들의 사상이 궁극적으로 광종에게 불만스럽게 보일 수 있는 요소가 되었다. 또한 그들은 교선일치의 사상경향을 가졌는데 이것 또한 광종에게는 달갑지 않았다. 비록 그들의 교선일치 사상경향은 일심一心을 강조하고 천안千眼의 교화가 일심으로 귀결되는 의미를 내포하므로 광종의 구미에 어울렸을 법하지만, 궁극적으로는 전제주의와 맞지 않았다. 교선일치사상은 지방호족이 온존溫存하기 때문에 나타나는 사상경향이기 때문이다. 이 점에 대해서는 다음 장에서 자세히 언급하도록 한다.

광종의 선종에 대한 관심은 즉위한 지 얼마 되지 않아 전제정치의 방향이 분명하지 않은 시기에 나타났다. 점차 전제주의로 개혁정치의 방향이 뚜렷해지면서 광종의 불교에 대한 관심은 선종보다는 화엄종으로 기울었다. 광종은 선종의 홍포弘布에 꺼리는 마음을 가졌을 것으로 추측되는데, 광종 4년(953) 이후에는 왕이 직접 선승들을 불러들여 만나본 예를 찾을 수가 없다. 간혹 선사들의 비가 건립되었지만, 선종에 대한 광종의 직접적인 관심으로 이어진다고 생각할 수는 없다.[136]

135 김두진, 「균여의 성상융회 사상」, 앞의 책, pp. 35~52.

136 光宗代初에 왕과 연결된 찬유나 긍양의 碑 외에 광종 5년에 행적의 비가 광종 9년에 경보의 비가 건립되었다. 행적의 비가 건립되는 것은 이미 性相融會 사상경향과 맥락이 닿기 때문으로 추론하였다. 경보의 비가 건립되는 것 역시 광종대의 특수한 정치상황과 연관해서 생각할 수 있다. 경보는 道詵의 법맥을 이어 풍수지리사상에 밝았을 것으로 추측되는 인물이다. 그러나 그의 비가 광종대에 건립될 수 있었던 것은 그의 사상적인 면보다는, 오히려 그가 후백제

반면에 화엄종에 대한 광종의 관심은 점차 증대하였다. 그 결과 광종 4년경에는 화엄종 승려인 겸신謙信이 국사로 봉해졌다. 이때 후주後周의 사신이 고려에 와서 광종을 책봉하려 하였는데, 마침 비가 와서 책봉의 예를 거행하기 어렵게 되자 국사인 겸신이 균여를 천거하여 기청제祈晴祭를 주관케 하였다.[137] 겸신이 언제 국사에 봉해졌는지는 명확하지 않지만, 광종 원년에 찬유가 국사로 봉해졌으므로 광종 4년 무렵에는 국사에 봉해졌을 것이다.[138]

그렇다면 광종은 즉위 시에는 일단 찬유를 국사에 봉하였지만 곧 겸신을 국사로 봉하였다. 찬유는 광종 9년(958)에 입적하였으므로, 당시에 그는 입적하지도 않았고 국사로 있으면서 별다른 잘못도 없었다. 그러므로 겸신이 국사에 봉해진 것은 광종의 불교 정책의 변화에서 찾아야 한다. 왕권의 전제화를 서둘렀던 광종은 선종보다 화엄종에 매력을 느꼈으므로 화엄종 승려가 국사에 봉해진 것은 당연한 결과였다.

같은 해 화엄종 승려인 탄문은 원종圓宗인 화엄종을 구비하면서 이것으로써 제령帝齡을 연장시키고 성화聖化를 부지扶持해야 한다고[139] 하였다. 이

세력의 후예들에 의해 받들어진 인물이라는 점이 작용하였다. 사실 광종은 전제정치를 단행하면서 强豪를 거세시키는 한편, 당시까지 대접을 받지 못하던 광범한 群小 土豪들을 왕실 측근세력으로 등장시켰다. 그래서 왕건 이래 위축되었던 후백제 지역의 세력이 이때에 크게 등용되었다. 경보의 비가 건립되는 것은 이러한 後百濟人의 등장과 관계되었을 것이다. 한편 광종 2년에 경보와 법맥은 다르지만 같은 桐裏山門인 廣慈 允多의 비가 건립되는 것도 같은 맥락에서 이해된다.

137 赫連挺, 「均如傳」, 感通神異分者.

138 광종 2년에 긍양이 王京의 帝釋院에서 머물면서 왕실과의 인연을 돈독히 하였다. 그러나 그는 이듬해인 광종 3년에 山門으로 돌아갔다. 긍양이 왜 산문으로 돌아갔는지는 분명하지 않으나 이때 그에 대한 광종의 관심이 줄어든 것은 분명하다. 그렇다면 그것은 선종에 대한 광종의 관심이 줄어든 데서 기인한 것으로 추측할 수 있다. 또한 찬유가 국사에 봉해졌는데 다시 謙信이 국사가 된 것 역시 광종의 선종에 대한 태도 변화와 연결시킬 수 있다. 이러한 추측이 가능하다면 겸신이 국사에 봉해진 것은 광종 3년 이후일 것이다.

139 김정언, 「해미보원사 법인국사보승탑비」(앞의 책, p. 227)에 "所以延帝齡 扶聖化也"라고 하였다.

때 탄문이 광종과 직결되었는지는 분명하지 않으나 그가 펼친 화엄사상이 왕실의 관심을 끌었음은 두말할 필요가 없다. 탄문의 화엄사상은 왕의 수명을 빌고 통치를 돕는 성격을 가졌다. 이것은 당시 겸신이 국사로 있던 사실과 서로 연관된다. 이처럼 광종은 즉위한 지 4년 만에 화엄종을 크게 진작시켰다. 이후 광종은 전제개혁정치를 단행하였고, 이리하여 전제정치가 한창이던 시기의 왕실과 연결된 균여의 성상융회사상이 성립하였다.

광종 4년에 겸신이 국사에 봉해지는 배후에는 광종 자신의 정치적 야심과 왕건 이래 화엄종이 날로 신장되어 이미 상당한 세력을 형성하였다는 점이 크게 작용하였다. 사실 겸신이 국사에 봉해지기 위해서는 그에 상응한 화엄교단의 세력이 증대되어 있어야 했다. 왕건 당시에 탄문은 선종의 조사전祖師傳을 찬술한 신랑神朗을 화엄설법으로 크게 깨우치게 하였고,[140] 왕건은 후백제를 평정한 후 연산에 개태사를 낙성하여 화엄법회를 열고 친히 그 소문疏文을 지었다. 이처럼 왕건 이후 화엄종은 점점 세력을 회복해가는 추세여서 오히려 선종세력을 능가할 정도였다. 고려초 화엄종세력이 증대되는 것과 발맞추어 왕실의 화엄경에 대한 관심도 고조되었다. 왕실은 중국으로부터 빈번하게 화엄경을 수입하여 사경寫經하였다.

광종 4년 겸신이 균여를 기청제의 주제자主祭者로 천거하였고, 이후 균여는 광종과 연결되어 전제개혁정치의 협조자가 되었다. 광종 9년 불일사佛日寺에 벼락이 치자 그 변괴를 없애기 위해 균여를 불러 강연하였는데, 이에 대해 다음과 같이 기록되어 있다.

> 대사(均如)가 內道場에 이르니 야반에 逸光이 방 안으로부터 솟아 나오는데

140 김정언, 「해미보원사 법인국사보승탑비」(앞의 책, p. 226)에 선승인 神朗이 坦文의 설법을 듣고 부끄러워했다고 하였다. 그런데 신랑이 纂輯한 '覺賢의 餘熱'이란 선종의 祖師傳으로 생각되므로 그는 적어도 고려초기까지 선종의 전통을 깊이 이해하였던 학승으로 추측된다.

흡사 무지개 같아 없어지지 않았다. 왕이 그 빛을 보고 侍者로 하여금 찾게 하니, 대사의 眼光이라고 보고하였다. 왕이 대사의 처소에 나아가 묻기를 "무슨 법으로 수행하였기에 이와 같이 되었습니까"라고 하니, 대사가 "貧道는 특별한 행적이 없습니다"라고 답하였다. 이때에 經床 위의 염주 꾸러미가 절로 공중에 떠올라 대사를 세 바퀴 돌다가 그치므로, 왕이 이에 敬重을 더하므로 총애가 고금에 뛰어났다.[141]

불일사는 광종 2년에 돌아가신 어머니 유씨劉氏의 원당願堂으로 창건된 절이므로 광종과는 밀접한 관계에 있었다. 여기에 설치된 소재消災도량을 균여가 주관하였다. 즉 균여는 왕실의 불교 행사에서 중요한 역할을 담당하는 위치에 있었으며, 아마도 광종 4년 이후에도 지속되었을 것이다.

광종 9년 불일사의 소재도량을 주관하면서 균여는 훨씬 더 왕실과 밀착한 인상을 준다. 이때 광종은 직접 균여의 처소를 찾아가 그를 존숭尊崇하였다. 당시 국사나 왕사도 아니요 그렇다고 높은 관직에 있는 원로도 아닌 균여를 직접 찾아간 광종의 의도에는, 종교 외에 정치적 포석이 더 강하게 깔려 있었다. 균여와 광종의 밀착은 신이神異를 행한 균여의 능력 때문이라고 하였지만 사실은 전제정치 강화와 연관하여 이루어졌다. 이후 균여는 광종의 개혁정치를 밀고 나가는 인물로 부각되었다.

균여의 화엄사상은 중국 법장의 성상융회사상에서 많은 영향을 받아 형성되었는데, 양자 모두 전제정치의 협조자였다. 그러나 법장과 균여가 처한 시대 상황이 다르므로 두 사람의 사상 사이에는 많은 차이가 있다. 법장이 살던 무주조武周朝에는 당 고종 이래로 크게 세력을 떨친 현장玄奘의 법상종세력이 강한 영향력을 발휘하였다. 법장은 법상종을 무시할 수 없었으므로, 그것을 채용하여 전체적으로 유식唯識의 논리를 극복하려는 통

141 혁련정, 「균여전」, 감통신이분자.

합사상을 제시하였다. 반면 광종대 초기까지 고려의 법상종세력은 미약하였다. 균여는 어쩔 수 없어서가 아니라 전제정치의 협조자로 등장시키기 위해 법상종사상을 자의적으로 수용하여 성상융회사상을 성립시켰다.

법장이 연기건립적緣起建立的 입장에서 차별적인 법상을 중시하여 전합후개前合後開를 주장하는 사사무애事事無礙를 강조하였다면, 균여는 성기취입적性起趣入的 입장에서 법상을 민멸泯滅시켜 본공本空으로 돌아가게 하여 전개후합前開後合을 주장하는 리리무애理理無礙를 강조하였다. 그 결과 균여의 사상은 법장의 성상융회사상에 가깝기보다는 오히려 성상결판性相決判을 주장한 징관澄觀의 사상과 비슷한 면이 많다.[142] 이러한 균여의 성상융회사상은 법장에 비해 원칙적인 리理를 더 강조함으로써 오히려 전제권력을 돕는 성격이 강하였다.

성상융회사상에 대한 균여의 저술은 광종대 전제정치가 한창이던 시기에 완성되었다. 균여의 저술이 설해진 시기는 다음과 같다.

① 광종 9년(958) 摩訶岬藪의 白雲房에서 『一乘法界圖圓通記』를 강설하였다.
② 광종 9년 백운방에서 처음으로 『五教章習時記』를 강설하였다.
③ 광종 11년(960)에 「所詮章記」를 강설하였다.
④ 광종 13년(962)에 法王寺에서 「義理章記」를 강설하였다.
⑤ 광종 13년 법왕사에서 하권 「章記」를 강설하였다.

균여의 저술로 현전하는 것은 『교분기원통초教分記圓通鈔』·『삼보장원통기三寶章圓通記』·『지귀장원통초旨歸章圓通鈔』·『십구장원통기十句章圓通記』·『법계도원통기法界圖圓通記』 정도이다. 그중 아마도 『십구장원통기』가 가장 먼저 저술되었고, 그 뒤 『삼보장원통기』·『지귀장원통초』를 이어 『법

142 김두진, 「균여의 성상융회 사상」, 앞의 책, pp. 6~9.

계도원통기』가 저술되었고, 마지막으로 『교분기원통초』가 완성되었다.[143]

균여의 저술 중 성상융회사상이 강하게 나타난 것은 『교분기원통초』이고, 『법계도원통기』에도 어느 정도 나타나 있다. 『법계도원통기』는 광종 9년에는 완성되었고, 『교분기원통초』는 광종 9년에서 13년 사이에 저술되었다. 광종 9년에 설해진 『오교장습시기五教章習時記』는 물론 『교분기원통초』였을 것이다. 그러나 그것이 『교분기원통초』의 전부였는지는 알 수 없다. 그 뒤 광종 11년과 13년 사이에 계속해서 설해진 「소전장기所詮章記」나 「의리장기義理章記」는 『오교장五教章』의 일부였을 것이다. 광종 13년에 설해진 하권 「장기章記」 역시 확실한 책명을 알려주지는 않지만 『교분기원통초』의 장을 설한 것으로 이해된다. 이상을 종합해보면 『교분기원통초』는 광종 13년에 완성된 셈이다. 즉 균여의 성상융회사상은 광종대초에 서서히 싹텄지만 완전한 면모로 체계화되는 것은 광종 13년에야 가능하였다.

광종 14년에 전제정치와 연관하여 불교계를 관장하기 위해 귀법사歸法寺가 세워졌다. 광종대에는 비교적 많은 절이 창건되지만[144] 전제왕권과 밀착된 절은 귀법사였다. 균여의 성상융회사상이 완전한 모습으로 체계화된 그 이듬해에 창건된 귀법사는 균여와 특별한 관계를 가졌다. 창건과 동시에 균여는 귀법사의 주지로 있었는데, 아마도 귀법사는 균여의 성상융회사상을 펴기 위해 마련된 절로, 균여에 의해 창건이 계획되어 지어졌을 것이다.

한편 귀법사는 광종대에 일련의 정치적 개혁이 끝나고 숙청 작업이 대대적으로 시행되는 와중에 창건되었다. 귀법사 내에는 빈민구제기관인

---

143 김두진, 「均如의 生涯와 著述」, 『역사학보』 75 · 76 합집, 1977, pp. 102~103.

144 歸法寺 외에 광종 2년에 奉恩寺와 佛日寺를 각각 태조와 돌아가신 어머니 劉氏의 願堂으로 창건하였고, 광종 5년에는 돌아가신 어머니의 복을 빌기 위해 崇善寺를 창건하였으며, 광종 19년에는 弘化 · 遊岩 · 三歸寺 등을 창건하였다. 모두 다 광종의 불교 정책과 관계가 있을 것으로 추측되지만 아직까지 이들 절이 수행한 구체적인 역할에 대해서는 밝히기 어렵다.

제위보濟危寶를 설치하였는데[145] 이것은 귀법사나 균여의 성상융회사상을 이해하는 데 매우 중요한 역할을 한다. 아울러 광종은 귀법사에 무차수륙회無遮水陸會를 개설하였다(『고려사』 93, 최승로전). 무차대회는 승려나 속인俗人 또는 남녀·귀천을 구별하지 않고 평등하게 대중을 상대로 잔치를 베푸는 법회이고,[146] 수륙회는 물과 육지에서 헤매는 외로운 영혼을 달래고 위로하기 위한 법회이다.[147] 이러한 법회는 광종의 개혁정치로 인한 숙청과 연관하여 개설되었을 뿐만 아니라, 서민이나 일반 백성에게 호감을 주는 성격을 지녔다. 이처럼 광종이 귀법사를 창건하여 그곳에 제위보를 설치하고 무차수륙회를 개최한 것은 자신의 개혁 작업을 성원해주는 사회적 기반을 튼튼히 하는 작업으로 이해된다.[148]

귀법사에서 행해진 불교 행사는 서민대중의 기대에 부응한 것이었는데, 이곳을 중심으로 펼쳐진 성상융회사상 역시 일반 백성에게 친근감을 주었다. 사실 강호를 억압하는 광종의 전제정치는 그 명분을 백성들에게서 찾아야 했다. 그래서 광종의 전제주의는 일반 백성을 등에 업은 채 이들과 전혀 다른 생활을 영위하는 강호들을 억압할 수 있는 구실을 찾아내고자 하였다.[149] 균여는 성상융회사상에서 그치지 않고 더 나아가 성속무애聖俗無礙사상을 주장하였다. 그것은 승속僧俗을 구별하지 않고 하나로 묶음으로써 일반 백성을 전제정치 속에 끌어들여 융해시키려는 사상 체계이다. 균여가 향가鄕歌를 지어 불법이 서민대중 속으로 파고들게 한 이유가 바로 여기에 있다. 일반 백성을 염두에 둔 균여의 화엄사상은 자연 서민 속에 전승된 토착적인 면이나 신이한 면을 강조하는[150] 성격을 가졌다.

---

145 金龍善, 「光宗의 改革과 歸法寺」, 『고려광종연구』, 일조각, 1981, p. 98.
146 安啓賢, 「佛敎行事의 盛行」, 『한국사』 6, 국사편찬위원회, 1975, p. 168.
147 안계현, 위의 논문, 위의 책, p. 131.
148 김용선, 위의 논문, 위의 책, p. 100.
149 김두진, 「균여의 성상융회 사상」, 앞의 책, pp. 50~52.
150 許興植, 「高麗前期 佛敎界와 天台宗의 形成과정」, 『한국학보』 11, 1978, p. 93.

균여의 성상융회사상은 전제정치에 협조하는 성격을 지녔지만 광종대의 화엄사상계를 완전히 대변하지는 못하였다. 광종대에는 균여와 성격을 달리하는 화엄사상이 존재하였는데, 대표적으로 정수正秀의 화엄사상을 들 수 있다. 균여와 정수는 귀법사 내에 머물면서 서로 대립하였는데,[151] 둘 다 귀법사 내에 있었으므로 모두 화엄종에 속하였다.

균여의 사상이 이정異情을 수행한다고 표현된 점으로 미루어 정수는 오히려 순수 교리적인 화엄사상을 가졌을 것이다. 본래 화엄사상은 융회적이므로 모든 것을 포용한다. 하나가 연기에 의해 일체의 법상을 형성시켰으므로 여러 법상은 결국 하나로 돌아간다. 우리나라 화엄종의 원조인 의상義湘은 "하나의 조그만 티끌 속에 시방의 세계를 포함한다"[152]라고 하였다.

의상의 화엄사상 전통을 이은 우리나라의 화엄 원교圓教는 "만물을 갖추어 일종一宗을 여는 것이며, 홍섬洪纖·거세鉅細·통새通塞·명암明暗·유성무성有性無性·유형무형有形無形에서 번뇌와 해탈에 이르기까지, 모두 하나로 돌아가게 하여 티끌 만한 차이도 없게 하므로 남녀의 상별相別까지도 없게 한다"[153]라고 표현되었다. 화엄 원교는 만물이 하나 속에 융섭되고 그 내에 차별성을 인정하지 않아, 남녀나 노소의 구별까지를 부인하여 혼연된 하나를 이루게 한다. 이러한 화엄사상은 그 자체가 융합적인 성격을 띠어 통일신라시대 이래 전통적으로 왕실과 연결되었다. 따라서 순수 교리적인 정수의 화엄사상은 광종의 전제주의에 부합되었다.

정수를 중심으로 한 순수 교리적인 화엄사상과 균여를 중심으로 한 성상융회적인 화엄사상은 모두 광종의 전제왕권과 연결되었으면서도 대립을 계속한 것으로 추측된다. 다만 광종대 전제개혁으로 인한 숙청이 진행

151 혁련정, 「균여전」, 感應降魔分者.

152 義湘, 「華嚴一乘法界圖記」.

153 李穡, 「嚴谷記」, 『東文選』 권76에 "予聞華嚴圓教 具萬德開一宗 洪纖·鉅細·通塞·明暗·有性無性·有形無形 至於煩惱解脫 同歸于一而分毫無少異 況男女相哉"라고 하였다.

될 당시에는 신이한 성격을 지닌 균여의 화엄사상이 다소 우세한 위치에 있었을 것으로 생각된다. 이와 관련해서 광종 10년(959)에 중국으로부터 『별서효경別序孝經』 1권 · 『월왕효경신의越王孝經新義』 8권 · 『황령효경皇靈孝經』 1권 · 『효경자웅도孝經雌雄圖』 3권 등이 들어온 사실이 주목을 끈다. '황령'이나 '자웅도' 같은 이름은 신비적인 도교사상과 연결된 효경孝經으로 생각되므로 이때 들어온 책들이 중국 정통 효경은 아닐 것이다. 이처럼 중국으로부터 신비적인 토속土俗과 연관된 효경이 들어온 것은 토착신앙의 강조로 이해될 수 있다.

광종의 전제정치가 무르익은 시기에 토착신앙이 크게 일어난 것과 균여의 화엄사상이 신이적인 성격을 띤 것은 서로 연관된다. 광종의 전제정치는 귀족세력의 균형 위에 행해지는 일반적인 정치 형태라기보다는, 강호세력을 거세시키는 이른바 신분 질서를 어지럽히면서 행해졌다. 그것은 당시 고려 사회가 처한 특수한 상황하에 수행되었다. 광종은 지금까지의 신분 질서를 유지하면서 그 위에 군림하기 위한 보편적인 관념 형태보다는 신이하고 토착적인 신앙을 강조하였다. 이러한 강조는 일반 백성들에게 친숙한 것이었는데, 실제로 광종은 강호세력을 거세하기 위해 일반 백성을 내세우는 데서 명분을 찾았다.

광종은 일반 백성을 위한 제도개혁을 추진하지는 않았다. 이 점은 전제정치나 그것과 밀착된 불교사상의 성격을 결정짓는 데 크게 작용하였다. 균여의 사상이 신비적인 면을 갖추었다고는 하지만, 신라 이래 우리나라 사회의 전통이나 토착신앙만을 강조하지는 않았다. 균여의 사상 틀은 이미 중국의 정통 화엄사상에서 영향을 받았는데, 그는 지엄智儼이나 법장의 저술을 주석하였으며 그 내용은 징관의 사상에서 많은 영향을 받았다.[154] 이처럼 광종대 전제정치에 협조하였던 균여의 사상은 고려 사회의 전통이

154 김두진, 『均如華嚴思想研究—性相融會思想』, 일조각, 1983, p. 326.

나 토착사상과 밀착되었지만, 중국의 정통 화엄사상을 받아들여 보편성을 잃지 않은 데서 특성을 찾을 수 있다.

광종대 초기에는 선종구산문 중에서 봉림산문과 희양산문이 성상융회의 사상경향을 지녀 왕실의 관심을 끌었다. 그러나 광종의 관심은 곧 화엄종으로 기울었고, 광종대 중기에는 전제정치에 협조하는 균여의 성상융회사상이 성립하였다. 균여의 화엄사상은 신이한 면을 강조한 반면, 이와 대립한 정수의 화엄사상은 순수 교리적인 면을 보였고 광종과 더욱 밀착하였다.

그 밖에 광종대 화엄사상가로 탄문을 들 수 있다. 정수나 균여의 사상이 광종대 중기에 활기를 띠었다면, 탄문의 사상은 오히려 광종대말에 활기를 띠었다. 상기한 두 사상과는 달리 탄문은 교선일치 경향을 보였기 때문이다. 광종대말에는 교선일치의 사상경향이 등장하면서 법안종사상을 형성시켰다. 이에 대해서는 다음 장에서 좀더 자세히 알아보도록 하자.

(2) 법안종의 등장과 그 사상

1) 법안종의 등장

광종대의 불교를 규명하려는 연구에서는 일찍부터 당시 교선일치 사상경향을 띠었던 법안종과 천태종天台宗을 주목하였다. 이능화李能和는 고려초에 이미 법안종이 널리 전해졌음을 지적하고 당시의 법안종 승려로 혜소慧炤 · 영조靈照 · 영소靈炤 등을 들었다.[155] 이것은 광종 때 법안종의 등장을 지적하는 데 도움을 준다.

고려초, 특히 광종대에 법안종이 대두하였지만 지금까지는 그것에 대한 독립된 연구가 없었고, 대체로 천태종을 연구하기 위해 잠깐 언급하는 데

155 李能和, 「高麗初 多傳法眼派」, 『朝鮮佛教通史』 권하, 新文舘, 1918, pp. 344~346.

그쳤다. 법안종과 천태종이 모두 교선일치의 사상 체계를 가졌으므로 고려초에 유행한 법안종이 천태종의 이해를 증진시킨다고 보았기 때문이다. 그리하여 고려 광종대의 불교사상은 교·선의 대립을 극복하려는 교선합작의 사상 체계인 천태사상을 수립하였다[156]고 생각되었다. 그래서 고려초에 교와 선의 대립을 해소하려는 사상 체계로 천태종을 부각시키고 이에 대한 연구를 계속해왔다.

신라말 의통義通은 오월吳越에 들어가 천태 덕소德韶가 거주하던 운거사雲居寺에 있다가 뒤에 중국 천태종의 제13대 교조가 되었다. 저술로 『관무량수경소기觀無量壽經疏記』·『광명현찬석光明玄贊釋』 등이 있으나 지금은 전하지 않는다. 이보다 뒤인 고려초에 오월 왕이 당의 선승 현각玄覺이 지은 『선종영가집禪宗永嘉集』을 읽다가 '동제사주同除四住'란 술어의 의미를 몰라, 천태 교적敎籍을 고려에서 구하였다. 이때 체관諦觀이 오월에 들어가 '동제사주'의 말에 따라 『천태사교의天台四敎義』를 저술하였는데, 이 책은 천태종의 가장 근본적인 교본으로 지금까지 알려져 있다. 이러한 의통과 체관의 활동으로 미루어 광종대에는 천태학의 수준이 높았던 것으로 추측된다.

광종대에는 화엄종도 크게 대두하였다. 광종은 오교구산五敎九山의 불교 종단을 교와 선으로 구분하여 양분시키면서, 교종은 교종대로 선종은 선종대로 발달시켰다.[157] 그 결과 교·선의 대립에서 벗어나지 못한 신라 불교의 단계를 한 단계 높은 수준으로 끌어올려 교선일치의 사상 체계인 천태종과 법안종을 확립하였다.[158]

---

156 金哲埈, 「韓國 古代政治의 성격과 中世政治 사상의 성립과정」, 『東方學志』 10, 1969 ; 『韓國古代社會硏究』, 지식산업사, 1975, p. 317.

157 김철준, 「高麗初의 天台學 硏究」, 『東西文化』 2, 1968 ; 『韓國古代社會硏究』, 지식산업사, 1975, p. 342.

158 崔柄憲, 「天台宗의 成立」, 『한국사』 6, 국사편찬위원회, 1975, p. 79.

법안종과 천태종은 비록 선종과 교종이라는 입장 차이는 있지만, 모두 교·선의 대립을 절충하는 사상 체계로서 서로 보완하는 관계에 있었다. 뿐만 아니라 의천義天이 활동하는 시기가 되면 법안종의 지종智宗 등도 천태종 계통의 승려로 간주되기 때문에 광종대에는 천태종이 성립되어 천태학 연구가 활발하게 진행되었다[159]고 생각하였다. 따라서 광종대 교선일치의 사상 체계로 천태종을 부각시켜 의천의 천태종을 확립시키는 기반으로 이해하였고, 정작 광종대에 등장한 법안종 자체에 대한 연구는 소홀하였다.

한편 고려초에 천태종이 성립되었다는 주장에 대해 부정적인 견해가 있다. 이들은 불교 종파로서 오교구산이 성립되었다는 통설을 부정하면서, 고려초에는 선종인 조계종曹溪宗과 교종인 화엄종·유가종瑜伽宗의 3대 종파만 있었다[160]고 주장한다. 최근에 알려진 선봉사僊鳳寺 대각국사비大覺國師碑 음기陰氣 분석에 의거한 이러한 견해는 고려초에 구산선종이 조계종으로 통합되었는지에 대한 의문을 불러일으키기는 하지만, 천태종이 성립되지 않았다는 결론을 갖게 한다.

의천은 화엄종 승려지만, 천태종 개창을 강조하는 선봉사 대각국사비에는 고려초 천태종의 전통이 강조되었다. 의천은 말년에 천태종을 개창하였지만, 천태종 출신의 승려가 처음 왕사에 책봉되는 시기는 훨씬 뒤인 명종 1년(1171)이다.[161] 따라서 고려초의 천태종은 무시해도 좋을 것이다.[162]

천태종 성립에 대한 부정적 견해는 고려초에 천태학 연구가 활발하였는지도 의심하게 한다. 법안종 승려인 지종을 제외하면 고려초의 승려로서 천태종을 접한 자는 법경法鏡 현휘[163]와 증진 찬유[164] 정도이다. 그러나 이들

159 최병헌, 「천태종의 성립」, 앞의 책, p. 79.
160 허흥식, 「고려전기 불교계와 천태종의 형성과정」, 앞의 책, pp. 80~96.
161 허흥식, 「고려시대의 國師·王師제도와 그 기능」, 『역사학보』 67, 1975, p. 30.
162 허흥식, 「高麗中期 華嚴宗派의 계승」, 『韓國史研究』 35, 1981, p. 27.
163 최언위, 「충주정토사 법경대사자등탑비」(앞의 책, p. 153).
164 김정언, 「여주고달사 원종대사혜진탑비」(앞의 책, p. 209).

은 교선일치 사상경향을 가지기는 하였지만 천태종 자체에 심취하지는 않았다. 또한 의통과 체관이 중국에 들어가 천태종을 중흥시키는 데 큰 역할을 하였지만, 이들이 고려 승려와 연결되었는지는 알 수 없다. 현재 남아 있는 자료에서는 이들과 연결된 고려 승려를 찾기가 힘든데, 아마 이들은 국내의 고려 승려에게는 거의 영향을 주지 못하였을 것이다.

그럼에도 불구하고 의통과 체관을 중시하면서 이들이 광종대에 천태학을 크게 일으켰다고 추론한 것은 다음 기록에 근거하였다.

> 吳越王 錢俶이 사신을 고려와 일본에 보내 遺逸된 教乘의 論疏를 구하자, 建隆 2년(광종 12, 961)에 고려국이 사문 諦觀을 파견하여 천태 논소를 가지고 螺溪에 이르게 하였다.[165]

광종 12년에 체관이 천태 논소를 가지고 오월에 들어갔다. 그런데 『불조통기佛祖統紀』의 체관조는 위의 기록과 같은 내용의 기사를 보다 자세하게 언급하면서도 막상 그가 언제 오월에 들어갔는지를 명시하지 않았다. 이것은 체관이 실제로 광종 12년에 중국으로 들어갔는지를 의심하게 한다. 또한 광종이 자진해서 체관을 중국에 파견한 것이 아니므로, 이때 체관이 중국에 들어갔다고 해서 그것이 곧 광종의 천태종에 대한 관심으로 이어질 수는 없다.

광종은 오히려 법안종에 관심을 나타냈다. 다음 기록에서 이를 확인할 수 있다.

> 대사(延壽)가 도를 행하고 남은 힘으로 법화경 1만 3,000부를 念하고 『宗鏡

---

165 志磐, 『佛祖統紀』 권23, 歷代傳教表조(『大正藏經』 권49, p. 249, 중)에 "吳越王錢俶 遣使往高麗·日本 求遺逸教乘論疏 建隆二年 高麗國遣沙門諦觀 持天台論疏至螺溪"라고 하였다.

錄』 100권을 저술하였으며, 詩揭와 賦詠이 무릇 千萬言이었는데 해외에까지 전파되었다. 고려 국왕이 대사의 言敎를 읽고는 사신을 보내 서신으로 제자의 禮를 펴고 금실로 짠 베로 만든 가사와 자수정 數珠를 바쳤다. 金滐鑵 등 그 나라 승려 36人이 친히 印記를 받아 전후로 본국으로 귀국하여 각기 一方을 이루었다.[166]

광종이 연수延壽를 흠모하여 사신을 파견하고 제자의 예禮를 폈으며, 김조관金滐鑵 등 고려 승려 36인을 그 문하에 보내어 법인을 받아 귀국하게 하였다. 그러나 이 기사만으로는 광종이 연수에 대해 언제 관심을 나타냈는지가 분명하지 않다. 김조관 등이 연수 문하에서 유학한 시기가 정확하지 않고 김조관에 대해서도 알려진 바가 없다. 다만 광종 10년(959)에 지종이 오월국에 들어가 영명사永明寺 연수 문하에서 수학하였는데, 이때 지종이 중국에 들어간 사실을 김조관이 연수 문하에 들어간 것과 동일하게 생각하기도 한다.[167] 그렇다면 지종은 김조관 등 36인이 중국에 들어갈 때 같이 간 사람 중에 포함된다.

지종의 파견은 광종이 즉위 10년경에 교선일치사상 체계인 법안종에 지대한 관심을 나타냈다는 근거가 된다. 그러나 이러한 추론은 광종대의 정치·사회 변화를 면밀히 추적해보면 약간의 의심을 불러일으킨다. 우선 김조관 등 36인이 연수 문하에서 수학하는 시기가 지종이 연수 문하로 나아가는 광종 10년경이었는지[168]가 의문이다. 이때 광종이 법안종에 많은

166 도원, 『경덕전등록』 권26, 知覺禪師 延壽조에 "行道餘力 念法華經 一萬三千部 著宗鏡錄 一百卷 時揭賦詠 凡千萬言 播于海外 高麗國王 覽師言敎 遣使齎書 叙弟子之禮 奉金錄織成袈裟 紫水精數珠 金滐鑵等 彼國僧三十六人 親承印記 前後歸本國 各化一方"이라 하였다.

167 이능화, 「고려초 다전법안파」, 앞의 책, p. 325에 "上述圓光國師 疑卽三十六人之一數也"라 하였다. 圓光국사는 圓空국사의 잘못으로, 즉 지종을 가리킨다.

168 이 기록만으로는 金滐鑵 등 36人이 함께 중국에 들어가 동시에 延壽 문하에서 수학하였는지 또는 연수 문하에서 수학한 고려 승려가 전후하여 모두 36인이나 되었는지가 분명하지 않다. 전자의 경우 지종은 혼자 유학하였으므로 김조관 등의 36인 속에 포함되지 않았을 것이

관심을 가지면서 정책적으로 김조관 등의 승려들을 연수 문하로 유학시켰는지도 잘 판단이 서지 않는다.

광종 10년경은 전제개혁정치를 위한 제도가 한창 정비되는 시기였으므로, 성상융회性相融會사상이 태동하고 있었다. 따라서 김조관 등 36인이나 되는 많은 고려 승려가 법안종을 전수받기 위해 파견되지는 않았을 것이다. 그렇지만 지종이 연수 문하로 들어간 것은 분명한데, 이것은 광종의 법안종에 대한 관심으로 연결될 수도 있다.

법안종의 교선일치사상 체계는 이미 언급한 것처럼 지방의 강호세력을 부정하는 것이 아니므로 광종대 전제정치와는 완전히 융합될 수 없는 성격을 지녔다. 그렇다면 광종 10년에 지종이 중국에 들어간 사실을 광종의 법안종에 대한 관심으로 직결시키는 데 주저하지 않을 수 없다.

설령 당시에 광종이 연수의 사상을 주목하였더라도 법안종의 교선일치사상 체계에 큰 관심을 나타냈는지는 의문이다. 왜냐하면 연수의 사상 내에는 성상융회적인 성격이 들어 있기 때문이다. 그가 지은 『만선동귀집萬善同歸集』은 교선일치의 사상경향을 갖지만, 오히려 성상융회사상의 입장에서 서술되었다.[169] 따라서 광종의 묵인 아래[170] 지종이 연수의 문하로 들어갔다면 당시의 정치·사회적 여건으로 보아 교선일치의 법안종사상을 성립시키기 위한 것으로 해석할 수만은 없다. 그렇다면 지종의 유학에 대해 달리 생각해봐야 한다.

다. 후자의 경우 지종은 36인 중에 포함되지만 그가 중국에 들어가는 시기 외에도 여러 명의 승려가 연수 문하로 들어갔기 때문에, 광종이 꼭 지종이 유학하는 시기인 959년경에 法眼宗에 큰 관심을 나타냈다고 할 수는 없다.

169 김두진, 「균여의 성상융회 사상」, 앞의 책, p. 71.

170 崔冲, 「原州居頓寺 圓空國師勝妙塔碑」(『조선금석총람』 권상, p. 255)에 "六年(광종 10, 959)夏徑臻轂下仰告征期 光宗聞入洛之言曰 僉懇請詠于鄘之什"이라 하였다. 즉 광종이 직접 지종을 유학시킨 것은 아닌 듯하다. 다만 지종이 유학한다는 사실을 광종에게 고한 것으로 보아, 그의 유학에 광종이 관여한 듯하다.

광종 4년 지종은 희양산문 형초逈超의 법맥을 이었다.[171] 형초는 긍양의 사법 제자이므로 지종은 긍양의 법손에 해당된다. 그는 선승이 치르는 과시科試를[172] 통과하여 이름이 점차 알려졌다. 승과에 통과함으로써 지종이 광종과 인연을 맺었는지는 확실하지 않으나[173] 적어도 광종이 그의 이름을 유념하였을 것이다. 과시의 제목이 '단하丹霞의 부처' 였다는 이유로, 지종은 나무로 된 불상을 소각하여 불을 쬠으로써 교학 불교의 형식에서 벗어나 자기 내에 있는 불성을 스스로 찾아야 한다고 주장한 단하丹霞 천연天然 같은 철저한 선승으로 이해되었다.[174] 그리하여 이것은 광종의 선종에 대한 관심으로 이어진다고 주장되었다. 그러나 지종이 승과를 통해 등장하는 것은 오히려 그와 긍양과의 관계가 더 크게 고려되었을 것이다.

긍양은 광종의 존신尊信을 받았고, 광종초 제석원帝釋院에 머물다가 비록 산문으로 돌아갔으나 그때까지도 영향력이 상당하였다. 지종은 긍양의 사상에서 많은 영향을 받았는데, 앞에서 살펴본 것처럼 긍양은 선승으로서 성상융회적인 사상 체계를 가졌다. 즉 지종이 선승이면서도 승과로 등장하는 배경에는 그가 성상융회적인 사상경향을 가진 점이 작용하였다. 그렇다면 그가 연수 문하에서 수학하는 계기도 성상융회적인 사상 체계와 연관이 있다는 추측을 할 수 있다.

이러한 추론은 지종이 긍양의 법맥을 이었다는 것만으로는 부족하므로 지종이 중국으로 유학 가는 데 찬유가 깊이 관여하였음을 생각할 필요가 있다. 지종은 승과에 합격한 해부터 중국 유학을 염원해왔는데, 증진대사

---

171 최충, 「원주거돈사 원공국사승묘탑비」(앞의 책, p. 255).

172 최충, 위의 비(위의 책, p. 255)에는 "顯德初 光宗大王立 皇極崇法門 徵雪嶺之禪 俾伸角妙選 丹霞之佛 明示縣科 師雄入議圍首 探理窟衒疊雙之絶藝 彰累百之高名"이라 하였다.

173 광종 9년에 실시된 과거에서는 復試가 실시되지 않았고, 광종 15년 제3회의 科試에서 실시되었다. 그러므로 이때 실시된 승과에서 복시는 시행되지 않았을 것이다. 그렇다면 공식적으로 지종과 광종의 면담은 이루어지지 않았다.

174 김철준, 「고려초의 천태학 연구」, 앞의 책, pp. 341~342.

찬유가 꿈에 나타나 "산에 오르지 않고 어찌 노魯나라가 작다고 하며, 바다를 보지 않고 어찌 강이 좁다고 하겠는가"라며[175] 적극적으로 유학을 권하였다. 뿐만 아니라 지종이 중국에서 수학하고 있을 때 그에게 귀국을 권한 사람 역시 찬유이다.[176]

찬유는 앞에서 살펴본 것처럼 성상융회의 사상 체계를 가진 선승으로 광종초에 국사에 봉해진 인물이다. 지종은 찬유와 직접적인 사자嗣資 관계로 이어지지는 않지만 같은 성상융회의 사상 체계를 가졌다는 점에서 밀접하게 교류하였다. 아마 찬유가 꿈에서 지종에게 권고한 것은 두 사람의 이러한 관계를 반영해준다고 생각된다.

이처럼 성상융회의 사상 체계를 가졌기 때문에 긍양과 찬유는 광종과 인연을 맺었는데, 이 둘은 지종에게로 법맥이 이어지거나 사상적 전통을 넘겨주었다.[177] 그러므로 광종대 지종의 등장은 성상융회사상이 전제정치에 도움을 주는 당시 불교계의 분위기에서 벗어나지 않는다. 또한 승과로 등장할 당시의 과시 제목이 '단하의 부처' 였다고 해서 지종이 철저한 선승의 입장을 갖고 있었다고 추측하는 것은 아무래도 무리이다.

오히려 단하 천연은 찬유와 연결이 가능하다. 찬유는 892년(진성왕 6)에 중국에 들어가 투자投子 대동大同의 문하에서 수학하고 법인을 얻어 태조 4년(921)에 귀국하였다.[178] 그런데 투자선사의 스승은 취미翠微 무학無學이고, 무학의 스승이 천연이다. 즉 천연의 법손이 투자선사이다.

---

175 최충, 「원주거돈사 원공국사승묘탑비」(앞의 책, p. 255)에 "凡是同年 盡遊西國而獨知足之足 念玆在玆 靡過虎溪 却爲牛後 未幾魂交故 證眞大師曰 弗登山何以小魯 弗觀海何以狹河 事旣如斯 汝宜往矣"라고 하였다.

176 최충, 위의 비(위의 책, p. 256)에 "證眞大師曰 汝能得意胡 莫詠歸耶"라고 하였다.

177 찬유가 중국 投子 大同의 법인을 받아 귀국할 때, "念玆在玆"라고 하였다〔김정언, 「여주고달사 원종대사혜진탑비」(앞의 책, p. 209)〕. 이 말은 찬유의 禪風을 나타내는 話頭로 이해된다. 그런데 찬유는 같은 말로 지종이 중국에 유학할 것을 권하였다〔최충, 위의 비(위의 책, p. 255)〕. 이것은 지종의 사상이 찬유의 영향을 받아 형성되었다고 추측하게 한다.

178 김정언, 위의 비(위의 책, p. 209).

찬유가 투자의 문하로 나아갈 당시 단하의 법맥은 쇠미하였다. 무학의 법사法嗣요 찬유의 동학인 우두牛頭 산미山微가 법인을 전해 받으면서, 그 후의 법맥은 더욱 쇠미하여 알기 어려워졌다. 반면 천연의 동학으로 석두 희천의 문하에는 약산 유엄과 천황天皇 오도悟道가 있어 뒷날 각각의 문하에서 조동종과 법안종을 성립시켰고, 특히 조동曹洞 양개의 법사인 운거 도응의 문하에 고려초 왕건과 연결된 선사들이 대거 수학하였다.

신라말의 선사들은 주로 남악 회양의 법사인 마조 도일의 법맥을 받아왔으나, 고려초에 이르면 청원 행사의 선풍을 중시하여 그 법사인 석두 희천의 법맥을 받아왔다. 하지만 그렇더라도 석두 희천의 문하 중 세력이 미약한 단하 천연의 선풍이 유독 광종대 승과의 제목으로 출제될 만한 특별한 이유는 없다. 아마 거기에는 찬유의 영향력이 작용한 것으로 추측된다. 찬유가 광종 초년에 국사로 봉해진 사실도 이러한 추측을 보다 가능하게 한다. 그러므로 지종이 승과에 합격한 데에는 긍양은 물론 찬유의 후광까지 작용하였다고 생각된다.

지종이 중국에 유학할 당시에 고려에서 법안종, 특히 교선일치사상 체계에 대한 관심이 고조되지 않았다면, 그 등장 시기가 궁금해진다. 광종은 연수 문하로 김조관 등 36인의 승려를 파견하였고, 법안종 계통의 고려 승려들이 상당히 귀국하여 이름을 떨치고 있었기 때문이다. 이해를 돕기 위해 광종대를 중심으로 법안종 승려들의 법맥을 제시하면 〈표 2〉와 같다.

이 중 대무위大無爲[179] · 혜운慧雲[180] · 혜홍慧洪[181]은 이름만 전하는 우리나라 승려로, 정확한 활동 연대는 물론 귀국 여부도 분명하지 않다. 대무위

---

179 도원, 『경덕전등록』 권19, 行思禪師 6世 福州 雪峯義存禪師 法嗣조(『대정장경』 권51, p. 353, 중).

180 도원, 위의 책 권23, 행사선사 7세 安州 白兆山志圓禪師 법사조(『대정장경』 권51, p. 388, 상).

181 도원, 위의 책 권26, 행사선사 11세 杭州 普門寺 希辯禪師 법사조(『대정장경』 권51, p. 419, 중).

〈표 2〉 법안종의 계보

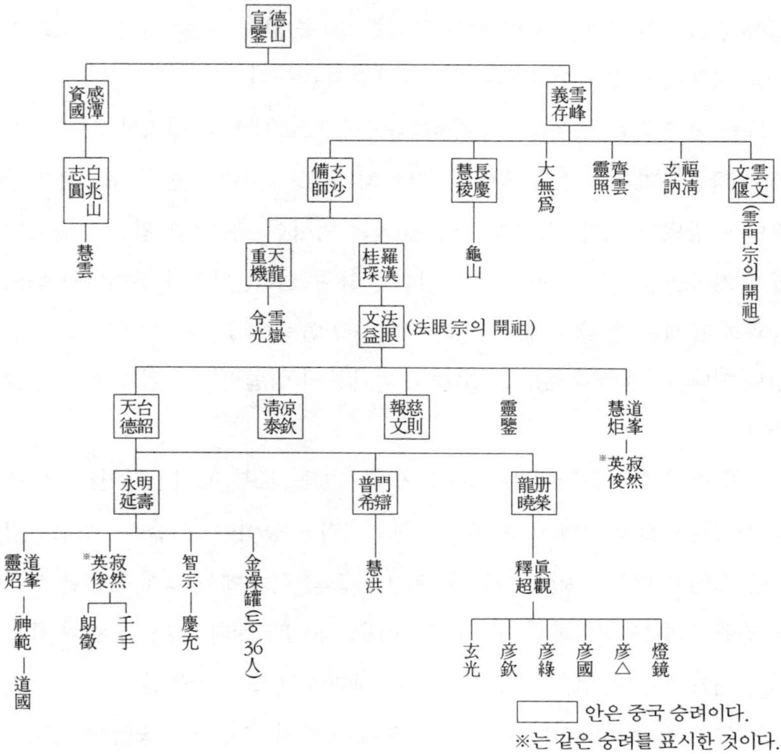

와 혜운은 문익文益이 법안종을 성립하기 이전에 활동한 인물로 추측되므로 우리나라 법안종의 성립과는 거의 관계가 없다. 혜홍은 지종과 비슷한 시기에 활동하였지만, 고려초 법안종과의 관계를 전혀 찾을 수 없다.

그 외 우리나라 승려로 현눌玄訥[182] · 귀산龜山[183] · 영광令光[184] · 영감靈鑒[185]

182 『조당집』 권11(『趙明基博士華甲紀念 佛教史學論叢』 附錄, 中央圖書出版社, 1965, p. 74, 중~하).

183 도원, 『경덕전등록』, 권21, 행사선사 7세 福州 長慶慧稜禪師 법사조(『대정장경』 권51, p. 376, 하).

184 도원, 위의 책 권24, 행사선사 8세 杭州 天龍重機大師 법사조(『대정장경』 권51, p. 401, 하).

185 도원, 위의 책 권26, 행사선사 9세 金陵 清凉文益禪師 법사조(『대정장경』 권51, p. 420, 상).

등이 간단한 화두를 남겼지만, 언제 중국에 들어갔고 귀국하였는지가 확실하지 않기 때문에 정확한 활동 연대를 알 수 없다. 이들 역시 고려초 법안종 성립에 크게 기여하였다고는 생각되지 않는다.

그들 중 영감은 도봉道峯 혜거慧炬와 동문으로 대체로 혜거와 비슷한 시기에 활동하였다고 추측되지만, 그와 혜거 또는 고려 법안종과의 관계를 확인할 방법이 없다. 설봉雪峰 의존義存의 법사인 제운齊雲 영조는 비교적 많은 기록을 남겨[186] 그의 사상의 일면을 알 수 있다. 그러나 우리나라 승려들과의 관계를 잘 알 수 없을 뿐만 아니라 법안종 성립 이전의 인물일 가능성도 있다. 그럴 경우 영조도 고려초 법안종의 성립과는 직접 관계되지 않는다.

고려 승려로서 중국에 유학하고 귀국한 자는 도봉 혜거·적연寂然 영준英俊·진관眞觀 석초釋超·도봉道峯 영소·지종 등이다. 이들은 고려초 법안종 성립에 많은 기여를 하였다. 이들이 고려 사회에서 크게 활동한 시기는 진관 석초를 제외하면 대체로 광종대말에 해당된다. 지종이 일찍 중국에 들어가기는 하지만, 정작 그가 고려 사회에서 크게 활동한 시기는 광종 21년(970) 귀국 이후이다. 그렇다면 지종은 무려 11년간을 중국에 머무른 셈이다. 광종의 양해 아래 중국에 들어간 지종이라면 11년간의 체류는 아무리 생각해도 긴 기간이 아닐 수 없다. 이처럼 중국 유학이 길어진 것으로 보아 지종은 귀국하기 어려운 사정에 처하였던 것으로 추측된다. 이러한 추측이 가능하다면 당시 고려의 국내 사정이 지종의 귀국을 허락하지 않았을 것이다.

중국에 들어갈 당시 지종과 광종의 관심은 성상융회적 사상에 쏠려 있었고 연수의 초기 사상 역시 성상융회 경향을 가졌다. 그러나 지종은 연수의

186 도원, 『경덕전등록』 권18, 복주 설봉의존선사 법사조(『대정장경』 권51, p. 352) ; 『조당집』 권11(앞의 책, pp. 73~74).

문하에서 수학하는 동안 성상융회는 물론 오히려 교선일치사상에 심취하였다. 연수의 『종경록宗鏡錄』 등은 교선일치 사상경향을 강하게 지녔는데 지종은 그러한 저술에 영향을 받았을 것이다.

지종은 광종 12년(961)에 국청사國淸寺의 정광淨光에게 나아가 대정혜론大定慧論을 배워 천태사상을 전수받았다.[187] 이때부터 지종은 본격적으로 교선일치의 사상 체계를 깊이 연구하였다. 그 결과 광종 19년(968)에 승통僧統인 찬영贊寧과 천태 임식任埴 등의 청으로 그곳 전교원傳敎院에서 대정혜론과 아울러 법화경法華經을 강설하였다.[188] 이것은 지종이 교선일치사상을 깊이 이해하였음을 알려준다.

연수의 문하로 들어간 지종은 광종의 애초 의도와는 달리 교선일치의 사상 체계를 가졌다. 그러나 고려 국내에서는 개혁정치가 진행되면서 그것을 돕는 성상융회사상이 확립되었다. 이러한 고려 국내의 사정은 지종의 귀국을 쉽게 허락하지 않았을 것이다. 광종 21년에 그가 귀국한 것은 고려 국내에서 교선일치의 법안종사상이 용납되는 분위기가 형성되었기에 가능하였다.

광종 19년에 법안종의 혜거惠居가 국사에, 화엄종의 탄문이 왕사에 봉해졌다. 탄문은 화엄종 승려이지만 교선일치의 사상 체계를 가진 인물로, 그와 더불어 법안종의 혜거가 국사에 봉해진 것은 교선일치의 사상 체계가 대두하였음을 반영한다.

혜거惠居는 법안法眼 문익의 문하에서 수업한 혜거慧炬와 동일인으로 파악된다.[189] 광종 19년에 국사에 봉해졌다면 혜거는 그 이전에 귀국하였을

187 최충, 「원주거돈사 원공국사승묘탑비」(앞의 책, p. 256)에 "峻豊二年 漸次抵國淸寺 膜拜淨光大師 光亦開連榻靡 聞升堂思欲伯喈書 附於王生重耳 經傳於尹令尋 以大定慧論 天台敎授師師 是彝是訓 如切如磋那"라고 하였다.

188 최충, 위의 비(위의 책, p. 256).

189 허흥식, 「高麗初 佛敎界의 動向 ―寂然國師碑文의 분석을 중심으로」, 『文學과 知性』, 1977, 가을, p. 902.

텐데, 현재로서는 그것이 언제인지 밝히기 어렵다. 혜거의 귀국 사정에 대해서는 다음과 같이 기록되어 있다.

> 고려 道峯山 慧炬국사는 淨慧의 문하에서 비로소 깨쳤는데, 본국의 왕이 사모해서 사신을 파견하여 오기를 청하니 드디어 고국 땅으로 돌아갔다. 國主가 心訣을 받고 禮로써 대우하기를 날로 두터이 하였는데 하루는 王府의 上堂에 들기를 청하였다.[190]

이 기록만으로는 혜거가 언제 귀국하였는지가 분명하지 않다. 다만 그의 귀국이 광종의 요청에 의해 이루어진 것은 분명하다. 귀국 후 그는 광종의 두터운 신임을 받았고 곧 왕부王府의 상당上堂에 들어갔다. 왕부의 상당에 들어갔다는 것은 아마 그가 국사로 봉해진 사실을 말한 것으로 생각된다. 즉 혜거가 귀국하여 국사에 봉해진 것이 광종의 일관된 관심 아래 이루어졌음을 알 수 있다. 혜거의 귀국은 국사로 봉해진 광종 19년보다 그리 빠르지 않은 시기에 이루어졌으며, 이때 이미 고려 국내에서는 법안종의 교선일치사상 체계가 용납되는 분위기가 서서히 여물었다. 광종의 법안종에 대한 관심도 역시 이러한 분위기 속에서 움텄다.

혜거는 귀국하여 도봉산道峯山 영국사寧國寺에 거주하였는데, 광종 19년에 제자인 적연 영준이 연수의 문하로 유학하였다. 이때 영준의 유학은 아마 혜거의 주선으로 이루어진 것으로 추측된다.[191] 즉 혜거의 국사로서의 영향이 자신의 제자를 쉽게 유학할 수 있도록 주선하였을 것이다. 또한 광종대 중기와는 달리 법안종에 대한 관심 고조도 영준의 유학을 수월하게

---

190 도원, 『경덕전등록』 권25, 행사선사 9세 금릉 청량문익선사 법사조(『대정장경』 권51, p. 414, 중)에 "高麗 道峯山慧炬國師 始發機於淨慧之室 本國主思慕 遣使來請 遂廻故地 國主受心訣 禮待彌厚 一日請入王府上堂"이라 하였다.

191 허홍식, 「고려초 불교계의 동향—적연국사비문의 분석을 중심으로」, 앞의 책, p. 905.

하였다.

광종 19년 이후부터는 법안종 승려의 중국 유학은 보다 용이해졌고, 그 수도 많아졌다. 앞에서 광종의 관심 아래 김조관 등 고려 승려 36인이 연수 문하에서 대거 수학한 사실을 살펴보았는데, 그것은 광종 19년 이후 영준 등이 유학하는 사실과 연결시켜 생각해볼 수 있다. 아마도 김조관 등 36인 중의 한 사람이 영준이었을 것으로 추측된다.

연수의 문하에서 수학하던 영준은 지종과는 달리 일찍 귀국하였다. 광종 23년(972)에 귀국한 영준은 그 이듬해에는 복림사福林寺 주지로 있었다. 귀국할 때 군신의 경앙敬仰을 받았다고 하였으므로, 그는 광종의 배려하에 귀국하였을 것이다. 그런데 영준이 광종과 밀착된 인물인지는 알 수 없다. 기록상으로는 광종대말에 공식적으로 활동한 흔적은 보이지 않고, 성종이나 현종대에 가서 왕실과 깊은 인연을 맺은 듯하다.[192] 그렇다 하더라도 광종대말에 활약한 것은 분명하다.

광종대말에 법안종이 대두한 사실은 광종 22년(971)에 다음과 같이 3개의 부동不動 산문을 정하는 데서 찾아볼 수 있다.

> 乾德 9년(971) 辛未 10월 21일에 元和殿에서 讀大藏經大會를 열었을 때 황제폐하가 조서를 내려 말씀하시기를 "국내 사원 가운데 오직 세 곳의 不動 산문을 남기니, 문하 제자로 하여금 상속하여 주지토록 하고 대대로 끊이지 않게 함으로써 矩로 삼는다"라고 하였다. 이른바 高達院·曦陽院·道峯院이 그것이다.[193]

---

192 金猛, 「贈諡寂然國師 慈光之塔碑」(허흥식, 「고려초 불교계의 동향—적연국사비문의 분석을 중심으로」, 앞의 책)에 의하면 영준은 성종 7년(988)에 왕의 초청을 받아 서울에 머물렀고, 현종 즉위년(1009)에는 大禪師로서 內帝釋院에 거주하였다. 그 후 현종 5년(1014)에 입적하자 寂然국사의 시호를 받았다.

193 김정언, 「여주고달사 원종대사혜진탑비」(앞의 책, p. 214)에 "乾德九年歲次 辛未十月二十一日 於元和殿 開讀代藏經時 皇帝陛下詔曰 國內寺院 唯有三處 只留不動 門下弟子 相續住持 代代不絶 以此爲矩 所謂 高達院·曦陽院·道峯院"이라 하였다.

고달원高達院 · 희양원曦陽院 · 도봉원道峯院이 세 곳의 부동 산문으로 설정되었다. 이 중 고달원의 찬유와 희양원의 긍양은 광종초에 왕실과 결연되었다. 그러나 이들이 광종대 중기까지 왕실과 긴밀한 관계를 그대로 유지하지는 않았다. 반면 법안종인 도봉산문은 광종대말에 크게 대두하여 왕실과도 연결되었다. 그렇다면 세 곳의 부동 산문이 정해지는 사정은 당시에 영향력을 행사하는 위치에 있던 도봉산문의 입장에서 고려되었을 것이다.[194]

법안종의 초기 사상은 성상융회적인 경향을 가졌고 도봉원 외에 고달원이나 희양원의 선종사상이 모두 성상융회적인 사상 체계를 가졌으므로, 부동문이 정해지는 까닭으로 성상융회사상과의 연관을 생각할 수 있다. 그러나 당시 왕사로 있던 탄문의 보원사普願寺가 부동문에 들지 못하였고, 화엄종의 주맥을 이뤄온 균여의 성상융회사상도 제외되었다. 이러한 사실들로 미루어볼 때 부동 산문의 설정에는 주로 성상융회사상의 입장보다는 도봉원, 즉 법안종과의 연결이 더 중요시된 것으로 생각된다.[195] 또한 설정 기준에 선종만이 고려된 것도 아니었다. 부동문은 원화전元和殿에서 독대장경대회讀大藏經大會를 열었을 때 정해졌는데, 독대장경대회는 성격상 교종과 밀접하였다.

부동문의 설정은 광종대 중기의 전제정치에 도움을 준 균여의 성상융회

---

194 元宗大師碑의 陰記에만 三不動門으로 高達院 · 曦陽院 · 道峯院을 설정한 기사가 실려 있고, 희양산문이나 도봉원 계통의 선사비에서는 그런 기록을 발견할 수 없다. 때문에 그것의 설정이 고달원과의 관계에서 더 중시되었다고 생각되기도 한다. 그러나 긍양의 碑는 不動門의 조치가 나오기 이전인 광종 16년에 세워졌을 뿐만 아니라 도봉원 혜거에 대한 더 자세한 기록도 찾을 수 없다. 이런 상황에서 찬유의 비에 삼부동문의 설정 기사가 나왔다고 해서, 그 주된 의도가 고달원을 위해서였다고는 생각할 수 없다. 오히려 광종 22년경에 고달원이나 희양원 승려의 활동상은 나타나지 않는 대신, 도봉원의 법안종이 크게 대두한 것으로 보아 부동문의 설정은 도봉원을 위한 조치이며, 그것과 사상적 성향이 비슷한 고달원과 희양원이 함께 배정되었다고 보아야 한다.

195 김두진, 「균여의 성상융회 사상」, 앞의 책, p. 16.

사상 대신에 법안종이 점차 대두하였던 사실과 관계가 있다. 현재 전하는 자료를 면밀히 검토하면 법안종의 교선일치사상 체계는 광종대말에 서서히 등장하였고, 광종 19년 혜거가 국사로 봉해지면서 영향력은 더욱 커졌다. 법안종 승려가 중국에 대거 유학하였고 또 귀국하여 국내에서 활발히 활동하였다. 부동문의 설정은 이러한 분위기 속에 법안종세력이 크게 신장되었음을 반영한다.

그러나 광종대 초기나 중기에 활동한 법안종 계통의 승려가 없는 것은 아니다. 지종이 그 한 예이고 또 천태 덕소의 법사인 용책龍冊 효영曉榮의 법인을 받아 귀국한 진관 석초도 광종대 초기에 활동한 인물이다. 석초는 태조 23년(940)에 남중국으로 유학하여 정종 1년(946)에 귀국한 뒤에는 홍주興州의 숙수선원宿水禪院에 머물렀다. 그가 지곡사智谷寺에 주석한 것은 광종의 조서를 받고 이루어졌으며, 광종 10년에 금성金城 북쪽에 있는 귀산선사龜山禪寺에 머문 것 역시 왕명으로 이루어졌다.[196]

그러나 석초는 광종과 밀착된 인물로는 보이지 않는다. 광종 15년에 입적한 석초는 전제정치가 한창 진행되던 시기에 활동한 인물이지만, 광종의 개혁정치와 직접적인 관련을 갖지는 않았다. 또한 그의 비명碑銘을 찬술한 왕융王融도 광종대 개혁정치의 핵심 인물은 아니었다.[197] 특히 석초의 문도들은 왕융에게 비문의 찬술을 부탁하기 전에 광종대 개혁정치에 비판적인 입장을 취하였던 최승로에게 먼저 요청하였다.[198] 물론 이러한 요청이 실현되지는 않았지만 이 사실은 석초와 광종이 친밀한 관계가 아니었음을 시사한다.[199]

---

196 王融, 「高麗 康州智谷寺 眞觀禪師碑」, 『釋苑詞林』 권181 ; 허흥식 편, 『韓國中世社會史 資料集』, 아세아문화사, 1976, p. 508에는 "己未 顯德六年 賜金城北龜山禪寺 奉命之"라고 하였다.

197 이기백, 「고려 귀족사회의 형성」, 『한국사』 4, 국사편찬위원회, 1974, p. 167.

198 왕융, 위의 비(『한국중세사회사 자료집』, p. 501).

199 왕융, 위의 비(위의 책, p. 512)에 "昔別三韓 遠遊百越 歸亦不辭 到亦不謁 出栴檀林 離師子窟 以此校量 復何虧闕"이라 하였다. 釋超가 귀국할 당시에는 정종이 왕위에 있었으나 알현하

또한 광종이 석초를 지곡사나 귀산선사에 머물도록 배려한 것이 법안종의 교선일치사상 체계를 수립하기 위한 의도로는 생각되지 않는다. 오히려 석초는 사경寫經을 하는가 하면[200] 신이한 불교사상을 펴고 있었다.[201] 이러한 점은 그의 사상이 균여의 성상융회사상과 대치되지 않는다는 것을 알려준다. 석초의 사상 내에는 성상융회로 이어질 수 있는 면이 있었고, 광종은 이 점을 고려하여 그를 배려하였을 것이다. 법안종 내의 성상융회적인 사상경향은 광종대 중기에 서서히 등장하였고, 그 결과 광종대말에는 법안종의 교선일치사상 체계가 대두하였다.

2) 법안종사상

광종대에 법안종에 대한 관심이 고조되어 점차 대두하자, 광종대말에는 법안종 승려들의 활동이 활발하였다. 이때 활동한 법안종 승려들 가운데 현재 전하는 비문을 중심으로 그들의 사상을 추출하고자 한다. 그런데 비문만으로는 사상을 끌어내는 데 어려움이 따르므로 중국 법안종사상의 이해를 통하여 그 성격을 규명하는 데 도움을 받도록 한다.

중국 법안종은 행사선사의 법맥을 이은 설봉 의존의 법손인 문익에 의해 개창되어 천태 덕소와 영명永明 연수로 이어져 내려오면서 확립되었다. 문익·덕소·연수 등은 모두 고려초의 법안종 성립에 큰 영향을 끼쳤다. 그 중에서도 연수의 사상이 광종대에 법안종이 성립하는 데 기여한 것에 대해서는 이미 살펴보았다. 연수의 사상을 대체적으로 이해하기 위해 다음

지 않았을 뿐만 아니라 그 후에도 왕실을 虧闕로 생각한 점으로 미루어, 석초는 왕실과 밀착되었던 것 같지 않다.

200 왕융, 위의 비(위의 책, p. 508).

201 왕융, 위의 비(위의 책, p. 507)에 "己酉 我光宗大成王 分金輪之位 中統山河 奉沙界之尊 上遵香火 承佛付囑 作我檀那 特詔於智谷寺匡衆 師往彼之夕 其山之右 有三藏院主 首感夢神異 及曙擁衆來相告言 至師 上堂說法 滿山鳥獸 無弗哮吼"라 하였다. 즉 석초의 불교사상 내에는 神異한 면이 있으며, 이러한 사상경향은 均如와도 상통한다고 생각된다.

기록을 참고해보자.

> 대사(延壽)의 도가 해외에 전파되어 고려 국왕(光宗)이 글과 예물을 보내 제자의 禮를 폈다. 대사는 天台 · 賢首(화엄) · 慈恩(법상)의 三宗 상호 간에는 同異가 있으므로, 이에 그 문도 중 法을 잘 아는 자들로 널리 義解를 열람하게 하여 어려운 점을 질의케 하였다. 대사는 心宗의 衡으로 그것을 평준화시켰다. 대승경론 60부와 兩土(인도와 중국)의 성현 300家의 언설을 모아 唯心의 뜻을 證成하여 100권의 책을 만들고 宗鏡이라 이름 붙였다. 또 『萬善同歸集』을 저술하였는데 정토에 돌아감이 가장 정곡을 얻은 것이라 하였다.[202]

연수의 사상은 천태종과 화엄종 및 법상종을 심종心宗의 입장에서 융합한 것이다. 아마 그의 주된 저술인 『종경록』은 이러한 삼종三宗의 융합에 대해 서술하였을 것이다. 그 밖의 저술에는 정토사상이 담겨져 있는데, 『만선동귀집』 역시 그의 사상의 중요한 면을 알려준다. 이러한 그의 저술의 상호 관계를 주목함으로써 법안종사상의 성격을 이해하는 데 한 걸음 접근하도록 한다.

『종경록』에는 대체로 교선일치사상이 담겼는데, 그것은 선종 입장에서 천태나 화엄 및 법상종사상을 융합하려는 것이다. 그런데 천태사상은 법안종사상과 맥이 닿을 수 있으므로 법안종사상 내에 그것이 융합되는 것으로[203] 나타났는지도 모른다. 따라서 연수는 교 · 선의 융합을 내세우면서도 먼저 화엄사상과 법상종사상의 융합, 즉 성상융회性相融會사상을 의도

---

202 지반, 『불조통기』 권26, 法師 延壽조에 "師道播海外 高麗國王 致書獻物 叙弟子禮 師以天台 · 賢首 · 慈恩三宗 互有同異 乃館 其徒之知法者 博閱義海 更相質難 師以心宗之衡 以準平之 又集 大乘經論 六十部 兩土聖賢 三百家之言 證成唯心之旨 爲書百卷 名曰宗鏡 又述萬善同歸集 指歸淨土 最得其要"라고 하였다.

203 『불조통기』는 천태종의 입장에서 僧史를 정리한 저술이므로, 여기에 나타난 천태가 뒷날 종파로 성립된 천태종사상과 같은 뜻으로 해석해야 할지는 의문이다. 연수의 사상은 천태사상과 통하는 면을 지녔기 때문에 천태사상까지 융합하는 것으로 나타났다.

하였다.

중국에서는 당초기에 법상종이 풍미하였고, 그 결과 뒷날 화엄종이 크게 등장하면서 교종 내부에서 화엄종과 법상종의 대립을 해소하려는 노력이 경주되었다. 법장이나 징관은 모두 이러한 대립을 해결하려는 의도에서 각각 성상융회나 성상결판性相決判의 사상을 전개시켰다. 연수 역시 선승이지만 교종 내부의 대립을 자기 나름대로 소화하여 종합하였고, 그러한 결실이 『만선동귀집』에 상당히 반영되었다. 『만선동귀집』의 이러한 성격은 다음 기록에서 읽을 수 있다.

> 혹은 교학의 가르침으로 佛隴의 미묘한 뜻을 나타내고 혹은 선종의 이치로 曹溪의 깨끗한 경지를 깊이 접하였다. 有를 떠나 空을 잡는 것이 불가하며 實을 등지고 無를 따르는 것이 불가하다. 요는 權을 해석하여 마땅히 실상으로 돌아가니 권과 실이 이미 了然한 것은 허공이 가히 존재하기 때문이다. 깨달은 자는 사물을 접해도 밝은 마음에 가히 妙用으로 되지만, 미혹한 자는 글을 탐구하여도 敎에 막히게 된다.[204]

『만선동귀집』에서는 교와 선의 문제를 다루지만 주된 관심은 공空과 유有, 즉 성性과 상相의 융합에 있다. 그것은 리사理事 · 권실權實 · 이체二諦 · 성상性相 · 체용體用 · 정조正助 · 동이同異 · 공유空有 · 수성修性 · 인과因果 등을 다루었는데, 이들은 대체로 성과 상의 범주로 규정지을 수 있다. 즉 『만선동귀집』은 성상융회사상을 상당히 다룬 책으로 이해된다.[205]

『만선동귀집』은 일체의 유연有緣한 자를 권하기 위해 저술되었다.[206] 이

---

204 沈振, 「萬善同歸集序」, 『대정장경』 권48, p. 957, 하에 "或教言妙標佛隴之微 或禪理深融蕩曹溪之淑譽 不可執空而離有 不可背實而從無 要釋權 宜爲歸實相 權實旣了 虛空可存故 達者轉物以明心可言妙用 迷者按文而滯教 豈謂通方"이라 하였다.

205 김두진, 「균여의 성상융회 사상」, 앞의 책, p. 71.

206 심진, 위의 글, 위의 책, p. 958, 상.

러한 연생緣生을 깨뜨리지 못하는 데에 만행萬行이 갖추어지고 여러 법상이 생긴다. 그러나 만선萬善이 돌아갈 실상은 공空과 같으므로 공을 지키기 위해 참된 수행을 막아서도 안 된다. 만행이나 법상은 필경 리사理事에 따라야 하는데, 리理와 사事는 서로 무애無礙한 것이다.[207]

연수는 사事가 분별하여 차별을 가지고 리理가 일미一味로 담연湛然한 것이지만, 능의能依의 사는 리를 좇아 이루어지고 소의所依의 리는 사를 따라 나타나므로 서로 원융하다고 하여 리사理事 · 리리理理 · 사사상즉事事相卽을 주장하였다.[208] 이러한 연수의 사상은 법장의 성상융회사상과 연관된다. 다만 리리무애理理無礙를 주장한 점에서 그의 성상융회사상은 법장의 화엄사상보다는 오히려 의상에 더 가깝고, 이러한 전통을 이은 균여의 성상융회사상과 통하는 면을 지녔다.

광종은 연수의 『만선동귀집』을 읽고 매력을 느꼈는데, 아마 법안종의 성상융회적 사상경향에 관심을 가졌을 것이다. 광종 10년에 이루어진 지종의 중국 유학도 이러한 관심의 표현일 수 있다. 비슷한 시기에 전제정치 시행에 도움을 준 균여의 성상융회사상이 크게 떨쳤는데, 연수 문하로 나아갈 당시에 지종도 성상융회 사상경향을 가졌다. 다음 기록에서 이를 확인할 수 있다.

> 함께 佛道를 들으며 玄微한 진리가 一心을 명료하게 하니, 이것이 바로 禪의 근원이다. 澹寂과 여러 법은 초연히 얻어지는 것이고 權과 實은 都忘하여 觀하

---

207 연수, 『萬善同歸集』 권상(『대정장경』 권48, p. 958, 상)에 "夫衆善所歸 皆宗實相 如空包納 似地發生 是以但契一如 自含衆德 然不動眞際 萬行常興 不壞緣生 法界恒現 寂不閡用 俗不遠眞 有無齊觀 一際平等 是以萬法惟心 應須廣行諸度 不可守愚空 坐以滯眞修 若欲萬行齊興 畢竟須理事 理事無碍 其道在中"이라 하였다.

208 연수, 위의 책 권중(『대정장경』 권48, p. 970, 중~하)에 "問 事則分別 理惟一味湛然 性相不同 云何無閡 答 能依之事 從理而成 所依之理 隨事而現 如千波不閡一混 猶衆器匪隔一金 體用相收 卷舒一際 若約圓旨 不惟理事相卽 要理理相卽亦得 事事相卽亦得 理事不卽亦得 故稱隨緣自在 無閡法門"이라 하였다.

는 것이다. 色과 空은 모두 泯滅하지만 群生의 집착에 따라 수많은 차이가 나타나게 된다.[209]

이 기록은 지종의 비문 중 가장 첫머리의 기사로, 그의 사상을 전체적으로 특징짓는 대목이다. 비문에서는 지종의 사상이 성상융회적 경향을 지닌 것으로 부각되었다. 즉 집착으로 인해 만상萬象의 차별이 나타나지만 만상은 물론 공空인 성도 민멸泯滅한다고 함으로써, 성과 상은 서로 무애하여 융회가 가능하다. 지종은 여러 법상의 민멸은 물론 본체인 공, 즉 성의 민멸을 주장함으로써 성상융회 사상경향을 가졌다. 성의 민멸을 주장한 것과 스승 연수의 사상이 리리무애를 주장한[210] 점 등이 균여의 성상융회 사상과 비슷할 뿐만 아니라, 광종대 전제정치에 도움을 줄 수 있다. 이미 살펴본 것처럼 지종은 희양산曦陽山 긍양의 법맥을 이었고 고달원 찬유의 도움으로 중국에 유학하였다. 즉 구산선문 중 광종대초에 희양산문과 봉림산문이 성상융회 사상경향을 가졌는데, 이들이 모두 지종과 연결되었다. 이 점 역시 광종대 성상융회사상의 성립과 연관하여 파악해야 한다.

지종보다 조금 시대가 앞서는 진관 석초는 성상융회 사상경향을 가졌다. 석초는 중국에 들어가기 전의 행적에서는 뚜렷한 특징을 남기지 않았다. 그는 선사였지만 구산선문의 어느 산문과도 연결되지 않았다. 오히려 그가 출가한 영암산靈岩山 여흥선원麗興禪院의 법원法圓대사는 그 명칭으로

---

209 최충, 「원주거돈사 원공국사승묘탑비」(앞의 책, p. 254)에 "恭聞佛道 玄微了一心而卽是禪源 澹寂與諸法 以超然得之者 權實都忘觀之者 色空俱泯而緣群生見執 萬種差殊"라 하였다.

210 중국 法藏의 性相融會사상은 理理無礙를 주장하지 않는다. 아마 理를 원칙으로 보기 때문에 理와 理의 無礙가 가능하지 않다고 보았을 것이다. 이런 주장은 그 후 중국의 화엄사상가에게 그대로 이어져, 중국 승려들은 대체로 리리무애를 주장하지 않았다. 반면 리리무애사상은 신라 의상이 주장하여 의상계 화엄사상의 특색으로 전해졌다. 균여 역시 의상계 화엄종의 전통을 이은 인물로 리리무애를 주장하였다. 그러므로 중국 승려인 연수가 리리무애를 주장한 것은 주목된다.

보아 교종, 특히 화엄종과 깊이 관련되었을 것으로 추측된다. 석초에게 구족계를 준 자는 태조 11년(928) 법천사法泉寺의 현권賢眷율사이므로 계율과의 관련을 생각할 수 있다.

중국에 들어가 용책의 문하에서 수학하면서도 석초의 주된 관심은 교학 내의 문제로 쏠렸다. 태조 23년(940) 남중국에 있을 때 그는 용화龍華 일면종사一面宗師로 불렸다.[211] 용화 일면종사는 미륵이나 법상종과의 연관을 생각하게 하는데, 그가 법천사에서[212] 구족계를 받은 것이 이러한 추측을 돕는다. 법안종사상 내에 성상융회 사상경향이 있었음을 생각하면, 이것은 석초의 법상종에 대한 관심과 연관된다. 법안종 문하에서 석초는 성상융회 사상경향을 익혔고, 귀국 후 광종의 주선으로 지곡사나 귀산선사에 머무른 것은 이러한 사상경향으로 말미암아 가능하였다. 석초의 성상융회적 사상경향은 다음 기록에서 읽을 수 있다.

> 이것은 一燈이 나누어 비추면 萬象이 같이 밝아짐을 말한다. 나에게 法이 있어 그에게 전하지 않아도 역시 (그가) 無心하게 얻기 때문이며, 그것은 선후를 초월하며 고금을 가려 덮는다.[213]

등불이 비추면 밝아져서 만상萬象이 나타나는 것처럼 그것은 무심無心으로 얻어진다. '법法이 있음'과 무심을 같은 범주로 생각한 것은 성상융회적 사상경향으로 이해된다. 그것은 선후를 초월하고 고금을 포함할 정도로 융회적이다.

---

211 왕융, 「고려 강주지곡사 진관선사비」(『한국중세사회사 자료집』, p. 506).

212 이때의 法泉寺가 原州에 있던 法相宗 사찰이었는지는 분명하지 않으나, 달리 법천사를 생각할 수 없기 때문에 일단 같은 것으로 생각한다. 이렇게 되면 賢眷은 태조 왕건 때에 활동한 법상종 승려로 파악된다.

213 왕융, 위의 비(위의 책, p. 508)에 "斯所謂一燈分炤 萬象同明 我則有法 弗傳彼 亦無心而得 超揚先後 掩映古今"이라 하였다.

다음 기록에서도 석초의 성상융회 사상경향을 확인할 수 있다.

> 不住는 法이며 不常은 身이다. 시방의 여러 부처와 삼계의 衆人이 그 妄想을 깨달으면 眞에 이른다. 凡을 따라 聖에 이르러 大法輪을 굴렸다.[214]

이 기록은 석초 비의 명문銘文으로 제일 처음 나타나는 찬讚인데, 석초의 사상적 특징을 비교적 잘 제시해준다. 석초는 부주不住와 법法, 불상不常과 신身은 물론 망상妄想과 진여眞如를 같이 파악하였다. 뿐만 아니라 여러 부처와 여러 사람이 따로 구별되지 않아 범凡과 성聖의 구별이 없다. 이것은 공空과 유有, 즉 성性과 상相을 같이 보려는 성상융회 사상경향에 포함된다. 그 결과 그는 "허공과 장벽이 서로 무애하여 통한다"[215]라고 할 정도로 강한 융회사상을 형성하였다.

석초에게 선승으로서의 입장이 전혀 없지는 않다. 일등一燈의 불빛이 마음으로 비유되어 "일심一心의 등을 밝힘이 세행細行에 구애되는 것은 아니다"[216]라고 하였다. 일심을 내세워 선승으로서의 수행을 강조한 것이다. 그러나 석초의 성상융회적 사상경향은 대체로 교종 내의 문제를 해결하려는 것으로 생각된다. 그래서 그는 수행에 앞서 만상을 밝히기 위해 일심의 등불을 내세웠다.

석초의 관심은 법이나 여러 부처 또는 중생이 깨달아 대법륜大法輪을 굴리는 데로 쏠렸다. 이것은 교학 내의 문제로 집약된다. 그 외에 비문에서는 그가 특별히 교선일치 사상경향에 깊이 몰입한 흔적을 보여주지는 않는다. 법안종 승려이기는 하지만 성상융회사상이 한창이던 광종대 중기에

---

214 왕융, 「고려 강주지곡사 진관선사비」(『한국중세사회사 자료집』, p. 511)에 "不住者法 不常者身 十方諸佛 三界衆人 了其妄想 達乎至眞 從凡入聖 轉大法輪"이라 하였다.

215 왕융, 위의 비(위의 책, p. 511)에 "通非虛空 导非牆壁"이라 하였다.

216 왕융, 위의 비(위의 책, p. 512)에 "明一心燈 不拘細行"이라 하였다.

석초가 교선일치 사상경향에 빠질 특별한 이유는 없다. 다만 법안종사상에는 교선일치의 경향이 강하게 담겨 있었다.

연수의 또 다른 저술인 『종경록』에는 교선일치사상이 체계화되었는데, 다음 기록에서 이를 확인할 수 있다.

> 衆生界가 즉 여러 佛界인데, 그것을 깨닫지 못함으로 인해 중생이 된다. 여러 佛心이 衆生心인데, 그것을 깨달음으로 인해 부처에 이른다. 마음은 밝은 거울과 같아 萬象을 뚜렷하게 나타낸다. 부처와 중생은 마치 그림자와 像과 같으며, 열반과 생사는 모두 억지로 이름을 붙인 것이다. 거울 자체는 고요하나 항상 비추며, 거울의 빛은 비추나 항상 고요하다. 心·佛·衆生의 셋은 차별이 없다. 국초에 吳越국의 永明 延壽선사가 最上乘을 證果하여 第一義를 밝혔는데, 그것은 教典을 연구하여 선종에 깊이 이른 것이다.[217]

부처와 중생 및 열반과 생사는 구별되는 것이 아니고 일심一心, 즉 마음의 작용이다. 깨달으면 부처가 되고 못 깨달으면 중생이 된다. 최상승最上乘인 일심의 경지를 중시하는 면에서 연수의 사상은 선종의 입장에 서 있지만, 그것을 보다 잘 밝히기 위해 교종의 경전을 아울러 연구해야 함을 강조하였다.

『만선동귀집』에도 교선일치 사상경향이 다소 나타나지만, 대체로 교종 내의 대립을 해소하려는 성상융회 사상경향이 더 중요시되었다. 『종경록』에는 교선일치사상이 훨씬 강하게 나타난다. 연수는 『종경록』을 서술하여 "선종의 골수를 잘라 교강教綱의 기강을 나타내며, 나머지 미세한 의혹은

---

217 楊傑, 「宗鏡錄序」(『대정장경』 권48, p. 415, 상)에 "衆生界卽諸佛界 因迷而爲衆生 諸佛心是衆生心 因悟而成諸佛 心如明鑑 萬象歷然 佛與衆生 其猶影像 涅槃生死 俱是强名 鑒體寂而常照 鑒光照而常寂 心佛衆生 三無差別 國初吳越 永明智覺壽禪師 證最上乘 了第一義 洞究教典 深達禪宗"이라 하였다.

원정圓淨에 응하게 한다"[218]라고 하였다. 즉 그는 교종 내부의 문제가 아니라 교·선의 대립을 해소하여 원정한 불교사상을 펴려 하였다. 원정한 불교의 개종은 교선일치사상을 펴는 것이므로, 연수는 교종 내부의 모순을 극복하고자 성상융회사상을 정리하여 『만선동귀집』으로 체계화하였다. 그러한 사상 기반 위에 교선일치사상을 구축하였는데, 이것이 『종경록』으로 종합되었다.

고려초의 법안종 승려들도 처음엔 성상융회사상에 관심을 가졌지만 점차 교선일치사상에 흥미를 가졌다. 지종보다 시대가 조금 뒤지는 적연 영준은 말할 것도 없거니와 지종도 처음 출국할 당시에는 성상융회 사상경향에 몰두하였지만, 연수 문하에서 수학하는 동안 점차 교선일치사상에 심취하였다. 다음 기록에서 이러한 사정을 읽을 수 있다.

> 開寶 원년(光宗 19, 968) 말에 僧統知內道場 功德事 贊寧과 天台縣宰 任埴 등이 대사(智宗)가 慧刃을 부지런히 연마하여 족히 屠龍하고 玄機를 민첩하게 발할 수 있음을 듣고, 마땅히 中鵠高山으로 우러러야 한다고 이구동성으로 의견을 모았다. 傳教院에서 大定慧論과 아울러 法華經을 강의해줄 것을 청하니 대사가 이에 응하였다.[219]

지종이 강의한 전교원은 광종 19년에 창건되었다. 복주福州 조사漕使인 고승휘顧承徽가 고려 승려 의통을 위해 집을 희사하여 절을 세우고 전교원이라 하였는데,[220] 아마 지종은 전교원이 창건되면서 그곳의 강사로 초청

---

218 연수, 「宗鏡錄序」(『대정장경』 권48, p. 416, 상)에 "剔禪宗之骨髓 標教綱之紀綱 餘惑微瑕應手圓淨"이라 하였다.

219 최충, 「원주거돈사 원공국사승묘탑비」(앞의 책, p. 256)에 "開寶元年歲杪 僧統知內道場 功德事贊寧 天台縣宰任埴等 聞師精硏慧刃 足可屠龍 敏發玄機 宜堪中鵠高山 仰止異口同音 請於傳教院 講大定慧論 並法華經 師率意而從"이라 하였다.

220 지반, 『불조통기』 권8, 興道 하, 8祖紀 제4, 16祖師 四明寶雲尊者 大法師조(『대정장경』 권49,

받은 것으로 추측된다. 이때 의통이 주지로 있었으므로 지종은 그와 접촉하였다. 전교원은 천태종 사찰인데, 거기서 지종은 교선일치의 정혜론定慧論과 천태사상으로 연결되는 법화론을 강론하였다. 그러므로 이때 지종은 법안종의 교선일치 사상경향을 이미 습득하고 천태사상의 이해에까지 관심을 두었다는 것을 알 수 있다.

지종은 교선일치 사상경향을 가졌지만 어디까지나 선종의 입장에 서 있음을 분명히 하였다. 앞에서 그는 혜인慧刃을 갈고 닦아 용龍을 죽인다고 하였는데 혜인이 선종의 입장을 반영하였다면 용은 교종으로 이해된다.[221] 지종은 적어도 광종 12년경(961)에는 교선일치사상을 접하였다.[222] 유학할 당시에는 성상융회 사상경향에 관심을 기울였으나, 연수 문하에서 수학한 지 얼마 되지 않아 점차 법안종의 교선일치사상에 심취하였다. 결국 그는 당시 고려의 사상경향과는 완전히 부합되지 않는 교선일치사상을 수학하였고, 광종 19년경에 이르러서는 그 방면에서 일가견을 가졌다.

광종 19년에는 균여의 성상융회사상이 빛을 잃은 대신 교선일치 사상경향이 대두하였다. 이러한 분위기 속에 광종 19년에 연수 문하로 나아간 영준은 지종과는 달리 성상융회사상이 아니라 아예 처음부터 교선일치사상에 관심을 가졌다. 영준 스스로 자신의 전신이 부석사浮石寺의 태대덕太大德이라 한 것으로 보아[223] 처음에는 화엄사상을 공부한 것으로 추측된다.

---

p. 191, 중~하)에 "開寶元年 漕使顧承徽 屢親師誨 始舍宅爲傳敎院 請師居之"라 하였다. 또 같은 내용이 宗曉, 『寶雲振祖集』 권중, 「寶雲振祖集序」·「請勅額奏文」·「使帖」 등에 나와 있다. 다만 顧承徽의 관직은 모두 漕使로 기록하였으나 「청칙액주문」에는 轉運使로 되어 있다.

221 용궁은 敎學과 밀접한 관련이 있다. 고승이 용궁에서 설법한 설화가 무수히 많고 또 元曉의 『金剛三昧經論』은 용궁에서 나왔다고 하였다. 그러나 이와 대조적으로 용궁과 특별히 관련된 禪僧의 설화는 잘 전하지 않는다. 이처럼 용이나 용궁은 교학과 연결시켜 생각할 수 있다.

222 최충, 「원주거돈사 원공국사승묘탑비」(앞의 책, p. 256). 지종은 중국 國淸寺에 들러 大定慧論과 천태사상을 접하였다.

223 김맹, 「증시적연국사 자광지탑비」, 『문학과 지성』, 1977, 가을, p. 898. 또 銘文에서 "法藏之要"라는 讚이 가장 먼저 나타나는데, 이것 역시 영준의 화엄사상에 대한 입장을 알려준다.

혜종 1년(944)에 천관사天關寺 숭유崇攸화상의 문하에 나아가 그 후 광종 1년(950) 경성京城 흥국사興國寺에서 구족계를 받을 때까지만 해도 영준은 화엄사상을 익혔다. 그러다가 영준이 영국사 혜거국사에게 나아갔을 때에는 교선일치 사상경향을 가졌다. 다음 기록에서 이를 확인할 수 있다.

> 이로부터 法器가 원융하여 玄機를 頓悟하였다. 먼저 화엄에서 實을 습득하고 다음으로 풀잎에서 꽃향기를 찾았다. 드디어 道峯山 寧國寺의 慧炬국사에게로 나아갔다.[224]

영준은 교종과 선종 모두에 밝았다. 즉 화엄에서 실實을 구하고 그것을 바탕으로 현기玄機의 돈오頓悟를 생각하였다. 그러나 이때만 해도 그는 교선일치 사상경향을 지니기는 하였지만 화엄종의 입장을 견지하였다.

연수 문하로 유학하면서 영준의 사상은 선종의 영향을 강하게 받았다. 연수 문하에 이르자 영준은 어디서 왔느냐는 질문을 받고, 동쪽 나라에서 왔다고 대답하였다. 이에 연수가 "동쪽 나라는 당나라와 비슷한가"라고 묻자, 그는 깨달은 자에게는 동과 서가 따로 없다고 대답하였다.[225] 이러한 화두는 선사들의 깨우침을 위해 사용되었는데, 여기서 영준은 동과 서 또는 현세와 정토를 구별하지 않고 단순히 마음의 작용임을 강조하였다. 연수 문하에서 수학하는 동안 그의 교선일치 사상경향은 더욱 체계화되었다. 영준은 "삼촌三寸의 문을 수고롭게 하지 않고도 사선四禪의 이치에 도달한다"[226]라고 하였다.

224 김맹, 「증시적연국사 자광지탑비」, 앞의 책, p. 898에 "自此 法器備圓 玄機頓悟 先摭實於雜花之本 後尋芳於葉之莫 遂往道峯山寧國寺慧炬國師"라 하였다.

225 김맹, 위의 비, 위의 책, p. 898에 "禪師問 汝是甚繫處人 答云 東國人 禪師曰 東國何似唐國 師云 達者無東西"라고 하였다.

226 김맹, 위의 비, 위의 책, p. 898에 "不勞三寸之門 了達四禪之理"라 하였다.

지종뿐만 아니라 광종대말에 활동한 법안종 승려들은 대체로 교선일치 사상경향을 지녔다. 그러나 초기의 법안종 승려들이 성상융회 사상경향을 가졌던 것으로 보아, 광종대말의 법안종 승려라 하더라도 적어도 성상융회사상을 완전히 외면하지는 않았을 것이다. 법안종을 확립시킨 연수의 저술 『종경록』에도 교선일치는 물론 성상융회 사상경향이 강하게 나타나 있다.

『불조통기』의 연수전은 『종경록』이 천태 · 화엄 · 법상의 3종 사이의 동이를 종합한 책이라 하였다. 이러한 3종의 융합은 선종사상과 성상융회 사상의 융합임을 유념할 필요가 있다. 『종경록』이라는 책명에 대해 "일심一心을 드는 것이 종宗이요, 만법萬法을 비춤이 거울鏡과 같다. 고제古製의 깊은 뜻을 엮고 보장寶藏의 원만한 설명을 간략하게 모아 이와 같이 나타내니 이를 칭하여 록錄이라 한다"[227]라고 해석하였다. 물론 이때의 일심은 선종의 입장을 나타낸다.

만법은 거울에 비쳐 차별상差別相을 보이므로 상相에 집착하지 않음으로써 성상융회가 가능해진다. 다음 기록은 이에 대해 알려준다.

> 밝게 비춤으로 말미암아 분별이 갑자기 일어난다. 비춤에 따라 티끌을 세우고 相이 나누어져 나열됨이 마치 거울에 像을 나타내서 갑자기 근본인 몸을 움직이게 하는 것과 같다. 그런즉 생각을 따르면 세계에 差別相을 이루게 하고, 다음으로 智로 말미암아 미움과 사랑이 같지 않게 된다. 眞을 버리고 性을 잃음으로써 相에 집착하여 널리 이름을 붙였다.[228]

---

227 연수, 「종경록서」(『대정장경』 권48, p, 417, 상)에 "擧一心爲宗 照萬法如鏡 編聯古製之深義 撮略寶藏之圓詮 同此顯揚 稱之曰錄"이라 하였다. 이와 같은 해석은 양걸, 「종경록서」(『대정장경』, 권48, p. 415, 상)에도 나타나 있다.

228 연수, 위의 글(『대정장경』, 권48, p. 415, 하)에 "因明起照 見分俄興 隨照立塵 相分安布 如鏡現像 頓起根身 次則隨想 而世界成差 後卽因智 而憎愛不等 從此遺眞失性 執相徇名"이라 하였다.

법상의 분별과 차별은 거울에 근본인 몸의 상이 나타나는 것과 같다. 근본인 몸, 즉 진眞이나 성性을 따르지 않고 거울에 비친 상을 따르며 또 그것을 인식하는 지智를 좇으면 만상萬象의 차별이 나타난다. 그러므로 차별상差別相을 민멸泯滅하여 근본인 진이나 성에 도달해야 한다. 이것이 성상융회사상과 통하는 점이다. 연수는 일심一心의 진성眞性이 거울에 비쳐 나타난 법상을 『종경록』에서 정리하여 설명하였다. 여기서 법상의 민멸을 생각함으로써 『만선동귀집』에서 보인 성상융회사상을 정리하여 체계화하고, 그것을 일심으로 귀결시켜 회통하였다. 이러한 연수의 사상은 일심, 즉 선종을 중심으로 교종을 융합하려는 교선일치사상이지만, 더 엄밀히 말해 선종사상과 성상융회사상의 융합으로 이해된다.

연수의 사상 체계는 그의 스승 법안 문익의 영향을 받아 이루어졌다. 문익의 교선일치사상 체계는 '선적禪的 리사관理事觀'으로 정의되는데,[229] 그에 의하면 불조종佛祖宗, 즉 선종은 "리理와 사事를 모두 갖추어서, 사는 리로 말미암아 세워지고 리는 사를 빌려 밝아진다"[230]라고 하였다. 즉 선종사상을 중심으로 성상융회사상을 융합하였다. 문익의 문하인 혜거 역시 연수와 비슷한 사상경향을 가졌다.

중국에서 성행할 당시의 법안종은 교선일치 사상경향을 가졌지만 엄밀히 말해 그 안에 성상융회사상이 끝까지 배제되지 않았고, 고려 광종대말에 크게 일어난 법안종도 마찬가지였다. 광종대말에 유행한 법안종사상은 교선일치라는 점에서 광종대 중기 균여의 성상융회사상과 입장을 달리하지만, 성상융회사상 자체와는 크게 배치되지 않았다.

법안종사상 내에는 또한 보수적인 정토淨土사상이 짙게 깔려 있었다. 이

229 김동화, 『禪宗思想史』, 太極出版社, 1975, p. 316.

230 文益, 『宗門十規論』 제5. 다만 연수는 스승의 사상 중 理事觀을 중심으로 정리하여 『만선동귀집』을 저술하였고, 그 후 『宗鏡錄』을 저술하면서 선종을 중심으로 리사관을 포용하는 이른바 禪的 理事觀을 체계화하였다.

미 인용한 『불조통기』의 연수조에서는 정토에 돌아가는 것이 가장 정곡을 얻은 것이라 하였다. 법안종사상은 선종의 입장에서 성상융회사상을 융합하였으므로 유심唯心에 기초한 정토사상을 펼 가능성을 가졌다. 유심정토唯心淨土에 대해서는 다음에서 이해할 수 있다.

> 唯心佛土는 마음을 밝혀 바로 나타내는 것이다. 『如來不思議境界經』에서는 "三世一切의 여러 부처는 모두 소유가 없고 오직 自心에 의한 것이다"라고 하였다. 보살이 여러 부처의 경계 및 일체의 法을 了知함은 모두 유심의 헤아림으로 말미암은 것이다.[231]

불토나 부처의 경계에 들어가는 것은 물론 일체의 법을 아는 것은 역시 마음의 작용이다. 법안종사상은 선종의 입장에서 교종을 융합하였으므로, 불토를 생각할 때 자연히 정토를 마음의 작용으로 생각하였다. 마음속의 정토는 아미타불에 귀의하려는 서방정토가 아닌 것은 확실하며, 그렇다고 현세를 정토로 생각하지도 않았다. 오히려 정토 자체를 마음에서 구하기 때문에 달리 정토를 설정할 필요를 느끼지 않았다. 이러한 정토관은 법안종과 비슷한 사상경향을 가졌던 천태종에서도 나타난다.

중국 천태종의 제13대 조사가 된 의통은 교관敎觀을 함께 닦으면서 항상 사람을 부를 때 고향 사람이라 하였다. 그 까닭을 물으니, "나는 정토를 고향으로 삼았는데 사람들이 왕생하므로 모두들 나의 고향 사람이 된다"[232] 라고 말하였다. 다만 의통이 주장한 정토는 법안종과는 달리 정토에의 왕

231 연수, 『만선동귀집』 권상(『대정장경』 권48, p. 966, 중~하)에 "唯心佛土者 了心方生 如來不思議境界經云 三世一切諸佛 皆無所有 唯依自心 菩薩若能了知諸佛及一切法 皆唯心量"이라 하였다.

232 지반, 『불조통기』 권8, 흥도 하, 팔조기 제4, 16조사 사명보운존자 대법사조(『대정장경』 권49, p. 191, 중~하)에 "常呼人爲鄕人 有問其故曰 吾以淨土爲故鄕 諸人皆往生 皆吾鄕中之人也"라고 하였다.

생을 말하였으므로 엄격히 말해 유심정토와 구별되지만, 정토에의 왕생을 특별하게 생각하지 않고 누구에게나 가능하다고 한 점에서 법안종의 유심정토와 크게 구별되지 않는다.

당시 중국의 이러한 정토관은 고려 광종대말에 유행한 법안종사상에도 그대로 나타났다. 그러나 이때에 활동한 법안종 승려들이 정토사상을 포용하였다는 자료는 구체적으로 나타나 있지 않다. 다만 영준과 거의 같은 시기에 활동한 홍법弘法국사를 법안종 계통의 승려 또는 영향을 받았던 인물로 단정하고, 그의 비가 정토사淨土寺에 있었다는 사실로 미루어 광종대말에 성행한 법안종사상 내에 정토사상이 들어 있었을 것으로 추측하고 있다.[233]

홍법은 대선사로서 성상융회 사상경향을 가져 "공관空觀과 색신色身은 환상과 같아 어찌 항상 있다고 하겠는가"[234]라고 하였다. 즉 그는 선승으로서 성상융회 사상경향을 가진 인물이다. 그러나 법안종 계통의 승려인지는 확실하지 않다. 비록 법안종 계통의 승려라고 단정할 수는 없지만 법안종사상과 깊이 연관된 인물인 것은 확실하다. 홍법의 사상이 정토신앙과 연관된 것으로 보아, 이것은 역으로 당시에 유행한 법안종사상 내에 정토사상이 들어 있었을 것으로 추측된다.

법안종사상은 교선일치사상이지만 엄격히 말해서 선종사상과 성상융회 사상의 융합으로 이해된다. 중국 법안종에서 중요한 위치에 있던 연수는 『종경록』을 저술하여 이러한 법안종사상을 체계화하였다. 그의 다른 저술인 『만선동귀집』에서는 교와 선의 문제를 다소 다루기도 하였으나 주로 성상융회사상을 체계화하였다. 뿐만 아니라 법안종사상 내에는 비교적 보

---

233 허흥식, 「고려초 불교계의 동향」, 앞의 책, pp. 909~910.

234 孫夢周, 「忠州淨土寺 弘法國師實相塔碑」(『조선금석총람』 권상, p. 236)에 "皆空觀色身之若幻 何常"이라 하였다. 그런데 弘法의 碑名에서는 "大宋高麗國中原府開山淨土寺 圓光遍炤弘法大禪師"라 하여 그가 禪僧임을 분명히 하였다.

수적인 정토사상이 나타나 있다. 선종의 입장에서 마음의 작용을 중시하는 유심정토가 그것이다.

고려 광종대에 성행한 법안종도 대체로 이와 비슷한 성격을 가졌다. 다만 고려 사회에서 법안종의 사상적 특성은 동시에 강조되기보다는 시기를 달리하여 그 강조점이 달리 나타났다. 석초 등 비교적 초기의 승려들은 법안종사상 중 성상융회사상에 더 큰 관심을 보였고, 영준 등의 후기 승려들은 그중 교선일치사상에 더 흥미를 가졌다. 이들이 정토사상에 깊이 관여하였는지는 현재로서는 확실히 알 수 없지만, 어느 정도 그것을 수용한 것은 사실이다.

(3) 광종대 법안종의 역사적 성격

1) 법안종 등장의 사회적 배경

광종대 중기에는 전제개혁정치가 무르익었고, 그것을 도운 균여의 성상융회사상이 확립되었다. 광종 14년(963)에 귀법사는 균여의 성상융회사상과 밀접한 관련을 가지고 창건되었다. 광종 19년이 되면 불교사상에 큰 변화가 나타났다. 이때 법안종 승려인 혜거가 국사에, 화엄종 승려인 탄문이 왕사에 봉해졌는데, 법안종사상은 교선일치사상으로 알려져 있고 탄문 또한 화엄종 승려로서 교선일치 사상경향을 가졌다. 즉 광종 19년 이후가 되면 교선일치 사상경향이 대두하였다.

교선일치 사상경향은 후삼국 통일기에 나타나기 시작하였다. 일반적으로 선종은 지방호족세력의 비호를 받으면서 성행하는 한편, 호족이 지방에서 독자 세력을 구축하는 데 도움을 주었다. 이에 반해 교선일치사상은 지방의 대호족이 주위의 군소 토호나 지방세력을 흡수 · 통합하는 데 유리하였다.

후삼국의 통일 과정에서 왕건은 지방호족세력을 해체시키지 않은 채 호족연합으로 통일 고려국가를 이루었다. 이때 교선일치사상은 호족연합을 위한 통합사상으로서 왕건의 통일정책과 연결되었다. 그러나 통일 이후 고려국가의 기반을 다지는 작업은 왕권을 강화하면서 지방세력을 중앙의 지배질서 속에 확실하게 흡수하는 것이었고 이를 위해 고려 왕실은 사상면에서 화엄종을 점차 중시하였다.

한편 교선일치 사상경향은 온존하고 있던 지방 강호세력의 비호 아래 계속 퍼져나갔다. 권력을 집중시켜가는 과정에서 왕실이 화엄종으로 눈을 돌리자, 왕 아래 귀족으로 등장한 강호들은 교선일치 사상경향을 모색함으로써 중앙집권화된 국가권력 체계 속에서 자신들에게 합당한 위치를 설정하려 하였다. 그래서 고려통일 이후 선종 또는 교선일치사상은 지방호족들이나 관료화된 귀족들에 의해 수용되었다. 그러므로 전제개혁정치가 한창이던 광종대 중기에는 선종이나 교선일치사상이 빛을 볼 수 없었다.

광종 19년 이후 교선일치 사상경향이 다시 등장한 것은 광종대 정치 · 사회에 큰 변화가 일어났으며, 그러한 변화는 선종 내지 교선일치 사상경향을 수용할 수 있는 계층, 즉 광종대 중기의 전제개혁정치에서 억압받던 호족세력이 다시 대두한 것으로 추측된다.[235] 실제로 법안종의 교선일치사상이 등장하기 위해서는 이것을 수용하는 계층이 성립되어 있어야 한다. 여기서는 광종대 중기 이후에 호족세력이 점차 등장하는 면을 살펴서, 법안종의 대두와 연관지어보도록 한다.

전제개혁정치를 위한 제도 정비가 마무리되는 광종 11년 이후, 호족과 개국 훈신勳臣들에 대한 대대적인 숙청 작업이 진행되었다. 이때 주된 숙청 대상은 유공 호족세력이었지만, 혜종과 정종의 아들 및 효은孝隱태자 등의 종친세력도 포함되었다. 종실宗室이 거세된 것은 그들 뒤에 도사린

235 김두진, 「고려 광종대의 전제왕권과 호족」, 『韓國學報』 15, 1979, p. 44.

호족세력 때문이었다. 광종대를 거치는 동안 옛날 신하로서 생존자가 40여 명에 불과하다고 하였으니, 당시 강호들에 대한 숙청이 얼마나 가혹하였는지를 짐작할 수 있다.

광종이 전제개혁정치를 통해 지방호족세력을 거세하는 작업은 순탄하게 진행되지 않았다. 광종이 등극하는 데에는 처가인 황주 황보씨 세력과 모계인 충주 유씨 세력의 도움이 컸는데, 광종의 호족 탄압은 이들의 이해와 상반되기 때문이다. 노비안검법奴婢按檢法을 실시할 때 광종의 부인인 대목왕후는 이를 중지할 것을 간청하였다. 왕후의 간언은 대호족인 황보씨 세력의 이익을 대변한 것이었는데, 광종은 이를 묵살하고 실시를 강행하였다. 광종의 강호에 대한 억압정책은 가혹하여 대상大相인 준홍俊弘과 왕동王同 등이 거세된 것을 계기로 박수경 등의 유공 호족세력을 대대적으로 숙청하였다.

그렇지만 이러한 전제정치로 지방에 강력한 세력을 구축하고 있던 강호들의 기반을 뿌리째 뽑을 수는 없었다. 그들은 전제왕권에 흡수되어 여전히 권력을 유지하는 한편, 전제왕권을 비판하는 세력으로 커나갔다. 황주 지역의 강호로서 후일에까지 고려 사회에서 대단한 권력을 행사한 황보씨계의 인물은 광종대 전제정치가 한창 진행되던 시기에도 여전히 활동하였다. 다음에서 그러한 사례를 찾아볼 수 있다.

① 광종 10년에 佐丞 王兢과 佐尹 皇甫魏光을 後周에 보내어 方物을 바쳤다(『高麗史節要』 권2, 光宗 10년조).

② 왕이 일찍이 宰臣인 王咸敏·皇甫光謙·徐弼에게 金酒器를 하사하니 弼이 홀로 그것을 받지 않았다(위의 책, 광종 16년조).

황보위광皇甫魏光과 황보광겸皇甫光謙의 정치적 입장은 뚜렷하지 않다.

황보광겸은 황보위광과는 달리 재신宰臣이었으며 높은 관직에 있었다. 그가 언제 광종으로부터 금주기金酒器를 하사받았는지는 명확하지 않으나 서필徐弼이 돌아간 해인 광종 16년에서 그리 먼 시기는 아닐 것이다. 모두 광종대 중기에 활동한 인물이기 때문에 그들의 정치적 입장이 황보씨 세력, 즉 강호들의 이익을 대변하였다고는 생각되지 않는다. 다만 그들은 왕정에 협조하였지만 족적族的 기반인 황보씨 세력을 부정하지는 않았다.

광종이 왕함민王咸敏 · 황보광겸 · 서필에게 금주기를 내리자 서필만이 이를 받지 않았다. 이 기사는 언뜻 보아 서필이 왕함민 · 황보광겸과 정치적 입장을 달리하였다고 이해하기 쉽다.[236] 그런데 서필은 광종의 전제개혁정치를 신랄하게 비판한 인물이다. 그는 광종의 전제정치에 깊이 관련된 '젊은 무리'와 귀화한 중국인을 공이 없다고 비난하고, 반면 원보元甫인 식회式會는 공이 있다고 왕에게 아뢰었다. 그가 비난한 '젊은 무리'는 '후생後生'이나 '남북용인南北傭人'으로 불리는[237] 광종대 전제정치의 협조자들로 고려초에는 큰 세력 배경을 갖지 않다가 광종대에 왕권의 광범한 지

---

236 吳星, 「高麗 光宗代의 科擧合格者」, 『고려광종연구』, pp. 40~41에서는 徐弼 · 王咸敏 · 皇甫光謙은 정치적 입장이 서로 다르고 오히려 대립관계에 있었다고 파악하였다.

237 서필이 비판한 '젊은 무리'는 崔承老가 말한 '後生'과 대체로 같은 뜻으로 사용되었을 것이다. 최승로는 '후생'을 舊德과 대조적으로 사용하였으므로, 이 '후생' 역시 有功豪族系列이 아니면서 광종대 전제정치의 광범한 지지기반이 된 계층으로 '南北傭人'과 같은 뜻으로 이해되었다. 그러나 최승로는 '후생'이란 표현 속에서 '非才'와 '남북용인'을 구별하였다. '비재'는 "雙冀의 등용 이래 文士를 崇重하여 恩禮를 과도히 豊盛하게 함"(『고려사』 권93, 최승로전)으로써 등장한 이들이다. 즉 '비재'는 과거 출신자로서 '함부로 나아가 次序를 뛰어넘어 卿相이 되는', 즉 광종 개혁정치의 핵심 인물들이다. 이에 비해 '남북용인'은 卿相인 '비재'에게 의탁하여 광종의 측근으로 등장하였으며, 侍衛 군졸의 증가와 관련된 인물로 보인다(김두진, 「고려 광종대의 전제왕권과 호족」, 앞의 책, pp. 62~63 참조). 광종대 측근세력으로 '비재'와 '남북용인'을 구별하려는 주장은 그 뒤에도 나타났는데, 金塘澤은 '비재'를 '華士'일 것이라고 주장하였다(「崔承老의 上書文에 보이는 光宗代의 '後生'과 景宗元年 田柴科」, 『고려광종연구』, 일조각, 1981, p. 53). 광종대 측근세력에 대한 비판에서 서필은 귀화한 중국인과 '젊은 무리'를 분명히 갈라 생각하였고, 최승로의 상소문에서도 '비재'는 雙冀가 아니라 그가 도입한 과거로 인해 등장하는 고려 文士임을 분명히 하였다. 이렇게 되면 광종의 측근세력으로는 귀화한 중국인 · 비재 · 남북용인 등을 지적할 수 있다.

지세력 기반으로 등장하였다.

식회는 광종이 즉위하고 난 후에 신강信康과 더불어 전국 주현州縣의 세공액歲貢額을 정하였다(『고려사절요高麗史節要』 권2, 정종 4년 8월조). 전국 주현의 세공액을 정한 조처는 왕권 강화로 보이지만, 사실은 당시 지방호족과의 상관 관계를 고려하면서 취해진 조처이기 때문에 광종대 중기의 전제개혁 조처와는 성격을 달리한다. 그것은 거의 동시에 실시된 국초유공역자國初有功役者를 정하는 조처와 궤도를 같이한다.[238]

국초유공역자를 정한 박수경은 광종 15년에 숙청되었다.[239] 공역자를 정한 조처는 강호들의 입장을 옹호하는 것이 아니어서 쉽게 판단하기는 어렵지만, 박수경은 유공 호족으로서의 입장 때문에 광종대 중기에 거세되었다. 특히 그는 왕건을 도와 역분전役分田을 정할 때 특별히 공이 있어 밭 200결을 하사받았던 인물이다. 이처럼 박수경이 유공 호족세력이었으므로 같은 시기에 주현의 세공액을 정한 식회도 유공 호족세력으로 보인다.

광종대 중기 전제개혁정치로 인한 숙청 작업이 막바지에 이르렀을 당시에 서필은 광종의 전제주의를 신랄하게 비판하였다. 광종의 세력 기반인 '젊은 무리'를 몰아세우면서 유공 호족세력을 두둔하는 서필의 비판은 광

238 왕권을 강화하기 위해 州縣의 歲貢額과 國初有功役者를 정한 조치는 호족에 대한 배려로도 생각된다. 그러나 이 두 조치가 동시에 이루어진 점이 주목된다. 즉 이러한 조치는 호족을 배려하면서 일방으로는 그들을 왕권에 예속시키는 작업이었다. 실제로 국초유공역자를 정한 조치는 대호족보다는 군소 호족들에게 유리하였다. 그러므로 그것은 호족세력에 대한 배려로 나타난 정책이지만 크게 보아 왕권 강화와 연결된다(김두진, 「고려 광종대의 전제왕권과 호족」, 앞의 책, p. 66). 주현의 세공액을 정한 것은 국초유공역자를 정한 조치와 크게는 성격을 같이한다. 그렇다면 주현의 세공액을 정한 조치는 일방적인 왕권의 강화책으로만 보아서는 안 된다. 그것은 왕권 강화에 목적을 두었지만 호족세력에 대한 배려도 어느 정도 가졌다. 즉 국초유공역자를 정한 조치는 호족세력에 대한 배려로 보이지만 사실은 왕권 강화를 의도하였고, 주현의 세공액을 정한 조치는 왕권 강화를 위한 정책으로 보이지만 실상은 호족을 상당히 배려하였다.

239 『高麗史節要』 권2, 광종 15년 가을 8월조에 朴守卿은 세 아들 承位 · 承景 · 承禮가 讒訴를 입고 下獄되니 근심하고 분하여 죽었다고 기록되었다.

종의 전제개혁정치를 전면으로 부정하는 것이었다.

그런데 이 시기에 서필의 전제정치에 대한 비판이 가능하였는지가 궁금하다. 광종 16년까지는 전제정치가 막바지로 행해져서 비판이 어려울 것으로 생각되지만, 역으로 서필의 전제정치 비판이 행해질 정도의 정치·사회적 여건이 어느 정도 성숙되었다고 생각할 수도 있다. 서필의 비판은 실제로 광종에 의해 받아들여졌다. 다음에서 이를 확인할 수 있다.

> 이때에 왕이 귀화해온 중국인을 禮를 갖추어 후대하여 저택과 여자를 골라 그들에게 주었다. 어느 날 徐弼이 왕에게 아뢰기를 "臣이 거처하는 집이 조금 크니, 원컨대 바치겠습니다"라고 하였다. 왕이 그 이유를 물으니 답하기를 "지금 귀화해온 중국인은 벼슬을 가려서 하고 집을 가려서 거처하고 있으므로, 世臣故家들이 도리어 있을 곳을 잃은 이가 많습니다. 臣이 진실로 자손을 위하여 생각해보니 재상이 거처하던 집은 장차 저들의 거처할 곳이 안 될 것이니, 臣이 살아 있을 적에 이를 가져가시기 바랍니다. 臣은 祿俸의 나머지로 다시 작은 집을 지어 자손들에게 준다면 장차 후회가 없을까 하옵니다"라고 하였다. 왕이 노하였으나 후에 깊이 느껴서 깨달아 그의 착함을 칭찬하며 이후로는 다시는 신하들의 저택을 빼앗지 않았다(『고려사절요』 권2, 광종 16년 가을 7월조).

여기서는 광종이 귀화한 중국인을 위해 신하들의 저택을 빼앗는 데 대한 비판이 나타나 있다. 귀화한 중국인이 광종대 전제정치의 협조자였다는 것은 이미 알려진 사실이다. 신하의 저택을 빼앗는 것은 강호들을 억압하는 경제적 조치로 연결될 수 있다. 서필의 간언은 앞에서와 같이 호족의 입장을 두둔하면서 전제정치를 비판하였다. 이러한 비판이 광종에게 순조롭게 받아들여지지는 않았다. 광종의 노한 모습을 통해 서필의 간언을 받아들이기를 꺼려하는 것을 알 수 있다.

서필의 비판이 나왔다는 것은 당시 전제정치에 대해 상당한 견제세력이 있었다는 의심을 갖게 한다. 광종은 종국적으로 서필의 비판을 받아들였는데 굴복할 수밖에 없는 상황에 처하였기 때문으로 생각된다. 이러한 추측이 가능하다면 광종대 전제정치에서 고려초의 유공 호족세력은 왕권에 복속되면서도 점차 세력을 키워갔다고 생각할 수 있다. 앞에서 황보씨 세력이 전제왕권하에 활동하였음을 살펴보았는데 서필과 함께 왕함민·황보광겸도 대체로 비슷한 정치적 입장에 있었다. 광종이 똑같이 금주기를 내렸다면 세 사람 사이에 작은 정치적 입장의 차이가 있더라도 같은 부류의 인물로 파악될 수 있다. 적어도 이들은 왕의 입장에서 볼 때 정치적 성향은 같다고 파악되었다.

비록 황보광겸과 왕함민은 금주기를 받았고 서필은 받지 않았다는 입장의 차이는 있지만, 이들은 호족세력과 연루될 소지를 충분히 가지고 있었다. 그중 호족세력과 분명하게 연결된 자는 서필[240]과 황보광겸이다. 왕함민은 어떤 인물인지 분명하지 않으나 본래부터 왕씨王氏 성을 갖지 않고 왕실로부터 성을 하사받았다면, 유공 호족세력에 속하였을 가능성이 크다.[241] 그 외에도 광종대 전제정치의 와중에서 황보씨 등 유공 호족세력과 연결된 인물들이 활동하였다.

---

240 서필은 利川지방의 호족으로 광종의 전제정치를 비판한 인물이지만, 근래에는 親光宗系 인물로 보려는 견해가 있다. 즉 서필은 開國功臣이면서도 광종과 밀착한 인물로 생각된다(오성, 「고려 광종대의 과거합격자」, 『고려광종연구』, pp. 39~42 ; 김당택, 「최승로의 상서문에 보이는 광종대의 '후생'과 경종원년 전시과」, 앞의 책, p. 50). 뚜렷한 論據는 없지만 서필이 광종의 配享功臣이 된 것과 아들 徐熙가 科擧를 통하여 진출한 점 등이 그러한 결론을 이끄는 데 크게 작용하였다. 그런데 成宗代에 광종의 배향공신이 된 인물로 서필 이외에 劉新城이 있었으므로, 서희와 유신성의 정치적 입장에는 많은 유사성이 있었을 것이다. 유신성의 행적에 대해서는 특별히 알려진 바가 없으나 당시의 대호족인 충주 劉氏系 인물임은 분명하다. 따라서 광종의 배향공신은 성종대의 정치적 입장이 반영되어 정해진 것으로 추측된다. 또 서희에 대해서도 유공 호족 계열의 인물로 보려는 견해가 있다(이기백, 「고려 귀족사회의 형성」, 앞의 책, p. 175).

241 오성, 위의 글, 위의 책, p. 40.

경종이 즉위하자 광종대의 반동정치가 행해졌다. 비상 대권을 가진 집정執政이 설치되어 왕선王詵이 임명되었고, 좌집정左執政에 구질荀質, 우집정右執政에 신질申質이 임명되었다. 이들은 모두 광종대의 정치에 참여하였던 인물로 생각된다. 정치에 참가한 경험이 없는 인물이 일거에 정치의 대권을 쥘 수는 없기 때문이다. 그중 구질은 광종 6년에 광평시랑廣評侍郎으로서 즉위를 축하하는 사신으로 중국에 갔다 왔다.

구질은 경종대 좌집정으로서 광종대의 반동정치를 주도한 것으로 보아 대호족세력과 연결된 인물이다. 이러한 정치적 입장으로 인해 구질은 광종대 중기 이후에는 개혁의 주도 세력이 될 수 없었고, 때문에 그의 구체적 활동은 알려지지 않았다. 이처럼 광종대 전제정치가 한창 진행되는 속에서도 구질처럼 호족세력과 연결된 인물이 존재하였다. 경종대 정치의 대권을 쥔 왕선은 황보씨계 인물로 이해된다.[242] 우집정에 임명된 신질의 정치적 입장은 정확하지 않으나 아마 왕선이나 구질과 마찬가지로 호족세력과 연결된 인물로 생각된다. 이처럼 왕선 · 구질 · 신질 등은 대체로 광종대 후기에 활약하였다.

광종대 초중기에 활약한 호족 계열의 후예들도 광종대말에는 전제왕권에 흡수되었다. 광종 23년(972)에 내의시랑內議侍郎인 서희徐熙를 송宋에 보내 방물을 바쳤는데, 이때 송은 서희에게 검교병부상서부사내봉경檢校兵部尙書副使內奉卿을 제수하고, 같이 갔던 최업崔業 · 강례康禮 · 유은劉隱에게도 각각 검교사농경겸어사대부반관광평시랑檢校司農卿兼御史大夫半官廣評侍郎 · 검교소부소감록사광평원외랑檢校少府少監錄事廣評員外郎 · 검교상서금부랑중檢校尙書金部郎中을 제수하였다. 최업 · 강례 · 유은의 정치적 입장이 어떠하였는지는 분명하지 않으나 대체로 서희와 같았을 것으로 생각된다.

서희는 서필의 아들로 호족 계열에 속한 인물이다. 그렇다면 최업 · 강

---

242 李泰鎭, 「高麗 宰府의 成立」, 『역사학보』 56, 1972, p. 17.

례 · 유은 등도 비슷한 신분으로 생각할 수 있다. 그중 유은은 확언할 수는 없지만 충주 유씨 세력의 인물로 보인다. 정확한 활동 연대는 알 수 없으나 유신성劉新城 · 유진劉瑨 등도 충주 유씨 세력으로 광종대말에 활동하였다.[243] 유은이 호족세력과 연관된 인물로 판명되면 이들 네 사람이 호족 계열에 속한 인물이라는 추측은 보다 더 확실해진다.

송나라는 서희 등의 고려 사신 네 사람에게 특별히 벼슬을 내렸다. 사신에게 내려진 송의 벼슬은 고려 국왕의 입장에서 볼 때는 탐탁스럽지 않았는데, 특히 전제왕권을 지속시키려던 광종에게는 더욱 못마땅한 처사였다. 광종은 준풍峻豊이라는 독자 연호를 사용하였고, 이미 살핀 것처럼 보편적인 중국 제도가 아니라 고려 사회의 토착적이고 신이한 면을 강조하는 바탕 위에 전제정치를 강행하였다.

송이 서희 등의 고려 사신에게 벼슬을 내린 것은 고려 정부의 의사와는 무관하였다. 따라서 서희 등과 고려 왕실 사이에 틈이 있었기 때문에 송이 벼슬을 내렸다고 생각할 수 있다. 이러한 추론이 타당하다면 이들 네 사람은 호족세력에 속한 인물로, 적어도 광종 23년에는 왕실의 의사와 배치되는 송의 벼슬을 공공연히 받을 수 있을 정도의 세력 배경을 가지고 있었다.

광종 23년 이후에는 그동안 암암리에 세력을 키워온 호족세력이 어느 정도 실체를 드러낼 정도까지 신장한 것으로 추측된다. 이러한 정세하에 이루어진 광종 23년의 사면은 전제정치에 항거하다 투옥된 호족세력을 석방한 것이었다.[244] 전제개혁정치가 시행되면서 감옥에 갇혔던 사람들은 대체로 국초 이래의 유공 호족들이었다. 때문에 이때의 사면으로 감금되어

243 유신성은 광종의 配享功臣으로 서필과는 달리 광종 16년 이후에도 활동한 것으로 추측된다 (김당택, 「최승로의 상서문에 보이는 광종대의 '후생'과 경종원년 전시과」, 앞의 책, p. 59). 또한 劉瑨은 "光宗末筮仕爲內承旨"(『高麗史』 권94, 유진전)라고 기록되었으므로 광종대말에 內承旨로 있었다는 것을 알 수 있다.

244 김두진, 「고려 광종대의 전제왕권과 호족」, 앞의 책, p. 76.

있던 호족세력이 다시 정치 무대의 일선으로 나왔다.

광종 16년 서필의 전제개혁정치 비판은 왕권에 억압되어 있던 호족세력이 어느 정도 세력을 키웠기 때문에 가능하였다. 그 후 전제정치하에서도 호족 계열의 인물들은 점차 활동 영역을 넓혀갔고, 광종 23년에는 상당히 공공연한 정치활동을 할 수 있었다. 광종 24년의 전제정치에 도움을 준 성상융회사상을 내세운 균여의 죽음은 이러한 시대 분위기와 관계가 있을 것으로 추측된다. 그렇게 되기까지 호족들은 역사의 표면에 나타나지는 않았지만 이미 그 이전부터 상당한 세력을 가지고 있었다.

그러면 광종 16년 이후 어느 시기에 호족세력이 왕권에 위협을 가할 정도로 성장하였는지가 궁금해진다. 이 문제와 연관하여 광종 19년에 전제정치의 협조자들이 처형된 사실을 상기할 필요가 있다. 우선 균여와 대립하였던 승僧 정수正秀의 처형에 대해 살펴보자.

> ① 開寶(광종 19~24) 중에 歸法寺 僧 正秀가 法官에게 나아가 均如가 異情修行을 한다고 참소하였다.
>
> ② 광종은 처음에 참소를 믿고 균여를 해하려 하였으나 곧 그 진실함을 알고 돌려보냈다. 그날 밤 꿈에 神人이 나타나 "대왕이 참소를 믿고 法王을 능욕하였으므로 반드시 불상사가 일어날 것이다"라고 하였다. 날이 밝으니 松岳 북쪽 기슭에서 바람도 불지 않는데 스스로 넘어진 소나무가 부지기수였다.
>
> ③ 왕이 이를 듣고 두려워하여 大內에 消災도량을 설치하는 한편, 법관을 보내 정수를 斬하여 棄市하였다. 正秀房을 연못으로 만들었고, 이와 관련된 정수의 俗兄을 斬하였다.[245]

광종 19년경이 되면 전제정치에 도움을 준 불교계를 관장하던 귀법사

245 혁련정, 「균여전」, 감통신이분자.

내 총지원總持院을 중심으로 한 균여 세력과 정수방正秀房을 중심으로 한 정수 세력이 서로 대립하였다. 이것은 당시 전제정치의 한 단면을 보여주는데, 광종은 균여를 귀법사의 주지로 삼아 전제왕권에 봉사하게 하면서도 일방으로는 균여와 대립되는 세력을 같은 절 내에 두었다.

앞에서 이미 균여와 정수는 모두 전제정치의 협조자였지만, 사상적인 측면에서는 정수가 왕권에 더 밀착되었음을 살펴보았다. 균여는 군소 토호의 동향에 유의하였고 일찍이 대호족인 황보씨 세력과 결연되어 있었지만,[246] 정수는 왕실 외에 군소 토호나 대호족과의 연결 가능성을 생각하기 어렵다. 즉 정수는 균여보다 오히려 더 왕실에 밀착된 세력이었다.[247]

광종 19년경이 되면 광종의 측근이면서도 호족과의 관계를 완전히 청산하지 못한 균여 부류의 세력과 왕실과 더욱 밀착된 정수 부류의 세력이 대립하였다. 전제정치의 핵심 세력 내에서도 분열과 대립이 나타난 것이다. 그러한 대립 속에서 광종은 균여 부류의 세력을 거세시키려 하였으나 뜻을 이루지 못하였다.

광종은 정수의 참소를 빌미로 균여를 제거하려 하였으나 실패하였고, 오히려 원래 의도와는 달리 왕권에 밀착된 세력이 거세되었다. 당시 사원 내에는 광종에게 밀착된 세력이 많았으므로 정수의 거세뿐 아니라 중 선회善會가 죽임을 당하는 것도 같은 맥락에서 이해된다. 다음 기록에서 이를 확인해보자.

> 당시에는 자식이 부모를 노비가 주인을 배반하고, 모든 범죄자가 변하여 중이 되었습니다. 놀면서 빌어먹는 무리가 와서 여러 승려와 더불어 서로 섞여 齋를 드리는 자가 역시 많으니, 어찌 이익이 있다 하겠습니까? 또 중 善會로 하여금

246 혁련정, 「균여전」, 감통신이분자 ; 김두진, 「균여의 생애와 저술」, 『역사학보』 75 · 76 합집, p. 73.

247 김두진, 「고려 광종대의 전제왕권과 호족」, 앞의 책, pp. 74~75.

그 施輿를 주관케 하니, 餠米로써 施緣의 경비로 허비하였습니다. 목숨을 다하지 못하고 끝내는 도로변에서 폭사하니, 時議가 이를 나무랐습니다(『고려사절요』 권2, 성종 원년 6월조).

여기서는 선회의 신분이 기록되지 않았지만 같은 내용을 기록한 『고려사』에서는 "옛날에 선회라는 자가 있어 요역徭役을 피하고자 출가하여 산에 거주하였는데, 광종이 예의를 다해서 경배하였으나 선회는 졸지에 폭사하여 도로변에 그 시체를 드러냈습니다. 그와 같은 범승凡僧도 자신이 화를 당하였는데 어느 겨를에 다른 사람을 복되게 하겠습니까?"(『고려사』 권93, 최승로전)라고 하였다. 중 선회가 왕권에 밀착되었던 사실이 정수의 경우보다 더 분명히 드러난다.

우선 선회는 요역을 피해 출가하였으므로 신분이 낮은 군소 토호 이하의 계층에 속하였는데 광종대에 왕실의 측근 세력으로 흡수되었다. 뒷날 성종대의 최승로는 선회와 같은 무리를 범죄자로 파악하여, 자식이 부모를 노비가 주인을 배반하는 무리와 다를 바 없다고 보았다. 최승로는 당시 전제개혁정치의 주도 세력을 범죄자로 보았는데, 특히 노비가 주인을 배반하는 무리와 같이 취급된 선회는 광종과 밀착된 세력이었다.

선회는 당시 절의 법회를 주관하였으므로 아마도 광종대 사원경제를 관할하였던 듯하다. 선회가 주관한 사원경제의 규모가 어느 정도였는지는 분명하지 않지만 광종의 명령으로 이루어졌을 것이므로, 전국 사원을 경제적으로 통할할 것으로 추측된다.[248] 사원이 점점 전제정치와 밀착되면서 광종은 사원의 통제를 강화하였다. 그가 궁정에서 거느린 승관僧官은[249] 아마도 이러한 사찰의 통제를 위해 두었을 것이다. 선회로 하여금 사원의 보

248 김두진, 「균여의 성상융회 사상」, 앞의 책, p. 41.

249 이몽유, 「문경봉암사 정진대사원오탑비」(앞의 책, p. 203).

시를 주관하게 한 것이 그 일례이다.

이처럼 선회는 전제정치의 철저한 협조자였지만 광종대에 죽음을 당하였다. 그가 언제 거세되었는지는 확실하지 않다. 다만 정수와 비슷한 입장에 처한 승려였으므로 그가 처형되는 사정은 대체로 정수와 비슷하였을 것이다. 그러므로 선회는 정수가 처형되는 때와 그리 멀지 않은 시기에 거세되었을 것이다. 정수처럼 광종에게 보다 더 밀착되었던 세력이 왜 거세되었는지 의문이 드는데, 정수를 거세한 것은 광종 스스로의 의사가 아니었다. 광종은 분명히 어떤 세력의 압력을 받았다.

신인神人이 말한 대로 송악 북쪽 기슭의 나무가 스스로 넘어진 것을 보고 광종은 두려워하였다. 처음에는 균여를 처단하려던 광종이 오히려 자신에게 더 밀착된 정수를 처단하게 된 데에는, 신인으로 표현된 세력의 압력이 작용하였다. 이러한 세력이 구체적으로 누구였는지는 알 수 없다. 다만 당시에 광종에게 압력을 가할 정도의 세력이라면 황보씨 같은 대호족 세력이었을 것으로 추측된다.[250] 역으로 이것은 광종 19년경이 되면 역사의 표면에 정식으로 나타나지는 않지만, 대호족이 점점 세력을 만회하여 전제정치에 제동을 가할 정도로 성장하였음을 알려준다.

균여 역시 광종대 전제정치의 철저한 협조자였지만 정수처럼 전제왕권에 보다 더 밀착된 인물과의 대립에서는 살아남을 수 있었다. 그 이유에 대해서는 한마디로 단정하기는 어렵지만 균여가 군소 토호세력이나 대호족과의 관계를 조금이나마 유념하였다는 데에서 찾을 수 있다.

균여는 광종과 연결되기 전에 황보씨 세력과 연결되었을 뿐만 아니라 왕권에 밀착되었으면서도 광종 말년경에는 호족세력을 의식하여 자신을 만나고자 한 송나라 사신의 청을 거절하였다.[251] 그렇다고 균여가 호족들

250 김두진, 「균여의 생애와 저술」, 앞의 책, p. 78.

251 혁련정, 「균여전」, 譯歌功德分者.

과 밀착된 것은 아니었다. 만약 이때 호족들이 균여를 구했다면 그 이유는 광종에게 더 밀착된 정수를 거세하기 위해서였다.

정수나 선회처럼 전제왕권의 측근 세력이 거세된 이후에는 호족세력과 연결되었으면서도 전제왕권의 확고한 지지자로 남았던 세력들도 몰락할 운명에 처하였다. 그런 의미에서 광종 24년 균여의 죽음은 호족세력의 압력을 받은 광종에 의해 거세되었다고 생각할 수도 있다. 물론 균여의 경우는 확실하지 않으나 이보다 앞서 벌어진 최행귀崔行歸의 죽음은 이러한 상황을 분명히 이해하게 한다.

최행귀는 광종을 섬겨 행신倖臣이 되었다가 사죄死罪를 받았다. 일찍이 오월국에 유학하여 고려 국내에 굳건한 세력 기반을 가지지 않은 것이 그로 하여금 광종의 행신으로 등장하게 하였다. 광종 18년(967)에 최행귀는 보현십원가普賢十願歌를 한역漢譯하였다.[252] 보현십원가는 성속무애聖俗無礙 사상을 바탕으로 균여가 지은 향가이다. 이것은 성상융회사상의 기반 위에 교계敎界는 물론 세속까지를 융합한 강력한 통합사상이다. 보현십원가의 한역은 최행귀가 광종에게 밀착된 세력이었음을 충분히 짐작하게 한다.

한편 그는 개국공신인 최언위의 둘째 아들이다. 최언위는 왕건 당시에 문한文翰을 맡아 궁원宮院의 액호額號는 물론 유명한 고승들의 비문을 지었으며 태자의 사부師傅로 있었다. 형인 최광윤崔光胤은 국초에 광군光軍을 설치하는 데 공을 세웠고, 성종·목종 때에 크게 활약한 최항崔沆은 그의 조카이다. 최행귀는 또한 개국공신계인 훈신세력과도 연관을 가졌다. 따라서 그는 광종의 측근이면서도 호족세력과 연결되었다는 점에서 균여와 비슷한 정치적 입장을 가진 인물로 볼 수 있다. 그렇지만 최행귀의 사형은 호족세력의 압력을 받은 광종에 의해 단행斷行되었을 것이다. 보현십원가를 한역한 경험이 호족세력에게 용납될 수 없었기 때문이다. 그가 처형된

252 혁련정, 「균여전」, 역가공덕분자.

시기는 알 수 없으나 아마 정수나 선회 같은 세력이 일단 거세된 후로 추측되는데, 균여가 죽는 시기보다 그렇게 많이 앞서지는 않았을 것이다.

광종대 전제왕권하에서도 유공 호족세력은 뿌리 깊게 잔존하여 세력을 키워갔으며, 광종 19년 이후가 되면 표면에 나타나지는 않지만 오히려 왕권을 능가하였다. 그리하여 광종 19년경을 계기로 그 이전에는 대체로 유공 호족 계열의 인물이 거세되었지만, 이후에는 왕권에 밀착된 전제정치의 협조자들이 거세되었다. 지금까지 추론한 것을 종합해서 이를 도표화하여 제시하면 〈표 3〉과 같다.

〈표 3〉 **광종대에 거세된 인물**

연대	거세자	신분	비고
광종 11년	俊弘	고관 · 호족(內奉省令)	反광종세력
〃	王同	〃	〃
광종 15년	朴守卿	개국공신 · 호족	〃
광종 15~18년	崔知夢	호족	〃
광종 18년 이전	혜종의 아들	외가(林曦)가 호족	〃(연대는 필자 추측)
〃	정종의 아들	〃 (朴英規) 〃	〃(〃)
〃	孝隱태자	〃 (庾黔弼) 〃	〃(〃)
광종 19년 이후	正秀		親광종세력
	善會	군소 토호 이하	〃(연대는 필자 추측)
	崔行歸	개국공신의 아들	〃(〃)
	均如	군소 토호	〃

이처럼 광종 19년 이후 법안종의 교선일치 사상경향이 등장한 것은 당시 점점 세력을 만회한 호족세력이 대두하는 사회 체제와 연관된다. 다음으로 법안종의 교선일치 사상경향이 광종대말의 호족세력과 실제로 연관되었는지를 살펴보자.

우선 광종대에 활동한 법안종 승려의 신분적 특성을 살펴보자. 당시 활약한 법안종 승려 가운데 신분을 알 수 있는 자는 혜거 · 지종 · 석초 · 영준 등이다. 혜거는 노씨盧氏였다는 것[253] 말고는 가계에 대해서는 더 이상 자세히 알 수 없다. 지종은 속성이 이씨李氏로 전주全州 사람이며, 석초는 속성이 안씨安氏로 중원부中原府 사람이고, 영준은 속성이 김씨金氏로 경산부京山府 사람이다. 따라서 이들은 고려초의 대호족 가문 출신은 아닐 것으로 판단된다.

이들은 아마 지방세력가의 후손으로 생각된다. 지종의 아버지 행순行順은 지방에 거주하면서 의義와 인仁을 내세워 군자君子로 처신하였고,[254] 석초의 아버지 니조尼藻는 사마司馬 벼슬로 가문을 이루어 예악禮樂을 밝혔으며,[255] 영준의 아버지 인처仁處도 사람을 모아 척당倜儻을 이루었다.[256] 아마 행순·니조·인처 등은 모두 지방에서 군소 토호 이상의 세력을 형성한 것으로 추측된다.

이들은 당시 대호족과 연결되기도 하였다. 석초의 가계는 충주지역에서 어느 정도 세력을 가졌지만, 그 지역의 대호족인 충주 유씨 세력과도 연결되었다. 석초의 어머니 집안이 바로 충주 유씨이다. 만약 법안종 승려들의 가문이 대호족이 아닌 중소 토호 정도였다면 광종의 구미를 자극하였더라도, 석초의 경우처럼 그들은 이미 대호족과 연결되었을 것이다. 그러나 석초의 경우만으로는 대호족과의 연결을 말하기에는 부족하다.

영준은 귀국한 뒤 광종 24년 이후 복림사에 주석하였는데, 이때 태자인 경종의 방문을 받았다.[257] 광종대말에는 광종과 태자인 경종의 정치적 입장이 서로 달라 반목하였다. 경종은 황보씨 등의 강호들과 연결되었으므로 광종이 좋게 받아들였을 리 없었다. 경종이 즉위하면서 광종대에 대한

253 李俁,「寧國寺 慧居國師碑」,『大東金石書』, 아세아문화사, 1976, p. 53.
254 최충,「원주거돈사 원공국사승묘탑비」(앞의 책, p. 254).
255 왕융,「고려 강주지곡사 진관선사비」(『한국중세사회사 자료집』, p. 504).
256 김맹,「증시적연국사 자광지탑비」, 앞의 책, p. 898.
257 허흥식,「고려초 불교계의 동향」, 앞의 책, p. 902.

강한 반동정치를 행한 것은 경종의 이러한 정치적 입장을 이해하게 한다. 광종대말에 경종과 인연을 맺었다면 영준은 호족세력과도 연결되었다.

영준이 태자인 경종의 방문을 받았는지는 분명하지 않다. 영준이 활동한 시기에는 경종과 성종이 계속 보위를 이었다.[258] 영준은 경종대 이후에 크게 활동하였는데, 성종대에 대사를 제수받고 사자산사師子山寺의 주지로 있었으며 988년(성종 7)에는 성종의 부름을 받았다. 특히 현종 즉위년(1009)에는 대선사大禪師를 제수받고 내제석원內帝釋院에 주석하였다.

영준 외에도 당시 법안종 승려들은 경종대에 관심의 대상이 되어, 이후에 크게 활약하였다. 지종도 경종대에 삼중대사三重大師를 제수받았으며, 성종대에는 왕실의 부름을 받았고, 목종대에는 왕실과 밀접히 관련된 사원인 외제석원外帝釋院의 주지로 있었으며, 현종대에는 대선사를 제수받았다.

석초는 광종 15년에 입적한 인물이지만 그의 비는 경종 6년(981)에 세워졌다. 이것은 경종대에 법안종 승려인 석초에 대한 관심이 구체적으로 나타난 증거로 볼 수 있다. 석초를 위시한 그 후의 법안종 승려들은 대체로 광종대 전제왕권과 연결될 소지를 가졌지만, 오히려 광종대말에 세력을 만회한 호족들과 연결되었다. 이처럼 광종대말 법안종의 등장은 당시 역사 무대의 숨은 실력자인 호족들이 점점 그 세력을 회복해가는 사회 체제와 밀접하게 관련되었다.

2) 한국 불교사상에서 법안종사상의 위치

고려 광종대에 등장한 법안종사상은 처음에는 성상융회 사상경향을 강조하였지만, 점차 교선일치 사상경향을 지녔다. 광종대말에 서서히 세력을 만회한 호족과 연결된 이유를 바로 여기에서 찾을 수 있다. 교선일치

258 김맹, 「증시적연국사 자광지탑비」, 앞의 책에 "敬宗則鼎駕昇仙 成宗則袞衣臨極"이라 하였다.

사상경향은 후삼국 통일기부터 나타났다. 순지의 사상경향이 그러했고,[259] 왕건과 연결된 승려들의 사상경향이 바로 그러하였다. 이때의 교선일치 사상경향에는 두 가지 형태가 있었는데, 하나는 선종의 입장에서 교종 즉 화엄사상을 융합하려는 것이고 또 다른 하나는 화엄 즉 교종의 입장에서 선종사상을 융합하려는 것이다.

법안종사상은 성상융회사상과 선종사상과의 융합이다. 왕건 당시에 교선융합 사상경향이 대체로 교종 중 어느 일파 특히 화엄종과 선종의 융합에 초점을 두었다면, 법안종사상은 교종 내의 교파를 종합하였을 뿐만 아니라 선종까지 융합하였다. 따라서 엄밀한 의미에서 광종대 법안종사상과 왕건 당시의 교선융합사상 사이에는 구조적 차이가 있다. 그렇지만 여기서는 법안종사상과 왕건 당시 교선융합사상의 동이점을 먼저 간단하게 언급해보도록 한다.

법안종의 교선일치사상은 선종의 입장임을 뚜렷이 하였다. 그런데 왕건 당시의 교선융합 사상경향 중에서도 선종의 입장을 분명히 하는 경우가 있다. 현휘의 사상이 그러한데, 이것은 선종사상을 중심으로 한 화엄사상의 융합이라 할 수 있다. 이러한 특징은 다음 기록을 통해 읽을 수 있다.

> 생각컨대 世間, 出世間은 모두 불성으로 돌아가고, 體에는 분별이 없으므로 모두 일승으로 만나게 된다. 그러므로 一託의 松門이 十經의 槐律이 된다.[260]

세간世間과 출세간出世間이 모두 불성으로 돌아가고, 법상은 모두 일승으로 만나게 되는 것은 화엄 연기緣起사상의 표현이다. 현휘는 연기사상을

---

259 김두진, 「요오선사 순지의 선사상—그의 삼편성불론을 중심으로」, 『역사학보』 65, 1975, pp. 34~50.

260 최언위, 「충주정토사 법경대사자등탑비」(앞의 책, p. 153)에 "恭惟世間出世間 開歸佛性 體無分別 俱會一乘 所以一託松門 十經槐律"이라 하였다.

십경十經의 괴율槐律로 표현하고 이것을 일탁一託의 송문松門과 일치시켰다. 일탁의 송문은 선종사상을 표현하면서 연기의 주체를 나타낸 것이다. 현휘의 교선융합 사상경향은 선종의 입장에서 교종, 그중에서도 특히 화엄사상을 융합한 것이다. 그러나 법안종사상은 선종사상의 입장에서 교종 내의 대립을 해소한 이른바 성상융회사상과의 융합이라 할 수 있다. 법안종사상의 이러한 특징이 현휘로 대표되는 왕건 당시의 교선융합 사상경향과의 차이점이다.

탄문은 화엄종 승려이므로 교선융합 사상경향을 가졌지만 화엄종의 입장을 분명히 하였다. 그러므로 그의 교선융합 사상경향은 법안종사상과는 다르다. 다만 탄문은 화엄종 승려이면서 교종 내부의 대립을 해결하려는 입장을 가졌다. 그는 입적하기 전에 제자들에게 "사람에게는 노소가 있으나 법에는 선후가 없다. 쌍수雙樹가 멸滅하므로 만법은 공으로 돌아가니 나는 장차 멀리 떠나려 한다"[261]라고 하였다.

탄문이 법상은 물론 만법도 실체를 가지지 않아 공으로 돌아간다고 하였으므로 성상융회 사상경향을 가졌다는 것을 알 수 있다. 그는 성상융회 사상을 주관한 균여가 주지로 있던 귀법사에 주석하면서 석문釋門의 종주宗主로서 전국 사원을 통할하였다. 이러한 경험을 통해 탄문은 교종 내부의 대립을 해소하려는 사상을 구체화할 수 있었다.

탄문의 사상은 법안종사상과 마찬가지로 성상융회사상에 호의적이었다. 혜거가 국사에 봉해진 동시에 탄문이 왕사에 봉해질 수 있었던 것도 바로 이러한 사상경향 때문에 가능하였다. 즉 혜거와 탄문은 교선일치 사상경향을 용납하는 호족세력의 신장과 아직까지 세력을 완전히 잃지 않았던 화엄종의 성상융회사상과 통하는 면을 가졌으므로 각각 국사와 왕사에

---

261 김정언, 「해미보원사 법인국사보승탑비」(앞의 책, p. 230)에 "人有老少 法無先後 雙樹告滅 萬法歸空 吾將遠遊"라고 하였다.

봉해졌다.

법안종사상은 균여의 성상융회사상과 전면으로 배치되는 성격을 지니지는 않았다. 오히려 균여의 성상융회사상과 법안종사상은 서로를 용납한 것으로 생각된다. 도봉원 외에 희양원·고달원 등의 세 부동不動 산문이 설정된 것 역시 법안종과 성상융회사상과의 친밀도를 짐작하게 한다. 세 부동 산문은 법안종과 그와 비슷한 경향을 지닌 선종산문이 설정되었는데, 희양원·고달원의 두 선종산문은 성상융회 사상경향을 지녔다.

그러나 법안종사상과 균여의 성상융회사상 간에는 상당한 입장 차이가 있다. 성상융회사상은 전제왕권에 협조적이었으나 균여 자신은 호족과도 연결되었다. 이에 반해 법안종사상은 다시 대두하는 호족들의 지지를 받았을 뿐만 아니라 전제정치의 수정을 강력하게 요구받고 있던 왕실에서도 관심의 대상이 되었다. 전제왕권과 호족이라는 상관 관계에서 양자는 비슷한 처지에 있는 듯한 느낌을 주지만 사실은 상당히 다른 입장을 견지하였다.

균여 자신은 호족세력과 연결되었지만, 그의 성상융회사상은 호족세력과 연결될 수 없는 오로지 전제왕권에 협조적인 사상이었다. 이에 반해 법안종사상은 성상융회 사상경향을 가졌으므로 왕실에서도 상당한 관심을 가졌다. 즉 전제주의의 계속적인 수행이 불가능해진 왕실이 호족세력과의 관계를 고려하면서 법안종사상으로 눈을 돌렸을 수도 있다. 실제로 법안종 승려들은 왕실과도 어느 정도 인연을 맺었다.

법안종사상은 근본적으로 호족세력과 깊이 연결될 수 있는 성격을 지녔기 때문에 성상융회사상과는 달리 왕실과의 인연을 돈독히 하지 못하고, 결국 다시 등장한 호족세력과 더 밀착될 소지를 가졌다. 다만 광종대 중기에 성상융회사상이 번성한 와중에도 법안종은 성상융회 사상경향을 용납하였으므로 고려 사회에 서서히 받아들여졌다. 뿐만 아니라 광종 19년 이후 법안종사상이 역사의 표면에 등장한 것은 그때까지 유행한 성상융회사상의 적극적인 방해를 받지 않았기 때문에 가능하였다.

법안종사상이 성상융회사상과 서로 용납되는 성격을 가졌음에도 불구하고, 광종대말에 성상융회사상을 주관하던 화엄종에서 벗어나 서서히 독립된 종파로 커나가던 법상종사상과는[262] 상당한 거리가 있었다. 법상종사상은 화엄종과의 제휴가 발전의 계기가 되었기 때문에 성상융회사상에 대해서는 호의적이었다.[263] 그러나 성상융회사상과 서로 용납이 가능한 법안종사상에 대해서까지 통용될 수는 없었다.

법상종사상은 색계色界를 그대로 인식함으로써 법상의 존재 가치를 인정하고자 하였다. 이러한 법상종사상의 특성은 법상을 마음 작용으로 생각하는 선종사상과 맞지 않았다. 그래서인지 법상종은 신라하대에 선종이 크게 유행하는 분위기 속에서는 위축되었다. 법안종사상은 인식의 주체로서 선종의 입장을 견지하였으므로 자연 법상종사상과는 맞지 않았다.

다음으로 뒷날의 천태사상과 법안종사상은 어떤 관련이 있는지 생각해 보자. 지금까지는 법안종과 천태종을 같은 것으로 보고 크게 구별하여 연구하지 않았다. 이러한 연구경향은 체관이나 의통 등 고려초 중국에 들어간 천태종 승려와 지종 등 법안종 승려의 사상 자체를 구별하지 않으려는 데서 나타났다. 고려 문종 때에 천태종의 개창자로 알려진 의천이 고려초

---

262 고려초에는 法相宗세력이 점점 대두하는 추세였다. 그러나 그것은 아주 미약해서 광종대에는 성상융회사상, 이른바 화엄종과의 제휴를 통하여 커나갔다(김두진, 「고려초의 법상종과 그 사상」, 『한우근박사 정년기념 사학논총』, 지식산업사, 1981, 참조). 광종대말에는 다시 법상종 승려들의 활동을 찾을 수 있다. 광종 19년에 慧明은 灌燭寺에서 石彌勒像을 건조하였고 慧炤국사의 스승인 融哲도 광종대말에 활약한 인물이다. 법상종 승려는 후삼국시대나 왕건 당시에 단편적으로 활동상을 보이다가, 광종대 중기에는 사료상으로 전혀 나타나지 않고 광종대말에 다시 미약하나마 활동하였다. 그러다가 顯宗 이후에는 법상종 승려가 국사에 봉해졌다. 이처럼 법상종은 광종대말에 성상융회사상으로 인한 화엄종과의 제휴에서 벗어나 독자적인 발전의 길을 서서히 모색하였다.

263 김두진, 「균여의 성상융회 사상」, 앞의 책, pp. 75~76.

의 체관이나 지종 등의 업적을 높이 평가한 것이[264] 그러한 연구 경향을 뒷받침하는 논거가 되었다. 그리하여 이들은 뒷날 의천이 천태종을 다시 수립할 때 기반을 마련해준 것으로[265] 이해되었다. 천태사상과 법안종사상은 교선일치 사상경향을 가졌다는 점에서 상당히 비슷할지 모르나, 양자 사이에는 엄격히 다른 점도 있음을 간과해서는 안 된다.

천태사상은 교종 중 법화사상의 체계를 계승하였다. 그것은 일심一心을 삼관三觀으로 이해함으로써 법화사상의 회삼귀일會三歸一사상에서 체계화되었다. 일찍이 고려초에 행군行軍 복전福田인 능긍能兢이 일심삼관一心三觀의 천태종을 건의하여 삼한을 통일하고 명실상부한 일국一國을 건설할 것을 주장하였다.[266] 천태사상에 관한 이러한 연기설화는 고려후기의 문집에 나타나기 때문에 사료적 가치는 떨어지지만, 고려의 천태사상이 적어도 삼관법에 기초하였음을 알려주기에는 충분하다.

그런데 우리나라에서 중국으로 들어간 법안종계 승려 중에는 삼관법三觀法을 주장한 자가 있었다. 제운 영조의 사상에서 이를 확인할 수 있다. 영조는 용화상당龍華上堂에 들어가 설법하기를 "종문宗門의 묘리妙理를 따로 논하여 대도大道의 근본은 삼계를 포용하여 일문一門을 이루고, 시방세계를

264 崔滋, 「白蓮社 圓妙國師碑」, 『萬德寺志』 권1에 의하면 義天은 이전의 천태종 수입자로서 신라의 玄光에 이어 義通 · 諦觀 · 지종 · 德善 등을 들었다. 그러나 의천은 「新創國淸寺啓講辭」, 『大覺國師文集』 권2에서는 해동 천태의 조사로서 원효와 체관을 들었고 지종에 대해서는 다른 곳에서 가볍게 언급하였다.

265 최병헌, 「천태종의 성립」, 앞의 책, p. 79.

266 閔漬, 「國淸寺 金堂主佛 釋迦如來舍利靈異記」, 『동문선』 권68에 "夫王道無二 五帝三王 禮樂不同者 以所遭時 或理或亂故也 佛乘唯一 鹿苑鷲峯 權實不同者 以所待機 有小有大故也 人王法王 世出世之法雖殊 其以混一爲王 歸一爲佛 則亦不相遠矣 若以風土 相當之法 助其王業 則豈不如應病之良藥 適時之甘露耶 是以昔隨室將興 陳齊並立 而天下三分隨 有智臣周弘正者 勸文帝曰 聞有會三歸一法門 名妙法華 若弘此法於天台山下國淸寺 則天下爲一矣 帝從其言 果臻混一 今此東韓之地 亦嘗三分 故在我太祖創業之時 行軍福田 四大法師能兢等 上書云 聞大唐國有會三歸一 妙法華經 及天台智者 一心三觀禪法 與聖君合三韓成一國 風土相合 若求是法流行 則後嗣龍孫 壽命延長 王業不絶 常爲一家矣"라고 하였다.

다하여 정안正眼을 이룬다"[267]라고 하였다. 영조는 삼계를 일문으로 만드는 정안을 주장한 셈인데, 이것은 법화의 회삼귀일사상과 비슷하다.

영조의 사상이 고려초 법안종사상에 직접적인 영향을 주었는지는 명확하지 않다. 또 고려 광종 때의 법안종 승려들이 삼관법사상을 가졌는지도 정확하게 말할 수 없다. 영준의 경우에 비슷한 사상이 나타나는데, 그가 광종 19년 연수의 문하에 나아갔을 때 연수가 그를 "삼촌三寸의 문을 수고롭게 하지 않고도 사선四禪의 이치에 도달한다"[268]라고 하였다. 여기서 삼촌의 문은 삼관법을 비유적으로 나타낸 것이므로, 사선의 이치는 회삼귀일사상을 나타낸 것으로 생각된다.

비슷한 시기에 지종이 중국에 있으면서 천태 임식 등과 접촉하고 전교원에서 대정혜론大定慧論과 아울러 법화경을 강연한 사실과 연관시켜보면, 이러한 추측은 보다 확실해진다. 지종은 법화경을 통해 분명히 회삼귀일 논리를 강론하였을 것이고, 같은 시기에 연수의 문하에 있던 영준은 지종의 사상에서 영향을 받았기 때문이다. 고려 광종대 법안종 승려들은 이처럼 삼관법의 논리를 가지고 있었다.

전교원은 광종 19년(968)에 개원한 이래 경종 4년(979)까지 의통이 주지로 있었으므로[269] 이곳에서 지종과 의통은 인연을 맺었을 것이다. 어쩌면 둘은 서로 영향을 주고받았는지도 모른다. 그런 면에서 광종대 법안종사상은 중국의 천태사상과 관련을 맺었고, 뒷날 의천이 천태종을 개창하는 데 크게 기여하였다. 다만 천태의 삼관법은 공체空諦·가체假諦·중체中諦를 하나로 이해하는 것이다. 즉공卽空은 즉가卽假이며 즉중卽中 속에 삼체

267 『조당집』 권11, 靈照조에 "宗門妙理 別時一論若也 大道玄綱 包三界爲一門 盡十方爲正眼"이라 하였다.

268 김맹, 「중시적연국사 자광지탑비」, 『문학과 지성』, 1977, 가을, p. 898에 "不勞三寸之門 了達四禪之理"라 하였다.

269 지반, 『불조통기』 권8, 흥도 하, 8조기 제4, 16선사 사명보운존자 대법사조.

三諦를 융섭하였다. 공체와 가체를 같이 이해하려는 천태사상은 성상융회 사상의 기반 위에서 출발하였다.

천태사상에서 삼관법의 주체는 중체인데, 이것은 원융사상을 갖추었으며 교종의 입장을 벗어나지 않는다. 따라서 삼체를 일심一心으로 이해하려는 데서 교와 선을 아우르는 성격을 가질지라도, 천태사상은 어디까지나 교종 특히 화엄의 입장을 강하게 견지하였다. 그래서인지 체관은 『천태사교의』에서 4교의 제일 높은 경지를 원교圓敎라 하여 화엄사상으로 설정하였다.[270] 의천은 교선일치사상을 가졌는데, 다음 기록에서 이를 확인할 수 있다.

> 觀을 배우지 않고 經만 배우면 비록 五周의 인과를 들었더라도 三重의 性德을 통하지 못하며, 경을 배우지 않고 관만 배우면 비록 삼중의 성덕을 깨쳤으나 오주의 인과를 분별하지 못한다. 그러므로 관도 배우지 않을 수 없고 경도 배우지 않을 수 없다.[271]

의천은 교관겸수敎觀兼修를 주장하였는데, 이러한 사상은 배우는 사람들에게 주는 다른 글 속에도 빈번하게 나타나 있다.[272] 뿐만 아니라 의천은 성性과 상相도 둘이 아니므로 아울러야 한다고 주장하였다. 그는 원효元曉를 칭송하면서 "해동보살(원효)님은 성과 상을 융통融通하여 밝히고, 고금을 세밀히 살펴서 백가百家 이쟁異諍의 실마리를 화합시켰다"[273]라고 하였다.

---

270 체관, 『天台四教儀』.

271 의천, 『大覺國師文集』 권16, 示新參學徒緇秀조에 "不學觀唯授經 雖聞五周因果而 不選三重性德 不授經唯學觀 雖悟三重性德 則不辨五周因果 未然則 觀不得不學 經不得不授也"라고 하였다.

272 의천, 『대각국사문집』 권16, 示新參學徒智雄 · 示新參學徒慧修 · 示新參學徒德稱等조에 教觀兼修의 사상이 자주 나타나 있다.

273 의천, 『대각국사문집』 권16, 祭芬皇寺曉聖文조에 "唯我海東菩薩 融明性相 隱括古今 和百家異諍之端"이라 하였다.

이어 그는 징관의 말을 인용하여 "성과 상의 관계는 하늘의 해와 달과 같고 주역周易의 건乾과 곤坤과 같으므로, 그 두 가지를 겸해 공부해야만 비로소 통달한 사람이라 할 수 있다"[274]라고 하였다. 즉 성과 상은 분리해서 존재할 수 없는 것이므로 겸수해야 함을 주장하였다.

당시 의천은 인주仁州 이씨李氏가 후원하는 법상종세력과 심각하게 대립하였고, 심지어는 그들에게 밀려 흥왕사興王寺에 있지 못하고 해인사海印寺로 쫓겨났다. 그가 다시 흥왕사로 돌아오는 것은 숙종이 인주 이씨 세력을 몰아내고 왕위에 오른 뒤였다. 이러한 대립 속에 의천은 법상종을 유념하지 않을 수 없었고, 그래서 해인사에 퇴거해 있으면서 법상종에 대한 연구를 게을리 하지 않았다.[275]

비록 의천의 사상은 법상종세력과의 대립 속에 나타나기는 하였지만 성상융회적인 경향을 지녔다. 결국 의천의 교관겸수사상은 체관 등의 중국 천태사상과 대단히 비슷하여, 교종 내의 대립을 해소하려는 성상융회사상과 선종사상과의 융합으로 이해할 수 있다. 이렇게 되면 법안종사상과도 비슷한 면을 보인다.

그러나 법안종사상이 선종의 입장에 서 있었다면, 의천의 사상은 체관 등의 천태사상과 비슷하여 교종, 그중에서도 특히 화엄종의 입장에 서 있었다. 의천은 어디까지나 화엄종 승려였다. 화엄종 승려로서 의천의 입장을 가장 뚜렷하게 제시한 것이 『신집원종문류新集圓宗文類』인데, 여기서 그는 중국의 두순杜順·지엄·법장으로 이어지는 정통파 화엄사상을 중시하였다.[276]

---

274 의천, 『대각국사문집』 권1, 刊定成唯識論單科序에 "唯性之當相 若天之日月 易之乾坤 學兼兩轍 方曰通人"이라 하였다.

275 의천, 『대각국사문집』 권1, 간정성유식론단과서에 "因住興王寺 講演雜華 周於十遍 而退隱于伽耶山海印寺 愛林察之 藥萌著述之心 汔覽百家將利其器 以謂起信唯識二論 是性相兩宗之樞要 學人之所宜盡心者矣"라고 하였다.

276 의천, 『대각국사문집』 권1, 新集圓宗文類序조.

의천은 이러한 정통파의 법맥을 잇는 송나라 정원淨源의 법을 받아왔고,[277] 그를 통해 수많은 대장경을 구입하였다. 그래서인지 의천은 교관겸수에 대해 설명하기를 "보현의 수행을 항상 본받고 원돈圓頓의 경전을 늘 펼치되, 티끌마다 해탈의 법문에 들어가고 글귀마다 반야의 성해性海에 멎는다"[278]라고 하였다. 관행觀行의 기본으로 돈오가 필요한데, 그것을 원돈의 경전에서 구하였다. 원돈의 경전은 곧 화엄경이다. '초발심初發心에서 바로 정각을 이룬다'라는[279] 화엄사상은 돈오로 연결될 수 있다. 의천의 교관겸수는 화엄종의 입장에서 관행을 주장하였다.

법안종사상과 의천의 사상 사이에는 선종 또는 화엄종의 입장을 고수하느냐의 관점에서 분명한 차이가 있었다. 그 밖에 성상융회사상을 수용하는 태도에서도 차이가 있다. 의천의 경우 법상종세력이 강하였기 때문에 그들을 의식해서 성상융회 사상경향을 형성시켰다. 그는 법상종에 호감을 가지지 않았으므로, 따라서 화엄종의 입장에서 법상종세력에 효과적으로 대처하기 위해 성상융회 사상경향을 형성시켰다. 그러므로 의천은 성상융회사상을 높이 평가하지 않았다. 사실 의천은 균여의 성상융회사상을 아주 못마땅하게 여겨 『원종문류』에는 균여의 저술을 하나도 싣지 않았다.

법안종사상은 자의적으로 교종 내의 대립을 해소시키려 하였다. 법안종의 교선일치사상을 다른 교선융합사상과 비교하면, 법상종에 대한 관심을 고조시켜 성상융회 사상경향을 형성하였다는 특징이 있다. 반면 다른 교선융합 사상경향은 대부분 선종과 화엄사상을 융합하는 데 머무른 느낌을 준다. 성상융회사상을 수용하려는 뚜렷한 입장을 가졌기 때문에, 법안종사상은 다른 교선일치사상과 많은 공통점을 지녔지만 의천에 의해 적극적

277 김두진, 「균여의 성상융회 사상」, 앞의 책, pp. 78~79.

278 의천, 『대각국사문집』 권16, 시신참학종지웅조에 "常習普賢之行 常授圓頓之經 塵塵入解脫法門 句句了延那性海"라고 하였다.

279 의상, 「화엄일승법계도기」.

으로 수용되지는 않았다.

의천이 천태종으로서의 입장을 분명히 한 「신창국청사계강사新創國淸寺啓講辭」에서 원효나 체관과의 연결을 말하면서도 지종 등 광종대 법안종에 대해서는 언급하지 않은 것은 이러한 배경하에 이해해야 한다. 의천은 균여의 성상융회사상과 연결될 수 있는 법안종사상을 내세우지 않았다.[280]

다음으로 법안종이 선종의 입장을 분명히 밝힌 교선일치사상이기 때문에 고려후기에 선종 중심으로 새롭게 등장하는 교선일치사상과의 관계에 대해 살펴볼 필요가 있다. 이 문제와 연관시켜 「청허당집서淸虛堂集序」에 나타난 고려 법안종의 사법嗣法 전승에 대한 다음 기록을 참고해보자.

> 道峯 靈炤국사가 中原에 들어가 法眼 永明의 법인을 전해 받고, 宋 建隆 연간(光宗 11~13)에 본국으로 돌아와 玄風을 크게 떨치면서 末法을 구제하였다. …… 대사의 正法眼藏은 道藏 神範에게 전해지고 이어 淸凉 道國 · 龍門 天隱 · 平山 崇信 · 妙香 懷瀣 · 玄鑑 覺照 · 頭流 信修의 6世를 거쳐 普濟 懶翁에게로 내려왔다.[281]

이들 법맥을 알기 쉽게 다시 표시하면 다음과 같다.

延壽(中國)-靈炤-神範-道國-天隱-崇信-懷瀣-覺照-信修-懶翁

---

280 이 점에 대해서는 확실하게 언급할 수 없다. 뒷날 천태종으로 白蓮社가 결성되면서, 그 법통을 諦觀은 물론 智宗으로까지 연결시켰기 때문이다. 그래서 이 문제에 대한 해결은 다음 글로 미루고자 한다. 다만 고려후기 백련사 계통의 천태종은 의천의 천태종과는 사상사적인 면에서 많이 다를 것으로 생각된다.

281 이능화, 「고려초 다전법안파」, 『조선불교통사』 권하, 신문관, 1918, p. 335에 "道峯靈炤國師 入中原 得法眼永明之傳 宋建隆間返本國 大闡玄風 以救末法 …… 師之正法眼藏傳于道藏神範 歷淸凉道國 · 龍門天隱 · 平山崇信 · 妙香懷瀣 · 玄鑑覺照 · 頭流信修 凡六世而得 普濟懶翁"이라 하였다.

조선중기에 휴정休靜이 인용한 이 기록은 사료적 가치가 다소 떨어진다. 현재로서는 다른 자료에서 영명 연수의 문하에서 고려의 영소를 찾을 수 없다. 이름이 비슷한 고려인 제운 영조가 설봉 의존의 문하에 있었지만, 그는 영소와 법맥으로 따져 무려 5대나 앞서는 인물이다. 즉 영조는 영소의 5대조인 현사玄沙 사비師備와 동학이다. 따라서 영소는 영조와는 다른 인물이며 오히려 혜거와 동일인이 아닐까 추측되기도 한다.[282]

이러한 주장이 확실한 근거를 가지고 제시된 것은 아니다. 다른 문헌에서 나옹의 스승으로 신수信修를 찾기도 힘들다. 그렇지만 이러한 주장의 이면에는 광종대의 법안종을 나옹으로 이어지게 함으로써 임제종臨濟宗의 성립과 연결시키려는 노력이 깔려 있다.[283] 우리나라에서 임제종은 태고와 나옹에 의해 성립되었고[284] 휴정 역시 임제종의 적통嫡統으로 여겨진다.[285]

그러나 법안종의 법맥이 임제종으로 이어지는지는 확실하지 않다. 임제종지臨濟宗旨는 삼구三句 · 삼요三要 · 삼현三玄 및 사요간四料揀 · 사빈주四賓主 · 사조용四照用 · 사대식四大式 · 사갈四喝 등으로 나뉘어 설명되었는데, 이러한 구분법은 영준 등 법안종에서 주장하는 삼문三門 사선四禪의 이치와 비슷하다.

다만 나옹은 임제정종臨濟正宗의 뜻이 삼현 · 삼요나 사갈 · 사요간 등에 있지 아니하고, 자기 스스로 인식하는 바로 그 마음에 있다고 하였다.[286] 그것은 성性과 상相은[287] 물론 교와 선을 융합하려는 주체로서 선종의 입장에

---

282 이능화, 「고려초 다전법안파」, 앞의 책, p. 336.

283 이능화, 위와 같음.

284 采永, 『佛祖原流』, 서울대학교 古圖書.

285 이능화, 「朝鮮禪宗 臨濟嫡派」, 『조선불교통사』 권중, 신문관, 1918, p. 365.

286 韓基斗, 「高麗後期의 禪思想」, 『崇山朴吉眞華甲紀念 韓國佛敎思想史』, 圓光大學校出版局, 1975, p. 629.

287 臨濟宗旨로 三句는 身命과 口錯, 三要는 機와 用, 三玄은 體와 句, 四料揀은 人과 境, 四賓主는 賓과 主, 四照用은 照와 用을 다루었다. 이것은 性과 相의 범주로 꼭 나뉘지는 않으나, 대체로 그와 비슷한 성격으로 이해된다. 뿐만 아니라 四喝은 三玄 · 三句 등 宗旨의 유무를 탐구하

서 있음을 분명히 한 것이다. 나옹의 사상이 선종의 입장에서 교선일치사상을 주장한 점은 법안종사상과 비슷하다. 휴정이 법안종의 법맥을 나옹에게로 연결시킨 것은 확실한 근거가 있었다기보다는 사상사적 측면에서 연결이 가능하기 때문이었다.

한편 고려말 백련사白蓮社의 천태종도 교선일치사상을 가졌는데, 선종의 입장을 분명히 한 점이 의천과 크게 구별된다. 백련사의 제4세 교주인 진정眞靜국사 천책天頙의 사상은 조사선祖師禪을 강조하고, 거기에 천태 지자智者대사의 실천관實踐觀인 삼지三止·삼관三觀을 동일한 관점으로 받아들였다.[288]

앞에서 이미 천태의 삼관법은 성상융회 및 선종사상과의 융합으로 이해하였는데, 천책의 사상은 이러한 융합사상의 주체로서 선종, 특히 조사선의[289] 입장을 뚜렷이 하였다. 천책의 사상은 화엄종의 입장에서 교관겸수를 주장한 의천의 천태사상과는 많이 다르며, 오히려 광종대 법안종사상과 비슷하다. 그래서인지 백련사 제1세 교주인 원묘圓妙국사 요세了世는 고려초 법안종의 지종 등에 관심을 표시하였다.[290]

백련사가 결사되는 때와 비슷한 시기에 활동한 지눌知訥의 교선일치사상 역시 선종의 입장에서 교종을 융합한 것이므로, 법안종과의 연관을 생각해볼 수 있다. 지눌은 돈오한 연후에 점수漸修할 것을 주장하였다. '불즉시심佛卽是心'이기 때문에 자기의 본성을 돌이켜 그것이 부처와 다르지 않음을 아는 것이 돈오이다. 다만 부처와 다르지 않은 본성에서 끝없이 계속된 습기習氣를 갑자기 버리기는 어려우므로, 깨닫고 닦음에 의하여 장차

는 것이어서 성과 상의 범주로 이해될 수 있다.

288 李永子, 「天頙의 天台思想」, 『佛教學報』 17, 1980, p. 153.

289 天頙은 『禪門寶藏錄』을 저술하여 朗慧 無染의 선종사상으로 如來禪에 대비되는 祖師禪을 강조하였다. 또 조사선에 대한 설명으로 梵日의 眞歸祖師說을 들었다.

290 최자, 「백련사 원묘국사비」, 『만덕사지』 권1.

성태聖胎를 길러 오랜 세월이 지나는 동안에 성인이 되는 것을 점수라 하였다.[291]

지눌의 정혜쌍수定慧雙修는 화엄사상 중 '초발심初發心에서 바로 정각을 이룬다'라는 관점과 연관된다. 화엄의 십지十地는 초지初地에서 깨닫고 그런 후에 수행해가는 것을 논한다. 실제 지눌은 초발심을 중시하여 능히 도에 들어가야 함을 말하였고, 그렇기 때문에

> 千里를 가려고 할 때 初步가 발라야 하며, 초보가 만약 어긋나면 천리가 다 어긋난다. 無爲의 나라에 들어가려면 初信이 발라야 하며, 초신이 일그러지면 萬善이 다 무너져버린다[292]

라고 하였다. 즉 지눌의 정혜쌍수는 돈오를 중시하지만 사실상 화엄사상의 기반 위에 성립된 것이다. 특히 지눌은 자신의 사상이 이통현李通玄장자가 지은 화엄론 중 십신十信의 초위初位에 대한 해석에서 많은 시사를 받았다고 시인하였다.[293] 지눌의 교선일치사상은 선종의 입장을 중요시하여 선오후수先悟後修를 내세웠는데, 그 속에는 오히려 화엄사상의 성격이 강하게 깔려 있다. 그러므로 지눌의 사상은 광종대 법안종의 사상 전통과는 맞지 않았을 것이다.

한편 백련사의 천태사상이나 뒷날 태고와 나옹의 교선일치사상은 지눌과 달리 선종의 입장을 보다 확실하게 견지하였으므로, 조계종과 달리 법

---

291 知訥, 「修心訣」, 『普照國師法語』에 "頓悟者 凡夫迷時 四大爲身 妄想爲心 不知自性 是眞法身 不知自己靈知 是眞佛也 心外覓佛 波波浪走忽被善知識 指示入路 一念廻光 見自本性 而此性地 原無煩惱 無漏智性 本自具足 卽與諸佛 分毫不殊 故云頓悟也 漸修者 雖悟本性 與佛無殊 無始習氣 卒難頓除故 依悟而修 漸熏功成 長養聖胎 久久成聖故云漸修也"라고 하였다.

292 지눌, 「眞心直說」, 『보조국사법어』에 "是知欲行千里 初步要正 初步若錯 千里俱錯 入無爲國 初信要正初信旣失 萬善俱退"라고 하였다.

293 지눌, 「華嚴論節要序」, 『보조국사법어』.

안종의 사상 전통과 연결되었다. 즉 광종대 법안종사상은 의천의 천태사상과 연결이 가능하지만 실제로는 양자 사이에 상당한 차이가 있었고, 오히려 고려후기 백련사 계통의 천태사상이나 나옹의 사상과 비슷한 면이 있었다.

다음으로 광종 당시 법안종 문도들의 실제 세력이 어떻게 잔존하였는지에 대해 간략히 살펴보자. 우선 석초의 제자로서 언彦△·언흠彦欽·언연彦緣·언국彦國·현광玄光 등이 각각 원주原州 문정원文正院·지곡사·광주廣州 흑석원黑石院·태백산太白山 각돈원覺頓院·복암원福巖院 등에 주석하였는데, 대체로 이러한 사원은 법안종에 속한 것으로 추측된다. 다만 현재 이들 사원의 사적에 대해서는 알기 어렵다. 혜거의 문인이 영준이며 그의 제자로 천수千手와 낭징朗徵 등이 있었다는 것과 지종의 문인으로 경충慶充이 알려져 있지만, 이들의 행적에 대해서도 알기 힘들다.

다만 광종대 중기 이후 석초의 문인들이 각각 사원을 거느릴 정도로 법안종세력이 성장하였다면, 이와 연관해서 광종 19년에 세워지는 홍화弘化·유암遊岩·삼귀사三歸寺 등이 어느 계통의 사원이었는지 생각해보기로 하자. 만약 이들 사원이 광종대의 다른 창사創寺와 비슷한 성격을 가졌다면 전제개혁의 계속적인 추진 작업과 밀접한 관련이 있다고 생각된다.[294] 그러나 광종 19년에는 전제정치의 방향이 많이 바뀌었고 그 이면에 강호들이 다시 세력을 만회해간 것을 생각하면, 이 해에 세워지는 사원이 오로지 전제정치의 추진을 위해서였는지는 의심이 간다. 따라서 홍화·유암·삼귀사 등은 꼭 법안종이 아니더라도 어느 정도 연관을 갖고 세워졌을 것이다. 어떻게 보면 삼귀三歸라는 절 이름은 천태 또는 법안종과의 연관을

294 김용선, 「광종의 개혁과 귀법사」, 『고려광종연구』, 일조각, 1981, pp. 95~97. 김용선은 특히 광종 14년 이전의 創寺는 願堂이었으므로, 광종이 불교에 의미를 더 부여한 것은 광종 14년 이후의 창사라고 하였다.

생각하게 한다.

또한 연곡사鷰谷寺의 현각玄覺선사는 법안종에 속한 인물로 추측된다. 경종 4년에 세워진 현각선사비玄覺禪師碑는 현재 그 내용의 일부만 전하기 때문에[295] 이것만으로는 그와 법안종과의 연관을 살피기에는 부족하다. 진관선사비眞觀禪師碑에 의하면 왕융이 지난해에 연곡사 현각선사비를 초안하였으므로 그에게 진관선사비를 지어달라고 부탁하였다고[296] 한다. 이 기록은 단순히 왕융이 비문을 찬술한 경험이 있으므로 별다른 의미없이 진관선사비문을 짓게 하였다고 생각할 수도 있다. 그럴 경우 현각과 진관 사이에 특별한 관련을 생각하기 어렵다. 그러나 현각선사비를 찬술한 왕융의 경험이 진관선사비를 짓게 하였다고 해석할 수도 있다. 이 경우 현각과 진관은 특별한 관계에 있었다고 보아야 한다.

여기서는 후자의 경우로 해석해 연곡사를 당시 법안종 계통의 사원으로 보도록 한다. 그 이유로는 우선 비문의 찬술은 아무에게나 부탁하지 않기 때문에 대체로 찬자와 비의 주인공은 특별한 관계에 있다. 또한 앞에서 이미 언급하였듯이 왕융은 광종대 개혁정치에서 살아남은 인물로 법안종 승려들과 비슷한 정치적 입장을 가졌다. 현각선사비에 대한 언급이 특별히 진관선사비에 나오는 점도 양자의 밀접한 관련을 추측하게 한다. 한편 고려말에 법안종의 전통과 연결이 가능한 백련사 제4세 교주인 천책이 연곡사에 주석하였던[297] 사실도 이러한 추측을 돕는다.

---

295 왕융, 「求禮鷰谷寺 玄覺禪師塔碑」(『조선금석총람』 권상, pp. 555~556).

296 왕융, 「고려 강주지곡사 진관선사비」(『한국중세사회사 자료집』, pp. 501~502).

297 天頙, 『禪門寶藏錄』 권하 말에 "今內 願堂鷰谷 住老 呆庵大禪翁"이라 하였고 뒤이어 蒙庵居士라 하였다. 蒙庵은 天頙의 號요 呆庵은 그의 字이기 때문에, 呆庵大禪翁이나 蒙庵居士는 모두 천책이 자신을 가리킨 것으로 이해된다. 이로 보아 천책은 당시 鷰谷寺에 주석하고 있었다. 그러나 연곡사에 머물고 있던 태암대선옹과 천책을 다른 사람으로 보려는 견해가 있다(高翊晋, 「白蓮社의 思想傳統과 天頙의 著述問題」, 『불교학보』 16, 1979, p. 161). 그 이유는 확언할 수는 없지만 『선문보장록』을 천책의 저술로 보지 않기 때문일 것이다. 이 글에서는 기록대로 일단 『선문보장록』을 천책의 저술로 인정하고, 따라서 태암대선옹은 천책이라고 생각한다.

광종대말에는 상당수의 법안종 사원이 건립되었다. 그러나 그 후 법안종은 종파로서 독립하여 존속하는 데 실패하여 경종 이후에는 기록을 활발히 남기지 않았다. 그 이유에 대해 간단히 살펴보자.

첫째, 법안종은 광종대에 역사의 표면에 나타나지 않은 호족들에 의해 대두하였지만, 실제 그것의 등장은 기울어져가는 전제왕권과도 연관되었다. 광종대말의 개혁정치는 호족들에 의해 좌절되었지만 어디까지나 광종의 이름으로 시행되었다. 이때 왕실은 성상융회사상에서 법안종사상으로 관심을 확대시켰다. 따라서 법안종의 대두는 호족이 세력을 회복해가는 사회 체제와 관계가 있을 듯하지만, 그들이 역사의 표면에 구체화된 세력으로 나타났을 때에도 법안종을 계속해서 진흥시키지는 않았다. 즉 법안종은 비록 광종대 전제왕권과는 이해를 달리하더라도 운명을 같이해야 하는 입장에 처하였다.

둘째, 법안종은 그 후 새로 등장하는 법상종과 의천의 화엄종 모두에게 크게 환영받지 못하였다. 균여의 성상융회사상을 가능한 많이 포용하였던 점이 경종대 이후 정치세력에게 배척받을 빌미를 제공하였다. 또한 법안종은 교선일치사상이지만 선종의 입장이 훨씬 강하게 나타났다. 광종 24년부터 영준은 복림사에 거주하였는데, 그의 문하에 "참선參禪의 무리가 줄을 지어 이르렀다"[298]라고 하였다. 이것을 보면 법안종 사원이 증가하면서 문도들이 선승禪僧임을 자부하고 그것을 크게 표방한 것으로 추측된다. 법안종의 이런 면 때문에 뒷날 법상종은 물론 의천의 천태종에게도 배척을 받았다.

셋째, 먼 이유이긴 하지만 고려말 무신들의 비호를 받으면서 크게 일어난 조계종도 법안종의 사상 전통을 배척하였다. 앞에서 잠깐 언급하였듯이 법안종의 사상 전통은 이통현장자의 화엄학에서 출발하여 정혜쌍수를

298 김맹, 「증시적연국사 자광지탑비」, 앞의 책, p. 898.

주장하는 지눌의 사상과는 맞지 않았기 때문이다. 대신 법안종의 사상 전통은 백련사의 천태사상이나 나옹의 사상과 연결될 수 있었다. 그런데 어떤 이유 때문인지는 확실히 알 수 없으나 고려말에는 이러한 여러 사상 중에서도 유독 조계종이 크게 유행하였다. 조계종이 유행한 분위기 속에서 법안종사상은 점점 더 잊혀졌다.

비록 법안종은 광종대말의 특수한 정치 · 사회 상황 속에서 등장하여 그 후 크게 빛을 보지 못하였고 독립된 종파로 성립하는 데에도 실패하였지만, 한국 불교사에서 선종의 입장을 중시하면서 화엄종은 물론 법상종 등 교종 내부의 모순을 해결하려는 진보적인 사상 체계를 가졌다. 그것은 한국 불교사상의 흐름 속에서 연연히 이어져 새로운 불교사상운동이 일어날 때에는 그 사상 전통이 되새겨졌다.

제4장 교종 입장에서 선종사상의 융합

1. 체관의 천태사상

(1) 『천태사교의』의 저술 배경

고려초에 의통義通과 체관諦觀이 중국에 들어가 의통은 중국 천태종天台宗의 제13대 교조敎祖가 되었고, 체관은 천태종의 교본이라 할 수 있는 『천태사교의天台四敎儀』를 저술하였다. 중국에까지 역수입된 의통과 체관의 천태사상을 근거로, 초기 고려 사회에서는 천태학 연구가 활발하였고 그 수준이 높았다고 주장한다.[1]

반면 고려초에는 천태학이 성립하지 않았다는 견해도 있다.[2] 적어도 이러한 견해는 고려초에 천태학 연구가 활발하였는지 의심을 갖게 한다. 이러한 천태종에 대한 엇갈린 견해를 해결하려고 노력하던 중 우선 광종대

1 金哲埈, 「高麗初의 天台學硏究－諦觀과 義通」, 『東西文化』 2, 1968 ; 『韓國古代社會硏究』, 知識産業社, 1975 ; 崔柄憲, 「천태종의 성립」, 『한국사』 6, 국사편찬위원회, 1975.

2 許興植, 「高麗前期 佛敎界와 天台宗의 形成過程」, 『韓國學報』 11, 1978, pp. 80～96.

말에 천태종이 아닌 법안종法眼宗이 크게 대두하였다는 사실을 이해하였다.[3] 이 장 역시 체관의 사상을 분석함으로써 이러한 의문을 고려초 불교사상사의 맥락에서 풀어보도록 한다.

중국에 들어가기 전 체관의 행적은 알려져 있지 않다. 체관은 우리나라 문헌에는 거의 이름을 남기지 않았고, 중국 천태종 계통의 승사僧史인 『불조통기佛祖統紀』에 간략하게 전기가 실려 있을 뿐이다. 그가 중국으로 들어가는 사정에 대해서는 다음과 같이 기록되었다.

> 법사 諦觀은 고려국 사람이다. 처음에 吳越王이 『永嘉集』의 '同除四住'라는 글을 읽다가 그 뜻을 德韶국사에게 물었다. 덕소는 "이 教義를 천태 義寂에게 묻는 것이 좋겠습니다"라고 대답하니, 곧 (義寂을) 불러 이를 물었다. 의적이 대답하기를 "이것은 智者의 妙玄位의 妙中文인데, 唐末에 教籍이 해외로 유실되어 지금은 다시 얻어 볼 수 없다"라고 하였다. 이에 오월 왕이 사자를 보내 글을 전하고 50종의 보배로 고려에 가서 그것을 구하니, 그 나라(고려)는 체관으로 하여금 教乘을 받들어 가게 하였다.[4]

이 기록에는 체관이 언제 중국에 들어갔는지가 명시되지 않았으므로, 같은 내용을 알려주는 다음 기록을 참고해보자.

> 오월 왕 錢俶이 사신을 고려와 일본에 보내 산일된 教乘의 논소를 구하자, 乾隆 2년(光宗 12, 961)에 고려국이 사문 諦觀을 파견하여 천태 논소를 가지고 螺溪에 이르게 하였다.[5]

---

3 金杜珍, 「高麗 光宗代 法眼宗의 登場과 그 性格」, 『韓國史學』 4, 韓國精神文化硏究院, 1983.

4 志磐, 『佛祖統紀』 권10, 諦觀전(『大正藏經』 권49, p. 206, 상)에 "法師諦觀 高麗國人 初吳越王因覽永嘉集 同除四住之語 以問韶國師 韶曰 此是教義 可問天台義寂 卽召問之 對曰 此智者妙玄位妙中文 唐末教籍流散海外 今不復存 於是 吳越王遣使致書 以五十種寶 往高麗求之 其國令諦觀來奉教乘"이라 하였다.

체관은 광종 12년에 오월吳越 왕 전숙錢俶의 요청으로 고려에서 파견되었다. 이외에는 체관의 행적에 대한 절대 연대가 알려져 있지 않다.

체관이 광종 12년에 중국에 들어갔는지는 불분명하다. 위에 언급한 두 기사는 『불조통기』 내의 같은 내용에 대한 기록이면서도, 체관전의 기록이 역대전교표歷代傳敎表조보다 훨씬 자세하다. 그러나 정작 체관전에는 그가 중국에 들어간 절대 연대가 나타나 있지 않다. 그렇지만 체관이 중국에 들어간 연대가 광종 12년과 동떨어진 시기는 아닐 것이다. 다만 이러한 연대 기록만을 가지고 광종이 천태종에 커다란 관심을 갖고 있었고, 광종대 중기에 천태교학 연구가 성행하였다는 논거로 삼을 수 있을지는 의문이다. 중국으로 들어간 체관의 교학은 광종의 관심과 직결될 수는 없었을 것이다.

다만 체관이 중국에 들어간 연대는 그의 생존 시기를 추측하는 데 도움을 준다. 체관전에 의하면

> (諦)觀師가 이미 (중국에) 이르렀다. 螺溪(義寂)가 講授를 잘한다는 말을 듣고 즉시 가서 알현하였는데, 한번 보아 마음으로 복종하여 드디어 스승으로 삼았다. 일찍이 四敎儀를 저술하여 상자 속에 두었는데, 사람들이 알지 못하였다. 대사는 나계에 10년 동안 머무르다가 어느 날 앉은 채로 입적하였다[6]

라고 하였다. 체관은 중국에 들어가 천태종의 제12대 교조인 의적義寂의 문하에서 10년 동안 머무르다가 입적하였는데, 『천태사교의』는 이 기간 중에 쓰여졌다. 체관이 『천태사교의』를 저술하여 상자 속에 넣어두었다는

---

5 지반, 『불조통기』 권23, 歷代傳敎表조(앞의 책, p. 249, 중)에 "吳越王錢俶 遣使往高麗日本求遺逸敎乘論疏 乾隆二年 高麗國遣沙門諦觀 持天台論疏至螺溪"라고 하였다.

6 지반, 『불조통기』 권10, 체관전(위의 책, p. 206, 상)에 "觀師旣至 聞螺溪善講授 卽往參謁 一見心服 遂禮爲師 嘗以所製四敎儀藏於篋 人無知者 師留螺溪十年 一日坐亡"이라고 하였다.

것으로 미루어, 입적에 가까운 시기가 아니라 중국에 들어가 바로 저술한 것으로 추측된다. 그렇다면 『천태사교의』를 저술한 체관의 학문적 식견은 이미 고려 사회에서 길러진 셈이다.

체관은 언제 태어났는지는 정확하게 알 수 없지만, 일생의 마지막 10년을 중국에서 보내기 전까지는 고려 사회에서 활동하였다. 즉 체관은 가장 완숙한 정신세계를 형성한 청장년기를 고려 사회에서 보냈는데, 대체로 고려 건국부터 광종대 초기에 해당하는 시기였다.

후삼국시대나 고려 건국초에 천태사상이 성행하였는지는 분명하지 않다. 나말려초에 무려 30여 명에 달하는 선종 승려의 비문이 전하지만, 그들 중 천태사상을 접한 자는 법경法鏡 현휘玄暉와 고달산高達山의 원종元宗 찬유璨幽뿐이며 이들도 천태교문을 잠깐 거쳐간 것에 불과하다. 그러나 고려초에 후삼국을 통합하려는 기운과 연관하여 법화나 천태사상의 일심삼관법一心三觀法이 유행하였다. 다음 기록에서 이를 확인할 수 있다.

> 옛날에 隋나라 왕실이 장차 일어날 때에 陳나라와 齊나라가 있어 천하가 삼분되었는데, 수나라에 智臣인 周弘正이라는 자가 있어 文帝에게 권하기를 "妙法으로 불리는 會三歸一의 법문이 있다고 들었는데, 만약 이 법을 천태산 아래의 國淸寺에서 홍포하면 천하가 하나로 될 것입니다"라고 말하였다. 帝가 그 말을 따랐더니 과연 천하가 모여 혼연된 하나가 되었다. 지금 동쪽의 韓지역도 역시 일찍이 삼분되었으므로 우리 태조(王建)가 창업할 때에 行軍한 福田인 四大법사 能兢 등이 상서하여 "唐나라에는 妙法華經에 의한 회삼귀일법과 천태 智者대사에 의한 一心三觀法이 있는데, (그것은) 聖君이 삼한을 합하여 一國을 이루는 것과 풍토가 相合합니다. 만약 이 법을 구하여 유행시키면 후사가 번창하고 수명이 연장될 것이요, 王業도 끊이지 않아 항상 一家를 이룰 것입니다"라고 하였다.[7]

7 閔漬, 「國淸寺金堂主佛 釋迦如來舍利靈異記」, 『東文選』 권68에 "昔隋室將興 陳齊並立而天下三分 隋有智臣 周弘正者 勸文帝曰 聞有會三歸一法門 名妙法華 若弘此法天台山下國淸寺 則天

고려 태조에게 회삼귀일會三歸一의 사상을 권한 능긍能兢은 법화 또는 천태학 계통의 승려로 추측된다. 특히 수隋나라가 남조의 진陳·제齊를 병합하여 천하를 통일하기 위해 국청사國淸寺를 세우고 일심삼관법의 천태교학을 진작시켰음을 들은 그는, 이러한 풍토가 후삼국을 통일한 왕건王建의 처지와 비슷하므로 천태교학을 유행시킬 필요가 있다고 역설하였다. 이것을 보면 능긍은 아마도 천태교학에 깊이 관련된 승려였을 것이다. 천태학의 일심삼관법이 삼국을 통합하여 일국一國을 이루려는 연기설화로 형성된 것은 중국 천태종의 개창자인 지자智者대사에 의해서였다.[8] 적어도 능긍은 천태 지자의 교학을 깊이 이해하였을 것이다.

체관은 이미 능긍을 배출한 고려초 천태교학의 분위기 속에서 성장하였다. 능긍보다는 약간 시대가 앞서지만 순지順之의 사상 역시 법화사상을 포용하였다. 순지는 회점증실제廻漸證實際를 설명하면서 회삼귀일사상을 들었다.[9] 회점증실제는 교선일치사상으로 이어지는데, 선종사상 내에 법화사상을 융합한 것이다.[10] 이러한 순지의 사상은 적어도 신라하대에 법화사상이 어느 정도 포용되었음을 알려준다.

신라중대에 이미 원효元曉는 낭지朗智법사로부터 법화경法華經 강의를 들었고, 『법화종요法華宗要』를 저술하였다. 원효의 법화사상도 회삼귀일의 논리에 근거하였으며, 지의智顗의 교학에서 상당한 영향을 받아 형성되었다.[11] 그 외에도 신라중대 이래 승려들의 법화경 연구는 상당한 분량에 이

下爲一矣 帝從其言 果臻混一 今此東韓之地 亦嘗三分 故在我太祖創業之時 行軍福田 四大法師 能兢等上書云 聞大唐國有會三歸一妙法華經 及天台智者一心三觀禪法 與聖君合三韓成一國 風土相合 若求是法流行 則後嗣龍孫 壽命延長 王業不絶 常爲一家矣"라고 하였다.

8 지반, 『불조통기』 권6, 4조 天台智者 智顗전(앞의 책, p. 182, 상)에 "秋九月 遂入天台 嘗宿石橋 見一老僧曰 禪師若欲造寺 山下有皇太子寺基 用以仰給 三國成一"이라 하였다.

9 『祖堂集』 권20, 順之전.

10 김두진, 「了悟禪師 順之의 禪思想—그의 三遍成佛論을 中心으로」, 『歷史學報』 65, 1975, p. 45.

11 李永子, 「韓國 天台思想의 展開」, 『日本學』 2, 1982, pp. 77~81.

른다.[12] 또한 의통이나 체관이 중국에 들어가기 이전에도 신라 사람으로 중국 천태종에 귀의한 승려는 비교적 많은 편이다. 남악南岳 혜사慧思의 문하에 들어간 현광玄光은 지의와 동학이며,[13] 그 후 법융法融 · 이응理應 · 순영純英 등은 5조인 좌계左溪 현명玄朗의 문하에 들어간 신라 승려들이다.[14]

이처럼 신라중대 이래 비교적 성행하였던 법화사상의 전통은 후삼국시대까지 내려온 것으로 추측된다. 그런데 이때 유포된 법화사상은 대체로 왕건의 세력과 긴밀하였던 것으로 생각된다.

순지는 왕건의 선대세력과 밀착된 승려이므로, 그의 사상은 주위의 군소 토호세력을 병합해가는 왕건의 선대세력을 이념적으로 뒷받침하였다.[15] 능긍은 왕건의 행군行軍 복전福田이었으므로 왕건의 후삼국 통일 정책에 관여한 인물일 것이다. 능긍은 "인왕人王 · 법왕法王이나 세간世間 · 출세간出世間의 모든 법이 혼연된 하나여서, 왕으로 되고 귀일歸一하여 부처로 된다"[16]라는 주장을 폈다. 이러한 주장은 삼국을 하나로 통일하려는

---

12 신라 승려의 법화사상에 대한 저술은 대략 다음과 같다.
① 元曉 : 『法華經宗要』 1권 · 『法華經方便品料簡』 1권 · 『法華經要略』 1권 · 『法華略述』 1권.
② 憬興 : 『法華經疏』 8권(혹은 16권).
③ 順璟 : 『法華經料簡』 1권.
④ 玄一 : 『법화경소』 8권(혹은 10권).
⑤ 義寂 : 『法華經論述記』 3권(혹은 2권) · 『法華經綱目』 1권 · 『법화경료간』 1권 · 『法華經驗記』 3권.
⑥ 道倫 : 『법화경소』 3권.
⑦ 太覽 : 『法華經古迹記』 4권.
⑧ 惠雲 : 『법화경요간』 1권.
⑨ 玄範 : 『법화경소 8권』(혹은 7권).
이 중 원효의 『법화경종요』가 현재 전하며, 의적의 『법화경논술기』는 상권만 전한다.

13 지반, 『불조통기』 권9, 南岳傍出世家조의 玄光전.

14 지반, 위의 책 권10, 左溪旁出世家目錄.

15 김두진, 「요오선사 순지의 선사상」, 앞의 책, pp. 5~14.

16 민지, 「국청사금당주불 석가여래사리영이기」, 앞의 책 권68에 "人王法王 世出世之法雖殊 其以混一爲王 歸一爲佛 則亦不相遠矣 若以風土相當之法 助其王業 則豈不如應病之良藥 適時之甘露耶"라고 하였다.

회삼귀일사상과 더불어 호족연합을 위한 왕건의 통일 정책과 연관되었다. 그러므로 고려 건국초의 법화 내지 천태사상은 왕건과 밀접하게 연결되어 유행하였고, 체관은 이러한 사상적 배경 속에서 성장한 인물이었다.[17]

오월 왕 전숙의 요청으로 중국에 들어간 체관은 '동제사주同除四住'의 뜻을 해설하기 위해 『천태사교의』를 저술하였다. 특히 그는 원교圓敎를 밝혀서 그 속에서 '동제사주'의 뜻을 부각시켰는데,[18] 이에 대한 설명은 다음과 같다.

> 四住는 바로 見과 思이다. 見惑은 하나이며 一切處住地로 불린다. 思惑은 셋으로 나뉘는데 첫째는 欲愛住地로 欲界 九品思이며, 둘째는 色愛住地로 色界 四地의 각 구품사이며, 셋째는 無色愛住地로 無色界 사지의 각 구품사이다. 이러한 사주는 三藏佛이 六根의 淸淨人과 더불어 同斷하기 때문에 同除四住라 한다.[19]

사주四住는 일체처주지一切處住地·욕애주지欲愛住地·색애주지色愛住地·무색애주지無色愛住地인데, 그 각각의 경지를 모두 같은 것으로 본 데서 체관 사상의 독특한 면을 찾을 수 있다. 이미 영가永嘉는 '동제사주'라고 함으로써 사주의 처지가 모두 같다고 하였는데,[20] 『영가집永嘉集』 속에 나오는 이러한 의미는 중국 천태사상에서는 중요시되지 않았다. 천태종 제12대 교조인 의적도 그것을 몰랐을 정도였다.

체관은 삼장불三藏佛과 육근六根의 청정인淸淨人이 같이 단혹斷惑함으로

---

17 김두진, 「요오선사 순지의 선사상」, 앞의 책, p. 46.

18 지반, 『불조통기』 권10, 체관전(앞의 책 권49, p. 206, 중)에 "吳越王杭海取教 實基於同除四住之語 及觀師製四教儀 至明圓教中 故特標永嘉云者"라고 하였다.

19 체관, 『天台四教儀』(『대정장경』 권46, p. 779, 중~하)에 "四住者 只是見思 謂見爲一 名見一切處住地 思惑分三 一欲愛住地 欲界九品思 二色愛住地 色界四地 各九品思 三無色愛住地 無色界四地 各九品思 此之四住 三藏佛與六根淸淨人同斷 故言同除四住也"라고 하였다.

20 체관, 『천태사교의』(위의 책, p. 779, 중)에 "永嘉大師云 同除四住 此處爲齊"라고 하였다.

써 사주의 경지가 모두 같아진다고 하였다. 그런데 엄밀히 말해 사혹思惑은 견혹見惑으로부터 일어나기 때문에, 일체처주지는 욕애주지와 색애주지를 동반한다. 일체처주지 · 욕애주지 · 색애주지는 소승교인 장교藏教의 경지에 속한다. 다만 삼장불은 육근 청정인과 같이 단혹하는데, 육근 청정위清淨位는 견혹을 없애 진리를 나타내기 때문에[21] 이러한 삼장교는 무색애주지와 다를 바 없다. 체관은 이러한 경지를 일러 '동제사주'라고 표현하였다.

'동제사주'에 대한 체관의 설명은 회삼귀일의 논리로 전개된 셈이다. 일체처주지 · 욕애주지 · 색애주지는 장교로서 삼승교에 속하지만, 무색애주지는 일승교에 속한다. 『천태사교의』는 '동제사주'를 설명하는 입장에서 쓰여졌으므로 궁극적으로 회삼귀일의 논리로 전개되었다. 회삼귀일의 논리는 신라 원효 이래[22] 법화사상 전통의 맥락으로 이어지고, 고려초에는 왕건과 밀접하게 연결되어 유행하였다. 체관의 교학은 이러한 사상 풍토 속에서 형성되었다.

체관이 저술한 『천태사교의』는 상 · 하 2권으로 나뉘는데, 상권은 천태의 교판을 밝혔고 하권은 남 · 북조 여러 승려들의 종취宗趣 사이에 존재한 미묘한 차이를 부각하였다. 그중 상권만이 유통되어 지금까지 전해진다.[23] 체관 이후 『천태사교의』는 천태종의 교전처럼 취급되어 천태를 공부하는 사람은 반드시 그것을 읽어야 했다. 그리하여 이 책에 대한 많은 주석서와

---

21 체관, 『천태사교의』(앞의 책, p. 779, 중)에 "次進六根淸淨位 卽是十信 初信斷見惑顯眞理"라고 하였다.

22 원효, 「法華經宗要序」(『元曉全集』, 佛教學同人會, 1973, p. 24)에서 "乃借一以破三 三除而一捨"라고 하였다. 또 『法華宗要』(위의 책, p. 28)에서는 "是法階爲一佛乘故 此文正是用三爲一之證也"라고 하였다.

23 馮夢禎, 「刻天台四教儀引」(『대정장경』 권46, p. 774, 중)에 "四教儀者 則高麗沙門諦觀 稟法華玄文而錄出者也 書凡二卷 上卷明一家 判教之義 下卷明南北諸師 宗途異計 今所傳者上卷耳"라고 하였다.

연구서가 나왔다.

중국 천태종의 정통인 산가파山家派의 주석서로는 종간從諫의 문하인 종인宗印의 제자 원수元粹가 지은 『사교의비석四教儀備釋』이 있고, 중국 천태종의 방계인 산외파山外派의 주석서로는 종의從義가 지은 『사교의집해四教儀集解』가 있다. 또 종인의 문하에서 분파한 왕강王岡 몽윤蒙潤이 지은 『사교의집주四教儀集註』도 있다.[24] 이를 『천태사교의』의 3대 주석서라 한다. 이 책들은 일본에까지 전해져 현재 일본 내 천태사상의 연구를 활발하게 만들었다.[25] 그런데 정작 우리나라에서는 천태사상의 연구가 오히려 소홀하였다.

(2) 오시팔교사상

1) 오시

『천태사교의』는 오시五時와 팔교八教로 나누어 설명하였다. 오시는 오미五味라고도 하는데, 화엄시華嚴時 · 녹원시鹿苑時 · 방등시方等時 · 반야시般若時 · 법화열반시法華涅槃時이다. 그중 화엄시는 돈부頓部에 해당되지만, 오시의 수행 가운데 가장 낮은 단계이다. 돈부 내에는 일추一麤(별교別教)와 일묘一妙(원교圓教)가 있는데, 비록 일묘는 법화의 경지와 비교하여 다르지 않더라도 일추와 더불어 상즉相卽하지 않는다.[26]

화엄시는 그 내에 원교의 경지가 있으나 원융하지 않기 때문에 별교와 더불어 융섭하지 않는다. 이 점이 화엄사상과 판이하게 다르다. 화엄시는

---

24 島地大等, 『天台教學史』, 中山書房, 1976, pp. 213~218.

25 이영자, 「한국 천태사상의 전개」, 앞의 책, pp. 86~90.

26 체관, 『천태사교의』(앞의 책, p. 775, 중)에 "如華嚴時 一權一實(圓實別權) 各不相卽 大不納小故 小雖在座 如聾若瘂是故所說法門 雖廣大圓滿 攝機不盡 不暢如來出世本懷 所以者何 初頓部有日一麤(別教) 一妙(圓教) 一妙則與法華二無別 若是一麤 須待法華開會 廢了"라고 하였다.

화엄경華嚴經 중 초발심初發心의 돈오頓悟를 말하더라도, 부部 · 시時 · 미味 등에 따른 법상의 명칭이나 존재를 인식하는 데 그쳤다.[27] 따라서 화엄시의 돈부는 화엄종보다는 법상종法相宗에서 말하는 법상의 존재를 인식하는 단계에 가깝다. 자연히 그러한 법상 상호 간의 융회는 불가능하여 큰 것이라 하더라도 작은 것을 포용하지 않는다.[28]

화엄시의 경지에서는 이승二乘의 근성 같은 열등한 근기根機를 가진 인간은, 믿지 못하고 이해할 수 없어 결국 범정凡情을 바꾸지 못하여 부처에 이르지 못한다.[29] 즉 소승의 경지로 보살이 아닌 성문聲聞이나 연각緣覺이 부처가 될 수 없는 것과 같다. 화엄시가 화엄경을 기반으로 설정되었다고는 하지만 그것의 사상을 반영하지는 않았고, 다만 화엄학의 가장 초보적인 현상계에 대한 인식에 머물렀다. 그러므로 화엄시는 화엄사상을 체계적으로 종합 · 정리하여 묶어놓은 것이 아니라 오히려 유식唯識 중에서도 가장 조촐한 법상의 존재에 대한 인식에 그쳤다.

녹원시 · 방등시 · 반야시는 돈부 이후의 수행에 관한 것이다. 녹원시에서는 사아함四阿含 등 소승 경전에 의한 가장 낮은 단계의 수행이 행해졌는데, 여기서는 사체四諦 · 십이인연十二因緣 · 육도六度 등이 설해졌다. 그것은 보고 생각하는 데서 오는 번뇌를 없애준다.[30] 녹원시에서는 아예 원교의 경지가 존재하지 않고 별교의 경지만 설정되었다.[31] 다만 화엄시에서는 원교의 경지가 내포되긴 하지만 작위作爲하지 않기 때문에, 녹원시는 별교

---

27 체관, 『천태사교의』(앞의 책, p. 774, 하)에 "卽華嚴經也 從部時味等 得名爲頓"이라 하였다.

28 이 점이 화엄사상과는 상당히 다르다. 화엄사상에서 法相은 泯滅하는 것이기 때문에 서로 融會가 가능하다. 따라서 大는 小를 포용할 뿐만 아니라 소라 할지라도 대를 포용한다.

29 체관, 『천태사교의』(위의 책, p. 775, 하)에 "所謂 二乘根性 在華嚴座 不信不解 不變凡情 故譬其乳"라고 하였다.

30 체관, 『천태사교의』(위의 책, p. 775, 상)에 "初在鹿苑 先爲五人 說四諦十二因緣事六度等教 …… 次頓之後 說三藏教 二十年中 常令除糞 卽破見思煩惱等義"라고 하였다.

31 체관, 『천태사교의』(위의 책, p. 775, 중)에 "次鹿苑但麤無妙"라고 하였다.

라는 의미에서 화엄시와 가까운 면을 가졌다. 그러나 녹원시의 별교는 교학에 의한 수행이 가능해서, 이승 같은 열등한 근기의 근성도 변하여 성聖이 될 수 있다.[32]

방등시나 반야시도 수행 단계이지만 녹원시보다는 월등한 경지로, 둘 다 원교圓敎의 경지를 아울러 가졌다. 먼저 방등시는 유마경維摩經 · 승만경勝鬘經 · 능가경楞伽經 · 능엄경楞嚴經 등의 경전을 설하였다. 그중 유마나 승만은 출가하지 않는 자로서 가장 수행이 높은 자들이고 능가경과 능엄경 역시 유식으로 따져 높은 경지의 경전이다. 그러므로 방등시는 성문聲聞과 같은 소승의 경지를 벗어나 큰 것을 흠모하고 작음을 부끄러워한다. 이러한 경지는 통교通敎와 비슷한데, 비유하면 식초를 발효하여 술을 만드는 것과 같다.[33]

반야시에서는 반야경般若經이나 금강경金剛經이 설해졌는데, 이들 경전은 공관空觀을 인식하려는 것이다. 그래서인지 반야시는 방등시에 비해 원교의 성격을 보다 많이 지녀 전교轉敎 또는 융통融通 · 도태淘汰라고 부르기도 한다.[34] 반야시는 이처럼 원교의 경지를 강하게 나타내기 때문에 보다 융회적이어서 법상을 쉽게 민멸泯滅시킨다. 따라서 반야시는 수행으로서는 가장 높은 단계로, 교학에서 벗어나 마음이 점차로 통하여 크게 되는 경지이다. 이러한 경지는 별교와 비슷하다. 원교에 관한 것을 제외하면 방등시와 크게 다르지 않은데, 방등시가 익지 않은 식초라면 반야시는 익은 술로 비유된다.[35]

---

32 체관, 『천태사교의』(앞의 책, p. 775, 하)에 "次至鹿苑聞三藏教 二乘根性 依教修行 轉凡成聖 故譬轉乳成酪"이라 하였다.

33 체관, 『천태사교의』(위의 책, p. 775, 하)에 "至方等聞彈斥聲聞 慕大恥小 得通教益 如轉酪成生酥"라고 하였다.

34 체관, 『천태사교의』(위의 책, p. 775, 상).

35 체관, 『천태사교의』(위의 책, pp. 775, 하~776, 상)에 "次至般若 奉勅轉教 心漸通泰 得別教益 如轉生酥成熟酥"라고 하였다.

법화열반시는 엄격히 말해 법화시와 열반시로 나뉜다. 그중 법화시에 대한 설명은 다음과 같다.

① 法華會상에서는 모두 열어 앞의 四味의 麤를 없애고 일승의 妙(圓敎)를 이룬다. 諸味의 원교는 다시 열지 않으나 본래 스스로 원융하여 열림을 기다리지 않는다.[36]

② 법화에 이르면 三周의 설법을 듣고 부처를 이루게 되니 마치 익은 연유를 바꾸어 醍醐를 만드는 것과 같다.[37]

③ 法華時를 설하면 깨달음을 열어 보여서 부처의 知見에 들어가므로 佛記를 받을 따름이다.[38]

④ 다음으로 법화를 설하면 앞의 頓·漸을 열어 非頓·非漸에 들어가므로 權을 열어 實을 나타낸다고 한다. 또 권을 廢하여 실을 세운다고도 하며 會三歸一이라고도 한다.[39]

우선 법화시는 일불승一佛乘의 경지이다. 화엄시로부터 반야시에 이르는 사시四時가 폐廢하고 민멸되어 일승원교를 이룬다. 법화시는 순전한 하나여서 잡됨이 없다. 그 안에는 이승이나 삼승 등의 소승이 존재하지 않고 오직 보살을 위하여 방편이 아닌 무상無上의 도가 설해졌다. 그러므로 법화시는 회삼귀일의 논리를 내세웠다. 앞의 사시는 방편인 삼승에 해당되는데, 결국은 일불승을 이루는 원교의 경지에 이른다. 법화시는 본래 원융

---

36 체관, 『천태사교의』(앞의 책, p. 775, 중)에 "來至法華會上 總開會廢前四味麤 令成一乘妙 諸味圓教 更不須開 本自圓融 無待開也"라고 하였다.

37 체관, 『천태사교의』(위의 책, pp. 775, 하~776, 상)에 "次至法華 聞三周說法 得記作佛 如轉熟酥成醍醐"라고 하였다.

38 체관, 『천태사교의』(위의 책, p. 775, 하)에 "說法華時 開示悟入佛之知見 授記作佛而已"라고 하였다.

39 체관, 『천태사교의』(위의 책, p. 775, 중)에 "次說法華 開前頓漸 會入非頓非漸 故言開權顯實 又言廢權立實 又言會三歸一"이라 하였다.

하고 앞의 사시도 작용하지 않을 뿐만 아니라 원교의 경지를 가져 서로 간의 융회가 가능하다. 이렇듯 법화시의 원교는 융회적인 화엄의 원교와 같아진다.

원교의 경지에 이르면 삼주三周의 설법을 듣고 부처의 경지에 이른다. 삼주의 설법으로 깨침은 돈오 후에 부처의 지견知見에 들어감을 의미한다. 즉 그것은 돈오와 점수漸修를 여는 셈이다. 그러나 법화원교는 돈오도 아니요, 점수도 아닌 무애無礙의 경지로 나아가기 때문에 불경계佛境界에 든다. 그것이 이른바 열반시이다. 열반에 들기 위한 법화시는 회삼귀일의 논리에서 이미 권權을 열어 실實을 나타내거나 권을 폐하여 실을 세우는 것으로 이해된다. 열반시에 대해서는 다음과 같이 설명되었다.

> 다음으로 大涅槃을 설명하는데 거기에는 두 가지 뜻이 있다. 하나는 미숙자를 위해 다시 四教를 설하고 모두 불성을 말하게 해서 항상 대열반에 들게 하기 때문에 捃拾教라 한다. 둘째는 불법 중 말법시대의 鈍根을 위하여 見惑을 끊어 멸한다. 慧命을 상하게 하고 法身을 잃게 하지만, 三種의 방편을 개설하여 하나의 圓實을 가지므로 扶律談常教라 부른다.[40]

열반시에는 군습교捃拾教와 부율담상교扶律談常教가 있다. 전자는 익숙하지 못한 자를 위해 사교四教를 설하여 불경계에 이르게 하고, 후자는 견혹見惑 등의 번뇌를 끊어 없앰으로써 불경계에 이르게 한다. 말하자면 전자는 교의에 의한 성불이고, 후자는 돈오로 인한 단혹에 의한 성불이다. 다만 후자는 돈오에 기초하였지만 선종사상이라기보다는 회삼귀일의 논리인 법화사상에 입각하였다.

40 체관, 『천태사교의』(앞의 책, p. 775, 하)에 "次說大涅槃者 有二義 一爲未熟者 更說四教 具談佛性令具眞常入大涅槃 故名捃拾教 二爲末代鈍根於佛法中 起斷滅見 夭傷慧命 亡失法身 設三種權 扶一圓實 故名扶律談常教"라고 하였다.

〈표 1〉 오시

	경전	頓·漸	化法四教	수행	證果	비유
華嚴	華嚴經	돈	一麤(別)·一妙(圓)	不信不解	佛變凡情	乳
鹿苑	四阿含	점	四麤無妙(藏)	依教修行	轉凡成聖	轉乳成酪
方等	維摩·思益·楞伽·楞嚴·金玄明·勝鬘經	점	三麤(藏·通·別)一妙(圓)	慕大恥小	得通教益	轉酪成生酥
般若	摩摩訶般若·光讚金剛·大品	점	二麤(通·別)一妙(圓)	心漸通泰	得別教益	轉生酥成熟酥
法華涅槃	法華經	非頓非漸	廢前四味麤合成一乘妙	開前悟入佛之知見	得記作佛	轉熟酥成醍醐

지금까지의 오시에 관한 설명을 알기 쉽게 제시하면 〈표 1〉로 요약할 수 있다.

비록 법화열반시에서 깨달아 불경계에 들어간다고 하지만, 오시는 선종사상의 내용과는 거리가 있다. 오시는 교종과 선종을 아우르기보다는 교종의 전적을 체계화한 것이다. 말하자면 법화의 입장에서 교종사상사를 정리한 것이다.

오시는 법화의 회삼귀일 논리를 세우려 하지만, 비돈非頓·비점非漸이기 때문에 원융무애圓融無礙한 원교를 표방하였다. 바로 이 점이 법화열반시의 원교를 법화사상에만 국한시켜 생각할 수 없게 만든다. 오히려 오시는 화엄원교적인 성격을 많이 내포하였다. 한편 오시는 상생相生하는 것으로 생각된다.[41] 상생하는 각각의 오시는 비록 경지가 다르더라도 언제든지 동일하게 나타날 소지를 가지므로 화엄사상과 비슷해져서 원융무애한 성격을 지니게 된다.

41 체관, 『천태사교의』(앞의 책, p. 775, 하)에 "問將五味對五時教 其意如何 答有二 一者但取相生次第 所謂牛譬於佛 五味譬教 乳從牛出 酪從乳生 二酥醍醐 次第不亂 故譬五時相生次第"라고 하였다.

2) 팔교

팔교八教는 다시 화의사교化儀四教와 화법사교化法四教로 나뉜다. 화의사교는 돈頓·점漸·비밀祕密·부정교不定教이며, 화법사교는 장藏·통通·별別·원교圓教이다. 그중 화의사교는 오시五時와 밀접하게 연결하여 설명되었다. 돈교는 앞에서 화엄시華嚴時와 연관됨을 지적하였고, 점교 속에는 녹원시鹿苑時·방등시方等時·반야시般若時가 포함되었다. 돈교는 초발심初發心에서 문득 정각正覺하는 돈오를 강조하기보다는 곳곳에서 행포行布하는 수행을 강조하였다.[42] 이때 수행은 점수의 가장 초보적인 단계로 이해되므로, 돈교와 점교는 모두 수행의 과정을 단계별로 체계화한 것으로 생각할 수 있다.

비밀교와 부정교는 돈교와 점교의 과정을 밟아 수행하는 단계를 그대로 인정하지 않는다. 비밀교의 경우 돈교나 점교 중의 여래가 설하는 삼륜三論은 불가사의하므로, 이 사람을 위해서는 돈교를 설하고 저 사람을 위해서는 점교를 설한다. 이 사람과 저 사람은 서로 알지 못하지만 능히 이익을 얻으므로 이러한 단계를 비밀교라 한다.[43]

부정교의 경우 여래는 한 가지를 설하지만 중생은 그 능력에 따라 각기 달리 해석한다. 그러나 여래는 불가사의한 능력을 가졌기 때문에 중생으로 하여금 돈교를 설하면서도 점교의 이익을 얻게 하고 또는 반대로 점교를 설하면서도 돈교의 이익을 얻게 한다. 이와 같이 그 얻는 바가 같지 않기 때문에 이러한 경지를 부정교라 한다.[44]

---

42 頓教 내에는 圓教와 別教가 있지만 원교는 作爲하지 않는 것으로 나타났다. 그런데 체관, 『천태사교의』(앞의 책, p. 774, 하)에는 "謂初發心時 便成正覺等文 爲圓機說圓教 處處說行布 次第 則爲權機說別教"라고 하였다. 따라서 돈교에는 원교로 연결될 수 있는 돈오가 비중 있게 다루어지지 않았고, 오히려 별교로서의 수행이 중시되었다.

43 체관, 『천태사교의』(위의 책, p. 775, 중)에 "祕密教者 如前四時中 如來三輪 不思議故 或爲此人說頓 或爲彼人說漸 彼此互不相知 能令得益 故言祕密教"라고 하였다.

44 체관, 『천태사교의』(위의 책, p. 775, 중)에 "不定教者 亦由前四味中 佛以一音演說法 衆生隨

돈교와 점교가 교학의 수행 과정을 나타내는 것은 이미 살펴보았다. 비밀교와 부정교 역시 돈교와 점교의 논리를 역설적으로 제기하기는 하지만, 논리를 초월한 선종의 사고라 할 수 없으므로 교학의 논리를 벗어나지 않는다. 그런 면에서 화의사교는 교학의 논리를 단계별로 정리하여 부처의 경계에 이르는 것이다. 이와 아울러 화법사교가 제시되었는데, 둘은 크게 다르기보다는 상호 보완적이다. 화의사교가 약방으로 비유된다면 화법사교는 약의 맛藥味으로 표현된다.[45] 즉 화의사교가 부처의 경계에 이르는 방법을 제시한다면, 화법사교는 그것에 이르는 과정의 의미를 추구한다.

화법사교 중 장교는 삼승三乘의 근성을 위하여 소승의 경지를 설하는 것으로 비니장毘尼藏이라 한다. 삼승은 성문승聲聞乘·연각승緣覺乘(독각승獨覺乘)·보살승菩薩乘이다. 그중 성문인聲聞人을 위해서는 고苦·집集·멸滅·도道의 사체四諦가 설해졌다. 고체는 이십오유二十五有인 사주四洲·사악취四惡趣·육욕六欲·사선四禪·사공처四空處와 육도六道 등이 설해지는 가장 낮은 단계이나, 도체에 이르면 비교적 높은 단계인 칠과七科가 설해진다. 칠과는 사염처四念處에서 시작하지만 마지막은 팔정도八正道로 정견正見·정사유正思惟·정어正語·정업正業·정정진正精進·정정正定·정염正念·정명正命으로 끝맺는다.

이처럼 장교의 성문승은 고체로부터 시작해서 도체의 팔정도에까지 이르는데, 그중 범위凡位의 성문승은 부처의 경계에 이르지 못하나 성위聖位의 성문승은 부처의 경계에 이르는 첩경인 아라한과阿羅漢果를 얻는다.[46] 이 점 때문에 소승에서와는 달리 성문인이라 하더라도 부처의 경계에 이

類各得解 此則如來不思議力 能令衆生於漸說中得頓益 於頓說中得漸益 如是得益不同 故言不定敎也"라고 하였다.

45 체관, 『천태사교의』(위의 책, p. 774, 하)에 "頓等四敎是化儀 如世藥方 藏等四敎名化法 如辨藥味"라고 하였다.

46 체관, 『천태사교의』(위의 책, p. 777, 상).

를 수 있다.

연각인緣覺人을 위해서는 십이인연十二因緣을 설하였다. 십이인연은 무명無明·행行·식識·명색名色·육입六入·촉觸·수受·애愛·취取·유有·생生·노사老死이다.[47] 연각인은 십이인연을 관觀하여 진체眞諦의 리理를 깨달음으로써 부처의 경계에 이른다. 부처가 없는 세상에 나서 홀로 수행하고, 결국 사물의 이치를 관觀하여 그것을 변개시킴으로써 스스로 무생無生인 부처의 경계를 깨닫기 때문에[48] 연각인을 독각인獨覺人이라고도 부른다. 따라서 연각인과 독각인은 행위行位에 있어서 다르지 않다. 소승에서 연각인은 부처의 경계에 이르지 못하는데, 여기서는 부처의 경계를 깨닫는다. 이 점이 소승과의 차이점이다.

보살인菩薩人은 사체의 인연에 따라 사홍원四弘願을 발함으로써 부처의 경계에 이른다. 고체에서는 중생무변서원도衆生無邊誓願度를 발하여 도에 들지 못한 자를 들게 하고, 집체에서는 번뇌무진서원단煩惱無盡誓願斷을 발하여 해득하지 못한 자를 해득하게 한다. 도체에서는 법문무량서원각法門無量誓願覺을 발하여 안도하지 못한 자를 안도하게 하고, 멸체에서는 불도무상서원성佛道無上誓願成을 발하여 열반에 들지 못한 자를 들게 한다.[49]

이렇게 하여 삼승인이 도달한 부처의 경계를 삼장불과三藏佛果라 한다. 삼승인이 수행하는 증과證果는 서로 다르고, 도달한 부처의 경계 역시 완전하지 않고 상호 차이가 있어 편진偏眞으로[50] 표현된다. 그러나 그들은 모

47 체관, 『천태사교의』(앞의 책, p. 777, 상) 참조. 그중 識·名色·六入·觸·受를 現在五果라고 부른다.

48 체관, 『천태사교의』(위의 책, p. 777, 상)에 "言獨覺者 出無佛世 獨宿孤峯 觀物變易 自覺無生 故名獨覺"이라 하였다.

49 체관, 『천태사교의』(위의 책, p. 777, 중)에 "菩薩位者 從初發心 緣四諦境 發四弘願 修六度行 一未度者令度 卽衆生無邊誓願度 此緣苦諦境 二未解者令解 卽煩惱無盡誓願斷 此緣集諦境 三未安者令安 卽法門無量誓願學 此緣道諦境 四未得涅槃者令得涅槃 卽佛道無上誓願成 此緣滅諦境"이라 하였다.

50 체관, 『천태사교의』(위의 책, p. 777, 하).

두 견혹見惑 · 사혹思惑을 없애고, 삼계를 떠나 수행하는 긴 방편을 겪는 면에서는 같기 때문에 이를 삼장불과라 한다. 삼승인은 소승에서와는 달리 모두 부처의 경계에 이르지만, 그 경지가 편진에 불과해서 모두 같지 않게 된다.

다음으로 통교와 별교에 대해 살펴보자. 우선 통교의 경지는 화엄 십지十地에 해당된다.[51] 십지의 수행 과정을 통해 삼승인이 모두 무언설도無言說道로써 공空의 경지에 들어가는 것이 통교이다.[52] 또한 십지 중 제일 마지막인 불지佛地에서는 "잔습殘習을 돈단頓斷한다"라고 하였는데, 이것은 부처의 경계에 들어가는 뜻을 가졌다. 그러나 이때에도 부처의 경계는 편진에 지나지 않는다.[53] 세속의 인연이 진멸盡滅되어 정습正習이 모두 없어짐으로써 삼승인의 인연은 같으나 그 증과證果가 다르기 때문이다. 말하자면 견혹과 사혹을 끊었지만 진공眞空에는 이르지 못하였기 때문에 도달한 부처의 경계에 차이가 있다.

이전 장교와는 달리 통교에는 보살의 경지로 두 단계가 있다. 둔근鈍根보살은 '편공偏空'을 보는 데 그치지만, 이근利根보살은 '불공不空', 즉 중도를 본다. 그러나 '불공'의 경지는 '진공眞空'의 경지와 달라 차별을 설정하였다. 즉 이근보살 중 '단但'인 경우는 별교와 접하지만, '부단不但'인 경우는 원교에 접하였다.[54] 이렇게 되면 장교 중 보살인은 둔근의 경우에 한정해서 설명된 셈이다.[55] 따라서 통교에 와서야 비로소 체體와 색色이 공空의 경지에 들게끔 융회적 성격을 띠었다.

---

51 체관, 『천태사교의』(앞의 책, p. 777, 하)에서 十地人으로 ①乾慧地, ②性地, ③八人地, ④見地, ⑤薄地, ⑥離欲地, ⑦已辨地, ⑧辟支佛地, ⑨菩薩地, ⑩佛地를 들고, 그중 一地에서 七地까지는 藏教와 통한다고 하였다.

52 체관, 『천태사교의』(위의 책, p. 777, 하).

53 체관, 『천태사교의』(위의 책, p. 777, 하).

54 체관, 『천태사교의』(위의 책, p. 778, 상).

55 체관, 『천태사교의』(위의 책, p. 778, 상)에 "望通三人 則一概鈍根 故須析破也"라고 하였다.

〈표 2〉 **별교 오십이위**

- 五十二位 七科
  - 1) 凡
    - ㄱ) 外凡
      - ① 十信＝伏忍位
    - ㄴ) 內凡
      - ② 十住………
        - ㉠ 一住 : 斷見惑盡
        - ㉡ 二～七住 : 斷思惑盡
        - ㉢ 八～十住 : 斷界內外塵沙
      - ③ 十行…………… 性種性 : 從空入假觀
      - ④ 十廻向………… 道種性
  - 2) 聖
    - ㄱ) 因
      - ⑤ 十地………
        - ㉠ 初地 : 中道觀
        - ㉡ 餘九地 : 斷一品無明
      - ⑥ 等覺位 : 金剛心
    - ㄴ) 果
      - ⑦ 妙覺位 : 佛地

별교의 경지는 계외界外의 보살수행 과정이다. 이 점이 계내界內인 통교의 보살위菩薩位와 다른 면이다. 별교는 화엄에 나타난 오십이위五十二位의 보살행을 닦는데, 그것을 알기 쉽게 제시하면 〈표 2〉와 같다.

별교는 우선 범위凡位와 성위聖位로 나뉘는데, 다시 범위는 외범外凡과 내범內凡으로, 성위는 인因과 과果로 나뉜다. 외범위에서는 십신十信이, 내범위에서는 십주十住 · 십행十行 · 십회향十廻向이 설해진다. 십주에서는 견혹 · 사혹 등이 없어지고, 십행에서는 공空을 따라 가假에 들어가는 관행이 나타나는데, 이를 성종성性種性이라 한다. 십회향에서는 오랫동안 방편으로 수행하여 여토餘土를 가지게 되는데, 이를 도종성道種性이라 한다.

성위의 인에서는 십지와 등각위等覺位가, 과에서는 묘각위妙覺位가 설해진다. 십지는 중도관中道觀을 증과證果하는 것으로 성종성聖種性이라고 불린다. 등각위는 공空에 관한 금강심金剛心을 밝히려는 것이고, 묘각위는 불지佛地를 밝히려는 것이다. 이러한 오십이위의 수행상修行相은 상섭相攝하지 않는다. 즉 그것은 융회하지 않고 서로 뚜렷하게 차별되기 때문에 별교라고[56] 불렀다.

마지막으로 원교에 대해 알아보도록 하자. 원교 역시 오십이위의 보살행에 따라 설명된 것은 별교에 대한 서술과 비슷하나, 처음에 오품제자위五品弟子位가 첨가되었고, 마지막의 묘각위가 보다 자세히 설명된 점이 다르다. 원교에 대한 설명을 알기 쉽게 표시하면 〈표 3〉과 같다.

우선 처음 오품제자위에서는 삼관법三觀法을 강조하여 이로써 삼체三諦의 경계를 관한다. 이때 관법의 대상인 구체적인 법상은 서로 융회하여 통합된다. 오품제자위의 마지막인 오행육도위五行六度位에서는 "사事와 리理가 구족具足하므로 관심觀心이 무애無閡하다"라고 하였다.[57] 즉 『천태사교의』의 사상이 삼관법에 근거하였음을 원교에서 구체적으로 설명하였다.

원교는 삼관법의 설명으로 시작하였으나, 이후 화엄 오십이위의 보살수행을 순차적으로 설명하였다. 다만 원교에서 제시된 오십이위 보살수행의 내용은 별교에 대한 설명과는 달리 서로 융섭된다.

원교위에 대해서는 오십이위 중 마지막인 묘각위에서 가장 자세하게 설명하였다. 묘각위는 미세한 무명無明까지 깨트리고 허공에 앉아 청정한 법신을 이루는 적광토寂光土에 이른다. 즉 이것이 원교의 불상佛相이며[58] 대열반의 경지에 해당된다. 이러한 원교위에 대해서는 이십오방편二十五方便과 십승관법十乘觀法으로 설명하였다. 이십오방편은 구오연具五緣·사오욕訶五欲·기오개棄五蓋·조오사調五事·행오법行五法으로 교학에 의한 수학 과정이지만,[59] 오법의 마지막에 일심一心을 내세우는 것으로 끝맺고 있

56 체관, 『천태사교의』(앞의 책, p. 778, 상)에 "廣明菩薩 歷劫修行 行位次第 互不相攝 此並別教之相也"라고 하였다.

57 체관, 『천태사교의』(위의 책, p. 779, 중)에 "事理具足 觀心無閡"라고 하였다.

58 체관, 『천태사교의』(위의 책, p. 780, 상)에 "以虛空爲座 成清淨法身 居常寂光土 卽圓教佛相也"라고 하였다.

59 체관, 『천태사교의』(위의 책, p. 780, 중~하)에 "然前明教 旣漸頓不同 方便亦異 依何教修行臨時審量耳"라고 하였다.

〈표 3〉 **원교위**

- 圓敎 八位
  - 1) 五品弟子位
    - ㄱ) 隨喜品 : 三觀法
    - ㄴ) 讀誦品
    - ㄷ) 說法品
    - ㄹ) 兼行六度
    - ㅁ) 正行六度 : 觀心無碍
  - 2) 十信
  - 3) 十住
  - 4) 十行
  - 5) 十廻向
  - 6) 十地
  - 7) 等覺位
  - 8) 妙玄位………
    - ㄱ) 二十五方便……
      - ① 具五緣
      - ② 訶五欲
      - ③ 棄五蓋
      - ④ 調五事
      - ⑤ 行五法 : 欲 · 精進 · 念 · 巧慧 · 一心
    - ㄴ) 十乘觀法 ……
      - ① 觀不思議境
      - ② 眞正發菩堤心
      - ③ 善巧安心止觀
      - ④ 破法遍
      - ⑤ 識通塞
      - ⑥ 道品調適
      - ⑦ 對治助開
      - ⑧ 知位次
      - ⑨ 能安忍
      - ⑩ 離法愛

다. 이 일심을 '선식선정善識禪定'으로 표현하였는데,[60] 그것은 선정禪定으로의 연결이 가능하다. 그 뒤를 이어 원교위에서 십승관법을 설명하였다.

십승관법은 일념심一念心 또는 일심을 관함으로써 모든 성상性相을 구족한다. 그러한 성상의 경지는 즉공卽空 · 즉가卽假 · 즉중卽中으로 이해되었는데, 이것이 일심삼관법一心三觀法으로[61] 천태사상의 기본이다. 이런 면에서 천태사상은 교선일치사상이라 할 수 있다. 다만 십승관법 자체에는 관觀만이 아닌 교敎가 주장되었다. 십승관법의 제2 진정발보리심眞正發菩堤心에는 사원홍四願弘을 세웠으며, 제5 식통새識通塞에는 십이인연과 육도六度

60 체관, 『천태사교의』(앞의 책, p. 780, 중).

61 체관, 『천태사교의』(위의 책, p. 780, 하).

를 설하였고, 제7 대치조개對治助開에는 오정심五停心과 육도를 수행하였으며, 제8 지위차知位次와 제9 능안인能安忍에서는 역시 수행을 강조하였다.

또한 원교 이전의 칠교와 오시 모두 교학에 의한 수행, 그중에서도 특히 화엄사상을 근간으로 한 보살행을 강조하였다. 따라서 체관의 사상은 종국적으로 일심의 관법을 내세우는 교선일치사상이지만, 그 밑바닥에는 교학 특히 화엄사상에 의한 수행을[62] 강하게 깔고 있다. 이런 점이 지관止觀 중심의 교선일치사상과는 다르다. 오히려 체관의 사상은 교선일치사상이긴 하지만 교종, 특히 화엄사상과 밀접한 면을 지녔다.

(3) 고려 불교계와의 관계

체관의 교학이 고려초 특히 광종대 불교계에 어떤 영향을 주었는가라는 문제를 해결하기 위해서는, 우선 그가 중국에 들어갈 당시의 고려와 오월의 사회 상황을 이해해야 한다. 그런 다음에 이 문제와 관련하여 그의 사상이 갖는 성격을 밝혀보자.

체관이 중국에 들어간 연대는 분명하지 않지만 대체로 961년(광종 12)을 전후한 시기였다. 이 시기 고려 사회에서는 전제정치가 한창 행해졌는데, 적어도 960년(광종 11)까지는 전제정치를 위한 제도적인 장치가 끝나고, 고려초의 호족세력에 대한 대대적인 숙청이 단행되었다. 이러한 분위기 속에서 불교사상의 변화가 나타났다. 고려 건국 이래 번성하였던 선종 또는 교선일치 사상경향이 광종대를 전후하여 점차 빛을 잃었고, 대신 교종 그중에서도 특히 화엄종세력이 대두하였다. 전제정치가 확립된 958년(광

62 五時와 八教의 전체가 교학, 특히 화엄사상에 의거한 수행을 깔고 있다. 다만 오시 중 마지막 단계에 法華涅槃을 둔 것은 체관의 사상이 결국 교선일치사상으로 끝맺었음을 알려준다. 그의 一心三觀法이 논리적으로 법화의 會三歸一사상과 통할 수 있기 때문이다.

종 9) 이후부터는 균여均如의 성상융회사상이 크게 유행하였다.

교선일치 사상경향은 후삼국 통합을 위해 왕건이 취한 호족연합책과 표리를 이루면서 유행하였는데, 통일 고려국가가 성립된 이후에는 지방호족이 왕권 내에 안주하는 사상 형태로 나타났다. 자연 교선일치 사상경향은 지방호족세력이 건재하기 때문에 유행할 수 있었다.[63] 광종대 중기가 되면 전제정치가 한창 행해지는 분위기 속에서 교선일치 사상경향은 퍼져나가기 어려웠으므로, 선종이나 교선일치 사상경향을 지닌 승려들의 활동은 거의 나타나지 않는다. 그렇다면 광종대 중기에 중국으로 들어간 체관의 교선일치 사상경향은 고려 사회에서 크게 주목받지 못했을 것이다. 그것은 당시 고려 사회보다 중국 오월국에서 더 필요한 사상이었다.

당시 중국의 오월 지방에서는 전씨錢氏 가문이 세력을 떨치고 있었는데, 고려에 체관의 파견을 요청한 오월 왕 전숙錢俶(충의왕, 929~988)은 948년(정종 3)에 제5대 왕으로 즉위하였다. 이미 그의 조부인 유鏐(무숙왕, 895~932)는 897년(진성왕 10)에 오월 왕으로 분봉分封받은 뒤, 907년에는 회해절도사淮海節度使로서 이 지역에서 큰 세력을 형성하였다. 그러다가 왕위는 아버지 원관元瓘(문목왕, 887~941)에서 두 형인 좌佐(충헌왕, 928~947)·종倧(충손왕, ?~947)을 거쳐 전숙에게 전해졌다. 그는 978년(경종 3)에 나라가 없어지기까지 12년간 왕위에 있었다. 그동안 전숙은 956년(광종 7)에 주周 세종의 명령으로 남당南唐에 출병하였다가 패하여 오히려 상주常州(강소江蘇)를 잃었다.

960년(광종 11)에 송宋 태조에게 입조한 전숙은 963년에 다시 아들 유준惟濬을 송에 보내 공물을 바쳤다. 그 후 988년에 나라가 없어지자 그는 가족을 모두 데리고 수도 변경汴京으로 옮겨가 살았다. 전숙이 고려에 천태의 전적을 구한 것은 대체로 송 태조에게 입조한 시기와 그리 멀지 않았다

63 김두진, 「均如의 性相融會 사상」, 『역사학보』 90, 1981, pp. 67~68.

고 추측된다. 이때 그는 오월 지방의 세력가로 군림하였다.

체관의 천태사상은 아마도 오월 왕 전숙의 이러한 정치·사회적 상황에 어울렸을 것이다. 사실 전숙은 천태사상의 전교傳敎에 크게 공헌하였다. 중국 오월 지방을 중심으로 한 대세력가이지만 송 태조에게 입조할 수밖에 없었던 전숙과 일국의 강력한 전제정치를 실현하려는 광종 사이에는, 정치적 신념에서 분명히 차이가 있었다. 이러한 차이가 체관의 사상을 고려 사회가 아니라 오월 사회에서 꽃피우게 하였다.

교선일치 사상경향을 지닌 체관은 광종대 중기의 고려 사회에서 크게 환영받지 못하였다. 그러나 교선일치 사상경향을 가졌던 법안종의 등장을 들어 체관의 사상이 광종대 불교사상에 상당한 영향을 주었다고 생각하기도 한다. 그러나 광종대 중기에 교선일치사상은 위축되었고, 법안종은 광종 19년 이후, 즉 전제정치가 기울어가는 시기에 서서히 등장하였다.[64]

뿐만 아니라 같은 교선일치사상이지만 체관의 사상은 법안종과 상당히 달랐다. 체관의 천태사상이 화엄종 중심의 교선일치사상이라면, 법안종사상은 선종의 입장에서 교종 내의 대립을 해소한 성상융회사상과의 통합이었다. 따라서 법안종은 '선적禪的 리사관理事觀'으로[65] 불린다. 즉 광종대 중기에 체관의 천태사상과 법안종사상과의 교섭은 거의 찾아볼 수 없으며, 오히려 사상사적 측면에서 계통을 달리할 정도로 이질적이었다.

체관이 오월에 들어갈 당시 중국 천태종은 산가파와 산외파로 나뉘어 대립하였다. 이에 대한 이해를 돕기 위해 중국 천태종의 사자嗣資 관계를 나타내면 〈표 4〉와 같다.

중국 천태종의 제11대 조사인 청송淸竦의 문하에 의적과 지인志因 두 제자가 있었다. 체관과 의통의 스승인 의적은 청송을 계승하여 천태종 제12

64 김두진, 「고려 광종대 법안종의 등장과 그 성격」, 앞의 책, pp. 21~33.
65 金東華, 『禪宗思想史』, 太極出版社, 1975, p. 316.

〈표 4〉 **천태종의 계보**

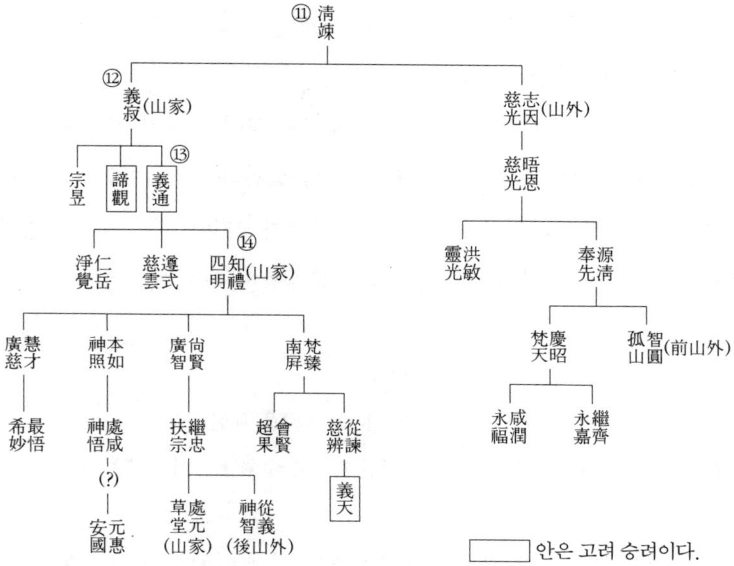

대 조사가 되었으며 산가파이다. 지인과 그 제자인 오은晤恩은 산외파이다. 즉 체관과 의통은 산가파로서 산외파인 오은과 대립하였다. 산가파의 사상이 구상론적具相論的 성격을 가진 데 반해 산외파의 사상은 구성론적具性論的 성격을 가졌다.

구상가들은 성性은 물론 상相도 본래 갖추고 있는 것으로 생각하여, 삼천三千의 삼라만상은 법성法性이 본래 가진 실상으로 완연하여 상주한다고 하였다. 그러나 구성가들은 일체의 법法이 본래 성을 가졌으나 상을 가진 것은 아니라 하여, 삼천의 삼라만상은 상주하지 않은 망상이라고 하였다.[66] 산외파에서는 법상을 가상假相으로 보아 민멸한다고 함으로써 원칙

66 張元圭, 「一念三千說에 관한 硏究—具相論과 具性論을 中心으로」, 『佛敎學報』 5, 1967, p. 132.

적인 리理, 즉 성으로의 융합이 가능해진다. 반면 산가파에서는 리인 성뿐만 아니라 사인 상까지도 실체여서, 구체적인 삼라만상의 각각은 모두 그 내에 성과 상 등 법계의 실상을 갖추었다.

『천태사교의』는 뒤에 산외파의 입장에서 주석이 행해지기도 하지만, 어디까지나 그 내용은 산가적인 입장에서 서술되었다. 체관은 오시五時 중 법화열반시法華涅槃時를 가장 높은 단계로 설정하였지만, 화엄원교의 입장도 강하게 견지하였다. 이러한 그의 사상적 특성을 다음 글에서 살필 수 있다.

> ① 五味의 각각이 법계 실상을 얻는다.[67]
> ② 비록 諸位가 있지만 그 각각이 諸位의 言說을 융섭한다.[68]
> ③ 일체의 중생이 모두 불성을 갖지만 有佛性과 無佛性이 상주한다.[69]

체관은 원교圓敎 중에 관법을 내세우는데 이에 대해서는 다음과 같이 설명하였다.

> ① 이 마음은 卽空 · 卽假 · 卽中이다. 常境은 無相이고 常智는 無緣이나 무연으로써 緣이 되므로 三觀이 아닌 것이 없다. 無相으로써 相이 되므로 三諦가 완연하다.[70]
>
> ② 이것의 三德은 不縱 不橫하여 세간에서 三點을 가리키는 것과 같아서, 마치 天主의 三國이 百界로 현신하고 八相으로 성도하여 군생을 넓게 제도하는 것과 같다.[71]

---

67 체관, 『천태사교의』(앞의 책, p. 775,하)에 "味味得入 法界實相"이라 하였다.

68 체관, 『천태사교의』(위의 책, p. 779, 하)에 "雖有位位 各攝諸位之言"이라 하였다.

69 체관, 『천태사교의』(위의 책, p. 780, 상)에 "一切衆生 皆有佛性 有佛無佛性相常住"라고 하였다.

70 체관, 『천태사교의』(위의 책, p. 779, 상)에 "此心卽空 · 卽假 · 卽中 常境無相 常智無緣 無緣而緣 無非三觀 無相而相 三諦宛然"이라 하였다.

71 체관, 『천태사교의』(위의 책, p. 779, 하)에 "此之三德 不縱不橫 如世伊三點 若天主三目 現身

③ 一念心의 觀을 말하건대 滅하지 않는 三千의 性相과 百界千如를 구족하고 있다. 이러한 경계는 卽空·卽假·卽中이다. 다시 전후가 없고 광대·원만하여 橫竪가 자재한다.[72]

체관은 오시의 각각이 모두 법계의 실상을 얻기 때문에 뚜렷한 실체를 가진다고 하였다. 현상계의 모든 법상은 실체여서 실존하는 것이며 그 내에 모든 사물의 구성 원리를 갖추었다. 중생 역시 모두 불성을 가졌지만 그와 아울러 무불성無佛性도 가졌다. 이러한 그의 사상은 이미 앞에서 지적한 산가파의 사상경향에 속한다.

체관은 법상 사이의 뚜렷한 차이를 설정하고 그 실체를 명확하게 구별하였는데, 바로 이런 면이 산외파의 사상과 가장 큰 차이점이다. 산외파는 현상계의 모든 법상은 무명無明으로 말미암아 차이가 나지만, 무명을 제외하면 그러한 차이가 없어져 융회한다고 하였다. 그러나 산가파와 체관은 무명을 없애도 법상의 차별은 뚜렷하게 나타난다고 하였다.[73]

법상의 차별을 설정하는 체관의 사상은 고려 광종대 균여의 사상과는 분명히 다르며, 오히려 법장法藏의 사상과 비슷하다. 사상사적 맥락에서 균여의 사상은 천태종 산외파의 사상과 연결된다.[74] 체관의 사상은 과상현果上現의 입장에서 연기건립적緣起建立的인 법장의 사상과 대단히 비슷한데, 그의 사상에서 모든 법상은 삼천三千과 백계百界의 성상性相을 갖추었다.

그러나 체관은 무연無緣으로 인연이 되고 무상無相으로 상이 되기 때문에, 삼관三觀이 각각 실존하고 삼체三諦가 완연하여 그 결과 백계가 현신하

百界 八相成道 廣濟群生"이라 하였다.

72 체관, 『천태사교의』(위의 책, p. 780, 하)에 "謂觀一念心 具足無減三千性相百界千如 卽此之境 卽空·卽假·卽中 更不前後 廣大圓滿 橫竪自在"라고 하였다.

73 장원규, 「일념삼천설에 관한 연구 — 구상론과 구성론을 중심으로」, 앞의 책, p. 134.

74 김두진, 「균여의 성상융회 사상」, 앞의 책, p. 77.

여 삼라만상과 중생을 이룬다고 하였다. 이 점이 같은 과상현의 입장에 있으면서도 법장사상과의 차이로 지적될 수 있다.

체관이 망심관妄心觀에 입각하여 삼계의 실상을 인식하였다면, 법장은 진심관眞心觀에 입각하여 모든 현상계를 인식하였다.[75] 법장의 경우 진여연기眞如緣起이기 때문에 연기사상 속에 악惡이 개입될 수 없으나, 체관의 경우 그 속에 선과 악이 혼재하게 된다.[76]

중생은 불성을 가졌지만 또한 무불성無佛性을 갖추었다. 이처럼 체관은 법상 내에 다른 삼라만상의 구성 원리를 갖춤으로써 뚜렷한 실체를 갖지만, 그 구성 원리 속에 염악染惡의 덕을 모두 포함한다고 하였다. 그는 일심관법一心觀法을 주장하면서 실제 수행 과정으로 화엄의 보살행을 들었다. 즉 그의 원교사상은 법장의 사상과 대단히 비슷하면서도 천태종의 입장을 반영함으로써 약간의 차이를 나타냈다.

한편 체관의 사상은 의천의 사상과 비슷한 면을 지녔다. 중국 천태종의 산가파와 산외파의 대립은 체관과 의통 이후에도 계속되었다. 체관이 활동할 당시에 산가 · 산외파의 논쟁은 의통의 제자인 사명四明 지례知禮가 나오면서 일단 산가파의 승리로 끝난 듯하였다. 그 후 지례 계통의 산가파가 번창하여 그 문하에 광자廣慈 혜재慧才 · 신조神照 본여本如 · 광지廣智 상현尙賢 · 남병南屛 범진梵臻 등이 각각 일문一門을 이루었다.

그중 상현 문하의 방계로서 신지神智 종의從義가 등장하여 그 적사嫡嗣인 초당草堂 처원處元과 대립하였다. 이때 종의는 이전 산외파의 주장을 계승하였는데, 그를 후산외파라 불렀다.[77] 이러한 논쟁이 한창일 때, 의천은 중국에 들어가 자변慈辨 종간從諫의 법맥을 받아왔다. 의천은 산가파의 사상

75 장원규, 「일념삼천설에 관한 연구 — 구상론과 구성론을 중심으로」, 앞의 책, pp. 112~113 · p. 118.

76 장원규, 위의 논문, 위의 책, p. 120. 그 결과 천태종사상은 性惡을 주장하였다.

77 장원규, 위의 논문, 위의 책, pp. 112~113.

을 받아들였다. 중국에 들어간 의천은 정원淨源의 영향도 많이 받았는데, 정원의 사상은 법장의 화엄사상 전통을 이었으면서도 산가파의 사상과 맥이 닿았다.[78] 즉 의천은 화엄사상의 맥락에서 법장과 연결되었고, 천태사상의 맥락에서 산가파로 이어졌다. 그러므로 체관 사상의 전통은 의천에게로 이어졌다.

체관이 중국에 들어갈 때 고려 조정은 『지론소智論疏』·『인왕소仁王疏』·『화엄골목華嚴骨目』·『오백문五百門』 등의 전적을 가져가지 못하게 하였다.[79] 이들 전적이 구체적으로 어떤 것인지는 분명하지 않으나 대체로 천태교학에 속한 것으로 추측된다.[80] 체관의 사상이 광종대 중기 전제정치가 행해지는 분위기 속에서 크게 환영받지 못하였다면, 그가 중국에 들어간 것은 고려 조정의 입장에서 관심 밖의 일일 수 있다. 그런데 체관이 중국에 들어갈 때 가져가지 못하게 한 전적은 오히려 당시 고려 사회에 필요한 것이었다.[81] 아마 그것은 당시 광종대의 정치 풍토나 불교계 동향과 밀접하게 관련되어 취해진 조처였을 것이다.

정리하면 체관은 고려 광종대의 전제정치보다는 중국 오월 왕 전숙이 처한 정치 풍토에 더 어울리는 사상을 가졌다. 당시 전숙은 강력한 지방세력을 형성하였으면서도 송 태조에게 입조해야만 하는 운명에 놓여 있었

---

78 김두진, 「균여의 성상융회 사상」, 앞의 책, p. 78.

79 지반, 『불조통기』 권10, 체관전(앞의 책, p. 206, 상)에 "智論疏 仁王疏 華嚴骨目 五百門等 禁不令傳"이라 하였다.

80 金英吉, 「고려 諦觀의 渡宋에 關한 考察」, 『韓國佛教學』, 3, 1977, pp. 57~58.

81 현재 이러한 전적이 어떤 성격이었는지는 분명하지 않다. 다만 그 명칭으로 보아 당시 고려 사회의 정치 풍토와 연관이 있지 않았을까 추측된다. 우선 『仁王疏』나 『華嚴骨目』은 왕권전제화에 어울리는 내용을 담았을 것이다. 『智論疏』는 『Veda』에 대한 註釋으로 주술적 내용을 담고 있었던 것으로 추측되는데, 광종대 전제정치가 한창일 때 고려 사회에서 토착적 전통이나 신이한 신앙이 강조되었음을 생각하면 『지론소』 역시 당대 사회에 필요한 책으로 생각할 수 있다. 『五百門』은 어떤 내용의 책인지는 분명하지 않으나, 五百法이나 五百大願에 관한 내용을 담았을 것으로 생각된다. 그런데 오백법은 계율에 관한 것이고 오백대원은 석존의 성도에 관한 것이므로, 이러한 내용의 책이라면 역시 당대의 고려 사회에 필요하였을 것이다.

다. 또한 체관의 사상은 균여의 사상과는 분명히 다르지만, 법장의 사상과는 상당히 비슷한 면을 지녔고 의천의 사상과 연관되었다.

2. 고려전기의 법화관행사상

(1) 고려 이전 법화신앙의 유행

삼국시대에 이미 법화신앙은 수용되었다. 문무왕이 즉위할 무렵 신라에는 낭지가 낭주良州 아곡현阿曲縣(지금의 울산蔚山지역)의 영취산靈鷲山에서 법화신앙을 펴고 있었다. 뒷날 『추동기錐洞記』를 저술하여 의상계義湘系 화엄종을 계승한 지통智通은 의상의 문하에 들기 전에 낭지에게 나아갔다. 이때 그는 법화신앙을 전수받고 보현행普賢行을 닦았으며, 보현이 내린 계율을 지녔다.

낭지의 보현수행은 지통을 통해 의상의 화엄종뿐만 아니라 원효의 교학에도 직접적인 영향을 주었다.[82] 신라중대에는 의상계 화엄종이 불교계를 장악해서인지 낭지의 법화신앙 내에도 화엄사상의 전통이 상당히 나타났다. 그가 거주하던 영취산은 화엄경의 제10 법운지法雲地로 비정되었는데, 이것은 낭지의 법화신앙 전통이 의상계 화엄종으로 이어졌음을 시사한다.[83]

고구려나 백제에도 법화신앙은 전해져 있었다. 고구려 파약波若은 중국

82 趙明基, 『新羅佛教의 理念과 歷史』, 新太陽社, 1962, p. 142 ; 李能和, 『朝鮮佛教通史』 권하, 新文館, 1918, p. 120. 또한 원효는 皤高寺에 있으면서 항상 朗智에게 나아가 알현하니, 낭지는 그에게 「初章觀文」과 「安身事心論」을 저술하게 하였다. 원효가 저술한 「초장관문」과 「안신사심론」은 현재 전하지 않아 그 내용을 자세하게 알 수 없지만, 낭지의 법화신앙과 연관되었을 것으로 생각된다. 두 저술은 法華의 觀行이나 普賢修行과 관련된 내용을 담았을 것이다.

83 김두진, 「義湘의 生涯와 정치적 입장」, 『韓國學論叢』 14, 1992 ; 『義湘 그의 생애와 화엄사상』, 민음사, 1995, p. 55.

의 천태산에 들어가 지자의 교관敎觀을 전수받았는데, 신이하고 영험한 행적이 많았다.[84] 그는 신이하게 입적하였는데,[85] 법화경을 읽으면서 염송하기보다는 수관묘행修觀妙行하는 모습을 보여주었다.[86] 파약 외에 법화신앙을 수용한 고구려의 혜자慧慈는 일본에서 활약하였다.[87] 파약 역시 중국에서 입적하였으므로 이들의 법화신앙이 정작 고구려의 불교사상에 어떤 영향을 주었는지는 잘 알 수 없다.

백제 혜관惠觀은 법화경을 염송하는 것을 업으로 삼아, 수덕사修德寺에서 강설하였다. 그는 강남江南의 달라산達拏山으로 가서 거기서 운명하였다. 사람들이 시체를 관 속에 안치하였는데, 호랑이가 그 유해를 다 먹어버리고 오직 해골과 혀만 남겼다. 3년이 지나도록 혀는 붉고 부드러웠는데 후에 자줏빛으로 변하여 돌처럼 되었다. 사람들이 이를 공경하여 석탑 속에 간직하였다. 혜현惠現은 중국에 유학하지 않았지만 그 명성이 알려져 중국 승전僧傳에 입전入傳되었고,[88] 신이한 영험신앙을 가졌다. 그 외에 백제 출신으로 법화삼매관法華三昧觀을 닦았던 현광玄光이 있지만, 백제의 법화신앙에 어떠한 영향을 주었는지와 활동 연대 등에 대해서는 잘 알 수 없다.[89]

신라중대에 불교가 대중화되면서 법화신앙은 더욱 융성하였다. 불교 대중화에 정토신앙이 크게 기여하였고, 관음보살은 대중이 정토에 왕생하도록 이끌었다. 즉 정토신앙이 퍼져나가는 분위기 속에서 관음신앙이 유행

---

84 『三國遺事』 권5, 惠現求靜조 ; 道宣, 『續高僧傳』 권17, 習禪篇 2, 隋 天台山國淸寺 釋智越전 附波若전.

85 도선, 위의 책, 같은 전에 "初到佛壟寺 淨人見三白衣擔鉢從 須臾不見"이라 하였다.

86 김영태, 「三國時代의 法華信仰과 그 수용」, 『韓國天台思想研究』, 東國大學校出版部, 1983, p. 18.

87 김영태, 위의 논문, 위의 책, p. 14.

88 『삼국유사』 권5, 혜현구정조에 "現不西學 靜退以終 而乃名流諸夏 立傳在唐聲著矣夫"라고 하였다.

89 玄光은 『宋高僧傳』 권18, 感通篇 제6의 1 ; 지반, 『불조통기』 권19, 諸祖旁出世家 제5의 1, 南岳傍出世家조에는 신라 승려로 나와 있으나 『法華經現應錄』에는 高麗 승려로 기록되었다.

하였다. 관음보살은 정토 삼불 중의 하나로, 세상의 음성을 모두 듣고 그 소원을 이루도록 도와주기 때문에 서민과 가장 가까운 부처이다. 관음신앙은 법화사상을 바탕으로 전개되었다.

낭지의 법화관행을 이은 연회緣會는 원성왕 때에 국사로 책봉되었고, 「낭지전朗智傳」을 편찬하였다(『삼국유사三國遺事』 권5, 낭지승운朗智乘雲 보현수普賢樹조). 그는 낭지의 문인으로 화엄사상을 곁들인 법화신앙을 가졌다. 연회는 일찍이 영취산에 거주하면서 법화경을 염송하고 보현관행을 닦았는데, 국사로 책봉된다는 소식을 듣고는 암자를 버리고 숨으려 하였다. 마침 서쪽의 바위 고개를 넘을 즈음에 한 노인이 나타나, 그가 멀리 떠나는 것은 이름을 널리 파는 데 만족할 줄 모르는 처사라고 비난하였다. 이 노인은 바로 문수보살의 화신이었는데, 그 사실을 모른 연회는 충고를 무시하고 길을 재촉하였다. 다시 변재천녀辯才天女를 만난 연회는 이전 문수보살의 가르침을 깨닫고 돌아가 국사로 책봉받았다(『삼국유사』 권5, 연회도명緣會逃名 문수점文殊岾조).

연회는 보현관행을 닦으면서 문수보살과 변재천녀의 도움을 받았는데, 그중에서도 특히 변재천녀의 도움이 강조되었다. 이 점 역시 낭지의 법화신앙과 이어질 수 있다.[90] 낭지의 법화신앙 내에 나타난 변재천녀는 토착신앙의 산신으로 추앙되었다.[91] 변재천은 묘음천妙音天으로도 불리는데 일체의 언어나 음계音階를 창조하였으며, 복덕과 재보를 얻게 하고, 천재지변을 제거함으로써 서민들에게 넓게 숭상되었다. 변재천녀는 범천梵天이

---

90 낭지의 법화신앙에서는 특별히 문수보살이 강조되어 등장하지는 않는다. 다만 낭지의 교학은 법화신앙을 기본으로 화엄사상을 포용한 모습을 보여준다. 낭지의 문인으로 생각되는 緣會의 법화신앙 내에 문수보살이 강조되어 나타나는 것은 법화신앙과 화엄사상을 모두 내세우려는 의도를 담았다. 그런 면에서 낭지의 사상적 전통이 연회에게로 이어졌다고 볼 수 있다.

91 『삼국유사』 권5, 朗智乘雲 普賢樹조에 "傳云 山主乃辯才天女"라고 하였다. 山主는 산신이며 바로 변재천녀이다.

나 제석帝釋의 비妃로 나타나기도 하지만 세계를 창조한 신으로 믿어졌다. 즉 변재천녀는 만물을 창조한 지모신적 존재이면서도 서민의 음성을 모두 듣고 그 소원을 이루어주는 관음신앙의 성격을 아울러 가졌다.[92]

법화 영험신앙은 관음신앙을 매개로 확산되었는데, 연회 역시 관음보살을 매개로 한 변재천녀 신앙을 가졌다. 다만 관음보살의 영험신앙이 강하게 노출되지는 않았다. 오히려 연회는 보현관행을 닦았으므로 법화삼매를 추구하였다. 관음보살은 정토에의 왕생을 돕기 때문에 법화삼매를 추구하려는 경향은 관음의 영험신앙 속에 어느 정도 포함되었다.

관음신앙이 정토를 추구하는 경향은 낙산사洛山寺나 남백월사南白月寺의 경우에 잘 나타나 있다. 남백월사의 미타와 미륵불상은 각각 달달박박怛怛朴朴과 노힐부득努肹夫得이 수도하여 성불한 그들의 산몸으로 이루어졌다. 경덕왕 14년 수도가 무르익을 무렵에 관음보살이 여자로 현신하여 그들을 시험하고 각각 미타와 미륵불로 성불하도록 도와주었다(『삼국유사』 권3, 남백월이성南白月二聖 노힐부득努肹夫得 달달박박怛怛朴朴조).

또한 신라하대에 세규사世逵寺의 장사莊舍에 지장知莊으로 파견된 중 조신調信은 김흔공金昕公의 딸을 보고 사모하였다. 그는 매번 낙산사의 관음전에 소원을 빌었더니, 꿈속에서 낭자와의 사랑을 이루었다. 낭자와 더불어 인생의 고해苦海를 다 헤치면서 꿈에서 깨어난 조신은 허무함을 깨닫고는 사재를 내어 정토사淨土寺를 창건하고 거기에 왕생하려 하였다(『삼국유사』 권3, 낙산이대성洛山二大聖 관음정취조신觀音正趣調信조).

백월산白月山에서 수도하던 노힐부득과 달달박박에게 나타난 관음보살은 그들의 성도를 도왔고, 낙산사의 관음보살은 결국 조신을 정토신앙으

92 洛山寺의 觀音보살은 나락을 베거나 月水帛, 즉 생리에 관한 빨래를 빠는 등 地母神的 성격을 지녔다. 즉 토착신앙인 지모신신앙과 관음신앙이 서로 융섭되는 모습을 보여준다. 또한 仙桃山의 神母가 佛事를 위해 金 10斤을 시주하였다. 地母의 生育 능력이 佛事의 시주로 나타난 것이다.

로 이끌었다. 다만 이들의 성도나 정토에의 왕생이 법화삼매를 전제로 한 것인지는 분명하지 않다.[93] 고단한 삶을 영위해온 서민들은 현실 사회의 어려움에서 벗어나고자 산몸으로 정토에 왕생하기를 바랐다.[94] 물론 당시에 현실의 복록을 다 누리고 사후에 공덕功德으로 정토에 가려는 귀족들이 추구한 정토신앙도 있었지만 주류를 이루지는 못하였다.

정토를 추구하기 때문에 관음신앙은 법화삼매와 연결될 수 있지만,[95] 그것을 강조하지는 않았다. 신라중대 이후에는 관음의 영험신앙이 유행하였다. 신문왕 때에 국로國老로 봉해진 경흥憬興에게서 이런 모습을 발견할 수 있다. 경흥이 삼랑사三郎寺에 거주하였을 때에 병이 나 한 달가량이나 누워 있었다. 여자로 현신한 관음보살은 경흥대사의 병이 너무 근엄해서 난 것이라며 크게 웃으면 낫는다고 하였다. 그리고는 11개의 모습으로 우스꽝스런 춤을 추니, 이를 본 경흥은 크게 웃고 병이 나았다(『삼국유사』 권5, 경흥우성憬興遇聖조).

관음보살이 경흥의 병을 낫게 하는 내용은 화엄경에서 인용되었고, 화엄경에서 중시된 문수보살이 경흥에게 현신하여 말을 타지 못하게 하는 계율을 깨우쳐주었다. 그러나 경흥의 교학이 화엄사상에 바탕을 두지는 않았다. 삼랑사에 거주한 것으로 미루어 경흥은 법상종 승려로 생각된

93 통일신라시대의 관음신앙이 반드시 법화신앙으로 귀결되었던 것은 아니다. 우선 낙산사의 관음은 화엄사상을 기반으로 성립되었고, 실천 수행을 강조하는 특색을 지녔으므로 調信의 정토신앙이 법화신앙에 의한 것인지는 불분명하다. 法相宗團에서는 주존이 미륵불이지만 부존이 미타불인 경우에 관음신앙이 중시되었다. 그러나 그것은 법화신앙과 연결될 수 없다. 신라중대에 원효는 觀法을 내세웠지만 그가 주장한 법화삼매가 신라 사회에 보편적으로 수용되지는 않았다.

94 李基白, 「신라 淨土信仰의 두 類型」, 『역사학보』 99 · 100 합집, 1983 ; 『韓國思想史硏究』, 一潮閣, 1986, pp. 143~150.

95 『삼국유사』 권5, 廣德 嚴莊조에 "但每夜端身正坐 一聲念阿彌陀佛號 或作十六觀 觀旣熟明月入戶 時昇其光 加趺於上"이라 하였다. 여기서 광덕의 부인은 관음보살의 화신으로 생각된다. 광덕은 미타정토에 왕생하기를 바라면서 관음보살과 연관된 十六觀法을 익혔다. 이때의 십육관법은 법화삼매와 연결시킬 수 있지만, 그것이 분명하게 제시되지는 않았다.

다.[96] 그의 불교신앙은 관음신앙과 함께 보현행을 강조하였으므로,[97] 경흥의 관음신앙은 법화경에 근거한 것이다.

관음보살에게 소원을 빌어 이루는 법화 영험신앙은 당시 광범하게 퍼져 있었다. 다음 기록에서 이를 알 수 있다.

> ① 孝昭王 2년(693)에 國仙인 夫禮郞이 낭도와 함께 北溟의 경계에 이르렀다가 狄賊에게 사로잡혔다. 문객들이 모두 흩어졌으나 홀로 安常만이 그를 뒤쫓았다. 또한 마침 天尊庫 내에 보관하던 玄琴과 神笛이 없어졌다. 부례랑의 부모인 大玄薩湌과 부인이 栢栗寺의 관음상 앞에 나아가 여러 날 기도를 드렸더니, 어느 날 저녁에 갑자기 香卓 위에 현금과 신적 두 보배가 놓였고 부례랑과 안상이 그 뒤에 와 있었다(『삼국유사』 권3, 栢栗寺조).
>
> ② 景德王 1년(742)에 禺金里에 사는 가난한 여자 寶開가 敏藏寺의 관음상 앞에서 7일 동안 기도를 드렸더니, 바다에서 장사하는 사람을 따라나가 소식이 끊어진 아들 長春이 돌아왔다(『삼국유사』 권3, 敏藏寺조).
>
> ③ 경덕왕 때에 漢岐里에 사는 여자 希明의 아이가 태어난 지 5년 만에 갑자기 눈이 멀었다. 어머니가 芬皇寺의 千手觀音像 앞에 나아가 아이를 시켜 노래를 지어 빌었더니, 드디어 눈을 떴다(『삼국유사』 권3, 芬皇寺千手大悲 盲兒得眼조).

국선國仙이 피랍되고 국보가 없어지자, 그것을 구하고 찾아달라며 관음보살에게 빌었다. 또한 집 나간 아들을 돌아오게 하거나 눈먼 아들의 눈을 뜨게 하기 위해 관음상 앞에서 기도하였다. 이러한 서민들의 기도에 관음

96 신라중대에 법상종은 미륵불을 주존으로 미타불을 부존으로 모신 교단과 미륵불을 주존으로 지장불을 부존으로 모신 교단으로 나뉘었다. 그중 전자에서는 관음신앙이 중시되었고, 후자에서는 계율이 중시되었다. 관음보살과의 관계로 보아 경흥은 전자, 즉 미륵불과 미타불을 모시는 법상종 교단에 속하였을 것이다.

97 『삼국유사』 권5, 憬興遇聖조에 "嘗見普賢章經 彌勒菩薩言 我當來世 生閻浮提 先度釋迦末法弟子 唯除騎馬比丘不得見佛"이라 하였다. 즉 말 탄 승려를 경계한 내용은 普賢章經에 의거한 것으로 보현행과 연관된다.

보살은 이적을 행하여 그 소원을 이루어주었다. 적국狄國에 잡혀 대도구라大都仇羅 집안의 말을 치기 위해 대오라니大烏羅尼들에 나와 있던 부례랑夫禮郎은 중으로 현신한 관음보살이 갖다준 현금玄琴과 신적神笛으로 구출되었다. 배가 난파되어 오吳나라 해변가에서 농사일을 하던 장춘長春은 이승異僧을 따라나섰다. 도량이 나타나자 중이 장춘을 겨드랑이에 끼고 건너뛰자 고향에 다다랐다. 보개寶開와 장춘은 민장사敏藏寺에서 이웃 마을의 청신淸信 사녀士女를 모아, 금자金字 법화경 일부를 만들고 매년 3월에는 법화도량을 열었다.[98]

불교가 대중화되면서 서민 대중의 소원을 들어주는 영험신앙이 일어났을 뿐만 아니라 정토신앙도 유행하였다. 자연 당시의 여러 탑이나 불상이 영험신앙의 대상이 되었다. 이러한 분위기에 편승하여 법화사상 내에 관음의 영험신앙이 유행하였다. 고려 이전의 법화신앙 내에는 관법觀法이 다소 나타났으나 부각되지는 않았고, 관음신앙이 정토에의 왕생을 추구하였지만 법화삼매를 뚜렷하게 제시하지는 않았다.

(2) 고려전기의 법화사상

1) 법화 영험신앙의 전승

법화신앙의 근본 도량은 영취산에 상설되었다. 석가는 정토를 따로 갖지 않고 사바세계에 머무는데, 언제나 영취산에 있으면서 설법·교화한다. 영취산은 불타佛陀 상주의 법화도량으로, 우리나라에도 여러 곳에 산명으로 남아 있다.[99] 중생을 위한 불타의 설법으로 이뤄진 법화도량은 출

98 了圓, 『法華靈驗傳』 권하, 黑風吹其船舫조(檀國大學校出版部, 1976)에 "寶開與長春 約結鄰里淸信士女 特成金字蓮經一部 每至春三月 爲立道場 敷宣妙理"라고 하였다.

99 우리나라에 靈鷲山이 위치한 곳은 경기도 開城과 경남의 梁山·蔚山·昌寧·密陽 및 전남의 順天지역 등이다.

가자 외에 재가자在家者도 성불하게 함으로써 서민 대중의 호응을 받았다. 자연 법화사상은 대승불교의 근본 교학으로 자리하였다.

서민 대중 중심으로 확산된 법화의 영험신앙은 고려전기에도 광범하게 수용되었다. 우선 관음신앙으로 유명한 중생사衆生寺는 고려시대에도 영험신앙의 도량으로 자리하였다. 다음에서 이를 확인해보자.

① 고려 건국초(926~929)에 崔殷誠이 나이가 많은데도 아이가 없자, 衆生寺의 관음상 앞에 나아가 기도하여 아들 丞魯를 낳았다. 출생한 지 3개월 만에 후백제 甄萱이 침범하여 성안이 혼란해지자, 은함은 다시 아이를 포대기로 싸서 관음상의 臺座 밑에 감추고 피난하였다. 보름이 지나 적병이 물러간 뒤에 아이를 찾아보니, 살결은 마치 새로 목욕한 듯하고 입에서는 아직도 젖 냄새가 났다(『삼국유사』 권3, 三所觀音 衆生寺조).

② 성종 11년(992)에 주지인 釋 性泰가 관음상 앞에서 香火를 받들 재물이 없어 다른 곳으로 옮기려는 뜻을 고하였다. 꿈에 관음보살이 제사에 쓸 비용을 넉넉하게 시주할 것이라고 하였다. 그 후 13일 만에 金州(지금의 김해金海)에 사는 두 사람이 관음보살의 권고를 받아, 말과 소에 물건을 가득 싣고 와서 공양하였다(위와 같음).

③ 명종 3년(1173)에 비록 글을 배우지는 못하였으나 본성이 순수한 僧占崇이 중생사에서 향화를 부지런히 받들었다. 어떤 중이 절을 뺏기 위해 글을 읽을 줄 아는 사람을 뽑아 절을 맡겨야 한다고 청하였다. 이에 사자를 보내 疏文을 거꾸로 주었더니 점숭이 이것을 받아 들고는 줄줄 읽었다. 사자는 관음보살이 점숭을 보호해주었다고 생각하여 절을 뺏지 않았다(위와 같음).

신라 때에 조성된 중생사의 관음상은 고려전기에도 여전히 영험신앙의 대상이 되었다. 중생사의 관음보살은 자식을 점지해주고 난리 중에 맡긴 아기를 잘 보호하고 양육해주는가 하면, 절의 살림이 넉넉해지도록 시주를 도왔다. 글을 모르는 중 점숭占崇이 갑자기 소문疏文을 읽게 하여 절을 뺏으려는 음모도 막아주었다. 또한 어느 날 저녁에 중생사에 불이 나서 불전을 태웠는데 관음상은 스스로 정원 속에 옮겨가서 화를 면하였고, 절의 살림이 쪼들리자 관음보살은 금주金州의 두 단월檀越에게 나타나 시주하도록 이끌었다. 이렇듯 중생사의 관음상은 영험한 능력을 가졌다.

중생사 관음보살의 영험신앙은 신라의 법화신앙이 그대로 전승된 느낌을 준다. 나말려초의 혼란기를 거치면서도 중생사는 법화의 영험도량으로 유지되었다. 이에 대해서는 다음 기록과 연관하여 추측할 수 있다.

> 중생사의 大聖(관음)이 崔殷諴의 아들인 承魯를 젖을 먹여 키웠고, 승로는 肅을 낳고 숙은 侍中인 齊顔을 낳았다. 제안은 무너진 절(天龍寺)을 중수하여 일으키고는 여기에 釋迦 萬日道場을 설치하였고, 조정의 명령을 받아 겸하여 信書와 願文까지 절에 남겨두었다. 그는 세상을 떠난 후에 이 절을 지키는 神이 되었는데, 자못 신령스럽고 이상한 일이 많았다(『삼국유사』 권3, 天龍寺조).

최제안崔齊顔은 1041년(정종 7)에 폐허가 된 천룡사天龍寺를 중수하고는 거기에 석가釋迦 만일도량萬日道場을 설치하였다. 천룡사가 관음신앙을 포용하였는지는 분명하지 않다. 신라 때 단월의 두 딸인 천녀天女와 용녀龍女를 위해 창건하였다고는 하지만, 천녀와 용녀가 관음보살로 나와 있지는 않다. 그러나 천룡사의 석가 만일도량은 관음신앙과 연관하여 설치되었다. 일연一然은 결사를 주관한 최제안의 할아버지인 최승로崔承魯가 관음보살의 도움으로 탄생하였고 또한 난리 중에 관음보살로부터 젖을 먹고 자란 사실을 부각하면서 석가 만일도량을 개설한 사실을 기록하였기 때문이다.

1만 일 동안 계속된 석가도량은 천룡사를 석가의 상주처로 관념하는 결사였는데, 그것은 관음보살의 영험신앙을 강조하는 최제안에 의해 주관되었다. 즉 천룡사를 영취산 도량으로 상정한 것이다. 신라 때에 천룡사는 국가의 존망과 관련되었다는 신앙을 가져서, 그것이 파괴되면 국가가 망한다고 하였다(『삼국유사』 권3, 천룡사조).

천룡사가 파괴되어 폐허가 되었기 때문인지, 신라가 망하고 고려가 삼한을 통합하였다. 최제안은 파괴된 천룡사를 중창하여 고려국가를 튼튼하게 하려는 목적에서 석가도량을 열었다. 석가 만일도량은 석가의 사바세계 정토관을 실현하려는 것이다. 비록 천룡사의 석가도량은 신이한 성격을 강하게 나타내지는 않았으나 그 밑바닥에는 법화의 영험신앙이 깔려 있었다.

고려전기에는 법화의 영험신앙이 다소 소진한 모습을 보이기도 하지만 그 신앙 계층은 점차 넓혀졌다. 최제안이 재상宰相을 지낸 집안 출신이라는 것이 이를 알려준다. 법화 영험신앙의 모습은 다음 기록에서도 찾을 수 있다.

> ① 權適은 字가 持正이고 安東府 사람으로, 어려서부터 학문에 종사하였다. 政和(1111, 睿宗 6~1117, 예종 12) 연간에 賓貢科에 응시하기 위해 宋나라에 들어가 國學에서 수업하였고, 甲科에 수석으로 뽑혔다. 장차 본국으로 돌아오려는데 상을 보는 사람이 말하기를 "당신은 재주가 많으나 단명이어서 40세를 넘지 못하고 관직은 5품을 넘지 못하므로, 마땅히 大乘經을 읽어서 복록을 쌓으십시오"라고 하였다. 公은 마음으로 그렇게 여겨 3일을 기약하고 法華經을 외웠다. 황제가 이를 듣고 앞에서 외우기를 명령하자, 한 자도 틀림없이 외웠다. 황제는 마음으로 크게 기뻐하여 관음상과 法華塔 각 一軸을 내렸다. 본국으로 돌아와서 수명을 오래 누렸고, 淸華한 관직을 두루 맡아서 學士에 배임되었다.[100]

100 요원, 앞의 책 권상, 帝親試通조(28엽 좌)에 "權適字持正 安東府人也 少業文才 政和年中 以賓貢入宋 配國學 擢爲甲科第一 人將還本國相者曰 君搞短命 年不過四十 位不過五品 宜誦大乘經 以資竿錄 公心然之 約三日乃誦法華經 皇帝聞之 呼令前誦 無一字錯 皇情大悅 賜觀音像 法華塔 各一軸 及還本國 享壽攸久 歷盡淸華 拜爲双學士"라고 하였다.

② 少卿인 崔璘은 羅州使로 부임하였는데, 송나라 사람인 楊赫이 복록을 점쳐서 말하기를 "마땅히 대회를 열어 大乘을 공양하면 반드시 높게 오를 것이다"라고 하였다. …… 이로부터 公은 늘 蓮經을 읽었다. 다음 해 가을에 右承宣으로 부름을 받았고, 수년 내에 재상으로 배임되어 門下平章事에 이르렀다. 관위가 신하로서는 최고에 이르러 죽었다.[101]

권적權適은 예종 때에 활동하였고, 최린崔璘도 이보다 조금 늦은 시기에 활동하여[102] 원묘圓妙국사의 운곡사雲谷寺 결사에 참가하였다. 권적은 어려서 사서오경을 통달하였고, 청평산淸平山 문수사文殊寺에서 이자현李資玄과 교류하였다. 그는 1117년(예종 12)에 송나라의 만인과萬人科에 합격하였고, 귀국한 뒤에는 국자제주國子祭酒에 임명되었으며, 판전객사사判典客寺事를 거쳐 검교태자대보檢校太子大保에 임명되었다.

최린은 30세 때에 나주부사羅州府使가 되었는데, 마침 원율原栗의 이정년李延年이 반기를 들자 김경손金慶孫과 더불어 진압하였다. 그 공으로 그는 우승선右承宣이 되었고, 얼마 있지 않아 참지정사參知政事를 거쳐 문하시랑평장사門下侍郞平章事가 되었다.

이처럼 권적이나 최린은 둘 다 고관을 지낸 인물인데, 수명을 향유하거나 관직이 높이 올라갈 수 있었던 것은 모두 법화경을 염송하거나 그 도량을 개설한 공덕 때문이었다. 법화경의 사경법회는 많은 재력을 필요로 하므로 신라 때에도 서민들보다는 귀족 중심으로 운영되었을 것이다. 고려 때의 법화경 사경법회도 역시 재력을 가진 고관 중심으로 운영되었다. 시

101 요원, 앞의 책 권하, 堪歌崔牧伯之慶會조(23엽 좌~24엽 우)에 "少卿崔璘 將赴官羅州牧 宋人楊赫推命日 宜精設大會 供養大乘 則必當遠別 …… 公自是 常讀蓮經 翌年秋 召爲右承宣 不數年拜相 至門下平章事 位極人巨而卒"이라 하였다.

102 權適은 1094년(宣宗 11)에 태어나 1147년(毅宗 1)에 죽었다. 최린은 태어난 때가 정확하지 않지만 1258년(高宗 45)에 죽었다. 두 사람이 활동한 시기는 죽은 연대로 따지면 약 100년의 차이가 있다. 다만 권적은 54세의 나이로 비교적 일찍 생애를 마쳤다.

대가 조금 내려가기는 하지만 다음 기록에서 이를 알 수 있다.

> 圓妙가 山人을 청하여 한결같이 書寫하게 하였다. 후에 꿈을 꾸니 神人이 하늘에서 내려와 말하기를 "베껴 쓴 金字 法華經을 이미 忉利天의 제2 額梨藏 중에 안치하였다"라고 하였다.[103]

원묘국사 요세了世는 정화택주靜和宅主의 도움을 받아 금자金字 법화경을 조성하였다. 정화택주는 강종康宗의 서녀庶女로 당시의 권신이던 진강공晋康公 최충헌崔忠獻의 소실이었는데 권세는 빙산과 같아 오래가지 않음을 알고, 마치 불탄 집에 사는 것처럼 안주할 수 없음을 한탄하면서 불교에 귀의하였다. 마침 요세가 백련사白蓮社에서 결사하자, 그것을 외호外護하고자 무량수여래소상無量壽如來塑像과 금자 법화경을 조성하여 바쳤다.[104] 미타신앙과 연관하여 조성된 금자 법화경은 관음의 영험신앙을 곁들였다. 비록 꿈이기는 하지만 요세는 백련사에 봉안되는 금자 법화경을 도리천忉利天에 안치되는 것으로 생각하였다. 금자 법화경을 조성한 정화택주는 강종의 딸이었고 최충헌의 부인이었으므로, 당시 법화경의 사경도량은 권세가들에 의해 추진되었다는 것을 알 수 있다.

법화경의 사경에서 글씨를 쓴 자들은 승려였다. 요세는 산인山人을 청하여 금자 법화경을 베껴 쓰게 하였는데, 여기서의 산인은 출가한 승려임이 분명하다. 홍변洪辯 역시 출가한 산인으로 암자에 기거하면서 정진 수도하고 계율을 지녔다. 홍변은 속성이 순창淳昌 조씨趙氏였으므로 하층민은 아

---

103 요원, 앞의 책 권상, 天帝邀經而入藏조(17엽 우)에 "妙請山人一如寫經 如後夢感神人 自空而下 所寫金字法華 已安忉利天第二額梨藏中"이라 하였다.

104 요원, 위의 책 권상, 천제요경이입장조(16엽 좌~17엽 우)에 "宅主康宗大王之庶女 權臣晋康公之室也 知權勢氷山不久 歎浮生火宅無安 思修出要 幸聞圓妙始開白蓮社 同願挧成 力爲外護 又塑成無量壽如來 下安于主殿 又願成金字蓮經 凡百粧嚴 無一不備 寄獻于圓妙"라고 하였다.

닌 것으로 추측된다. 홍변은 법화경 한 부를 정성스럽게 필사하였는데, 그가 작성한 법화경은 뒤에 왜국倭國의 승려가 부촉付囑하여 바다를 건너는 배 안에서 빛을 발하는 등 이적을 나타냈고, 숭복사崇福寺 도량에 보관되었다.[105]

이러한 법화 영험신앙의 신이한 모습에 대해서는 다음 기록을 통해 좀 더 부연할 수 있다.

> 야반에 이르러 등불을 끄고 혼미한 가운데 막 잠이 들었는데, 갑자기 등불과 같은 광명이 보였다. 무리들이 모두 놀라 일어나 그것을 찾아보니 亡名의 입을 통해 나오고 있었다. 그 사유를 물었더니, 답하기를 "내가 失身術로 여러 번 魂이 떠나는 黑業을 닦았으나 스스로 懺悔하여, 法華經을 염송하기를 여러 해가 되었다"라고 하였다. 여러 승려들이 모두 탄복하면서 존경하였다.[106]

승려 망명亡名의 가계는 잘 알 수 없으나 고관이나 귀족가문 출신은 아닌 듯하다. 그는 상주尙州의 작은 절에 거주하면서 음양과 점복占卜을 수업하였는데, 스스로 참회하여 매일 법화경을 염송하는 것을 일과로 삼았다. 그렇게 한 지 수년이 지나자 밤중에 그의 입으로부터 광명이 쏟아져 나왔다. 이처럼 망명의 법화 영험신앙은 밤중에 입을 통해 법화경과 연관된 광명이 발산될 정도로 나타났다.

신라중대 이후 법화 영험신앙은 서민 대중 중심으로 수용되었고, 그 과정에서 관음보살의 영이한 능력이 표출되었다. 관음보살은 서민들의 여러

---

105 요원, 앞의 책 권하, 深敬辯山人之精書조(23엽 우)에 "山人洪辯 淳昌趙氏 子出家于曹溪中高科 往入巨滲山菴 精進持戒 一字一拜 書法華經一部 極盡莊嚴 朝夕禮拜供養 適有倭國僧 來見懇求之 乃付囑流通 其僧頂戴賫歸本國 船中放光 到已安崇福寺道場中 衆僧禮敬"이라 하였다.

106 요원, 위의 책 권하, 光明出於口甬조(23엽 우)에 "及夜半 灯燭已息 昏昏假寐中 忽見光明如灯火 衆皆驚起 試尋之 乃從亡名口中出也 因委問其由 答曰 予失身術 數反魂黑業 內自懺悔 但誦課蓮經有年矣 諸僧皆歎伏修敬焉"이라 하였다.

조그마한 소원을 이루어주었다. 반면에 고려전기의 법화 영험신앙은 수명을 연장하고 높은 관직을 갖게 하는 등 개인적인 소원과 관련되면서 대체로 법화경을 조성하는 연기설화를 구성하였다. 법화 영험신앙의 신앙층은 서민들은 물론 고관이나 권세가에게까지 확산되었다.

2) 삼매관행사상의 성립

신라중대 이후 정토신앙이 크게 유행하였는데, 그것이 반드시 법화 영험신앙을 포용하였는지는 확언할 수 없다. 다만 미타정토를 추구하는 과정에서 서민들의 정토왕생을 돕는 관음보살과 연관하여 법화신앙을 상정할 수는 있다. 고려시대가 되면 법화신앙이 바로 정토에의 왕생을 추구하는 경향을 가져서, 법화신앙은 수행에 의해 자신이 사후에 정토로 왕생하는 모습을 나타냈다. 이런 면은 신라중대 이래의 정토신앙이 사후의 공덕에 의하거나 또는 산몸으로 정토에 왕생하는 모습과 구별된다.

고려전기에 법화도량은 법화경을 봉안하는 법회로 나타났고, 법화경의 영험을 드러내면서 아울러 보현행원普賢行願을 추구하는 수행적인 경향을 지녔다. 법화신앙을 추구한 법화결사는 정토에의 왕생을 준비하는 듯한 인상을 주는데, 다음 기록에서 이를 이해해보자.

① 尙州의 戶長인 金義鈞은 늘 法華經을 즐겨 읽어, 耆老와 少壯을 모집하여 두 무리로 나누었다. 매달 六齋日에 기로들을 집으로 불러 법화경을 염송하였는데 염송을 마치면 다과로 그들을 위로하였고, 소장을 모집해서는 술로 대접하였다. 이리하여 소장에 속한 사람이 發心하여 술을 마시지 않으면 耆老徒로 옮기게 하였다. 당시 사람들이 말하기를 누구누구는 이미 술을 먹지 않는 法華徒에 들었고 또 누구누구는 아직도 술을 먹는 법화도에 속한다고 하였다. 根機에 따라 깨우치게 하는 것이 이와 같다. 죽은 후 山麓에 장사 지냈는데, 무덤 위에

蓮華가 피었다.[107]

② 城南의 마을에 사는 淸信한 士輩들이 法華社를 결사하여 매월 六齋日에 이곳 法華院에 같이 모여, (법화경을) 읽거나 강설하였다. 그러한 妙乘에 의거하여 정토에 왕생한 자가 많기로는 寶岩社와 더불어 서로 첫째와 둘째가 되었다.[108]

상주의 호장戶長인 김의균金義鈞은 늘 법화경을 읽었을 뿐만 아니라 그것을 염송하는 법화결사를 조직하였다. 그는 대체로 나이를 기준으로 법화도를 기로도耆老徒와 소장도少壯徒 두 무리로 나누었다. 이들은 매월 육재일六齋日에 모여 법화경을 염송하였는데, 그것을 마치면 기로도에게는 다과를 준비하였고 소장도에게는 술을 내어 대접하였다. 당시 사람들은 그것을 각각 술을 먹지 않는 법화도와 술을 먹는 법화도라고 불렀다. 이러한 법화도의 구별은 단순히 나이로만 이루어진 것은 아니었다. 술을 먹는 법화도에 속하였더라도 본심을 깨달아 술을 먹지 않으면, 술을 먹지 않는 법화도로 옮겨가게 하였다. 김의균은 두 법화도를 깨닫는 근기根機의 차이에 따라 나누었는데, 이것은 근기의 차이에 따라 수행하여 깨달음에 이르게 하려는 목적을 가졌다.

기로 법화도라고 부른 데에서 정토신앙이 저변에 깔려 있었다는 것을 알 수 있다. 또한 인생의 무상을 이기지 못해 죽고 난 후에 장사 지낸 무덤 위에 '연화蓮華'가 피어난 것은 정토로의 왕생을 은유적으로 나타낸 것이다. 이처럼 김의균의 법화결사에는 정토신앙이 넌지시 제시되었다.

그러나 연화원蓮華院과 보암사寶岩社의 법화결사는 정토에의 왕생을 추

107 요원, 앞의 책 권하, 菡萏蓋生於舌根조(24엽 우~좌)에 "尙州戶長金義鈞 常樂讀法華經 募勸耆老少壯 道俗分爲二徒 每月六齋日 召耆老于私第 習誦蓮經 經畢略以茶菓慰之 及集少壯 則幷賓酒侑之 自此少壯之發心不飮者 移入耆者徒 時人戲日 某與某 已入無酒法華徒 某與某 猶在有酒法華徒 其隨機發如此 比及無常 葬於山麓 蓮華發於塚上"이라 하였다.

108 요원, 위의 책 권하, 蓮華院之若讀若說조(25엽 우)에 "凡城南里淸信士輩 結法華社 每月六齋日 同會于此 若讀若說 其所以憑仗妙乘 廻向淨土者 多與寶岩社 相爲甲乙"이라 하였다.

구하였다. 개경의 낙타교駱駝橋 동쪽 거리에 있던 연화원에는 성남에 사는 신사信士들에 의해 법화결사가 조직되었다. 그들은 매월 육재일에 법화경을 읽거나 강설하면서, 그러한 묘승妙乘의 인연으로 정토에 왕생하였다. 보암사의 법화결사에도 정토신앙은 강하게 나타났다. 경상卿相·추밀樞密·상서尙書 등의 고관을 지내고 치사致仕한 기로 등 40여 명이 보암사의 법화결사를 조직하였다. 그들은 매월 육재일에 모여 법화경을 강설하고 그 뜻을 해석하여 해탈에 이르고자 하였다.[109]

법화결사가 수행과 정토에의 왕생을 함께 추구해서인지, 보암사에 모인 치사한 기로들은 재력을 시주하는 등의 공덕에 의해 정토에 태어나기를 빌지 않았다. 그들은 수행의 결과로 해탈에 이르고자 하였다. 해탈과 정토를 같이 추구한 점에서 고려전기의 법화신앙은 삼매관행三昧觀行을 가능하게 하였다. 다음 기록을 참고해보자.

> 15일에 이르도록 정성스럽게 妙饌을 베풀어 미타를 공양하였고, 같이 정토에 왕생하고자 하였다. 고로 임종할 때에 이르러 如意가 자재하여 끊이지 않았다.[110]

보암사에서 법화결사를 추진한 기로들은 미타불을 정성스럽게 공양하면서 정토에 태어나기 위해 수행 정진하였다. 그 결과 그들은 임종할 때에 "여의如意가 자재"한 해탈의 경지에 이르렀다. 즉 법화결사에서 추진한 정토에의 왕생은 '여의가 자재'한 경지인데, 그것은 법화의 삼매관행으로 이어진다. 법화결사의 정토신앙에서 삼매관행을 끌어낼 수 있는데, 이

109 요원, 앞의 책 권하, 寶岩徒之或講或疑조(24엽 좌~25엽 우)에 "致仕卿相善林 樞密千美秦尙書世儀 梁大卿棟材 與諸退老 并散逸四十餘人 同結法華結社 每月六齋日 各持科本蓮經 差一人別座点破科端銷 釋義理 諸耆老證聽 或設疑問 如是次第 輪環相續益欲人人之盡 能解脫也"라고 하였다.

110 요원, 위의 책 권하, 보암도지혹강혹의조(25엽 우)에 "至十五日 則精設妙饌 供養彌陀 合院設齋 過夜精勤 同廻向淨土 故至臨終之際 如意自在者 不絶焉"이라 하였다.

것에 관해서는 다음 기록을 참고해보자.

> (崔彪의) 아들이 이웃 읍에 갔다가 갑자기 큰 벌레에 물려 해를 입었다. 최표는 紙墨을 준비하고는 山人을 청하여 한마음으로 法華經을 쓰게 하였다. 갑자기 靑鳥가 감응하여 經室에 들어왔는데, 그 모습이 매우 閑暇해 보였다. 이와 같이 하기를 세 번에 이르러 사경이 장차 끝나려 하였는데, 꿈에 죽은 아들이 고하기를 "사경의 힘으로 인해 純善을 얻어 美丈한 天身을 이루었다"라고 하였다.[111]

최표崔彪는 탐라耽羅에 사는 거사居士로, 요세의 만덕산萬德山 결사에 참가하여 당우堂宇의 건립을 도왔다. 마침 아들이 벌레에 물려 죽자 그는 법화경을 사경하였는데, 법력法力에 힘입어 그의 아들은 극락왕생하였다. 이처럼 법화도량에는 수행 외에 공덕에 의해 정토에 왕생하려는 신앙도 있었다. 중생은 영취산 도량에 참여함으로써 누구나 성불한다. 그런즉 법화경을 사경하는 등의 공덕신앙은 석가정토에의 왕생을 가능하게 한다.

고려전기의 법화 영험신앙 속에는 법화경 사경의 공덕이 정토에의 왕생을 돕는 내용은 뚜렷하게 나타나지 않는다. 그러나 조선초까지도 돌아가신 부모의 극락왕생을 위해 법화경을 사경하였다.[112] 공덕에 의해 사후에 극락왕생하는 신앙은 신라 때에도 귀족 중심으로 포용되었으므로, 고려전기에도 법화경 사경에 의한 정토 왕생신앙이 퍼져 있었을 것이다.

최표의 아들이 극락왕생한 것은 "순선純善을 얻어 미장美丈한 천신天身"을

---

111 요원, 앞의 책 권하, 珍禽顯瑞조(25엽 우~좌)에 "其子往鄰邑 忽爲大虫所害 彪爲辨紙墨 請山人一如書法華經 忽感靑鳥 來入經室 皃甚閑暇 如是者至于再三 洎經將畢 夢亡子告曰 因寫經力 得爲純善美丈天身"이라 하였다.

112 卞季良, 「演慶寺法華法席疏」, 『동문선』 권113, 疏에 "竊聞妙蓮之爲經 出於崛山之所說 盖千經之管轄 而諸佛之本根 凡欲盡其追修 必於玆而崇信 是成二部 皆以金書 惟願雙親 往生寶刹"이라 하였다. 이외에 權近, 「別願法華經跋語」, 같은 책 권103, 跋에 "旣不得並生於斯世 宜當導冥於彼岸 爰發誓願 俾以金書 成妙法蓮華經三部 欲令王氏宗族 普及法界含靈 俱仗眞庥 速證妙果"라고 하였다.

이루었다고 표현되었다. '순선'을 얻는 경지는 바로 삼매에 드는 것으로 관철될 수 있다.[113] 이와 비슷한 모습은 김식金軾의 둘째 딸에게서도 찾을 수 있다. 김식의 아들이요 도인道人인 지허之虛 역시 늘 법화경을 염송하였는데, 그의 누이가 임종하면서 자기를 위해 법화도량을 개설해줄 것을 부탁하였다.

지허는 혈구사穴口寺에 법화도량을 열고 정진한 결과, 그의 누이는 잠깐 사이에 경전에 힘입어 '승처勝處'에 태어났다.[114] 지허의 누이가 태어난 '승처'는 최표의 아들이 '순선을 얻어 미장한 천신'으로 되는 것과 같은 표현이다. 이처럼 법화도량에서 추구한 정토신앙은 해탈을 추구하는 면에서 삼매관행에 이르게 하였다.

법화도량이 수행과 함께 해탈에 이르는 정토에의 왕생을 염원하는 과정에서 관행이 추구되었다. 다음 기록을 참고해보자.

> 九界와 三乘이 唯一無二하여 큰일의 인연이 이에 미묘하게 미쳐서, 마치 優曇花와 같이 때때로 한 번씩 나타난다. 佛滅 후에 비로소 觀門을 열어 먼저 인도에서 굴렀고, 이후에 智者가 象界에 태어나서 …… 바닷가의 玄侶를 잘 인도하여 수행과 좌선의 옛 법을 그대로 준행하였다. 十乘으로써 수행하고 三觀으로써 정신을 닦아 삼매에 들었으니, 정성스럽게 수행함이 날로 새로워졌다.[115]

---

113 『삼국유사』 권5, 眞定師孝善雙美조에 "投湘公剃染爲弟子 名曰眞定 居三年 母之訃音至 定跏趺入定 七日乃起 …… 或曰 以定觀察母之所生處也"라고 하였다. 어머니의 부음을 접한 眞定은 入定하여 어머니가 환생할 곳을 관찰하였다. 즉 진정은 삼매관행에 든 것이다. 이때의 삼매관행은 법화의 그것과 꼭 같지는 않더라도, 그것을 이해하는 데 도움을 줄 수 있다.

114 요원, 앞의 책 권하, 亡妹告徵조(25엽 좌)에 "女忽遭疾 命終托之虛 告曰 請爲我設法 勝筵用超升 時之虛住穴口寺 得得來家 卽洒掃私第 約一七日 請持經開士 六時精進 至罷席曰 金氏又現夢曰 暫聞經力 得生勝處"라고 하였다.

115 天因, 「祭先師圓妙國師文」, 『동문선』 권109, 祭文에 "九界三乘 唯一無二 大事因緣 妙極於此 如優曇花 時一現爾 自佛滅後 有聖龍樹 肇闢觀門 先鳴印度 洎乎智者 挺生像季 …… 于海之濱 率籲玄侶 善誘循循 半行半坐 舊制是遵 十乘軌行 三觀陶神 深入三昧 精修日親"이라 하였다.

이 자료는 고려후기 백련사의 요세를 기리는 제문이어서 천태의 삼관법이 확립된 이후의 분위기를 알려주지만, 삼관법이 가능하게 된 과정을 설명하기 때문에 흥미롭다. 구계九界와 삼승三乘이 유일무이唯一無二함은 법화경의 회삼귀일會三歸一사상을 나타낸 것인데, 이러한 이치가 때때로 한 번씩 나타나는 것을 관문觀門으로 파악하였다. 원래 삼승은 중생의 근기를 성문승聲聞乘 · 연각승緣覺乘 · 보살승菩薩乘으로 나눈 것인데, 이전에 앞의 이승二乘은 아라한과阿羅漢果를 목적으로 하는 소승 근성根性이어서 영원히 성불할 수 없다고 하였다.

법화경은 종래의 이러한 차별을 없애고 삼승, 즉 일체의 중생이 다 같이 성불할 수 있다고 하였다. 회삼귀일사상은 방편인 삼승을 통해 불성, 즉 일승에 들어감을 제시하였다. 그것은 성불하기 위한 권문權門의 제시이지만, 한편으로는 수행 과정을 뜻한다. 법화도량에서 보현의 수행이 강조되는 이유를 이런 면에서 찾을 수 있다.

정토에의 왕생은 삼매에 드는 것인데, 수행과 함께 관법에 의해 정신을 닦음으로써 가능해진다. 회삼귀일사상은 수행 과정과 연결되었는데, 아울러 좌선의 관법을 준행하도록 강요하였다. 관법은 구계와 삼승이 하나이면서 둘이 아닌 진리, 즉 불성을 구현하는데 용수龍樹에 의해 비로소 정립되었다. 삼관三觀은 회삼귀일사상을 관법 속에서 파악함으로써 삼매에 이르기 위한 불성을 깨우치려는 것이다. 그것은 정신을 닦는 수행 과정 속에서 파악되었다. 법화도량은 수행과 정토에의 왕생을 추구하는 과정에서 회삼귀일사상과 함께 삼관법을 제시하였다. 이런 면은 고려초기에 이미 나타났는데, 다음에서 이를 알 수 있다.

① 古人은 "여러 내가 큰 바다로 흘러 들어가면 이름이 없어지듯이, 삼승이 일승으로 돌아가면 삼승의 이름이 없어진다"라고 말하였다.[116]

② (義通은) 어릴 때 龜山院의 釋宗을 스승으로 삼아 구족계를 받은 후에, 화엄과 起信論을 공부하여 나라에서 숭앙을 받았다. 晋 天福 연간(936~943)에 중국에 들어가 천태 雲居에 이르렀는데 갑자기 깨우쳤다. 螺溪를 알현하여 一心의 삼관법을 듣고는, 감탄하여 말하기를 "圓頓學이 이미 끝났다"라고 하였다.[117]

고려전기에 법화경의 회삼귀일사상은 일심삼관一心三觀法사상으로 전개되었다. 왕건의 선대세력과 결연된 순지는 여러 냇물이 바다로 흘러 들어가면 그 구별이 없어지듯이 삼승이 일승으로 들어가면 차별이 없어진다고 하여, 삼편성불론三遍成佛論 중의 회점증실제론回漸證實際論에서 법화사상을 포용하여 회삼귀일사상을 주장하였다.[118] 회삼귀일사상이 일심삼관법으로 전개되면서 천태사상을 성립시켰다. 삼관법은 고려초에 중국으로 들어가 『천태사교의』를 저술한 체관과 중국 천태종의 제13대 교조가 된 의통에 의해 주장되었다.

오월 왕 전숙의 요청으로 중국에 들어간 체관은 '동제사주同除四住'의 뜻을 해설하였다. 그는 중생이 단혹斷惑함으로써 일체처주지一切處住地·욕애주지欲愛住地·색애주지色愛住地·무색애주지無色愛住地인 사주지四住地의 경지가 모두 같아진다고 하였는데, 이것은 회삼귀일의 논리로 전개되었다.[119] 또한 체관은 원교圓敎 팔위八位를 설정하고는 삼관법을 강조하였다.[120] 의통의 일심삼관법은 나계螺溪 의적으로부터 전수받았다. 다만 그는

---

116 『조당집』 권20, 순지전에 "古人云 百川歸大海 無百川名 三乘歸一乘 無三乘名也"라고 하였다.

117 지반, 『불조통기』 권8, 興道 하, 8祖記 4, 義通전에 "幼從龜山院 釋宗爲師 受具之後 學華嚴起信 爲國崇仰 晋天福時來遊中國 至天台雲居 忽有契悟 及謁螺溪 聞一心三觀之旨 乃歎曰 圓頓之學 畢玆轍矣"라고 하였다.

118 김두진, 「요오선사 순지의 선사상—그의 삼편성불론을 중심으로」, 『역사학보』 65, 1975, pp. 35~37.

119 김두진, 「諦觀의 天台思想」, 『한국학논총』 6, 1984, p. 46.

120 圓敎 八位는 五品弟子位·十信·十住·十行·十廻向·十地·等覺位·妙覺位이다. 그중 제1위인 五品弟子位의 제1문은 隨喜品으로 三觀法을 강조하였고, 제8위인 묘각위의 마지막

'원돈학圓頓學' 을 넘어선 경지로서 천태의 삼관법을 설정하였는데, 사실은 국내에 있을 때 이미 화엄과 기신론起信論사상을 터득하였고 그 안에 천태사상을 포용하였다.

원교적인 천태교관의 성격은 의천에게 거의 그대로 나타났다. 의천은 화엄종 승려로서 천태종을 개창하였으므로, 그 바탕에는 원교의 융섭적인 교학이 깔려 있었다. 다음 기록을 참고해보자.

> 옛날에 安宗憲景孝懿英文大王이 왕자로 계실 때에 불법에 마음을 돌려 항상 法華經의 오묘한 내용을 보시고, 방편으로서의 中道에 크게 동감하여 실천하였으나 끝내 꿈을 이루지 못하셨다. 짐은 그 뜻을 계승하여 그것을 이루고자 한다.[121]

현종은 형긍逈兢대사에게 홍경사弘慶寺를 창건하게 하면서, 아버지인 안종이 법화경을 중시한 사실을 지적하였다. 법화사상에 기반하여 안종을 모시기 위한 원당願堂으로 홍경사를 창건하였고, 그래서인지 거기에는 서민 대중을 구휼하는 도량이 개설되었다.

안종은 법화사상에서 융합적인 중도관中道觀을 중시하였다. 그것은 화엄사상을 바탕으로 성립된 법화관으로 원융삼체圓融三諦로 나타난다. 삼체는 공空·가假·중체中諦인데, 여러 법상은 실체로서의 공과 현상으로서의 가의 면을 가졌고, 공과 가의 대립을 융섭한 중도로서의 중체를 지녔다. 그런데 즉공卽空이 즉색卽色이요 즉중卽中이기 때문에, 삼체가 원융하여 삼관이 하나로 파악된다.[122] 중도의 융섭사상으로 성립한 일심삼관법은 그 안에 중

은 十乘觀法으로 설정되었다.

121 崔冲, 「奉先弘慶寺記」, 『동문선』 권64, 記에 "昔者 皇考安宗憲景孝懿英文大王 初九潛身 大千歸命 每覽法華之妙說 深嘉中道之化城 方欲効行 未能動集 朕則善繼其志 永觀厥成"이라 하였다.

122 睦楨培, 「法華·天台思想의 현대적 의의와 전개」, 『韓國天台思想硏究』, 동국대학교출판부, 1983, p. 421.

중무진重重無盡한 여러 법상을 포함하여 천태교학으로 정립되었다. 이것이 일념삼천론一念三千論이다. 일심의 삼관은 각각 십계十界 중생을 갖추었으며, 각 세계 내에 포함된 각각도 역시 십계 중생을 포함하였다.[123]

천태사상은 '파삼현일破三顯一'을 내세우지만, 일승 속에 여러 세계가 포함되었듯이 융섭된 여러 교의를 상정할 수 있었다. 고려초의 천태사상에는 화엄교학이 짙게 드리웠지만, 고려후기로 가면서 더 다양한 교학사상이 융섭되었다. 다음 기록이 이를 알려준다.

> 부처가 세상에 나와서 사람들에게 법의 혜택을 베풀었으나, 利根과 鈍根의 다름으로 말미암아 돈교와 점교가 같지 않게 되었다. 근원은 하나였으나 갈라져 천 개로 나뉘었으니, 法華經과 涅槃經은 모두 實相을 말하였고 金光明經과 無量壽經은 따로 要門을 열었다.[124]

무외無畏는 근원이 하나였으나 여러 갈래로 갈라져 교학의 차이를 가져왔다고 하였다. 즉 법화경 · 열반경涅槃經 · 금광명경金光明經 · 무량수경無量壽經 등의 여러 경전은 근원에서 하나로 파악된다. 바로 이 점이 고려전기에 천태사상이 화엄교학에 바탕을 두고 성립되었지만, 시대가 내려가면서 열반경 등 다른 교학사상을 융섭하였을 것으로 추측하게 한다.

고려전기에 법화신앙은 이전과 비교하여 고관이나 권세가에게까지 신앙 계층을 넓혀갔지만, 영험신앙의 신이한 성격은 점점 줄어들었다. 또한 고려전기의 법화도량은 실천 수행과 정토에의 왕생을 아울러 추구하였는데, 그런 과정에서 회삼귀일의 논리가 해탈에 이르는 삼매관행으로 이어

123 목정배, 「법화 · 천태사상의 현대적 의의와 전개」, 앞의 책, p. 424.

124 無畏, 「法華經涅槃經金光明經無量壽經轉讀疏」, 『동문선』 권111에 "佛興於世 法被于人 由利根鈍根之異焉 有頓教漸教之殊也 源從一脉 派出千支 蓮華之與大涅槃 俱談實相 金光之與無量壽 別開要門"이라 하였다.

지면서 삼관법을 내세웠다. 법화신앙은 삼관법의 논리 위에 천태교관을 정립시켰지만 중도 융섭적인 성격을 가져서 화엄사상 등의 교학사상을 포용하였다.

(3) 고려전기 법화사상 변화의 의미

법화의 영험신앙은 정토신앙과 연관하여 서민 대중 중심으로 퍼져 나갔고, 법화경의 회삼귀일會三歸一사상도 비교적 일찍부터 알려져 있었다. 고려전기에 법화경의 회삼귀일사상은 삼관법의 수용으로 천태사상을 형성시켰다. 후삼국시대나 고려초기에 천태사상이 성행하지는 않았지만,[125] 후삼국을 통합하려는 사회 분위기 속에서 법화의 회삼귀일사상이 일심삼관법一心三觀法으로 정립되었다.

천태종은 선종 때에 대각大覺국사 의천이 송산松山 남쪽 기슭에 국청사國淸寺를 창건함으로써 개창되었다. 다음 기록을 참고해보자.

① 國統이 이를 듣고 경사스럽고 기쁨을 이기지 못하여, 이에 偈를 지어 말하기를 "國淸堂 위에 三尊이 기이하니 문수와 보현이 석가모니를 모셨다. 누가 衆緣을 모아 능히 이루었는가. 上將 盧公이 한 일이다"라고 하였다.[126]

② 지금 동쪽의 韓지역도 역시 일찍이 三分되었으므로 우리 태조(王建)가 창업할 때에 行軍한 福田인 四大법사 能競 등이 상서하여 "唐나라에는 妙法華經에 의한 會三歸一法과 천태 智者대사에 의한 一心三觀禪法이 있는데, (그것은) 성군이 삼한을 합하여 一國을 이루는 것과 風土가 相合합니다. 만약 이 법을 구하

125 김두진, 「체관의 천태사상」, 앞의 책, p. 43. 羅末麗初에 무려 30여 명에 달하는 선종 승려의 비문이 전하지만, 그중 천태사상을 접한 자는 法鏡 玄暉와 元宗 璨幽뿐이다. 그러나 그들도 천태敎門을 잠깐 스쳐간 데 지나지 않는다.

126 민지, 「국청사금당주불 석가여래사리영이기」, 『동문선』 권68에 "國統聞之 不勝慶悅 乃作長偈以讚之曰 國淸堂上三尊奇 文殊普賢侍牟尼 誰集衆緣能辨此 上將盧公之所爲"라고 하였다.

여 유행시키면 後嗣인 龍孫의 수명이 연장될 것이요, 王業도 끊이지 않아 항상 一家를 이룰 것입니다"라고 하였다.[127]

국청사의 창건에는 석가불의 상주처로서의 영취산 도량을 사바세계에 개설하려는 법화신앙이 깔려 있었다. 선종 때에 의천은 국청사를 창건하여 석가 삼존불三尊佛을 안치하였는데, 이후 폐허가 된 국청사를 1279년(충렬왕 5)에 상호군上護軍인 노우盧祐가 중창하였다. 노우 역시 국청사의 당주堂主로 석가모니불과 문수보살 · 보현보살을 모셨다.

국청사의 중창은 관음보살의 도움으로 이루어졌는데, 그것은 영험신앙에 의한 연기설화로 형성되었다. 벽에 걸어놓은 관음상 앞에 검은 비단을 펴고 향을 피우면서 노우가 세 번 예禮를 올렸더니, 사리舍利 한 알을 얻었다. 여러 사람이 놀라 서로 가까이 가서 보니, 수많은 사리가 되었다.[128] 오색찬란한 사리는 크기와 모양이 모두 달랐는데 수합하니 8개의 통 속에 가득 찼다. 사리는 석가 삼존불의 복장 속에 나누어 모셔졌다.[129]

이러한 모습은 국청사 중창에 관한 연기설화가 법화경의 회삼귀일사상과 연관되었다는 인상을 준다. 회삼귀일사상과 천태 지자의 일심삼관선법은 고려초에 왕건이 후삼국을 통합하려는 사회 분위기 속에 강조되었으나 회삼귀일의 법화사상은 이전에도 폭넓게 수용되었다.

법화경에 대해서는 고려 이전에도 많은 논소論疏가 저술되었지만 대부

---

127 민지, 「국청사금당주불 석가여래사리영이기」, 앞의 책 권68에 "今此東韓之地 亦嘗三分 故在我太祖創業之時 行軍福田 四大法師 能兢等上書云 聞大唐有會三歸一妙法華經 及天台智者一心三觀禪法 與聖君合三韓成一國 風土相合 若求是法流行 則後嗣龍孫 壽命延長 王業不絶 常爲一家矣"라고 하였다.

128 민지, 위의 글, 위의 책에 "盧曰然 卽於所常掛壁白衣像前 令鋪尺許皀羅 焚香三禮擧頭見之 已有舍利一粒 瑩然而出 衆皆警躍 相與就看 轉轉增多 遂至無數"라고 하였다.

129 민지, 위의 글, 위의 책에 "盧公卽進白衣前 鋪帛焚香陳願志 退禮三拜擧頭望 已有一粒生帛上 諸人顚喜爭就看 須臾出現無數量 五色爛斑光耿耿 體亦大小非一揉 收拾分盛八葉筒 納安主伴三腹中"이라 하였다.

분 실전되었고, 원효의 『법화경종요法華經宗要』와 의적의 『법화경논술기法華經論述記』의 일부가 전할 따름이다. 물론 이러한 저술에서는 대체로 회삼귀일사상이 표명되었을 것이다. 이에 대해서는 『법화경종요』의 다음 기록을 참고해보자.

> 妙法蓮華經은 十方과 三世의 여러 부처가 출현하는 大義를 가졌고 九道의 四生이 寂滅하여 一道로 들어가는 큰문이며 …… 방편을 열어 實을 보는 것이다. 방편을 여는 것은 열린 문 앞의 三車가 방편이요 중도의 寶城은 임시로 나타난 것이다. …… 이에 一로써 三을 破함이니 三을 없애면 一도 버린다.[130]

원효는 법화경에서 시방과 삼세의 여러 부처를 접함으로써 구도九道의 중생이 모두 성불할 수 있다는 대승불교의 교리를 강조하였고, 불타는 집 앞에 놓인 세 수레를 방편과 화성化城으로 설명함으로써 회삼귀일사상을 표방하였다. 이러한 법화사상은 다른 승려에게도 수용되었다.

다만 원효의 회삼귀일사상은 삼승인 방편을 파하여 제거하면 일승인 하나도 버리게 된다고 하였다. 그것은 삼승과 일승을 모두 초월한 관법의 설정이다. 원효의 교학은 당시 불교계의 오랜 숙제였던 중관中觀과 유식唯識의 대립을 극복하고자 일심一心 내에 진여眞如와 생멸生滅의 이문二門을 두었다. 또한 원효는 이에 머무르지 않고 관법을 설정하여 그 안에 일심의 이문을 융섭하였다.[131] 『금강삼매경론金剛三昧經論』에는 이러한 그의 사상이 잘 나타나 있다.

원효 교학에서 관법은 신라하대에 유행한 선종사상과는 달랐기 때문에

130 원효, 『法華宗要』(『韓國佛教全書』 권1, 동국대학교출판부, 1979, p. 487, 하)에 "妙法蓮華經者 斯乃十方三世諸佛 出世之意 九道四生 滅入一道之弘門 …… 開權示實也 開權者 開門外三車是權 中途寶城是化 …… 迺借一以破三 三除而一捨"라고 하였다.

131 김두진, 「元曉의 唯心論的 圓融思想」, 『한국학논총』 22, 2000, pp. 17~22.

비록 관법에 기초하였다고는 하지만 그의 회삼귀일사상이 천태의 일심삼관법으로 정립되지는 않았다. 일심삼관법은 고려초에 이르러서야 성립되었다. 법화경의 회삼귀일사상을 천태종의 일심삼관법으로 성립시킨 인물이 수의 지자智者인데, 그의 교학은 당나라 때에 이르러서는 삼국을 하나로 통합한 사회 분위기와 맞물려 성행하였다. 때문에 능긍은 삼한을 통합한 왕건에게 천태교학을 유행시키라고 건의하였다.

천태사상의 유행을 삼한 통합과 연결시켜 왕건에게 진언한 능긍에 관한 기록은 믿을 수 없지만, 나말려초의 불교계가 교선교섭 사상경향을 가졌던 분위기는 천태교학의 성립에 도움을 주었을 것이다. 신라말까지 불교의 각 종파나 법문은 나름대로의 논리적 발전을 심화하였고, 이후 불교계는 다른 법문의 사상과 교섭을 시도하였다. 고려 불교계는 크게 보아 교선융합사상 체계를 정립하였다. 법화사상 역시 선종사상과의 교섭을 생각하였고 다른 법문의 사상과 교섭하려는 경향을 가졌다.

고려초에 법화경의 회삼귀일사상은 심관心觀을 추구하였다. 고려후기이기는 하지만, 다음 기록에서 이런 면을 추측할 수 있다.

① 다만 옛날의 사대부들은 法華經을 많이 읽음으로써 修心의 要諦로 생각하였는데, 나 역시 그렇다. 나는 감읍하여 자세히 듣고 이로부터 항상 (법화경을) 읽으면서 그치지 않았다. 무릇 8만 7,500言을 읽은즉 실로 중생이 일승에 들어가는 넓은 문이다. …… 인하여 다시 止觀의 大義로써 지도하였다.[132]

② 부처가 중생과 더불어 전도되었으므로 방편을 비유하여 실성을 이끈다. 삼승을 따라 일승에 들어가는 이치는 이해하기 어렵지만 不二門 중에 聖衆을 넘어섰다. …… 마음은 오직 그 마음이요 혀도 그 혀이지만, 그 혀는 혀가 아니요 마

132 李奎報, 「法華經頌幷序」, 『동문선』 권50에 "但古之士大夫 多讀法華經 爲修心之要 予亦爾耶 予感泣諦聽 自是常讀不輟 凡讀八萬七千五百言 則實衆生入一乘之弘門也 …… 因復以止觀大義略指導之"라고 하였다.

음은 그 마음이 아니다. 그런 연후에 참된 寂滅을 얻는다.[133]

이규보李奎報는 천수사天壽寺의 대선사大禪師 지각知覺의 친구가 되어 절에 거주하면서 법화경의 참뜻을 깨쳤다. 당시 그는 술을 먹고 방탕하게 생활하였으나, 옛 사대부들이 마음을 닦는 요체要諦였던 법화경을 읽고 그 속에서 지관止觀을 발견하였다. 법화경은 보현행普賢行을 내세워 마음을 닦는 지관을 가져오게 하였는데, 지관은 마음이 그 마음인 동시에 마음이 아니며, 혀가 그 혀인 동시에 혀가 아닌 경지를 의미한다. 법화경에서 설한 그것은 법신法身과 허공을 동체로 보고 법계가 곧 여래라고 함으로써, 색色과 공空이 구별되지 않고 깨끗한 것과 더러운 것의 구별을 초월하여 오고 가는 것이 없는 경지이다.[134]

고려초에 법화사상은 선관禪觀을 추구하면서 삼관법을 성립시켰지만, 천태교학은 삼관을 하나로 보아 그 구별을 설정하지 않았다. 법화의 지관에 대해서는 무외無畏가 말한 다음 기록에서 추측할 수 있다.

> 一禮와 一懺이 業障·報障·煩惱障을 소멸하고, 三止와 三觀이 性空·色空·畢竟空을 淸淨하게 한다. 이와 같이 하면 무애하게 된다.[135]

여기의 일례一禮와 일참一懺이 삼지三止나 삼관三觀과 병렬적으로 제시된 것은 천태의 일심삼관법을 나타낸다. 한 번의 예참禮懺으로 업業·보

---

133 이규보, 「법화경송병서」, 앞의 책에 "佛以衆生顚倒故 從權引喻導實性 會三趣一理難窮 不二門中超衆聖 …… 心猶其心 舌其舌 是舌非舌 心非心 然後乃得眞寂滅"이라 하였다.

134 민지, 「국청사금당주불 석가여래사리영이기」, 앞의 책 권68에 "嘗見經中所說云 法身如虛空 法界卽如來 果如所說若非法身與虛空同體 不垢不淨 無去無來者 今此舍利 何從出出乎 且色空無二 淨穢無別"이라 하였다.

135 무외, 「祖師禮懺祝上疏」, 『동문선』 권111에 "一禮一懺 業障報障 煩惱障之滅除 三止三觀 性空相空畢竟空之淸淨 如斯施作 無碍照詳"이라 하였다.

報 · 번뇌煩惱의 세 장애가 없어지고, 세 지관에 의해 성性 · 색色 · 필경畢竟의 삼공三空이 같아져 무애하게 된다. 즉 지관에 의해 성립된 삼관은 구별이 없어져 원융무애하고 하나 속에 같이 파악된다.

고려초의 법화관행사상은 융섭적인 성격을 강조함으로써, 그 내에는 선종사상뿐만 아니라 교학의 다른 법문의 사상도 포용할 수 있었다. 삼관이 원융하여 구별이 없어지면, 다른 법문의 사상 사이에 차별을 설정할 수 없기 때문이다. 일념삼천론一念三千論의 천태 교리는 법화관행이 이러한 융섭적인 성격을 가짐으로써 성립되었다. 자연히 하나 속에 다른 법문의 교학이나 법계의 여러 법상을 포용하려는 법화관행사상은 화엄의 원융사상과 근접되었다. 고려초에 성립된 법화관행사상은 그 안에 화엄사상 등 여러 교학의 사상을 포용하였다. 다음 기록에서 이런 면을 읽을 수 있다.

> 일찍이 대사(智者)께서는 五時八敎로 동쪽으로 전해진 불교를 判釋하셨는데, 극진하지 않음이 없다고 들었습니다. 후세에 불법을 배우는 자는 어찌 이로 말미암지 않겠습니까? 그러므로 우리 祖師 華嚴疏主는 "賢首大師의 五敎가 천태와 같다"라고 하셨습니다.[136]

의천은 중국 천태종 지자대사의 탑을 참배하면서, 천태의 오시五時 팔교八敎는 현수賢首의 오교五敎와 같음을 천명하였고, 귀국한 뒤에는 화엄교학에 바탕을 둔 천태교관을 성립시켰다. 오시 팔교는 종국적으로 관법을 내세우지만 전체적으로는 화엄교학의 논리로 구조되었다.[137] 의천은 천태종을 개창한 후 국청사에서 법화경 외에 화엄경과 열반경을 번역하였는데,

---

136 義天, 「大宋天台塔下親參發願疏」, 『大覺國師文集』 권14(『한국불교전서』 권4, pp. 551, 하 ~ 552, 상)에 "嘗聞大師 以五時八敎 判釋東流一代聖言 罄無不盡 而後世學佛者 何莫由斯也 故吾祖花嚴疏主云 賢首五敎大同天台"라고 하였다.

137 김두진, 「체관의 천태사상」, 앞의 책, pp. 48~59.

실제로 즐겨 강연한 경전은 화엄경이었다.[138] 그는 천태교관을 강설하면서 그 뜻을 화엄교학으로 풀이하여 후학에게 가르쳤다.

의천은 법화경의 회삼귀일사상에 의거하여 천태교학을 일승교로 정립시키면서 그 안에 유식 등 여러 교문의 사상을 통합하였다. 그러한 통합 논리는 바로 화엄사상의 융섭적인 원교사상으로 이어졌다. 국청사를 중창할 때에 노우는 관음상 앞에서 세 번 예禮를 올리고는 한 알의 사리를 얻었다. 이것은 회삼귀일사상을 은유적으로 표현한 것이다. 한 알의 사리는 주변 사람들이 굴릴 때마다 늘어나 수많은 사리가 되었는데 이것 역시 일념삼천론一念三千論의 천태교관을 비유하여 나타낸 표현으로 추측된다. 한 알 속에 포함된 수많은 사리의 존재는 하나 속에 모든 법상이 갖추어진 화엄의 융섭사상을 생각하게 한다. 이처럼 고려초의 천태교관 속에는 여러 법문의 교학사상이 융섭되었다. 다음 기록을 참고해보자.

> 그러나 유통함에 있어서 나와 남의 다름이 없기 때문에 山林에 은거한 道人을 청하여 佛乘을 金으로 쓰니, 글자마다 법계여서 三千세계를 갖추었고, 티끌마다 眞如여서 四門이 하나되는 미묘한 뜻을 지녔다.[139]

고려후기이기는 하지만 무외는 법화경을 금자金字로 사경하면서 글자 하나하나에 삼천세계를 갖추었고 또한 진여眞如를 포함하였다.

화엄의 융섭 논리로 구조되었기 때문에 천태교관 속에는 교문의 여러 사상경향이 포용될 수 있었는데, 그중에서도 화엄사상이 보다 중시되었다. 화엄을 강조하는 고려전기 천태교관의 특성은 고려후기에도 대체로

---

138 의천,「庚辰六月四日國清寺讀徹天台妙法之後言志示徒」,『대각국사문집』 권20(앞의 책, p. 566, 중)에 "予自二十三歲 始講貞元新譯花嚴經 并疏共五十卷"이라 하였다.

139 무외,「寫成法華經慶讚疏」,『동문선』 권111에 "然在流通之益 本無自他之殊 故請林棲之道人 代以金書於佛乘 字字無非法界 三千並常 塵塵盡是眞如 四一咸妙"라고 하였다.

이어졌다. 그래서 시대가 더 내려가는 조선초기에 수원水原 만의사萬義寺의 천태도량에는 법화경을 강연하기에 앞서 화엄삼매의華嚴三昧儀를 먼저 열었다.[140]

고려전기 일심삼관법一心三觀法의 성립은 우선 삼한을 통합하여 고려국가를 건립한 사회 분위기와 연관된다. 그러나 실제로 이 시기에 불교사상은 교선교섭 사상경향을 지녔고, 법화관행사상도 교선융합 사상경향 속에서 이해될 수 있다. 고려전기에 법화관행사상은 천태사상을 성립시켰고, 그 결과 의천의 천태종이 개창되었다. 의천은 엄밀히 말해 화엄종 승려였으므로 화엄사상의 바탕 위에 일심삼관법의 논리를 전개하였다.

고려초 체관에서 의천으로 이어지는 천태사상은 화엄사상의 입장에서 선관禪觀을 포용하였다. 자연 고려전기의 천태사상에서는 화엄사상이 중시되었다. 이러한 사상경향은 조선초에까지 간간이 이어졌지만, 고려후기 백련사를 중심으로 한 천태종 결사는 화엄사상에 비해 상대적으로 덜 강조된 법화사상을 내세웠다. 특히 요세와 천책天頙은 선관을 강하게 견지하였는데, 그들은 선종의 입장을 뚜렷이 하면서 교학 특히 법화의 실천 수행을 강조하였다. 이처럼 백련사 계통의 천태사상은 고려전기 의천 계통의 천태사상과는 차이가 있었다.

140 權近, 「水原萬義寺祝上華嚴法華法會衆目記」, 『동문선』 권78에 "初展華嚴三昧纖儀 繼講妙法蓮經環師疏解 歷三七日而訖 其所以壽君福國 濟生利物之願 可謂博矣"라고 하였다.

제5장 의천의 교관겸수사상

1. 의천의 원돈사상과 그 불교사적 의미

(1) 의천의 교학활동

1) 의천 교학사상의 형성

의천義天은 1055년(문종 9)에 문종의 넷째 아들로 태어났다. 어머니는 인예仁睿태후이며 이자연李子淵의 맏딸이다. 당시 인주仁州 이씨李氏는 권문權門을 이루었는데, 문종의 왕비인 인경현비仁敬賢妃와 인절仁節현비는 인예태후의 동생이었다. 의천은 11세 때인 1065년 5월에 경덕景德국사 난원爛圓에게 출가하였고, 같은 해 10월에는 불일사佛日寺의 계단에서 구족계具足戒를 받았다. 또한 영통사靈通寺 경덕국사의 문하에서 화엄사상을 깊이 터득하였다.

현화사玄化寺가 창건되고, 특히 인주 이씨들의 후원을 받으면서 고려중기에는 법상종法相宗세력이 크게 신장하였다. 1056년(문종 10)에 법상종의 해린海麟이 왕사로 봉해진 것은 법상종이 당시 불교계를 주도하였음을 알려준다. 1058년에는 해린이 국사로, 난원이 왕사로 봉해졌다. 난원은 현종의 장인인 김은부金殷傅의 둘째 아들로, 고려중기에 화엄종을 다시 일으킨 인물이다. 그의 문하에는 의천 말고도 원경元景왕사 낙진樂眞이 있었다. 난원이 입적한 후 의천이 그의 법통을 계승하였지만,[1] 의천과 낙진은 각별한 사이였다. 의천이 낙진과 더불어 이야기할 때에는 흔연히 그의 의견을 받아들였고, 낙진 역시 지기를 만났다고 기뻐하였다. 또한 의천은 낙진에게 송宋나라에 유학하여 법法을 구하러 갈 때에 나를 따라갈 자는 오직 자네뿐이라고 하였다.[2]

의천의 화엄교학은 스승인 난원과 동문인 낙진의 영향을 받았다. 고려중기의 화엄종은 비록 법상종세력에 압도되기도 하였지만 난원에 의해 중흥되었고 낙진에 의해 크게 떨쳤다. 의천은 문종에게 여러 차례 송나라에 유학할 것을 청하였으나 공식적으로 허가를 받지 못하다가, 1085년에 마침내 상선을 얻어 타고 미복으로 바다를 건넜다. 이때 선종은 낙진과 혜선慧宣·도린道隣대사 등에게 명하여 뒤따르게 하였다.[3]

의천은 송에 유학하기 이전부터 화엄사상에 정통하였고 그 밖의 여러 교학사상에 대해서도 조예가 깊었다. 다음 기록에서 이를 알 수 있다.

> 景德국사가 입적하자 大覺국사가 그 법문을 계승하였는데, 그는 뛰어난 불교學僧이었다. 당시에는 戒律宗·法相宗·涅槃宗·法性宗·圓融宗·禪寂宗 등이 있었는데, 국사는 이 六宗을 모두 연구하여 지극한 경지에 이르렀다. 또한 外典인 六經과 七略 등의 서적에 대해서도 그 심오한 뜻을 터득하였으므로 문종이

---

1 金富佾, 「陜川般若寺 元景王師碑」(朝鮮總督府, 『朝鮮金石總覽』 권상, 日韓印刷所, 1919, p. 318)에 "景德門遷化 大覺傳繼法師"라고 하였다.

2 김부일, 위의 비(위의 책, p. 318)에 "大覺與之言 未嘗不欣然聽納 師亦喜遇知己 …… 不明久矣 吾欲西遊於宋 求得其法 從我者唯子歟"라고 하였다.

3 김부일, 위의 비(위의 책, p. 318)에 "商船浮海 上聞之驚歎 命師及大師慧宣道隣等 追之"라고 하였다. 같은 내용이 開城靈通寺 大覺國師碑에도 나와 있다.

이를 기려 '廣知開宗弘眞祐世僧統'이라 불렀다.[4]

의천은 1066년(문종 20)에 난원이 입적하자 그의 법통을 이었는데, 문종으로부터 우세승통祐世僧統의 법호를 받는 시기는 1067년(문종 21)이다. 인동선봉사仁同僊鳳寺 대각국사비大覺國師碑에는 1069년에 우세승통이란 법호를 받았다고 기록되어 있다. 의천은 난원의 문하에 1년여 동안 있었고, 그 후 늦어도 1069년에는 계율종戒律宗·법상종·열반종涅槃宗·법성종法性宗·원융종圓融宗·선적종禪寂宗 등 6종의 교학에 모두 정통하였을 뿐만 아니라 육경六經 등의 유학이나 도교에도 밝았다.

의천은 11세에 출가하였으므로 우세승통의 법호를 받은 때는 아무리 늦어도 15세를 전후한 시기일 것이다. 이때에 의천이 불교 교학에는 두루 밝았지만, 유교나 도교에까지 해박하였는지는 분명하지 않다. 오히려 중국으로 들어가는 1085년에는 30세를 넘었기 때문에 여러 교파의 교학에 대해 해박한 지식을 가졌을 것이다. 의천은 성인이 된 후 어느 날 꿈에 어떤 사람으로부터 징관澄觀법사의 『화엄경소華嚴經疏』를 전해 받았는데, 그 이후부터 화엄교학을 명석하게 해석할 수 있었다.[5] 이후 의천의 교학사상은 보다 깊어졌는데, 다음 기록에서 이를 알 수 있다.

장년에 이르러 스스로 삼가 수행하며, 밤낮을 가리지 않고 많은 책을 읽었다. 그러나 일정한 스승을 두지 않고 도가 높은 이가 옆에 있으면 찾아가서 배움을 청하였다. 賢首의 教觀부터 頓漸과 大小集의 經律論에 따른 章疏에 이르기까지

4 朴浩, 「開城興王寺 大覺國師墓誌」(『조선금석총람』 권상, pp. 293~294)에 "洎景德歸寂 師繼法門 而當世之學佛者 有戒律宗 法相宗 涅槃宗 法性宗 圓融宗 禪寂宗 師於六宗 並究至極 外及六經七略之書 各發醇趣 故文考褒爲 廣智開宗弘眞祐世僧統"이라 하였다.

5 金富軾, 「開城靈通寺 大覺國師碑」(李智冠, 『校勘譯註 歷代高僧碑文』, 高麗篇 3, 伽山佛教文化研究院, 1966, p. 118)에 "己能成人 嘗夢人傳燈(澄)觀法師書 自是慧解日進"이라 하였다.

탐구하지 않은 것이 없었다. 또한 外學에 대해서도 해박하여 孔子와 老子의 서적이나 諸子百家와 子史의 문집까지도 그 이치를 탐구하여 본질을 찾아냈으므로, 의론이 종횡으로 물 흐르듯 하여 끝이 없었다. 비록 老師와 宿德이라도 모두 스스로 따라갈 수 없었으니, 명성이 널리 퍼져 당시 사람들은 국사를 법문의 宗匠이라고 일컬었다.[6]

의천은 장년에 들어 징관이나 현수賢首의 교관敎觀뿐만 아니라 돈점頓漸이나 대승·소승의 모든 경전의 장소章疏에 이르기까지 탐구하지 않은 것이 없었다. 그 외에도 유교나 도교의 서적은 물론 제자백가諸子百家와 역사서까지 탐독하여 그 이치를 깨쳤다. 그래서 이러한 그의 학식은 법문의 종장宗匠으로 불릴 정도였다. 의천은 송으로 유학하기 이전에 이미 불교계의 종장으로 추대받을 정도로 교학은 물론 유교나 도교사상에까지 조예가 깊었다.[7]

송에 유학하면서 의천은 교학사상을 보다 심오하게 정립하였다. 1085년(선종 2)에 제자인 수개壽介·양변良辯 등을 데리고 몰래 송에 들어간 그는 변경汴京에 들러 철종을 알현하고, 왕실의 주선으로 화엄종 승려인 유성有誠법사를 만났다. 아울러 다시 송 조정의 뜻을 받들어 주객원외랑主客員外郎 양걸楊傑과 함께 변경을 떠나 항주杭州 혜인원慧因院의 진수晋水 정원

6 김부식, 「개성영통사 대각국사비」(앞의 책, pp. 118~119)에 "至年甫壯益 自勤苦 早夜矻矻 務博覽强記 而無常師 道之所存則 從而學之 自賢首教觀 及頓漸大小乘 經律論章疏 無不探索 又餘力外學 見聞淵橫 自仲尼老聃之書 子史集錄 百家之說 亦嘗玩其菁華 而尋其根柢 故議論 縱橫馳騁 滂滂無津涯 雖老師宿德 皆自以爲不及 聲名流聞 時謂法門有宗匠矣"라고 하였다.

7 義天, 「庚辰六月四日 國淸寺 講徹天台妙玄之後 言志示徒」(『大覺國師文集』 권20 ; 『韓國佛教全書』 권4, 동국대학교출판부, 1979, p. 566, 중)에 "予自二十三歲始講 貞元新譯花嚴經幷疏 共五十卷 其年徹軸 自後講演 未△△廢"라고 하였다. 즉 의천은 23세인 1077년 이후 貞元新譯 華嚴經과 그 註疏를 합한 50권을 강의하기 시작하여, 1100년(肅宗 5)까지 강의를 중단하지 않았다. 이것을 보면 의천이 賢首나 澄觀의 『華嚴經疏』를 본격적으로 공부하기 시작한 것은 1077년 이전이었음이 분명하다.

淨源의 문하로 나아갔다.

유성이나 정원과 교류하면서 의천은 화엄사상을 보다 확실하게 갖추었다. 그런데 유성의 화엄사상이 어떤 성격을 가졌는지는 분명하지 않다. 유성은 의천에 대해 "법왕法王의 진자眞子가 아니면 의상義湘의 후신이다"[8]라고 하였는데, 이처럼 유성이 의천을 의상의 후신으로 언급하였다면, 의상의 성기론적性起論的인 화엄사상에 대해 긍정적인 태도를 가졌을 것으로 추측된다. 법장法藏이 정립한 중국 정통파 화엄사상의 경향은 의상과는 달리 연기건립적緣起建立的 성격을 가졌다. 반면 비정통파인 이통현李通玄의 화엄사상은 성기취입적性起趣入的 성격을 가졌는데, 의상의 사상경향에서 영향을 받아 성립되었다.[9] 유성이 이통현 계통의 화엄사상 경향을 가졌는지는 불분명하다.

의천은 송 조정에서 주선한 유성의 문하를 떠나 정원의 문도가 되었는데, 정원은 법장계 화엄사상을 정통으로 계승한 인물이다. 정원은 혜인원에서 현수교賢首敎를 진작하여 송나라 때에 쇠락해진 화엄종을 중흥시켰다.[10] 정원은 현수교를 포용하면서 징관이나 종밀宗密로부터 화엄경관華嚴經觀을 전수받았을 뿐만 아니라, 중국 화엄종의 방계인 이통현의 화엄론을 접하였고, 그의 스승인 자선子璿의 영향을 받아 능엄경楞嚴經에 밝았다.[11]

---

8 김부식, 「개성영통사 대각국사비」(앞의 책, p. 120)에 "非法王之眞子 卽義湘之後身"이라 하였다. 비슷한 내용이 「大宋誠法師答師」 3首(『대각국사문집』 권1 ; 『한국불교전서』 권4, p. 569, 상)에 실려 있는데 여기서는 "非義湘之後身 必遮那之眞子"라고 하였다.

9 金杜珍, 「의상 화엄사상의 불교사상적 위치」, 『義湘 그의 생애와 화엄사상』, 민음사, 1995, pp. 349~350.

10 慧因院은 본래 禪院이었으나 楊傑과 당시 杭州 知州事였던 蒲宗孟 등의 도움으로 화엄종 講院으로 바뀌었는데, 송나라 조정은 혜인원의 경비를 부담하거나 딸린 토지에 대해 조세를 감면하는 등 경제적인 도움을 주었다. 의천도 거기에 많은 銀을 희사하였을 뿐만 아니라 敎藏 7,500여 권을 안치하였고, 귀국 후에는 大藏經 三譯本 180권을 구해서 보냈다.

11 曾旼, 「宋杭州南山慧因教院 晋水法師碑」(『慧因寺志』 권8)에 "初受華嚴經觀 於華藏大師 承遷次受 李通玄華嚴論 於橫海明覃 自北還南 時長水大師子璿 造首楞疏 道行浙江 縉雲仲希 親稟其義 二師亦以圓覺起信等 諸經論爲入演說"이라 하였다.

의천은 이러한 정원의 문하에서 화엄경관과 능엄경 사상을 주목하였고, 원각경圓覺經·기신론起信論·법화法華사상에 대한 이해를 깊이 하였다.[12] 정원의 문하를 떠나 귀국할 무렵에 의천은 이미 여러 종파의 교학을 두루 접하였는데 그중에서도 특히 능엄경과 천태사상에 관심을 나타냈다.

1086년(선종 3)에 의천은 귀국하기 위해 철종에게 하직 인사를 올리고는 바로 수주秀州의 진여사眞如寺에 이르러 자선선사의 탑에 참배하였다. 의천은 탑이 기울고 쇠락한 것을 개탄하면서 희사금을 내어 보수하게 하였다.[13] 의천은 다시 혜인원에 들러 정원과 하직하고는 바로 천태산天台山에 이르러 지자智者대사의 영정影幀과 탑에 참배하였다. 이때 그는 고려에 천태종을 건립하려는 발원문을 지어 지자대사탑 앞에서 서원하였다.[14] 이후 귀국하기 전까지 의천은 여러 종파의 교학을 접하였는데, 다음 기록을 참고해보자.

> (결락) 慧林과 善淵이고, 계율에 대해 물은 스님은 擇基와 元照이며, 梵學에 대해 물은 스님은 天吉祥과 紹德이다. 이들은 모두 뛰어나서 존경할 만하였고 나름대로의 장점을 길러 귀의할 만한 禪·講의 宗師로서 각기 대중을 거느리고 있었다. (결락) 의천은 교학을 두루 겸비하였으니 참으로 重法대보살이라 할 수 있다. 그리하여 의천은 이제 교학에 접하는 始學이 아니므로, 이미 닦은 학식을 여러 스님과 試論해보려고 송나라에 온 것이라 하였다.[15]

---

12 註 11 참조. 또한 曾旼, 「송항주남산혜인교원 진수법사비」(앞의 책 권8)에는 "明一切法 皆自一心 探其本則 發一心二門之義"라 하였는데, 이것은 起信論의 사상을 그대로 포용하였다. 「高麗國相元公置田碑」(『혜인사지』 권7)에는 "晋水法師主惠因華嚴講席 夙通三觀妙義"라고 하여 淨源이 法華三觀에 밝았음을 알 수 있다.

13 김부식, 「개성영통사 대각국사비」(앞의 책, p. 121)에 "以元祐元年 後二月十三日 入京再見淹五日朝辭 至秀州眞如寺 見楞嚴疏主 塔亭傾圮 慨然歎之 以金屬寺僧修葺"이라 하였다.

14 김부식, 위의 비(위의 책, p. 121)에 "禮辭源公 行至天台 登定光佛隴 觀智者 親筆願文 禮於塔前 誓傳教于東土"라고 하였다.

15 김부식, 위의 비(위의 책, p. 121)에 "慧林善淵 戒律則擇基元照 梵學則天吉祥 紹德此皆卓然可尙故 資其所長者 己及將歸 禪講宗師 各率徒衆 (缺落) 學之悉備 此眞重法大菩薩者也 然非是

혜림慧林과 선연善淵은 법상종 승려였다. 의천은 중국 불교 여섯 종파의 쟁쟁한 학승들을 두루 방문하였는데, 그 수가 무려 50여 명에 이른다.[16] 의천은 귀국할 때까지 줄곧 수행해준 양걸에게 시를 주었는데, 그중 한 구절에 대해 "송 조정의 허락을 받아 이르는 곳마다 여러 선지식을 두루 만나보았다. 그런 까닭에 일 년 사이에 현수의 성종性宗·자은慈恩의 상종相宗·달마達摩의 선종·남산南山의 율종律宗·천태의 관종觀宗에 모두 통달하여 그 묘한 진리를 얻지 않은 것이 없었다"[17]라고 주석을 붙였다.

귀국할 즈음에 의천은 화엄종은 물론 법상종·선종·율종·천태종의 교의와 진리에도 통달하였다. 그러나 의천이 송에 머무른 1년여는 여러 종파의 교의를 터득하였다고 보기에는 매우 짧은 기간이다. 그가 선지식을 두루 찾아다닌 것을 생각하면, 송에 유학하기 전에 이미 여러 종파의 교학을 두루 접하고 그 진수를 이해하고 있었음이 분명하다

의천은 송나라에서 접한 교학을 익히 알고 있었기 때문에 '시학始學'이 아님을 천명하였다. 그는 고려에서 교학을 습득하고 송나라의 학승들과 만나 토론하면서 보다 심화된 사상을 가졌다. 유학하기 이전부터 교학사상에 정통하였지만 그 중심을 화엄사상에 두었던 의천은 귀국 후에도 정원貞元 신역新譯 화엄경華嚴經을 강의하였다. 난원의 문하에 출가하면서 의천은 화엄경을 수학하였고 난원이 입적한 후에도 문도와 더불어 강의를 중단하지 않았다. 그러면서 그는 널리 모든 학파를 회통會通하니, 배우려는 자들이 서로 모여 강론하여 얻는 바가 많았고 노사老師처럼 비범하였다.[18]

始學 欲以己所得 與諸師相試故 來耳"라고 하였다.

16 박호, 「개성흥왕사 대각국사묘지」(앞의 책, p. 294)에 "旣而歷問六宗中錚錚者 則淨源 懷璉擇其慧琳 從揀等五十餘人也"라고 하였다.

17 의천, 「大宋尙書主客員郎楊傑上」(『大覺國師外集』 권11 ; 『한국불교전서』 권4, p. 589, 상)에서 '五宗窮妙理'의 주석으로 "朝廷恩許僧△所至 參問遍見知識故 一年之間 通達賢首性宗 慈恩相宗 達摩禪宗 南山律宗 天台觀宗 無不得其妙旨"라고 하였다.

18 林存, 「仁同僊鳳寺 大覺國師碑」(『조선금석총람』 권상, p. 330)에 "投景德國師剃度 受賢首教

의천은 화엄종을 중심으로 여러 교파의 교의를 회통하였다. 의천의 문하에는 교학의 교리에 정통한 자들이 많았는데, 그의 문하로서 6종의 교의를 전한 쟁쟁한 인물들이 역사를 빛낸 사실들이 대각국사탑비에 실려 있다.[19]

홍왕사興王寺의 주지가 된 의천은 교장도감敎藏都監을 설치하여 속장경續藏經을 간행하였고, 1090년(선종 7)에는 『신편제종교장총록新編諸宗敎藏總錄』을 완성하고 그 서문을 썼다. 『석원사림釋苑詞林』과 『원종문류圓宗文類』를 편찬하는 데에는 문인인 각순覺純 등이 적극 참여하였다. 의천은 요遼는 물론 고창국高昌國 등에서도 대장경과 교학의 논소를 광범하게 구하였다. 아울러 1097년(숙종 2)에는 국청사國淸寺의 주지가 되어 화엄종을 중심으로 선종사상을 융섭하려는 천태종을 개창하였다.

2) 의천의 사회적 입장

문종 때에는 고려의 문벌귀족정치가 안정을 이루었다. 1049년(문종 3)에 제정된 양반공음전시과兩班功蔭田柴科의 실시는 문벌귀족들의 경제적 기반을 국가가 보장해준 셈이었다. 또한 문종 때에는 개경開京 내에 최충崔冲의 구재학당九齋學堂을 위시한 12도徒의 사학私學이 융성하였는데, 이것은 문벌귀족의 세력이 성장하였음을 알려준다. 이에 문종은 관학官學인 국자감國子監의 직제를 정비하였지만 그 부진한 상태는 고쳐지지 않았다. 관학진흥책은 숙종·예종 때에도 계속되었다. 문종 말년에는 인주 이씨로 대표되는 문벌귀족이 권력을 잠식하였지만, 이들을 비판하는 신진 관료세력이

觀 景德卒 與其徒講學不止 叉廣會諸宗 學者相與講論 凡有所得 卓爾非凡 老師宿德之跋"라고 하였다.

19 박호, 「개성홍왕사 대각국사묘지」(앞의 책, pp. 294~295)에 "曁國師門下 傳六宗之濟濟者光於國史亦載塔碑 此不具書"라고 하였다. 김부식이 찬술한 대각국사탑비에는 문하 제자의 이름은 나열되어 있으나, 그들이 6종의 敎義를 會通하였던 사적은 잘 기록되어 있지 않다. 그렇다면 그것은 尹瓘이 찬술한 대각국사탑비에 기록되었을 수도 있다.

등장하여 정치 개혁을 요구하였다.

이러한 문종 때의 정세에서 의천이 어떤 입장을 취하였는지를 알려주는 기록은 쉽게 찾을 수 없다. 우선 그가 송나라에 유학 갈 당시의 사정을 참고해보자.

> 宣宗이 왕위에 오른 지 2년째 되는 해인 宋 元豊 7년(선종 1, 1084) 정월에 궁내에 들어가 (송나라에 유학할 수 있도록) 정성껏 간청하였다. 왕이 군신들을 모아 의논하였으나 모두 불가하다고 하였다. 국사는 어전에서 군신들과 더불어 말하기를 "聖賢은 몸을 돌보지 않고 佛道를 흠모하였으니, 玄奘법사는 서역에 갔고 義湘대사는 중국에 들어갔습니다. 어찌 편안하게만 지내면서 스승을 구하려고 노력하지 않겠습니까? 이는 출가한 본뜻이 아닙니다"라고 간절히 말하면서 계속 눈물을 흘렸다. 왕이 감격하여 마음으로 허락하였으나, 군신들의 결의가 확고하여 허락하지 않고 끝마쳤다.[20]

왕자 신분이기 때문에 의천의 송나라 유학은 군신들의 반대로 허락되지 않았다. 그러자 의천은 다음 해에 왕과 태후에게 편지를 올리고 미복으로 상선을 타고 바다를 건넜다.

어전회의에서는 의천의 유학을 반대하는 분위기가 지배적이었지만, 왕과 군신 사이에 미묘한 입장 차이를 감지할 수 있다. 의천의 간청에 왕은 마음으로 허락하였으나 오히려 군신들이 끝까지 반대하였다. 의천의 유학 문제는 즉흥적으로 나타난 것은 아니었다. 문종 때에 의천은 송나라에 가서 불법을 구하고자 왕래하는 송나라 상인들을 통해 정원법사에게 여러

20 김부식, 「개성영통사 대각국사비」(앞의 책, p. 119)에 "至宣王在位第二年 是宋元豊七年 春正月 入內誠請 上會群臣議 皆以爲不可 師於上前 與群臣言 聖賢忘軀慕道 如玄奘往西域 義湘入中國 苟安安而不務求師 非所以出家本意 其言懇切繼之以泣 上感激 意許之 而群臣議確 依違而罷"라고 하였다.

번 편지를 보냈다. 정원도 의천의 비범함을 알고는 답장을 써서 초청장을 보내왔다.[21] 즉 의천이 정원의 문하에서 유학하려는 계획은 일찍부터 추진되었고 선종 때에는 고려 조정에서 공론화되었다.

의천의 유학 문제에 대한 왕실과 군신들의 대조적인 입장을 크게 부각하는 것은 무의미하다. 다만 의천이 당시 송나라의 정세와 연결된 것이 흥미를 끈다. 송에서 의천은 주로 신법당新法黨 인사들과 교류하였는데, 그가 송에 들어갈 당시에 항주杭州 지주사知州事 포종맹蒲宗孟은 본래 선원禪院이었던 혜인원을 화엄도량으로 바꾸고 정원을 주지로 모셨다. 이때의 혜인원은 양걸과 포종맹 및 관료들의 도움으로 경영되었는데, 의천도 많은 은銀을 희사하여 경제적 후원을 아끼지 않았다. 양걸은 이후에도 귀국하기 전까지 의천을 시종하였고 포종맹은 천태의 자변慈辯 종간從諫을 의천에게 추천하였다.

포종맹은 신법당의 핵심인물인 여혜경呂惠卿의 측근이었다. 송의 신종은 즉위하여 왕안석王安石을 재상에 임명하고 개혁정치를 단행하였는데, 여혜경은 왕안석의 실질적인 정책 입안자였다. 왕안석은 대소사를 막론하고 그와 의논하였고, 건의하는 정책은 모두 그의 손을 거쳐 작성되었다.[22] 여혜경이 수실법手實法을 제정하자, 포종맹은 백성들의 역역力役을 고르게 하는 좋은 법이라고 칭찬하였다.[23]

왕안석은 부국강병을 위한 변법개혁론을 주장하였는데,[24] 이에 반해 소

---

21 김부식, 「개성영통사 대각국사비」(앞의 책, p. 119)에 "師嘗有志 如宋問道 聞晋水淨源法師以慧行爲學者 師託舶買 致書以修禮 源公知師非常人 卽復書相招"라고 하였다.

22 『宋史』 권471, 呂惠卿전에서 "事無大小必謀之 凡所建請章奏 皆其筆"이라 하였다. 또한 王安石은 여혜경에 대해 "學先王之道 而能用者 獨惠卿而已"라고 하였다.

23 『송사』 권328, 蒲宗孟전에 "呂惠卿制手實法 然猶許災傷五分以上不預 宗孟言 民以手實上其家之物産 而官爲注籍 以正百年 無用不明之版圖 而均齊其力役 天下良法也"라고 하였다.

24 李範鶴, 「王安石 改革論의 形成과 性格—新法의 思想的 배경에 대한 一試論」, 『東洋史學研究』 18, 1983, pp. 66~72.

식蘇軾은 구법舊法을 옹호하였다. 이때 변법의 옳음을 주장하기 위해 소식과 맹렬한 논쟁을 주도한 사람이 여혜경이었다.[25] 양걸은 물론 뒷날 의천의 행적을 기록으로 남긴 장형章衡도 신법당에 속하였고,[26] 혜인원과 정원은 신법당 관료들과 긴밀한 관련을 맺고 있었다. 특히 정원은 여혜경과 동향 출신일 뿐만 아니라 일찍부터 그와 친교를 맺었다.[27]

혜인원 재건과 관련하여 의천과 정원 및 신법당 관료들은 단순히 종교적인 교섭 이상의 정치적인 관계를 맺었을 것으로 추측된다.[28] 신종의 적극적인 연려제요聯麗制遼 정책을 배경으로 신법당 관료들은 계획적으로 의천을 초청하였을 것이다.[29] 의천이 정원으로부터 초청장을 받은 시기는 신법당 정부가 건재하던 때였다.

그러나 신종은 의천이 송에 들어가기 직전에 죽었고, 이후 어린 철종이 즉위하자 모후母后인 선인宣仁태후의 수렴청정이 시작되었다. 곧 구법당이 집권하였고 개혁 정책은 하나씩 폐지되거나 수정되었다. 의천이 송에 들어간 1085년에는 아직 조정의 요직을 신법당 관료들이 장악하고 있었으나 얼마 지나지 않아 탄핵을 받았다. 의천은 고려 선종의 주청으로 약 1년 2개월 만에 귀국하였지만, 송 조정에서의 정세 변화로 결코 송에 오래 머물 수 없었다.

구법당을 이끈 소식은 의천이 귀국하고 3년이 지난 1089년부터 약 3년간 항주 지주사로 부임하여 의천과 고려를 비난하고 혜인원과 고려 조정과의 연락을 통제하였다. 다음에서 이를 알 수 있다.

---

25 이범학, 「司馬光의 正名思想과 人治主義의 展開」, 『東洋史學』 37, 1991, p. 161.

26 『敕賜杭州慧因教院記』를 찬술한 章衡은 哲宗이 親政할 때에 新法의 부활을 주도한 新法黨의 巨頭 章惇의 近親이었다.

27 이범학, 「蘇軾의 高麗排斥論과 그 背景」, 『韓國學論叢』 15, 1992, p. 108.

28 이범학, 위의 논문, 위의 책, p. 104.

29 이범학, 위의 논문, 위의 책, p. 107에서는 의천의 入宋이 神宗의 계획 또는 지시와 관련된 것으로 추측하였다.

① 지난해에 顔顯 편에 보낸 편지를 받고 깊이 마음에 새겼습니다. 그때에 듣건대 蘇軾 知州事가 상선의 왕래를 금하고, 편지를 가지고 왕래하는 자는 모두 벌을 내린다고 하기에 감히 답장을 드리지 못한 것이지 게으름 때문이 아닙니다.[30]

② 法隣이 아침저녁으로 배편을 따라 나아가 예배하고 아울러 번성한 佛事를 참관하고자 하였으나, 세 번씩이나 제지를 받았으니 어찌하겠습니까? 가만히 숨어서 가고자 하였으나 부모님과 스님이 계시오니, 생각컨대 不測의 죄를 면할 길이 없어 마음이 어지러웠습니다. …… 지금 중국에는 소 한 마리가 울부짖으니 뭇 지식인들이 도열하여 따르므로, 반드시 우둔하고 하찮은 사람을 아끼지 않을 것이 명백합니다. 실로 이곳 사정이 이와 같습니다.[31]

소식이 고려와 송과의 상선 왕래를 금하였기 때문에 의천은 정원에게 문안 편지를 제대로 보낼 수 없었다. 뿐만 아니라 의천이 국청사의 주지가 되어 천태종을 개창하면서 베푼 법회에 송나라의 법린法隣이 참가하려 하였으나, 세 번씩이나 제지를 받아 뜻을 이룰 수 없었다. 당시의 송나라 사정에 대해서는 "소 한 마리가 울부짖으니 뭇 지식인들이 도열하여 따른다"라고 하였다. 이것은 소식의 구법당이 득세하였음을 알려준다. 1089년에 정원이 입적하자 의천은 제자인 수개 등을 혜인원에 보내 제의를 드리는 한편, 철종과 선인태후의 장수를 빌기 위해 황금탑黃金塔을 헌납하였다. 이때 항주 지주사인 소식은 황금탑을 오히려 고려로 반송하려 하였고, 계속해서 고려 배척론을 전개하였다.[32]

의천의 입송入宋은 단순히 불법을 구하는 것 이상의 정치적 의미를 지녔

30 의천, 「上大宋淨源法師書」 3首(『대각국사문집』 권11 ; 『한국불교전서』 권4, p. 545, 하)에 "往年 行者顔顯到來 曾辱手教 不勝銘佩 是時 聞蘇牧斷截商船 持書往復者 俱罹非法之誅 是以未敢裁答 非怠故也"라고 하였다.

31 法隣, 「大宋沙門法隣書」(『대각국사외집』 권7 ; 『한국불교전서』 권4, p. 580, 하)에 "法隣寅夕要隨舟詣 函丈禮拜 兼觀盛事 奈三制何 幾欲潛遁 又父母師主 猶在恐仰累不測之禍 將來不免方寸亂矣 …… 今中國一牛吼地 知識森列 必不惜一庸淺 亦已明矣 苟可如此"라고 하였다.

32 이범학, 「소식의 고려배척론과 그 배경」, 앞의 책, pp. 3~25.

다. 즉 신법당의 변법사상을 받아들여 고려 사회를 개혁하려는 의지를 담고 있었기 때문에[33] 의천의 유학은 고려 조정에서 쉽게 허락될 수 없었다. 문종대말에는 문벌귀족정치가 난숙해져서 인주 이씨들은 왕실의 외척으로서 국권을 전횡할 정도였다.[34] 문종대말부터 문벌귀족정치를 개혁하려는 기운이 나타났는데, 의천의 입송은 이러한 개혁정치와 연결되었다. 그의 유학을 왕실도 주저하였지만 군신群臣, 즉 문벌귀족들이 확고하게 반대한 이유를 여기서 찾을 수 있다. 송에서 돌아온 후 의천은 고려의 개혁정치에 깊이 관여하였다. 다음 글에서 이런 면을 추측할 수 있다.

> 제도를 새롭게 하지 않고 오히려 지켜 잃지 말라고 하였으니 잘못이 아니겠습니까? 그러므로 후세에 식견이 있는 선비들이 몹시 애석하게 여겼습니다. 전하기를 "때란 얻기 어렵고 잃기 쉬운 것이다. 좋은 때는 두 번 오지 않는다"라고 하였습니다. 엎드려 원하옵건대 전하께서는 밝은 지혜로 홀로 결단하셔서 과감하게 실행하시면, 비단 국가의 복이 될 뿐만 아니라 만세토록 백성들의 복이 될 것입니다. 혹 조정에 우려하는 자가 있으면 臣의 건의를 公卿大夫들에게 보여 마땅함과 마땅하지 않음을 보여주십시오.[35]

의천은 변법을 주장하여 고려의 문벌귀족 사회를 개혁하려는 의도를 가졌다. 그는 한漢나라 고조 때에 재상인 조참曹參이 변법에 힘쓰지 않고 앞

33 鄭修芽, 「高麗中期 改革政策과 그 思想的 背景—北宋 '新法'의 수용에 관한 一試論」, 『水邨朴永錫敎授華甲紀念 韓國史學論叢』 권상, 探求堂, 1992, p. 456.

34 文宗부터 仁宗 때까지 仁州 李氏들은 外戚으로서의 지위를 굳건히 누렸다. 문종의 妃인 仁睿太后·仁敬賢妃·仁節賢妃는 모두 李子淵의 딸이고, 順宗의 妃인 長慶宮主는 李顥의 딸이다. 宣宗의 妃인 思肅太后·貞信賢妃·元信宮主는 각각 李碩·李預·李頲의 딸이다. 또한 睿宗의 妃인 文敬太后와 인종의 두 廢妃는 李資謙의 딸이다.

35 의천, 「鑄錢論」(『대각국사문집』 권12 ; 『한국불교전서』 권4, p. 549, 하)에 "不新制作 反言遵而勿失 無乃謬乎 是故 後世有識之士 深爲之痛惜也 傳曰時者 難得而易失 時乎時不再來 伏願殿下 至明獨斷 果敢必行 非獨國家之福 萬世蒼生之福也 儻或朝有疑慮 亦乞下臣之議 以示公卿大夫 當與不當 宜與非宜"라고 하였다.

의 재상이었던 소하蕭何의 법령을 그대로 따라 시행한 것을 비난하였다. 조참의 정책은 수성守成을 강조한 것이어서 긍정적으로 평가되었는데, 의천은 그것을 "날마다 아무 일도 하지 않고 술만 마시며 후원에서 잔치만 벌였고, 관리들과 취하여 노래만 불렀다"라고 비난하였다.[36] 그러나 의천의 변법사상은 고려 조정에서 순조롭게 받아들여지지 않았고 오히려 문벌귀족들의 배척을 받았다. 자연 고려 조정에서의 그의 교학활동도 비판을 받았다. 36세가 되는 1090년(선종 7)에 『신편제종교장총록』을 완성한 의천은 이때 승과僧科를 관할하였는데, 어사대御史臺가 이를 비판하는 상소를 올렸다. 상소는 의천이 승과를 관장하면 화엄종의 경론에 정통하지 못한 결과를 낳는다고 주장하였다.[37]

홍왕사 주지로서 교장도감을 설치하여 한창 교학의 여러 장소章疏를 간행하던 시기에 의천은 어사대로부터 비판을 받았고, 이후 1092년에는 어머니인 인예태후가 죽었으며 이자의李資義가 권력을 전횡하였다. 이러한 사태의 변화는 의천의 변법사상을 용납하지 않았다. 의천은 홍왕사에 있지 못하고 1094년 5월에 해인사海印寺로 물러났다. 이때에 선종이 죽고 조카인 헌종이 즉위하자, 이자의가 권력을 농단하였다. 해인사로 나아가는 심정을 의천은 "굴욕으로 여러 해 제경帝京에 살면서도 교문教門에 이룬 공이 없어 부끄럽구나. 이때에 도를 행한 것이 헛수고였으니 어찌 임천林泉에서 성정性情을 즐김과 같겠는가"[38]라고 시로 읊었다. 의천은 해인사로 내

36 의천, 「주전론」(『대각국사문집』 권12 ; 『한국불교전서』 권4, p. 549, 중)에 "每見曹參 擧國無所變更 一△蕭何約束 日不事事 惟飮醇酒 張坐後園 與吏醉歌 孝惠聞而讓之"라고 하였다.

37 의천, 「與內侍文冠書」(『대각국사문집』 권13 ; 『한국불교전서』 권4, p. 550, 중)에 "比緣御史臺所奏論 臣不合掌于試 僧表白文字事云 是若使僧統 知于表白試選 則後進義學 志在求掌表白之試 攻乎章句之學 以致本宗經論 未至精通者"라고 하였다. 의천이 內侍 文冠에게 편지한 때는 "16~17세 이래 성인의 가르침에 종사한 지 이제 20년에 이르렀다"라고 하였으므로 36세를 전후한 시기로 추측된다.

38 의천, 「海印寺退居有作」(『대각국사문집』 권20 ; 『한국불교전서』 권4, p. 565, 중)에 "屈辱多年寄帝京 教門功業耻無成 此時行道徒勞爾 爭似林泉樂性情"이라 하였다.

려가기 전까지 개경에서의 삶이 굴욕으로 점철되었고, 그러한 때에 불법을 펴는 것 자체가 헛수고였다고 말하였다. 이것은 자신의 정치적 소신이 좌절되어 해인사로 쫓겨가게 되었음을 알려준다.

선종은 이자연의 장남인 이정李頲의 딸인 원신궁주元信宮主와의 사이에서 한산후漢山候 구昫를 낳았다. 이정의 아들인 이자의는 헌종이 유약하고 병이 있으므로 자신의 생질인 한산후 구를 즉위시키기 위해 사병을 길렀다. 이렇게 해서 일어난 이자의의 난은 1095년 9월에 계림공鷄林公 희熙와 평장사平章事 소태보邵台輔에 의해 진압되었고 그 일당은 처단되었다. 그해 10월에 헌종이 죽고 숙종이 등극하자 해인사에 물러나 있던 의천은 다시 개경으로 돌아올 수 있었다. 숙종의 왕비는 유홍柳洪의 딸인 명의明懿태후였다.

숙종은 이자의를 제거하는 과정에서 문벌귀족정치를 개혁하려 하였으므로, 자연 의천의 변법사상은 숙종의 개혁정치와 잘 어울렸다. 1099년(숙종 4)에는 왕이 왕비와 원자元子 및 의천과 함께 여러 신하를 거느리고 삼각산三角山에 행차하여, 승가굴僧伽窟에 들러 재를 올리고 향과 의복 등의 재물을 시주하였다.[39] 돌아오는 길에는 인수사仁壽寺에 들러 도읍할 터를 둘러보았다.[40] 의천은 숙종의 남경 순주에 동행하였을 뿐만 아니라 도읍할 터를 권하는 등 개혁정치에 깊이 관여하였다.

의천의 변법사상을 알려주는 대표적이 것이 주전론鑄錢論인데, 실제로 숙종 때에 건의하여 실시되었다. 1097년(숙종 2)에 주전관鑄錢官이 설치되었고 1102년에는 해동통보海東通寶를 사용하였다. 이때가 되면 송에서도 다시 신법당이 득세하였다. 1093년(선종 10)에 철종이 친정을 시작하자 개혁 정책이 복구되었고, 이어서 1100~1125년에 이르는 휘종의 치세에도

39 『高麗史』 권11, 숙종 4년 9월 丁卯조 및 윤9월 壬申조, 甲戌조.

40 『고려사』 권11, 숙종 4년 乙亥조 및 庚辰조.

신법당이 정권을 장악하였다.[41] 숙종 때 의천의 변법사상이 용납된 것은 이러한 중국의 정세 변화와도 연관이 있다.

의천은 1101년(숙종 6) 10월에 입적하였는데, 그해 2월에는 이자의 사건과 연루되어 귀양간 자들이 모두 돌아왔다. 숙종이 비록 문벌귀족정치를 개혁하고자 하였으나 인주 이씨 세력은 그대로 지속되었다. 숙종의 아들 예종은 이자겸李資謙의 딸을 왕비로 맞이하였다. 이러한 사실은 의천의 변법사상이 고려 사회에서 순조롭게 받아들여지지 않았음을 알려준다.

숙종은 제도를 새롭게 고치자는 의천의 건의를 듣고는, 그것을 공경대부公卿大夫들에게 보여서 그들의 여론을 받아들였다. 숙종 이후 예종 때에도 개혁정치는 지속되었지만, 그 뒤 인종에 이르는 시기에 문벌귀족정치는 보다 공고해졌다. 그래서 의천의 변법사상은 받아들여질 수 없었으나,[42] 고려중기에는 이미 변법의 개혁정치를 표방한 세력이 상당히 퍼져 있었다. 그런 세력에 속한 인물로 우선 윤관尹瓘을 들 수 있다. 그는 화폐론을 주장하였고 별무반別武班을 편성하여 여진女眞을 정벌하였다.

변법의 개혁을 주장한 면에서 의천과 윤관은 서로 통할 수 있다. 의천의 입적 이후 윤관이 그의 탑비를 찬술한 동기는 바로 이런 점에서 찾을 수 있다. 윤관은 일찍이 숙종의 명령을 받아 대각국사의 비문을 지었는데, 의천의 문도들이 비문의 내용이 좋지 않다고 문제 삼자 예종은 김부식에게 대각국사비를 다시 짓게 했다. 이때 윤관은 상부相府에 있었는데 김부식은 사양도 하지 않고 비문을 새로 지었다. 그래서 이 일은 윤관의 아들 윤언이尹彦頤에게 유감으로 남았다. 이후 김부식이 인종에게 주역周易을 강의

41 정수아, 「고려중기 개혁정책과 그 사상적 배경—북송 '신법' 수용에 관한 일시론」, 앞의 책, p. 454.

42 『고려사』 권90, 大覺國師전에는 의천 사후에 숙종이 '大覺'이라는 시호를 내리려고 하자 中書門下省에서 부처라는 뜻의 '大覺' 시호를 내리는 데 반대하였다는 기록이 있다. 이 점 역시 의천의 변법사상을 반대하는 문벌귀족의 존재를 추측하게 한다.

할 때 윤언이가 이모저모로 따져 물으니, 김부식은 대답하기 곤란하여 진땀을 흘렸다.[43] 이처럼 표면적으로는 윤관 부자와 김부식은 대각국사비를 작성하는 문제 때문에 대립한 것으로 보이지만 실제로는 정치적 입장을 달리하였다.

윤관이 지은 대각국사비는 1102년(숙종 7) 5월에 세워져서 그 이듬해 완성되었다. 경선원敬先院 동합東閤에 안치하였던 이 비는 이로부터 8년 후인 1111년(예종 6)에 지세地勢가 불편하다는 이유로 다른 곳에 옮겨진 듯하다.[44] 그리고는 김부식에 의해 대각국사비가 다시 작성되었다. 윤관 부자와 김부식은 정치적 입장이 매우 달랐기 때문에 윤관과 김부식이 지은 대각국사비문은 서로 다른 내용을 담고 있었을 것이다. 윤관 부자가 숙종과 예종 초기에 개혁정치를 밀고 나갔다면, 김부식은 그 뒤의 문벌귀족정치를 대변하였다. 또한 윤언이는 김부식과 대립하던 서경西京세력인 정지상鄭知常과 가깝게 지냈고,[45] 인종 11년에는 「만언서萬言書」를 올려 시정을 개혁하려 하였다. 이처럼 윤관 부자는 송의 신법사상을 수용하여 고려중기의 개혁정책을 주도하였고, 그것은 의천의 변법사상과 바로 연결되었다.[46]

현재 전하지 않기 때문에 윤관이 지은 대각국사비의 내용을 알 수는 없다. 다만 김부식과 대조적인 그의 정치적 입장을 생각한다면 윤관의 대각국사비에는 송의 신법당과 연결된 변법사상이 강하게 나타났을 것이다.

---

43 『고려사』 권96, 尹瓘전 附 尹彦頤전.

44 박호, 「大覺國師墓室及碑銘安立 事跡記」(「개성영통사 대각국사비 陰記」, 이지관, 『교감역주 역대고승비문』, 고려편 3, 가산불교문화연구원, 1996, pp. 129~130)에 "壬午五月日 知奏事尹瓘 奉聖旨 許立國師碑靈通寺 …… 此碑之左方 彌勒堂 遣歸法寺衆 還之 翌日 以靈通寺衆五百餘人 輸置敬先院東閣 …… 踰八歲 至辛卯年 省奏 大覺國師碑在寺 西北根脈 於勢不便 宜更 (以下缺)"이라 하였다. 결락으로 辛卯年(1111)에 옮겨진 대각국사비의 행방을 분명히 알 수 없다. 아마도 그것은 윤관이 지은 대각국사비였으며, 옮겨지면서 없어졌을 것이다.

45 『고려사』 권96, 윤관전 부 윤언이전.

46 정수아, 「고려중기 개혁정책과 그 사상적 배경—북송 '신법' 수용에 관한 일시론」, 앞의 책, pp. 458~461.

이 점이 김부식을 비롯한 당시 문벌귀족들의 미움을 샀고, 결국 의천의 교학도 그들에 의해 주도된 당시 불교계에서 올바로 평가되지 못하였다. 영통사와 선봉사僊鳳寺의 대각국사비에는 이런 면이 빠져 있고, 현재 전하는 『대각국사문집大覺國師文集』에도 상당 부분이 결락되어 있다. 결손되기 이전의 인본印本이나 사본寫本도 찾을 수 없다.[47] 이것은 의천의 사상과 교학이 고려 국내에서 비판을 받으면서 문집이 누군가에 의해 자의적으로 파손되었을 가능성을 추측하게 한다.

의천은 대장경을 간행하면서 요의 불경을 적극 수집하였다. 영통사 대각국사비에는 북요北遼의 천우天祐황제가 의천의 명성을 듣고 대장경과 여러 종파의 논소論疏 690여 권을 보내왔고, 그 밖에 보낸 서적이나 약품 등의 물품을 일일이 다 기록할 수 없다고 쓰여 있다. 뿐만 아니라 요의 사신들은 모두 의천을 만나기를 희망하였다. 그래서 고려의 사신이 요에 들어가면 신료들이 반드시 의천의 안부를 물었다고 한다.[48]

그러나 『고려사高麗史』에는 의천과 요나라 황제 사이에 불편한 모습이 전한다. 의천이 요의 사신인 왕악王蕚을 통해 금으로 만든 종 두 개를 바치려 하였으나, 요 황제는 오히려 왕악을 처벌하고 황금 종을 받지 않았다.[49] 송나라 신법당의 대외정책이 고려와 연합하여 요나라를 제압하려는 것이었으므로,[50] 의천이 요나라 조정과 친밀하였는지는 불분명하다. 의천이 비록 요나라를 통해 많은 불교 전적을 수집하였더라도 그와 요나라 조정과의 관계는 『고려사』의 기록에서 진실을 찾아야 한다.

의천의 교학활동에는 그의 정치적 입장이 은연중에 작용하였다. 고려중

47 許興植, 「義天의 思想과 試錬」, 『정신문화연구』 권17 제1호, 1994, p. 61.

48 김부식, 「개성영통사 대각국사비」(앞의 책, p. 126)에 "當時北遼天祐帝 聞其名 送大藏及諸宗疎鈔 六百九十餘卷 其餘文書 藥物金帛 至不可勝計 …… 遼人來使者 皆請見以土物籍手以拜 吾使入遼則必問師之安否"라고 하였다.

49 『고려사』 권90, 대각국사전.

50 이범학, 「소식의 고려배척론과 그 배경」, 앞의 책, pp. 10~11.

기에는 문벌귀족 사회가 형성되었고, 왕실은 문벌귀족정치를 개혁하면서 왕권을 강화하려 하였다. 그러한 노력이 송나라 신법당의 변법사상 모색으로 나타났는데, 실제로 의천은 송에 유학하여 신법당 인사들과 교류하였다. 그러나 고려의 문벌귀족정치는 더욱 강화되었고, 의천의 귀국 후 송 조정도 구법당 인사들이 장악하였다. 의천 역시 당시 불교계와 문벌귀족의 비판을 받아 해인사로 물러났다가, 숙종이 등극하면서 다시 개경으로 돌아와 개혁정치에 깊이 참여하였다. 즉 의천의 교학이나 변법사상은 고려중기의 문벌귀족 사회에서는 환영받을 수 없는 성격을 지니고 있었다.

(2) 의천의 원돈사상

1) 구상론적인 화엄관

의천은 고려중기에 천태종을 개창하였지만 본래 화엄종 승려였고, 그의 교학은 화엄사상에서 출발하였다. 현종 이후 고려중기에는 척신인 인주 이씨들의 후원을 받으면서 현화사가 창건되어 법상종이 흥성하였다. 그러한 분위기 속에 문종은 법상종에 대응해서 화엄종을 부흥시키려는 의도에서 1056년(문종 10)에 흥왕사를 건축하여, 1067년에 낙성하였다.

의천은 화엄사상을 중심으로 그 밖의 모든 교학을 흡수하였다. 다음은 의천의 화엄사상을 가장 특징적으로 드러낸다.

> ① 一毛 속에 여러 나라의 바다를 융섭하였다. 不動한 一步가 허공을 두루 다니고 여러 갈래로 낭랑하게 흐르니, 홀로 막히어 그 도가 百派로 나타났다.[51]
>
> ② 大華嚴의 교리는 一眞이 묘하게 쌓여 滿藏의 教法을 나타낸 것이다. 비로

51 김부식, 「개성영통사 대각국사비」(앞의 책, p. 127)에 "攝諸刹海 於一毛中 不動一步 周行虛空 横流浪浪 獨爲之防 道其百派"라고 하였다.

자나불의 心源을 밝혀서 보현보살의 行願의 바다를 다 드러냈으니, 참으로 生靈의 커다란 근본과 본성을 드러낸 지극한 말씀이다.[52]

영통사 대각국사비의 명문銘文은 의천의 행적과 사상의 요체를 간략하게 서술하였는데, 특히 그의 화엄사상을 "하나의 터럭 속에 여러 나라를 융섭하였다"라고 표현하였다. 그것은 하나 속에 시방세계를 모두 포함한다는 화엄의 성기性起사상을 나타낸다. '일모一毛'나 '일보一步'의 강조도 같이 파악될 수 있다.

의천의 화엄교학은 하나 속에 융섭된 시방세계의 여러 법상이 민멸泯滅하여 그것과 더불어 혼합된 일체一體를 이루는 것은 아니므로, 의상에서 균여均如로 이어지는 성기론적인 융섭사상과는[53] 다르다. 부동한 하나를 설정하여 그 속에는 여러 법상이 융섭하지만, 허공을 두루 다니고 여러 갈래로 움직이며 작용하고 하나 속에 융섭된 법상은 각자의 모습을 갖추었다. 이러한 화엄사상의 특징은 의천이 화엄경을 이해하는 데에도 그대로 나타난다. 의천은 화엄경을 "일진一眞이 묘하게 쌓인 것"으로 규정하였는데, 이것은 "하나의 터럭 속에 여러 나라를 융섭하였다"라는 표현과 다를 바 없다.

'일진一眞이 묘하게 쌓인 것'으로는 비로자나불을 들 수 있다. 그렇다면 화엄경은 비로자나불이 가진 마음의 근원을 밝히는 것이다. 의천은 비로자나불의 본성을 추구하는 데 구경究景의 목적을 두지 않고, 그것을 통해서 나타난 보현보살의 수많은 행원行願을 찾아내려고 하였다. 이것은 바로

---

52 의천, 「新集圓宗文類序」(『대각국사문집』 권1 ; 『한국불교전서』 권4, p. 528, 상)에 "大[華]嚴之爲敎也 一眞妙蘊 滿藏雄詮 [窮]遍照之心源 罄普賢之行海 誠生靈之大本 稱性之極談者歟"라고 하였다.

53 김두진, 「均如 華嚴思想의 歷史的 의의」, 『한국화엄사상연구』, 東國大學校出版部, 1982 ; 『均如華嚴思想研究』, 一潮閣, 1983, pp. 327～330.

사람들의 근본과 본성을 광범하게 추적하는 작업으로, 즉 의천은 일진 속에 융섭된 비로자나불의 본성으로 귀의하기보다 그로 인한 보현행원普賢行願을 수행하고자 하였다. 그런데 보현행원이나 사람들의 본성은 비로자나 속에 융섭되어 있으면서도 그것과 더불어 혼연混然의 일체를 이루지 않고 그 궁극적인 의미를 뚜렷이 부각하였다.

앞에서 의천의 화엄사상은 법상이 하나 속에 융섭되면서도 그 융섭된 하나는 궁극적으로 여러 법상의 특성을 그대로 노출시킨다고 하였다. 이것은 융섭된 하나가 다시 여러 법상을 건립해가는 모습을 보여주는데, 바로 이런 면이 법장의 연기건립緣起建立사상을 연상시킨다. 법장의 화엄사상은 하나가 연기에 의해 여러 법상이 만들어져 각각의 존재 의미를 뚜렷하게 설정해간다.

의천의 화엄사상은 융섭적인 하나를 내세우면서도 결국은 연기건립되는 면을 강조하였다. 다음 내용은 의천 화엄사상의 특성을 보다 분명하게 알려준다.

화엄경은 圓音의 지극한 노래요 性海의 웅장한 법문이니, 가히 여러 경전의 큰 근원이며 만 가지 교화의 으뜸인 근본이다. 그 도는 오묘하고 넓으며 그 글은 매우 깊어, 百千의 묘한 말들이 앞뒤에서 서로 비추어 三十九品의 시종을 두루 펼쳐 나열하였다. 事와 理가 鎔融하고 體와 用이 相卽하여 一門으로 들어가되 여러 문으로 환히 통하고, 一品을 말해도 여러 품이 일제히 따른다. …… 비록 법문은 無量하지만 一心을 떠나지 않으니, 일심을 융섭하면 萬法이 원만하게 수합되고 一心을 운용하면 온갖 行이 일제히 일어난다. 진실로 一文의 오묘함으로 뜻을 융섭하여 빠짐이 없고 한 번의 功德으로 능히 지옥을 물리칠 수 있으므로, 손바닥 위의 물로도 오히려 生靈을 건질 수 있다. 만약 (경전을) 읽고 염송하여 마음을 닦는다면 그 공덕은 부처의 지혜와 같아질 것이다. …… 진실로 이 경으로 말미암아 眞源을 환히 꿰뚫고 性海를 깊이 궁구하여, 모든 부처의 神異한 운용을 터득하고 중생의 願門을 모두 갖추면, 이것이 最上乘이며 不思議라고 부른다. 위대한 힘을 갖춘 큰 광명을 가져 능히 경을 보고 듣는 자는 두루 미쳐서, 견고하게 씨앗이 내리기 때문이다.[54]

화엄경은 지극한 하나의 원음圓音이지만 그 속에 법성의 바다와 같은 웅장한 법문을 모두 갖추었다. 즉 하나 속에 융섭되는 원음을 강조하면서도 연기에 의해 건립된 수많은 법상이나 법문도 두루 갖추었다.

중국 화엄종의 시조인 두순杜順은 법계관法界觀의 삼중삼십문三重三十門을 지어 지엄智儼에게 전하였고, 다시 그것은 법장에게 전해졌다. 하나 속에 융섭된 법계관문法界觀門을 삼중삼십문으로 설정한 것은, 만상을 융섭하면서도 하나 속에 일천문一千門으로 비추어 나타나는 현상을 제시하였다.[55]

정원은 하나 속에 융섭된 각 법상이 모두 법계의 법문을 두루 갖추고 있는 구상론적具相論的인 화엄사상을 다시 일으키고자 하였다.[56] 그래서 그는 일찍이 법장계 화엄종의 조사들을 좋아하고, 그들의 학설을 저술하여 널리 전하였다.[57] 유식학승唯識學僧들이 법상을 실상론적實相論的으로 인식하여

---

54 의천, 「大宋誠法師答辭」 제2(『대각국사외집』 권1 ; 『한국불교전서』 권4, p. 568, 중~하)에 "華嚴經者 圓音極唱 性海雄詮 可謂衆典洪源 萬化宗本 其道玄曠 其文甚深 百千妙言 前後參映 三十九品 始終該羅 事理鎔融 體用相卽 入一門而諸門洞啓 談一品而衆品齊揮 …… 雖法門無量 不離一心 攝一心而萬法圓收 運一心而衆行齊起 良以一文之妙 攝義無遺故 一偈之功 能排地獄 盥掌之水 尙拯生靈 若讀誦思修 則功齊佛智 …… 良由此經 洞徹眞源 深窮性海 極諸佛之神用 盡衆生之願門 是最上乘 名不思議 具大威力 有大光明 能使見聞 普熏堅種故"라고 하였다.

55 의천, 「示新參學徒緇秀」(『대각국사문집』 권16 ; 『한국불교전서』 권4, p. 555, 하)에 "以淸凉嘆曰 交映千門 融冶萬有 盡法界術 唯大花嚴 妙在玆焉 然此經文 雖行於世 罕能通之 在昔吾祖杜順尊者 …… 著法界觀三重三十門 并漩澓頌三首 傳于高弟儼尊者 儼傳藏國師"라고 하였다.

56 증민, 「송항주남산혜인교원 전수법사비」(『玉岺山慧因高麗華嚴敎寺志』 권8)에 "釋門之義天者也 譯傳中國賢首師 聞其風而悅之 雖然造論之緣爲化邪小 故一眞之旨 雖具而十玄之義 猶秘隨機 示化廣略 當然也"라고 하였다. 즉 一眞이 十玄의 의미를 갖추고 있음은 具相論的 화엄관을 나타낸다.

57 정원, 「大宋沙門淨源書」 5首(『대각국사외집』 권3 ; 『한국불교전서』 권4, p. 572, 중)에 "始由花嚴 洎通諸部 悅賢首諸祖 有傳述之意 遂節疏注經 及諸製撰"이라 하였다.

성실론成實論을 전개하였다면, 법장은 그것을 하나 속에 융섭할 수 있음을 제시하였다. 그리하여 그는 이른바 '삼성동일제三性同一際'를 주장하였다.

법장은 법상을 각각 공空과 유有의 두 가지 의미를 갖는다고 하여, 불변의 진실성眞實性을 갖지만 의타나 분별이 본성을 갖지 않음을 내세웠다.[58] 연기된 법상은 모두 본성을 갖지 않으며, 하나 속에 융섭하여 하나와 더불어 혼연된 일체一體를 이룬다. 그러나 법상 속에 불변의 본성을 설정함으로써 하나 속에 융섭된 그것은 민멸泯滅되지 않고 삼중삼십문 등 여러 법계의 법문을 포함한다.

정원은 법상 속에 진원眞源을 설정하고 법상과 법문을 두루 추구하였으을 뿐만 아니라 중생의 원문願門을 갖춤으로써 인간은 물론 지옥까지도 모두 건질 수 있다고 하였다. 법계의 무수한 법문은 일심一心 속에 융섭되고 만법은 또한 일심 속에 원만히 수합되므로, 일심을 운용하면 온갖 분별이 일제히 일어난다. 이렇듯 법장계의 화엄사상은 융섭적인 성격을 가지면서도 융섭된 하나 속에 선악은 물론 지옥과 열반까지를 모두 갖추었다.

의천은 하나 속에 융섭된 갖가지 방편을 껴안음으로써 평등한 일미一味를 보이지만, 밖으로는 근기根機에 따라 만 가지로 변화함을 내세웠다. 법계가 하나 속에 융섭되면서도 그 도가 넓고 커서 모든 법상을 갖추었으므로 '궁리窮理'와 '진사盡事'를 헤아릴 수 없다.[59] 리理를 다하면 사事로 되고 사를 다하면 리로 되기 때문에 궁리와 진사는 리와 사를 융섭하려는 것이다. 원칙적인 하나 속에 여러 법상을 융섭하여 그 특성을 갖추는 것을 정원은 "리와 사가 융섭하고 체體와 용用이 상즉한다"라고 설명하였다. 그것은 일문一門으로 들어가되 여러 문으로 통하고, 일품一品을 말하더라도 여

58 張元圭,「華嚴學의 大成者 法藏의 教學思想」(2),『佛教學報』 14, 1977, p. 137.

59 의천,「示新參學徒慧修」(『대각국사문집』 권16 ;『한국불교전서』 권4, p. 557, 중)에 "或攝之以種種方便 或示之以一味平等 或勉之以苦樂昇沈 或導之以因果報應 外則隨機萬變 內則法界同歸 然法界之爲道也 廣大悉備 窮理盡事 不可得而思議矣"라고 하였다.

러 품목이 일제히 따름을 의미한다.

구상론적인 화엄사상은 리와 사를 함께 추구하여 융섭하였는데, 다음 기록을 참고해보자.

> 만약 마음을 깨달아 가만히 華嚴經을 수행한다면, 性海에 맡겨 寂知로써 眞空에 통달하여 밝게 작용한다. 이처럼 다니고 머물거나 앉고 누움에 語默이 서로 부합하고 보고 들은 바를 깨달을 때에 理와 事가 서로 契合한다. 만약 미혹한 머리로 그림자를 인식하고 병든 눈으로 꽃을 잘못 봄으로써 有를 버린 無는 손가락에 집착하여 달을 보는 것과 같다.[60]

수미게須彌偈에는 '무견無見'이 곧 '시견是見'이므로, 일체의 법상을 능히 보게 되면 법상의 '유견有見'은 곧 '무소견無所見'이 된다.[61] 무견이 시견이고 유견이 무소견이라면, 그것은 유有와 무無를 구별하지 않으려는 유무상즉有無相卽의 융섭사상이다.

유와 무를 구별하지 않으면 어語와 묵默이 서로 부합되며 리理와 사事가 구별되지 않는다. 유를 버린 무는 진면목의 달을 보는 것이 아니라 그것을 가리키는 손가락을 보는 것으로 여겨진다. 의천은 진공眞空의 인식과 함께 그것이 융섭된 여러 법상의 특성을 모두 설정하였다. 그것이 곧 유有요, 사事에 대한 인식으로 이어졌다. 진공과 함께 그것에 융섭될 법상을 모두 인식하려는 의천의 구상론적인 화엄사상은 성상융섭性相融攝사상으로 나타났다.

의천의 성상융섭사상은 법상에 대한 인식과 함께 관법觀法을 내세웠다.

60 의천, 「대송성법사답사」 3首(『대각국사외집』 권1 ; 『한국불교전서』 권9, p. 568, 상)에 "若心凝覺 路暗蹈大方 任性海以寂知 廓眞空而炤用 如是則行住坐臥 語默相符 見聞覺知 事理相契 若迷頭認影 病眼狂花 捨有之無 執指爲月"이라 하였다.

61 의천, 위의 글(『한국불교전서』 권9, p. 568, 상)에 "由是須彌偈云 無見卽是見 能見一切法 於法若有見 此則無所見"이라 하였다.

의천은 자은대사의 유식唯識사상이 이름이나 법상에 구애되었고, 천태사상은 리理, 즉 성性을 추구하는 관법에만 치우쳤다고 비판하였다. 법상종과 천태종이 여러 교문의 방편을 두루 융섭할 수 없음을 지적하면서, "오직 우리 해동海東보살께서는 성상性相을 융섭하여 밝히고 고금을 묶어서 백가百家의 다른 실마리를 화쟁和諍하여 일대의 공론을 얻었습니다"[62]라고 하였다. 의천이 높이 평가한 원효의 교학은 십문화쟁十門和諍인데, 이것은 성상을 융섭하였을 뿐만 아니라 관법을 내세웠다.

의천은 성상을 함께 추구하였다. 리와 사를 융섭하려는 의천의 사상은 바로 성상융섭으로 정립되었는데, 다음 내용에서 이런 면을 충분히 알 수 있다.

> 淸凉대사가 말하기를 "性과 相은 하늘의 해와 달과 같고, 周易의 乾과 坤과 같은 것이니, 이 두 교학을 겸해서 배워야만 바야흐로 통달한 사람이라 할 것이다"라고 하였다. 俱舍論을 배우지 않고 소승의 교설을 알 수 없으며, 唯識을 배우지 않고 大乘始敎의 종지를 어찌 볼 수 있겠는가? 起信論을 배우지 않고 어찌 終敎와 頓敎의 뜻을 밝힐 수 있으며, 화엄을 배우지 않고 圓融門에 들어가기는 어렵다. …… 근세에 불법을 배우는 자들이 스스로 말하기를 "頓悟하였다고 權敎인 소승을 업신여기다가 성과 상을 담론함에 이르러서 왕왕 사람들의 웃음거리가 되는 것은 모두 겸하여 배우지 않은 과실 때문이다"라고 하였다.[63]

의천은 성性과 상相을 마치 하늘의 해와 달과 같고 주역에서 말하는 하

62 의천, 「祭芬皇寺曉聖文」(『대각국사문집』 권16 ; 『한국불교전서』 권4, p. 555, 상)에 "至如慈恩百本之談 唯拘名相 台嶺九旬之說 但尙理觀 雖云取則之文 未曰通方之訓 唯我海東菩薩 融明性相 隱括古今 和百家異諍之端 得一代至公之論"이라고 하였다.

63 의천, 「消災經直釋詳定記」(『대각국사문집』 권1 ; 『한국불교전서』 권4, p. 529, 중~하)에 "況淸凉有言 性之與相 若天之日月 易之乾坤 學兼兩轍 方曰通人 是知不學俱舍 不知小乘之說 不學唯識 寧見始敎之宗 不學起信 豈明終頓之旨 不學花嚴 難入圓融之門 …… 近世學佛者 自謂頓悟 蔑視權小 及談性相 往往取笑於人者 皆由不能兼學之過也"라고 하였다.

늘과 땅과 같아서, 어느 하나라도 소홀히 할 수 없음을 말하였다. 즉 성과 상을 겸해서 배워야만 통달한 사람이 된다. 의천은 구사론俱舍論이나 유식은 물론 기신론起信論과 화엄 등 여러 교학을 아울러 배워야 한다고 주장하였다.

성과 상을 겸해서 배우는 데에는 기신론과 유식에 대한 이해가 기본이다.[64] 의천은 성과 상을 겸해서 배우는 데에 화엄을 으뜸으로 삼아 중시하면서 권교權教로써 유식을 이해해야 한다고 분명히 제시하였다. 그는 자은의 논소를 인용하여 화엄경이 육경六經의 으뜸으로 근본이고, 법상을 따라 선양해가는 것을 말종末宗이라 하였다.[65]

의천은 성상을 겸하여 배우고 아울러 관법을 추구하였다. 그는 돈오頓悟하였다고 해서 교학을 소홀히 하고 성상을 몰라서는 사람들의 웃음거리가 된다고 하였다. 화엄사상이 으뜸이라 해서 상相을 업신여겨 리관理觀의 추구에 빠진다면 천태 교리에 미혹되는 결과를 초래한다. 교학의 교리는 불성을 깨우치려 하지만 그 진면목을 쉽게 이해할 수 없어 방편으로 제시된 것이다. 그것은 교설을 만들고 언설을 떠난 교리로 나뉘어 팔장八藏과 오승교五乘教로 설립되었다.

교학의 교리는 십중삼류문十重三類門 또는 삼중삼십문三重三十門으로 설정되었다. 이러한 교설은 중생의 근기에 따라 설정되지만, 궁극적으로 해탈문解脫門을 열어 마음을 알고 본성을 깨달음으로써 본원本源에 돌아가게 하였다.[66] 의천이 성과 상을 겸하여 배우면서도 관법을 중시한 이유를 여

---

64 의천, 위의 글(『한국불교전서』 권4, p. 529, 상)에 "將利其器 以謂起信唯識二論 是性相兩宗之樞要 學人之所宜盡心者矣"라고 하였다.

65 의천, 위의 글(위의 책, p. 529, 중)에 "賢首五教中 判唯識瑜伽 爲大乘始教 而云固非究竟 …… 故慈恩疏 引例六經 而以華嚴 冠之最初 又云 經爲根本 隨法相以宣揚 論是末宗"이라 하였다.

66 의천, 「代世子集教藏發願疏」(『대각국사문집』 권14 ; 『한국불교전서』 권4, p. 552, 중~하)에 "恭惟婆迦婆之設教也 眞常不可以自樂 故非像之像 雲興大悲 不可以無言 故離說之說 風警像則分乎十重三類說 乃示其八藏五乘 大振音雷 遐沾法雨 指菩提路 開解脫門 啓迪群機 誕敷至化 由

기서 찾을 수 있다.

의천은 연기건립緣起建立을 주장하여 과상현果上現의 입장에서 법상의 실체를 인정하려는 중국 화엄종의 정통파인 법장의 화엄사상을 계승하였다. 의천이 송나라에 유학하였을 때 많은 영향을 준 정원은 바로 법장계 화엄종에 속한 인물이다. 의천은 법계 내에서 연기로 인해 건립된 법상의 실체를 그대로 인정하기보다 그것이 하나 속에 융섭될 수 있음을 주장하였다. 이런 점에서 의천의 교학은 법장보다 의상의 교학에 가깝다.

그러나 의상의 교학과는 달리 융섭된 법상은 민멸泯滅되어 본성인 하나와 더불어 혼연의 일체를 이루지 않고, 수없이 다양한 자성을 그대로 견지하였다. 이처럼 본성과 연기된 법상을 함께 이해하려는 데 의천 화엄사상의 특성이 있다. 성과 상을 겸하여 배우면서도 마음을 깨달아 본성에 돌아가게 하는 데에서 의천 화엄사상의 관법을 설정할 수 있다.

2) 융섭적인 관법

의천의 구상론적具相論的인 화엄사상은 성性과 상相을 겸해서 배울 것을 권하지만 그 중심은 화엄사상에 있었다. 의천은 교학과 관법을 아울러 수학해야 한다고 주장하였는데, 그것은 원돈圓頓사상으로 정립되었다. 이러한 의천의 사상적인 특징은 영통사에 세워졌던 대각국사비에도 잘 나타나 있다. 영통사 대각국사비의 명문銘文에서 다음 내용을 참고해보자.

> 찾아서 얻고 행하여 이루었네. 理는 다하지 않음이 없고 事는 융섭하지 않음이 없어서 자재함을 觀智할 수 있으나 호연하여 끝이 없구나. …… 그 도는 광대하여 높고 크기가 하늘과 땅과 같네. 진리의 연원은 깊고 아득하여 진실로 들을 수도 없고 뜻을 새길 수도 없구나. 隨緣하여 나타났을 때는 무심한 땅과 거적일

是識心見性 返本還源者 可勝言哉"라고 하였다.

뿐이나 또한 피부와 구름과 같아서 그 혜택이 만방에 가득하네.[67]

리理가 다하지 않음이 없고 사事가 융섭하지 않음이 없음은 의천의 성상융섭性相融攝사상으로 파악된다. 연기에 의해 형성된 법계의 여러 법상은 땅이나 거적처럼 무심하면서도 피부와 구름처럼 묘한 성격을 지녔다. 그것은 하나 속에 내재하기 때문에 융섭적인 성격을 지녔지만, 특성을 잃지 않아 만방에 혜택을 준다. 사와 리가 융통한 법계의 연원은 깊고 아득하여 듣고 보는 것만으로는 이해될 수 없다. 여기에 의천은 관법觀法을 내세웠는데, 비록 광대하여 끝이 없으면서도 하나 속에 내재하기 때문에 관지觀智될 수 있다.

의천의 관법은 하나 속에 내재된 여러 법상을 관지하기 때문에 융섭적인 성격을 지녔다. 의천은 화엄사상 내에 궁극적으로 관법을 설정하였고, 그것을 원돈교圓頓敎로 표현하였다. 의상 이후 400년 동안 내려온 우리나라 화엄종의 주류를 원돈교로 규정한 의천은 "하물며 근세에 우리 종파에서 이단을 좋아하는 무리들이 근본을 버리고 말末을 좇아서 억설이 분분하였다. 드디어 조사의 깊은 뜻이 막혀 통하기 어려운 것이 열에 일고여덟이나 되니, 교관敎觀에 정통한 사람이 어찌 크게 탄식하지 않겠는가"[68]라고 하였다. 의상에서 균여로 이어진 화엄종이 반드시 관법을 중시한 원돈교였는지는 논란의 여지가 있지만, 의천은 화엄종을 원돈교라 하였고 관법을 갖추지 못한 화엄사상을 이단으로 비판하였다.

---

67 김부식, 「개성영통사 대각국사비」(앞의 책, pp. 127~128)에 "索焉而獲 爲焉而成 理無不盡 事無不融 遊觀自在 浩不可窮 …… 其道之大 如天如地 淵源之深 固不聽議 其出於時 土苴而己 如膚寸雲 澤彌萬里"라고 하였다.

68 의천, 「신집원종문류서」(『대각국사문집』 권1 ; 『한국불교전서』 권4, p. 528, 상~중)에 "自我海東浮石尊者 求法之後 圓頓之教 主盟諸宗者 四百餘年矣 …… 況近世 吾宗好異之輩 棄本逐末 臆說紛然 遂令祖師玄旨 壅而難通者 十七八焉 精於教觀者 豈不爲之大息矣"라고 하였다.

원돈교는 화엄사상의 입장에서 개진된 원융적인 관법을 의미하지만, 의천은 따로 화엄과 함께 관법에 모두 정통해야 한다고 강조하였다. 결국 화엄교학을 강조하면서 관법을 내세운 의천의 교학은 교관을 함께 닦는 사상으로 전개되었다. 우선 의천이 화엄사상 내에서 관법을 추구하는 면을 이해할 필요가 있는데 여기에 대해서는 다음 기록이 도움을 준다.

> 圓敎의 宗風을 이어받았는데, 그 법의 바다가 너무 깊어 끝까지 궁구하지 못하였다. 觀門이 열림에 오히려 여러 곳으로 통하게 되어, 종일토록 생각하는 수고를 면하고 이미 평생의 바람을 이루었다. 삼가 널리 펴는 데 뜻을 두고는 수행하는 데 힘써야 할 것이다.[69]

융섭된 법상이 원칙적인 하나 안에서 나타내는 수많은 법문은 자체로써 너무 깊은 의미를 포함해서, 그것을 철저하게 추구하여 이해하기는 어렵다. 여기에 의천은 융섭되어 내재하는 법상과 법문을 관법으로 추구하였다.

의천의 융섭적인 관법은 종일토록 경전을 보거나 생각하는 수고를 하면서 삼가 수행하는 성격을 지니면서도 법문과 법상을 이해하는 데 뜻을 두었다. 의천은 융섭적인 관법을 원각경圓覺經과 연관시켜 이해하였다. '원圓'은 포용하여 두루 미치는 것으로 경계나 성인 또는 범부에 국한하지 않는 마음이며, '각覺'은 거울을 보듯 통찰하고 영명靈明하여 이로부터 나온 참된 리지理智이다. 그 법의 본체를 이끌어낸 것이 바로 기신론起信論 중의 일심一心이다.[70] 의천의 원돈사상은 원각경의 사상을 통해 융섭적인 관

---

69 의천, 「謝傳法表」(『대각국사문집』 권7 ; 『한국불교전서』 권4, p. 538, 상)에 "獲承圓敎之宗 法海彌深 雖永窮於涯涘 觀門俄闢 猶可達於康莊 免嗟終日之思 已遂平生之望 謹當志存講演 務在進修"라고 하였다.

70 의천, 「講圓覺經發辭」 2首(『대각국사문집』 권3 ; 『한국불교전서』 권4, p. 531, 중)에 "圓者包容周遍 非局心境聖凡 覺者 洞鑑靈明 自是眞常理智 若出其法體 亦起信中 一心是也"라고 하였다.

법으로 연결되었다. '원'은 화엄의 원교圓教를 가리키는데 경계의 차별을 뛰어넘어 그것을 두루 포용하여 융섭함을 이르고, '각'은 모든 법상의 이치를 꿰뚫어 이해하는 관법이다.

의천의 원돈사상은 융섭적인 여러 법상을 상정하고 궁극적으로 관법을 설정하였다.[71] 의천은 권교權教나 소승의 논리를 넘어서기 위해 돈교頓教를 세우고 그것을 원교로 부연하였다.[72] 방편인 권교를 넘어서기 위해 돈교인 관법은 관심觀心, 즉 마음을 닦는 것으로 나타났다. 원각의 본체를 마음, 즉 일심一心에서 이끌어낸 것이 이를 알려준다. 의천의 관법은 사리와 논리를 초월하여 마음을 닦음으로써 깨닫게 한다. 마음을 닦아 깨달음에 이르면 부처의 법신法身과 보신報身은 물론 마음과 경계가 모두 민멸泯滅되고, 주반主伴이 서로 융섭하여 구별이 없어진다. 그렇게 되면 결국 중생과 부처의 구별도 사라진다.[73]

관법이 마음을 닦아 깨우치기 때문에 의천은 관심과 실천수행을 강조하는 보현행普賢行을 내세웠다. 일심 속에 관법을 설정하고 그것을 통해 마음과 경계는 물론 성속聖俗의 구별을 없앰으로써 융섭적인 원융사상을 전개하였다. 마음을 닦아 깨우침이 보현행의 수행으로 나타나는 것은 다음 내용에서 이해할 수 있다.

의천은 "너의 마음이 나와 契合하여 늘 普賢行을 익히고 圓頓經을 펼치면, 티

71 이 점은 고려초 諦觀 등의 天台사상과 어울릴 수 있다. 체관은 『天台四教儀』에서 먼저 화엄경의 여러 品目을 수행 단계로 설정하고는 그 궁극으로 法界觀門을 설정하였다. 마지막에 비록 觀法이 설정되었지만, 대부분은 화엄교리의 수행 품목을 따라 서술된 셈이다.

72 의천, 「강원각경발사」 2首(『한국불교전서』 권4, p. 531, 하)에 "予心宗圓覺 洎乎輪王髻寶 大雲心傳 長者家財 淸凉手授 默承一印 懸悟衆經 由是革舊風規 成新教化 挫權抑小 立頓張圓 疏成三卷"이라 하였다.

73 의천, 위의 글(위의 책, p. 531, 하)에 "會旨忘詮 修心契證 佛身則法報不分 淨土則自他無別 說時則心境雙泯 聽衆則主伴互融"이라 하였다.

끝마다 해탈의 법문에 들고 구절마다 비로자나의 성품을 갖추게 된다. 제도함이 없는 度로써 널리 제도하고 이룸이 없는 이룸으로 끝내 이루며, 스스로 노력하기를 이와 같이 하라. 다른 이를 가르치는 것도 이와 같으니, 모든 중생과 더불어 서원하여 함께 무상의 妙覺에 오른다"[74]라고 하였다.

의천은 원돈경, 즉 화엄경을 펼치면서 보현행을 익힐 것을 주장하였다. 그것은 관심觀心과 경전을 탐구하는 바의 교관을 함께 닦는 사상으로 나타났다.

입적하기 직전인 1101년(숙종 6) 8월에 병을 얻었지만, 의천은 평소와 마찬가지로 '관심觀心' 하다가 때로는 '지경持經' 하였고, 피로하다고 하여 중지하지 않았다.[75] 관심은 마음을 닦아 깨달음에 나아가는 것이다.[76] 이에 대해서는 다음 글에서 보다 잘 이해할 수 있다.

부처가 되고자 하면 마음을 알아야 한다. 그 體는 清淨하며 그 用은 자재하고 그 相은 평등한데, 이것은 나눌 수 없지만 억지로 나누어 세 가지 의미로 설명한데 지나지 않는다. 곧 聖凡이 一體이고 依正은 둘이 아니다. 미혹되면 번뇌와 생사에 있으나, 깨달으면 보리와 열반에 든다. 마음에 미루어보면 마음이 되고, 사물에 미루어보면 사물이 된다. 그러므로 世間이나 出世間에서 일체의 諸法은 같은 성품이어서 차별이 없다.[77]

---

74 의천, 「示新參學徒智雄」(『대각국사문집』 권16 ; 『한국불교전서』 권4, p. 557, 상)에 "汝心我之同契 常習普賢之行 常披圓頓之經 塵塵入解脫法門 句句了遮那性海 廣度無度之度 終成無成之成 自力如是 教他亦然 誓與一切含生 咸登無上妙覺"이라 하였다.

75 김부식, 「개성영통사 대각국사비」(앞의 책, p. 123)에 "秋八月 溝疾隱几而坐 或觀心 或持經 不以疲憊自止"라고 하였다.

76 의천, 「△△△ …… 缺落」(『대각국사문집』 권4 ; 『한국불교전서』 권4, p. 533, 상)에 "可以整心 慮趣菩提 唯人道爲能耳"라고 하였다.

77 의천, 위의 글(『한국불교전서』 권4, p. 532, 하)에 "作佛 乃知此心 其體清淨 其用自在 其相平等 不分而分 雖說三義 聖凡一體 依正不二 迷之則煩惱生死 悟之則菩提涅槃 推之於心 則爲心也 推之於物 則爲物也 故得世出世 間一切諸法 皆同一性 無有差別"이라 하였다.

마음을 닦아 깨달으면 곧 부처가 된다. 미혹되면 번뇌와 생사의 윤회에 허덕이는 중생이지만 깨달으면 보리를 얻고 열반에 이른다. 의천은 마음과 사물의 경계를 인정하지 않았다. 그래서 마음으로 미루어보면 마음이 되고 사물에 미루어보면 사물로 된다고 말하였다. 마음에 의해 인식되는 차별의 법상은 나눌 수 없는 것을 나눈 데에 불과하며 그 본성은 차별을 갖지 않아 동일하다. 의천의 관심은 마음과 사물이 구별되지 않는 무상의 묘각妙覺에 이르는 데 있었다. 마음과 경계가 모두 없어져 진공관眞空觀에 들면 모든 사물에 대한 미혹이 없어진다. 이로 말미암아 깨달음에 이르나[78] 의천은 관심과 함께 경전을 열람할 것을 권고하였다.

교관을 함께 수학하는 것은 의천의 사상 내에 뚜렷하게 나타났다. 의천은 국내에서는 화엄교학에 정통하였지만, 송에 유학해서는 교관겸수敎觀兼修사상에 더 관심을 가졌다.[79] 이것은 의천이 교종은 물론 선종사상도 깊이 이해할 수 있게 하였다. 의천은 경전에 의해 일법一法만 터득해도 스스로 만족하는 교학 풍토에 비판적이었지만, 선종에서 관법만을 추구하는 것에도 불만을 가졌다.[80] 최상의 근기根機를 가졌다고 하여 마음에서 마음으로 전하는 선종의 풍토 역시 만족스러운 것은 아니었다.

의천은 선종에서 삼장三藏 십이분교十二分敎로 나뉜 교종 교리를 천시하는 것에 완전히 동의하지 않았다. 관법에만 전념하지 말고 경전에서 여러 교파의 교리를 추구해야 한다고 생각한 의천은 교학이 하나의 교파나 교

78 의천, 「강원각경발사」 2首(『한국불교전서』 권4, p. 532, 상)에 "心境雙亡 釋眞空觀 初根塵普淨 藉澄神而相泯 因尋伺而我空"이라 하였다.

79 의천, 「謝放罪表」(『대각국사문집』 권8 ; 『한국불교전서』 권4, p. 540, 하)에 "察臣遠涉畏途 爲求敎觀 謂臣早被緇服 奉福邦家"라고 하였다. 의천은 敎觀을 함께 추구하고자 宋에 유학하였다. 또한 「與大宋善聽法師狀」 3首(『대각국사문집』 권11 ; 『한국불교전서』 권4, pp. 545, 하~546, 상)에 "忽際圓宗之大士 參承有幸 獲飡敎觀之風"이라 하였다.

80 김부식, 「개성영통사 대각국사비」(앞의 책, p. 124)에 "亦嘗言曰 禪家所謂 不藉筌蹄 以心傳心 則上上根智者也 脫或下士 以口耳之學 認得一法 自次爲足 指三藏十二分敎 芻狗也 糟粕也 又烏足觀者 不亦誤乎"라고 하였다.

리의 터득에 만족하여 안주하는 것을 불만스럽게 여겼다. 다음 기록은 이런 면을 보다 분명하게 알려준다.

> 그러므로 教를 배우는 자는 안을 버리고 밖에서 구하며, 禪을 익히는 사람은 인연을 끊고 안에서만 밝힌다. 그 둘은 모두 偏執되어 두 극단으로 막힌 것으로, 마치 토끼의 뿔이 긴지 짧은지를 다투는 것과 같고 空花의 색깔이 짙은가 옅은가를 싸우는 것과 같다. 만약 피차에 공정한 마음이 고금을 거닐고 定慧를 모두 갖추어서 自他를 아울러 이롭게 하면, 空은 觀하지만 萬行이 용솟음치고 有에 접하지만 一道가 분명해진다. 말할 때나 잠잠할 때에 玄微를 잃지 않고 움직이거나 가만히 있을 때에 법계를 떠나지 않는다.[81]

의천은 교학이 경전의 교리만을 추구하여 마음을 닦는 일에 소홀하고, 선종이 관심觀心만을 중시하여 경전을 열람하지 않는 것을 모두 편집偏執되었다고 비판하였다. 안을 버리고 밖에서 구하는 교학이나 인연을 끊고 안에서만 깨달으려는 선종의 풍토는 잘못된 것이다. 의천은 관심을 주장하지만 깨달아 진공眞空의 경지에 이르기까지 만행萬行 즉 관행觀行을 추구하였고, 법상을 인식하지만 그 도리를 분명히 설정하여 깨우치려 하였다. 설법하거나 묵전默傳하거나 움직이거나 가만히 있는 것은 교관을 아울러 추구하려는 태도를 가리키는데, 그럴 경우 깊은 뜻을 잃지 않거나 법계와 분리되어 존재하지 않음을 말하였다.

의천은 교관을 함께 닦아야 한다고 주장하였지만 그 중심은 화엄경에 두었다. 그의 교관겸수사상은 다음 내용에서 확인할 수 있다.

---

81 의천, 「강원각경발사」 2首(『한국불교전서』 권4, p. 531, 하)에 "故使學教之者 多棄內而外求 習禪之人 好忘緣而內炤 並爲偏執 俱滯二邊 其猶爭兎角之短長 鬪空花之濃淡 若乃公心彼此 獨步古今 定慧兩全 自他兼利 觀空而萬行騰沸 涉有而一道湛然 語默不失玄微 動靜不離法界者"라고 하였다.

다행히 속세의 인연으로 善知識을 참배하고 晋水법사의 강단에 들어 教觀을 전해 받았다. 가르치는 여가에 일찍이 깨우치시기를 "觀을 배우지 않고 오직 經만을 전해 받으면 비록 五周의 因果를 듣더라도 三重의 性德에 도달하지 못하며, 경을 전수받지 않고 관만을 배우면 비록 삼중의 성덕을 깨치더라도 오주의 인과를 분별하지 못한다. 그런즉 관을 배우지 않을 수 없고 경을 전수받지 않을 수 없다"라고 하셨다. 내가 교관에 마음을 다해 힘쓰는 이유는 이 말을 명심하기 때문이다. 그러므로 清凉국사가 "方寸의 마음을 거울삼지 않으면 性靈을 헛되이 저버리게 된다"라고 말한 뜻이 바로 이것이다. 이에 나는 화엄경을 전수받으면서도 觀을 배우지 않은 자에 대해서는 비록 講主라도 믿지 않는다.[82]

정원의 화엄사상은 관법을 중시하기 때문에 화엄교관華嚴教觀으로 특징지워진다. 의천은 이러한 정원의 문하에서 화엄사상을 전수하면서 아울러 관법을 익혔다.[83] 화엄의 법계연기法界緣起사상은 법상이 만들어지는 인과因果를 설명하고 이해하려는 것이지만, 그 자체에 내재한 성덕性德을 아울러 깨쳐야 한다. 그래서 의천은 관觀을 배우고 아울러 경經을 전수받아야 법상의 인과와 도리를 모두 이해하고 깨친다고 하였다. 그는 교관을 함께 닦음으로써 불조佛祖의 은덕을 갚고, 그러기 위해 경전을 끼고 스승을 찾아다니면서 법을 구하였다.[84]

의천은 교관을 함께 전수받고 익힐 것을 말하면서도, 특별히 화엄경을

---

82 의천, 「시신참학도치수」(『대각국사문집』 권16 ; 『한국불교전서』 권4, p. 556, 중~하)에 "幸以宿因 歷參知識而於晋水大法師講下 粗承教觀 講訓之暇 嘗示誨曰 不學觀 唯授經 雖聞五周因果 而不達三重性德 不授經 唯學觀 雖悟三重性德 則不辨五周因果 夫然則觀不得不學 經不得不授也 吾之所以盡心於教觀者 佩服斯言故也 故清凉云 不鏡方寸 虛負性靈者 亦斯意也 是知傳大經而不學觀門者 雖曰講主 吾不信也"라고 하였다.

83 증민, 「송항주남산혜인교원 진수법사비」(앞의 책 권8)에 "初受華嚴經觀於華藏大師 承遷次受李通玄華嚴論"이라 하였다. 여기의 華嚴經觀은 華嚴教觀으로 이해될 수 있다.

84 의천, 「시신참학도지웅」(『대각국사문집』 권16 ; 『한국불교전서』 권4, p. 557, 상)에 "能以教觀爲己任 終報佛祖之恩德者 其孰能負笈橫經 忘遐求益者哉"라고 하였다.

전수하면서 관을 배울 것을 강조하였다. 그의 교관겸수사상은 화엄사상의 입장에서 전개되었는데, 그것은 원돈일승圓頓一乘으로 나타났다. 원돈일승은 교관을 함께 닦되 도가 멀리 있지 않음을 알아 부지런히 행하고 배울 것을 강조하였다.[85]

의천의 교관겸수사상은 경전과 관법을 아울러 전수받고 익히는 것이지만, 교종과 선종사상을 아우르려는 것으로 나타났다. 그러나 그 진면목은 화엄사상 내에서 관법을 찾는 것이다. 정리하면 화엄교관이라 할 수 있는 의천의 관법은 융섭적인 성격을 지녔고, 여러 교파의 교리를 아우르고자 하였다.

(3) 의천 원돈사상의 불교사적 의미

의천의 원돈사상은 융섭적인 화엄사상을 중심으로 관법을 수용한 것이다. 그의 화엄사상은 구상론적具相論的인 성격을 가져서 융섭된 법상의 특성을 모두 나타낼 뿐만 아니라 여러 교파의 교리를 수용하여 그 의미를 부각시키고자 하였다. 또한 리理와 사事를 융섭하는, 즉 성性과 상相을 아울러 배우려는 경향을 지녔으면서도, 한편으로는 마음을 닦아서 내재하는 불성을 깨우치고자 하였다. 이러한 의천의 사상경향은 당시까지의 교학사상은 물론 선종사상까지 관심을 갖는 폭넓은 인식 기반을 마련하였다. 의천이 교장도감을 설치하여 불교 경전과 전적을 간행한 것은 이러한 사상경향과 표리가 되어 나타났다.

의천은 불교의 교의를 종합하려는 생각을 지녔기 때문에 교파 중심의

85 의천, 「示新參學徒慧修」(『대각국사문집』 권16 ; 『한국불교전서』 권4, p. 557, 중)에 "然此圓頓一乘之道 盡是行人所應知境 如其不學 虛度一生 空返寶山 未足爲痛 若也潛神敎觀 愼終如始 則道遠乎哉"라고 하였다.

고려 불교계에 만족할 수 없었다. 그가 가진 고려 불교계에 대한 불신은 다음 내용에 잘 나타나 있다.

> (불교가 전래된 후로부터) 약 100년 후에 義湘과 元曉가 일으켰으니, 이 두 스님은 十地에 든 大宗師이다. 末光을 받고 餘派를 입는 데 그쳤으나 모두가 몽매한 데에서 벗어나 고명한 위치에 이르렀다. 그러나 부처님과 서로 떨어져 점점 멀어지면서 불법도 따라 해이해졌다. 세상에서 이른바 名士라 부르는 자의 마음이 명예에 빠졌고, 지혜는 이익을 좇는 데 어두웠으며, 학문은 浮淺하였다. 전적을 섭렵하나 문구만을 찍어내서, 치아 사이에 끼워놓고 횡설수설하며 스스로 좋아하였다. 또한 후학들이 오류를 그대로 이어받아 반성하지 못하였다. 이에 국사는 습속이 몽매하고 도덕이 침체된 것을 개탄하면서, 격앙하고 분발해서 도를 밝혀 폐단을 구하는 것을 자신의 임무로 삼았다. 그리하여 典學을 물리치고 묘하게 쌓인 응어리를 보아 숨은 뜻을 찾아내고 나태한 자를 일으켰다. 번개가 진동하고 雨露가 뿌리는 속에 心服하여 기꺼이 따르는 자가 있어, 邪見者들이 정도를 질투하여 훼방하는 일이 비등하였지만 道를 자처함으로써 마음에 동요함이 없었다. 끝내는 하나로 모아져 사견이 정도로 돌아갔으며, 뒤에는 편견을 갖고 집착에 빠진 자들이 얼굴색을 고치고 생각을 바꾸어 근본적인 학문에 힘을 기울였다.[86]

의천은 원효나 의상 때에도 부처님과 많이 멀어지기는 하였지만 불법이 고명하게 유지되었으나, 그 후에 불법은 더욱 해이해졌고 고려조에 들어서는 그 폐단이 매우 심각하다고 지적하였다. 불법의 폐단은 이른바 교의

---

86 김부식, 「개성영통사 대각국사비」(앞의 책, p. 124)에 "一百餘年 義湘元曉作 是二師者 以聖種性 爲大宗師 末光所燭 餘波所加 皆得以出其黮闇 而造其高明 及去聖云遠 法隨而弛 世所謂名士者 心蕩乎名 智昏乎利 學益浮淺 涉獵典籍 礫烈文句 置之齒牙間 呶呶以自好 後來者 承誤襲謬 往而不返 師於是 疾習俗之蔽蒙也 道德之鬱滯也 激昂奮勵 以明道求弊 爲己任 黜其典學 示之妙蘊 剖發幽覆 扶起竄情 雷霆而震動之 雨露以溥灌之間 雖有心服 而悅隨者 而群邪嫉正 謗毁沸騰 以道自處 恬不動心 終而翕然 寢變於正 異時 僻見妄執者 革面遷慮 務爲根本之學"이라 하였다.

에 밝은 명사名士에게서 나타났다.

의천은 당시 불교계가 명예나 이익만을 좇아 학문이 깊지 못한 것을 한탄하였고 또한 근본적인 학문에 힘을 기울이지 않은 사견자邪見者들이 정도를 외면하여 습속이 몽매하고 도덕이 침체되었다고 경악하였다. 그들은 경전을 물리치고 선관에만 집착하거나 또는 전적을 섭렵하였더라도 문구의 해석에만 매달리는 오류를 범하였다. 의천은 고려 불교계의 폐단을 자초한 자들에 대해 보다 구체적으로 언급하였다. 다음 기록이 이를 알려준다.

> ① 비록 義湘이 眞宗에서 방편으로 이끌고 均如가 玄旨를 수식하였으나, 배와 물길이 이미 멀어졌고 연주자와 거문고가 모두 없어졌다. 大義는 이로부터 점점 쇠퇴하고 微言은 거의 끊어졌다.[87]
>
> ② 나는 늘 海東의 선대 여러 스님들이 남긴 저술 가운데 그 학문이 정밀하고 박식하지 못하여 억설이 더욱 많고, 후생들에게 모범이 될 만한 것이 백에 하나도 없으므로 성인의 가르침으로 밝은 거울을 삼아서 자기의 마음을 비춰볼 수 없는 것이 한탄스럽다. 이것은 한평생 구구하게 남의 보배만을 세는 것과 같다. 세상에서 말하는 이른바 均如 · 梵雲 · 眞派 · 靈潤 같은 스님들의 저서도 오류가 많으며, 말이 글을 이루지 못하고 뜻이 變通하지 않아서 祖道를 황무지로 만들고, 후생을 현혹시킴이 이보다 심한 것이 없다.[88]

의천은 의상과 원효를 십지十地의 성종성지聖種性地에 든 보살로 비유하여 대종사大宗師로 높이 평가하였다. 그러나 그들은 불교의 교의가 어그러

87 의천, 「上淨源法師書」 4首(『대각국사문집』 권10 ; 『한국불교전서』 권4, p. 543, 중)에 "雖則義想 權輿於眞宗 均如斧藻於玄旨 舟壑已遠 人琴兩亡 大義絲是陵遲 微言幾於泯絶"이라 하였다.

88 의천, 「시신참학도치수」(『대각국사문집』 권16 ; 『한국불교전서』 권4, p. 556, 중)에 "予常恨海東先代諸師 所流遺記 學非精博 △說尤多 方軌來蒙 百無一本 不能以聖教 △明鏡 炤見自心 一生區區 但數他寶 世所謂均如梵雲眞派靈潤 諸師謬書 語不成文 義無通變 荒蕪祖道 熒惑後生者 莫甚於斯矣"라고 하였다.

져가는 시기에 활동하였다. 이후 불법이 해이해졌는데, 의천은 의상에서 균여로 이어지는 교학 불교에 대해 더욱 비판적인 태도를 가졌다. 한국 불교사에서 철학 체계를 정립시켰다는 점에서 의상과 원효를 높이 평가하지 않을 수 없지만, 의천은 그중 의상의 교학에 대해서는 진종眞宗에서 방편으로 흐른 교설이라고 생각하였다.

균여가 의상의 교학을 받아들이면서부터 불법의 진리는 더욱 쇠퇴하여 끊어지고 말았다. 의천은 당시 고려 학승들이 남긴 저술은 학문이 정치하지 못하고 억설이 많아서 후생들에게 모범이 될 만한 것이 못 된다고 하였다. 그러한 승려로 의천은 균여 · 범운梵雲 · 진파眞派 · 영윤靈潤 등을 들었다. 범운이나 진파 · 영윤 등은 잘 알려져 있지 않은 인물이지만, 대체로 균여와 같은 종파의 화엄교단에 속하였던 승려로 추측된다.

고려 광종 때에 크게 활동한 균여는 화엄사상에 관한 많은 저술을 남겼지만, 그의 저술은 후학을 현혹시킨다는 이유로 새로 배우는 학도들에게 읽힐 수 없는 책으로 분류되었다. 이처럼 의천이 균여를 비판한 것은 사상면에서 서로 맞지 않는 점이 많았기 때문이다. 법장의 사상을 계승하여 구상론적具相論的인 화엄사상을 정립시킨 의천은 성기취입적性起趣入的인 융섭사상을 계승한 균여와는 대조적인 입장을 가졌다.[89] 의상 화엄사상의 융섭적인 성격은 균여의 사상으로 이어지면서 더욱 강조되었다. 하나 속에 융섭된 법상은 민멸泯滅되어 하나와 더불어 혼연의 일체一體를 이루었다. 이에 비해 의천의 구상론적인 화엄사상은 하나 속에 융섭된 여러 법상의 성격이 없어지지 않고 중중重重하여 무진無盡으로 나타남을 강조하였다.

의천은 화엄과 함께 유식의 교리를 깊이 이해하였는데, 이 점 역시 균여의 사상과 차이를 이룬다. 균여는 성상융회사상을 주장하였지만 하나 속에

89 김두진, 「均如의 性相融會 사상」, 『역사학보』 90, 1981 ; 『均如 화엄사상연구—性相融會思想』, 일조각, 1983, pp. 250~260.

융섭된 법상의 존재 자체를 인식하려 하지 않았기 때문에 유식의 교리를 깊이 추구할 필요를 느끼지 않았다. 이외에도 균여로 이어진 화엄사상은 관법觀法과 연결되지 않았는데,[90] 의천은 이것을 근거로 당시의 교학 불교가 자기의 마음을 비춰볼 수 없으며 평생 구구하게 남의 보배만을 추구한다고 비판하였다. 즉 균여를 위시하여 그 문도들이 가졌던 교학 불교는 마음을 닦는 관법을 외면하고 경전을 통해 교리를 익히고자 하였다.

화엄사상은 물론 유식의 교리를 익히면서 관법을 수행한 의천의 사상은 원효의 교학과 연결된다. 원효도 거의 모든 경전을 주석註釋하였지만, 그의 교관은 화엄경을 가장 우위에 놓았다. 원효는 일심一心 이문二門의 교학을 전개하여 일심 내에 진여眞如와 생멸生滅의 이문을 융섭하였다. 이것은 마음을 닦는 관법 내에 법상을 융섭하는 의미로 파악될 수 있다.[91] 의천은 일심 이문을 주장하지는 않았지만 성性과 상相을 함께 추구하면서도 화엄경을 중시하고 아울러 관법을 내세웠다.

의천은 고려 불교계의 폐단을 지적하고, 그것을 치유하기 위한 방편으로 능가경楞伽經과 기신론起信論을 배울 것을 권장하였다.[92] 능가선楞伽禪과 함께 일심 이문의 교리는 성과 상을 함께 익힐 것을 권한 셈이다. 의천은 불교에 입문하여 고승들의 글을 두루 살펴보았는데 그중에서도 원효의 교학이 가장 뛰어났다고 말하였다.[93] 그는 원효의 삼대三大사상을 원돈사상

---

90 均如의 교학은 具性論的인 성격을 가져서 性起趣入的인 융섭사상을 형성하였으므로 자연 觀法을 뚜렷하게 내세우지 못하고 결여되었다. 이러한 균여와 의천 교학의 차이는 天台教觀의 山外派와 山家派의 사상경향으로 구별될 수 있다. 즉 구상론적인 균여의 사상은 산외파의 사상과 비슷하고, 의천의 사상은 중국 천태종의 정통파인 산가파의 사상경향과 연결되었다(김두진, 「균여의 性相融會 사상」, 앞의 책, pp. 271~273). 이런 면에 대해서는 의천의 천태사상을 밝히면서 다시 언급하도록 한다.

91 김두진, 「元曉의 唯心論的 圓融사상」, 『한국학논총』 22, 1999, p. 38.

92 김부식, 「개성영통사 대각국사비」(앞의 책, p. 124)에 "乃勸學楞伽 起信等經論"이라 하였다.

93 의천, 「祭芬皇寺曉聖文」(『대각국사문집』 권16 ; 『한국불교전서』 권4, p. 555, 상)에 "某夙資天幸 早慕佛乘 歷觀先哲之間 無出聖師之右"라고 하였다.

과 연관하여 다음과 같이 언급하였다.

> 起信論에서 말하는 三大의 뜻과 같다. 圓覺의 성품은 엉켜서 고요하면서도 트이어 그윽히 통하니, 끊을 수 없으면서도 흔적이 없으나 가히 찾을 수 있는 것은 體大의 뜻이다. 自性을 堅持하여 중생이 스스로의 길을 갖지만 衆德을 갖춤으로써 더러움을 뒤집어 나타내는 것은 相大의 뜻이다. 神化로 두루 다스리고 허공처럼 비어 모두를 포함하지만, 類型에 맞추어 능히 처리하면서 쉬지 않는 것은 用大의 뜻이다.[94]

삼대사상은 기신론에서 나타나 원효의 교학으로 성립되었지만, 법장의 사상에도 수용되었다. 그것은 체대體大 · 상대相大 · 용대用大로 나뉘어 설명되었다. 체대는 엉켜 있으면서도 통하는 것이며 흔적이 없으면서도 찾을 수 있는 것이다. 상대는 자성自性을 견지하면서도 중덕衆德을 갖고, 용대는 비어 있지만 모든 것을 갖추고 있다.

이처럼 삼대 사상은 상반되는 두 개념, 즉 대소무애大小無碍사상으로 집약되었다. 대大는 대에 머물지 않고 능히 극미極微 속에 들어가며, 소小는 소에 머물지 않고 능히 극대極大를 포함한다. 법장의 화엄관법이나 원효 또는 의천이 관법을 내세우는 근저에는 이러한 삼대사상이 깔려 있다. 이렇듯 의천의 교학은 원효의 사상을 계승하였으므로, 그는 모든 법상이 마음 작용에 의해 만들어지기 때문에 미혹되면 범부요 깨달으면 부처가 된다고 하였다. 이것은 원효의 일심사상을 떠올리게 한다.

마음을 닦아 깨치면 법상을 평등하게 보아 그 분별함을 초월한다. 대소무애사상이나 삼대사상은 바로 그러한 마음의 깨우침으로 가능한 것이다.

---

94 의천, 「강원각경발사」 2首(『한국불교전서』 권4, p. 531, 상~중)에 "則同起信中 體相用三大義也 謂圓覺性 凝然湛寂 廓爾冥通 百非斯絶而無迹 可尋者 體大義也 自性堅持 群靈妙軌 衆德本具而翻染 所現者 相大義也 神化彌綸 虛含該博 隨類普應而能事 不息者 用大義也"라고 하였다.

화엄사상을 중시한 의천의 관법은 법장계의 화엄관법에서 많은 영향을 받았는데, 그가 정원에게서 전수받은 법계관法界觀도[95] 바로 화엄관법이었을 것이다. 그러나 의천의 관법은 정원의 화엄관법과는 다른 면을 지녔는데, 다음 내용에서 이를 추측할 수 있다.

① 七祖堂은 晋水법사가 건립하였는데, 馬鳴 · 龍樹 · 帝心 · 雲華 · 賢首 · 淸凉 · 圭峯의 7祖를 모셔서 서로 전하였다. 이것은 가람의 동북 쪽에 있었다.[96]

② 辛巳年(숙종 6, 1101) 2월에 洪圓寺에 九祖堂이 낙성되자, 왕은 국사를 청하여 중수하고 모시게 하였다. 전대로부터 화엄종의 祖譜가 여럿 있었는데, 이때에 馬鳴 · 龍樹 · 天親 · 佛陀 · 光統 · 帝心 · 雲華 · 賢首 · 淸凉을 9조로 삼았으니, 이것은 국사가 정한 바이다.[97]

정원이 설정한 화엄종의 7조祖는 마명馬鳴 · 용수龍樹 · 두순(제심帝心) · 지엄(운화雲華) · 법장(현수賢首) · 징관(청량淸凉) · 종밀(규봉圭峯)이다. 이에 반해 의천은 9조를 설정하였는데, 그들은 마명 · 용수 · 천친天親 · 불타佛陀 · 광통光統 · 두순 · 지엄 · 법장 · 징관 등이다.

의천은 정원의 화엄사상에서 많은 영향을 받았으면서도 화엄종의 조보祖譜를 달리 설정하였다. 정원의 7조에 비해 의천의 9조에는 천친 · 불타 · 광통이 첨가되었지만, 7조 중에 있던 종밀이 빠졌다. 이것은 의천의 화엄사상과 중국의 법장으로부터 정원에게로 이어지는 정통파 화엄사상과의 차이를 설정하게 한다. 우선 천친(세친世親) · 불타(각현覺賢) · 광통을 중시

95 의천, 「請本講晋水法師講法界觀疏」(『대각국사문집』 권14 ; 『한국불교전서』 권4, p. 551, 중).

96 『혜인사지』 권5, 宮宇조에 "七祖堂 晋水法師建 以奉馬鳴大士及龍樹 帝心 雲華 賢首 淸凉 圭峯 七祖相傳 在伽藍之東北"이라 하였다.

97 김부식, 「개성영통사 대각국사비」(앞의 책, p. 123)에 "辛巳春二月 上以洪圓寺九祖堂成 請師重修而落之 前世爲祖譜不一 今以馬鳴 龍樹 天親 佛陀 光統 帝心 雲華 賢首 淸凉爲九祖 師所定也"라고 하였다.

한 것은 의천의 화엄사상이 중국 정통파의 화엄사상과 비교하여, 섭론攝論이나 지론地論 등의 유식사상과 교학 불교에 보다 폭넓은 관심을 가졌다고 이해된다.

정원은 화엄종조로 4조인 징관과 5조인 종밀을 모두 넣었으나, 의천은 그중 종밀을 제외하였다. 징관은 법장의 성상융회性相融會사상에 대해 성상결판性相決判의 태도를 견지하였다. 이때에는 법장 당시에 성행하였던 법상종세력이 떨치지 못하였으므로 징관은 화엄종 중심으로 성상융회사상을 다시 정리할 수 있었다.[98] 또한 징관은 교선화합敎禪和合을 주장하였는데 제자인 종밀은 교선일치론을 제창하였다.[99]

의천이 활동할 당시에는 법상종세력이 왕성하였다.[100] 그것은 마치 중국에서 법장이 화엄종을 수립할 때에 유식사상이 유행하였던 것과 비교된다. 의천도 성性과 상相을 아울러 배워야 한다고 주장하였지만, 그 정신은 징관의 성상결판사상에서 구하였다. 의천은 구상론적인 경향을 추구하다 보니 유식사상을 폭넓게 이해하였지만, 어디까지나 화엄사상을 크게 떨치려 하였다. 그래서 의천의 교학에서 종밀은 중시되었지만 화엄종 9조 중에 넣지는 않았다. 이것은 의천의 교관겸수사상을 이해하는 데 중요하게 고려되어야 한다. 의천은 교와 선을 대등하게 생각하여 그 일치를 주장하지는 않았다.

의천의 관법은 화엄사상 내에서 이해해야 하는데, 그것은 법장이나 정원이 주장하는 화엄경관과 크게 다를 수 없다. 중국의 선총善聰이 의천에

---

98 湯次了榮, 『華嚴大系』, 國書刊行會, 1982, p. 75.

99 湯次了榮, 위의 책, p. 74.

100 1056년(문종 10)에 왕은 興王寺를 건축하면서 海麟을 王師로 봉하였고, 1058년에는 홍왕사의 공역을 독촉하면서 해린을 국사로 봉하였다. 또한 1070년(문종 24)에는 홍왕사에 慈氏殿을 창건하였을 뿐만 아니라 왕자 竅을 현화사에 출가시켰다. 이처럼 문종 때까지만 해도 법상종 승려가 왕사나 국사에 봉해질 정도로 교단세력이 홍성하였다. 이때의 법상종은 외척인 仁州 李氏들의 후원을 받았다.

게 보낸 편지에서 이를 이해할 수 있다.

> 지금 천하에 禪家가 수십이 되지만, 그른 것이 많고 바른 것은 적어 화엄의 대교를 크게 유통시키기는 실로 어렵습니다.[101]

의천은 교학과 강설에 능한 자뿐만 아니라 선관禪觀으로 이름 있는 자들까지 모두 비판하였다.[102] 먼저 교학과 강설에 능한 자는 교학 승려로서 관법을 익히지 않은 자들인데, 의천은 고려초기의 균여 등의 교학 승려들을 비판하였다. 선관으로 이름이 있는 자는 참선과 관법에 능통한 선종 승려들인데, 의천은 이들 역시 비판하였다. 관법을 닦으면서 교학을 함께 공부하지 않는다는 이유도 있지만, 선관이 화엄경관과 통하는 의천의 관법과 차이가 있었다.

선종은 의천에게 선가禪家가 수십이 되지만, 화엄사상을 유통시키는 데는 도움이 되지 못한다고 지적하였다. 의천의 관법은 화엄교학을 융통시키기 위한 것으로, 종밀의 교선일치사상과 구별되며 오히려 징관의 교선화합사상에 가깝다. 의천은 화엄교학을 펴기 위해 관법을 내세웠는데, 그것은 돈오나 절관絶觀이 아닌 점돈漸頓의 의미를 지녔고 원만하게 닦아서 끊는 바를 뜻한다.[103] 이 점은 의천이 능가선을 중시한 것과 연결된다.

의천의 화엄관법은 바로 천태종을 개창할 수 있게 하였다. 그의 천태관

101 善聽, 「大宋沙門善聽書」 제6(『대각국사외집』 권6 ; 『한국불교전서』 권4, p. 577, 중)에 "而今天下數十家禪 邪多正少 弘通大教實難" 이라 하였다.

102 의천, 「辭赴闕表」 2首(『대각국사문집』 권8 ; 『한국불교전서』 권4, p. 541, 중)에 "然念輦轂之域 英豪所蹬 講解高流 稻痲成列 禪觀名德 竹葦連陰 而臣進無可稱 退不足惜 將何功業 以副東求" 라고 하였다.

103 의천, 「상정원법사서」 4首(『대각국사문집』 권10 ; 『한국불교전서』 권4, p. 544, 상)에 "頓絶恩情 雖云爲法 恐傷義也 是用不敢以絶於恩 不敢以傷於義 …… 頓聞頓思 圓修圓斷 傳一心之印 印印皆同 分無盡之燈 燈燈相續 闡幽關於幾息" 이라 하였다.

법은 기본적으로 화엄사상에 기반하여 주장되었기 때문에 선종 승려들의 비판을 받았다. 또한 의천의 관법은 중국 운문종雲門宗 승려는 물론 비슷한 시기의 선종 승려인 학일學一 등으로부터도 환영받지 못하였다. 이런 부분에 대해서는 그의 천태사상을 밝히면서 자세하게 언급하도록 한다.

2. 의천의 천태종과 송 · 고려 불교계와의 관계

(1) 의천의 천태종 개창

법화경法華經은 석가의 영취산靈鷲山 설법 내용을 수록하였기 때문에 대승불교사상의 근본을 담았다고 할 수 있다. 중국이나 일본에서는 법화경에 의거한 천태종사상이 일찍부터 성립되었다. 중국에서는 이미 혜사慧思가 법화경에 의한 독경과 좌선 수행에 전진하면서 천태교학을 성립하였고, 수나라 때에 이르러 지의智顗가 대성하였다.[104] 일본에서도 9세기초에 법화경을 중심으로 한 천태종이 수립되었다.[105] 이후 천태종은 일본 불교에 지대한 영향을 끼쳤다. 대중화되면서 일본 불교의 중심이 된 진언종眞言宗과 정토종淨土宗은 엄밀한 의미에서 천태진언종과 천태정토종이라 할 수 있다.

우리나라에서는 의천이 고려중기에 천태종을 창시하였다. 중국이나 일본에 비해 천태종의 성립이 늦은 셈이다. 그러나 삼국시대에 이미 법화신앙이 전해져 있었다.[106] 신라의 원효가 『법화종요法華宗要』를 편찬하였을 뿐만 아니라 낭지朗智는 문무왕이 즉위할 무렵에 낭주良州 아곡현阿曲縣(지

104 木村淸孝, 『中國佛敎思想史』, 世界聖典刊行協會, 1979, pp. 86～87.
105 井上光貞, 「日本佛敎の歷史的 背景」, 『講座 東洋思想』 10, 東京大出版部, 1967, pp. 10～11.
106 金煐泰, 「三國시대의 法華信仰과 그 수용」, 한국불교문화연구소 편, 『韓國天台思想硏究』, 동국대학교출판부, 1983, pp. 14～18.

금의 울산蔚山지역)의 영취산에서 법화신앙을 펴고 있었다(『삼국유사三國遺事』권5 낭지승운朗智乘雲 보현수普賢樹조). 고려전기에는 관음도량을 중심으로 법화 영험신앙이 전승되었고, 천태교학에 관심을 가지면서 법안종法眼宗이 성립하였다.[107]

고려초기의 천태교학에 대한 관심 고조에 힘입어 고려중기에 천태종이 개창되었다. 의천이 천태종을 성립시키는 사정은 조금 장황하지만 다음 기록을 통해 이해할 수 있다.

> 海東에 불법이 전래한 지 7백여 년이 지나자 여러 종파와 교의가 다투어 펴졌지만 다만 천태 한 종파가 시대를 잘못 만났다. 옛날에 元曉가 먼저 훌륭함을 칭찬하였고 諦觀법사가 뒤에 전해 드날렸으나, 機緣이 익지 않아 빛낼 수 없었으므로 다툰들 무엇하겠는가? 敎法의 유통은 아마도 기다림이 있어야 할 것 같다. 돌아가신 나의 어머니 仁睿國母께서는 여러 생을 두고 불법을 받드셨고, 오랜 세월 동안 因을 닦아 절을 짓기 시작하셨다. 國淸寺의 웅대한 제도를 본받아 妙法을 떨쳐 일으키고 佛隴山의 古風을 옮겨놓고자 하셨으나, 큰 소원을 마치지 못한 채 갑자기 세상을 떠나셨다. 엎드려 생각하건대 주상께서는 왕위를 이어 의욕적으로 도를 지키고, 높은 자리에 거하면서 聖善한 뜻을 따라 부처님이 당부한 付囑을 받아서 돌아가신 어머니의 뜻을 이루셨다. 이것은 간절한 효도의 발로이다. 과연 어머니의 지극한 서원이 옛날에 시작되어 한 사람(肅宗)이 공덕의 산을 이어 오늘에 창건하였다.[108]

107 김두진, 「고려 光宗代 法眼宗의 등장과 그 성격」, 『韓國史學』 4, 한국정신문화연구원, 1983, pp. 21~24.

108 의천, 「新創國淸寺啓講辭」(『대각국사문집』 권3 ; 『한국불교전서』 권4, p. 530, 중)에 "海東佛法 七百餘載 雖諸宗競演 衆教互陳 而天台一枝 明夷于代 昔者元曉菩薩 稱美於前 諦觀法師 傳揚於後 爭奈 機緣未熟 光闡無由 教法流通 似將有待 伏遇我先妣 仁睿國母 累生奉法 積劫修因 經始精藍 取國清之宏制 發揚妙法 移佛隴之高風 大願未終 神遊俄逝 伏惟我主上 承祧出震 守道居尊 遵聖善之顧懷 受能仁之付囑 繼成先志 寔切孝思 果見文母 極誠誓願 海濫觴於昔日 一人善繼功德 山爲仞于今朝"라고 하였다.

비록 원효가 법화法華사상을 내세웠고 체관諦觀이 천태사상을 전해 드날렸지만 고려초기에 천태종이 성립되지는 않았다. 고려의 천태종은 의천에 의해 개창되었고, 인예태후의 발원과 숙종의 도움으로 성립되었다. 고려에 천태성종天台性宗이 없음을 유감으로 생각한 인예태후는 서원을 세워 국청사를 창건하여 장차 그 법을 중흥코자 하였다. 터를 닦아 공사를 시작하였는데 인예태후가 다 마치지 못하고 죽자 숙종이 그 불사를 완성하고는 대각국사에게 조를 내려 홍왕사의 주지와 겸직하도록 하였다.[109]

천태종의 중심도량인 국청사는 1089년(선종 6)에 인예태후의 발원으로 창건하기 시작하여, 1097년(숙종 2)에 완성되었다. 숙종은 해인사로 퇴거해 있던 의천을 불러올려 국청사의 주지를 맡겼다. 이때 의천은 천태교학을 강의하였는데, 이미 1092년(선종 9)에 인예태후는 견불사見佛寺에 천태종예참법天台宗禮懺法을 설치하였다. 고려중기에 천태종이 성립하기까지의 사정은 다음 기록을 통해 알 수 있다.

> ① 옛날에 孔子가 衛나라에서 魯나라로 돌아온 연후에 樂正과 雅頌이 각각 그 경지를 얻은 것과 마찬가지로, 국사가 宋에서 귀국한 뒤에 모든 종파의 교리가 각각 正法을 얻었다. 하물며 천태 一宗은 비록 諦觀과 智宗의 무리에서 비롯되었지만 이 땅에 그 종파를 세우는 학자가 끊어진 지 오래되었다.[110]
>
> ② 肅宗이 潛邸에 있을 때, 어느 날 국사와 함께 仁睿태후를 배알하고 이야기하던 중 우연히 이에 대해 언급하여 말하기를 "천태의 三觀은 최상의 眞乘法인데, 우리나라에는 아직 이 종파가 세워져 있지 않아 참으로 애석합니다. 그래서

109 박호, 「개성홍왕사 대각국사묘지」(『조선금석총람』 권상, p. 294)에 "昔者大后 以盛域 本無天台性宗 啓願創立國淸寺 將欲興行其法 始拓基址而今上告成 丁丑歲五月 詔國師兼持"라고 하였다.

110 임존, 「인동선봉사 대각국사비」(『조선금석총람』 권상, p. 332)에 "昔孔子自衛返魯 然後樂正雅頌 各得其所 國師自宋返國 然後諸宗之敎 各得其正 況天台一宗 雖或濫觴於諦觀智宗輩 而此土未立其宗學者久絶"이라 하였다.

臣이 이를 일으킬 뜻을 품어왔습니다"라고 하였다. 태후가 이 말을 듣고 크게 기뻐하였으며, 숙종 역시 外護가 되기를 원하였다.[111]

숙종이 왕위에 오르기 이전에 인예태후와 의천을 함께 만나 천태종을 크게 일으킬 것을 맹세한 기록은 다소 윤색된 부분이 없지 않다. 우선 세 사람이 함께 천태종을 일으키고자 모였던 사실 자체를 믿기가 어렵다. 그렇지만 인예태후와 숙종이 천태종을 개창하는 데 능동적으로 작용한 것은 사실이다. 앞에서 숙종 때에 국청사가 낙성된 것은 왕의 공덕으로 돌아가신 어머니의 원을 이루려는 효심의 발로라고 하였다. 즉 인예태후는 발원을 세워 국청사를 창건하려 하였는데, 그러한 발원의 뒤에는 숙종과 의천의 노력이 크게 작용하였다. 천태종에 대해 숙종은 자신이 외호外護할 정도로 지대한 관심을 가졌다.

인예태후의 국청사 창건 발원은 선종 때에 나타났으므로, 선종 때에도 천태종에 대한 관심이 고조되었다는 것을 알 수 있다. 그러나 의천이 천태종의 부흥을 꿈꿀 당시 고려 사회에 천태교학이 크게 알려졌던 것은 아니었다. 인예태후는 천태종이 없음을 유감으로 생각하여 국청사를 창건하고자 하였고, 숙종 또한 천태의 삼관법三觀法이 진승법眞乘法이지만 그 종파가 세워져 있지 않음을 애석하게 여겼다. 이것으로 보아 고려중기에 천태종이 성립되어 있지 않았던 것은 분명하다.

고려초에는 체관과 지종智宗이 천태사상을 포용하였다. 그러나 이들은 천태사상에 대한 관심을 불러일으키면서 종파를 건립하거나 천태종 승려를 계속해서 배출하는 데에는 부족한 인물이었다. 의천이 활동한 당시에는 이들의 법맥마저 끊어져 천태종 승려들의 활동을 찾아볼 수 없었다. 체

111 임존, 「인동선봉사 대각국사비」(앞의 책, p. 330)에 "肅祖在蕃邸 嘗一日 同謁太后 偶語及之曰 天台三觀 最上眞善 此土宗門未立 甚可惜也 臣竊有志也 太后深垂隨喜 肅祖亦願爲外護"라고 하였다.

관은 고려에서 활동하기보다는 중국에 들어가 『천태사교의天台四教儀』를 지었고, 비슷한 시기에 의통義通도 중국 천태종의 제13대 교조가 되었다. 이들은 중국의 천태종사상을 정립하는 데 크게 기여하였다.

지종은 광종 때를 전후하여 활동하였으며, 법안종을 성립시켰다. 체관과 지종은 모두 교선융합 사상경향을 가졌지만 지향하는 교학의 중심은 각각 달랐다. 체관이 교종, 즉 화엄종의 입장을 중시하였다면, 지종은 선종의 입장에서 화엄사상이나 유식사상을 통합하였다.[112] 고려초의 천태종과 법안종사상은 계통을 달리할 정도로 이질적이어서, 이후 이들이 서로 교섭하면서 새로운 종파의 천태종을 성립시킬 수는 없었다. 그래서 뒤에 의천이 천태교학을 크게 일으키고자 할 때에는 고려 국내에서 천태사상이 성행하지 않았다.

결국 송나라에서 귀국한 의천에 의해 천태종이 흥성할 수 있었다. 때문에 의천의 천태종 개창은 마치 공자가 위나라에서 노나라로 돌아온 뒤에 예악禮樂이 그 경지를 얻어 갖춰지는 것으로 비유되었다. 다음 기록에서 이런 사정을 보다 잘 이해할 수 있다.

> 丁丑年(숙종 2, 1097) 5월 國清寺 주지에 취임하여 처음으로 천태교학을 강설하였다. 천태교는 과거에 이미 우리나라에 전해졌지만 중간에 폐하였다. 국사가 스스로 錢塘에 가서 도를 묻고 佛隴에 가서 천태종지를 진작하여 일으키기로 맹서를 세운 이래, 하루도 이를 마음속에서 잊은 적이 없었다. 仁睿태후가 이 소식을 듣고 기뻐하여 이 절을 경영하기 시작하였고, 숙종이 즉위하여 그 불사의 공덕을 이루었다.[113]

---

112 김두진, 「諦觀의 天台思想」, 『한국학논총』 6, 1984, pp. 60~61.

113 김부식, 「개성영통사 대각국사비」(앞의 책, p. 123)에 "丁丑夏五月 住持國清寺 初講天台教 是教舊已東漸而中廢 師自問道於錢塘 立盟於佛隴 思有以振起之 未曾 一日忘於心 仁睿太后聞而悅之 經始此寺 肅祖繼之 以畢厥功"이라 하였다.

의천은 송나라에 들어가서 우선 화엄교학을 전수받고자 하였다. 그가 송나라에서 처음 만난 유성과 정원도 화엄종 승려였으며, 특히 정원에게서 법장계法藏系의 구상론적인 화엄관을 터득하였다. 그러면서 의천이 특별히 관심을 두었던 것은 천태 교리였다. 그는 이미 국내에 있을 때부터 천태 교리에 관심을 가졌지만, 정원의 문하로서 항주 혜인원에 머물면서 직접 천태종을 접하였다.

항주 인근에는 천태산天台山의 국청사國淸寺가 있었는데, 귀국 직전 의천은 천태산 불롱佛隴에 올라가 지자대사의 부도탑을 참배하고, 고려에 천태종지를 크게 일으키려는 발원문을 지었다.[114] 이러한 사실은 그를 수행한 양걸이 찬술한 기적비紀蹟碑에 기록되었다. 의천은 무려 14개월 동안 밀주密州에서 변경에 이르기까지 오월吳越지역 등을 두루 다녔는데, 이때에 고승 50여 명에게 법요法要를 물었다. 특히 오월지역은 오월 왕이었던 전숙錢俶이 천태종을 크게 일으켰던 전통이 전해지는 곳이다. 전숙은 체관을 초청하는가 하면 천태 교리에 관한 전적을 구하기도 하였다.

의천이 "전당錢唐에서 도를 묻고자"한 것은 쇠락하였던 천태종을 다시 일으키려는 의도가 엿보인다. 의천은 고려 국내에 있을 때에 이미 중국 천태종의 산가파山家派를 이끈 종장宗匠인 자변대사 종간의 명성을 들었고, 지자대사의 부도탑을 참배하기 이전에 먼저 그의 문하에서 천태 교리를 접하였다. 다음 기록은 이런 사실을 분명히 알려준다.

> (이때에) 慈辯대사 從諫이 시 한 수를 지어 향로와 여의주 등과 함께 증정하였다. 국사가 본국에 있을 때부터 이미 자변대사의 고명을 들은 지 오래되었다. 그리하여 杭州에 이르러서는 특히 자변에게 천태종의 경론을 강설해줄 것을 청하

114 김부식, 「개성영통사 대각국사비」(앞의 책, p. 121)에 "禮辭願公 行至天台 登定光佛隴 觀智者 親筆願文 禮於塔前 誓傳敎于東土 楊公志之 沙門中立 立石"이라 하였다.

여 매번 主客員外郞인 楊傑 및 모든 제자들과 함께 청강하였으므로, 이제 付囑하는 시를 지어 주었던 것이다. …… 다음에 국사는 천태산에 이르러 智者대사의 부도를 참배하고 발원문을 지어 塔前에서 서원하였다.[115]

의천은 1087년(선종 4) 귀국 길에 오르기 전에 자변으로부터 부촉付囑하는 시 한 수와 향로 및 여러 불구佛具 등을 증정받았다. 이처럼 자변과 의천은 친밀하게 교류하였다. 일찍이 항주의 혜인원에 있을 당시에 의천은 양걸 및 여러 제자들과 함께 자변을 찾아가 천태종의 경론을 강설해줄 것을 청하여, 그의 강론을 자주 들었다. 이런 연유로 자변은 의천이 귀국하게 되자 부촉하는 시 한 수를 특별히 지어 주었다. 이때 자변이 전한 시가 무엇인지는 잘 알 수 없으나, 『대각국사외집大覺國師外集』에는 종간이 의천에게 전한 편지가 다소 실려 있다.

종간은 이별한 지 몇 달 되지 않은 시기에 의천에게 보낸 편지에서 "태만하지 말고 우레처럼 떨쳐서 후진들을 깨우치고 빛나는 광명을 서로 전해 끊어짐이 없게 하십시오. 이것이 쓸모없는 늙은이의 바람입니다"라고 하였다.[116] 이처럼 종간은 이제 막 귀국하여 한창 혈기 분방하던 의천에게 후진을 깨우쳐 서로 전하고 끊어지지 않도록 부탁하였다. 이것은 고려에 천태종을 개창하라고 부탁한 것으로 종간 자신의 바람을 나타낸 말이었다.

실제로 의천이 국청사에서 천태종을 개창하여 법석을 일으키자, 종간은 고려에 끊어진 천태종을 다시 일으킨 것을 찬양하면서 힘을 다해 그것을 널리 펴고 그 교리를 선포하도록 종용하였다.[117] 이것을 통해 추측해보면

115 임존, 「인동선봉사 대각국사비」(앞의 책, p. 331)에 "慈辯大師 從諫 著詩一首 贈手爐如意 師在本國 聳開慈辯高誼之日久矣 旣至杭 特請慈辯 講天台一宗經論 每與主客及諸弟子聽受 故今有是付囑 …… 次詣天台山 謁智者大師浮圖 述發願文 誓於塔前"이라 하였다.

116 從諫, 「大宋沙門從諫書」 4首(『대각국사외집』 권7 ; 『한국불교전서』 권4, p. 579, 상)에 "更冀無倦震揚 開示後進 使光光相傳 炤耀不絶 乃老朽之願言也"라고 하였다.

117 종간, 위의 글(『대각국사외집』 권7 ; 『한국불교전서』 권4, p. 579, 중)에 "伏聞興闡法席 振擧

종간이 의천의 귀국 직전에 준 시는 고려에 천태종을 크게 일으켜야 함을 부촉하는 내용을 담았을 것이다.

시를 받은 의천은 귀국하기 위해 하직 인사차 변경에 들러 철종을 알현하고는, 바로 항주의 정원법사에게 나아갔다. 정원은 작별의 신표로 향로와 불자拂子를 주었다. 그런 다음에 의천은 천태산의 지자대사 부도를 참배하고는 발원문을 지었다. 그것이 바로 「대송천태탑하친참발원소大宋天台塔下親參發願疏」(『대각국사문집』 권14)이다. 의천은 지자의 탑 앞에서 서원하여 말하기를

> 일찍이 듣건대 대사께서 해석한 五時八教의 教判은 동쪽으로 들어온 일대의 聖言을 모두 포함하지 않음이 없습니다. 본국에서도 옛날에 諦觀이 天台教觀을 전하였으나, 이제 그 법맥이 단절된 지 이미 오래입니다. 제가 분발하여 몸을 돌보지 않고 스승을 찾아 도를 배우고 있습니다. 지금까지 錢塘 慈辯의 강단 아래에서 천태교관을 전해 받았으니, 훗날 본국에 돌아가서 신명을 다해서 전하여 일으키겠습니다[118]

라고 하였다. 의천은 지자대사의 탑 앞에서 "귀국하여 천태종을 크게 일으키겠다"라고 서원하였다. 이러한 서원은 종간으로부터 천태교관을 전수받아 그의 부촉을 이루는 것이었다.

1097년(숙종 2) 2월에 국청사가 완성되자, 왕은 의천을 주지로 임명하고 낙성법회에 친히 참석하였다. 이때 의천은 천태종의 교관을 강연하였고,

---

台宗 況吾祖 囑寄傳通 委在今日 苟非偉人存心 曷能振揚於已廢之地耶 更冀勠力宣市 使吾教廓如是所禱也"라고 하였다.

118 임존, 「인동선봉사 대각국사비」(앞의 책, p. 331)에 "嘗聞大師 以五時八教 判釋東流 一代聖言 罄無不盡 本國古有諦觀者 傳得教觀 今承習久絶 予發憤忘身 尋師問道 今已錢塘慈辯講下 承稟教觀 他日還鄉 盡命傳揚"이라 하였다. 물론 이 내용은 「大宋天台塔下親參發願疏」에 좀더 자세하게 나와 있다.

불교의 모든 종파에서 국사의 도풍道風을 들으려고 참여한 수천 명의 석덕碩德들이 중도와 무생無生의 법인法忍을 얻었다.[119] 이처럼 의천의 천태종은 숙종 때 국청사의 낙성으로 개창되었는데, 그것은 인예태후의 발원과 숙종의 도움으로 이루어졌다. 숙종 때에는 왕이 국청사에 자주 들렀을 뿐만 아니라 법화도량을 빈번하게 개최하였다. 아울러 다른 종파의 승려들이 각자의 문도를 이끌고 의천의 문하로 들어오기도 하였다.

(2) 의천의 천태교관

의천의 천태사상은 교관겸수教觀兼修, 즉 교教와 관觀을 함께 닦는 것으로 이해되었다. 그것은 교선教禪을 아우르려는 사상경향이다. 의천은 본래 화엄종 승려로 출발하여 천태종은 물론 법상종 · 선종 · 율종과 함께 인도의 범학梵學을 아우르는 융합사상을 가졌다. 그는 송나라에 유학하여 모든 불교 종파의 교장을 구해왔고, 귀국 후에는 교장도감을 설치하여 화엄종과 여러 종파의 논소論疏를 간행하였다. 이것은 그가 가진 불교사상 경향과 연관되는데, 그중에서도 의천의 불교사상은 화엄종과 천태종 교리에 기초하여 성립되었다.

의천의 천태사상은 우선 화엄종과의 관계에서 파악되어야 한다. 의천은 화엄사상과 천태사상을 아울러 주목하였는데 다음 내용에서 이에 대해 알 수 있다.

> 아무개는 머리 숙여 歸命하며 천태교주 智者대사께 아룁니다. 일찍이 듣건대 五時八教로 해석한 教判이 동쪽으로 전해져 일대의 聖言을 다 포함하지 않음이

119 임존, 「인동선봉사 대각국사비」(앞의 책, p. 333)에 "肅祖繼而經營 功旣畢 詔師兼任 法駕親臨 落成一宗 學者及諸宗碩德 無慮數千百人 聞風競會 師昇座振海潮音 演未曾有 一宗妙義 無一根機 多得中道 無生法忍"이라 하였다.

없으니, 후세에 불법을 배우는 자들이 어찌 이것으로 말미암지 않겠습니까? 그러므로 우리 조사 화엄 疏主(澄觀)는 "賢首대사의 五教가 천태의 교법과 크게 같다"라고 말씀하셨습니다.[120]

의천은 귀국 후 고려에 천태종을 크게 일으킬 것을 지자대사의 부도탑 앞에서 서원한 발원문의 첫머리에 현수의 오교五教와 천태 교리가 같아서 회통할 수 있음을 언급하였다.

화엄종과 천태종에 대한 의천의 각별한 관심은 일찍부터 나타났는데, 송나라에 유학할 때에는 화엄사상과 아울러 천태사상을 비교하면서 그 교판의 같고 다른 면을 하나하나 새겨두었다. 또한 여러 학승들을 두루 찾아다니며 화엄 · 천태 양종의 은밀한 뜻을 알고자 질문하였다.[121] 화엄사상과 천태 교리를 회통하려는 생각을 가졌던 의천은 자연 화엄경과 법화경을 함께 중시하였다. 다음 내용에서 이런 면을 읽을 수 있다.

나는 화엄경을 머리로 삼아 늙어서는 법화경을 주석하였다. 이 두 경전은 불교의 안팎으로 시종 가장 뛰어난 것이다. 내가 능히 그것을 이루었으니 어찌 夙世로부터의 행운이 아니겠는가? …… 문인을 통해 그대 僧統에게 부쳐 안부를 전한다. 주석한 이 법화경은 12권으로 나누어졌는데 부친 필사본 妙經을 나를 위해 잘 교열해서 開板하여 무궁토록 유통시키는 것이 오직 나의 소원이며, 또한 우리 부처님의 뜻을 창달하는 일이다. 그대가 아니면 누가 하겠는가?[122]

---

120 의천, 「대송천태탑하친참발원소」(『대각국사문집』 권14 ; 『한국불교전서』 권4, pp. 551, 하~552, 상)에 "右某 稽首歸命 白于天台教主智者大師曰 嘗聞大師 以五時八教 判釋東流 一代聖言 罄無不盡 而後世學佛者 何莫由斯也 故吾祖花嚴疏主云 賢首五教 大同天台"라고 하였다.

121 임존, 「인동선봉사 대각국사비」(앞의 책, pp. 330~331)에 "師自密州指京 聞有知一法持壹行者 無不遍致咨問 及此 固請以弟子之禮 致謁是日 往返問答 賢首天台 判教同異及兩宗 幽眇之義 曲盡其說"이라 하였다.

122 정원, 「대송사문정원서」(『대각국사외집』 권3 : 『한국불교전서』 권4, p. 572, 중~하)에 "吾首於花嚴 老注法花 二經爲佛教之表裏 始終之絶唱 吾得而畢之 豈非夙志之幸乎 …… 內附門人

젊어서 정원은 화엄경을 머리로 삼았지만 만년에는 법화경을 주석하였는데, 그는 화엄경과 법화경을 불교의 진수를 나타내는 안팎이라고 하였다. 정원은 법화경 주석서를 귀국하는 문인 편으로 의천에게 보내, 교감·판각板刻하여 유포할 것을 부탁하였다. 이처럼 정원은 화엄경과 법화경을 함께 중시하였고, 이것은 의천에게 그대로 영향을 주었다. 그래서 의천도 국청사에서 천태 교리를 강의하고는 그 뜻을 기술하여 학도들에게 보였는데, 그중에는 정원貞元 신역新譯 화엄경을 부지런히 강의한 내용과 함께 화엄경·열반경涅槃經·법화현의法華玄義를 강조하여 번역한 것들이 있다.[123] 의천은 천태 교리의 깊은 뜻을 이해하기 위해서는 법화경은 물론 열반경과 함께 특별히 화엄경을 전수해야 한다고 지적하였다.

정원이 화엄경과 법화경을 함께 중시한 것은 화엄종과 천태종의 교리가 조화될 수 있기 때문이었다. 정원은 의천에게 편지를 보내, 체관이 쓴 『천태사교의』의 내용은 지엄의 『수현기搜玄記』나 법장의 『탐현기探玄記』 그리고 징관의 『화엄경소』에 실린 내용과 합치된다고 하였다. 아울러 그는 불법의 종지가 마음 속에 있음을 들어 정혜定慧뿐만 아니라 깨달음을 강조하였다.[124] 정혜는 물론 돈오를 강조하는 면에서 천태 교리와 화엄 교의는 합치될 뿐만 아니라 화엄경과 법화경의 내용도 크게 보아 같을 수 있다. 이러한 교리는 정원의 교학에서 나타난 것이지만, 의천의 사상에도 영향

寄吾子僧統 決別於此 所注法花 離爲一十二卷 使其施寫 妙經附去 請爲吾詳校開板 流之無窮 豈惟吾心之願乎 抑亦暢吾佛之懷 非吾子而誰爲耶"라고 하였다.

123 의천, 「庚辰六月四日 國淸寺講徹天台妙玄之後 言志示徒」(『대각국사문집』 권20 ; 『한국불교전서』 권4, p. 566, 중)에 "所有講演諸部 三百餘卷 而花嚴三本 共一百八十卷 雖有古人相△之說 吾並不用 但依本疏飜譯方言 其南本涅槃 三十六卷等亦爾 妙玄十卷等諸部 古無傳授者 不揆膚受 輒譯方言 亦有十餘部"라고 하였다.

124 정원, 「大宋國兩浙傳賢首祖教老僧淨源書」(『대각국사외집』 권2 ; 『한국불교전서』 권4, pp. 569, 하~570, 상)에 "因思貴國諦觀上人 錄天台四教儀 流于華夏而 智者孫謀 以爲司南 今法師叙三家之義疏 與夫向者 示諸來學 煥然冥契 先祖有言曰 得旨繫表 意猶吾心 豈獨美於定慧哉"라고 하였다.

을 주었다.

의천은 송나라에서 화엄종을 위시하여 여러 종파의 교리를 익혀서 그것을 융섭하려 하였지만, 실제로는 화엄종과 천태종에서 불법을 구해왔다. 그가 귀국하여 왕에게 처음 올린 표문表文에서 "만리의 파도를 넘고 여러 곳의 고승을 친히 찾아뵙고 진교眞敎를 물었던 것은 오로지 부왕父王의 성스러운 뜻에 따라 천태종과 화엄종을 깊이 연구하기 위해서였다"라고 하였다.[125] 실제로 의천의 천태교학은 법화경에서 화엄사상의 융섭 논리를 이끌어냈다. 다음 기록에서 이런 면을 알 수 있다.

> 法華經에 이르기를 "日月燈明佛이 세상에 출현하여 四諦 十二因緣과 六波羅密을 설하였다. 부처가 舍利佛에게 고하되 여래는 단지 一佛乘만으로 중생을 위하여 설법하며 나머지 二乘이나 三乘 등을 설하지 않았다"라고 하였다. 그러나 자리를 떠나지 아니하고 이승과 삼승을 會通한 圓妙의 一法에 대한 觀法이 이미 纓洛經에 갖추어졌고, 空觀과 假觀 및 中道인 第一義諦는 補處大士가 부처님으로부터 직접 계승받았다.[126]

법화경에서 제시한 일승과 방편인 삼승과의 관계는 회삼귀일會三歸一의 논리로 서술되었기 때문에, 어떻게 보면 일승만을 강조한 셈이 된다. 의천은 나머지 이승이나 삼승 등이 모두 일승으로 돌아가 회통하는 것으로 원묘圓妙한 일법一法을 설정하였다. 이것이 곧 관법觀法이다.

관법 속에 이승이나 삼승 등의 여러 법상이 융섭되는 것은 화엄사상의

---

125 임존, 「인동선봉사 대각국사비」(앞의 책, p. 332)에 "在於賢首天台兩宗者 當其時節因緣 故其求法 初還所上表云 涉萬里之洪波 參百城之善友 備尋眞教 蓋賴聖威 以至天台 賢首之宗"이라 하였다.

126 임존, 위의 비(위의 책, p. 332)에 "法華經云 日月燈明佛 出顯於世 說四諦十二因緣 六波羅密 佛告舍利弗 如來但以一佛乘 故爲衆生說法 無有餘乘 若二若三 然不離此座 直了二三 會之圓妙 一法 其觀已備於纓絡 空假名 及中道第一義諦 補處大士 金口親承"이라 하였다.

융섭 논리로 이해된다. 의천은 삼승이 일승으로 돌아가는 과정을 성기론적인 융섭사상으로 설명하였고, 그러한 융섭의 주체인 관법은 화엄경의 논리를 천태교학으로 연결시켰다. 삼관三觀, 즉 공관空觀·가관假觀·중도관中道觀은 미륵보살이 부처님으로부터 직접 이어받았기 때문에 따로 존재할 수 없고 구분될 수 없다. 그러면서도 의천은 천태의 삼관법은 법화로 으뜸을 삼고 지론智論으로 지남指南을 삼는다고 하였다.[127]

천태의 삼관법은 법화경의 회삼귀일 논리에서 체계화되었다. 실체인 여러 법상은 공과 가뿐만 아니라 중도관을 모두 갖추었는데, 천태 교리는 공과 가의 면이 중도관 속에 통합됨을 제시하였다. 즉 회삼귀일의 논리로 전개된 셈이다. 법화사상의 회삼귀일사상은 정토삼매淨土三昧를 추구하는 과정에서 관법을 내세웠으므로, 삼관이 하나로 통합되는 것이 일승관법으로 제시되었다. 의천의 천태교관 역시 궁극적으로 관법을 제시하여 삼관을 하나로 파악하였지만, 일승관법 속에 융섭되는 과정을 화엄사상의 교리로 설명하였다. 그러므로 의천의 천태교관의 특성은 화엄 교리와 관법과의 관계에서 추구될 수 있다.

의천의 화엄사상은 원돈圓頓사상으로 불리는데, 그 의미는 융섭적인 관법으로 정의된다. 원돈사상은 그의 천태교관과 표리를 이루었는데, 의천의 천태교관을 이해하기 위해 다음 기록을 참고해보자.

① 空法을 설하려고 해도 헤아리기 어렵다. 空은 곧 色이어서 假名에 집착하면 어찌 살필 수 있겠는가? 또한 색은 곧 공이니 이와 같이 보는 것을 中道라 부른다.[128]

127 임존, 「인동선봉사 대각국사비」(앞의 책, p. 332)에 "如來滅後 五百餘年 異端並作 龍樹菩薩作智度論 發明中道 故荊谿云 況復三觀 本宗纓絡 一家教門 遠稟佛經 以法華爲[宗]骨 以智論爲指南"이라 하였다.

128 임존, 위의 비(위의 책, p. 334)에 "欲說空法 則不可測 空卽是色 欲執假名 豈亦可窮 色卽是空 作如是觀 名爲中道"라고 하였다.

② 국사는 이때에 經文에 의해 이치를 나타내고, 그 이치를 연구하여 모두 깨달았다. 그러므로 止觀이 圓明하고 語默이 자재하여, 경서만을 믿고 지키려는 생각을 버리고 그릇되게 空을 취하려는 집착을 破하였다.[129]

우선 의천은 공空과 색色을 같다고 파악하는 것을 중도中道라고 하여, 가장 기본적인 천태교관을 제시하였다. 이것은 천태종 계통의 선봉사 대각국사비 명문銘文의 첫 부분에 기록되어 있어서, 그의 천태교관의 특성을 알려준다. 그런데 공과 가가 중도에 통합됨을 주장하면서도 의천은 공법空法을 헤아리기 어려운 것으로 규정하였다. 이 점은 그의 교관이 공의 집착에서 벗어났다는 것을 시사한다.

원명한 지관止觀은 의천의 천태교관의 특징으로 들 수 있다. 의천은 공에 집착하거나 경서에 빠지지 말라고 하였다. 즉 그의 지관은 어묵語默이 자재하기 때문에 경문을 탐구하여 교리를 나타내고 깨닫는 것이다. 실제로 의천의 천태교관은 교학, 즉 화엄 교리를 상당히 흡수하여 성립하였다. 다음 기록을 참고해보자.

내가 일찍이 학도들에게 教觀의 본말을 보이며 말하기를 "至相이 교리를 十玄으로 세우고 그것을 변개하여 五教라 하였으니, 그 말이 틀린 것은 아니다"라고 하였다. 배움에 뜻을 둔 君子가 있다면 같이 뜻을 一乘에 두고, 萬行을 닦으려는 큰마음을 변하지 않고 서원을 몸에 지녀라. 普賢乘을 가지고 비로자나불의 경계에 노닐고자 하는 자는 먼저 三觀과 五教로 그 法義를 연구하여 도에 들어가는 안목을 가져야 한다.[130]

---

129 김부식, 「개성영통사 대각국사비」(앞의 책, p. 123)에 "師於此之時 依文而顯理 究理而盡悟 止觀圓明 語默自在 拔盡信書之守 破惡取空之執"이라 하였다.

130 의천, 「시신참학도치수」(『대각국사문집』 권16 ; 『한국불교전서』권4, p. 556, 상)에 "予嘗謂學徒示教觀本末云 至相得之 演之爲十玄 變之爲五教 其言不誣也 其有義學君子 同志一乘 同修萬行 大心不變 弘誓在躬 掌握普賢之乘 優遊盧舍之境者 莫若先以三觀五教 研窮法義 用爲入道

의천은 배우는 학도들에게 교관을 함께 닦고 익혀야 한다고 말하였다. 십현十玄을 오교五教와 같이 보려는 것은 삼관三觀과 오교를 궁극적으로 회통하려는 의도를 가졌으므로, 그의 관법의 밑바탕에는 화엄사상이 짙게 드리워졌다는 것을 알 수 있다.

당시 중국과 고려의 천태교관에 크게 영향을 준 것은 체관의 『천태사교의』인데, 이 책은 오시五時와 팔교八教로 나뉘어 서술되었다. 오시는 화엄시華嚴時·녹원시鹿苑時·방등시方等時·반야시般若時·법화열반시法華涅槃時로, 이것은 화엄의 돈오로부터 시작하지만 녹원시·방등시·반야시는 수행을 내세운다. 법화열반시는 회삼귀일의 논리를 내세우지만, 돈오와 점수漸修를 초월하여 원융무애圓融無礙한 원교圓教를 표방하였다.[131] 팔교는 화의사교化儀四教와 화법사교化法四教로 나뉘는데, 화의사교는 돈頓·점漸·비밀秘密·부정교不定教이며 화법사교는 장藏·통通·별別·원교圓教이다.

원교 이전의 칠교와 오시는 모두 화엄사상을 근간으로 보살행을 닦는 수행을 강조하였는데 원교 역시 화엄경의 십신十信·십주十住·십회향十廻向·십지十地·등각위等覺位·묘각위妙覺位에 따른 화엄 교리로 설명되었다. 다만 묘각위의 마지막에 십승관법十乘觀法을 설정하였지만, 그것은 관불사의경觀不思議境에서 이법애離法愛에 이르는 10단계로 나뉘어서 지관문止觀門으로 연결될 수는 없다.[132]

의천의 천태교관도 법화의 회삼귀일 논리에 의한 삼관법을 내세웠다. 그의 삼관법은 화엄 오교의 논리로 설명되었고, 원명한 지관도 교학의 교리를 부정하지 않았다. 또한 의천은 삼관법을 화엄의 원돈 논리로 설명하

之眼目也"라고 하였다.

131 김두진, 「체관의 천태사상」, 앞의 책, pp. 48~52.

132 김두진, 위의 논문, 위의 책, p. 58.

였는데, 다음 내용에서 이런 면을 알 수 있다.

> 그 후에 一宗의 諸師들이 모두 저술과 찬술에 三觀으로 귀감을 삼지 않은 자가 없었다. 그러므로 會稽山 嘉祥寺의 神秀법사가 찬술한 『花嚴疏』 중에 漩澓頌을 인용하여 "杜順선사께서 一境 가운데 一切智가 있고, 일체지 가운데에 여러 법계가 있다고 하셨는데, 이것이 바로 화엄경의 선복이다. 또 『探玄記』의 妙賾에 至相의 十門은 선복송으로부터 받은 것으로 그 뜻이 홀로 생긴 것이 아니며, 이제 그것을 갖추어 서술하여 宗旨를 밝힌다"라고 하였다.[133]

의천은 삼관법을 화엄경의 선복송漩澓頌과 연관시켰다. 즉 천태종은 삼관三觀을 하나로 파악하여 일종一宗의 종지宗旨를 세우는 것인데, 그러한 일종의 종지를 선복송으로 설명한 것이다.

화엄종의 제1조인 두순은 화엄경의 선복을 "일경一境 속에 일체지一切智가 포함되고, 그러한 일체의 지는 또한 일체의 법계를 포함한다"라고 하여, 선복의 경지를 삼관이 하나로 파악된 천태의 교관과 연결시켰다. 이때 선복의 일경 속에는 일체의 지는 물론 여러 법계의 십문 등도 모두 포함하였다. 이렇듯 천태의 교관 역시 지관을 내세우지만 그 밑바탕에는 일체의 지나 법계 법문은 물론 교학의 여러 교리까지 포함하였다.

천태교관을 성립시키기 위해 법상을 융섭하려는 것이 바로 의천의 원돈사상인데, 그것은 일체의 법상을 융섭하면서도 차별성을 갖는 구상론적인 화엄사상이다. 의천의 천태교관은 기본적으로 화엄사상을 바탕으로 관법을 수용한 것으로 지관 중심의 교선일치사상과는 다르다.

---

133 의천, 「시신참학도치수」(『대각국사문집』 권16 ; 『한국불교전서』 권4, p. 556, 상)에 "厥後一宗諸師 凡有著撰 未嘗不以三觀爲龜鏡故 會稽嘉祥寺 神秀法師花嚴疏中 引漩澓頌云 順禪師曰 於一境中一切智 一切智中諸法界 斯乃大敎之漩澓也 且如探玄妙賾 至相十門 皆稟有所從 義非孤起 今具述之 以明宗意也"라고 하였다.

(3) 송 및 고려 불교계와의 관계

1) 송대 천태종과의 관계

의천의 천태교관을 송대 천태종과의 관계에서 이해하려 할 때, 우선 유념해야 하는 것이 그의 화엄관이 구상론具相論的적인 성격을 가진다는 점이다. 이것은 의천이 천태의 삼관법을 화엄의 선복송과 연결하여 이해하게 하였다. 선복송은 화엄사상의 성기론性起論으로 연결된다. 그러나 하나 속에 융섭된 일체의 법상은 물론 그 법상 속에 갖추어진 여러 법상도 모두 민멸泯滅하지 않으므로, 따라서 하나와 더불어 혼연된 일체一體를 이루지 않는다. 즉 하나 속에 융섭되었더라도 모두가 구분되는 차별성을 지닌다.

하나 속에 융합된 여러 법상의 차별을 인정하는 이러한 의천의 구상론적인 화엄사상은 법장의 화엄관과 연결된다. 의천은 중국 화엄의 정통파인 법장계 화엄종을 중흥시킨 정원으로부터 화엄교학을 전수받았으므로, 화엄종과 천태종 교리의 융합을 주장하였다. 다음 기록에서 이런 면을 이해할 수 있다.

> 第一義諦를 열어 보여서 因緣法이나 자연의 법칙을 물리치고, 二源을 들어 眞妄을 증명하였다. 三觀을 설치하여 법성을 모두 융섭하고 四輪을 나타내서 일어나는 바를 분명히 하였다. 五陰을 觀照하여 여러 마귀를 분별하고, 六入을 깨뜨려 根本이 미진함을 일러주었다. 七大를 논하여 망령된 꾀를 꾸짖고 八還을 나열하여 色相을 분별하였다. 九定을 해석하여 聖果를 이루고, 十種의 禪那를 이야기하면서 거짓된 생각을 쉬게 하였다.[134]

134 장형, 「大宋重修楞嚴大師塔記」(『대각국사외집』 권9 ; 『한국불교전서』 권4, p. 583, 하)에 "開示第一義諦 以斥因緣自然 擧二源以證眞妄 設三觀以融法盡性 標四輪以明所起 觀五陰以辨衆魔 破六入以指根塵 論七大以訶妄計 列八還以別色相 釋九定以成聖果 談十種禪那 以息邪靜慮"라고 하였다.

이 기록은 장형이 찬술한 것이지만 의천의 교학과 바로 연결된다. 근본 진리인 일의체一義諦에 이원二源을 설정한 것은 기신론起信論의 일심一心 이문二門을 생각하게 한다. 하나의 근본 진리 속에 이원을 설정하고 이어서 차례로 삼관三觀·사륜四輪·오음五陰·육입六入·칠대七大·팔환八還·구정九定·십종十種 선나禪那를 제시하였다.

일의체 속에서 인연법은 물론 자연의 현상계를 성립시키는 모든 법칙을 인정하지 않았다. 즉 진리인 하나 속에서 인연에 의한 여러 법상의 차별을 설정하지 않은 것이다. 그러나 근본인 하나는 다시 진眞과 망妄의 이원을 설정하였고, 그리하여 차례로 여러 법상과 색상色相의 분별은 물론 성과聖果를 나열하고 마지막으로 선나를 제시하였다.

근본의 하나가 진과 망의 이원으로 나뉘면서 무수한 차별의 법상을 설정하지만 삼관법을 제시하여 차별의 여러 법상을 융섭하였다. 이런 면은 의천의 천태교관을 이해하는 데 시사성을 준다. 다만 삼관법이 제시한 융섭 논리는 성구적性具的 성격을 가져서 법상이 가진 법성法性을 융섭하지만 융섭된 여러 법상은 차별성을 그대로 지닌다.

근본인 일의체는 마지막으로 선나禪那를 설정하지만, 그 안에 나타난 여러 법상의 차별을 드러내려고 하였다. 의천 교학의 이런 면은 바로 구상론적인 천태교관으로 연결되는데, 이것은 중국 천태종의 정통파인 산가파의 사상경향으로 이어졌다. 의천은 송나라에 있을 당시에 주로 산가파의 천태종 승려와 교류하였는데, 그중 의천에게 가장 큰 영향을 미쳤던 인물이 자변 종간이다. 귀국한 뒤에 의천은 종간의 교학을 크게 일으키고자 천태종 사찰을 창건하여 종간의 저술을 받들어 모시는 한편, 종간의 상을 세워 천태종의 초조初祖로 삼았다.[135] 이후에도 의천은 종간과 서신을 계속 주고

135 志磐, 『佛祖統紀』 권14, 僧統義天전(『大正藏經』 권49, p. 223, 하)에 "及見天竺慈辯 請問天台教觀之道 後遊佛隴禮智者塔 爲之誓曰 己傳慈辯教觀 歸國敷揚 願賜冥護 見靈芝大智爲說戒法

받았다. 즉 의천은 종간의 천태교관을 중시하여 그것으로 고려 천태종의 교리 체계를 수립하였다.

중국의 천태종은 고론高論 청송淸竦의 문하에서 정원淨元 의적義寂과 자광慈光 지인志因이 나오면서, 두 사람의 문하가 교파로 나뉘었다. 의적의 문하를 산가파로 지인의 문하를 산외파로 불렀는데, 점차 이들 사이에서 천태종의 교리 논쟁이 치열해졌다. 산가파의 천태교관이 구상론적인 성격을 가진 데 반해 산외파는 구성론적인 성격을 가졌는데, 법상 중에 갖추어진 '일념삼천一念三千'에 대한 설명을 달리하였다.

하나 속에 일체를 갖추었고, 융섭된 일체의 각각에도 일체가 갖추어진 법상에 대한 설명이 일념삼천설이다. 삼천三千은 일체의 여러 법상이 공空과 가假 및 중도의 묘법妙法을 융섭한 모습을 의미한다. 그러나 갖추어진 일념삼천의 여러 법상의 존재에 대한 인식은 다를 수 있다. 산가파의 구상론자들은 진여眞如, 즉 절대적인 하나 속에 일체 차별의 법상이 갖추어졌고 그것이 인연에 따라 발현하는 것이 차별의 모습을 드러낸다고 하였다.[136] 법상은 공과 가의 면뿐만 아니라 중도의 면도 가졌다. 그중 공과 중도를 리理로 가를 사事로 파악하는데, 산가파의 천태교관은 리 내에 갖추어진 사에 의해 차별상이 만들어진다고 강조하였다. 이 점은 법장파의 구상론적 화엄교학과 통하는데 하나 속에 융섭된 여러 법상의 차별상을 인정하였다.

이에 반해 산외파의 구성론자들은 하나 속에 융섭된 여러 법상의 차별을 인정하지 않았다. 리가 본성이고 진여이지만, 사는 가상이어서 그 실상을 인정하지 않기 때문이다.[137] 이 점은 의상과 균여로 이어지는 성기론적

請傳所著文 旣還國 乃建刹號天台 奉慈辯所傳敎文 立其像爲初祖"라고 하였다.

136 장원규, 「一念三千說에 관한 硏究—具相論과 具性論을 中心으로」, 『佛敎學報』 5, 1967, p. 223.

137 장원규, 위의 논문, 위의 책, pp. 112~113.

화엄교학과 통하는데 이것에 의하면 하나 속에 융섭된 여러 법상의 차별성은 민멸되어 하나와 더불어 혼연의 일체一體를 이룬다.

천태교관인 삼관법에 의해 법상을 인식하려는 일념삼천설에 관한 교리 논쟁은 산가파의 사명四明 지례智禮 때에는 일단 산가파의 승리로 판가름이 났다. 물론 산외파도 지인의 문하에 자광慈光 오은晤恩이 나왔고, 오은의 문하에 봉선奉先 원청源淸이 있었으며, 원청의 문하로 고산孤山 지원智圓과 범천梵天 경소慶昭가 있었다.

그중 지원을 후산외파後山外派라고 부르는데, 그의 천태교관은 삼관법에 의해 융섭된 법상을 다소 인정하는 듯한 인상을 준다. 그 밖에 경소의 문하가 내려오기는 하지만 그 세력을 크게 유지할 수 없었다. 반면 의적의 문하에는 보운寶雲 의통義通과 체관諦觀이 나왔고, 의통의 문하로 지례와 자운慈雲 준식遵式 · 전당錢唐 청효淸曉 등이 있었으며, 그중 준식과 지례의 문도가 융성하였다. 특히 지례는 『석난부종기釋難扶宗記』를 지어 산외파인 지원과 경소의 학설을 논파하였다.[138]

지례는 많은 문도를 두었는데, 그중 번창한 법맥을 이룬 자는 남병南屛 범진梵臻 · 광지廣智 상현尙賢 · 신조神照 본여本如 · 삽천霅川 인악仁岳 · 광자廣慈 혜재慧才 · 정석淨石 숭구崇矩 등이다. 범진의 문하에 자변 종간이 있고, 의천은 종간의 제자이다. 의천이 유학할 당시에 종간은 산가파 천태교학을 표명하면서 가장 번창한 법맥을 형성하였다.[139] 의천을 중심으로 한 중국 천태종의 법맥은 〈표 1〉로 정리된다.

---

138 장원규, 「일념삼천설에 관한 연구—구상론과 구성론을 중심으로」, 앞의 책, p. 112.

139 梵臻의 문인으로는 從諫과 用文 · 太初 · 智欽 외에도 圓照 梵光 · 楊尖 法欽 · 餘慶 道存 · 超果 會賢 · 精微 彦倫 · 寶積 彦端 · 法慧 正宗 · 東安 景初 · 南屛 靈玩 · 東吳 文諤 · 錢唐 如詢 등이 있다. 또한 종간의 문인으로는 의천 · 應如 · 擇卿 · 齊玉 · 蘊玆 외에 普明 如靖 · 佛照 智堅 · 法雲 宗敏 · 慧覺 淸月 · 佛智 慈雲 · 圓明 普賢 · 上竺 明義 등이 있다. 이것을 정리해보면 중국 천태종은 범진에서 종간으로 이어지는 법맥이 가장 성행하였음을 알 수 있다.

〈표 1〉 의천을 중심으로 한 송대 천태종의 계보

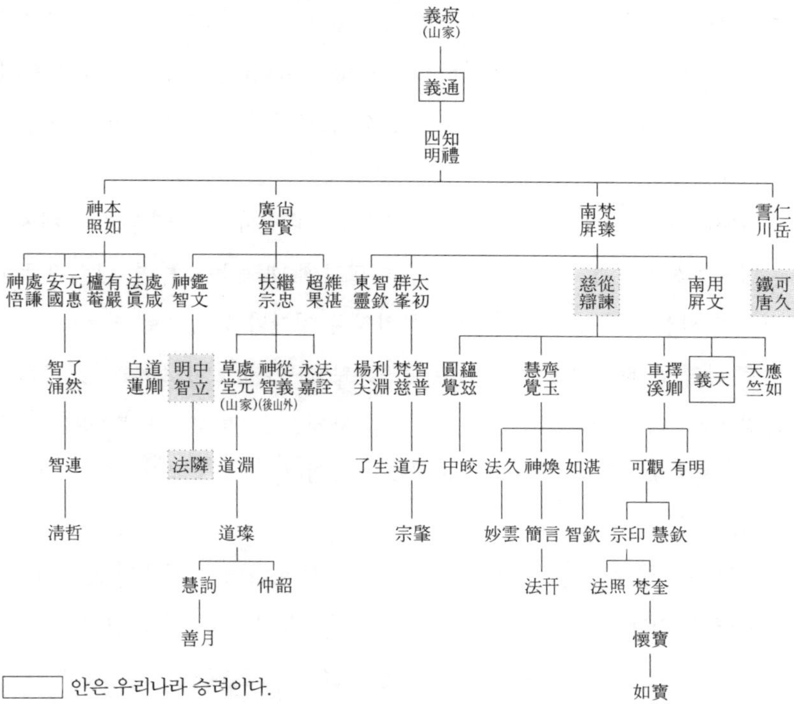

□ 안은 우리나라 승려이다.
▒ 안은 의천과 교류한 승려이다.

물론 의천은 종간의 사형嗣兄들과 동문 및 이들의 제자들과 교류하였던 것으로 추측되지만 그러한 구체적인 기록은 찾을 수가 없다. 의천은 지례의 문인 중 광지 상현의 문도와 교류하였다. 상현의 문인으로 신지神智 감문鑑文이 있고, 감문의 문인이 명지明智 중립中立이며, 중립의 제자가 혜조慧照 법린이다.

중립은 양걸과 함께 의천이 지자대사의 부도탑 앞에서 발원문을 지은 사실을 비문으로 새긴 인물이다. 송나라에 있을 당시에 의천은 도를 묻기 위해 중립을 찾아갔는데 이때 그는 스승의 입장에서 의천을 맞고는 그 인물 됨됨이에 감탄하였다.[140] 의천은 중립을 스승으로 모셨지만, 그의 문인인 법린을 친구로 삼았으므로 실제로는 깊이 교류하였다. 의천은 법린의 글에 고사풍古史風이 있다며 감탄하였을 뿐만 아니라, 애써 구한 책에 그의 발문跋文을 받아 귀국하였다.[141] 귀국 후에도 의천은 법린과 서신 교류를 지속하였다.[142]

의천은 또한 항주의 혜인원에 머물 당시에 용정사龍井寺에 들러 변재辨才 원정元淨을 찾아뵙고는 하루 종일 천태교관에 대해 논의하였고,[143] 귀국한 뒤에도 서신 교류를 계속하였다.[144] 원정은 지례와 동학으로 의통의 문인인 존식의 법맥을 이었다. 존식의 문인으로는 명지明智 조소祖韶・묘과妙果 문창文昌・법선法善 청감淸鑑・진정眞淨 사영思永・보경保慶 법윤法潤・천축天竺 본융本融 등이 있는데 비교적 번창하였다. 그중 조소의 제자가 원정이다.

의천은 중국 천태종 중에서도 당시 가장 번성하였던 지례의 문도와 교류하였고, 지례와 동문인 존식의 문도와 사귀었다. 이처럼 의천이 교류한 천태종 승려들은 모두 산가파의 학승들이었다. 그런데 의천은 후산외파인 인악과도 서신을 교류한 것으로 나타나 있다. 다음 기록을 참고해보자.

仁岳은 삼가 두렵습니다. 지난번에 안부를 빠뜨려 날로 괴로움만 쌓입니다.

---

140 지반, 『불조통기』 권14, 中立전(『대정장경』 권49, p. 220, 중)에 "元祐初 高麗僧統 義天 遠來問道 甫濟岸遇 師升堂 歎曰 果有人焉 遂以師禮見 傾所學折其鋒 竟不可得"이라 하였다.

141 지반, 위의 책 권15, 法隣전(『대정장경』 권49, p. 225, 하)에 "高麗義天至 首入南湖 師明智而友慧照 請跋所受教乘歸國 師援筆立成 有古史風 義天嘉歎不已"라고 하였다.

142 『대각국사외집』 권7에 法隣이 의천에게 보낸 서신이 전한다.

143 의천, 「留題三角山息庵」(『대각국사문집』 권19 ; 『한국불교전서』 권4, p. 562, 상)에 '見景思人恨不堪'의 註로 "予於元豊 元祐之間 訪道△△曾到餘杭龍井寺 與辨才大師△△ 終日△△ △△天台宗 彼有訥庵與此略同 不覺思舊也"라고 하였다.

144 『대각국사외집』 권11에는 「大宋沙門元淨詩」, 『대각국사외집』 권6에는 「大宋沙門元淨書」 2首가 전한다.

이른 봄이 저물어가는데 안녕하신지요. 매번 上都 사람들이 와서 좋게 칭찬하는 것을 익히 들었습니다. 經을 펴고 대중을 화합하여 여러 곳에서 크게 떨치는 것은 진실로 法門의 넉넉함 때문입니다.[145]

인악은 지례의 제자로, 산가·산외파의 논쟁이 격심하였을 때 스승을 도와 산외파의 천태 교리를 격파하는 데 절대적인 역할을 담당하였다. 그의 공로로 천태교관의 구상론과 구성론의 다툼은 일단 산가파의 승리로 끝이 났다.

인악은 말년에 지례의 산가교학에 도전하였다. 자연 인악의 천태교관은 산외파의 교리와 가까워졌고,[146] 그래서 만년에 인악이 성립한 천태교학을 계승한 자를 후산외파라고 부른다. 이 점을 근거로 인악을 산외파에 속한 천태종 승려로 분류하여, 그와 의천의 서신 교환은 의천이 산가파는 물론 산외파와도 교류하였음을 알려준다고 주장하는 이들이 있다. 즉 의천은 산가파의 천태 교리를 정통으로 삼으면서도 산외파의 천태 교리를 받아들였다는 것이다.

그런데 인악이 1064년(문종 18)에 입적하였을 때 의천의 나이는 겨우 만 9세였다. 그러므로 인악이 의천에게 안부를 빠뜨려 괴롭고 두려워해야 할 이유도 또 의천이 인악의 편지를 받았을 가능성도 거의 없다. 의천에게 편지를 쓴 인악은 후산외파의 종장인 삽천霅川 인악仁岳이 아니었을 것이다. 이렇게 되면 의천의 교학이 산외파의 교학을 흡수하였다는 근거는 없어진다.

그러나 의천이 인악과는 교류하지 않았더라도 제자인 전당錢唐 가구可久

145 仁岳, 「大宋沙門仁岳書」(『대각국사외집』 권3 ; 『한국불교전서』 권4, p. 571, 하)에 "仁岳祇竦 鄬闕修問 日增勞蘊 暄序云暮 素履冲恬 每上郡人來 稔聞善譽 敷經籲衆 偉異諸方 固法門之 多裕也"라고 하였다.

146 安藤後雄, 『天台學根本思想とその展開』, 平樂寺書店, 1969, p. 361.

와는 서신을 주고받았다. 물론 의천은 가구와 만나지는 않았고,[147] 편지에는 천태교관에 관한 내용이 빠져 있다. 다만 의천을 유마維摩거사의 화신으로 표현하면서 그의 화엄불사가 비중 있게 언급되어 있다. 그러므로 가구와의 서신 교류만으로는 의천의 천태교관을 산외파와 연결시킬 수 없다.

더욱이 화엄교학에 주목하였다는 점을 근거로 산외파의 천태교관과 연결시키는 것은 일단 화엄교학에서 출발한 구상론과 구성론의 차별을 전혀 이해하지 못한 데에서 오는 오류이다. 의천이 주로 교류하고 관심을 가졌던 것은 산가파의 천태교관이다. 인악과는 교류가 없었다고 하더라도 『신편제종교장총록』에는 인악의 저술이 상당히 많이 실려 있다.[148] 이것은 인악의 교관에 대한 의천의 관심을 보여준다.

인악의 저술 중 『십불이문문심해十不二門文心解』와 『논삼천서論三千書』·『의학잡편義學雜編』 등은 지례의 교학을 비판한 후산외파의 교관을 형성하는 데 기여하였지만, 나머지 대부분의 교학은 산가파의 교관을 확립하는 데 기여하였다. 또한 그는 수능엄경首楞嚴經에 대한 저술을 많이 남겼는데, 이것은 의천의 교학에서 관심을 끌 수 있는 면을 가졌다.

만년에 가졌던 인악의 교학은 자신의 문도에게 전해져 번창하기보다는 범진과 동학인 상현의 문하에서 다시 수용되었다. 상현의 제자에 부종扶宗 계충繼忠이 있었는데, 계충의 문도 중에 초당草堂 처원處元과 신지神智 종의從義가 다시 산가파와 후산외파로 나뉘어 논쟁하였다. 그러나 후산외파인 종의 역시 산가파 천태교관에 의해 논파되었다.

인악 이후의 후산외파 교관을 전대 산외파의 교관과 동일시하여 이해하

147 可久, 「大宋沙門可久書」(『대각국사외집』 권8 ; 『한국불교전서』 권4, p. 583, 중)에 "踵武方丈一得瞻敬"이라 하였으므로, 가구는 의천과 만나지는 못하였다.

148 『新編諸宗教藏總錄』에 실린 인악의 저술은 大涅槃經禮讚文·十不二門文心解·論三千書·義學雜編·復右施行道儀·天台四教儀科·首楞嚴經集解·首楞嚴經文句·首楞嚴經熏聞記·首楞嚴經說題·首楞嚴經禮誦儀·首楞嚴經說題科·小阿彌陁經新疏·小阿彌陁經新疏指歸·四十二章經通源記·佛遺教經助宣記·南山祖師禮讚文·施食須知 등이다.

려는 것은 잘못이다. 이 점은 다음 기록에 나타난 의천의 사상경향과 연관시켜 파악할 필요가 있다.

① 무릇 화엄이 일어나 萬象의 미묘한 의미를 분석하였으며, 聖人의 교화가 群機에 묘하게 응하여 드러났다. 명석함과 정성이 없었다면 어찌 깊은 근원의 자취를 窮究할 수 있겠는가? 스스로 통하여 거울처럼 비추지 못한다면 조짐이 끊어진 자취를 찾기 어려울 것이다.[149]

② 원컨대 날마다 화장세계에서 함께 만나 몸을 받고, 대대로 비로자나의 경사스런 법에 기쁨을 함께 나누며, 中道와 邊見으로 헤아리거나 생각하지 않고, 피차를 구별하는 情을 융섭함으로써 한 티끌을 보고도 전체 법계를 볼 수 있기를 바랍니다.[150]

의천은 여러 법상의 차별을 통관하여 거울처럼 비추어보려는 관법을 제시하였다. 그것은 중도中道와 변견邊見을 떠났으며, 피차의 구별을 융섭하려는 의미를 지녔고, 한 티끌을 통하여 전체의 법계를 보았다. 이 점은 의상의 수진법계竪盡法界로 이어질 수 있으며 구성론적인 성격을 지녔다. 구상론적인 화엄교관을 가진 의천의 천태교관 속에 구성론적인 교리가 들어 있는 것이 흥미롭다.

그러나 이러한 사상경향을 산외파의 천태교관과 연결시키는 것은 잘못이다. 산외파와 후산외파의 천태교관은 분명히 다른 것이기 때문이다. 산외파의 법맥을 이었으면서도 전前산외파로 알려진 고산 지원이 구성론적

149 有誠, 「大宋誠法師答辭」 제2(『대각국사외집』 권1 ; 『한국불교전서』 권4, p. 568, 상)에 "夫大教之興 析幽微於萬象 至人之化 楊妙應於群機 不有明誠 曷究玄源之迹 自非通鑑 難尋絶朕之蹤"이라 하였다.

150 善聽, 「大宋沙門善總書」 제5(『대각국사외집』 권6 ; 『한국불교전서』 권4, p. 577, 중)에 "願生生咸會 華藏受身 世世同忻 毗盧慶法 不以中邊而計想 願融彼此之生情 覩一微塵 見全法界"라고 하였다.

인 천태교관을 바탕으로 차별의 법상을 인정하였다면, 산가파의 이단으로 인식되는 후산외파에 속한 인악은 구상론적인 천태교관을 바탕으로 법상의 차별을 융섭하였다.

즉 인악과 지원의 천태교관은 비슷한 점이 다소 있지만, 그들의 논리 기반은 각각 산가파와 산외파의 입장을 고수하였다. 후산외파인 인악의 교관은 삼천三千인 여러 법상의 가假 면을 드러냄으로써, 그것이 민멸되어 융섭될 수 있게 된다. 이 점은 실상을 강조하는 지례의 교관이 법상의 차별상을 완연하게 드러내는 것과 대조된다.[151] 후산외파의 교관은 종의를 기점으로 거의 단절되었고, 처원 이후 산가파의 교관이 대세를 이루었다.[152] 그러나 산가파와 후산외파의 논쟁을 거친 이후에 중국의 산가파 천태교관도 여러 법상의 차별을 융섭하려는 경향을 다소나마 지니게 되었다.

의천은 정원으로부터 중국 정통파 화엄종의 법맥을 이어받았고, 교류한 천태종 승려들도 거의 모두 산가파에 속하였다. 그의 화엄관 역시 구상론적인 융섭사상으로 규정된다. 의천의 천태교관 내에 비록 여러 법상을 융섭하려는 성격을 갖추었다고 해서 산외파의 천태교리를 흡수한 것으로 생각할 수는 없다. 의천은 오히려 융섭된 여러 법상의 차별을 전혀 인정하지 않으려는 산외파의 천태교관을 배격하였다.

2) 고려 선종사에서의 위치

의천은 송나라에서 유학할 당시에 화엄종과 함께 천태종 교리를 중시하였고, 그 외에도 여러 종파의 교리를 접하였다. 송대에는 선종의 교파가 성행하였지만, 의천은 선종 승려와 폭넓게 교류한 것 같지는 않고 다만 운문종 승려와는 다소 교류하였던 듯하다. 송나라에서 많은 선지식을 찾아

151 安藤俊雄, 앞의 책, p. 361.
152 安藤俊雄, 위의 책, pp. 370~371.

불법을 구하면서 의천은 운문종의 대각大覺 양련懷璉과 원초元炤 종본宗本 선사를 찾아뵈었다.

1085년(선종 2)에 밀주로 들어간 의천은 철종을 만나기 위해 변경으로 갔는데, 가는 도중에 화엄종과 천태종의 교리를 들어 깨치고자 하였다. 비슷한 시기에 의천은 상국사相國寺에 들러 종본과 만났다. 이때는 그가 화엄교주인 정원을 만나기 전이었는데, 종본은 의천을 우담발화憂曇鉢花가 불 속에서 핀 것 같다고 찬양하였다.[153] 이런 점을 보면 의천이 화엄종과 천태종 다음으로 중시한 것은 운문종사상이었을 것으로 추측된다.

그 뒤에 정원의 문하에 머물 때에도 종본은 의천을 칭찬하였다. 신종神宗으로부터 원초圓炤선사라는 법호를 하사받은 종본은 이때 정자사淨慈寺에 주석駐錫하였는데 그는 양걸에게 의천을 동방 부동불국不動佛國의 아축阿閦여래로 비유하면서 불가사의한 경지에 들었음을 강조하였다.[154]

의천은 또한 지자대사탑을 참배한 다음에 명주明州 아육왕산阿育王山의 광리사廣利寺에 들러 양련선사를 만났다.[155] 운문종 승려를 송나라에 가자마자 만났을 뿐만 아니라 귀국하기 직전에도 찾은 것으로 보아 의천의 관심이 운문종의 선종사상에 있었음을 알 수 있다. 특히 양련은 인종의 귀의를 받아 복전福田이 되었고, 거주하던 광리사는 뒤에 임제종臨濟宗의 중요한 도량이 되었다. 의천은 귀국 후 운문종 승려인 계숭契崇과 서신을 교환하였다. 그러나 계숭은 선문의 우두머리에 있으면서도 의천이 화엄강주華

153 임존, 「인동선봉사 대각국사비」(앞의 책, p, 331)에 "後日詣相國寺 參元炤禪師宗本 元炤昇堂說法 繼而說偈云 誰人萬里洪波上 爲法忘軀効善財 想得閻浮應卒有 憂曇花向火中開"라고 하였다.

154 임존, 위의 비(위의 책, p. 333)에 "師求法 在杭州 主客曰 昨日惠松子粥時 有淨慈本長老至 遂與喫 長老悚然曰 予數年前 宿龍山寺 夢有神人 與一椀粥問之曰 從東方 不動佛國 來今日之粥 無異夢中所見 夫師之所證知見 皆不可思議境界 則其顯於事者 亦復如是也"라고 하였다.

155 임존, 위의 비(위의 책, pp. 331~332)에 "及到明州 往育王廣利寺 謁大覺禪師懷璉 仁宗尤重此老 以爲福田 今歸老於此 屬師至屛堂說法 甚契本來"라고 하였다.

嚴講主로서 교학 불교를 크게 일으킨 사실만을 칭송하였고,[156] 선종사상에 대해서는 언급하지 않았다. 의천이 주로 운문종의 선종사상에 관심을 보인 반면, 운문종 승려들은 화엄교학이나 고려 불교계에서의 위치 때문에 그에게 관심을 가진 것으로 생각된다.

그런데 중국 운문종 승려로부터 의천이 공격을 받았다는 주장이 있어 주목된다. 요나라의 전효詮曉 등이 경전 목록인 『속개원석교록續開元釋敎錄』을 편찬하면서 『육조단경六祖壇經』과 『보림전寶林傳』을 위서라고 하여 제외하였는데, 의천은 요의 이러한 입장에 찬성하였다.[157] 뿐만 아니라 중국 운문종 승려들은 소식과 가까웠으므로 의천은 그들과 소원할 수밖에 없었다.[158]

대각국사비와는 달리 『선림승보전禪林僧寶傳』의 혜촌慧村 원조圓照조에는 종본이 "화엄경의 삼신三身 중 법신法身은 사바세계에 어느 곳이나 존재하므로, 청중은 어디에 있는가"라고 묻자, 의천이 자신을 잃고 대답하지 못해 더욱 감명을 받았다고 하였다. 이것을 근거로 의천은 종본에게 대우를 못 받았다는 주장도 제기되었다.[159] 중국 운문종 승려들과 의천의 관계에 대해서는 다음 기록에서 추측해보자.

> 金山을 지나면서 佛印 了元선사를 배알하니, 이는 희대의 만남이었다. 마치 공자가 도가의 溫伯 雪子를 만난 것과 같아서, 目擊하면 道가 통하는 것이다.[160]

---

156 契崇, 「大宋沙門契崇書」(『대각국사외집』 권5 ; 『한국불교전서』 권4, p. 574, 하)에 "冠禪肆之上遊 循省愚冥 誠爲△竊 此盖華嚴講主 念聖法之旣末 推風義而相先曲採 微才容參"이라 하였다.

157 지반, 『불조통기』 권14, 승통의천전(『대정장경』 권49, p. 223, 하)에 "近者遼國詔有司 令義學沙門詮曉 再定經錄 世所謂六祖壇經 寶林傳等 皆與焚棄而比世 中國禪宗章句 多涉異端 此所以海東人師 疑華夏爲無人"이라 하였다.

158 허홍식, 「의천의 사상과 시련」, 『정신문화연구』 권17 제1호, 1994, pp. 60~61.

159 허홍식, 위의 논문, 위의 책, pp. 61~62.

160 임존, 「인동선봉사 대각국사비」(앞의 책, p, 331)에 "過金山謁佛印禪師了元 稀世之遇 如夫子見溫伯雪子 目擊而道存"이라 하였다.

철종 때에 요원了元선사는 운문종의 종장으로서 당시의 고승이나 사대부들과 폭넓게 교류하였다. 의천은 요원선사를 알현하였지만 깊이 교류한 것 같지는 않다. 만났으나 대화 없이 헤어졌다는 것은 두 사람이 말하지 않고도 도를 깨칠 수 있다는 비유로 인용되지만, 어쩐지 어색한 해우를 표현한 듯하다. 애초에 유학의 종장과 도가의 종장이 만난다는 비유는 화기애애한 느낌을 주지 않는다. 또한 요원은 황주黃州에 귀양 갔던 소식과 절친한 관계를 맺었다. 철종 때 다시 구법당이 권력을 행사하는 속에서 이루어진 요원과 의천의 만남은 유의할 만하다.

운문종 등 중국의 선종 승려들이 의천을 탐탁하게 여기지 않았던 이유는 우선 그의 선종사상에서 찾아야 한다. 화엄종 승려인 의천의 천태교관은 기본적으로 화엄종의 입장을 중시하였으므로, 선종사상도 화엄을 중시한 그의 교학관에서 이해해야 한다. 다음 기록에서 의천의 선종사상에 대해 살필 수 있다.

① 멀리 중국을 유람하고자 창해를 건너 선지식을 심방하였다. 賢首宗과 智者의 천태종, 因明과 律宗의 疏鈔 등 여러 종파의 미묘한 가르침을 찾아 은밀하게 전수받았다.[161]

② 옛날의 禪과 지금의 禪은 名實이 서로 멀리 떨어지게 되었다. 소위 옛날의 선은 教에 의거하여 선에 들어갔으나, 지금의 선은 교를 떠나 선을 설한다. 교를 떠난 것은 그 이름에 집착해서 實을 버린다. 교에 의거하는 것은 상세히 설명함으로써 그 뜻을 얻는다. 지금의 矯詐한 폐단을 구하기 위해서는 옛날 성인들의 순수한 도로 돌아가야 한다.[162]

161 睿宗, 「本國睿王御製眞贊」(『대각국사외집』 권1 ; 『한국불교전서』 권4, p. 567, 하)에 "遠遊中華 輕涉滄海 歷參作家 賢首智者 因明律鈔 求索諸宗 密傳衆妙"라고 하였다.

162 지반, 『불조통기』 권14, 승통의천전(『대정장경』 권49, p. 223, 하)에 "古禪之與今禪 名實相遼也 古之所謂禪者 藉教入禪者也 今之所以禪者 離教說禪者也 離教者 執其名而遺其實 藉教者 因其詮而得其旨 救今人矯詐之敝 復古聖精純之道"라고 하였다.

예종은 의천의 사상적 특성으로 여러 종파의 교리를 절충하였다고 지적하면서 특별히 화엄종과 천태종을 들었고 그 밖에 유식으로 이어지는 인명론因明論과 율종律宗 등을 언급하였다. 즉 의천의 사상을 선종으로 파악할 소지를 배제한 것이다.

의천의 천태교관은 화엄종 등 교학 논리에 의거하여 체계화되었기 때문에 예종 때에 새로 일어나는 선종과는 달리 파악되었다. 의천은 선종사상을 옛날의 선禪과 지금의 선으로 나누고, 지금의 선종이 거짓으로 잘못되었다며 옛날의 선종으로 돌아가야 한다고 주장하였다. 그는 교학을 떠나 선을 설하는 것은 옳지 않으며, 이는 이름에 집착해서 실實을 버렸기 때문이라고 비판하였다. 이처럼 의천의 선종사상은 교학 논리에 기초하여 성립되었다.

체관에서 의천으로 이어진 천태교관은 기본적으로 화엄교학의 논리 위에 관법을 설정하였다. 교학 논리를 기반으로 성립된 교관겸수敎觀兼修의 천태교관은 선종 중심에서 교학 논리를 흡수 초월하려는 교선융합 사상경향과는 계통을 달리하였다. 그래서 의천의 천태교관은 당시 중국의 운문종 등은 물론 고려의 선종산문에서 크게 환영받지 못하였다. 그런데 의천은 선종산문뿐만 아니라 불교계의 통합을 주도하였다. 우선 다음 기록을 참고해보자.

> 시조 대각국사가 왕궁에서 탄생하여 佛隴의 법등을 전해 받고 본국에 돌아와서 처음으로 眞宗(천태)을 창설하니, 그 덕은 외롭지 않아 이웃이 있고 구슬은 임하지 않아도 스스로 이르렀다. 그러므로 居頓寺 · 神△寺 · 靈巖寺 · 高達寺 · 智谷寺의 다섯 법문의 권속과 이름난 학도들이 명령을 받아 모였고, 그 외에도 대각국사의 문하에 투신한 여러 산문의 이름난 학도 300여 명과 앞의 다섯 법문의 학도 1,000여 명도 함께 모였다.[163]

의천이 귀국하여 천태종을 창시하자 여러 산문과 종파의 학도들이 1,300여 명이나 모여 성황을 이루었다. 물론 처음에는 왕의 명령을 받고 천태종 결사에 참여하였지만, 개중에는 각자가 거느린 문도를 이끌고 의천의 문하에 든 자들도 있었다. 덕린德麟·익종翼宗·경란景蘭·연묘連妙 등의 대선사들은 제자들을 거느리고 의천의 문하에 들어왔다.[164]

거돈사居頓寺·신神△사寺·영암사靈巖寺·고달사高達寺·지곡사智谷寺의 권속들이 모여든 것 역시 스승과 제자가 함께 의천의 문도가 되었다고 추측하게 한다. 신△사가 어느 계통의 절이었는지는 잘 알 수 없지만, 고달사는 봉림산문鳳林山門에 소속된 절로 태조 왕건王建과 결합한 증진證眞 찬유璨幽가 주석하였다. 물론 찬유는 중국의 대동大同 자상子祥화상 문하에 유학하면서 천태사상을 접하였다.[165] 그 밖에 거돈사·영암사·지곡사는 법안종에 속하였던 절이다.[166]

법안종사상이 천태교관과 비슷한 면을 지녔기 때문인지, 의천은 천태종을 창시하면서 신라의 원효와 고려초의 체관으로 사상 전통을 이으면서도 지종 등의 법안종도 유념하였다. 즉 의천은 천태교관을 법안종 교리와 연결시키려는 의도를 가졌다.

---

163 임존, 「인동선봉사 대각국사비 陰記」(이지관, 『교감역주 역대고승비문』 고려편 3, 가산불교문화연구원, 1996, pp. 186~187)에 "吾祖大覺國師 誕跡王宮 傳燈傳隴 言還本國 首唱眞宗 德不孤而有隣 珠無莅而自至 故居頓神△靈巖高達智谷 五法卷 名公學徒 因命會合 其外 直投大覺門下 諸山名公學徒 三百餘人 與前五門學徒 無慮一千人"이라 하였다.

164 임존, 「인동선봉사 대각국사비」(앞의 책, p. 333)에 "於是 募可與弘道者 德麟翼宗景蘭連妙各率其徒 齒於弟子"라고 하였다.

165 金廷彦, 「驪州高達寺 元宗大師慧眞塔碑」(『조선금석총람』 권상, p. 209)에 "大師將辭投子和尙 因謂曰 莫遠去 莫近去 大師答云 雖然非遠近 要且不停留 和尙曰 旣驗心傳 何須目語 尒後旁求勝友 歷謁高師 或索隱於天台"라고 하였다.

166 居頓寺는 圓宗 智宗이 1018년(현종 9)에 주석하여 그해에 입적한 절이고, 靈巖寺는 寂然 英俊이 1011년(현종 2)에 주석하였던 절로, 그는 1014년에 이곳에서 입적하였다. 智谷寺는 眞觀 釋超가 949년(정종 4)에 주석하였던 절이다. 지종·영준·석초 등은 모두 고려초 법안종을 홍성시켰던 승려로 천태사상에도 관심을 가졌다.

교 · 선을 아우르려는 면에서 법안종과 천태종은 연결이 가능하고, 화엄종 외에 유식사상에 대해 이해하려는 면도 비슷한 사상경향을 갖게 하였다. 그러나 두 종파는 분명히 다른 점을 지향하였다. 법안종이 선종의 입장에서 화엄이나 유식사상을 포용하려 하였다면, 의천의 천태교관은 화엄종의 입장에서 관법觀法과 함께 유식사상을 배려하였다.[167]

고려초 화엄종의 입장에서 선종사상과의 교섭을 의도한 탄문坦文의 사상경향이 오히려 의천의 천태교관과 비슷하였을 것으로 추측된다.[168] 그러나 의천의 저술 속에 탄문의 사상은 중요하게 언급되지 않았다.[169] 탄문의 사상은 균여의 사상과 비슷한 면을 가졌기 때문에 의천의 사상과는 맞지 않았고 결국 법안종은 물론 탄문의 사상도 의천의 천태교관과 바로 이어질 수 없었다.

의천의 천태교관은 고려초 체관의 천태사상과는 연결이 가능하지만, 실제로 체관 이후 의천에 이르는 법맥은 잘 찾을 수 없다. 국청사의 낙성은 고려에 천태종을 크게 일으키는 결과를 낳았지만, 결사에 참석한 많은 승려들이 자발적으로 참여하지는 않았던 듯하다. 의천이 1101년(숙종 6)에 천태종 경론을 중심으로 승과를 주관하여 승려를 뽑은 사실이 이를 알려준다. 다음 기록에서 의천 이후 선종 산문과 천태종의 관계를 짐작해보자.

> 大覺국사가 송나라에 유학하여 화엄교의와 아울러 천태교관을 배우고 哲宗 元祐 원년(1086) 丙寅에 귀국하여 智者를 존숭하는 별도의 천태종을 창립하였다. 이때 선종 승려 가운데 천태종으로 옮긴 자가 10명 중 6~7명이나 되었다.

---

167 김두진, 「고려 광종대 법안종의 등장과 그 성격」, 앞의 책, pp. 60~61.

168 김두진, 위의 논문, 위의 책, p. 58.

169 坦文은 화엄종의 입장에서 선종을 융합하려는 사상경향을 가졌으므로 의천의 敎觀兼修사상과 비슷할 수 있다. 그러나 탄문의 화엄사상은 성기론적인 융합사상을 표방한 균여와 비슷하였기 때문에, 균여를 혹독하게 비판한 의천의 화엄사상과는 맞지 않았다. 바로 이 점이 탄문과 의천의 교학이 연결될 수 없는 요인으로 작용하였다.

> 대사는 祖道가 쇠락하는 것을 애도하면서 확고한 결심으로 외롭게 서서 몸을 바쳐 그것을 지켰다. 대각국사가 사람을 보내 여러 번 권유하였으나 끝내 명을 받아들이지 않고, △△山 △峯寺에 은둔하여 열반할 곳으로 삼았다.[170]

의천의 천태종 결사에는 당시 여러 산문의 승려들이 참가하였는데, 선종 산문에서 10명 중 6~7명이 천태종으로 옮겨갔다. 의천은 뒤에 운문사雲門寺 주지가 되는 원응圓應국사 학일을 천태종에 동참시키려 하였지만, 학일은 오히려 선종 승려들이 천태종으로 기울어지는 세태를 비판하고 끝내 의천의 제의를 거절하였다.

그 후 숙종 때에도 의천은 홍각사弘覺寺에서 원각경 법회를 열고는 학일을 강사로 모시려 하였으나, 그는 "선禪과 강講이 교람交濫하는 일을 감당할 수 없다"라고 하면서 사양하였다.[171] 아마 학일은 원각경 법회에서 선종보다는 교종이 강조되는 사상경향에 거부감을 가졌다. 예종 때가 되면 그동안 교종세력에 억눌렸던 선종세력이 서서히 대두하였다. 예종대를 전후로 혜소慧炤국사가 활동하였고 그의 문하인 대감大鑑 탄연坦然의 문도들이 뒷날 수선사修禪社 결사를 주도하였다.

학일과 탄연은 모두 선종 입장에서 교·선을 융합하려는 사상경향을 가졌다. 구산선문九山禪門 중 학일이 가지산문迦智山門의 법맥을 이었다면, 탄연은 굴산문崛山門의 법맥을 이었다. 그렇지만 그들의 문도들은 뒷날 모두 수선사의 법맥을 표방할 정도로 비슷한 사상경향을 가졌다. 실제로 학일의 법맥을 받았던 일연一然은 지눌智訥의 문도임을 자처하였다. 그렇다면

---

170 윤언이, 「淸道雲門寺 圓應國師碑」(『조선금석총람』 권상, p. 349에 "[大][覺]國師西游於宋 傳華嚴義 兼學天台敎觀 以哲宗 元祐元年 丙寅△尊崇智者 別立宗家 于時藂林衲子 傾屬台宗者十六七 師哀祖道凋落 介然孤立 以身任之 大覺使人 頻諭而卒不受命 乃△△△△山△峯寺△終焉之△"라고 하였다.

171 윤언이, 위의 비(위의 책, p. 349)에 "我肅王四年 宋紹聖五年 戊寅 大覺於弘圓寺 置圓覺會 以師爲副講師 辭曰 禪講交濫 不敢當之"라고 하였다.

고려후기 혜소국사로부터 이어지는 조계종은 의천의 천태교관을 타당하게 생각하지 않았을 것이다.

혜소국사는 의천의 문하였던 담진曇眞과 같은 인물일 것으로 추측된다.[172] 쌍계사에 거주하였던 담진은 의천이 송나라에 들어갈 때 뒤따라가서 수행하였을 뿐만 아니라,[173] 귀국 후에도 자주 송나라에 들러 그의 심부름을 담당하였다.[174] 그러나 담진의 문하가 뒤에 의천의 천태교관을 중요하게 내세웠던 것 같지는 않다. 예종 때에 담진은 왕사와 국사로 봉해졌는데 주로 선법禪法을 강설하였다.[175]

의천 문하의 제자로 교웅教雄은 비교적 충실하게 천태교관을 내세웠지만 그 문하가 번성하지는 않았고 또한 의천 사후에는 왕실에서 국청사를 중시하지 않았다. 국청사가 낙성된 후 숙종은 자주 들렀으나,[176] 예종 이후가 되면 왕이 국청사에 들른 기록이 전혀 없다. 예종은 천수사天壽寺에 자주 들렀다. 숙종은 원찰願刹로서 천수사를 창건하여 천태교관을 크게 일으키려 하였는데, 다음 기록에서 이를 알 수 있다.

> 肅宗이 또한 大願을 세워 天壽寺를 창건하여 천태교관을 받들려 하다가, 낙성을 보지 못한 채 돌아가시자, 睿宗이 왕위에 올라 숙종의 대원을 이룸으로써 영원히 삼한을 비호하였다. 아직도 사방에서 兵難이 일어나 백성은 도탄에 빠졌

---

172 金相永, 「高麗中期의 禪僧 慧照國師와 修禪社」, 『李箕永박사 古稀기념논총 佛教와 歷史』, 韓國佛教研究院, 1991, p. 362.

173 의천, 「講入大宋求法表」(『대각국사문집』 권5 ; 『한국불교전서』 권4, p. 534, 중)에 "傾望宸嚴 寔增殞越 今與雙溪寺大師曇眞等 緇素共一十一人 同約欲隨商客船發行"이라 하였다.

174 希俊, 「大宋沙門希俊書」(『대각국사외집』 권8 ; 『한국불교전서』 권4, p. 583, 중)에 "呈與其本 △ 又爲郡中道俗官員 展轉借去 只今爲曇眞大師 發速未及呈上"이라 하였다.

175 『고려사』 권12, 예종 원년 6월 己丑조 ; 예종 11년 閏正月 壬寅조.

176 國清寺 낙성 이후 숙종이 들른 기록은 1097년(숙종 2) 9월 甲寅 · 3년 9월 己酉 · 4년 9월 癸卯 · 5년 9월 丁卯 · 6년 7월 辛酉 · 8년 9월 庚辰 등에 나타나 있다. 예종대 이후에는 왕이 국청사에 들른 기록이 잘 전하지 않는다. 그 외 숙종 때에는 法華도량이 자주 개최되었다.

으나, 오직 이 海內에서만은 편안하여 아무런 근심이 없었다.[177]

예종 때에 천수사를 완공하려는 역사役事를 반대하는 세력이 많아서 온갖 비판이 벌떼처럼 일어났다.[178] 이러한 사정은 예종 때에 의천의 천태종에 대한 비판이 가중되었음을 알려준다. 예종은 당시에 대두한 선종을 중시하면서도 의천의 천태종을 외면하지는 않았다.

고려후기에는 쇠락하였던 국청사가 재건되었고, 백련사白蓮社를 중심으로 요세了世의 천태종 결사가 행해졌다. 지눌의 수선사에 참가한 경험을 가진 요세는 지눌과 결별하고 백련사를 결사하였다. 지눌이 선종을 중심으로 화엄사상에 관심을 표방하였다면, 요세는 화엄사상보다 법화사상을 중시하였다. 이러한 요인이 지눌과 다른 결사를 이끌었지만, 요세는 오히려 수선사보다 선종의 입장을 강조하였다. 이러한 배경 때문에 백련사의 제4세주世主인 천책天頙이 범일梵日의 진귀조사설眞歸祖師說을 소개할 수 있었다. 자연 고려후기의 천태종은 의천의 천태교관의 맥을 존중할 수 없었다. 비록 고려후기에 천태종이 다시 일어났지만 그들도 의천의 천태교관을 잇지는 않았다.

177 임존, 「인동선봉사 대각국사비」(앞의 책, p. 333)에 "肅祖又尋大願 欲創今所謂天壽寺 以奉教觀 經始未畢 龍馭遺弓 睿考肯堂 而肅祖之願大成 以永庇于三韓 且今者 四方兵動 蒼生墮於塗炭 唯此海內 晏然無虞"라고 하였다.

178 『고려사』 권12, 예종 원년 秋七月 辛丑조.

결론

고려시대 불교사상은 크게 보아 교종과 선종사상 등 불교 교파의 사상을 통합하려는 성격을 가졌다. 신라말까지 불교의 각 교파가 교리 체계를 갖추고 논리를 완성시켰기 때문에, 이후 불교사상은 그러한 논리를 절충하고 융합하는 방향으로 발전하였다. 고려초의 탄문坦文 등은 교종 입장에서 선종사상을 통합하였지만, 지종智宗을 위시한 법안종法眼宗은 선종 입장에서 교종사상을 융합하였다. 그중 전자는 의천義天에 의해 학문적 성과가 정리되었고, 후자는 지눌知訥에 의해 조계종曹溪宗이 설립되는 등 결사운동으로 전개되었다. 교종과 선종의 교섭사상에 대한 규명은 고려시대 불교사를 밝히는 첩경일 수 있다.

나말려초에는 선승들의 비문이 많이 전하는데, 이러한 비문과 함께 『조당집祖堂集』은 선종사 연구에서 귀중한 자료이다. 『조당집』은 고려인들이 중국 선종의 사상 체계를 이해하려는 입장에서 개판하였기 때문에 우리나라 선종을 연구하는 데 많은 도움이 된다. 또한 순지順之의 상론相論과 삼편성불론三遍成佛論이 비교적 자세하게 나와 있다.

순지와 결합한 용녀龍女와 용건龍建은 지방의 대호족이었고, 그 세력은 경기뿐만 아니라 황해·충청도 일대의 해상까지 뻗쳤다. 이들은 주위의 군소 지방세력을 흡수·통합하였는데, 특히 용건은 삼한을 병합하려는 야심을 가질 정도로 대호족세력을 형성하였다. 이것은 뒤에 고려왕조를 성립하는 기반이 되었다. 대호족세력들은 토지와 거기에 사는 백성을 지배하려 하였고, 그러한 수단의 하나로 사원을 경영하였다. 그들이 경영한 사원은 여러 개였지만 규모가 크지는 않았다. 순지가 주지로 있던 서운사瑞雲寺도 그중 하나였다. 순지의 선종사상은 이러한 배경 속에서 형성되었다.

순지의 상론은 대체로 삼편성불론보다는 초기 사상으로, 지방호족의 독자 세력 형성에 도움을 주었다. 특히 양대사상兩對四相은 교학 불교의 경전이나 불타에 대한 권위 의식을 부정하고, 다른 곳에서 부처와 정토를 찾는 대신 자기 내에 존재하는 부처와 정토를 찾았다. 그런데 양대사상에서 교학 불교가 부정되는 것은 하근下根을 가진 사람의 경우에 한하므로, 상근上根을 가진 사람의 경우에는 교종도 허용된다는 결론에 이른다.

사대팔상四對八相 중 우식인초상牛食忍草相에서는 화엄사상이 융합되었고, 노지백우상露地白牛相에서는 법화사상이 융합되었다. 그래서 순지는 점증실제론漸證實際論에서 교선일치사상을 주장하였다. 그러나 실제로 점증실제상에는 이러한 면이 구체적으로 나타나지는 않는다. 순지가 교선일치사상을 주장해서 교선융합을 시도하는 면은 삼편성불론에서 찾아진다.

사대오상四對五相은 순지의 선종사상 체계를 일원적으로 전개한 것이다. 그의 상론은 다원적으로 구조된 사상이었는데, 사대오상은 이를 하나의 체계로 묶으려는 것이다. 이것은 순지의 삼편성불론의 논리 전개 방법과 비슷하다. 그러나 사대오상은 여전히 자기 내의 이지理智를 인식하는 데 그쳤으므로 오히려 사상 면에서 양대사상과 통하였다. 따라서 사대오상은 순지의 삼편성불론이 성립되기 위한 교량적 역할을 담당하였다.

순지의 상론은 중국 위앙종潙仰宗의 접화법接化法에서 영향을 받았지만, 위앙종 그대로가 아니라 신라 사회에 적응되도록 변질되었고 또 사상 내용도 보다 풍부해졌다. 그러나 상론은 원상 내에 사구死句를 만드는 결과를 낳아 고려시대에는 크게 성행하지 못하였다. 다만 삼편성불론이 대각大覺국사 의천의 교관겸수敎觀兼修와 지눌의 정혜쌍수定慧雙修사상으로 계승되어 고려시대 불교사상에 큰 영향을 주었다.

삼편성불론은 증리성불證理成佛·행만성불行滿成佛·시현성불示顯成佛로 나뉜다. 증리성불은 돈오頓悟에 의해, 행만성불은 점수漸修로, 시현성불은 팔상八相의 과정을 통해 성불하는데, 이 삼편성불의 경지는 모두 같다. 내증외화內證外化사상은 돈증실제頓證實際에서 나타나는데, 화엄사상을 융합한 것으로 돈오 후 자리 이타를 위한 중행衆行을 내세운다. 회삼귀일會三歸一사상은 회점증실제廻漸證實際에서 나타나는데, 법화사상을 융합한 것으로 삼승인三乘人이 돈오 후 중행을 행하게 한다. 교선일치사상은 점증실제에서 나타나는데, 점교오漸敎悟나 돈오의 어느 것으로도 깨칠 수 있음을 말하였다.

이러한 순지의 선종사상은 지방의 대호족을 옹호하는 이념이 되었다. 삼편성불론은 각각 독자적인 방법을 추구하여 중생으로 하여금 내재적 실아를 발견하게 하므로, 개인주의를 추구하는 지방세력이 독자 세력을 형성하는 데 도움을 주었다. 또한 돈증실제론에 나타난 내증외화사상은 지방의 대호족을 중심으로 지방세력이 통합되는 데 영향을 끼쳤다. 즉 내증內證은 돈오의 과정으로 내재적 실아를 추구하는 개인주의적 경향을 가졌고, 외화外化는 수행 과정이지만 주위의 대상을 포섭·융합하는 데 유용하였다. 회점증실제에 나타난 회삼귀일사상은 삼한을 통합하려는 용건의 야망을 뒷받침하였고, 교선일치를 주장한 점증실제에서 나타난 혼연일체사상은 지방의 대호족이 주위의 군소 지방세력을 흡수·동화하여 통합된 세력권을 형성하는 데 필요하였다. 순지의 선종사상이 다원체제로 구조되었지만 결국 일원적으로 귀결되는 것도 같은 뜻으로 이해된다.

순지는 원효元曉의 사상적 전통을 이어받았다. 그는 원효의 화쟁和諍사상에서 영향을 받아 화엄사상과 법화사상을 자신의 선종사상 내에 융합하였다. 특히 원효가 법화경法華經의 회삼귀일사상을 내세운 이후 순지에 이르기까지 다른 승려가 그것을 주장한 예를 쉽게 발견할 수 없는데, 이것은 법화의 회삼귀일사상이 삼한을 통합하려는 사회사상으로 나타났음을 알려준다.

순지의 사상은 천태종天台宗 개창에 영향을 주었다. 의천은 화엄종 승려로서 법화사상을 내세웠고 신라말의 선종을 받아들여 천태종을 성립시켰는데, 그가 성립한 천태종은 순지의 사상과 상당히 비슷하다. 순지의 교선일치사상은 또한 고려시대 불교의 교선융합사상에도 영향을 주었다. 돈증실제론은 선오후수先悟後修를 주장한 지눌의 정혜쌍수사상으로 연결되고, 점증실제론은 교학에 의한 점수를 닦은 후에 돈오를 논한 것이므로 의천의 교관겸수사상과 연결된다.

이처럼 신라말 순지의 선종사상은 고려시대 불교사상에 커다란 영향을 끼쳤지만, 그의 문도들의 활동이 활발하지 못하였던 점에 관해서는 아직까지 밝혀진 것이 별로 없다. 이 점은 왕건王建과 연결된 사원과 선사들에 대한 규명과 아울러, 고려 건국 당시에 왕건의 친족세력을 이해해야만 비로소 선명히 드러날 수 있다.

『조선금석총람朝鮮金石總覽』에는 왕건과 연결된 승려들의 비문이 상당수 전하는데, 이를 통해 왕건과 그들의 관계를 알 수 있다. 왕건이 중국 유학승들과 결합한 데에는 나주羅州 정벌 이후의 해상권 장악이 크게 작용하였다. 즉 나주 정벌로 인해 중국 유학승들이 왕건의 도움 없이 귀국하기 힘들어지자, 이를 매개로 왕건은 중국에서 귀국하는 지식인들과 연결하여 여론상으로도 후삼국의 전세를 유리하게 이끌었다.

왕건과 승려의 결합관계는 고려 건국 이전과 이후로 나누어 살펴볼 필요가 있다. 왕건은 고려 건국 이전에는 주로 중국 유학승과 인연을 맺었지만, 건국 이후에는 중국 유학승뿐만 아니라 국내에 머무는 승려와도 인연을 맺었다. 또한 918년 이전에는 승려들은 일단 다른 지방호족과 연결되었다가 다시 왕건과 결합된 반면, 918년 이후가 되면 승려들은 왕건과 직결되었다. 918년 이전에는 승려와 결합하기 위해 왕건이 몸소 찾아갔고, 어떤 경우에는 한 승려를 두 번 이상 찾아가기도 하였다. 그러나 918년 이후가 되면 왕건은 조서를 내려 승려를 서울로 불러들여 결연하였고, 이때가 되면 승려들도 부름을 기다리지 않고 스스로 왕건에게 나아갔다.

왕건은 918년 이전에는 지방세력과 연합하려는 의도에서 승려와의 결합을 시도하였다. 이것은 왕건의 호족연합책의 일환이었다. 이 시기의 승려들은 대체로 지방호족과 연결되어 있었으므로, 왕건은 지방호족과의 보다 밀접한 연결을 위해 그들과 연결된 승려와 인연을 맺었다. 한편 당시 사원은 장원으로 형성되어 본사에서 떨어진 지사支寺에 장사莊舍를 두고 경영할 정도로 막대한 토지를 가지고 있었다. 그래서 왕건은 한 승려와 결합함으로써 그와 사회·경제적으로 밀접하게 연결된 다른 사원세력과의 결연이 용이하였다. 실제로 왕건과 연결된 승려들의 많은 연고 사원이 대체로 그와 연결되었다.

918년 이후가 되면 왕건은 지방호족의 연합뿐만 아니라 복속된 지방의 백성 교화와 민심 수합을 위해 승려와 결합하였다. 왕건은 지방호족세력의 항복을 받기 위해 승려를 파견하는가 하면, 항부해온 지방호족과 연결된 승려의 도움으로 그 지방 백성의 민심을 수합하였다. 후백제가 항복하자 왕건은 연산連山에 개태사開泰寺를 세우고 부처의 힘으로 후백제의 옛 백성을 위무하였다.

이처럼 왕건과 승려와의 결합 관계는 그의 호족연합책과 연결하여 파악할 수 있는데, 이때의 불교사상 역시 왕건의 호족연합책과 연관되었다. 후삼국을 통일한 후 왕건은 불교세력을 포섭하려는 쪽에서 통제하려는 쪽으로 입장을 바꾸었다. 따라서 고려 통일 이후 왕건의 불교 정책은 달리 파악되어야 한다.

고려 통일기에 왕건과 연결된 승려들은 대체로 교선융합 사상경향을 가졌는데, 이것은 고려국가의 통일정책인 호족연합과 표리를 이루면서 나타났다. 고려초의 교선융합 사상경향에는 두 가지 조류가 있었다. 하나는 선종의 입장에서 교종사상을 융합하려는 것이고 또 다른 하나는 교종 특히 화엄종의 입장에서 선종사상을 융합하려는 것이다. 전자의 대표로 현휘玄暉를, 후자의 대표로 탄문을 들 수 있다.

비록 신라하대 이래 교 · 선이 나뉘어 대립하였지만 선사라 하더라도 이미 교종, 특히 화엄사상을 접하였다. 원효가 일심一心을 강조한 이후 고려 통일기에 선사들이 다시 내세웠는데, 일심은 모든 중생이 동일한 불성을 가지고 있다는 선종사상과 연관되어 교선융합 사상경향을 성립하였다. 또 교종 중에서 화엄사상 역시 초발심初發心의 돈오와 그 후의 점수를 강조하기 때문에 교선융합 사상경향으로 나타날 소지를 충분히 가지고 있었다.

후삼국 정립기의 교선융합사상은 왕건에게 연립적인 통일 이념을 제공하였다. 통일 고려국가가 성립되면서 왕실은 왕권 전제화를 위해 화엄사상에 관심을 가졌다. 반면에 교선융합 사상경향은 왕건과 연합하여 고려국가 체제 속에서 귀족으로 안주하려던 호족세력에 의해 계속 포용되었다. 고려초 교선융합사상이 유행한 것은 이 시기에도 여전히 호족세력이 건재하였음을 알려준다. 교선융합사상을 대표하는 현휘와 탄문은 충주忠州 유씨劉氏 등 고려초의 강호强豪들과 연결되었다. 현휘와 탄문이 활동한 시대와 사회의 차이는 그들의 사상경향의 차이와도 연결되는데, 현휘는 지방호족과 분명하게 연결되었으나 탄문은 그런 면에서 확실하지 않다.

탄문의 사상은 비슷한 시기의 균여均如의 사상과 제휴하면서도 상당히 달랐다. 그는 연기된 법상의 차별을 인정하려는 과상현果上現의 입장을 취하였다. 이러한 탄문의 사상은 의천의 사상과 통할 수 있어서 고려중기 이후의 화엄사상으로 이어질 가능성을 가졌다. 또한 비록 무신난을 겪으면서 타격을 받았지만 뒤에 조계종曹溪宗사상을 형성하는 데에도 어느 정도 작용하였다.

교선융합사상은 전제정치가 한창이던 광종대 중기에는 빛을 잃었지만, 광종대말에 새로 등장하는 교선일치사상과 직접적으로 연결되어 고려중기 이후 불교사상 형성에 영향을 주었다. 그러나 이들 사상과 연결된 문도들의 활동이 경종 이후부터는 이어지지 않는다. 앞으로 이들의 문도와 고려중기 불교사상계를 이끌어나간 세력과의 연결을 밝히는 작업이 과제로 남는다.

나말려초에 중국 운거雲居 도응道膺의 문하로 유학하여 법인을 받아온 이엄利嚴·여엄麗嚴·경유慶猷·형미逈微를 해동의 사무외사四無畏士라고 불렀는데, 이들은 왕건과 밀접하게 결합하였다. 그러므로 사무외사의 비문을 나말려초의 다른 승려들의 비문이나 도응의 불교사상과 연결하여 분석함으로써, 고려초에 교선융합 사상경향이 성립되는 과정을 이해할 수 있다.

사무외사 중 이엄은 왕건의 귀의로 수미산문須彌山門을 개창하였다. 그는 김씨金氏로, 집안은 본래 경주에 거주하였으나 신라하대에 왕위계승과 같은 혼란을 겪으면서 웅천熊川지역으로 퇴거하여 낙향호족이 되었다. 여엄 역시 속성俗姓이 신라 왕족인 김씨였으나 뒤에 집안이 남포藍浦로 이사하여 낙향호족이 되었다. 경유는 속성이 장씨張氏이며, 집안은 한족漢族의 명문으로 서해안지역에 웅거한 토착 호족이었다. 형미의 속성은 최씨崔氏

이고 집안은 무주武州지역의 토착호족이었다. 이들은 모두 출가하여 선종과 함께 화엄사상을 익혔고 계율을 엄격히 지키는 수련생활을 하였다.

사무외사는 중국에서 무주와 나주의 해안지역으로 귀국하였는데, 이 지역은 이미 왕건의 해상세력 내에 들어가 있었다. 그렇지만 그곳에는 도적이 횡행하고 병사들의 싸움이 그치지 않았다는 기록이 있으므로, 해상권을 둘러싼 왕건과 견훤甄萱의 각축이 완전히 끝나지 않았던 것으로 추측된다.

귀국 후 사무외사는 황주黃州 황보씨皇甫氏와 충주 유씨, 왕건의 어머니인 위숙威肅왕후의 집안인 한씨韓氏 등의 호족세력과 연결되었다. 이들 역시 왕건과 결합된 세력이었다. 왕건은 해주海州의 남쪽에 광조사廣照寺를 창건하고 이엄을 주지로 삼아 수미산문을 열었다. 수미산문의 개창에는 왕건이 주도적 역할을 담당하였지만, 해주지역의 대호족인 황보씨와 개국공신세력도 관여하였다. 수미산문의 개창은 왕건과 승려 및 지방호족이 결연하면서 통일 고려국가를 성립시켜가는 한 단면을 보여준다.

사무외사의 비에는 도응의 법인을 받아온 사실이 유난히 강조되어 있고, 청원青原 행사行思에서부터 도응에 이르는 중국 선종의 법맥이 제시되어 있다. 신라하대 사회에 처음 선종이 도입되면서 중국에서 유학한 승려들은 남악南嶽 회양懷讓의 제자인 마조馬祖 도일道一의 문하에서 법인을 받아왔다. 그러나 나말려초에 왕건과 연결된 선승들은 모두 행사의 문하로 유학하고 그 법인을 받아왔다. 이 점은 신라하대 선종산문이 처음에는 조사선祖師禪 수립에 관심을 기울였으나, 뒤에 교종사상과의 교섭 문제로 눈을 돌린 것과 표리 관계에 있다. 중국 선종은 혜능惠能에 의해 남종선南宗禪이 성립되었고, 그 제자로 행사와 회양의 두 문하가 가장 번성하였다. 그 중 회양의 문하는 조사선을 수립하는 데 관심을 기울였고, 행사의 문하는 교선융합사상을 모색하였다.

사무외사의 사상은 조사선사상을 심화하면서, 다음 단계로 교선융합사상을 모색하였다. 여엄은 '관공觀空'이나 '진공眞空'의 경지를 추구하였는데, 이것은 자기 내의 불성을 깨쳤더라도 굳이 지켜 가지려 하지 않기 때문에 조사선사상의 수정을 가져왔다. 여엄은 이러한 경지를 진종선眞宗禪이라 불렀는데, 이는 조사선이 교선융합사상으로 나아가는 데 중요하게 작용하였다. 공관空觀에 기초한 진종선사상은 중도 융섭적인 성격을 지녔다. 사실 도응의 선종사상 속에는 일심一心 속에 일체의 성性이나 만법萬法을 융섭하려는 화엄사상의 논리가 흡수되어 있었다.

사무외사는 일찍부터 선종사상과 교종사상을 모두 이해할 수 있는 소양을 지녔는데, 도응의 법인을 받아온 이후에는 교선융합 사상경향을 가졌다. 이엄은 교종과 선종을 아울러 빛낸 인물로 이해되었고, 형미는 중관中觀의 공空사상과 언설을 떠난 선종사상을 함께 이해하였다. 사무외사의 교선융합 사상경향도 우선 조사선사상을 성숙시키면서 그 내의 개인주의적인 '내증'에서 벗어나 '외화'를 추구하면서 성립되었다. 이러한 교선융합사상은 왕건의 호족연합책에 유용한 연립적인 통일사상으로 나타났다.

왕건은 사무외사를 자주 왕실로 불러 교선융합사상에 대해 질문하였고, 동시에 그들로부터 치국의 도가 될 수 있는 정책을 건의 받았다. 사무외사는 이때 불교의 교훈뿐만 아니라 유교의 인仁이나 덕치德治도 아울러 강조하였다. 그래서 요순堯舜 시절이나 삼황오제三皇五帝 때의 유교적 도덕정치를 권하면서, 형벌을 바르게 사용하는 등의 구체적인 정책을 제시하였다. 사무외사의 교선융합 사상경향은 선종사상을 중심으로 일심 속에 일체의 만법을 포함시키려는 화엄사상과의 교섭으로 이루어졌고, 유교사상 등 다른 법문의 사상에 대해서도 유념하였다고 정리할 수 있다.

사무외사의 교선융합 사상경향은 나말려초의 다른 교선융합사상과는 구별된다. 왕건의 선대세력과 연결된 순지의 교섭융합사상은 선종사상과 화엄사상 및 법화사상과의 융합을 시도하였고, 광종 때의 법안종사상은 선종사상을 중심으로 화엄사상과 법상종法相宗사상을 통합한 성상융회性相融會사상과의 융섭을 이루었다. 탄문의 교선융합사상은 선종사상과 화엄사상의 융합을 모색하였지만 어디까지나 중심을 화엄사상에 두었다. 그 밖에 굴산문崛山門의 사상 역시 선종 입장에서 화엄사상과의 교섭을 의도하였다. 이에 비해 사무외사의 교선융합 사상경향은 선종사상과 화엄사상의 교섭을 주된 관심사로 가졌지만, 시야를 유교사상 등 다른 법문의 사상으로까지 확대하였다.

고려초기에 있었던 두 가지 경향의 교선융합 사상경향 중, 선종 입장에서 교종사상을 융합하려는 사상경향은 지방호족의 입장을 상당히 반영하면서 이루어졌다. 사무외사의 교선융합 사상경향은 선종을 중심으로 이루어졌고, 왕건과 특별히 연결되었다. 그러나 고려 왕실은 왕권을 안정시키면서 교종, 그중에서도 화엄종이 중심이 되어 선종사상을 융섭하려는 교선융합 사상경향에 관심을 가졌다.

고려 광종대의 불교사상을 시기별로 명확하게 구분할 수는 없으나, 대강 분류하면 광종 즉위년부터 8년까지는 선종이 존속하였고, 광종 4년부터 18년까지는 화엄사상 특히 광종 9년 이후에는 균여의 성상융회사상이 크게 유행하였고, 광종 19년 이후가 되면 법안종이 대두하였다. 광종대의 이러한 사상사 구분은 당시의 정치 · 사회사에 대한 구분과도 대체로 일치한다. 특히 교선일치사상인 법안종이 주로 광종대말에 서서히 대두한 것이 주목된다.

광종대 초기까지 선종이 유행하였지만 구산선문九山禪門이 모두 흥하였던 것은 아니다. 광종은 그중에서도 봉림산문鳳林山門과 희양산문曦陽山門에 큰 관심을 나타내, 광종 원년에 고달산高達山 증진證眞대사 찬유璨幽를 국사에 봉하였고, 다음 해에는 봉암사鳳岩寺의 정진靜眞대사 긍양兢讓을 서울로 불러 제석원帝釋院에 머물게 하였다. 즉위초 광종의 불교에 대한 관심은 정도政道를 구하는 데 있었다. 즉 국초의 피비린내 나는 왕위 계승 싸움의 와중에서 광종 자신의 왕위 계승을 정당화하는 이념을 발견하고, 보편적인 법을 내세우는 불교 이념으로 치국의 묘책을 수립하였다.

광종이 구산선문 중 특별히 봉림산문과 희양산문에 관심을 나타낸 것은 이들 산문이 교선일치 내지 성상융회 사상경향을 가졌기 때문이다. 이들이 주장하는 성상융회 사상경향은 선종의 묵수墨守를 위한 공관空觀의 인식이어서, 뒷날 전제정치에 협조하였던 균여의 성상융회사상과는 입장을 달리할지라도 그것이 성립하는 데 이바지하였다.

광종대 중기에는 화엄사상, 특히 성상융회사상이 크게 유행하였지만, 화엄사상 역시 광종대 초기부터 관심의 대상이 되었다. 광종 4년을 전후한 시기에 화엄종 승려인 겸신謙信이 국사에 봉해진 것은 광종대 불교사상의 변혁을 의미한다. 이때부터 왕실은 전제정치에 도움이 되는 화엄사상에 관심을 가졌다. 그래서 균여의 성상융회사상이 배태될 수 있었다.

이것은 광종 11년 이후 전제정치의 무자비한 숙청이 단행되기 전까지 그 준비를 위한 제도 개혁이 서서히 이루어진 것과 때를 같이하였다. 광종대 중기에는 균여의 성상융회사상이 성립되었는데, 균여는 귀법사歸法寺를 창건하고 주지로 있으면서 전제정치에 깊이 관여하였다. 성상융회사상은 화엄사상을 근간으로 법상종사상을 융합하려는 것이었다. 성상융회사상은 전제정치를 지속시키기 위해 광범한 중소 호족세력을 왕실의 지지기반으로 확보하는 데 유리한 사상 체계였다. 이 시기에 신이하고 토착적인 신앙이 크게 일어난 것도 성상융회사상의 성립과 관계가 있다.

광종대말에는 법안종이 등장하는데, 이미 광종대 중기부터 법안종 승려들이 활동하였고 광종도 관심을 가졌다. 광종 10년에 지종이 중국의 연수延壽 문하에서 유학하였고, 진관眞觀 석초釋超도 중국 천태 덕소德韶의 법사法嗣인 용주龍州 효영曉榮 문하에서 수학하고 귀국하여 광종대 중기에 활동하였다. 법안종사상은 교선일치사상이지만 엄밀히 말하면, 교종 내부의 모순을 해결하려는 성상융회사상과 선종사상을 융합하려는 것이었다. 연수의 『만선동귀집萬善同歸集』에는 성상융회 사상경향이 강하게 나타나 있지만, 『종경록宗鏡錄』에서는 선종의 입장을 뚜렷이 한 교선일치사상을 성립시켰다.

광종대 중기에 활동한 법안종 승려들은 교선일치 사상경향보다는 오히려 성상융회 사상경향을 가져서, 당시 전제정치의 협조자였던 균여의 사상과 크게 배치되지 않았다. 사실 광종대 지종의 등장은 그가 법안종 승려가 아닌 선승으로서 성상융회 사상경향을 가졌기 때문에 가능하였다. 지종은 긍양의 법손으로 찬유와도 연결되었는데, 승과僧科에 합격하여 광종과 인연을 맺는 데에는 두 사람의 뒷받침이 작용하였다.

법안종이 크게 등장한 시기는 광종 19년 이후이다. 혜거惠居가 국사에 봉해졌고, 그의 문하인 적연寂然 영준英俊뿐만 아니라, 김조관金澡鑵 등 36명의 고려 승려들도 연수 문하에서 대거 유학하였다. 광종 22년에는 법안종 사상의 기준에서 도봉원道峯院 · 고달원高達院 · 희양원曦陽院의 세 부동문不動門을 설정하였다. 이때의 법안종사상은 교선일치사상을 강조하였다.

일찍이 광종 10년에 연수 문하에서 유학한 지종은 광종 21년에 귀국하였다. 그의 귀국은 당시 고려 사회에 교선일치 사상경향이 성립하였음을 알려준다. 지종은 처음 중국에 들어갈 때와는 달리 연수 문하에 들면서 정혜론定慧論 등의 교선일치 사상경향에 관심을 가졌다. 그래서 성상융회사상이 유행한 광종대 중기의 고려 사회에서는 용납되기 어려웠고, 광종 19년 이후 교선일치 사상경향이 대두한 후에야 귀국할 수 있었다.

광종 19년 이후 교선일치사상인 법안종은 당시 점차 세력을 만회한 호족세력을 기반으로 등장하였다. 전제정치 속에서도 강호들은 완전히 거세되지 않고 왕권에 기생하면서 온존하였는데, 광종 16년경 서필徐弼 등의 전제정치 비판이 그 단적인 예이다. 서필 · 황보광겸皇甫光謙 · 왕함민王咸敏 등은 모두 호족세력을 배경으로 가진 자들로, 광종대의 고관이었고 거세되지 않았다. 그 밖에 경종대초 집정執政에 임명된 왕선王詵 · 신질申質 · 구질荀質 등도 모두 호족 계열의 인물로 추측된다. 호족세력의 후예인 서희徐熙 · 최업崔業 · 강예康禮 · 유은劉隱 등도 광종 23년에 송宋에 들어가 벼슬을 제수받았다. 이들이 활동할 수 있었던 배경에는 호족세력의 저력이 크게 작용하였다.

광종 19년 이후가 되면 호족세력은 비록 역사의 표면에는 등장하지 않지만 왕권에 제약을 가할 정도로 성장하였다. 광종 19년 이전에 전제정치에 의해 거세된 자들은 준홍俊弘 · 왕동王同 · 박수경朴守卿 · 최지몽崔知夢 등 호족이나 또는 호족과 연결된 인물들이었다. 그러나 그 이후에는 정수正秀 · 선회善會 · 최행귀崔行歸 등 오히려 전제왕권에 밀착된 자들이 거세되었다. 이들은 비록 광종에 의해 처단되었으나, 실제로는 역사의 그늘에 숨어 표면에 나타나지 않은 실력자, 즉 호족세력의 압력으로 말미암았다.

교선일치 사상경향은 왕건 당시에는 호족연합책을 돕는 성격을 지녀서 호족들이 왕권 내에 안주하는 것을 합리화하였다. 그래서 교선일치사상의 유행은 지방호족세력이 건재함을 알려준다. 고려통일 이후 왕실이 화엄종을 포용하면서 왕권을 강화한 데 반해, 교선일치사상은 호족 중심으로 수용되었다. 따라서 광종대말에 새로 세력을 만회한 강호들은 법안종의 교선일치사상에 호의적이었다. 또 중소 토호 이상의 신분 출신이었던 법안종 승려들도 호족세력과 연결되었다.

광종대말에 등장하는 법안종은 왕건 당시의 선승들이 주장하는 교선일치 사상경향과 맥락이 닿는다. 다만 법안종사상은 선종사상에 화엄종 내지 법상종사상까지 융합하려던 데 반해, 왕건 당시의 선사들은 단순히 선종과 화엄사상만을 융합하였다. 법안종사상 내에는 성상융회 사상경향이 포함되어 있기 때문에 광종대 중기의 균여의 성상융회사상과 크게 배치되지 않는다.

법안종은 비록 호족세력의 비호를 받았지만 왕권과도 결부될 소지를 가졌으므로, 광종은 변모해가는 전제정치를 부지하고자 법안종사상으로 서서히 눈을 돌렸다. 법안종사상의 이런 면이 뒷날 표면에 등장하여 역사를 움직여간 호족세력의 후예들에게 크게 주목받지 못하는 결과를 가져왔다. 결국 법안종은 후에 새로 등장하는 법상종세력과 전통적인 화엄종세력 모두에게 배척당하였다.

그러나 법안종의 사상 전통은 태고太古와 나옹懶翁으로부터 이어지는 임제종臨濟宗사상이나 백련사白蓮社 중심의 천태사상과 접근될 소지를 가졌으므로, 한국 불교사에서 먼 훗날에까지 영향을 주었다. 법안종은 선종사상의 입장을 강하게 견지하였고 법상종사상을 배려하였으므로, 고려후기의 조계종으로부터는 크게 환영받지 못하였다. 조계종은 선종사상의 입장에서 교종사상을 융합하려 하였지만, 크게는 이통현李通玄장자의 화엄론에서 출발하였기 때문이다.

광종대 중기에 오월吳越에 들어간 체관諦觀은 중국 천태종 제12대 조사인 의적義寂의 문하에 들어가서 『천태사교의天台四敎儀』를 저술하였는데, 이 책은 이후 천태종의 교전이 되었다. 체관은 의적의 문하에서 10년간 머무르다가 입적하였는데, 『천태사교의』는 그가 중국에 들어간 지 얼마 안 되는 시기에 저술되었다. 즉 책을 저술할 수 있는 체관의 학문적 역량은 이미 고려 사회에서 길러졌다고 할 수 있다.

원효가 『법화경종요法華經宗要』를 저술한 이래 법화사상의 전통이 후삼국시대까지 이어져 내려왔다. 이때의 법화사상은 대체로 왕건의 세력과 연관되었다. 왕건의 선대세력과 연결된 순지의 선종사상이 법화사상을 포용하였고, 왕건의 행군行軍 복전福田인 능긍能兢은 천태종 승려로서 삼한을 통합하는 데 유리한 천태사상을 폈다. 그러므로 당시 왕건과 연결되어 유행한 법화 내지 천태사상은 회삼귀일사상이었다. 이러한 사상사적 분위기 속에서 자란 체관은 오월에 들어가 '동제사주同除四住'를 해석하면서 『천태사교의』를 저술하였다.

『천태사교의』는 오시五時와 팔교八教에 대한 설명을 통해 원교圓教를 내세웠다. 오시는 화엄시華嚴時·녹원시鹿苑時·방등시方等時·반야시般若時·법화열반시法華涅槃時를 말한다. 화엄시는 돈부頓部에 해당되지만 화엄사상 전반에 관한 것이 아니라 사물의 존재에 대한 가장 초보적인 인식에 그친다. 녹원시·방등시·반야시는 점수에 관한 것이고, 법화열반시는 회삼귀일사상을 포용하였지만 화엄 원교적 성격을 많이 내포하였다.

팔교는 돈교頓教·점교漸教·비밀교祕密教·부정교不定教의 화의사교化儀四教와 장교藏教·통교通教·별교別教·원교圓教의 화법사교化法四教로 나뉜다. 화의사교가 부처의 경계에 이르는 방편이라면, 화법사교는 그것의 의미를 추구하였다. 대체로 팔교는 교학, 특히 화엄교학의 보살수행에 입각하여 설명되었다. 체관은 팔교 중 원교를 가장 강조하였는데, 이것 역시 화엄의 보살행에 비추어 설명되었다. 다만 원교의 내용 속에 일심삼관법一心三觀法이 나타났고, 십승관법十乘觀法이 그 끝을 장식하였다. 즉 십승관법에 교선일치사상이 나타나 있다. 다만 체관의 교선일치사상은 수행과정을 강조하기 때문에 그 밑바닥에는 교학, 특히 화엄사상을 진하게 깔고 있었다.

체관이 중국에 들어갈 당시에 고려와 오월국의 정치·사회 상황은 상당히 달랐다. 고려 사회에서는 광종대 중기의 전제정치가 한창 행해지고 있었던 데 반해, 오월 왕 전숙錢俶은 강력한 지방세력을 형성하였지만 결국 당시 새로 일어나는 송 태조에게 입조하고 말았다. 그 후 약 20년이 지나 나라가 없어지자, 전숙은 가족을 이끌고 송의 수도로 옮겨갈 수밖에 없었다. 이렇게 다른 정치 상황 때문에 체관의 사상은 고려 사회보다는 오월국의 사회에서 더 필요하였다. 즉 체관의 사상은 광종대의 전제정치와는 어울리지 않는 성격을 지녔다.

체관이 오월에 들어갈 당시에 중국 천태종은 산가파山家派와 산외파山外派로 나뉘어 논쟁하고 있었다. 산가파의 사상이 구상론적具相論的 성격을 가졌다면 산외파는 구성론적具性論的 성격을 가졌다. 체관의 사상은 산가파에 속하였으므로, 과상현果上現의 입장에서 현상계의 모든 법상을 건립하였다. 즉 체관의 사상에서는 성性뿐만 아니라 상相도 실재하는 것이어서 건립된 법상은 모든 사물의 이치를 갖추어서 완연하고 차별적인 성격을 갖는다. 이러한 사상은 연기건립緣起建立을 내세우는 법장法藏의 사상과 비슷하다.

그러나 체관의 사상은 산외파의 사상과 비슷한 균여의 사상과는 상당히 다르고, 광종대말에 대두한 선종 중심의 교선일치사상인 법안종사상과도 분명한 차이가 있다. 또한 망심관忘心觀에 기초한 체관의 교학은 진심관眞心觀에 기초한 법장의 교학과 미세한 차이를 보여, 그가 주장한 법상 내에는 염악染惡의 덕이 포함되었다. 즉 체관의 사상은 법장의 사상과 대단히 비슷하면서도 천태종의 입장이 반영되어 약간의 차이를 보였다. 그러나 의천의 사상과는 대단히 비슷하다. 의천의 교학은 천태종의 산가파에 속하였고, 화엄종 입장에서 법장 교학의 전통과 맥이 닿기 때문이다.

체관은 생애의 대부분을 고려 사회에서 보냈지만, 우리나라 측 자료에서는 특별한 기록이 알려져 있지 않다. 그래서 중국에 들어가기 이전에 그의 정치 · 사회적 입장을 명확히 밝힐 수 없다. 비슷한 시기에 중국에 들어가 천태종 제13대 조사가 된 의통義通도 체관과 유사한 사상경향을 가졌을 것으로 추측된다.

대승불교의 가장 보편적인 경전은 법화경이라 할 수 있다. 종전에는 보살승菩薩乘만이 성불할 수 있었으나 법화경은 성문승聲聞乘이나 연각승緣覺乘도 성불한다고 하여, 삼승이 모두 성불할 수 있게 되었다. 이것은 대승불교의 가장 근본 사상으로 수용되어 일찍부터 서민 대중에게 유포되었다. 석가불은 사바세계에 현신하여 늘 영취산靈鷲山에 임재臨在하고 설법하기 때문에, 중생은 언제든지 영취산의 법화도량에 접함으로써 깨우침을 얻는다. 이렇듯 법화사상은 중생 구제의 근본 도량을 이루었고, 실천 수행과 함께 서민을 제도하기 위한 영험신앙을 가졌다.

고려 이전에도 법화사상은 광범하게 유포되었다. 낭지朗智는 영취산에서 법화의 보현행을 닦음과 동시에 화엄사상을 포용하였다. 고구려의 파약波若과 백제의 혜관惠觀은 법화경을 염송하면서 관행觀行과 함께 영이한 영험신앙을 가졌고, 백제의 현광玄光은 법화삼매法華三昧를 닦았다. 그러나 삼국시대의 법화 수행자들은 반드시 삼매를 추구하지 않았고, 오히려 영험신앙에 더 젖어 있었다. 신라중대에 정토신앙이 유행하면서 불교가 대중화되자 자연 법화의 영험신앙은 정토신앙과 연결되어 신이한 성격을 가졌다.

법화 영험신앙은 관음신앙을 바탕으로 전개되었다. 세상의 모든 음성을 관지觀智하여 서민의 여러 소원을 들어주는 관음보살은 서민과 가장 가까웠으므로, 관음보살의 영이한 능력과 연결된 법화 영험신앙은 대중에게 확산되었다. 법화 영험신앙은 아기를 점지해주거나, 집 나간 아들과 적국狄國에 피랍된 화랑을 구해주고, 정토에의 왕생을 도와주었다. 그러면서 법화사상은 보현관행을 추구하는 경향을 미약하게나마 가졌다. 신문왕 때에 국로國老로 추앙된 경흥憬興은 보현관행을 닦았고, 신라하대에 연회緣會는 보현관행을 닦아 국사로 봉해졌는데 낭지의 사상 전통을 이으면서 법화삼매에 관심을 두었다.

고려전기에도 법화의 영험신앙은 이어졌다. 관음도량인 중생사衆生寺를 중심으로 신이한 성격의 법화 영험신앙이 전승되었는데, 최은함崔殷諴은 중생사의 관음상 앞에 빌어서 아들인 승로承老가 태어났다. 그 외에도 중생사의 관음보살은 전쟁 중에 아기인 승로에게 젖을 먹여 기르는가 하면, 먼 곳에 거주하는 단월檀越이 시주하여 절의 살림을 꾸려가게 하는 등 신이한 이적을 행하였다. 그러나 고려전기의 법화 영험신앙의 신이한 성격은 이전과 비교하여 다소 약해졌다. 법화 영험신앙과 깊이 관련된 최승로의 손자인 제안齊顔은 천룡사天龍寺에 석가 만일萬日도량을 개설하여 석가의 상주처로서 영취산 도량을 열었다. 석가 만일도량은 세존이 상주하는 사바세계의 정토관을 실현하려는 것이었다.

중생은 영취산 도량에 참여함으로써 성불하고 석가정토에 왕생한다. 그래서 법화경 사경에 의한 공덕으로 극락왕생하려는 신앙이 나타났다. 이것은 신라 때에 귀족들이 공덕으로 사후에 극락왕생을 바라는 신앙과 이어질 수 있는데, 조선초기까지 광범하게 믿어졌다. 사후에 극락왕생을 바라는 법화경의 사경 공덕은 고려전기에도 미약하게나마 나타났는데, 이때에는 특히 고관이나 권세가들 사이에서 법화경의 염송으로 관직이 높이 올라가거나 생명을 연장하는 등의 신앙이 유행하였다. 이처럼 고려전기에 법화 영험신앙의 신이한 성격은 약해졌지만, 그 신앙 계층은 서민 대중뿐만 아니라 귀족들에게까지 확대되었다.

반면 고려전기에 보현행원을 닦는 법화 수행신앙은 오히려 강조되었는데, 이것은 공덕에 의한 정토에의 왕생신앙과 구별된다. 법화 결사는 수행에 의한 정토에의 왕생을 준비하는 과정이다. 상주尙州 호장戶長 김의균金義鈞과 개성開城 남쪽의 신사信士들이 중심이 된 법화 결사는 법화경의 염송과 수행을 통해 정토에 태어나고자 하였다. 이러한 법화 결사에는 경상卿相·추밀樞密·상서尙書 등의 고관을 지내고 벼슬에서 물러난 기로들이 대거 참여하였다.

법화 수행에 의한 정토를 추구한 신앙은 결국 해탈에 이르게 한다. 고려전기에는 법화신앙이 해탈과 정토를 같이 추구하여 삼매관행三昧觀行을 끌어냈다. 법화경의 회삼귀일사상은 방편인 삼승을 통해 불승佛乘인 일승에 들어감을 제시하였는데, 이때 권문權門의 제시가 바로 수행 과정을 뜻하였다. 정토에의 왕생은 삼매에 드는 것인데, 수행과 함께 관법에 의해 정신을 닦아야만 가능해진다. 삼관은 회삼귀일사상을 관법 속에서 파악함으로써 삼매에 이르게 한다. 결국 고려전기의 법화도량은 수행과 정토에의 왕생을 함께 추구하는 과정에서 회삼귀일사상에 의한 일심삼관법一心三觀法의 논리를 제시하였다.

일심삼관법은 천태사상으로 성립되었다. 대각국사 의천이 국청사國淸寺를 창건함으로써 천태종이 개창되었으나, 그 이전에 왕건의 선대세력과 연결된 순지는 선종사상 내에 법화의 회삼귀일사상을 융섭하였을 뿐만 아니라 화엄사상까지 포용하였다. 의천의 천태사상으로 연결이 가능한 체관과 의통은 고려초에 중국에 들어가, 각각 천태종의 교본이라 할 수 있는 『천태사교의』를 저술하는가 하면 천태종의 제13대 교조가 되었다. 이처럼 고려초의 법화관행사상은 중국의 천태사상 정립에 영향을 주었다.

천태사상은 삼관三觀을 하나로 파악하여 구별이 없는 경지를 제시하였다. 공空·가假·중체中諦의 삼체三諦는 원융하여 삼관이 하나 속에 융섭되었다. 중도의 융섭사상으로 성립한 일심삼관법은 그 안에 중중무진重重無盡한 여러 법상을 포함하여 천태교학을 성립시켰다. 이것이 일념삼천론一念三千論으로 구조되었다. 삼관은 각각 십계十界 중생을 갖추었고, 각 세계 내에 포함된 것들도 각각 십계 중생을 포함하였다. 하나 속에 일체를 포함하려는 논리는 화엄사상에 근거한 것이다. 고려전기의 천태사상은 처음에는 화엄교학을 바탕으로 성립되었지만, 시대가 내려가면서 열반경涅槃經 등의 다른 교학사상도 융섭하였다.

일심삼관법의 천태사상은 왕건이 후삼국을 통합하여 통일 고려국가를 건립하려는 사회 분위기 속에 정립되었다. 법화경의 회삼귀일사상은 이미 고려 이전에 성립되었는데, 원효의 『법화경종요』에 나타나 있다. 원효는 중관中觀과 유식唯識의 대립을 정리하여 관법 속에 융섭하였다. 그러나 그의 법화사상은 일심삼관법으로는 나타나지 않았는데, 이것은 당시 불교계에 선종이 성립되지 않았던 사실과 연결해서 생각해야 한다. 의천의 천태사상은 화엄사상을 중심으로 궁극적으로는 관법을 정립시켰다. 화엄사상이 바탕이 되어 천태사상을 전개시킨 것이다. 이런 면이 고려후기 백련사의 천태사상과의 차이를 가져왔다. 요세了世나 천책天頙 등은 선종의 입장을 분명히 하면서 법화사상을 포용하였고, 화엄사상에 큰 비중을 두지 않았다.

화엄사상이나 교학 불교의 입장에서 선종사상을 융합하려는 경향은 의천의 교학을 정리하는 것으로 밝혀질 수 있다. 의천은 문종의 넷째 아들로, 어머니는 이자연李子淵의 맏딸인 인예仁睿태후이다. 당시에는 법상종 세력이 흥성하였는데, 의천은 경덕景德국사 난원爛圓의 문하에 출가하여 화엄사상을 수학하였다. 난원은 고려중기에 화엄종을 일으킨 인물로, 그의 입적 후 문인인 의천과 원경元景왕사 낙진樂眞이 화엄종을 크게 진작하였다.

의천은 1085년(선종 2)에 송에 들어가 당시 법장 교학을 중흥시킨 정원淨源의 문하에 나아갔으며, 귀국 후에는 교장도감教藏都監을 설치하고 정원의 도움을 받아 불교 전적을 모아 대장경大藏經을 간행하였다. 의천은 화엄사상뿐만 아니라 계율종戒律宗·법상종·법성종法性宗·원융종圓融宗·선종 등의 교리에 모두 정통하였고, 유학과 도교사상에도 밝았다. 그는 화엄사상을 중심으로 여러 교파의 교리를 회통會通하려 하였고, 뒤에는 천태종을 개창하였다.

의천은 송나라에 들어가서 정원을 도와 항주杭州의 혜인원慧因院을 화엄 도량으로 우뚝 서게 하였다. 혜인원과 연관되어 정원과 교류한 송나라 조정의 인물들은 신법당新法黨의 핵심인 여혜경呂惠卿의 측근들이었다. 의천은 신법당 인사들과는 교류한 반면, 소식蘇軾을 위시한 구법당舊法黨 인사들과는 반목하였다. 귀국한 의천은 주전론鑄錢論을 주장하면서 고려 문벌귀족사회를 개혁하려 하였으므로, 문벌귀족들로부터 견제를 받았다. 의천이 흥왕사興王寺에 있지 못하고 해인사海印寺로 쫓겨간 것은 이러한 사정을 반영한다. 숙종이 등극하면서 외척과 문벌귀족들을 억압하고 제도를 개혁하려는 분위기 속에서 의천은 다시 개경開京으로 돌아올 수 있었다. 그러나 고려중기의 문벌귀족사회는 점차 강화되었으므로, 그의 개혁사상이 문벌귀족들에게 온전하게 받아들여질 수는 없었다. 대각국사비大覺國師碑는 윤관尹瓘이 처음 지었으나 세워지지 못한 채 김부식金富軾에 의해 다시 찬술되었고, 『대각국사문집大覺國師文集』의 내용도 온전하게 전해지지 않고 결락되었다.

의천의 화엄사상은 융섭적인 성격을 지녔지만, 의상義湘의 성기취입적性起趣入的인 원융사상과는 달리 하나 속에 융섭된 여러 법상이 스스로의 성격을 가졌다. 의상의 교학은 하나 속에 융섭된 법상이 민멸泯滅되어 하나와 더불어 혼연의 일체를 이룬다고 하였다. 이에 비해 의천은 하나 속에 융섭된 법상은 민멸되지 않고 삼중삼십문三重三十門 등 법계의 법문을 포함한다고 하였다. 하나 속에 융섭된 법상이나 법문의 특성을 내세우는 의천의 사상은 구상론적인 화엄관으로 이해된다. 구상론적인 화엄관을 가졌으므로 의천은 법상 등 교학의 교리를 이해하려 하였다. 그가 유식사상의 교리에 밝은 이유를 이런 면에서 찾을 수 있다. 그는 성性과 상相을 하늘의 해와 달에 비유하면서 같이 익히고 닦을 것을 주장하였다.

의천은 교학과 관법을 아울러 수학해야 한다고 주장하였는데, 이것은 원돈圓頓사상으로 정립되었다. 법상은 하나 속에 내재하여 융섭적인 성격을 지니면서도 그 특성을 잃지 않는데, 이러한 내재된 법상을 이해하는 방편으로 의천은 관법을 주장하였다. 관법은 마음을 닦으려는 관심觀心으로 나타나는데, 이것은 마음과 사물의 경계를 나눌 수 없게 한다. 의천은 관심과 함께 경전의 열람도 강조하였다. 즉 교敎와 관觀을 함께 닦을 것을 당부하였다. 그는 관을 배우지 않고 경전만을 익히거나 경전을 전수받지 않고 관만을 배우려는 자를 모두 옳지 않다고 하였다. 의천의 교관겸수사상은 교종과 선종사상을 아우르려는 것으로 나타났지만, 진면목은 화엄사상 내에서 관법을 견지하려는 것이었다.

의천의 구상론적인 화엄사상은 중국 정통파 화엄종인 법장계의 사상과 비슷하다. 법장의 화엄사상은 연기건립적 성격을 가진 데 반해, 의상의 화엄사상은 성기취입적 성격을 가졌다. 의천의 화엄사상은 의상계의 화엄사상과 대립하였다. 의천은 고려초의 균여 등 의상계의 법맥을 이은 화엄 승려들이 교관을 아울러 익히지 않는다고 비판하였다. 또한 성상겸학性相兼學을 주장하면서 관법을 내세운 의천의 교학은 원효의 사상전통과도 이어진다.

의천은 화엄사상의 입장에서 관법을 중시하였는데, 그의 교관겸수사상은 교선일치사상으로 진전되지는 않았다. 그는 정원의 화엄종 7조 대신에 9조를 모셨는데, 화엄종 7조에 비해 천친天親 · 불타佛陀 · 광통光統을 첨가하여 모신 반면, 종밀宗密을 삭제하였다. 이것은 의천이 유식사상을 중시하면서 화엄경관에 치중하였음을 알려준다. 그의 관법은 천태종을 개창하는 기반으로 작용하였지만 선종 승려들의 선관禪觀에 이른 것은 아니어서 선종 승려들로부터 환영받지는 못하였다.

의천은 기본적으로 화엄종 승려였지만 능가경楞伽經과 원각경圓覺經을 중시하였다. 이것은 그가 관법을 성립시키면서 천태종을 개창하는 데 작용하였다. 의천의 천태사상도 체관과 마찬가지로 화엄사상의 논리로 전개되면서 궁극적으로 관법을 설정하였으므로, 화엄사상과 법화사상은 물론 그것과 관법과의 연관 문제를 이해할 수 있게 한다.

의천은 화엄종 승려로서 송나라에 유학하여 화엄사상은 물론 여러 교파의 교의를 이해하고, 특히 천태교관을 익히고 돌아와서 우리나라에서 처음으로 천태종을 개창하였다. 법화경은 영취산 도량에서 설해지는 석가의 교의를 담았기 때문에 대승불교의 진수라 할 수 있는데 천태 삼관법은 바로 이 법화경에 기초하여 이루어졌다. 세존의 교의를 가장 잘 나타내는 법화사상에 기초하여 성립된 천태종이 중국과 일본에서와는 달리 우리나라에서는 늦게 개창되었다. 의천의 천태종 개창은 어머니인 인예태후와 형인 숙종의 도움을 받아 이루어졌다.

숙종이 왕자로 있을 때에 인예태후와 의천과 함께 천태종을 일으키고자 모의하였다. 또한 의천은 천태교관에 관심을 가지면서, 종간從諫 등의 명성을 듣고 중국 천태종을 접하고자 하였다. 물론 우리나라에서도 원효가 법화경 사상을 천명하였고, 고려초에는 의통과 체관이 중국 천태종의 홍성에 기여하였을 뿐만 아니라, 법안종의 지종 등이 천태사상을 이해하였다. 그러나 당시의 천태사상은 각광받지 못한 채 법맥이 이어져 내려오지 않았다. 의천이 활동할 당시에 고려 국내에서 천태사상은 미미한 모습으로 수용되었다. 송나라에 유학한 의천은 산가파의 종장宗長인 종간의 문하에서 천태교관을 전수받았다. 의천의 스승인 종간은 산외파의 논리를 격파하고 산가파 교관을 확립한 인물이다. 의천은 종간의 권유로 지자智者대사탑을 찾아 그 앞에서 고려의 천태종 개창을 위한 발원문을 지었다. 고려로 돌아온 의천은 숙종이 즉위하자 마침 낙성된 국청사의 주지를 맡으면서 천태종을 창시하였다.

의천의 천태사상은 교관겸수사상으로 이해된다. 의천은 여러 교파의 교의를 모두 이해하려 하였지만, 그중에서도 특히 화엄종과 천태종 교의의 절충을 의도하였다. 의천의 천태 삼관법은 화엄 교리로 설명되는데, 그것은 하나 속에 여러 법상이 융섭되지만 융섭된 하나하나의 법상은 하나와 더불어 일체가 되지 않고 구별된다. 이러한 구상론적인 천태교관은 두순杜順의 화엄교관인 선복송漩澓頌에 근거하며, 법장으로 이어진 연기건립적인 화엄사상과 연결되지만 또한 산가파山家派의 교리도 갖추었다. 의천의 천태교관은 삼관법에 의거하여 궁극적으로 지관止觀을 내세우지만, 그 밑바탕에는 화엄은 물론 교학의 교의나 일체의 법계 법문을 모두 포함하여 이루어졌다. 하지만 기본적으로는 화엄사상을 기반으로 관법을 수용한 교선교섭 사상이었다.

산가파의 종장인 종간의 문하에서 수학한 의천은 중립中立과 법린法隣 등 주로 산가파 승려들과 교류하였지만, 후산외파인 인악仁岳의 문하인 가구可久와도 교류하였고 인악과는 편지를 주고받았다. 삽천霅川 인악은 스승인 지례知禮를 도와 산외파의 교리를 격파하는 데 앞장섰던 인물로, 뒷날 그가 후산외파로 불리는 것은 구상론을 중심으로 구성론적인 논리를 다소 융섭하였기 때문이다. 이런 면은 의천의 사상경향과도 어느 정도 일치한다. 산외파 교리를 혁파한 이후 중국 산가파의 천태교학도 구상론을 중심으로 조금이나마 구성론적 성격을 흡수하였다. 그런데 이때 의천과 교류한 인악이 삽천 인악인지는 명확하지 않다.

의천의 천태교관은 교관겸수사상이지만 기본적으로는 교종, 즉 화엄사상의 입장에 서 있었다. 송나라에 있을 당시에 의천은 여러 교파의 선지식을 두루 접하였는데, 그중에서도 운문종雲門宗의 양련懷璉과 종본宗本 요원了元선사를 찾아뵈었다. 그런데 이들이 의천의 교학을 높이 평가한 것 같지는 않다. 의천의 선관이 지금의 선보다 옛날의 선을 중시하여 교학에 의거하여 선을 설명하기 때문이다. 이러한 의천의 선관은 중국 운문종은 물론 고려 국내의 선종 산문에서도 환영받지 못하였다.

의천이 천태종을 개창하자 국내의 여러 교파와 산문들의 문도 중에서 그의 문하로 들어온 자가 무려 1,300여 명이나 되었다. 그중 고려초 법안종의 문도가 많은 비중을 차지하였다. 의천은 자신의 법맥을 원효와 체관 등과 연결시켰고 지종을 유념하였다. 실제로 체관의 천태교관은 의천의 사상으로 이어질 수 있다.

법안종사상은 교선교섭 사상경향을 가졌지만 선종을 중시하는 점에서 의천의 교학과는 다를 수밖에 없다. 교종을 중시하는 점에서 오히려 고려초 화엄종 승려인 탄문의 교선융합 사상경향이 의천의 사상과 가깝지만, 균여와 같은 성기론적인 화엄관을 가졌기 때문에 의천과 법맥으로 이어질 수 없다. 천태종 개창 당시에 운문사雲門寺 주지인 학일學一은 교종을 더 중시하는 의천의 천태교관에 비판적이었다.

예종 때가 되면 의천의 천태교관은 비판을 받았고, 서서히 선종사상이 대두하였다. 예종 때의 혜소慧昭국사는 의천의 제자인 담진曇眞과 같은 인물로 추측되는데, 그의 문하가 뒷날 수선사修禪社를 결사하였다. 이들 역시 의천의 천태교관에 호의적이지 않았다. 뒷날 백련사가 결사되면서 일어난 천태종은 화엄종이 아닌 선종의 입장을 강하게 견지하기 때문에 의천의 천태종과는 계통을 달리하였다.

지금까지는 의천의 천태교관을 송의 천태종과의 관계 속에서만 규명하였으나, 일본과 요遼의 불교계는 물론 당시 송과 고려 국내 정치세력의 변화 속에서 파악할 필요가 있다. 특히 중국과 일본에서는 일찍부터 천태종이 성립되었으나, 우리나라에서는 이보다 늦은 의천 때에 개창되는 이유에 대해서도 천착해서 밝혀야 한다. 화엄종 승려로서 의천의 생애를 정리한 영통사靈通寺 대각국사비는 김부식에 의해 작성되었지만, 그 이전에 윤관에 의해 쓰여진 대각국사비는 지금 전하지 않는다. 여기에는 윤관과 김부식의 정치적 입장 차이가 작용한 것으로 추측된다. 다만 김부식과 대립 관계에 있던 윤언이尹彦頤가 운문사 주지 학일의 비를 작성한 것이 주목된다.

의천의 천태교관과 뒷날 굴산문과 가지산문迦智山門이 중심이 되어 홍성한 수선사와의 관계에 대해서도 보다 심도 있게 접근해야 한다. 수선사와 백련사의 결사 이후 교선교섭 사상경향은 선종의 입장을 보다 강화하려는 경향을 지녔다. 수선사가 화엄사상과의 교섭에 비중을 두었다면, 백련사는 법화사상과의 교섭에 더 많은 관심을 가졌다. 또한 수선사는 뒤에 굴산문과 가지산문의 법맥을 표방하는 문도로 서서히 나뉘었다. 그중 전자는 고려후기에 나옹, 후자는 태고의 문도로 이어졌다. 그렇지만 이들에 의해 의천의 사상이 긍정적으로 계승되지는 않았다.

참고문헌

1. 기본 사료

(1) 한국 사료

騎魚慈宏 編, 『萬德寺志』, 서울대학교 도서관 소장, 古書本.

金富軾 等(1145), 『三國史記』, 李丙燾 譯註, 乙酉文化社, 1977.

金宗瑞 等(1452), 『高麗史節要』, 亞細亞文化社, 1972.

大藏都監(1251), 『高麗大藏經』, 東國大學校 民族佛教研究所, 1985.

徐居正 等, 『東文選』, 太學社, 1975.

省僜, 『祖堂集』, 『趙明基博士華甲記念 佛教史學論叢』, 中央圖書出版社, 1965.

了圓, 『法華靈驗傳』, 檀國大學校出版部, 1976.

元曉, 『金剛三昧經論』.

義湘, 『華嚴一乘法界圖記』.

義天, 『大覺國師文集』.

——, 『大覺國師外集』.

李奎報, 『東國李相國集』.

李能和, 『朝鮮佛教通史』(3책), 新文舘, 1918.

李荇 等, 『新增東國輿地勝覽』, 民族文化推進委員會, 1972.

一然(1286년경), 『三國遺事』, 民衆書館, 1946.

鄭麟趾 等(1451), 『高麗史』, 아세아문화사, 1972.

朝鮮總督府, 『朝鮮金石總覽』(2책), 日韓印刷所, 1919.

知訥,『高麗國普照國師法語』.
釆永,『海東佛祖原流』, 1764.
天頙,『禪門寶藏錄』.
諦觀,『天台四敎儀』.
惠諶,『眞覺國師語錄』.

(2) 중국 사료
道原,『景德傳燈錄』.
飛候甫 輯,『慧因寺志』.
阿魯圖 等,『宋史』, 1345.
延壽,『萬善同歸集』.
志磐,『佛祖統紀』.
贊寧 等,『宋高僧傳』.
慧洪,『禪林僧寶傳』.

(3) 일본 사료
高楠順次郎 等,『大正新修大藏經』, 大正新修大藏經刊行會, 1928.

2. 단행본

(1) 국내편
金東華,『禪宗思想史』, 油印本, 1968 ; 太極出版社, 1975.
金杜珍,『均如華嚴思想硏究—性相融會思想』, 韓國硏究院, 1981 ; 一潮閣, 1983.
———,『義湘 그의 생애와 화엄사상』, 민음사, 1995.
金庠基,『高麗時代史』, 東國文化社, 1966.
金哲埈,『韓國古代社會硏究』, 知識産業社, 1975.
安啓賢,『韓國佛敎思想史硏究』, 동국대학교출판부, 1983.
李基白,『新羅思想史硏究』, 一潮閣, 1986.
———,『新羅政治社會史硏究』, 일조각, 1974.
이기백 편,『高麗光宗硏究』, 일조각, 1981.
李丙燾,『高麗時代의 硏究』, 乙酉文化社, 1948.
李樹建,『韓國中世社會史硏究』, 일조각, 1984.
趙明基,『新羅佛敎의 理念과 歷史』, 新太陽社, 1962.
蔡尙植,『高麗後期佛敎史硏究』, 일조각, 1991.
韓國佛敎文化硏究所 편,『韓國天台思想硏究』, 동국대학교출판부, 1983.
韓基斗,『韓國佛敎思想』, 圓光大學校出版局, 1973.
許興植,『高麗佛敎史硏究』, 일조각, 1986.
———,『韓國中世佛敎史硏究』, 일조각, 1994.
洪承基 편,『高麗太祖의 국가경영』, 서울대학교출판부, 1996.

(2) 국외편
鎌田茂雄,『中國 華嚴思想史の硏究』, 東京大出版會, 1970.
關口眞大,『禪宗思想史』, 山喜房佛書林, 1966.
島地大等,『天台教學史』, 中山書房, 1976.
末綱恕一,『華嚴經の世界』, 春秋社, 1957.
木村清孝,『中國佛教思想史』, 世界聖典刊行協會, 1979.
安藤後雄,『天台學根本思想とその展開』, 平樂寺書店, 1969.
湯次了榮,『華嚴大系』, 國書刊行會, 1982.
忽滑谷快天,『朝鮮禪教史』, 春秋社, 1930.

3. 연구논문

(1) 국내편
김두진,「高麗 光宗代 法眼宗의 登場과 그 性格」,『韓國史學』4, 韓國精神文化研究院, 1983.
———,「朗慧와 그의 禪思想」,『歷史學報』57, 1973.
———,「王建의 僧侶結合과 그 意圖」,『韓國學論叢』4, 1981.
———,「了悟禪師 順之의 禪思想」,『역사학보』65, 1975.
———,「諦觀의 天台思想」,『한국학논총』6, 1983.
———,「玄暉(879～941)와 坦文(900～975)의 불교사상—高麗初의 教禪融合 사상과 관련하여」,『高柄翊先生華甲紀念 史學論叢』, 한울, 1984.
金庠基,「羅末 地方群雄의 對中通交—특히 王逢規를 주로」,『黃義敦先生古稀紀念 史學論叢』, 동국대학교출판부, 1960.
金英吉,「고려 諦觀의 渡宋에 관한 考察」,『韓國佛教學』3, 1977.
金英美,「羅末麗初 崔彦撝의 現實認識」,『史學研究』50, 1996.
金映遂,「五教兩宗에 對하여」,『震檀學報』8, 1973.
金煐泰,「三國時代의 法華信仰과 그 수용」,『韓國天台思想研究』, 韓國佛教文化研究所, 동국대학교출판부, 1983.
金哲埈,「고려초의 天台學研究」,『東西文化』2, 1968.
文明大,「開泰寺 石丈六三尊佛立像의 研究—毘盧舍那丈六三尊佛像과 관련하여」,『美術資料』29, 1981.
———,「新羅 華嚴經 寫經과 그 變相圖의 研究」,『韓國學報』14, 1979.
閔泳珪,「景印 祖堂集引」,『趙明基博士華甲紀念 佛教史學論叢』, 中央圖書出版社, 1965.
邊東明,「高麗忠烈王의 妙蓮寺 창건과 法華信仰」,『韓國史研究』104, 1990.
李基白,「新羅私兵考」,『역사학보』9, 1957.
李範鶴,「王安石 改革論의 形成과 性格—新法의 思想的 배경에 대한 一試論」,『東洋史學研究』18, 1983.
———,「司馬光의 正名思想과 人治主義의 展開」,『東洋史學』37, 1991.
———,「蘇軾의 高麗排斥論과 그 背景」,『한국학논총』15, 1992.
李永子,「義天의 天台思想」,『佛教學報』17, 1980.
———,「韓國 天台思想의 展開」,『日本學』2, 1982.

李佑成,「高麗 百姓考」,『역사학보』 14, 1961.
———,「三國遺事 所載 處容說話의 一分析—高麗 其人制度의 起源과의 關係에서」,『金載元博士回甲紀念論叢』, 乙酉文化社, 1969.
李泰鎭,「高麗 宰府의 成立」,『역사학보』 56, 1972.
張元圭,「一念三千說에 관한 研究—具相論과 具性論을 中心으로」,『불교학보』 5, 1967.
———,「華嚴學의 大成者 法藏의 教學思想」(2),『불교학보』 14, 1977.
張日圭,「新羅末 慶州崔氏 儒學者와 그 活動」,『사학연구』 45, 1992.
鄭修芽,「高麗中期 改革政策과 그 思想的 背景—北宋 '新法'의 수용에 관한 一試論」,『水邨朴永錫教授華甲紀念 韓國史學論叢』 권상, 탐구당, 1992.
蔡尙植,「淨土寺址 法鏡大師碑 陰記의 分析—高麗初 地方社會와 禪門의 구조와 관련하여」,『한국사연구』 36, 1982.
崔柄憲,「天台宗의 成立」,『한국사』 6, 국사편찬위원회, 1975.
河炫綱,「高麗太祖와 開城」,『李弘稙博士回甲紀念 韓國史學論叢』, 新丘文化社, 1969.
韓基斗,「高麗後期의 禪思想」,『崇山朴吉眞華甲紀念 韓國佛教思想史』, 원광대학교출판국, 1975.
許興植,「고려시대의 國師·王師제도와 그 기능」,『역사학보』 67, 1975.
———,「高麗前期 佛教界와 天台宗의 形成과정」,『한국학보』 11, 1978.
———,「高麗中期 華嚴宗派의 繼承—元景王師를 中心으로」,『한국사연구』 35, 1981.

(2) 국외편
高橋亨,「大覺國師 義天の高麗佛教に對ちる經綸に就いて」,『朝鮮學報』 10, 1956.
高崎直道,「古代 インドにおげる 身分と 階級」,『古代史講座』 7, 1963.
旗田巍,「高麗王朝成立期の '府'と豪族—郡縣制度の性格の一端」,『法制史研究』 10, 1959.

찾아보기

ㄱ

ㅂ

ㅅ

ㅊ

고려전기 교종과 선종의 교섭사상사 연구

1판 1쇄 펴낸날 2006년 3월 5일

지은이 | 김두진

펴낸이 | 김시연

펴낸곳 | (주)일조각

등록 | 1953년 9월 3일 제300-1953-1호(구 : 제1-298호)

주소 | 110-062 서울시 종로구 신문로 2가 1-335번지

전화 | 734-3545 / 733-8811(편집부)

733-5430 / 733-5431(영업부)

팩스 | 735-9994(편집부) / 738-5857(영업부)

이메일 | ilchokak@hanmail.net

홈페이지 | www.ilchokak.co.kr

ISBN 89-337-0488-4 93910

값 30,000원

* 이 도서의 국립중앙도서관 출판시도서목록(CIP)은 e-CIP 홈페이지 (http://www.nl.go.kr/cip.php)에서 이용하실 수 있습니다.
(CIP제어번호 : CIP2006000375)